本专著得到国家自然科学基金项目“基于缺陷修复视角的企业内部控制风险免疫能力强化机制研究”（项目号：71572002）资助

企业内部控制治理效率研究

——基于信任视角的实证检验

林钟高 ◎ 著

中国财经出版传媒集团
中国财政经济出版社

图书在版编目（CIP）数据

企业内部控制治理效率研究：基于信任视角的实证检验/林钟高著．—北京：中国财政经济出版社，2018.11

ISBN 978－7－5095－8630－3

Ⅰ.①企… Ⅱ.①林… Ⅲ.①企业内部管理－研究 Ⅳ.①F272.3

中国版本图书馆 CIP 数据核字（2018）第 247261 号

责任编辑：马　真　　　　责任校对：杨瑞琦

封面设计：王　颖

中国财政经济出版社 出版

URL：http：//ckfz.cfeph.cn

E－mail：cfeph@cfeph.cn

社址：北京市海淀区阜成路甲 28 号　邮政编码：100142

营销中心电话：010－88191537

天猫网店：中国财政经济出版社旗舰店

网址：https：//zgczjjcbs.tmall.com

北京财经印刷厂印刷　各地新华书店经销

787×1092 毫米　16 开　22.75 印张　525 000 字

2018 年 12 月第 1 版　2018 年 12 月北京第 1 次印刷

定价：99.00 元

ISBN 978－7－5095－8630－3

（图书出现印装问题，本社负责调换）

本社质量投诉电话：010－88190744

打击盗版举报热线：010－88191661　QQ：2242791300

前　言

在众多的内部控制研究文献中，对于内部控制的起源可谓众说纷纭，观点纷呈。从内部牵制到内部控制制度再到内部控制结构，信息观占主导地位，以企业与独立（民间）审计作为主要服务对象，而内部控制整体框架则奉行经营观，风险管理整体框架则是从企业战略的高度，以企业利益相关者作为主要服务对象。学术界普遍认为，会计和审计因受托责任的发生而发生，又因受托责任的发展而发展。作为会计学和审计学的重要基础概念，内部控制同样也必然受到受托责任的重大影响。我们十分赞同邓德强（2009）的观点，内部控制是受托责任的需要，控制是对受托责任的控制，没有受托责任也就无所谓内部控制。正如杨时展教授所认为，受托责任需要建立必要的会计和内部控制制度，将完成的任务和因此而发生的资源的收支以及收支的结果据实向委托人报告（Roberts，1991）。我们认为，不管内部控制发生了怎样的变化，其根本实质没有变，这就是内部控制是基于受托责任的一种信任关系，包括企业内信任与企业间信任。企业内的受托责任包括第一层代理信任（股东与董事会）和第二层代理信任（大股东与小股东）（这两层属于治理层面的受托责任）以及董事会与管理层之间、不同管理层之间的信任（这两层属于管理层面的受托责任），而企业间的受托责任则主要包括各种利益相关者之间的信任。这是第一点，即内部控制的基础是受托责任，受托责任的实质是信任，内部控制是一种低成本的信任机制。第二点，内部控制是基于风险的考量而设计的一种机制，内部控制作为一种风险免疫机制，只有将信任和风险紧紧地相互捆绑在一起，面对环绕在四周的风险，人们需要对内部控制这种权威给予信赖，并以有效的方式对它们做出反应。其实，我们在实践中发现这样几个事实：首先，国内外上市公司屡屡发生财务舞弊案件，造成了非常糟糕的社会影响，那么问题是：为何在制度和规则不断健全的当前形势下，依然无法杜绝财务造假、高管腐败等恶性事件？其次，企业持续经营能力差，治理状况堪忧，不少企业过度关注创造利润和企业绩效，而忽略了随之而来的风险管控，致使预定的经营和战略发展目标无法实现，甚至陷入破产的境地，投资者因此蒙受了巨大的损失。最后，企业生存寿命不容乐观，百年老店屈指可数，透视众多企业“英年早逝”“企业失败”事件，可以发现这些事件的爆发固然有外部环境因素恶化所带来的影响，但更主要的原因是“人祸”。正是由于这样的原因，导致很多企业缺乏“安全网”和“防火墙”，陷入可持续发展和基业长青困境。需求决定生产，内部控制作为具有免疫功能的机制，在感知到风险信号时，是否能够主动地发挥自身的免疫功能，预先预测出潜在的风险，并及时采取措施加以控制和消除，以减少企业经营运行中面临的风险，为企业建立免疫安全网。同时，面对内外部环境的变化，内部控制存在的滞后等缺陷，能否得到及时修复，将持续改进作为企业内部控制自我净化、自我完善的过程，通过缺陷发现和持续修复，重建内部控制的信任价值。

就企业的本质而言，现代企业理论的一个核心观点是，企业是不同的要素投入主体之间一系列（不完全）契约（合同）的有机组合（nexus of incomplete contracts），其本质是一个围绕关键资源而生成并且难以被市场复制的专有性投资的集合体。为了在取得低交易成本收益的同时弥补企业契约的不完备性，需要建立一个控制机制，这可视为企业内部控制的核心本质。在我们多年从事内部控制理论研究中，得到的基本结论是：第一，内部控制协调和增进了分工效益，为信任及其价值创造提供了重要的思想前提。第二，内部控制的可置信承诺与行动的诚实性功能，为信任及其价值创造提供了重要的行为基础。第三，内部控制作为共同知识的价值促进系统，为信任及其价值创造开辟了重要的知识共享渠道。内部控制既是企业内部各个控制主体之间为实现作为专业化结果交换收益的一种持续均衡利益的契约装置，也是一种维持与特定交易伙伴长期交易关系和利益分配尤其是价值创造的传导装置。在企业价值创造的过程中，内部控制正是通过其信号显示与信息甄别的作用机制，塑造统一和连贯的行为并获得某种信任之外的行为效果，不断扩展企业内和企业间的信任关系，实现价值的持续增值。

说到信任，学术界的定义可谓五花八门，我们更赞赏一种朴素的认识，信任最初源于人类个体的“本体性安全”需求，是对他人或系统之可依赖性所持有的信心，它对企业声誉的建立、社会秩序的扩展方面起着本源性、基础性的作用。在现代社会，信任作为稳定社会关系的基本因素（布劳，1964），是行动者在社会互动中彼此寄予的期望，期望另一方履行其信用义务和责任（巴伯，1989），因而信任有助于行动者消减社会关系中的不确定性和易变性（海默，1976），从而信任成为社会秩序的基础之一。同样道理，信任是维护和稳定企业契约组织秩序的重要基础，信任缺失，企业的正常运转将会出现危机。因为任何企业对外界信息的掌握都不可能是完全的，行动的选择和关系的建立都不可能是完全理性的，信任缺失，企业基业都不可能持久存在。信任的存在有助于增强企业利益相关者的向心力，可以降低企业运行的成本，提高效率。

信任是一种复杂的社会心理现象，是对他人（组织）表现出“适当”行为的预期。这里的“适当”行为并不一定是符合社会规范和道德标准的，而只是个体认可并期望的。同时信任的存在与否也会影响个体（组织）行动方向和策略的选择。也正因为如此，我们才有可能从行动者的行动选择来分析行动者是否信任、信任什么及信任程度如何。信任事实上由两部分组成，一部分是对利益相关者的信任，一部分是对维持信任机制的信任。缺少了其中任何一部分，信任都是不完全的。一个社会的普遍信任状况，与它的维持机制的效力相关，维持机制是信任的“保障体系”，它们的监督作用使信任呈现近似完全，社会机制通过影响失信行为的成本（使之增加或减少收益）确保经济交易的秩序不受到损害。内部控制本身是一种信任机制，同时也是维护信任得以持续的制度保障机制。

从学理角度看，内部控制这样一种信任制度并非由外部强制力制定和实施，其制度建设的动力来自于组织的内部需求。组织自行设计、执行的信任制度包括对现有外部制度限制的合理规避、对关系信任局限性的回避和对现有社会信任水平的适应，它在企业信任建立中的作用表现在以下几个方面：第一，它突破了关系信任中特定对象的局限，建立起广泛的陌生公众的信任，并在公众信任基础上延伸了企业及其他利益相关者的信任。第二，它为企业与政府部门之间建立平等合作关系提供了可能。同依靠私人关系建立的组织不同，依靠制度机制发展的组织可能产生对政府有吸引力的资源，因而获得政府的主动信任，且信任合作不受私人关系变动的影响和制约，双方地位也较为平等。第三，它为其他组织提供了一种可供复制的信任模式，被孵化或支持的同类组织通过借用或编制成熟组织的信任网络可以逐步建立起自身的信任制度。第四，它促进了社会整体信任水平的发展。企业组织的信任网络增加了多元信任主体制度信任的经验，有利于社会整体普遍信任的培育。因此，从制度信任而言，制度既是信任的基础，又是信任的对象。通过对符合制度规定的行为的认可与鼓励，以及对违反制度规定的行为的惩戒，可以将人们的行为控制在一定范围内，从而大大减少社会的不确定性和风险，使人们形成稳定的预期，从而生长出信任。同时，建立在制度基础上的稳定的心理预期要以信任制度为前提，个体的知识体系和思维方式、社会正式制度和法律的发达程度，以及社会成员对制度的认可度都可能影响着对制度的信任。

基于以上认识，本专著首先分析了学术界有关内部控制效率的各种不同观点，进而系统地论述了信任与内部控制治理效率之间的关系，在此基础上，我们通过三种不同的信任表征（关系信任、组织信任和系统信任）首次分别实证考察内部控制的信任机制与信任价值，从而体现内部控制的治理效率。本专著的主要贡献在于以下几个方面：

第一，为厘清关系信任与制度信任提供了增量证据。关于关系信任与制度信任的关系，学术界存在一定的分歧。有些观点认为，制度信任与关系信任互为替代品（Baker 等，2002；Leuz 等，2006）。制度信任甚至削弱了企业发展关系的能力，因为它会显示出对交易伙伴的不信任并削弱信任。另一种观点则认为，关系信任与制度信任是相互补充的，精确设计的制度不会阻碍或取代关系信任，实际上会促进更多值得信任的长期合作交易关系。制度信任的形成是以人们对产权保护等价值观念普遍接受为前提，关系信任中人们的互信、自我实施合约有助于第三方正式机制的作用。在复杂、风险更大的交易中，灵活、双边、持续的关系信任和明确的制度条款相结合，使交易履行更加顺畅。关系信任和制度信任二者侧重点不同，制度信任侧重于产权明晰、控制权的配置；关系信任侧重于一定社会规则和规范。信任是制度的基础，制度是信任的保障。

从理论角度看，随着经济的发展和市场范围的扩大，关系信任的治理成本逐渐凸现：因为它增加一个人的边际交易成本（如监督成本）会越来越高，而制度信任的边际交易成本则越来越低（换言之，由于先期的大量固定成本投入，制度信任具有规模经济）。《中国社会心态蓝皮书》（2016）研究指出，就社会信任的总体状况而言，以关系为代表的信任是当代中国社会信任的主要模式，这种信任作为一种隐性信任，其维持仅要求双方知道合约变量的局部信息并且对结果有着共同的预期。这种信任的存在和可实施性来自于如下事实：长期博弈使得短期的欺骗得不偿失，因为欺骗者将失去未来所有的收益或者合作剩余。所以，在经济发展的初期市场范围比较小、转型期的市场规制不健全或者法律体系不完善的时候，关系信任是一种比较好的治理结构，这是因为它对合约信息结构的要求比较低（不需要第三方就可以验证），因此可以实施大量的交易和合约集；由于它几乎不需要花费设立法律制度的固定成本，所以可以节约大量的交易成本（Li，2003）。王永钦（2005）进一步指出，在分工程度较低的转型经济体中，相同的两个经济主体之间的交易可能跨越多个市场，这被称为“互联的市场”，而互联的市场会使得在单一的市场上无利可图的关系信任在互联的情况下变得可行，所以，市场的互联性扩大了可行的关系信任集合。关系信任所带动的强大资源可以确保组织的独立地位和自主决策，营造和维护组织成员完全的“主人”和“知情者”身份，实现发起者对公益信任的期待。从信任建立成本来看，稳定的关系网络联结使得信任主体对组织具有强烈的归属感、资源的集合不需要动员、捐赠者和志愿者的进入不需要专门的计划和策略、信任建立不需要经历反复验证。因此，关系信任提高了交易双方行动的一致性，基于共同目标的一致行动有利于参与者及时获取与交易相关的信息，交易各方会主动提供对伙伴有用的信息，降低了信息不对称，有利于抵制追求单方面利益的行为，从而增强关系信任这样一种专用性资产的投资（Subramani 和 Venkatraman，2003），还能影响对方决策的能力，保护专用性投资免受对方机会主义行为的侵害（Claro et al.，2006）。而内部控制这种权责分明的治理机制是企业利益相关者之间实现权力制衡的基本措施（杨雄胜，2005），能够进一步拓宽企业间的交易范围，有利于弱化关系对于交易双方的约束。作为企业的重要内部治理机制，内部控制具有保障公司财务报告可靠性、降低代理成本、抑制关系信任“要挟”的作用。

第二，不确定性是企业面临的主要风险，作为企业的风险免疫机制，内部控制是否能够以及如何面对较高程度的环境不确定性的挑战？本专著提供了这方面的增量证据。在当今经济全球化、需求更加复杂多变的背景下，企业间竞争越来越激烈，企业经营风险不断提高，任何偏离企业内部控制目标的重大行为、过程和结果都意味着企业存在风险。内部控制作为一种内部治理机制，是为达到某个或某些目的而进行的一种动态控制过程，它不是静止的，会受到企业内部和外部环境的影响。内部控制必须采取必要的修复手段，以应对环境变化的全新挑战，展示内部控制“点状均衡”的特殊功能作用，是一个“发现问题—解决问题—缺陷修复—控制质量提高”的循环往复过程。已有研究指出，环境不确定性会导致企业盈余出现较大的波动（Ghosh 和 Olsen，2009），既会提高企业经营风险，也会影响企业战略目标的实施和经营计划的实现，增加战略失败的风险，影响公司绩效。因此，我们试图沿着“环境不确定性影响内部控制的有效性—组织信任与公司绩效—企业高管的动机—内部控制缺陷修复与持续优化”这个逻辑对环境不确定性、组织信任与内部控制之间的关系做出分析。

已有研究指出，内部控制作为企业内部自我约束的一系列制度安排和内部治理机制，不但可以减少经理人或职员随机错报的可能性，降低财务报表错报风险和舞弊风险（周继军和张旺峰，2011），而且也能较好地抑制内部控制人的机会主义会计选择行为（魏明海、陈胜蓝和黎文靖，2007），提高盈余质量（Doyle、Ge 和 McVay，2007；Ashbaugh－Skaife 等，2008），保护投资者利益（Gong、Ke 和 Yu，2013）。但是内部控制如何面对较高程度的环境不确定性的挑战？管理层在面临较高程度的环境不确定性时是否以及能否产生提高内部控制质量的动力？如果环境不确定性会导致内部控制质量提高，那么作为提高会计信息质量、降低审计风险的重要内生性机制，在环境不确定性的既定条件下，内部控制系统（也是一种均衡各利益相关主体的契约装置）究竟能否影响企业社会责任的履行？高质量的内部控制能否缓解环境不确定性与审计收费、企业创新能力之间的关系？面对环境不确定性，企业又将如何考量风险提示信息的披露？内部控制在其间究竟发挥了怎样的作用？截至目前，这些问题尚缺少实证的检验和足够的经验证据。本专著的研究发现，环境不确定性引致的公司绩效下降风险以及机会主义行为对组织信任的破坏，不仅导致企业高管内部升迁、政治晋升机会下降，更有可能导致其直接被更换。但是，内部控制作为公司治理机制的核心部分，可以通过贯穿于企业生产经营活动全过程的一系列有效制度安排，在治理环境、机构设置及权责分配、风险评估、控制活动、业务流程、信息沟通等方面，在决策、执行和监督等环节实现相互制衡，提高企业决策的科学性和执行力，提升运营效率和效果，降低环境不确定性带来的不利影响。因此，在面临环境不确定性时，企业高管更有可能通过有效的制度安排，从维护和提升企业间组织信任水平的角度，抑制环境不确定性下企业的相关行为，关注企业内部控制，提高企业的管理质量与经营业绩。

第三，首次考察和检验了内部控制影响企业战略选择的机理和路径，提供了企业内部控制作为战略目标落地的经验证据，在系统信任研究方面显示增量贡献。企业战略是指企业根据环境变化，依据自身资源和实力选择适合的经营领域和产品，形成自己的核心竞争力，并通过差异化在竞争中取胜。企业战略是设立远景目标并对实现目标的轨迹进行的总体性、指导性谋划，属宏观管理范畴，具有指导性、全局性、长远性、竞争性、系统性、风险性六大主要特征。在企业管理当中，战略管理是指企业根据组织外部环境和内部条件设定企业的战略目标，为保证目标的正确落实进行谋划，并依靠企业内部能力将这种谋划和决策付诸实施。

内部控制，是由企业董事会、监事会、经理层和全体员工实施的、旨在实现控制目标的过程。内部控制的目标是合理保证企业经营管理合法合规、资产安全、财务报告及相关信息真实完整，提高经营效率和效果，促进企业实现发展战略。战略模式的选择是企业风险管理的重要内容，内部控制作为企业内部风险免疫机制，其具体的作用包括：第一，重视战略的评价与更新。由于战略管理不只是计划“我们正走向何处”，而且也计划如何淘汰陈旧过时的东西，以“计划是否继续有效”为指导重视战略的评价与更新，这就使企业管理者能不断地在新的起点上对外界环境和企业战略进行连续性探索，增强创新意识，随着内部控制的持续改进，适应战略的改变和保障战略的实现。第二，重视对经营环境的研究。由于战略管理将企业的成长和发展纳入变化的环境之中，管理工作要以未来的环境变化趋势作为决策的基础，这就使企业内部控制的建设和实施要重视对经营环境的研究，正确地确定公司的发展方向，选择公司合适的经营领域或产品（市场）领域，从而能更好地把握外部环境所提供的机会，增强企业经营活动对外部环境的适应性，从而使二者达成最佳的结合。第三，重视战略的实施。由于战略管理不只是停留在战略分析及战略制定上，而是将战略的实施作为内部控制制度落地的一部分，这就使企业的战略在日常生产经营活动中，根据环境的变化对战略不断地评价和修改，使企业战略得到不断完善，也使战略管理本身得到不断的完善。这种循环往复的过程，更加突出了内部控制在企业战略实施过程中的监管与风险免疫作用。本专著通过对系统信任有关内容的检验，进一步提供了内部控制在增量系统信任的证据，从而为内部控制的战略导向与战略思想落地提供理论支持，提升企业内部控制的生命力。

作为国家自然科学基金项目“基于缺陷修复视角的企业内部控制风险免疫能力强化机制研究”的阶段性成果，本专著的完成得益于国家自然科学基金委管理学部的大力支持，各位评审专家的大力帮助；得益于学术界各位朋友一直以来的关心和指导，尤其是在学术上的无私帮助；得益于课题组成员的勤奋努力与通力合作，处处闪现出你们的高水平和深刻的思想光芒，在很大程度上给予我许多新的启迪与研究智慧；得益于我门下的研究生弟子，你们勤奋好学、忠诚学术的态度以及所取得的成就给了我很大的奖赏与激励；得益于安徽工业大学这片热土，给了我学术上充分的空间与机会。林林总总，有很多值得感谢的人，很多感谢的话，也许一切都在不言中，都在心里。对一个人，鼓励是为了更好的进步，批评也是为了更好的发展，对这本书也一样，期待听到更多真诚的指导和帮助，以及批评与斧正。

林钟高

2018 年 10 月 18 日

目录

第一章

概念界定与文献综述

随着新制度经济学的兴起，制度在社会和经济生活中的重要性已越来越为人们所认识，制度设计与变迁也日益为政府和企业所重视。就企业而言，从长期来看，自然资源、资本资源、人力资源和技术资源投入的生产效率是企业发展的软约束，而制度效率则是企业发展的硬约束。生产过程中资源投入的低效率问题可以通过资源本身退出生产和资源的低效率使用者退出市场两种途径实现对效率瓶颈的突破，但是制度投入的低效率问题并不能通过上述两种途径得以改善，而且改善制度投入的低绩效问题还有可能面临时滞和恶性循环，制度投入的低绩效最终导致投入的进一步缩减和制度环境的进一步恶化。由此可见，从长期来看，制度效率才是企业发展的唯一瓶颈，从这个角度说，企业的失败，就是企业内部控制制度的失败。这也许可以看成 COSO 委员会长期致力于内部控制（风险管控）框架研究的经济原因，也可以说是中国《企业内部控制基本规范》发布的根本理由。然而，如何考量制度的效率，却是长期备受争议的，原因是：首先，制度可以被看作一种特殊的公共物品，它不能像一般资源投入那样通过产权交易变更使用者以改善使用中的低效率问题；其次，对于那些由于制度投入过多或过少（如企业经济体系中不适当的管制数量或者管制要素）造成的低效率，改善难度较大，现存制度的惯性使得制度投入的增减都需要一个长时滞，从这个角度来看，制度投入是企业发展的长期效率瓶颈。另外，与相对简单的物质生产过程相比，从增加用于改善制度环境的各种投入，到该种投入的绩效在总产出中得到反映，这一过程中的外生不可控因素更多，一旦用于改善制度环境的努力遇到诸如与社会非正式制度不相匹配等问题，制度投入的绩效将偏低，这一由制度执行者合力产生的现象是推进制度沿革者所难以掌控的，因此针对这种投入的低效率问题，投入者的理性反应将是缩减用于改善制度的投入。此时将导致恶性循环，即基础制度环境越差，用于改善制度环境的投入所遭遇的阻力越大，制度投入的绩效越低，从而用于改善制度环境的投入激励下降，投入额进一步缩减，则企业运行的制度效率瓶颈将长期存在。

讨论内部控制制度效率的决定需要从制度安排与制度结构的效率决定两方面来进行。借鉴新制度经济学家的观点，内部控制制度的效率决定，首先，制度应有“普适性”。所谓制度的普适性，是指制度是一般而抽象的、确定的和开放的。它包含三项准则：一是制度应具有适应性[①]。制度应该依据不同企业的情况，对个人（岗位）和情境实施差别待遇。违背这一准则的制度一般都会削弱人们对它的服从，并因此降低制度的效率。二是制度应具有确定性。制度要富有效率，就必须易于理解。为此，它们应当是简单而确定的，对违规的惩罚应当得到清晰的传达和理解。三是制度应当既具有稳定性又具有一定的开放性。总在变化的规则难以被了解，在指引人们的行动上效率也较低。因此，规则应当在稳定基础上具备调整的余地，以便允许行为者通过创新行动对新环境做出反应。其次，其他相关制度安排实现其功能的完善程度。由于任何一种制度安排都是“嵌在”制度结构中，它必定内在地联结着制度结构中的其他制度安排，因而每一种制度安排的效率还取决于其他制度安排实现其功能的完善程度。最有效的制度安排是一种函数，尤其是制度结构中其他制度安排的函数。内部控制制度结构是由不同制度安排构成的系统，它的效率首先取决于构成这一结构的各单项制度安排的效率。因为，任何制度结构都是由众多制度安排耦合而成的复杂的制度系统，制度安排之间总是存在着各种各样的相互依存性和关联性。制度结构的效率决定还受到制度配置状况的影响，即在一个制度系统中各项制度安排之间应当相互协调和匹配，以使整个制度系统能够发挥最大的功效。制度结构之所以需要制度配置，主要在于制度结构中各项制度安排之间并非总是能够相互协调和匹配，即制度结构中各种制度安排之间并不一定总是耦合得很好。制度结构中单个制度安排的结合状态有三种情形，即制度耦合、制度冲突与制度真空。所谓制度耦合，指的是制度结构内的各项制度安排为了实现其核心功能而有机地组合在一起，从不同角度来激励与约束人们的行为。在制度耦合的情况下，制度结构内的各项制度安排之间不存在结构性矛盾，没有互相冲突和抵制的部分，从而能最大限度地发挥现有制度结构的整体功能。所谓制度冲突，是指在制度结构内部不同制度安排之间的作用方向不一致，在行为规范上存在互相矛盾和抵触，对于同一行为某些制度给予鼓励，而另一些制度则加以限制。这将造成人们无所适从，行为紊乱，使制度结构系统不能发挥其应有的整体功能。制度真空则是指对于某些行为没有相应的制度安排予以规范，形成制度结构中的“漏洞”，造成制度功能的缺失，从而使人们的某些行为得不到有效的约束和规范，对企业发展带来危害。第三，生产过程的技术性质。以上两点是从静态的角度看的，而生产过程的技术性质则是从动态的角度看的。生产过程的技术性质所以会对企业内部控制制度的效率产生影响，主要在于，任何制度安排的产生都是由一定的生产力状况和技术水平或性质所决定的，随着生产力和技术的进一步发展和进步，制度安排必须做出相应的变化和调整。否则制度安排的效率必然会降低（凡勃仑，1964）。本章在论述学术界关于内部控制效率理论观点的基础上，回顾了有关内部控制效率的基本文献。其核心在于表明这样一种观点：企业制定并实施的内部控制制度，与各相关利益主体的信任程度（一种非正式制度安排）具有重要联系，尽管两者作用的范围和程度有所差异，但它们常常对同一类行为从不同角度进行规范，如果其作用方向一致，则它们就是耦合的。但如果正式制度与非正式制度对某种行为的约束不一致，则两者就没

① 根据诺思提出的“适应性效率”标准，内部控制适应性效率是指处于该项制度下的人或组织同该制度的适应程度。由于适应性效率客观上难以进行数量描述，因而除了在该制度约束下的行为主体能够直接体验到适应性效率外，外部观察者通常只能先对一项制度约束下的人或组织的“产出”结果进行观察，再通过比较来发现该制度的效率。考虑到内部控制信息披露效率已经有学者做了研究，本书主要从成本收益的角度对内部控制效率进行研究。

有实现耦合，并使制度难以发挥作用。

第一节　问题提出：基于不同视角的内部控制效率研究

效率指最有效地使用社会资源以满足人类的愿望和需要。鉴于人的欲望的无限性，就一项经济活动而言，最重要的事情当然就是最好地利用其有限的资源。这使我们不得不面对效率这个关键性的概念。在经济学中我们这样讲：在不会使其他人境况变坏的前提下，如果一项经济活动不再有可能增进任何人的经济福利，则该项经济活动就被认为是有效率的。相反的情况包括："无法遏制的垄断"，或"恶性无度的污染"，或"没有制衡的政府干预"，等等。这样的经济当然只能生产少于"无上述问题"时该经济原本可以生产的物品，或者还会生产出一大堆不对路的物品。这些都会使消费者的境遇比本该出现的情况要差。这些问题都是资源未能有效配置的后果。从这个意义上说，效率是指对于有限资源（如原材料、人力、现金等）的最佳分配方法。当某些特定的标准被达到（或者说达到结果与使用的资源之间的关系）的时候，就说达到了效率。从管理学角度来讲，效率是指在特定时间内，组织的各种投入与产出之间的比率关系。效率与投入成反比，与产出成正比。公共部门的效率包括两方面：一是生产效率，它指生产或者提供服务的平均成本；二是配置效率，它指组织所提供的产品或服务是否能够满足利害关系人的不同偏好。

从以上关于"效率"的简单回顾可以看出，当把"效率"这个词运用到社会（企业组织）制度层面，问题会变得棘手。因为，我们知道，社会（企业组织）本身不行动，而是个人在行动。实际上，构成社会（企业组织）的不同个人之间，拥有着各自不同甚至矛盾的目的和主观评价，这些目的和评价，也根本不能加总起来。所以我们只能假设，大部分人喜欢富足而非穷困潦倒的目标。允许以社会财富最大化（或更谦虚也更准确地说，社会财富最大可能性）为理想，那么就让"效率"这个词似乎变得有意义起来。可这样定义效率，如果停留在静态眼光，依然会出现类似于新古典经济学的不良学术实践：把资源及知识视为给定，以此来追求财富最大化；既然如此，最根本性的问题是"已有的（或给定的）资源的良好管理，使它们免于浪费"（色诺芬，1981）。许多新古典经济学家，为避免自由市场"无序竞争"出现的"大量浪费"，转向同情他们认为可以节约"社会成本"的制度安排。即便在个人层面，避免浪费，是仅仅从静态眼光来看效率。个人本可以通过学习更好理解自身处境，更好从事预测、投机等企业家活动，在实现个人财富增值的同时，协助更多人（例如上游的经销商和下游的顾客）实现他们的价值。以动态眼光看效率，每个企业家行为不仅创造、传输新信息，还协调经济主体先前的不协调行为。每当有人发现或创造一个利润机会，对某种资源贱征贵卖，他就协调了资源所有者（他极可能正在挥霍、浪费资源）的行为和那些需要资源的人的行为。一个私人、一家企业、一个机构，甚至一整个经济制度，越能促进企业家创造及协调，就越有效率（德索托，2010）。

一、基于经济学视角的效率研究

如何评价内部控制的效率，目前主要是从内部控制的目标和基本内容出发，对内部控制效率的因素进行归纳和总结。有的学者（Kinney，2000）从“外部需求”和“内部需求”两个角度论证，从满足“外部需求”角度论证指出，企业的投资者、债权人、监管部门和中介机构希望通过内部控制系统减少意外情况和资产损失，并且以有效的内部控制对财务报告可靠性提供合理保证，防范财务报告舞弊。从“内部需求”角度论证指出，一个有效的内部控制过程实质上是对企业大量的信息进行管理以支持企业管理者的管理决策过程和保护企业的资产，合理保证企业目标的实现；有的学者（Thompson，2010；Noordin，1997；Michael G. Alleset al.，2003；Singleton，2002）则分别从内部控制系统要素的作用提出效率评价的主要观点，包括为了组织的利益而防范舞弊，在保证目标实现的基础上关注监督、风险和资源配置，有效的内部控制评价注重战略、结构、业绩、动机以及激励等方面，有效的内部控制包括信任、边界明晰、诊断准确以及互动等方面。COSO 报告认为有效的内部控制应该是“内置于”企业经营管理过程的全员参与的动态和自我评估系统，其有效性体现在企业目标的实现、财务报表的可靠性和适用法律法规得到遵循。最高审计机关国际组织认为有效的内部控制有三大标准，即：适时适量、明确授权以及成本效益原则。而新制度经济学关于内部控制制度的效率则大多从成本与收益的对比来解释，并且有两种表示方法：一种是假定内部控制制度所提供的服务或实现的功能为既定，则选择费用较低的内部控制制度是更有效的内部控制制度；另一种是假定内部控制制度选择的费用为给定，那么能够提供更多服务或实现更多功能的内部控制制度是更有效的内部控制制度。张宜霞（2008）认为，从本质上来看，内部控制的效率不是一个孤立的概念，它应当是相对于相关目标的实现来说的。从为实现内部控制目标的保证水平来看，内部控制的效率是指内部控制为相关目标的实现提供的保证程度或水平，其实际变动范围可以从 0 到 100%。从过程的角度来看，企业内部控制设计的质量、运行的好坏直接影响到最终能为相关目标的实现提供的保证程度。从结构的角度来看，企业内部控制系统的各个组成要素、各个控制程序之间是相互影响、相互作用的，这些组成要素和控制程序的效率及其相互作用的效果直接影响着内部控制整体的效率。方红星（2003）认为，内部控制的三项目标是提高组织效率的重要手段之一，是组织效率的重要内生变量，因此方红星教授将组织效率（OE）与内部控制（IC）的函数关系做了如下描述：OE = f（IC）－g（IC）。其中，f（IC）表示内部控制效益（由于内部控制所导致的组织效率的提高），g（IC）表示内部控制成本（由于内部控制而耗费的组织资源的机会成本，以及内部控制对组织效率的牺牲）。显然，f（IC）和 g（IC）都是随着内部控制的增加（深度、广度、精度等）而递增的。

从经济学对效率问题所进行的分析看，内部控制效率也可以从三个角度加以考察。首先，从资源配置角度考察，即在给定的技术、劳动、资本等要素条件下，考察制度的资源是否在控制活动中得到了合理配置，使所有相关者获得最大化效用，实现帕累托效率或称帕累托最优。其次，从控制活动过程的投入与产出角度考察，即考察控制活动的产出成果与投入之比，若成本收益比值越低，则表明效率越高；反之，则效率越低。再次，从信息有效性角度考察，即考察内部控制信息披露效率（或股票市场效率）的程度。由于资本市场的信息瞬息万变，特别是还存在虚假信息披露等问题，资产价格是否准确、及时地反映了各种相关信息，成为决定资本市场效率高低的关键因素。

以上关于内部控制制度效率的分析方法虽然从各个不同的角度给出了衡量标准，但是都没有抓住内部控制制度效率的本源问题。众所周知，企业一方面是协调社会分工的一种组织形式，如果撇开外部的环境不说，单就企业内部的运作而言，其核心问题在于企业内部参与者之间合理配置与企业运行有关的权利、责任（主要是企业剩余索取权和剩余控制权），以确保他们之间合作及竞争关系的存续和扩展，这就是企业内部控制的实质（林钟高和郑军，2007）。另一方面企业需要其内部存在一个控制机制，来弥补企业契约的不完备性，以保证企业的正常运作和发展。这可视为企业内部控制的本质（刘明辉，2002）。

从企业内部控制发展的历史看，两大现象引人注目：一是从共时性看，不同国家、地区以及类似技术和市场参数的同一产业领域内的企业内部控制制度是千差万别的；二是从历时性看，企业的内部控制制度有一个发展演化的过程，即从内部牵制治理到内部控制治理再到基于风险控制的内部控制治理模式。对这两大现象，很多学者认为企业内部控制共时多样性是因为企业面临的外部环境不同，企业内部控制历时多样性是不同企业随着外部环境的变化追求交易成本最小化的结果。这样的解释是有缺陷的，其主要的不足之处在于：（1）看到了人与人之间因交易中的利益冲突而导致的控制绩效的不同，但由于局限于交易过程，忽视了生产领域，得不出交易中利益冲突的真正来源和变动规律，难以触及内部控制制度效率的实质。我们认为，企业内分工合作实际上是对企业多个责任单位面对的不确定性的一种缓冲，内部控制是企业内分工合作的最佳机制。引用罗珉（2005）关于对不确定性的处理是一个有效率组织的基本功能的一般表述，可以说对不确定性的处理是一个企业有效率的内部控制机制的基本功能，对不确定性功能的处理导致不同内部控制形态的替代，内部控制形式的演进，实质上是应对不确定性和缓冲市场与环境冲击能力的发展。因此，内部控制在本质上是对不确定性的一种控制和对确定性的一种规定，企业经济活动中的不确定性包括人与自然的关系（即资源配置）及人与人之间的关系（即利益调整）两个方面，一个有效的内部控制的目标是在给定分配规则的情况下最大化共同创造的剩余。很显然，生产（人与自然或物质的关系，与剩余的规模有关）和交易（人与人之间的关系，与剩余的分配有关）这两者都是内部控制中不可或缺的过程，忽略了内部控制的生产属性而仅仅从交易维度来分析内部控制的治理效率是有失偏颇的。（2）把参与企业内部经济活动的个体当作抽象的理性人（有限理性）看待，忽略了嵌入其中的社会结构的影响。把企业概念化为理性的行为者而忽视企业作为组织协调内部成员利益差别的复杂的政治过程，也就是忽视了企业内部控制内生演化的方面。这样既不能很好地解释企业内部控制的共时多样性问题，因为在竞争的作用下，面临着类似技术和市场参数的同一产业领域内的企业内部控制应该收敛于某一种最节约交易成本的结构，而这与观察到的事实明显不符，也不能很好地解释企业内部控制的历时多样性问题，因为静态地、逻辑地比较给定条件下不同内部控制结构交易成本的差异，不能从动态和历史的角度令人信服地说明演化问题，这样的分析本质上仍然是一种技术选择论。正如周业安（2002）所指出的那样，

"制度安排的比较静态分析仅仅告诉我们，在给定某类条件下，哪种制度安排更有效或更好，至于一种制度安排为何会变成另一种制度安排，其实并没有答案"。(3) 仅仅从微观个体成本与收益理性计算出发分析整体的内部控制制度变迁效率，就会面临集体理性与个体理性的冲突，以至于用意识形态和文化的差异说明制度变迁差异性与多样性的最终决定性因素，从根本上颠倒了社会存在与社会意识的关系，忽视了内部控制制度变迁的物质基础性。我们认为，从涉及的领域看，内部控制效率是生产和交易领域互相促进和影响的效率；从涉及的时间看，内部控制效率是短期的静态配置效率和长期的动态变迁效率在时空转换的效率；从理论基础看，内部控制效率是微观各责任主体互动形成的一种企业内部整体效率。所以，对内部控制效率的分析应结合生产和交易领域，从短期和长期的时空转换出发，建立从微观各责任个体到企业整体目标实现的内部控制效率分析框架，才能形成对内部控制效率的较完整的认识。

二、基于合规监督视角的效率研究

合规风险（Compliance Risk）原本指的是：银行因未能遵循法律法规和监管要求（包括规则、自律性组织制定的有关准则，以及适用于银行自身业务活动的行为准则），而可能遭受法律制裁或监管处罚，从而导致重大财务损失或声誉损失的风险，这是一种因为经营主体自身原因主导性地违反法律法规和监管规则等而遭受的经济或声誉的损失。自2002年《萨班斯－奥克斯利法案》颁布以来，合规风险的概念已经从银行延伸到非银行类公司层面的内部控制风险。因此，随着合规理念的加深，更为广泛的合规风险定义为：在公司的内部控制和治理流程中，因未能够与法律、法规、政策、最佳范例或服务水平协定保持一致而导致的风险。而国际金融组织对合规的定义是：(1) 合规（Compliance），使公司经营活动与法律、管治及内部规则保持一致；(2) 与目标连用，具体指必须致力于遵守企业主体所适用的法律法规。

中外企业都经历了这样的合规风险。2001年底发生的"安然事件"等一系列财务丑闻，暴露了美国核查体系的严重缺陷，而上述核查体系原本是用来保护公众公司的股东、养老金受益人和雇员的利益，并保护美国公众对资本市场的稳定、公正的信心的，安然等一系列事件无疑严重动摇了公众对会计师行业的信心。作为我国最典型的金融案件，2004年的中航油新加坡公司，因陈久霖私自从事境外石油期权投资，造成5.5亿美元的巨额损失，被迫寻求重大债务重组。创建于1864年5月的法国兴业银行（Societe Generale），在2008年1月因期货交易员杰罗姆·凯维埃尔在未经授权情况下大量购买欧洲股指期货，形成49亿欧元（约71亿美元）的巨额亏空，堪称史上最大的金融悲剧。1995年2月，在全球几乎所有地区都有分支机构、世界上最为老牌的银行——英国巴林银行，因期货首席交易员尼克·里森违规从事日经股票指数期货交易，造成损失达14亿美元，而从伦敦乃至全球金融界消失。在中国，随着2013年葛兰素史克中国行贿事件被揭露，合规管理在国内尤其是在跨国企业中得到了空前的重视，特别在医药行业的影响尤为广泛和持久。因此，外资背景的风险管理机构在中国的合规管理业务逐渐成为热门。中兴公司遭受美国调查更是成为2018年的焦点话题[①]。美国有关部门对中兴通讯启动调查前，公司并没有认识到问题的严重性，没有采取相应的应对措施。其实，公司法务部在2009年就预计公司将在出口贸易中面临风险，曾在2011年8月25日向公司领导层提交了《关于全面整顿和规范公司出口管制相关业务的报告》，后来又应领导要求制定了《进出口管制风险规避方案》。可惜这两个文件没有得到落实，更让人唏嘘感叹的是这两份文件落入美国政府手中，成为中兴有意规避美国出口管制政策的证据。2012年3月，美国德克萨斯州法院最先给中兴通讯在美国的子公司发出传召函，针对中兴通讯立案调查。2012年收到传召函后，中兴内部曾经存在主战和主和的两派。最终"主战派"占了上风，并在2013年11月，中兴明知道美国正在调查，仍不惜代价恢复和相关国家交易。对美方监管机构而言，这相当于一方面谈和解，一方面顶风作案，使其落下中兴不诚信的印象。更不能想象的是，2014年，中兴通讯公司一位高层管理人员去美国时在机场被扣下来检查，美方在其电脑里面发现了涉及"规避方案"的两份文件。这两份文件最终成为美方指控中兴违规的最重要的证据。2016年中兴公司向美国政府提出和解，美国政府聘用第三方进驻中兴调查。但在调查的过程中美方十分不信任中兴公司。最终，美国政府对中兴提出的三项指控不仅包括串谋非法出口，还包括阻挠司法以及向联邦调查人员做出虚假陈述，并据此判决中兴支付约8.9亿美元的刑事和民事罚金。此外，美国商务部工业与安全局还有可能对中兴通讯索取3亿美元罚金。

从合规性监管发展的历史角度看，1992年Treadway委员会发布的《内部控制——整体框架》（Interna Control—Integrated Framework）报告，即通称的COSO报告，就已经提出了内部控制的合规概念。COSO报告提出内部控制是用以促进效率，减少资产损失风险，帮助保证财务报告的可靠性和对法律法规的遵从。COSO报告认为内部控制有如下目标：经营的效率和效果（基本经济目标，包括绩效、利润目标和资源、安全）、财务报告的可靠性（与对外公布的财务报表编制相关的，包括中期报告、合并财务报表中选取的数据的可靠性）和符合相应的法律法规。美国国会在2002年出台了《萨班斯—奥克斯利法案》，该法案为公众公司的外部审计师们创建了一个广泛的、新的监督体制，并将对财务报告的内部控制作为关注的具体内容。国会不仅要求管理层报告公司对财务报告的内部控制，而且要求外部审计师证实管理层报告的准确性。根据萨班斯法案第404节条款以及美国证券交易委员会（SEC）的相应实施标准，要求公众公司的管理层评估和报告公司最近年度的

① 直到2016年，中兴通讯才如梦初醒，真正意识到合规风险给企业带来的巨大风险，并将合规管理提升到新高度。并在2016年在组织架构上设立了由CEO领导的"合规管理委员会"，将合规职能与法律部门分离，并于2016年11月聘请美国合规专家担任中兴通讯的首席出口合规官和法律顾问。恪守商业道德、遵守业务开展所在国的法律法规是中兴通讯在全球合规经营的基本原则。中兴通讯所有管理人员及员工须严格遵守业务开展所在国的法律法规、行业惯例和高标准的道德要求。中兴通讯对于任何违法违规及违反商业道德的行为"零容忍"。公司发布了《中兴通讯商业行为准则》，作为管理层及普通员工的基本行为规范。除此之外，公司还针对多个具体的业务领域发布了专门的合规政策与合规流程，以指导管理层及员工在业务活动中的具体行为。中兴通讯坚持"合规创造价值、合规人人有责"的理念，对公司上至高层下至普通员工开展了多种形式的合规宣贯与培训，塑造了良好的合规环境与文化。此外，公司建立了完善的合规稽查机制，并依托举报电话、邮箱及IT系统，为员工、客户、供应商及合作伙伴提供安全、匿名和保密的投诉举报及信息沟通平台。本部分资料来源 http：//www. sohu. com/a/228756961_116132，有兴趣的读者可以阅读《中兴的"流血"教训》等相关文献资料。

财务报告的内部控制的有效性。2004 年 3 月 9 日，PCAOB 发布了其第 2 号审计标准——与财务报表审计相关的针对财务报告的内部控制的审计，并于 6 月 18 日经 SEC 批准。SEC 对该标准的认同等于从另外一个侧面承认了 1992 年 COSO 公布的《内部控制——综合框架》（也称“COSO 内部控制框架”）。这也表明 COSO 框架已正式成为美国上市公司内部控制框架的参照性标准。在中国，2010 年 4 月 26 日，财政部、证监会、审计署、银监会、保监会等五部委联合发布了《企业内部控制配套指引》。该配套指引包括《企业内部控制应用指引》《企业内部控制评价指引》和《企业内部控制审计指引》，连同此前发布的《企业内部控制基本规范》，标志着适应我国企业实际情况、融合国际先进经验的中国企业内部控制规范体系基本建成。为确保企业内控规范体系平稳顺利实施，财政部等五部门制定了实施时间表：自 2011 年 1 月 1 日起首先在境内外同时上市的公司施行，自 2012 年 1 月 1 日起扩大到在上海证券交易所、深圳证券交易所主板上市的公司施行；在此基础上，择机在中小板和创业板上市公司施行；同时，鼓励非上市大中型企业提前执行。这一套控制规范被称为中国的“萨班斯法案”，自正式实施之日起，执行企业内控规范体系的企业，必须对本企业内部控制的有效性进行自我评价，披露年度自我评价报告，同时聘请具有证券期货业务资格的会计师事务所对其财务报告内部控制的有效性进行审计，出具审计报告。注册会计师发现在内部控制审计过程中注意到的企业非财务报告内部控制重大缺陷，应当提示投资者、债权人和其他利益相关者关注。这些法案的推出，让公众公司面临新的合规监管要求。合规管理部门需要在公司的内部控制和治理流程中，保证企业的经营行为能够与法律、法规、政策、最佳范例或服务水平协定保持一致。而若在经营中不符合必要的标准，公司可能将面临被罚款、要求赔偿等风险，降低公司价值，影响声誉及商业机会。可见，合规管理具有三个维度：一是规制，即遵守公司总部所在国和经营所在国的相关法律法规和行业准则；二是规则，即遵守公司内部规章制度，包括企业价值观、商业行为准则；三是规范，即遵守公司内部的规范流程，包括职业道德规范。强化合规管理，就要从这三个层次上探索创新。在这三个层次中，遵守法律法规及行业准则对企业来说是必须满足的硬性要求。“萨班斯法案”“COSO 内部控制框架”以及国内的“企业内部控制配套指引”均对企业合规做了严格要求。

很多人都认为上述合规悲剧产生的原因在于，权力尤其是董事会和高管层权力失去了监督与制约，缺乏有效的内部控制制度，内部控制系统存在功能残疾（不能“防止”，虽能“发现”但迟迟不能“纠正”），比如内部管理不善。缺乏风险防范机制；金融交易所存在监管漏洞；过度从事期货投机交易等。但是，这些问题的根源在哪里呢？我们认为，导致企业合规风险案件发生的根本原因是内部控制的根基不牢，控制环境不佳，尤其是与内部控制制度设计具有紧密联系和重要影响的企业组织结构与信任水平存在重大问题。在组织结构方面，包括高层组织结构（股东会、董事会等）和执行层组织结构（中层、基层组织结构）形同虚设，组织构架设计不适当，结构层次不科学，导致企业缺乏科学决策和运行机制，难以实现发展战略和经营目标。比如中航油集团公司案件，既没有督促中航油建立富有实际效力的内部控制制度，也无法有效控制境外上市子公司的行为（韩婷和俞春江，2005）；同时事件的关键人物陈久霖身兼公司总裁和集团副总经理，这种人事安排导致公司治理结构非常混乱，使得中航油集团在履行代理人义务和委托人权利时存在角色冲突，股东会、董事会、管理层三者合一、三位一体的内部人控制的种种缺陷暴露无遗。在信任水平方面，尽管形式上集团向中航油董事会派驻了四名人员，但实际上，集团公司基于对陈久霖个人能力和成就的信任，使得陈久霖成为集团公司派驻中航油的全权代表和实际监管者，监管者和被监管者合一，形成“自己监管自己”的局面；在经理层面，陈久霖两次调开集团派驻的财务经理，从当地另聘财务经理，只听命于他一人。“信任过度”与“信任不足”同时并存，因而不论在决策、监管层还是在经理层，都没有形成实质上的权力制衡。而任何不受约束的权力必然使得一切内控制度失效，必然带来极大的风险。

进一步分析，我国企业内部控制理论研究与实践架构都存在值得完善的地方。就内部控制实践看，我国企业并不缺少内部控制的相关制度，问题在于制度设计与执行实践中只是简单地局限于内部控制的制衡与牵制领域，缺少了内部控制作为信任机制这一本质特征的理论把握与设计实践的嵌入，因而在内部控制制度设计时忽略了信任与组织结构共生互动特征，缺少将信任、组织结构、风险与内部控制制度设计进行关联匹配，既忽略了内部控制作为一种信任机制方面的重要作用，忽略了信任水平对于内部控制的重要价值，也忽略了组织结构与风险水平对于内部控制的重要影响，以至于权力制衡的良好愿望落空，内部控制失效。尤其是信息及其沟通存在重大问题，信息不畅、沟通滞后，既无法及时了解业务的进展情况，更无从掌握业务活动中隐藏的风险，不重视信息在控制系统中的基础地位。就内部控制理论而言，现有内部控制研究大多简单地把内部控制作为一种权力制衡控制系统或者牵制制度系统看待，要么侧重于研究内部控制模式的划分及其影响因素的分析，要么只是单纯从组织行为学或者心理学的角度对企业组织结构问题进行一般定性分析，很少将内部控制这个权力制衡系统背后所蕴含的组织架构、信任水平和作用机制有机地联系起来研究。也就是说，现有理论研究的共同问题在于忽略了内部控制有效运行的重要前提，事实上组织结构和信任水平（实际上隐含着风险）才是制衡权力的基础，良好的控制必须首先解决好组织结构与信任水平问题。知识共享体系下内部控制的实质是，在一定的组织结构下，按照业务发展和运行逻辑关系进行的制度安排，以保证企业运营的效率、保护企业资产、确保财务报告的可靠性以及企业对法律法规的遵循等目标的实现，从而提高内部控制的功效和质量。合规性风险，是企业内部风险控制中的重要目标之一。合规性风险不仅仅是企业持续发展的重要前提，更是企业树立行为标准、文化、价值观的基本内容。任何1%的疏忽，都可能导致100%的损失，哪怕一次小小的违规，都可能带来终身悔恨。有效的合规管理有助于企业应对不确定性、风险和机会，有助于保护和增加股东价值，降低未预期损失和声誉损失的可能性。

三、基于契约视角的效率研究

企业作为不同类型的资源所有者参与组成的一系列契约组合，存在明显的不完备性和代理问题，而内部控制就是一种产生于企业内部经营（管理）者和企业雇员之间的不完备契约和委托代理关系的持续均衡利益关系的治理装置，其关注的是企业所面临的、影响企业目标实现的风险或威胁，希望能够通过提高或保证内部控制系统质量实现管理者自身风险/预期收益组合的最优化。契约经济学认为企业是一系列不完备契约的集合，内部控制就是为了在取得低交易成本收益的同时弥补企业契约的不完备性，以降低企业交易成本的契约机制（刘明辉和张宜霞，2002）。然而，现有内部控制研究文献大多简单地把内部控制作为一种控制系统或者制度系统看待，单纯注重内部控制的权力制衡这一传统理论基点，很少研究这个系统背后所蕴涵的作用机理，特别在内部控制的治理逻辑方面缺少深入和系统的研究，典型表现在以下两点：首先，缺少研究内部控制作为企业内部一种重要合作机制存在的前提和目标指向，从而模糊了内部控制作用机理的信任基础，进而影响企业内部控制层级划分、责任授权和控制组织的再造。企业内各责任单位诚信的缺失使内部控制的执行失去了重要的根基，因而执行效果不佳。我们认为，内部控制合作的前提是信任，通过合作以降低企业内层级之间的不确定性并最终达到合理保证企业经营管理合法合规、资产安全、财务报告及相关信息真实完整，提高经营效率和效果，促进企业实现发展战略等总体控制目标。企业内部控制正是通过长期导向的组织内部合作关系，从而为企业带来合作利益（Doney 和 Connon，1997），并且提升企业的长期绩效（Kalwani 和 Narayandas，1995）。组织内的相互合作，共享彼此独特的能力要素及资源，可以创造出竞争优势，并产生更高的合作利得（王雎，2006）。其次，缺少研究内部控制作为一种内部契约以及在契约视角下对于交易成本的关联性，从而忽略了内部控制设计以及运行的成本效益分析，尤其是不同授权机制下内部控制的治理逻辑分析，进而影响了内部控制合谋问题的防范，影响了内部控制的激励与约束功能作用的发挥。我们认为，一方面内部控制具有契约属性的不完备性，内部控制契约尽管要对目标、总的原则、遇到情况时的决策规则、分享决策权以及解决可能出现的争议的机制等达成协议，但显然无法事前预期各种可能发生的情况，并对各种情况下缔约方的利益、损失都做出明确规定；另一方面，内部控制契约又必须以简约的方式，规范公司各利害相关者的关系，约束和激励他们之间的交易，以实现公司交易成本的比较优势。因此，研究内部控制契约的交易成本就显得特别重要，实现在取得低交易成本所带来的收益的同时尽量弥补契约的不完备性，又通过合理科学的内部控制授权机制防范合谋风险以达到激励与约束的相容。

对于任一问题的探讨都需要借助一定的思维工具，对内部控制本质的研究也不例外。从制度经济学角度来看，内部控制作为一种制度安排，或者说企业这种制度安排的组成部分，具有特定的功能，主要表现在降低企业内部的交易成本、补充企业不完备契约。这不仅是因为借用经济学的理论使分析较为透彻和深入，而且是因为该理论是自科斯打破新古典经济学将企业视作“黑箱”假设之后，已经成为研究企业内部结构和关系问题的先导。随着时间的推移，我们发现，内部控制的理论和实务总是在不断发展，它所表现出来的形式和内容也会随着时间和空间的变迁而有所不同，并且还将继续变迁和演进下去，但唯有隐含在深处的本原才是其根本属性和发展的最终动力。什么是促进和推动内部控制发展的本质，很多学者都曾试图探讨内部控制的这一核心问题，但大多认为降低企业内部的交易成本、弥补企业契约的不完备性是其产生和发展的本质（刘明辉等，2002；戴彦等，2005；周密等，2006）。笔者非常赞同这种观点，但是对所构建的内部控制体系缺少对所有者和经营者以及他们的行为进行深入思索，这样的内部控制体系运行效果如何，无法给出定论，至少在理论研究上是值得商榷的。

现代企业理论的一个核心观点是，企业是一系列（不完全）契约（合同）的有机组合（nexus of incomplete contracts），是人们之间交易产权的一种方式。企业是不同的要素投入主体之间组合的一组契约，这组契约可能是显性的，也可能是隐性的。不同的要素投入主体可能拥有不同的偏好、资本、技能、信息和禀赋，理性的要素拥有主体参与到企业的契约中，向企业贡献自己的资源，以试图从企业的运营中获得回报。这组契约治理着企业发生的各种交易，使企业内部发生的交易费用低于由市场组织这些交易时所发生的交易费用，但由于现实世界的复杂性、经济人的有限理性和机会主义的影响，这组契约通常又是不完备的，所以相对于市场而言，企业的契约是一种不完备契约。为了在取得低交易成本收益的同时弥补企业契约的不完备性，就需要在企业内部存在一个控制机制，来弥补企业契约的不完备性，以保证企业的正常运作和发展，这可视为企业内部控制的本质（刘明辉、张宜霞，2002）。

夏恩·桑德在《会计与控制理论》一书中根据企业的契约理论，结合会计和控制在实施契约组合中的功能，考察了会计的五个重要职能①。我们认为，会计的这五个职能恰恰说明了内部控制的重要性和必要性。企业就像一个大舞台，理性的要素投入主体参与到企业的契约中，向企业贡献自己的资源，但要素投入主体彼此之间存在着复杂的契约关系，内部控制作为企业契约机制的重要组成部分，要对要素投入主体投入企业的资源及其应获得的利益予以正确计量。内部控制使得由企业编制并公开的财务报告具有很强的可靠性，企业通过实施内部控制合理保证了要素投入主体所需要的会计信息的真实性和完整性，因而保证了对各个要素投入主体的投入和收益的正确计量②。当内部控制对要素投入主体的某些投入和收益不能直接计量时，就产生了企业契约监督权和剩余索取权的配比问题，此时内部控制也表现为一组内部契约关系，它通过对企业内部剩余控制权和剩余索取权的合理安排，使得内部控制不能直接计量的贡献投入和应获收益得以顺利计量。

我们认为，不管如何理解内部控制制度，其功用都在于：在资源稀缺、竞争激烈的企业环境中，如何来设定内部控制主体的行为规则，如何来调整内部控制主体的行为规范，以至于企业的各种经济活动能够顺利地进行，以至激励与约束企业内部经济交易中的各种行为，减少不确定性，节约交易成本。从这一意义上说，内部控制就是企业内部各个控制主体之间为实现作为专业化结果的交换收益，因而使其财富最大化而做出的合约安排，其本质属性是一种持续均衡利益关系的契约装置③。也就是说，内部控制的合约关系规定了每个控制主体在交易关系中的权利与义务，界定了控制主体在交易关系中可以做什么与不可以做什么，谁违反了这些规则应该受到怎样的惩罚或补偿，以及衡量控制主体是否违反这些规则的标准。

内部控制是基于企业内部产权契约衍生的私人合约的一部分，由于有限理性（Simon，1978；Kahneman 和 Tversky，1979）以及交易成本，契约是不完备的（Grossman 和 Hart，

---

① 参见（美）夏恩·桑德，方红星等译，《会计与控制理论》，第 1 版．大连：东北财经大学出版社，2000，19－20。

② 我国企业内部控制规范——基本规范（征求意见稿）提出了内部控制的五大目标，并且特别强调指出，有义务对外提供财务报告的企业，应当确保财务报告及管理信息的真实、可靠和完整。

③ 夏恩·桑德在《会计与控制理论》（方红星等译，东北财经大学出版社，2000，第 3 页）一书的开头就开宗明义地指出：组织内的控制是参与者利益之间的持续的平衡或者均衡。内部控制就是这样一种典型的组织内控制。

1986)，致使内部控制的演化呈现出“点状均衡” (Stephen Jay Gould，1977；Niles Eldredge，1977)[①]。即在内部控制制定或修订的那一时刻，内部控制是静态的相对完备的，之后，随着情势的变化，内部控制就呈现滞后性而显示出动态的不完备性。在估计修订的收益大于成本的前提下再进行修订，从而又呈现出相对的完备性，如此不已[②]。这就意味着，处于这个过程中的我们，只能追求其相对真理性的认识（因为绝对真理性认识是一个没有终点的过程）。同时，由于制度的自增强机制（Brain Arthur，1988)，使得制度的演进具有路径依赖（path dependence)，进而在企业系统内部形成内生性制度安排机制及治理结构。于是，“点”状内部控制的持续不断，就形成内部控制的动态变迁。

内部控制理论要想真正实现革命，就必须有一个涵盖整体并且简单而又综合的框架，其中必须包括内部控制活动的所有重要方面。笔者认为，考察内部控制制度在企业契约中的作用对于达到上述目的是很有必要的。内部控制制度在弥补企业这个不完备契约中的作用至少还可以用简化的博弈模型进行进一步的说明和分析。

综上所述，由于内部控制是为了正确计量所有要素投入主体的收益而产生的，我们从这一思路出发，在信息不对称的条件下，将全体要素拥有主体分为两方，一方是离企业“更近”的内部财务信息拥有者，包括企业的经营者（主要是董事会和经理层）以及处于“囚徒困境”中的企业员工；以剩下的离企业“较远”的要素投入主体为另一方，包括股东、债权人、顾客、供应商以及作为征税者的政府[③]。我们想要了解各个要素投入主体的特征、可能的行动和战略空间、支付函数并不难，而且在这两方的博弈中，每一个要素投入主体的行动是同时的，至少一个要素投入主体在判断内部控制对其他要素投入主体的控制是否确实有效时，他（她）通常是不得而知的，也就是不能准确判断其他要素投入主体是否在攫取额外租金，最多也只是知道内部控制能有效实施的可能性有多大。因此，在这里我们只假设经营者的行动简化后只存在以下两种：(1) 在内部控制有效实施时正常的寻利行为；(2) 在内部控制不能有效实施时非常的寻租行为（攫取额外租金）。他的战略是最大化自己所能获得的经济利益。其他要素投入主体与经营者存在明显的互斥关系，他的行动简化后也是两个：(1) 没有投入人力物力导致内部控制不起作用；(2) 投入人力物力实施内部控制使内部控制起作用。由于此时其他要素投入主体具有共同的利益，所以他们能成为一个整体，其战略也是最大化自己所能获得的经济利益。

假设全体要素投入主体总体真实的经济利益为1，经营者正常的寻利行为可以分享的经济利益为A，其非常的寻租行为可使其直接增加的经济利益为B，其他要素投入主体投入人力物力实施监督致使内部控制有效实施的总成本为C，并且假设只要其他要素投入主体实施监督，内部控制就能起作用，就一定能发现寻租行为，假设一旦发现给予的处罚为

---

① COSO框架提出内部控制的本质是“合理保证”特定目标的过程，强调内部控制应该是一个与企业的经营管理过程相结合的“动态过程”，内部控制的有效性也只是“过程”中某个时点上的一种状态，是一个不断发现和解决问题的循环往复的动态过程。

② 其实不难发现，政府与企业的关系实质上包括两种不同的内容：一种是作为征税者的政府，另一种是作为社会管理者的政府。因此，很难把作为社会管理者的政府也说成是企业的要素投入主体。笔者在写作分析以及后面博弈分析建模过程中参考了王竹泉（2003）的研究成果。

③ 其实不难发现，政府与企业的关系实质上包括两种不同的内容：一种是作为征税者的政府，另一种是作为社会管理者的政府。因此，很难把作为社会管理者的政府也说成是企业的要素投入主体（王竹泉，2003）。

D。其对应不同的战略组合支付矩阵如表 1－1 所示。

表 1－1　　内部控制作用下的其他要素投入主体对经营者博弈支付矩阵

经营者＼其他要素投入主体整体	没有投入人力物力导致内部控制不能有效实施	投入人力物力导致内部控制能有效实施
在内部控制有效实施时正常的寻利行为	A，1－A	A，1－A－C
内部控制不能有效实施时非常的寻租行为	A＋B，1－A－B	A＋B－D，1－A－B－C＋D

这里，我们必须假设用 P 表示经营者在内部控制有效实施时正常寻利行为的概率，而对应的用 K 表示其他要素投入主体实施监督的概率，结合模型给出经营者在内部控制不能有效实施时的非常寻租行为的概率 P，其他要素投入主体选择监督投入人力物力致使内部控制有效实施（K＝1）和选择不监督不投入人力物力致使内部控制不能有效实施（K＝0）的期望收益分别为：

$$R(K=1)=(1-A-C)\times(1-P)+(1-A-B-C+D)\times P$$
$$=1-A-C+(F-B)\times P$$
$$R(K=0)=(1-A)\times(1-P)+(1-A-B)\times P$$
$$=(1-A-B)\times P$$

当 $R(K=1)=R(K=0)$时，可得 $P^{*}=C/D$

我们可以分析得出，当经营者在内部控制不能有效实施时的非常寻租行为的概率等于 C/D 时，其他要素投入主体选择投入人力物力致使内部控制有效实施和选择不投入人力物力致使内部控制不能有效实施所能获得的期望经济利益是相同的，理论上分析，此时的其他要素投入主体随机地选择投入人力物力致使内部控制有效实施或不投入使其不能有效实施。当经营者在内部控制不能有效实施时的非常寻租行为的概率大于 C/D 时，对应的其他要素投入主体选择投入人力物力致使内部控制有效实施的期望收益就会大于选择不投入人力物力致使其不能有效实施的期望收益，因此，其他要素投入主体必定会选择投入要素监督使内部控制能有效实施；同样，当经营者在内部控制不能有效实施时的非常寻租行为的概率大于 C/D 时，则其他要素投入主体的选择投入人力物力致使内部控制有效实施的期望收益就会小于选择不投入人力物力致使其不能有效实施的期望收益，因此，其他要素投入主体的最优选择就是不投入要素监督从而致使内部控制不能有效实施。

同理可得，给定其他要素投入主体选择监督投入人力物力致使内部控制有效实施的概率 K，经营者在内部控制不能有效实施时选择正常寻利行为（P＝1）和在内部控制不能有效实施时选择非常寻租行为（P＝0）的期望收益分别为：

$$S(P=1)=(A+B)\times(1-K)+(A+B-D)\times K$$
$$=A+B-D\times K$$
$$S(P=0)=A\times(1-K)+A\times K=A$$

当 $S(P=1)=S(P=0)$时，可得 $K^{*}=B/D$

同样我们可以分析得出，给定其他要素投入主体选择监督投入人力物力致使内部控制有效实施的概率等于 B/D 时，经营者随机地选择正常寻利行为还是非常的寻租行为；当其他要素投入主体选择监督投入人力物力致使内部控制有效实施的概率大于 B/D 时，经营者随机选择非常寻租行为的期望收益就会小于选择正常寻利行为的期望收益，因此，经营者必定会选择正常寻利行为；当其他要素投入主体选择监督投入人力物力致使内部控制有效实施的概率小于 B/D 时，营者随机选择非常寻租行为的期望收益就会大于选择正常寻利行为的期望收益，因此，经营者的最优选择就是非常寻租行为。

把上述两者结合起来，则这一问题的混合战略纳什均衡就是：$P^* = C/D$，$K^* = B/D$，即其他要素投入主体以 B/D 的概率选择监督投入人力物力致使内部控制有效实施，而经营者以 C/D 的概率选择非常寻租行为。

通过以上分析我们可以发现，其他要素投入主体作为整体投入人力物力对经营者进行监督致使内部控制有效实施的博弈的纳什均衡与经营者选择非常寻租行为所能增加的经济利益 B、一旦被发现给予的处罚为 D，以及其他要素投入主体作为整体投入人力物力致使内部控制有效实施的总成本 C 有关。显然，当内部控制有效实施的总成本 C 越高，对非常寻租行为的惩罚 D 越轻，则均衡解要求的经营者选择非常寻租行为的概率 P^* 就会越高，这意味着其他要素投入主体的选择越偏向于不投入人力物力进行监督，内部控制很有可能不会有效实施。反之亦反之。

上述结论的意义在于：(1) 经营者选择非常寻租行为能够增加自身经济收益，则内部控制的有效实施需要其他要素投入主体投入的人力物力的总成本也应该越高，否则，经营者铤而走险的可能性就会比较大。极端情况是，如果经营者选择非常寻租行为能够增加的经济收益 B 大于所受到的惩罚 D 时，经营者必定选择攫取属于全体要素投入主体的经济利益。(2) 内部控制的有效实施需要其他要素投入主体投入的人力物力的总成本 C 越高（意味着发现经营者非常行为的难度越低），则对经营者选择非常寻租行为的处罚 D 也应越高，否则，内部控制很容易就流于形式。极端情况是，如果其他要素投入主体投入的人力物力的总成本 C 大于对经营者选择非常寻租行为的处罚 D 时，其他要素投入主体投入肯定不会选择投入人力物力，相应的内部控制注定要失效。

通过以上的博弈分析可见，一方面，如何对企业的经营者（主要是董事会和经理层）以及处于"囚徒困境"中的企业员工进行有效监督致使内部控制有效实施以将其机会主义行为控制在合理范围内成为其他要素投入主体的首要问题。在其他要素投入主体选择投入人力物力进行监督致使内部控制有效实施、经营者选择正常寻利行为博弈均衡的情况下，迫切要求其他要素投入主体不仅要通过公开的财务报表获得所投入要素企业经营情况和经营成果方面的信息，同时还需要获取有关经营者侵害度（攫取额外租金的程度）的相关信息。站在维护相对于距离企业较远的其他要素投入主体的正当利益公平的角度对内部控制设计的合理性和执行的有效性做出评价将成为其他要素投入主体防止侵害的有效救济手段。这时，其他要素投入主体成为内部控制体系的外部需求主体。

另一方面，柠檬（次品）市场均衡的存在迫使经营者主动成为有关侵害信息的提供者。冯根福（2004）的研究表明，在经营者实现自身效用最大化的情况下，上市公司期望价值与经营者掠夺的租金成反向关系（许心霞和王学军，2007）。也就是说，经营者对其他要素投入主体的恶意侵害不仅直接损害了其他要素投入主体的利益，而且将最终导致广大的潜在要素所有主体对企业失去信心，对所有企业的前景将会持怀疑观望的态度，极端情况是不对任何企业投入生产要素，最后将会使高质量无侵害行为的公司价值受到损害，经营者的利益必然也要受到损失。为了避免两败俱伤局面的出现，高品质的公司就会向外部其他要素投入主体传递有关企业内部控制评价体系优良的动机和现实需要，经营者也由此成为内部控制体系的内部的需求主体①。

综上所述，内部控制通过明确企业内部各成员的职责，以及制定各种交易规则，保护相对于企业距离较远的一方正当利益，同时对交易的另一方进行监督，最大限度维护了企业内部交易的公正和公平，内部控制系统通过对组织内部的资产专用性交易制定日常的交易管理制度，减少了博弈的数量和频率，大大降低了企业内部的交易费用。建立有效的内部控制体系是所有要素投入主体之间经济利益博弈的必然选择。

四、基于产权视角的效率研究

梅加（Maijoor，2000）将内部控制的研究分为审计学视角、经济学视角和组织理论视角三个部分，而现有关于内部控制制度效率的文献尽管提法不一，研究角度各不相同，但是其共同的特点都是从产权角度出发。从产权经济学的角度，认为企业是人们之间交易产权的一种方式，但是由于现实世界的复杂性、经济人的有限理性和机会主义的影响，使人们之间交易产权存在较大风险，内部控制就是为了降低内部产权交易风险而建立的一个风险监管机制。其主要的局限包括：（1）单纯注重内部控制实现战略、经营、财务和法规四大目标的基础效率，忽视对企业价值增值和持续成长等终极效率的关注，即在取得低交易成本的同时为弥补公司契约的不完备性、降低代理成本从而创造企业价值、促进企业成长。本书的理解是：当把以风险管理为核心、以企业战略为导向的企业内部控制引入企业整个管理系统，并且与公司治理等一并作用于企业运行之后，内部控制为公司增加价值和企业成长的逻辑内涵是（杨忠智，2007），在一定的资源基础上，在组织内部建立相关的能力体系，将包括投入要素、生产手段、市场策略、产业机会等多种资源有效地整合在一起，从而建立起公司稳定盈利的基础，提高公司所拥有的资源创造收益水平，其特点表现在两方面：一是内部控制增加价值是通过保证会计信息的真实性和准确性、有效防范公司经营风险、维护财产和资源的安全完整、促进公司的有效经营来实现的；二是增值结果的形式具有无形性、潜在性和长效性。增值结果除少数外（如增收节支的结果），一般难以用数字计算，多数迅速转化为管理成果，最终以"盈余质量改善、风险降低、信息渠道畅通、管理水平提高、企业成长性好"等形式表现。（2）现有文献分析的重点放在实现产权的效率安排这一问题上，而保持权利的有效率的跨时配置和保障合同义务得到满意履行这一更深层次的问题却被忽视（菲吕博顿等，1998）。这种逻辑思路与产权理论乃至现代企业理论的研究思路是内在一致的。现代企业理论将交易作为分析的基本单元，在假定其他条件不变的情况下追求如何使交易所产生的成本最小化，是一种典型的"效率至上"

① 在写作过程中参考：许心霞，王学军．双重委托代理下的治理策略与内部控制．会计研究，2007（2）：59－64。

观。企业作为各生产要素所有者进行要素交易的产物，要达到效率最优，必然要求各项要素交易产生的成本最低，而能够决定交易成本水平的因素在排除交易者能力上的差别外就只能是所交易的要素本身性质上的差别了。然而，近年来越来越多的研究经济组织的学者对产权理论乃至现代企业理论的“效率至上”观提出了质疑，这其中尤以一些研究企业竞争战略的管理学者的观点最具代表性。例如尼古莱·J. 福斯（1998）就曾指出：经济组织的演进并不一定仅仅取决于交易成本节约，在动态的环境变化中经济组织更多的是从效益优势中获得存在和发展的依据；现代企业理论这种只重“效率”不重“效益”的分析方法往往会忽略各种经济组织间一些基本的、可以相互区别的特征，从而无法对其进行深入的理解（Nicolai，1996a，1996b；Hodgson，1998）。因此，应该将经济学中的现代企业理论与战略管理中的资源观相互融合，才能对企业内部控制的本质和组织行为效率做出更为全面、透彻的分析。首先，缺乏产权尤其是控制权配置制度对企业内部控制效率的影响。按照对产权内涵的理解，产权最终应当体现为对企业的收益享有权以及与收益有关的控制权。合理的产权制度是个人激励的决定性因素，是促进企业资源有效配置的重要因素，具有巨大的保险功能和约束功能，因而合理的产权制度对提高企业内部控制的运行效率有着十分重要的作用。产权制度作为分配、行使有限资源管理权的结构（斯蒂格利茨，2000），在三个层面上支配着企业内部控制的效率（冯均科，2001），即从所有者角度看，产权制度支配着所有者对经营者的控制效率；从经营者角度看，产权制度支配着经营者对管理者的控制效率；从产权契约角度看，产权制度支配着管理者对员工的控制效率。现有的研究大多忽视了产权制度尤其是控制权配置制度对内部控制效率的影响。

与此同时，进一步从代理经济学的角度看，认为委托人与代理人之间存在信息不对称、目标不一致、利益不一致，具有机会主义倾向的管理当局总是以牺牲委托人的利益为代价使自己利益最大化。因此，建立健全内部控制制度既是管理当局降低与股东、管理当局与其下属高级管理人员、高级管理人员与低层级管理人员、员工之间的委托代理关系中代理成本的需要，是管理当局与股东之间达成的自我约束契约的一部分，同时也是管理当局与股东自我约束契约的必然延伸（李明辉，2002）。内部控制思想源于委托代理。由于委托人和代理人的利益经常不一致，所以，在委托人看来，代理人会做出非最优决策和出现投机行为；而在代理人看来，委托人约束自身行为的原动力不足（杜玉红，2006）。委托—代理是一对矛盾的统一体，它决定了内部控制在其本质上有与生俱来的缺憾：内部控制不可能消除一切滥用职权的可能性，而是创造一种为防范滥用职权而投入的成本与滥用职权的累积数额之比呈合理状态的机制（吴水澎等，2000）。更为重要的是，不管实施何种控制，都需要付出控制成本，如实施内部控制造成管理成本增高，则需对内部控制进行适当的调整和修改，这就会削弱内部控制效能的充分发挥，影响企业生产经营的效率。因此，在设计和实施内部控制时，企业必然要考虑控制成本与控制效果之比。当实施某项业务的控制成本大于控制效果而产生损失时，就没有必要设置控制环节或控制措施，这样某些较小错弊的发生就可能得不到控制。西方学术界在讨论内部控制时，都强调管理当局和审计师应该有“成本收益”意识，要求一个内部控制程序实施成本不应超过预期的效益。中国《企业内部控制基本规范》强调，企业建立和实施内部控制，应当遵循“成本收益原则”，COSO 也认为这是内部控制的原则（或者局限性）之一。COSO 报告指出，无论内部控制的设计和实施多么好，也只能合理保证实体目标的实现。基于此种认识，内部控制的成本不应比从中获得的利益大，这个观点就成为内部控制确立的原则，这个原则的产生源于这样一个假定：存在某种水平，超越这种水平后再增加另外的控制成本会超过价值，这个想法是要找到正确的平衡。

阎达五和宋建波（2000）认为，现代企业是以所有权和经营权相分离为主要特征的，而所有者和经营者都是企业的控制主体，因而可以将两者统称为双元控制主体。贺欣（2007）认为，企业内部控制制度作为系统的制约机制，可以划分为两个层次：第一个层次是从管理者角度出发，对生产经营过程实施控制；第二个层次是从所有者角度出发，对包括管理者本身实施监控的控制体系。尽管他们的提法略有差异，但对内部控制可以分为两个层次这个事实却是一致认同的。而分层的目的就在于认识各自的重要性和局限性。我们认为，相对于管理者对生产经营过程的控制这个层次而言，所有者对经营者的控制更难、更关键。其背后的原因是，经营者与所有者的利益目标函数存在差异，经营者的活动由于其固有的特殊性而难以监督，由此可能导致经营者在事实上控制着企业，这样经营者对生产经营过程的控制这个层次也可能违背所有者的意愿，整个内部控制彻底失效。基于此，我们得出以下观点：内部控制的两个层次中所有者对经营者的控制是根本，内部控制的固有缺失很大程度上应归因于这个层次，经营者对生产经营过程的控制这个层次只要设计得当通常能较好地实施。而所有者对经营者的控制成功与否关键在于企业剩余控制权和剩余索取权在两者之间的配置是否恰当。张维迎（1996）认为，企业的所有权指的是对企业的剩余控制权和剩余索取权。其中，剩余控制权指的是在契约中没有特别规定的活动的决策权，而剩余索取权则是指对企业收入在扣除所有固定的合同支付（如固定工资、利息等）的余额（利润）的要求权。进一步，张维迎认为剩余控制权的安排和剩余索取权的安排相对应，是理解全部企业制度（包括内部控制制度）的一把钥匙。同样，在内部控制建设中也必须贯彻剩余索取权和控制权相对应的原则，只有实现了这种对应，才会形成一种动态的内部制约机制，才能真正有效地起到控制的作用（刘明辉和张宜霞，2002）。从这个意义上说，内部控制治理本质上是一个关于企业剩余控制权安排的契约。

再从现代企业理论看，企业是生产要素所有者的结合。生产要素所有者按照分工、合作和专业化的原则组成企业，企业的目标是力求通过合作来追求组成企业的各要素所有者的利益最大化或尽可能降低利益摩擦导致的交易费用。但由于要素所有者作为一个群体出现在生产过程中，其努力和贡献难以计量且产生在技术上不可分等原因，就会导致机会主义的出现并对其他成员产生不良的影响。因此，在企业内部既有产权结构的基础上要设计一种制度来克服上述问题的产生。在这里，核心问题有两个：一是设计一种计量或监督机制，来衡量各要素投入的生产力；二是设计一种激励机制，使偷懒和“搭便车”者难以存在下去，即通过监督和激励机制以降低交易费用。阿尔钦和德姆塞茨（1972）认为，在一项联合生产中，始终存在偷懒问题，为解决此问题，就必须引进监督者来监督团队成员的行为，同时监督者应享有剩余索取权。因此，让企业中最具有信息优势、最重要、最难监督的成员拥有索取权，一方面，拥有剩余索取权是获得监督的动力源泉，自我监督的成本必定小于让外部监督者对其进行监督花费的成本，并可以减少代理成本；另一方面，获得剩余索取权享有剩余收益，而剩余收益的大小与其所提供的工作质量高低成正比，那么它就有最大的激励来监督、约束自身行为。

产权安排或制度安排的实质是对剩余控制权的配置[①]，现有文献对剩余控制权的分析只论述了剩余控制权配置的一个方面，即只注重交易过程而忽视了生产过程，所以这种剩余控制权理论无法说明剩余权益从何而来，什么因素对剩余控制权配置有决定性作用，也无法说明剩余控制权配置对企业分工乃至内部控制效率的影响（袁云峰和王峰虎，2003）。从剩余控制权的物质基础看，合同中的剩余利益来自于分工生产特别是内生分工的技术效率，因而内部控制权应配置给分工生产中效率最高的生产者，即具备内生比较优势的生产者。因此，无论从短期还是从长期的分工生产过程看，剩余控制权只有按分工演进的内在要求配置在具备比较优势特别是内生比较优势的生产者手中，才能使分工生产的内部控制效率达到最大。所以分工形成的剩余控制权配置是实现内部控制效率的核心。

我们认为，内部控制是企业内部各个控制主体之间为实现作为专业化结果的交换收益，因而使其财富最大化而做出的合约安排，其本质属性是一种持续均衡利益关系的契约装置[②]。当内部控制对要素投入主体的某些投入和收益不能直接计量时，就产生了企业契约监督权和剩余索取权的配比问题，此时内部控制也表现为一组内部契约关系，它通过对企业内部剩余控制权和剩余索取权的合理安排，使得内部控制不能直接计量的贡献投入和应获收益得以顺利计量。由于内部控制是为了正确计量所有要素投入主体的收益而产生的，所以研究企业内部控制的效率必须同时考虑物力资本和人力资本两个要素投入主体的不同特性。

因为人力资本的产权特性，使得人力资本所有者在交易过程中拥有两种剩余控制权，即作为人力资本使用者的形式剩余控制权（由于缔约的不完全性和人力资本与所有者的部分可分性而导致的，在契约限制范围之外人力资本所有者能够实施的对企业总剩余的控制权）与作为所有者的潜在剩余控制权（由于缔约的不完全性和人力资本与所有者的不可分性而导致的，在契约限制范围内人力资本所有者能够实施的对联合生产的控制权）。人力资本所有者对人力资本使用的主动性以及相关条件将影响非人力资本所有者对其财产以及联合生产方式的潜在剩余控制权，也会作用于企业的总剩余，形式剩余控制权便应运而生。

然而现有理论与实践单纯地从成本收益的角度看待和衡量内部控制，《企业内部控制基本规范》第六条提出了两个十分重要的概念：一是适应性，即内部控制应当合理体现企业资产经营规模、业务范围和特点、风险状况以及所处具体环境等方面的要求，并随着环境变化、业务调整、管理要求等不断改进和完善。二是成本效益，即内部控制应当在保证有效性的前提下，合理权衡成本与效益的关系，争取以合理的成本实现更为有效的控制。在市场经济条件下，任何一个经济主体在设计与实施内部控制活动时，都要考虑具体控制制度和控制行为在经济价值上的得失，以便对投入与产出关系有一个尽可能科学的估计。

---

① 现有对剩余控制权研究的文献可分为以下几大类，即：对剩余权益的剩余控制权利、对合同产生的剩余进行分配的决策权、剩余所有权等等。具体论述请见杨立岩．不完备合同与剩余控制权（J），财经科学，2001（2）：14－18。

② 夏恩·桑德在《会计与控制理论》（方红星等译，东北财经大学出版社，2000，第3页）一书的开头就开宗明义地指出：组织内的控制是参与者利益之间持续的平衡或者均衡。内部控制就是这样一种典型的组织内控制。

成本收益分析是一种量入为出的经济理念，它要求对未来行动有预期目标，并对预期目标的概率有所把握。内部控制效率的成本收益分析的前提是追求内部控制制度效用的最大化。存在值得进一步思考的问题：一是控制效益难以确切计量，建立和保持内部控制所发生的总成本也是难以确定的，二是决定内部控制质量的因素不只限于成本收益的比较，如果从制度资源和风险接受的角度考虑，内部控制的机制越严密，其成本越高，但对风险的防范能力越强，内部控制系统的质量也就越卓越。在理论界关于内部控制的导向有风险导向、价值导向、战略导向等各种不同的主张，就国内外内部控制的基本规范文件看，基本倾向于战略导向。其实，从内部控制的演变历程和核心价值取向可以知道，内部控制是为了实现战略而进行的一系列控制活动，是一种战略管理。那么，究竟内部控制这样一种趋于战略的管理控制活动的分析基础是什么？这不仅是完善内部控制框架体系的需要，也是有效执行内部控制、发挥内部控制应有作用的重要问题。

从新制度经济学的成本收益视角出发，关于内部控制制度的效率则大多从成本与收益的对比来解释，并且有两种表示方法：一种是假定内部控制制度所提供的服务或实现的功能为既定，则选择费用较低的内部控制制度是更有效的内部控制制度；另一种是假定内部控制制度选择的费用为给定，那么能够提供更多服务或实现更多功能的内部控制制度则是更有效的内部控制制度。可见，公司内部控制治理，从静态上看是一组治理机制有机组合构成的治理体系，从动态上看是具体的治理机制的实施与运行。无论是治理体系的构建，还是治理机制的运行，我们都需要花费成本，当然也应该取得治理效果（如减少了企业的代理成本，提高了企业的价值等），通常称之为治理收益。从成本收益的角度考察，最优的公司内部控制治理效率是在给定的治理成本条件下实现治理收益最大化，或者在给定的治理收益条件下实现治理成本最小化。从这个意义上看，内部控制治理效率的内涵可界定为治理收益与治理成本的比值。比值越大，表明治理效率越高；反之，则表明治理效率越低。也就是说，内部控制治理效率是指在既定的制度环境下，内部控制治理成本与内部控制治理收益的比率。衡量内部控制治理效率的标准，就是内部控制治理成本最小化或内部控制治理收益的最大化①。

---

①　内部控制治理收益就是指企业在实施了各种内部控制治理活动后引致的利益相关者增加的收益（效用）总和。若以 Ef_g 代表内部控制治理效率，用 i 代表引起各种内部控制治理收益的成因或方式（内部控制治理结构、内部控制治理机制或其组合），用 R_i 代表与引起不同内部控制治理收益的成因或方式相适应的参与人（利益相关者）的收益（效用），X 代表影响内部控制治理效率的环境因素（政府行为、法律制度、产权保护、市场化水平、信用体系、契约文化等），且在既定的内部控制治理环境中，一家公司的内部控制治理成本目标（$C * f_g$）给定，则内部控制治理效率最优化问题等价于内部控制治理收益最大化，用公式表示为 $MaxEf_{g=}$［$Max \{\Sigma R_i(X) \mid R_i = R_1, R_2, \cdots, R_n; X = X_1, X_2, \cdots, X_m\}$。内部控制治理成本是指内部控制治理主体实施内部控制治理活动所发生的成本总和，主要由以下几个部分构成：第一，治理的交易成本，指公司内部各责任控制相关主体在进行内部交易的整个过程中运用资源的成本，包括信息搜集成本、缔约成本、监督成本和强制履约的成本；第二，代理成本，即由于内部管理人员的利益冲突而导致的企业价值减少的绝对值；第三，治理结构的组织成本，指建立公司组织机关以及为确保这些权力机关正常运转所耗费的成本；第四，遵循成本或执行成本，即公司为执行正式制度所产生的成本，包括集体决策成本、风险承担成本、制度摩擦成本等。若以 Ci 代表各种不同的内部控制治理成本，其他符号同前，且在既定的内部控制治理环境中，一家上市公司的内部控制治理收益目标（R * fg）给定，则内部控制治理效率最优化问题等价于内部控制治理成本的最小化，用公式表示为 $MaxEf_{g=} Min \{\Sigma C_i(X) \mid C_i = C_1, C_2, \cdots, C_n; X = X_1, X_2, \cdots, X_m\}$。

五、一个简要的结语

信任需要制度来保证，同样，基于信任的制度才是好制度。“制度”与“信任”是一个人或者组织做好一件事必须具备的两个先决条件，前者给予指引，后者给予动力。制度的指引作用越强，个体及社会之间的信任度越高，如果失去制度的指引或道德的约束，信任必然收敛，因为谁也不愿意承担失去制度指引或道德约束的后果。所以，制度越健全的地方就越能盛行信任，制度观念越强的个人也就越值得信任。理顺了这种关系就能把制度作为信任的一个基础或支撑，增强对制度的认同和遵守力度。值得一提的是：在制度的制定、宣传、执行和检查的过程中不要把“人”作为主要针对对象，要把“事”或“岗”作为主要针对对象，对事对岗要强化制度的约束作用，对人要强化制度的指引作用。

理论上，信任起源的解释路径可分为文化解释论和制度解释论两类。前者认为信任植根于文化规范，涉及政治文化、社会资本、人际信任等社会文化环境；后者主要从理性选择假设出发，认为信任来自于对制度可信性的理性评估。文化主义社会学在解释社会现象时强调文化内涵的重要性。在认识人类集体行动时应该明白，行动不是个别独立发生的，而是在一个复杂的行动场域中和在相互关联的文化中进行的。文化解释论认为，信任植根于文化规范，并且在人们成长的早期社会化过程中形成，因而将信任的产生归结于文化作用的结果。组织对信任体系的态度、评价形成了不同的组织文化，就如托克维尔（2010）“心灵习惯”（habits of heart）所表达的，在社会中广泛传播的思想和行为模式，取自周围的文化环境而内化为个体行动的集体心灵。显然，不同的社会出产不同的信任文化。凡是将信任解释成文化现象的人，多半都认为信任作为本土文化的一部分具有社会遗传特征。福山（2001）就认为，信任来自“遗传的伦理习惯”，是本社会共享的道德规范的产物。信任作为文化的一部分，可能涉及道德、宗教和社会传统、意识形态等众多因素。英格尔哈特（2016）对几十个国家（包括中国）进行的三次“世界价值观调查”发现，受新教和儒家学说影响的国家比受天主教、东正教、伊斯兰教影响的国家更容易产生信任，这也佐证了文化解释论的有效性，信任作为一种文化是具有某种社会文化特征的。与文化解释论不同，制度解释论认为信任源于制度领域。从理性选择角度看，信任是人们对制度和政府绩效的一种理性评估。文化理论将信任视为内嵌于社会的代际相传的事物，而制度论却质疑信任的这种文化特征，认为信任只是制度绩效的一种反映，企业绩效决定了信任度的高低。信任首先来自于企业绩效，当企业的作为增加了经济绩效、提高社会责任、增加员工福利，制度运行获得了利益相关者的首肯，那么制度的可信性就会使人们信任增加，反之则减弱（Hetherington 和 Rudolph，2008）。

基于中国资本市场，基于信任视角的内部控制研究的另一个重要优势在于，我们可以有效观察到一些特殊的制度环境约束是如何影响薪酬契约的治理作用的。已有研究指出，除了能够低成本地观测到企业真实的业绩，且观测到的业绩指标能够真实、客观地反映高管人员的努力程度之外，薪酬契约的有效性还内生于其特有的制度环境（刘凤委等，2007）。新制度经济学强调，制度环境会对交易主体的行为产生影响，反过来又会影响交易所采用的契约形式，因此制度对企业交易行为与契约结构具有决定性的作用。而作为非正式制度存在的个体声誉或者交易主体间的信任程度，是维护契约、改变契约的重要因素。进一步而言，信任不仅是地区经济构建和运作的润滑剂，也是其繁荣发展的来源和标志，社会成员之间的信任乃是文化对经济的影响途径和表现形式，它直接影响甚至决定经济效率（福山，1998）。信任直接影响一个地区经济实体的规模、组织方式、交易范围和交易形式，以及社会中非直接生产性寻利活动的规模和强度（Knack 和 Keefer，1997）。张维迎等（2002）对信任和经济绩效关系的实证研究也表明，在信任度越高的地区，经济增长率及投资额度也越高。与西方发达国家不同，中国是一个典型的"关系本位"社会，人与人之间的信任关系源自独特的文化传统。韦伯（1995）指出，中国人之间的信任以血缘为基础，建立在私人关系和血缘关系上，不信赖外人，而且这种特殊的信任构成了一切商业关系的基石（福山，1998），但这种特殊性或狭隘性也妨碍了商业诚信的普遍发展（夏纪军，2005）。已有研究发现，在信任程度低的地区，企业更愿意选择本地少数供应商或客户构建关系型交易来降低交易成本（Kong，2011），并且关系型交易的建立意味着交易双方的相互依赖性不断增强，投资的资产通常具有较高程度的专用性，这些专用性资产又以独特的方式深深镶嵌于他们的合作和惯例中，进而促进企业绩效提升。

第二节　文献综述

有关内部控制的研究文献非常丰富，但是鉴于本专著的立足点在于考察内部控制缺陷及其修复的效率，因而，文献综述也主要围绕内部控制缺陷及其披露的影响因素、内部控制缺陷及其修复的经济后果以及内部控制的风险免疫功能等方面展开，在此基础上，给出研究内容的基本框架及其研究贡献。

一、内部控制缺陷及其披露的影响因素

现有的经验文献已经从企业层面的基本特征、会计政策和经营业务的复杂程度等角度对内部控制缺陷的影响进行了分析。Ge 和 McVay（2005）指出，较弱的内控通常与投入会计控制的资源不足有关；那些收益确认政策有缺陷、缺乏职责的分离、期末会计报告的程序和会计政策有误、不恰当的会计调整的公司更容易产生内部控制重大缺陷。Doyle 等（2007）认为那些规模小、成立时间短、盈利能力较弱、业务复杂、成长速度快或者正在重组的公司更有可能存在内部控制重大缺陷，进一步他们将内部控制缺陷按照严重程度分为公司层面的内部控制缺陷和会计账户层面的内部控制缺陷，存在公司层面缺陷的公司大多数是那些规模小、成立时间短和财务状况差的公司，而会计账户层面缺陷多发生在那些财务状况良好但业务复杂、经营多元化或者正经历着经营快速发展的公司。Ashbaugh 等（2007）研究了 SOX 强制审计之前的内部控制缺陷披露，发现那些经营业务比较复杂、组织结构刚刚发生变化、会计风险较高、独立审计师辞职频繁以及对内部控制系统投入较少资源的公司更容易产生内部控制缺陷。当前，关于内部控制缺陷披露影响因素的研究主要

是从公司层面的基本特征、高管个人特征、管理层权利、审计委员会、外部审计相关性等方面对内部控制缺陷披露的影响进行了分析。

基于公司层面的基本特征，Ge 和 McVay（2005）发现，公司内部控制重大缺陷的披露与公司业务复杂程度和外部审计单位的规模正相关，与公司规模和盈利能力负相关。Bronson 等（2006）研究发现那些规模较大、利润增长较快、审计委员会会议次数较多、机构持股比例较高、销售收入增长较慢的公司有更强的动机自愿披露内部控制信息。基于高管个人特征，Lin 等（2014）发现 CEO 持有更高的股权、有更长的任期以及更小的年龄的公司更可能披露其内部控制存在重大缺陷。

由于上述研究均是基于企业对外公布的内部控制评价报告展开分析，一些学者开始对内部控制评价报告的有效性提出质疑，进而引发了对内部控制信息披露中代理问题的关注。Gao 等（2009）认为 SOX 内部控制条款降低了小型上市公司的信息披露质量，使这些公司有意披露更多的坏消息和报告较低的盈余质量。Rice 等（2012）通过检验上市公司内部控制评价报告的有效性，证实了企业管理层在内部控制信息披露中存在机会主义行为。

从审计委员会的职能来看，审计委员会直接对内部控制制度的制定、内部控制设计的合理性和执行的有效性负责，从而审计委员会质量的高低直接决定了内部控制质量的高低。Krishnan（2005）发现审计委员会成员的独立性越强，专业水平越高，内部控制问题越少。Zhang 等（2007）认为，如果审计委员会有较少的财务专家，尤其是较少的财务会计专家和缺乏会计从业经验的财务专家，那么公司极有可能被发现存在内部控制缺陷。Hoitash 等（2009）发现，如果审计委员会的更多成员有会计和监管经验，那么企业披露其内部控制重大缺陷的可能性更低。Goh（2009）也发现，如果公司审计委员会的成员较多，并且其中非会计、财务专业背景的委员较多，那么内部控制重大缺陷修正的效率更高。Naiker 等（2009）研究结果也表明，原审计合伙人或者非原审计合伙人被聘请当审计委员会成员与内部控制缺陷发生的概率负相关。

SOX 法案的 302 和 404 条款要求管理层对其内部控制的设计和有效性进行评估，也要求审计师对公司财务报告内部控制的有效性进行鉴证。基于审计师变更的视角，Thevenot（2009）发现内部控制缺陷的严重性和性质、审计费用、审计师任期和是否“四大”影响了审计师的更换。进一步，Ashbaugh 等（2007）和 Ettredge 等（2007）也提供了因为需要遵循 302 和 404 条款披露内部控制缺陷而发生审计师更换的证据。Johnstone 和 Bedard（2004）指出审计师会用低风险客户来替代高风险客户，而企业内部控制缺陷就是引致审计风险的重要因素之一。这都表明，企业的内部控制缺陷可能加速了审计师变更，进而降低了审计任期。但是基于审计任期的视角，Zhang 等（2007）却发现，审计师的独立性越强，公司被发现内部控制缺陷的可能性越大，那些刚刚经历审计师变更的公司更容易被发现内部控制存在缺陷，并且如果审计师发现内部控制存在缺陷时，会通过增加实质性测试来降低测试风险，从而延长了审计期间。Ettredge 等（2007）也发现，当内部控制有重大缺陷时，将会延长审计任期。不同于上述研究，Elder 等（2009）和 Dey（2010）研究发现，审计师对内部控制缺陷的应对策略存在严格的等级顺序，当控制风险较高时，审计人员首先选择的是调整审计费用，其次是修改审计意见，最后才选择审计师辞职。从上述研究看，审计师对内部控制缺陷的影响机理非常复杂，如果单方面审视审计师如何影响企业内部控制缺陷披露或者内部控制缺陷如何影响审计师的职业判断可能无法厘清两者的关系，未来的研究可能需要结合审计师和企业内部控制缺陷两个角度进行综合考察，才能得出更为科学的结论。

二、内部控制缺陷披露的经济后果

当前，已有研究从财务报告质量、信息及时性、信息含量、管理层报告、融资成本、企业负担、审计延迟、审计收费、高管薪酬激励和高管变更、内幕交易、非效率投资、存货管理、企业风险、客户和供应商风险感知、市场流动性等方面对内部控制缺陷披露的经济后果进行了分析。

国外学者对内部控制缺陷与财务报告质量的关系进行研究时，一般选取的替代变量是盈余质量。Doyle 等（2007a）发现，内部控制存在重大缺陷公司的盈余质量更低，在进一步将内控重大缺陷分为公司层面和会计账户层面的重大缺陷之后，发现上述关系主要受公司层面的重大缺陷所驱动。Ashbaugh 等（2008）也认为财务报告存在内部控制缺陷的公司有更高的正向或负向盈余管理行为，与那些前期披露内部控制存在缺陷而本期没有改善的公司相比，前期披露内部控制存在缺陷经审计师确认本期已改善的公司，其应计项目质量较高。Chan 等（2008）发现披露内部控制存在重大缺陷的公司，调增盈余的动机更强，并且随着内部控制缺陷的改善，盈余质量随着也在逐渐提高。Altamuro 等（2010）对金融机构的考察也发现内部控制能有效提高会计信息质量。Bedard 等（2012）发现披露内部控制存在重大缺陷的公司，盈余质量更低，但随着内部控制缺陷的修复，盈余质量随着也在逐渐提高。与上述研究相呼应的是，Feng 等（2009）从管理层预告的视角，发现 SOX 法案通过后，与披露内部控制存在重大缺陷的公司相比，那些披露内部控制不存在重大缺陷的公司的盈余信息预告的精确性显著更高。Impink 等（2012）从会计信息及时性的视角，发现 SOX 法案通过后，与披露内部控制不存在重大缺陷的公司相比，那些披露内部控制存在重大缺陷的公司的会计信息会提前公布。

基于资本市场和投资者对企业披露内部控制缺陷可能产生的反应为视角，Whisenant（2003）发现，内部控制缺陷披露有显著为负的股票价格反应，表明财务报告可靠性存在问题的信息披露对投资者来说，更有信息的市场价值含量。Li 等（2008）和 Hamersley 等（2008）都发现有些内部控制缺陷特性具备信息含量，如内部控制缺陷的严重程度、管理层对内部控制有效性的自我认定、内部控制缺陷的可审计性、披露的模糊程度，但内部控制缺陷披露的信息含量取决于内部控制缺陷的严重程度。Kim 等（2009）认为内部控制披露能够降低市场的不确定性，当公司披露其内部控制缺陷时，股票超额收益与市场不确定性变化幅度显著负相关。但 Beneish 等（2008）却发现 SOX 404 条款要求的内部控制缺陷披露对股票价格没有显著影响。基于客户的视角，Su 等（2014）发现 SOX 法案通过后，与披露内部控制不存在重大缺陷的公司相比，客户对那些披露内部控制存在重大缺陷公司的购买意愿显著更低，表现为披露内部控制存在重大缺陷公司的销售收入显著更低，特别是对于那些内部控制存在公司层面重大缺陷的企业、专用性程度更高的企业、研发强度更高的企业、后来内部控制缺陷没有得到修复的企业更是如此，表明内部控制缺陷披露会显著影响非财务利益相关者的风险感知。基于市场流动性视角，Dowdell 等（2013）发现在 SOX 404 条款和 302 条款的要求下，与披露内部控制不存在重大缺陷的公司相比，那些披露内部控制存在重大缺陷公司的股票流动性（以买卖价差来衡量）显著更低，但是市场交易量的差异不明显，并且在内部控制缺陷修复后，股票的买卖价差没有显著降低，作者认为外部投资者没有明显感知到那些披露内部控制重大缺陷修复后公司的信息风险会显著降低。

从公司治理的视角，一些研究从不同的视角考察了内部控制缺陷披露如何影响治理机制。从高管薪酬激励的视角，Cater 等（2009）发现在 SOX 法案之后，随着公司盈余管理程度的降低，高管薪酬契约中会对基于盈余信息的条款赋予更高的权重。Hotiash 等（2012）发现 SOX 法案通过后，与披露内部控制不存在重大缺陷的公司相比，那些披露内部控制存在重大缺陷的公司的 CFO 的薪酬水平显著更低，但随着内部控制缺陷得到修复，CFO 的薪酬水平会逐渐提高。从高管变更的视角，Goh（2009）发现披露重大内部控制缺陷以后，公司对审计委员会独立性、财会专长、人数和董事会独立性的提高程度明显高于没有披露内部控制缺陷的公司，披露重大内部控制缺陷的公司审计委员会和董事会有效性的综合改善程度高于没有披露缺陷的公司，特别是在次年，公司的审计委员会独立性、专长、人数及董事会独立性已经提升至与没有发现缺陷的公司无显著差异。Collins 等（2009）发现公司在出现财务重述等负面事件后，CFO 变更的概率显著提高，并且这些 CFO 在经理人市场上面临着更为严重的声誉损失，特别是在 SOX 法案之后，这些负面影响更加严重。Wang 等（2010）发现在 SOX 法案之后，企业的 CEO 变得更加规避风险，CEO 的任期更短、离职率也可能更高。Li 等（2010）发现那些因为内部控制质量低下而被出具非标审计意见公司的 CFO 的资质显著更差，在次年这些公司更可能会更换具备更好资质的 CFO，并且在更换更好资质的 CFO 后，审计意见会显著改善。Johnstone 等（2011）发现公司出现财务重述、内部控制存在重大缺陷等负面事件后，高管（如 CEO、CFO、审计委员会等）变更的概率会显著提高，并且新聘任高管的个人资质会显著改善，而公司通过这些公司治理机制改善的信号传递能在一定程度上修复以前损失的声誉。Kryzanowski 等（2013）发现对于加拿大的上市公司而言，尽管当公司出现财务重述等负面事件后，高管（如 CEO、CFO）和外部审计师变更的概率会显著提高，并且公司希望通过这些公司治理机制改善来传递信号，但是相对于美国公司而言，SOX 法案对加拿大公司带来的影响会更小。

从内部交易的视角，Brochet（2010）发现在相对于 2002 年 SOX 法案颁布之前，SOX 法案颁布之后的公司内部人股票市场交易量显著上升，并且他们获取的异常回报并非显著为负，但是在控制了相关因素之后，异常回报呈现出显著为负的特征，作者认为 SOX 法案显著降低了企业内部人利用私人知识和信息进行套利的机会。Ashbaugh 等（2013）发现在 SOX 法案的要求下，与披露内部控制不存在重大缺陷的公司相比，那些披露内部控制存在重大缺陷公司的高管通过内幕交易获利的概率显著更高，并且这种情况会一直持续到内部控制缺陷得到修复为止，表明在内部控制质量更低的情况下，公司内部人会通过内部交易实现财富转移，而外部投资者承担了更高的风险。

从企业经营的视角，Cheng 等（2013）发现与披露内部控制不存在重大缺陷的公司相比，在那些内部控制存在重大缺陷公司进行披露之前，公司存在融资约束（不存在融资约束）与投资不足（投资过度）显著正相关，而那些内部控制存在重大缺陷公司进行披露之后，公司的非效率投资会显著改善。Feng 等（2015）发现与披露存货方面内部控制不存在重大缺陷的公司相比，在那些存货方面内部控制存在重大缺陷公司的存货周转率显著更低，存货减值准备显著更高，当存货方面的内部控制重大缺陷得到修复之后，公司的存货周转率显著提高，并且销售增长率、毛利率和经营活动现金流会显著改善。

由于内部控制会影响外部投资者对公司财务报告的信任程度，因此一些研究也检验了内部控制缺陷披露是否影响了企业的融资成本。基于债务融资，Dhaliwal 等（2011）发现，相对于披露不存在内部控制缺陷的公司而言，债权人要求披露存在内部控制缺陷的公司支付了更高的融资成本；Kim 等（2011）发现，那些报告了内部控制存在缺陷的企业在后续的贷款契约中被要求支付更高的贷款利率，并且贷款契约中包含了更严格的限制性条款。基于权益资本市场，Ogneva 等（2007）和 Beneish 等（2008）发现存在内部控制缺陷的公司，其融资成本与其他公司并无明显区别，但 Ashbaugh 等（2009）却发现相对于不存在内部控制缺陷的公司而言，存在内部控制缺陷的公司的信息风险更大，投资者要求风险回报更高，因此公司的融资成本也更高。Cassell 等（2011）也发现具有较强的管理层监督机制和股权、债权融资行为的公司更有可能自愿进行内部控制鉴证，并且首次进行内部控制鉴证公司的股权或债权资本成本更低。

从债权人的视角，鉴于内部控制的重要控制活动之一就是对企业的信息生产系统进行控制，尤其是对财务报告进行控制，因此 Kim 等（2011b）对实施 SOX 法案 404 条款企业的审计研究发现，那些报告了内部控制存在缺陷的企业在后续的贷款契约中被要求支付更高的贷款利率，并且贷款契约中包含了更严格的限制性条款；Costello 等（2011）通过 SOX 法案 302 条款之后企业没有经过审计的内部控制缺陷来计量财务报告质量，发现企业在报告内部控制存在缺陷后，债务契约中会更少的使用以财务比率为基础的条款，但却更可能包含抵押条款以及以信用等级为基础的条款。但该研究遇到的一个问题是，由于仅仅重点关注了那些报告内部控制缺陷的公司的贷款契约存在一个暂时性的调整，但没有能提供相对于没有报告内部控制缺陷的公司而言，那些报告内部控制缺陷的公司的贷款契约中不同的条款特征之间是否存在差异的证据，这可能无法在一个较长的时间序列上考察内部控制缺陷披露对具体的贷款契约改变造成的影响，因此未来的研究需要在这方面进行重点关注。

相对于那些支持 SOX 法案的文献而言，另外一些文献认为 SOX 法案给企业带来了沉重的负担（Abbott 等，2007；Piotroski 和 Srinivasan，2008），如 Patterson 和 Smith（2007）认为，SOX 法案不一定会带来更高水平的控制测试，其内部控制条款的执行增加了审计的风险与成本；Engel 等（2007）和 Zhang（2007）都认为，SOX 法案有关内部控制条款的执行增加了企业负担，导致市场消极的反应。Leuz 等（2008）也发现，很多公司选择从美国退市是因为 SOX 法案对公司披露成本的增加。与上述基于市场反应的研究视角不同的是，Ahmed 等（2010）发现 SOX 法案通过后，企业营业成本显著上升，营业利润显著下降，对于那些规模较小、业务复杂度更高和成长性较低的企业而言，营业利润下降的幅度更明显。Alexander 等（2013）通过对公司内部人士进行问卷调查后发现，一般公司人员感知遵循 SOX 法案 404 条款发生的成本支出显著高于带来的收益，特别是对于那些规模相对较小、正处于成长期的公司而言，成本支出更为巨大。

从外部审计的视角看，当内部控制发现有缺陷时，审计人员可以通过增加实质性测试来降低测试风险，增加实质性测试，很可能会影响审计费用。如 Ettredge 等（2006）发现当 SOX 法案 404 条款发布之后，与披露内部控制不存在重大缺陷的公司相比，在那些内部控制存在重大缺陷公司的审计延迟时间更长，并且对于特殊的重大缺陷而言，一般性质的重大缺陷和审计延迟时间显著正相关。Raghunandan 和 Rama（2006）发现内部控制存在问题的公司会支付较高的审计费用。Hoitash 等（2008）研究发现，SOX404 条款实施后第一年的审计费用与内部控制缺陷披露之间显著正相关，并且那些基于 SOX302 条款披露内部控制问题的公司在接下来的年度里继续支付了更高的审计费用。Hogan 等（2008）研究表明，审计收费与内部控制缺陷显著正相关；内部控制有缺陷的公司与同行业平均水平相比，有更高的固有风险和信息风险，而这些风险都影响了审计收费。Krishnan（2008）研究发现披露内部控制缺陷的公司支付的审计费用较高。Elder 等（2009）也认为审计费用、审计意见的变化与内部控制缺陷的变化呈正相关关系。Munsif（2011）发现对内部控制缺陷进行修复的公司比那些持续报告内部控制存在缺陷的公司的审计费用更低。但是这些进行缺陷补救的公司在补救当年以及随后几年支付的审计收费都高于没有披露过内部控制缺陷的公司。

基于资本市场和投资者对企业披露内部控制缺陷感知的风险为视角，Ogneva 等（2007）认为内部控制缺陷除了直接通过影响企业的信息风险进而影响投资者的风险感知（以股权资本成本为衡量）外，还因为存在内部控制缺陷也意味着企业内部管理控制也存在缺陷，这包括对商业活动的不恰当控制和低质量的公司治理结构，如低质量的管理控制会导致企业的管理层过度冒风险行为（如投资于高风险的项目）。这种行为在企业经营较差时更容易发生，严重时可能会导致企业经营失败，表明内部控制缺陷产生的额外风险会增加企业未来现金流的波动性，这在一定程度上会影响系统性风险从而成为一种定价因素，其后通过实证检验也发现披露内部控制缺陷的企业确实比没披露内部控制缺陷的企业具有较高的资本成本。但作者又指出，在控制了一些基本的企业特征变量和分析师预测偏差后，内部控制缺陷与资本成本之间的关系消失了，由此他们认为内部控制与资本成本之间没有直接的联系。和 Ogneva 等（2007）的研究思路不同，Ashbaugh 等（2009）借助于 Lambert 等（2007）所建立的关于信息披露与资本成本关系的数理模型，发现披露内部控制缺陷的企业具有较高的系统性风险、非系统性风险和股权资本成本，经外部审计机构确认的内部控制缺陷在以后的年度得到修复后，企业的股权资本成本也相应下降。并且 Ashbaugh 等（2009）认为 Ogneva 等（2007）的研究发现与自己的实证结果不同的原因在于样本公司的分类误差所致，且他们以自己的样本公司及其分类标准按照 Ogneva 等（2007）的步骤进行检验后仍发现内部控制缺陷与股权资本成本之间有显著的联系。实际上，我们认为上述两篇文献除了实证设计和实证结论的不同外，两者的理论基础也存在着差异。Ashbaugh 等（2009）的理论基础由于依托于 Lambert 等（2007）提出的模型，其实际上仍着重分析财务报告内部控制如何影响投资者对信息风险的定价，并不涉及非财务报告内部控制如何影响投资者对信息风险的定价，而 Ogneva 等（2007）的理论分析不仅论述了财务报告内部控制如何影响投资者对信息风险的定价，还涉及了内部控制的管理职能（管理控制），因此相对更为全面一些。并且需要强调的是，尽管 Ashbaugh 等（2009）发现了内部控制缺陷如何影响投资者对信息风险的定价，但应当将这个结果解读为系统性风险的估计误差所致，因为按照他们的理论分析框架，内部控制缺陷对股权资本成本的影响可以完全被一个正确估计的前瞻性贝塔值完全吸收。和上述研究不同的是，Rose 等（2010）通过调查问卷发现投资者会显著调高对披露内部控制缺陷企业的投资风险，并且随着内部控制缺陷的影响范围的增加，投资者的投资风险就越高，但如果对缺陷的影响范围做了更为详细的说明后，投资者就会调低系统性缺陷的投资风险，调高非系统性缺陷的投资者风险。需要强调的是，上述文献虽然都在理论上认为内部控制质量能通过降低经营风险和信息风险而作用于股权资本成本，但在实证研究中均没有对这两条路径是否成立进行检验，更谈不上比较这两条作用路径的相对大小。需要采用更为科学的中介效应检验的方法对该问题进行更为深入的探讨，从而深化对内部控制质量在资本市场上所扮演的角色的认识。而且，上述截然相反的研究发现蕴藏着潜在的研究机会。高管的选择性信息披露和投资者的风险感知差异是导致这一差异的原因吗？随着内部控制信息披露的进一步完善，企业与外部投资者的信息不对称程度会进一步降低，内部控制缺陷的信息含量和投资者的风险感知是否有所变化以及如何变化？这些问题值得未来研究的关注，也是本专著希望解决的问题之一。

三、国内有关内部控制研究的补充性文献

近年来关于内部控制，国内在规范研究和案例讨论方面已有大量的研究成果，具有代表性的文献有：刘明辉等（2003）、陈志斌等（2007）、林钟高等（2007；2009）、张宜霞（2007）和池国华（2009）、徐虹等（2011）等对于内部控制的产生原因、发展过程及其概念界定的阐述；陈关亭等（2003）、金彧昉等（2005）、方春生等（2008）、陈汉文等（2008）、李小燕等（2008）通过问卷调查和分析论证对内部控制的有效性进行了研究；在内部控制制度执行方面，张先治等（2004）、孟焰等（2004）等对于内部控制规范建设、企业资金控制系统及其运行效果进行了研究。

从公司治理、风险管理与内部控制理论建设角度出发，方红星（2002）、朱荣恩等（2003）、金彧昉等（2005）、谢志华（2007）、丁友刚等（2007）、韩洪灵等（2009）和徐光华等（2012）分析了公司治理、委托代理、风险管理与内部控制的相互关系；李连华（2005）提出了“嵌合论”，即内部控制与公司治理之间存在着相互交叉与重叠的区域，是一种嵌合的关系。与其观点类似的还有程新生（2004）、杨有红等（2004）等。杨雄胜（2005）则认为内部控制是实现公司治理的基础设施。而关于内部控制与风险管理之间的关系，张立民等（2007）、刘霄仑（2010）认为风险管理涵盖内部控制，指出内部控制是企业风险管理不可分割的一部分。谢志华（2007）提出了“整合论”，他认为三者仅在文字表述上存在差异，但就其实质而言是相同的。白华（2012）则认为内部控制、公司治理与风险管理不存在谁包含谁的问题，内部控制与风险管理含义相同，公司治理中体现了内

部控制或风险管理思想。内部控制、公司治理和风险管理具有内在一致性。

随着研究视角的进一步扩展，学者们将自组织理论、仿生学原理引入内部控制，表明内部控制可以作为企业防范风险的“免疫系统”（华青，2008；杨兴龙等，2013），并运用“生物免疫系统”等相关理论，通过“类比”等方法，对于内部控制的基本范畴（杨雄胜，2011）、要素（汪芳，2011）、作用机理（何卫红，2011）、体系构建（贺伊琦，2011）和建设实施（李瑞和李永红，2011）等基本问题进行了诠释。我们认为，这些研究为我们提供了理论基础，为内部控制作为企业防范风险的“免疫系统”的实证研究需要把握的若干问题指明了方向。

随着中国监管机制逐步要求企业披露内部控制信息的规则出来，近年来基于内部控制的实证研究呈现出井喷式增长的态势，但研究的主要视角也主要集中在内部控制的影响因素和经济后果两个层面。基于前者，大部分研究发现公司的基本面特征（如公司规模、成立时间、经营业务复杂度、会计风险、财务报告重述，审计师质量）（杨有红等，2009；田高良等，2010；张颖等，2010；刘亚莉等，2011；齐堡垒等，2012；叶陈刚等，2013）；制度环境和产权性质（刘启亮等，2012；韩小芳等，2012；李志斌，2013；苏秀花等，2013；缪艳娟等，2014）、公司治理机制（程晓陵等，2008；林钟高等，2009；邓德强，2011；何建国等，2011；储成兵，2013；张先美等，2013）、管理层权利（刘启亮等，2013；赵息等，2013a；刘焱等，2014；干胜道等，2014）、自愿性内部控制信息披露（林斌等，2009；方红星等；2009）、高管薪酬（逯东等，2014；陈汉文等，2014；袁晓波，2014）、外部审计相关性（方红星等，2009；张川等，2009；杨德明等，2010；张敏等，2010；张继勋等，2011；张旺峰等，2011；吴益兵，2011；方红星等，2012；张继东等，2012）等方面会影响内部控制的质量。基于后者，已有的研究从盈余质量（吴益兵，2009；田高良等，2011；齐堡垒等，2011；方红星等，2011；刘启亮等，2013；程小可等，2013；佟岩等；2013；肖华等，2013）、审计师变更（陈丽蓉等，2010；方红星等，2013）、审计收费和审计意见（杨德明等，2009，2010；张敏等，2010；戴捷敏等，2010；张继勋等，2011；张宜霞，2011；孙新宪等，2011；张旺峰等，2011；徐玉霞等，2012；章雁等，2013；张国清等，2013；李越冬等，2014；牟韶红等，2014；徐虹等，2014）、审计延迟（张国清，2010）、遵循成本（陈骏，2014）、薪酬激励（卢锐等，2011；杨程程等，2015；罗莉等，2015）、银行贷款（杨德明等，2009；夏芸等，2011；郑军等，2013a，2014）、债务融资成本（郑军等，2013b）、融资约束（程小可等，2013；刘焱等，2013）、公司税务（李万福等，2012）、债券定价（方红星等，2013）、机构投资者持股（邓德强等，2014）、IPO发行价格（邱冬阳等，2010）、企业价值（林钟高等，2007；张川等，2009；黄新建等，2010；钟玮等，2010；张晓岚等，2012；池国华等，2013）等方面进行。另外一些文献从内部控制缺陷披露及其修复的视角，如叶建芳等（2011）发现内部控制存在缺陷的企业比不存在内部控制缺陷的企业有更高的盈余管理程度。而在缺陷得到修复后，盈余管理程度会降低。盖地等（2013）发现上市公司存在内部控制缺陷会导致审计收费增加，与一般缺陷相比，特定缺陷对审计收费的影响更大，但没有发现缺陷修复后审计收费显著降低。但是张红英等（2014）却发现上市公司会计层面内部控制缺陷与审计费用显著正相关，但公司层面的缺陷与审计费用没有显著相关性，但缺陷修复后审计收费会显著降低。

基于内部控制信息披露的市场反应，陈共荣等（2007）发现详细披露内部控制信息的公司在年报公告日前后的累积超额收益显著更高；黄寿昌等（2010）发现自愿披露内部控制报告的公司有着更活跃的股票交易以及更低的股票价格波动，因为内部控制报告的自愿披露降低了市场主体之间的信息不对称程度；杨清香等（2012）也发现资本市场总体上能够对公司披露的内部控制信息做出积极的反应，内部控制有效的信息披露可以导致股票价格上涨，内部控制存在缺陷的信息披露则会导致股票价格下跌。但也有研究显示，公司在披露了与内部控制有关的公司治理专项活动的整改报告后，其累计非正常报酬率有所下降（方红星等，2009）。

四、内部控制与企业风险

基于内部控制和企业风险的视角，李宇立（2011）发现资产安全、合法合规和内部控制缺陷之间高度关联，内部控制缺陷对经营控制缺陷有着显著的影响，战略控制缺陷会受经营控制缺陷的影响。韩洪灵等（2014）发现控制风险因素和外在披露压力共同促使了上市公司内部控制鉴证报告的自愿性披露，鉴证报告的自愿披露有着丰富的信号发送功能。从合规风险的视角，单华军（2010）从公司可能遭受的法律风险的角度，发现内部控制缺陷越多的上市公司受到诉讼和违规处罚的可能性就越大。周继军等（2011）发现企业的内部控制质量与管理人员的舞弊概率显著负相关，并且合理的公司治理机制不仅能够直接降低管理人员舞弊行为的概率，而且作为内部控制的环境因素，可以有效地提高企业内部控制的整体质量，使其更好地发挥抑制管理人员舞弊行为的作用。毛新述等（2013）发现内部控制越有效，公司涉诉次数和涉诉金额越低，面临的诉讼风险越低，并且内部控制要素中的内部监督和内部环境建设对诉讼风险具有显著影响；林斌等（2013）也发现高质量的内部控制能降低企业的诉讼风险，进而对企业价值的提升作用具有显著影响。从经营风险的视角，高明华等（2013）发现，高质量的内部控制能够有效降低企业经营风险，随着上市公司经营风险的增加，内部控制对经营风险的抑制作用越来越显著，并且内部控制和外部监管同时对经营风险产生抑制作用，在降低经营风险方面是相互促进的关系。从财务风险的视角，袁晓波（2010）发现内部环境、控制活动和内部监督与企业风险存在显著的相关性。李万福等（2012）直接从内部控制质量的角度，发现存在重大内部控制缺陷的公司更可能陷入财务困境，存在内部控制重大缺陷越多的公司，其陷入财务困境的可能性越大，提高内部控制质量能有效规避财务困境。合丽芬等（2014）发现内部控制要素中的控制环境、风险评估和监督有利于帮助陷入财务困境中的公司尽快恢复。戴文涛等（2014）也发现企业内部控制质量越高，企业财务风险越低。从信息风险的视角，张继勋等（2011）利用调查问卷发现上市公司详细披露内部控制能明显降低投资者感知的重大错报风险，提高投资者的投资可能性，并且不同的内部控制审计意见类型影响了投资者对重大错报风险的感知及其投资可能性。进一步，张继勋等（2012）发现在信息错报风险高的情况下，有审计意见时，个体投资者感知财务信息的可靠性最高，有独立董事意见时次之，有企业自我评价意见时最低；信息错报风险低时，个体投资者的感知在以上三种意见之间没有差异。张继勋等（2013）发现内部控制否定意见降低了个体投资者对公司标准无保留财务报表审计意见的信心，并且不同性质的内部控制重大缺陷的内部控制否定意见对个体投资者的标准无保留财务报表审计意见信心的影响存在明显差异。李万福等（2014）基于中国情境，以盈余质量为核心，探讨了不同性质内部控制缺陷对财务报告的影响，发现内部控制重大缺陷会导致更大的盈余噪音和更多的异常应计，这种负面效应主要由治理层面内部控制缺陷引起，会计层面内部控制缺陷的作用相对较小，当会计层面和治理层面内部控制缺陷同时存在时，负面影响最大。

另外一些研究从内部控制的公司治理作用视角，如杨德明等（2009）和郑军等（2014）发现内部控制质量的提高有助于降低代理成本，以及提高代理效率。杨玉凤等（2010）却发现内部控制信息披露指数对显性代理成本抑制作用不显著，对隐性代理成本有明显抑制作用，对显性代理成本和隐性代理成本具有综合抑制作用。李万福等（2010）以过度投资为连接点，发现内部控制信息披露的提高会抑制企业的过度投资进而降低企业陷入财务危机的可能性。而从投资者对企业风险的感知视角，吴益兵（2009）发现自愿披露内部控制自我评价报告并不能显著降低企业的股权资本成本，只有经过独立的注册会计师审计的内部控制信息披露才能降低企业的股权资本成本。孙文娟（2011）同样发现无论是出于自愿或是基于监管要求披露内部控制报告，还是仅出具内部控制自评报告或是引入独立的第三方另出具内部控制审计报告，企业的内部控制报告披露行为均未对股权资本成本产生影响。而程智荣（2011）在参考 Ogneva 等（2007）的研究思路的基础上，发现高质量的内部控制可以显著地降低公司的股权资本成本和债权资本成本，市场能够对监管者对内部控制建设的推动做出正面响应。方红星等（2011）、张然等（2012）、闫志刚（2014）和袁蓉丽等（2014）也发现披露内部控制自我评价报告的公司的资本成本相对较低，如果公司进一步披露内部控制鉴证报告，相应的资本成本更低。王艺霖等（2014）探究了内部控制缺陷披露、内部控制审计与债务成本三者之间的关系，结果发现上市公司披露内部控制缺陷会显著提高债务成本，但内部控制审计却不会显著降低债务成本，而只有当上市公司未披露内部控制缺陷时，内部控制审计才会显著降低公司的债务成本，当上市公司披露内部控制缺陷时，内部控制审计反而会提高公司的债务成本，但并不显著。

和上述文献一脉相承的是，一些文献直接考察了公司治理对企业风险的影响。如于东智（2001）发现企业的股权集中度与股票风险负相关，但不显著，作者认为国有股的集中程度并不利于公司绩效的改善；耿锁奎等（2005）发现股权制衡度与财务风险之间显著正相关；姜秀华等（2001）、姜国华等（2004）等通过建立财务预测模型，发现弱化的公司治理容易增加企业财务风险并引发公司财务困境。周春生等（2006）、王小波（2007）、杨棉之（2010）和宫海亮等（2014）发现国有股比例降低了企业财务风险，且股权集中度越高，财务风险水平越低，在一定程度上支持了前人的研究结论。吴武清等（2012）发现企业会在财务风险和经营风险间进行权衡，如经营风险高的公司，将会选择一个较低的财务风险，使得公司有一个相对合理的系统风险，而会计风险披露制度的推进可以为投资者提供更多和更好的有关公司风险的信息。施平（2010）、高雷等（2011）和周浪波等（2014）发现企业的增长潜力能显著降低财务风险。于富生等（2008）直接考察了公司治理对公司财务风险的影响，发现非国有企业的风险要显著大于国有企业，独立董事比例越高企业风险越低，董事长与总经理二职分离、提高高管持股及高管薪酬都有助于降低企业风险。刘银国等（2009）的实证结果也表明公司治理和企业风险显著负相关。王永海等（2008）和苏坤等（2010）发现终极控股股东控制权与现金流权的分离加重了其“掏空”行为，加重了公司财务风险，但较高的地区法治水平能够有效遏制控股股东的“掏空”行为。从地区环境的视角，管考磊（2010）发现良好的金融生态环境有助于提升银行有效识别公司的财务风险并据以做出正确的信贷决策的能力，进而提升银行对财务风险不可控公司的信贷决策效率；娄淑珍等（2014）发现政府干预程度对企业财务风险有显著正向影响；樊勇等（2014）发现地区市场化进程有助于抑制由于“预算软约束”带来的企业债务风险。从宏观经济政策变更的视角，彭中文等（2014）、王珂等（2014）和季伟伟等（2014）发现企业财务风险会随着宏观经济政策严厉程度的变化而变化，宽松（严厉）的宏观经济政策会降低（提升）企业的财务风险。从企业对外扩张的视角，张翼等（2005）发现多元化经营并不必然会降低企业陷入财务困境的风险；陈莉等（2005）却发现相关多元化能带来企业系统风险的下降；姜付秀（2006）却发现中国上市公司对多元化经营模式的选择，更多的是基于降低公司风险的考虑；魏锋等（2008）发现企业实施多元化经营会提高其市场风险，但会显著降低经营风险；张运来等（2014）发现旅游业上市公司多元化经营能够降低公司的财务风险，但无法降低公司的经营风险，且相关多元化可以降低公司的财务风险，但无法显著地降低公司的经营风险，而非相关多元化无法降低公司的财务风险与经营风险。张敏等（2009）发现企业的政治关系促进了多元化投资，但政治关系带来的多元化经营反而会降低企业的系统风险；代彬等（2012）从高管控制权影响企业多元化投资的视角，发现高管控制权与企业的投资扩张及多元化扩张行为存在显著的正相关关系，控制权较强的高管所实施的多元化扩张战略会加大企业陷入财务困境的可能性。章细贞等（2014）发现当企业自由现金流量充裕时，过度自信的管理者会实施更多的并购活动，而这些并购活动会加大企业的财务风险。而翟胜宝等（2014）从金融关联的视角，却发现企业通过持股银行获取了更多的金融资源，而这可能加剧了企业过度投资的程度，进而增大了企业风险。总体说来，已有文献对公司治理机制与企业风险之间关系并没有得出比较一致的结论，究其原因可能在于过多地从一些静态的公司治理结构特征（如家族、国企、控制权、现金流量权等）来考察弱公司治理机制如何导致代理成本进而引发企业风险，并且强调高质量的会计信息披露作为委托人缓解信息不对称的有效工具，能有效缓解弱公司治理机制引致的企业风险对投资者利益造成的利益损害，但实际上高质量的会计信息是由企业有效的内部控制所决定的（Kim 等，2011；Costello 等，2011）。因此，未来的研究可能需要从“财务会计信息质量→企业公司治理效率→企业风险”这一研究思路进行逆向延伸，拓展到以“政府监管→内部控制缺陷披露→企业公司治理的相关特征变化→内部控制缺陷修复→企业风险”为逻辑链条，以公司治理动态调整为桥梁，从动态的视角来探索内部控制如何影响企业风险及其折射出来的资源配置效率，这样可能会得出更为细致的结论，这也是本课题希望解决的问题之一。

综上所述，上述丰富的研究文献表明学术界已经对公司治理与企业风险关系问题给予了重点关注，这为本专著研究工作的开展提供了良好的基础。但需要指出的是，除了少数研究关注内部控制如何影响企业风险之外，针对内部控制作为企业风险防控的“免疫系统”的实证研究还很缺乏，另外尽管一些研究开始从审计师、融资成本的视角关注内部控制如何影响投资者感知的企业风险，但就内部控制如何影响其他利益相关者（如供应商、客户、政府监管机构等）感知的企业风险及其所折射出来的资源配置效率问题的研究则更是少见。

随着研究的进一步深入，一些文献表明，中国的企业内部控制研究是不能摈弃政府控制这个客观存在的制度情景的，如国资委作为国有资本出资人代表，在国企的治理与内部控制中扮演特别重要的角色；再如国企均设有中国共产党的基层组织，行政和党委的关系是国企公司治理和内部控制研究中绕不开的话题（McGregor，2001；Tenev 等，2002；Opper 等，2002；Chang 等，2004；马连福等，2012、2013；李心合，2013；陈仕华等，2014），这与西方发达经济国家的制度背景完全不同，原因在于中国实施的是政府主导型的市场经济体制，在这种体制中，不仅国企与政府有着特别紧密的联系，就是私企也会面对政府（包括中央政府和地方政府）各式各样的干预或管制。但是，目前从政府控制及其引致的公司治理机制视角，探讨内部控制对企业风险的作用机理，及其所折射出来的资源配置效率的研究还很少见，因此未来的研究需要结合中国特殊的制度背景，探索内部控制对企业风险的作用机理及其影响信贷资源配置效率的内在机理，形成一个以企业内部控制为核心的“人造免疫系统”，使得相关的研究结论可能更加符合中国的实际，理论价值可能更为丰富，应用价值可能也更高。

第三节　研究内容及其创新

一、研究内容

信任作为稳定社会关系的基本因素（布劳，1964），是行动者在社会互动中彼此寄予的期望——期望另一方履行其信用义务和责任（巴伯，1989），因而信任有助于行动者消减社会关系中的不确定性和易变性（海默，1976），从而信任成为社会秩序的基础之一。同样道理，信任是维护和稳定企业契约组织秩序的重要基础，信任缺失，企业的正常运转将会出现危机。因为任何企业对外界信息的掌握都不可能是完全的，行动的选择和关系的建立都不可能是完全理性的，信任缺失，企业基业都不可能持久存在。而信任的存在有助于增强企业利益相关者的向心力，可以降低企业运行的成本，提高效率。

信任是一种复杂的社会心理现象，是对他人（组织）表现出“适当”行为的预期。这里的“适当”行为并不一定是符合社会规范和道德标准的，而只是个体认可并期望的。同时信任的存在与否也会影响个体（组织）行动方向和策略的选择。也正因为如此，我们才有可能从行动者的行动选择来分析行动者是否信任、信任什么及信任程度如何。信任事实上由两部分组成，一部分是对利益相关者的信任，一部分是对维持信任机制的信任。缺少了其中任何一部分，信任都是不完全的。一个社会的普遍信任状况，与它的维持机制的效力相关，维持机制是信任的“保障体系”，它们的监督作用使信任呈现近似完全，社会机制通过影响失信行为的成本（使之增加或减少收益）确保经济交易的秩序不受到损害。内部控制本身是一种信任机制，同时也是维护信任得以持续的制度保障机制。

从学理角度看，内部控制这样一种信任制度并非由外部强制力制定和实施，其制度建设的动力来自于组织的内部需求。组织自行设计、执行的信任制度包括对现有外部制度限制的合理规避、对关系信任局限性的回避和对现有社会信任水平的适应，它在企业的信任建立中的作用表现在以下几方面：第一，它突破了关系信任中特定对象的局限，建立起广泛的陌生公众的信任，并在公众信任基础上延伸了企业及其他利益相关者的信任。第二，它为企业与政府部门之间建立平等合作关系提供了可能。同依靠私人关系建立的组织不同，依靠制度机制发展的组织可能产生对政府有吸引力的资源，因而获得政府的主动信任，且信任合作不受私人关系变动的影响和制约，双方地位也较为平等。第三，它为其他组织提供了一种可供复制的信任模式，被孵化或支持的同类组织通过借用或编制成熟组织的信任网络可以逐步建立起自身的信任制度。第四，它促进了社会整体信任水平的发展。企业组织的信任网络增加了多元信任主体、制度信任的经验，有利于社会整体普遍信任的培育。因此，从制度信任而言，制度既是信任的基础，又是信任的对象。通过对符合制度规定的行为的认可与鼓励，以及对违反制度规定的行为的惩戒，可以将人们行为控制在一定范围内，从而大大减少社会的不确定性和风险，使人们形成稳定的预期，从而生长出信任。同时，建立在制度基础上的稳定的心理预期要以信任制度为前提，个体的知识体系和思维方式、社会正式制度和法律的发达程度，以及社会成员对制度的认可度都可能影响着对制度的信任。

基于这样的认识，本书主要的研究内容如表 1－2 所示。

表 1－2　　主要研究内容及其核心要点

主要章节	基本内容				核心要点
理论关联	信任与内部控制				厘清信任与内部控制关系
实证研究（1）	基于关系信任的内部控制研究：资产专用性视角				转型经济体“关系”契约与制度契约的互补与冲突，内外部各种关系的描绘，揭示内部控制的关系价值
	外部关系		内部关系		
	供应商风险感知	企业声誉	公允价值的选用	盈余管理	
实证研究（2）	基于系统信任的内部控制研究：不确定性视角				环境作为内部控制的重要基础，对企业行为产生重要影响，分析这些影响，展示内部控制的环境调控能力
	外部不确定性		内部不确定性		
	企业社会责任	企业创新能力	审计收费	风险提示信息	
实证研究（3）	基于组织信任的内部控制研究：战略选择视角				企业作为一个契约组织的行为特征，具有为利益关系者服务的责任，如何选用企业的竞争战略，采用何种经营模式，既受限于企业的现金能力，又受制于董事会行为、内部控制的信号传递机制
	组织内		组织间		
	董事会行为	多元化行为	并购行为	风险投资	

二、研究创新

本专著的主要创新和贡献点在于：

1. 为厘清关系信任与制度信任提供了增量证据。关于关系信任与制度信任的关系，学术界存在一定的分歧。有些观点认为，制度信任与关系信任互为替代品（Baker 等，2002；Leuz 等，2006）。制度信任甚至削弱了企业发展关系的能力，因为它会显示出对交易伙伴的不信任并削弱信任。另一种观点则认为，关系信任与制度信任是相互补充的，精确设计的制度不会阻碍或取代关系信任，实际上会促进更多值得信任的长期合作交易关系。制度信任的形成是以人们对产权保护等价值观念普遍接受为前提，关系信任中人们的互信、自我实施合约有助于第三方正式机制的作用。在复杂、风险更大的交易中，灵活、双边、持续的关系信任和明确的制度条款相结合，使交易履行更加顺畅。关系信任和制度信任二者侧重点不同，制度信任侧重于产权明晰、控制权的配置；关系信任侧重于一定社会规则和规范。信任是制度的基础，制度是信任的保障。

从理论角度看，随着经济的发展和市场范围的扩大，关系信任的治理成本逐渐凸现：因为它增加一个人的边际交易成本（如监督成本）会越来越高，而制度信任的边际交易成本则越来越低（换言之，由于先期的大量固定成本投入，制度信任具有规模经济）。《中国社会心态蓝皮书》（2016）研究指出，就社会信任的总体状况而言，以关系为代表的信任是当代中国社会信任的主要模式，这种信任作为一种隐性信任，其维持仅要求双方知道合约变量的局部信息并且对结果有着共同的预期。这种信任的存在和可实施性来自于如下事实：长期博弈使得短期的欺骗得不偿失，因为欺骗者将失去未来所有的收益或者合作剩余①。所以，在经济发展的初期市场范围比较小、转型期的市场规制不健全或者法律体系不完善的时候，关系信任是一种比较好的治理结构，这是因为它对合约信息结构的要求比较低（不需要第三方就可以验证），因此可以实施大量的交易和合约集②。而且由于它几乎不需要花费设立法律制度的固定成本，所以可以节约大量的交易成本（Li，2003）。王永钦（2005）进一步指出，在分工程度较低的转型经济体中，相同的两个经济主体之间的交易可能跨越多个市场，这被称为“互联的市场”③，而互联的市场会使得在单一的市场上无利可图的关系信任在互联的情况下变得可行，所以，市场的互联性扩大了可行的关系信任集合。关系信任所带动的强大资源可以确保组织的独立地位和自主决策，营造和维护组织成员完全的“主人”和“知情者”身份，实现发起者对公益信任的期待。从信任建立成本来看，稳定的关系网络联结使得信任主体对组织具有强烈的归属感、资源的集合不

① 关系作为一种隐性合约，从理论上最早研究隐性合约的是 Macloed 和 Malcomson（1989）。它与显性的制度契约相比，节省了规则建立的成本，Shleifer 和 Mulligan（2005）的实证研究也说明了这一点。他们用美国的州一级的数据证实，法规的制定受市场范围的限制，人口越多的州各种法规也越多。

② Basu（2001）提出的“核心定理”也说明，理论上凡是由正式合约来实施的，都可以通过社会规范（即非正式合约）来实施。这里的逻辑在于，如果书面上的法律不是博弈中的纳什均衡，那么它就得不到实施，但是社会规范却都是现实世界中的纳什均衡。换言之，社会规范可以替代法律，但是法律却不能替代社会规范。法律只有与社会规范吻合的时候，才是有效率的。

③ 其实，更准确的说法可能是“互联的交易”或者“互联的合约”。

需要动员、捐赠者和志愿者的进入不需要专门的计划和策略、信任建立不需要经历反复验证。

关系信任提高了交易双方行动的一致性，基于共同目标的一致行动有利于参与者及时获取与交易相关的信息，交易各方会主动提供对伙伴有用的信息，降低了信息不对称，有利于抵制追求单方面利益的行为，从而增强关系信任这样一种专用性资产的投资（Subramani 和 Venkatraman，2003），还能影响对方决策的能力，保护专用性投资免受对方机会主义行为的侵害（Claro et al.，2006）。而内部控制这种权责分明的治理机制是企业利益相关者之间实现权力制衡的基本措施（杨雄胜，2005），能够进一步拓宽企业间的交易范围，有利于弱化关系对于交易双方的约束。作为企业的重要内部治理机制，内部控制具有保障公司财务报告可靠性、降低代理成本、抑制关系信任“要挟”的作用。

2. 不确定性是企业面临的主要风险，内部控制作为企业的风险免疫机制，其是否能够以及如何面对较高程度的环境不确定性的挑战？本专著提供了这一方面的增量证据。在当今经济全球化、需求更加复杂多变的背景下，企业间竞争越来越激烈，企业经营风险不断提高，任何偏离企业内部控制目标的重大行为、过程和结果都意味着企业存在风险。内部控制作为一种内部治理机制，是为达到某个或某些目的而进行的一种动态控制过程，它不是静止的，会受到企业内部和外部环境的影响。内部控制必须采取必要的修复手段，以应对环境变化的全新挑战，展示内部控制“点状均衡”的特殊功能作用，是一个“发现问题—解决问题—缺陷修复—控制质量提高”的循环往复过程。已有研究指出，环境不确定性会导致企业盈余出现较大的波动（Ghosh 和 Olsen，2009），既会提高企业经营风险，也会影响企业战略目标的实施和经营计划的实现，增加战略失败的风险，影响公司绩效。因此，我们试图沿着“环境不确定性影响公司绩效—企业高管的动机—内部控制优化”这个逻辑对环境不确定性与内部控制之间的关系做出分析。

已有研究指出，内部控制作为企业内部自我约束的一系列制度安排和内部治理机制，不但可以减少经理人或职员随机错报的可能性，降低财务报表错报风险和舞弊风险（周继军和张旺峰，2011），而且也能较好地抑制内部控制人的机会主义会计选择行为（魏明海、陈胜蓝和黎文靖，2007），提高盈余质量（Doyle、Ge 和 McVay，2007；Ashbaugh－Skaife 等，2008），保护投资者利益（Gong、Ke 和 Yu，2013）。但是内部控制如何面对较高程度的环境不确定性的挑战？管理层在面临较高程度的环境不确定性时是否以及能否产生提高内部控制质量的动力？如果环境不确定性会导致内部控制质量提高，那么作为提高会计信息质量、降低审计风险的重要内生性机制，在环境不确定性的既定条件下，内部控制系统（也是一种均衡各利益相关主体的契约装置）究竟能否影响企业社会责任的履行？高质量的内部控制能否缓解环境不确定性与审计收费、企业创新能力之间的关系？面对环境不确定性，企业又将如何考量风险提示信息的披露？内部控制在其间究竟发挥了怎样的作用？截至目前，这些问题尚缺少实证的检验和足够的经验证据。本专著的研究发现，环境不确定性引致的公司绩效下降风险以及机会主义行为对关系信任的破坏，不仅导致企业高管内部升迁、政治晋升机会下降，更有可能导致其直接被更换。但是，内部控制作为公司治理机制的核心部分，可以通过贯穿于企业生产经营活动全过程的一系列有效制度安排，在治理环境、机构设置及权责分配、风险评估、控制活动、业务流程、信息沟通等方面，在决策、执行和监督等环节实现相互制衡，提高企业决策的科学性和执行力，提升运营效率和效果，降低环境不确定性带来的不利影响。因此，在面临环境不确定性时，企业高管更有可能通过有效的制度安排，从维护和提升企业间关系信任水平的角度，抑制环境不确定性下企业的相关行为，关注企业内部控制，提高企业的管理质量与经营业绩。

3. 首次考察和检验了内部控制影响企业战略选择的机理和路径，提供了企业内部控制作为战略目标落地的经验证据。企业战略是指企业根据环境变化，依据本身资源和实力选择适合的经营领域和产品，形成自己的核心竞争力，并通过差异化在竞争中取胜。企业战略是设立远景目标并对实现目标的轨迹进行的总体性、指导性谋划，属宏观管理范畴，具有指导性、全局性、长远性、竞争性、系统性、风险性六大主要特征。在企业管理当中，战略管理是指企业根据组织外部环境和内部条件设定企业的战略目标，为保证目标的正确落实进行谋划，并依靠企业内部能力将这种谋划和决策付诸实施。

内部控制，是由企业董事会、监事会、经理层和全体员工实施的、旨在实现控制目标的过程。内部控制的目标是合理保证企业经营管理合法合规、资产安全、财务报告及相关信息真实完整，提高经营效率和效果，促进企业实现发展战略。战略模式的选择是企业风险管理的重要内容，内部控制作为企业内部风险免疫机制，其具体的作用包括：第一，重视战略的评价与更新。由于战略管理不只是计划“我们正走向何处”，而且也计划如何淘汰陈旧过时的东西，以“计划是否继续有效”为指导重视战略的评价与更新，这就使企业管理者能不断地在新的起点上对外界环境和企业战略进行连续性探索，增强创新意识，随着内部控制的持续改进，适应战略的改变和保障战略的实现。第二，重视对经营环境的研究。由于战略管理将企业的成长和发展置于变化的环境之中，管理工作要以未来的环境变化趋势作为决策的基础，这就使企业内部控制的建设和实施要重视对经营环境的研究，正确地确定公司的发展方向，选择公司合适的经营领域或产品——市场领域，从而能更好地把握外部环境所提供的机会，增强企业经营活动对外部环境的适应性，从而使二者达成最佳的结合。第三，重视战略的实施。由于战略管理不只是停留在战略分析及战略制定上，而是将战略的实施作为内部控制制度落地的一部分，这就使企业的战略在日常生产经营活动中，根据环境的变化对战略不断地评价和修改，使企业战略得到不断完善，也使战略管理本身得到不断的完善。这种循环往复的过程，更加突出了内部控制在企业战略实施过程中的监管与风险免疫作用。

第二章

信任与企业内部控制效率

信任一词在不同学科领域中的定义五花八门，迄今为止仍未形成一个统一的定义。目前主要是心理学、社会学、经济学、组织行为学等领域从不同的角度界定了信任的含义①。

在心理层面上，信任通常用信用、承诺、诚实、信念和信心等来表述个体的一种相对稳定的人格特质（Wrightsman，1992；Sabel，1993）。吉登斯（2003）从现代性的角度研究信任，认为信任是对一个人或一个系统之可依赖性所持有的信心。并且认为，信任和风险紧紧地相互捆绑在一起。因此面对环绕在四周的风险，我们需要对这种权威给予信赖，并以有效的方式对它们做出反应（李萍和赵明亮，2004）。McAllister（1995）将信任区分为认知信任与情感信任。认知信任描述对个体履行责任的理性判断和反映了对个体可靠性、可依赖性和能力的相信。相反，情感信任反映了一种来源于个体之间相互关怀和关心的情感联系。我国台湾学者林征琴（1990）认为组织信任可以分为同事信任、上司信任和组织信任。凌玲和申鹏（2009）将信任的结构划分为员工对同事或工作团队的信任、对直接上级的信任、对高管团队的信任或对高层领导群体的信任。

在行为层面上，信任表示由外部情境刺激引起的个人心理和行为的反应（Deutsch，1958；Hosmer，1995）。研究者将信任描述为组织成员主观的心理状态和正向情感，并将组织成员与所在的组织联系起来进行系统的研究。社会学家则是从人与社会之间的关系来研究的，强调信任的社会功能及社会文化和环境、制度对信任的作用。进一步从组

---

① 学术界对信任问题的关注和研究由来已久，基本上采取了三种研究视角。第一，个体心理的研究视角。对信任的研究最初局限于个体心理学。多依奇（Deutsch，1958）认为，信任其实是对情境的一种反应，它是由情境刺激决定的个体心理和个人行为。第二，人际关系的研究视角。莱维斯（Lewis，1985）和维格尔特（Weigert）等人认为，信任是人际交往的产物，它基于人际交往关系中的理性算计和情感关联。由此将人际信任（interpersonal trust）分为认知性的（cognitive）人际信任与情感性的（emotional）人际信任两种类型。第三，社会制度的研究视角。祖克尔（Zucker，1986）认为信任是在特定的法律制度、社会规范基础上形成的，是“基于制度的信任”（institution – based trust）。当社会发生变迁时，信任的内涵和构成都会相应地发生变化。具体表现为信任模式的变迁。信任模式是指在一个社会中占主要地位的信任构成类型。在人类社会发展的不同阶段，在不同的社会文化环境中，形成信任的根基会有不同，信任的构成和特点会有差异。在传统社会中，以人际信任为主；在现代社会中，以制度信任为主。人际信任是对与自己有先天血缘关系和通过后天的社会生活建立某种关系的人给予的信任。制度信任是依赖社会的制度规范、法律法规保障和约束力的信任。

织行为学领域，信任可分为组织间信任与组织内信任。然而至今对组织信任的维度划分还没达成共识。但较为认同的划分是 Nyhan 和 Marlowe（1997）的两大结构维度的划分方法：一是组织内的系统信任（organizationg trust and system trust），也称非人际信任，指员工或管理人员对组织的信任；二是组织内的人际信任（interpersonal trust），是指组织成员之间通过人际互动，相互认识和了解，从而建立起相互信任的认知和体验，Mayer（1995）将此定义为人际信任或关系信任，包括组织成员与主管、同事之间的纵向和横向信任关系。

社会学的研究开始把信任理解为一种与社会结构和文化规范密切相关的社会现象，是社会制度和文化规范的产物。卢曼（Luhmann，1979）从宏观的社会结构角度去理解信任，认为信任是宏观层面的“系统信任”（system trust），是用来减少社会交往复杂性的“简化机制”。巴伯（Barber，1983）直接从社会道德的角度去研究信任，认为信任是对维持合乎道德的社会秩序的期望。福山（1998）从社会关系结构的意义研究信任，将信任基于道德规范，认为它产生于对于道德规范的共同直觉。社会学家林·扎克（1986）把人类社会的信任分为三种：基于血缘、基于身份的信任；基于历史、基于了解的信任；基于制度的信任。显然，基于制度的信任是一种制约的信任和法治的信任，这种信任具有最高的可信度。尤其是随着经济的发展和人口的自由迁徙，随着地球村时代对农耕时代的取缔，社会逐渐从传统的“熟人社会”向“陌生人社会”转化，只有靠各种制度才能维系社会在更大范围之内的信任。

经济学家则是将信任看成是一种或者制度因素（North，1990）或理性的计算（Wiiliamson，1999），研究其对社会经济秩序和降低交易成本的作用。内部控制是企业内的一个合作机制，这种机制是以内部信任的增强（实质上是内部利益关系的持续均衡问题）为前提和降低不确定性为目标。张维迎等（2001）认为作为市场经济的道德基础，信任是影响一国经济增长和社会进步的至关重要的社会资本与经济要素。

其实，在一个组织中，信任和适度内部控制都是客观存在，组织内的分工合作不仅依靠契约、制度等，在契约、制度无法涉及的方面更多的要依赖信任，组织中信任与适度内部控制行为之间也具有十分重要的关系：分工合作中信任与适度内部控制的程度存在此消彼长的关系，高水平信任下的分工合作将弱化适度内部控制的作用；低水平信任则需要高度的内部控制手段维系分工合作。组织中管理者给予被管理者的信任，可以是从高水平信任—低度适度内部控制到低水平信任（不信任）—高度内部控制这一连续区间中的任何一点。信任与控制之间存在着约束互补的关系，即在具有很强的信任度的交易环境中，控制可以比较弱，但如果信任度较薄弱，则必须要求控制的力度比较强。本节的研究在于强调以分工为起点探讨企业的内部控制，将分工纳入企业内部控制的分析框架。企业内部控制，一方面是源于分工的深化；另一方面是得益于信任半径的扩大。内部控制发展历史表明，在本来不认识的人之间建立相互之间的信任关系是内部控制范围扩大和内部控制发展的关键。

第一节　分工、信息不对称与信任缺失

一、分工是契约的本质特征

现代企业理论的一个核心观点是，企业是不同的要素投入主体之间组合的一系列（不完全）契约（合同）的有机组合（nexus of incomplete contracts），是人们之间交易产权的一种方式，这组契约可能是显性的，也可能是隐性的。不同的要素投入主体可能拥有不同的偏好、资本、技能、信息和禀赋，理性的要素拥有主体参与到企业的契约中，向企业贡献自己的资源，以试图从企业的运营中获得回报。这组契约治理着企业发生的各种交易，使得企业内部发生的交易费用低于由市场组织这些交易时所发生的交易费用，但由于现实世界的复杂性、经济人的有限理性和机会主义的影响，这组契约通常又是不完备的，所以相对于市场而言，企业的契约是一种不完备契约。夏恩·桑德（2000）在《会计与控制理论》一书中根据企业的契约理论，结合会计和控制在实施契约组合中的功能，考察了会计的五个重要职能。我们认为，会计的这五个职能恰恰说明了内部控制的重要性和必要性。

然而，将企业视为“一组契约的组合”只是一种表面认识，其更深层次的是分工及其所体现的企业内部人与人之间的关系。林金忠（2004）认为，企业契约论者之所以将企业的性质理解为“一组契约关系的联结”，是基于这样一个现象：在市场经济条件下，企业的形成体现为一组生产要素的某种方式的集结，而这种集结都是通过契约关系来实现的。但是，“企业的本质特征并不在于这种集结以及实现这种集结的要素契约本身，而在于形成这种集结之后的企业活动以及在活动中所形成的人与人之间的各种社会和经济关系”。企业契约论者只是看到了形成要素集结的契约关系本身，而没有认识到要素集结之后的企业内部活动和关系，于是就把契约关系本身当成是企业的性质。企业的本质规定性体现在企业内部的各种经济活动及其所形成的人与人之间的经济关系之中，而不是各种契约关系。企业是由相当数目的个体所组成，而且企业所担负的职能任务通常由多项不同的任务或多个流程构成，需要多个个体共同协作完成。在多个主体实施同一项或多项任务时，相互之间如何进行分工与协调是企业架构设计（包括内部控制设计）的重中之重。企业架构设计的目的就是为了合理安排相应的流程和任务，针对不同个体的特性实现有效分工，并形成协作。事实上，正是分工才导致了企业的存在。Bolton 和 Dewatripont（1994）认为，企业之所以存在主要是因为其可以减少分工后产生的信息收集和沟通成本。虽然反复操作单个流程可以形成专业化分工并提高效率，减少信息加工的成本，但随着专业化程度越来越高，相互之间的沟通变得越来越重要，协调不可避免。所以，企业要有效率地对信息进行合理的沟通，并考虑如何减少沟通的成本。Heugens 等（2004）、Heugens（2004）基于韦伯的官僚科层思想，将企业看作是一种决策规则驱动的组织，决策规则又可理解为一些引导个人行为的规范约束，这些规范约束决定各人面临的所有行动选择的相对恰当性。企业是一个由遵循一定决策规则的人类群体组成的实现特定分工与协调的有目的的社会实体。这个定义包含了企业的四层规定性：（1）企业是一个社会实体，其社会实体性可以通过对特定的组织目标、成员、活动场所和特定的象征性符号或标识以及特定的规则等加以认知和区分。（2）企业是由遵循一定决策规则有目的的合作群体所组成的，企业成员的个体目标与企业的整体目标能够兼容，决策规则的存在也使企业与市场和混合型企业相区别。（3）企业的基本功能就是通过对企业成员为实现企业目标所展开的各种活动进行必要的分工与协调。（4）企业的社会性意味着企业与外部环境之间存在着可渗透性，企业的边界是动态可变的。

分工经济既体现了企业之间又体现了企业内部各成员之间的关系，分工必然包含着相应的交易活动。因此，分工是生产与交易活动的统一，既体现了人与自然之间的物质交换关系，又反映了合作生产中人与人之间的关系，企业内部分工具有决策主体单一性、决策信息的分散产生、纵向与横向传递和分散与集中处理相结合的多维性、决策风险在各决策主体之间的不对称性等特点。从决策角度看，企业内分工具有两重性：一方面通过决策权的分配实现劳动力的分工与协作；另一方面又是各要素所有者在产权交易过程中形成企业所有权结构的过程，这两重基本规定性是统一的。由企业内分工的两重基本规定性可知，企业组织在本质上一方面是企业分工经济条件下特定的专业化生产协作形式；另一方面又是各要素所有者的产权组织和实现形式。其中，产权结构是实现分工协作的前提和基础，同时分工协作的变革又会促进产权制度的发展和创新。

通过以上分析，可知企业的组织性质基本上是由企业内分工的性质所决定的：企业是分工经济条件下的分工与协作组织，企业的形成与发展、企业组织的变迁都与企业内分工密不可分。进一步讲，企业所有权安排以及企业治理结构的完善都是为了实现企业组织内部的有效分工与协作。正如钱德勒（1987）批评经济学家不能把管理协调同企业理论联系起来时所指出的，通过仔细协调流经生产和分配过程的流量而造成的节约，要比通过增加生产或分配单位的规模而造成的节约多得多。而管理协调恰恰是分工的题中应有之义。其实，钱德勒所指的管理协调的较高效率，也就是专业化的经济性。分工是企业的基础，也是企业的原因，因此，分工与企业的组织性质息息相关。

二、分工导致的信息不对称与信任缺失

所有经济活动都可视为某种方式的交易活动，而要进行交易活动就必然建立各种契约关系。交易活动中存在随机变化，诸如交易者的不同偏好、信息不对称及交易者机会主义行为等。这些不确定性影响交易过程中博弈双方的分工合作空间。其表现为交易与否的选择、交易契约的达成与不断修改、对契约实现的预期和契约方式的选择等。伴随着交易活动，出现了两类信息问题：一是受到限制的理性思考和参数的不确定性，二是机会主义和行为的不确定性。从可预测性的意义上讲，行为的不确定性是真正的不确定性。

追求自我效用最大化的经济人，决定了其在各种契约关系中一定存在机会主义行为，正是这种由人类特征决定的行为上的不确定性，增加了交易活动的风险和成本，这是组织

存在的根源，但同时也使组织（企业）内部和外部的契约关系在风险程度上变得可比。也就是说，经济主体的自利倾向，构成了机会主义行为的主观或内在的因素，不完备与不对称信息，构成了机会主义行为客观或外在的因素，而不完全契约则构成了机会主义行为实施的空间或交易环境。同时，人的有限理性与机会主义行为，形成了契约关系的不确定性，而信息的不完备与不对称，则是产生契约关系外在不确定性的因素。机会主义行为实施的结果，则在本来存在的交易双方效用不一致的基础上，进一步强化了信息的不对称、收益的不对称及风险的不对称。可见，有限理性、不完备与不对称信息、机会主义行为的存在，使契约的签订和实施不再是无代价的。如何低成本、高效率地防范契约关系中各种形式的机会主义行为，成为组织与合同中对经济主体进行激励、监督的出发点。

信任缺失产生于信息不对称（symmetric information）。非对称信息的存在，使得交往加密（交易）双方在交往（交易）时面临着因对方隐藏信息或行动而导致的风险（逆向选择及道德风险），这是一种“人为产生”的风险（贝克尔，1996），从而导致信任缺失。阿克罗夫（1970）在其著名的论文《次品市场：质量、不确定性和市场机制》中阐述了“非对称信息”的客观存在。显然，根据“非对称信息”客观存在的原理和前文的分析可以断定，组织机构中必然存在“非对称信任”或信任缺失现象。

那么，分工理论与内部控制之间又是怎样的一种关系呢？通过以上对企业内部分工发展和演变的回顾，我们可以得到这样几个概念性结论：第一，内部控制是企业内分工间的共同知识和信息机制，包括：一是规则与指示（Rules & Directives），这是一种标准化的信息协调与交流机制，通过严格的标准控制来协调企业内分工，使得专业化的作业效率与整体的要求相匹配；二是流程（Sequencing），将任务按时间顺序划分为若干专业，根据作业的先后顺序确定相对的时间段进行生产，使得各专业分工能够高效地衔接与配合，同时将信息的交流与协调减少到最低限度；三是程序（Routines），一方面类似于流水线作业而支持各专业分工的同时作业，另一方面就是允许不同流程间的较为复杂的协调与交流；四是调整企业共同知识的同时变革企业内组织形式。具体来看，一方面，分工深化所产生的知识的局部性问题日益加剧，造成知识在企业成员间日趋分散的局面，另一方面，任务的分割也是有一定限度的，我们不可能将企业的某项任务无限分割以适应相应知识的局部化，这个时候仅仅依赖于共同知识的协调与交流是不够的。不仅如此，由于共同知识的调整具有滞后性，调整有可能会落后于协调成本的上升速度，这个时候企业就面临组织变革的要求。为了解决这种知识的分工与任务分工的矛盾，我们需要建立一个知识整合的共同体，将完成一个综合任务所需知识的对应个体集合在一起，通过密集的交流和协作来弥补分割的个人知识同整体任务间的矛盾。当知识分工与任务分工发生矛盾的时候，企业只有依靠诸如团队作业的方式来扩大分工间的共同知识，从而最大限度地获取整体效率，内部控制就是这样一些规则、流程、程序以及团队的学习。企业的机构、岗位设置和权责分配应当科学合理并符合内部控制的基本要求，确保不同部门、岗位之间权责分明和有利于相互制约、相互监督。第二，内部控制是协调和增进分工效益的重要机制①。协调是分工效率的

① 一般认为，可以将分工效益的演进分成三个基本阶段：一是基于比较优势经济，二是基于规模经济，三是基于协调经济。本书认为内部控制在协调经济方面具有重要意义。

基础，也是社会发展的基础。如果说在前现代社会中，价值的创造、社会的发展主要是靠纯劳动量投入的增加的话，那么，随着社会的进一步发展，这种靠劳动量的投入来推动社会发展的方式就越来越受到了限制，相反，社会的发展越来越转移到以提高社会劳动分工协调的途径上来（朱富强，2001）。在特定时期，企业生产之所以比个体的市场生产具有更高的效率，就在于它增进了劳动分工的协调程度，从而提高了劳动的有效性，从而创造出更大的价值量。而目前大多数企业低效率的主要原因就在于部门之间的联系，以致分工效率由于不合适的协调处理机制（特别是内部控制机制）而被削弱了（M. P. 芙丽特语，转引自 P. 格雷汉姆，1998）。协调是指随着社会生产迂回度的不断提高，分立的人类劳动之间的联系需要不断加强。此时，分工效率已不再局限于个人的复杂程度，更重要的是分立的劳动之间的协调。马歇尔在探讨内部经济时认为，厂商规模的扩张同时伴随着“组织的改进，而组织的改进增大劳动和资本的使用效率”，这已经涉及组织的协调问题。第三，内部控制是基于权力制衡的原理构筑框架的，它以规范权力配置及其行使作为其理论基点，它注重控制的流程和标准以及信息的事后反馈，并以负反馈为主要特征，内部控制的运行机理就是：通过组织权力的制衡与牵制，利用企业内部分工而产生的相互制约、相互联系的具有控制职能的方式、措施及程序，从而限制行为主体的职权，达到纠错防弊的目的。COSO 将内部控制定义为“由企业董事会、经理阶层和其他员工实施的，为运营的效率和效果、财务报告的可靠性、相关法令的遵循性等目标的达成而提供合理保证的过程。它主要包括：控制环境、风险评估、控制活动、信息和沟通、监督等几个方面的内容”。根据这一定义，内部控制是由企业各层经营管理人员共同执行的，其中处于不同层级的管理者掌握着不同的控制权力并承担相应的责任，同时相邻层级之间存在着控制和被控制的关系。进一步分析，人是有限理性的，由于分工和专业化可以减少重复学习、重复投资，增加劳动者的熟练程度，减少自给自足条件下由一种工作转换到另一种工作的时间，故分工和专业化可以减少人的有限理性的局限性，大大提高生产率，为人们提供大量的管理剩余。然而分工和专业化意味着合作和交易的必要性。由于人的有限理性和机会主义的存在，每个人都想尽可能多地占有分工和专业化产生的生产剩余，使得人们在分配分工和专业化产生的经济剩余时会出现讨价还价的现象，产生巨额的交易费用，分工和专业化产生的经济剩余大打折扣，甚至有可能阻碍分工。为了约束人们的有限理性和机会主义，减少交易费用，内部控制这种企业内的分工合作机制就被创造出来用以协调分工和专业化以减少交易费用。

通过以上论述，我们可以得出两个暂行结论：

1. 分工效率是内部控制效率的物质基础。米塞斯（2013）认为，社会是处于分工中的人的结合。柏拉图（1986）早在公元前 380 年就论述了专业化、分工对增进社会福利的意义。威廉·配第（1978）也在 17 世纪末就认识到专业化对生产力进步的意义。亚当·斯密（1982）认为分工带来三个好处：因减少转换工作所节约的时间，因专干一样工作所造成的知识或技能的积累，因工作的单调性和知识的积累所产生的创造专门工具的可能。虽然古典经济学家对分工效率有共识，但对分工效率的来源看法不同。按照斯密的概念，分工产生个人生产率的事后差异，其理论可概括为内生比较优势；而按李嘉图（1980）的概念，个人生产率的事前差异产生分工，其理论可概括为外生比较优势。杨小凯和博兰（1990）曾证明内生比较优势可能随分工的逐渐演进而演进，而且内生比较优势的演进是加速知识积累和生产率内生进展的动力。因而分工，特别是内生性分工提供的技术效率和管理盈余构成内部控制效率的物质基础。因此，对内部控制效率的分析，应从分析内部控制效率的物质基础出发，只有从内部控制效率的物质基础及其变化中才能认识内部控制效率的本质及其变化的规律，从而形成一种有效的内部控制效率分析框架，探寻内部控制效率的实现机制。

内部控制制度是影响分工的技术效率的重要因素。在分工生产开始之前，分工的技术效率仅是一种潜在的可能，能否实现取决于现有内部控制制度决定的激励程度和交易成本。新制度经济学中的产权学派认为在短期内，生产性资产中的最佳产权结构是个自变量，内部控制效率 = f（产权）。对权责分配的明确界定和执行，可以减少分工和专业化的不确定性和交易成本，使具有不同需求和知识的人们能将某项独特的资产投入他们所能发现的最有价值的用途上去，从而使潜在的技术效率变成现实。阿尔钦指出，私有产权对于从生产的专业化中实现较大的收益尤其重要，合作性的生产过程高度依赖于私有产权各组成部分的分割与专业化。因此，短期内分工的技术效率是内部控制制度的函数，可概括为：分工的技术效率 = f（内部控制制度）。

布罗姆利（1996）认为，产权学派忽视了一项内部控制制度确立后运行的成本，认为不同形式的内部控制制度应由不同层次的基础结构来界定权利和划分义务，来划分边界以及来实施权力，因此产权 = g（管理盈余）。该式表明内部控制制度安排是管理盈余的一个函数，这种管理盈余能弥补各式各样的成本，所以是新的财富增加的可能性为进一步的内部控制制度安排提供了必要的管理盈余。杨小凯已证明内生比较优势的演进是加速知识积累和生产率内生进展的动力，因而长期内生分工的技术效率是内部控制制度变迁的动力源泉。这样，在长期内，内部控制制度安排应是分工演化的因变量，即：内部控制制度 = f（分工的技术效率）。

可以看出内部控制制度因素在不同的时间段内对分工的技术效率的影响不同，但从本质上看，内部控制制度因素只有适应分工的技术效率的内在要求，企业整体的制度效率才能提高。

2. 合作实际上是企业多个责任单位面对不确定性的一种缓冲，而内部控制是企业合作的最佳机制。对不确定性的处理是一个有效率组织的基本功能（罗珉，2005），因而我们也可以说对不确定性的处理是一个企业有效率的内部控制机制的基本功能，对不确定性的处理导致不同内部控制形态的替代。内部控制形式的演进，实质上是应对不确定性和缓冲市场与环境冲击能力的发展。根据熊彼特（1990）《经济发展理论》一书中的表述，创新就是"建立一种新的生产函数"，把一种从来没有过的关于生产要素和生产条件的"新组合"引入生产体系。创新必然带来风险，而风险内部控制则表现为内部控制者在企业生产经营过程中对各种风险因素的排除和预测，从而获得创新报酬和风险收益。具体地说，创新和风险内部控制一方面是通过对人类行为的内部控制，帮助交易当事人较为准确地判断出交易中的其他人未来可能的行为；另一方面是通过内部控制把未来的不确定性风险从交易者个人身上转移到那些愿意承担风险，并且承担成本较低的社会组织机构，以使交易者对未来经济活动形成稳定的预期。因此，内部控制在本质上是对不确定性的一种控制和对确定性的一种规定，企业经济活动中的不确定性包括人与自然的关系（即资源配置）及人与人之间的关系（即利益调整）两个方面。要降低不确定性，对人与自然的关系来说，主要是要解决技术问题；而就解决人与人关系中存在的不确定性，就需要对人们的基本交易关系规定必要的准则或形成某些规范性的习惯、传统，以便能够对彼此的经济行为有一个合理、可靠的预期，保证人们的经济行为能够在较为确定的环境中发生作用。内部控制在经济学意义上的解释便可以归结为，企业内部交易者为尽量减少在“自然状态”中妨碍交易活动的不确定性成本支出而建立的各种确定性的标准规则。

第二节 信任、不确定性与内部控制

企业是大量的各种生产要素的所有者为了追求其自身利益，通过合约方式而组成的经济组织。企业内的合作，如关系专用性投资和团队生产等，能够给企业参与人带来广泛的收益。企业内不同参与人之间持续的、面对面的相互作用，正是行为经济学派所考察的激发强烈的互惠主义的社会环境类型。我们认为，在企业内的博弈中，社会行为准则（如公平和互惠主义等）可能与博弈参与人的策略选择之间具有内在的联系，从而使他们能够克服不完全合约的障碍，实现互利互惠的交易。阿罗（Arrow，1971）就强调了这种联系，即在缺乏信任的情况下……互利互惠的合作机会将只能是先验的……社会行为准则，包括伦理和道德范……可能弥补市场失灵，内部控制是解决企业内合作的最基本也是最重要的契约机制。

从交易成本理论的角度，企业内的各个节点基于合作关系进行专用性投资，形成基于地点的专用性、基于实物的专用性和基于人力资本的专用性，从而能有效地降低成本，提高产品的质量及积累合作伙伴之间的信息、技术语言，加快他们之间信息有效的交流。从关系理论角度来看，企业内合作能使单个责任单位获得比自身多得多的外部资源。单个责任单位可利用这些有用的外部资源，促进自身的发展，并促进企业整体的物质、信息资源共享。我们将企业内合作的关系称为跨责任单位资源，跨责任单位资源之间的结合具有更强的社会复杂性、因果模糊性及更高的难以模仿性（Barney，1991），从而为整个企业合作网络带来了竞争优势。

我们借鉴王建军和王正斌（2007）的思想，将企业内合作、信任、不确定性三者关系表示如图 2－1 所示。

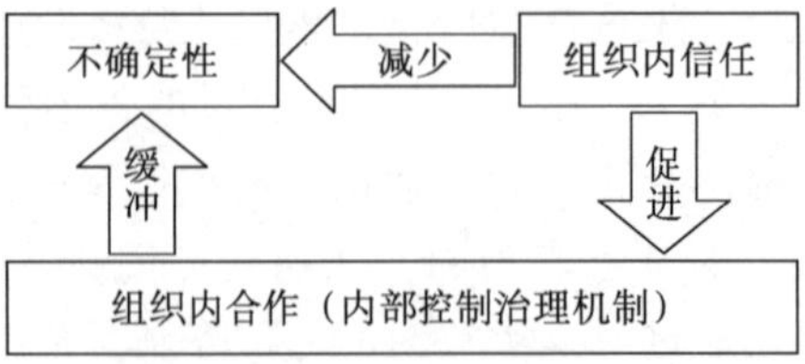

图 2－1 企业内合作、信任与不确定性三者关系图

企业内合作是对不确定性存在的一种有效的缓冲，降低了单个责任单位的风险；企业内信任能够促进企业内合作，同时减少企业内不确定性。由于信任对企业内合作和不确定性都有作用，而企业内合作和不确定性又是内部控制的逻辑基础和目标。

一、内部控制是一个关于企业经济活动秩序的合作与竞争关系合约

Leifer 和 Mill（1996）将控制定义为一个限制过程，用以使一个系统的要素通过追求某一期望的目标和状态的过程中所建立的标准而变得更加可以预测。Green 和 Welsh（1988）将控制定义为一个控制论的调整的过程，用以指导和限制一个交互的行为符合一定的标准或者达到一定的标准。众所周知，内部控制的产生与发展经历了内部牵制、控制结构、控制框架与风险整合等不同阶段，其目标大体经历了三个阶段的变化，即：（1）在内部控制牵制阶段，重点在于防范投机行为，降低交易成本。Jap 和 Ganesan（2000）指出恰当的控制机制是解决企业成员之间由于专用性投资而导致的投机风险的有效途径，因此这种认识更加侧重于契约控制、监督机制以及共同投入高专用性的资产而形成的互锁机制。（2）在控制结构阶段，重点在于提升合作，降低协调成本。Artz 和 Brush（2000）分析了特定的控制方式对协调成本的影响以及存在的影响因素。White 和 Lui（2000）实证研究指出合作关系中交易成本和协作成本是同时存在的，因而有效地降低协作成本是企业控制点的重要目标。基于降低协调成本的企业控制的观点更加关注关系契约、沟通价值、信息管理机制以及整合的冲突解决方法等具体的企业控制方式。（3）在控制框架与风险整合阶段，重点在于控制风险，创造最大化价值。Dyer 和 Singh（1998）在系统分析了企业价值创造的基本途径后认为，治理形态（控制方式）对于价值创造有着重要的影响。基于价值创造的企业控制观点强调了各方有效地合作共同创造价值的重要性，因此在具体的控制方式上侧重于对信任的控制功能、关系契约、风险整合等进行讨论。

根据以上分析，我们认为内部控制是一组联系企业内部各相关利益主体（也是控制主体）的正式和非正式关系的制度安排和结构关系网络，其根本目的在于试图通过这种契约制度安排，以达到各相关利益控制主体之间的权力、责任和利益的相互制衡，并通过建立明确的控制机制防范投机行为、提升合作能力、降低风险，从而使得预期目标的实现变得更加可以预测。也就是说，内部控制是一个企业关于内部经济活动行为的“游戏”规则，它提供了企业内部活动系统相互影响的框架或为系统人为设定的制约，从而构成一个企业或确切地说一种企业内部经济活动秩序的合作与竞争关系。内部控制作为一系列正式约束与非正式约束组成的规则网络，它约束着责任单位主体的行为，减少专业化和分工发展带来的交易费用的增加，解决内部管理控制工作所面临的信息不完备和不对称性、权利不对等性、监督与激励等合作问题，创造有效组织运行的条件，实质上是一种“合作解”（即内部控制利益相关方满意的协约）①。

---

① 交易的不确定性包括交易环境的不确定性和交易者行为的不确定性。交易环境的不确定性实际上是与有限理性相对应的，客观环境的复杂性使得当事人的理性受限制；交易者行为的不确定性产生于人的机会主义行为以及这些行为的差别性。所谓资产专用性，按照威廉姆森的解释，是指“在不牺牲生产价值的条件下，资产可用于不同用途和由不同使用者利用的程度，它与沉没成本概念有关”。至于交易频率（即交易发生的次数），则是决定了规制机构的确立和运行成本能否得到补偿及其补偿程度。

二、关于信任与内部控制制度

拉特纳辛格姆（Ratnasingam，2003）认为，企业内信任是“同一企业内责任单位之间相互的信心（即对交易或管理伙伴的可靠度以及诚实有信心），当处于可能的风险状况时，所有交易的成员都会忠实且适当地采取行动”，而 Doney 和 Cannon（1997）则认为，企业内信任是一种资源，这种资源能减轻企业内交换中因不确定性以及依赖性所可能产生的投机行为，进而促进企业内的有效合作，产生更多的合作租金，在整体上提升企业的有效性。企业内成员间的信任可以改变企业行动的意图、扩大沟通和交流、提高合作的意愿、减少监督成本。信任可以建立可靠的预期，减少不确定性，从而大大降低包括信息成本、谈判成本和监督成本在内的所有交易成本。

信任和知识的共享与企业内合作的成效等因素是有因果关系的（Dyer，1998），信息共享不仅仅使他们之间存在信任关系，更重要的是考虑到了效率（Mark 和 Sher，1994）。所以企业内合作仅以原有的单纯强调权力制衡的方式来增加信任程度是不够的，需要有新的路径来增进彼此之间的信任以降低机会主义行为。企业内合作应建立企业内的知识共享平台，而非仅仅依靠企业的专用性资产的投入来增加企业内的信任程度，内部控制就是这样一个学习机制和知识平台。当企业内的各个责任主体不断通过内部控制这样一个学习组织来增加企业的价值时，就会使整个组织的生产可能性边界外推，从而使组织中的每个责任单位都从中获得合作性租金，形成一个“你中有我，我中有你”的协作关系，在相互协作中促进彼此的信任程度，降低机会主义风险。

以上分析表明，内部控制是应合作与竞争的要求而制定的一种规则。内部控制作为一系列正式约束与非正式约束组成的规则网络，它约束着责任单位主体的行为，减少专业化和分工发展带来的交易费用的增加，解决内部控制工作所面临的合作问题，创造有效组织运行的条件，实质上是一种“合作解”（即内部控制利益相关方满意的协约）。总的来说，内部控制是一个企业关于内部经济活动行为的“游戏”规则，它提供了企业内部活动系统相互影响的框架或为系统人为设定的制约，从而构成一个企业或确切地说一种企业内部经济活动秩序的合作与竞争关系①。它至少在特定企业范围内是统一的、对单个责任单位主体的各种经济行为起约束作用。下文我们将进一步从组织信任视角分析内部控制的契约治理机制。

如前所述，所谓信任，是指对于他人“相信而敢于委托”的一种感知，信任的基础是当事人对被交往者未来行为趋向的一种判断，组织中的信任则指内部员工在相互信任、相互依赖的基础上实现组织目标的一个过程。组织内部存在两种形式的信任关系，即管理者与被管理者之间的垂直信任关系以及组织成员之间的水平信任关系（郑伯熏，1999）。第一种信任关系中含有委托人对代理人以及管理者对被管理者的信任，这种信任可以定义为

① 从“租值消散”定律而言，如果要增加企业财富，促进企业经济成长，就必须减少在内部人控制情况下的资源浪费，用较好的方式来解决冲突问题，因此企业就要订下某些规则来约束内部人的行为。这些规则就是约束人们各种管理和业务行为的合约安排，这其中就包括了用以规范内部管理和业务活动行为的内部控制合约安排。

顺向信任；同时还存在被管理者对管理者的信任，这种信任可以定义为逆向信任（吕春晓、常建平，2000）。组织内部长期有效的信任关系直接影响组织成员“履约”的愿望，信任与组织的绩效和有效性密切相关。信任的重要性已经受到关注。

Huemer et al.（1998）等认为，信任最重要的角色关系到组织知识是如何以及为什么可以发展。他们根据 March 和 Olsen（1990）的观点，提出信任便于成员之间学习，并且在基于信任的这种确定条件下决定进行知识交换。知识员工的脑力劳动通过知识共享和转移的行为，与组织中其他成员共同构建成一个学习网络，信任清楚地在参与双方建立起情感纽带，它促使组织成员进行交流，与此同时，组织知识得到扩展（Weick et al.，1993）。

内部控制规范之所以能够塑造出统一的和连贯的行为和获得某种信任之外的行为效果，就因为人们对内部控制规范以及由这些规范所构成的制度给予信任。以往研究表明，信任和内部控制有着千丝万缕的联系，在理论和实践上都说明信任程度影响着内部控制的效果①。从现有的文献看，有关信任机制和控制机制这两者之间的关系问题，基本的看法有三种：（1）信任是一种特殊的控制机制。持这一观点的学者主要有 Bradach 和 Eccles（1989）、Merchant（1984）、Ouchi（1979）。在 Ouchi 建立的经典控制模型中，信任机制被看作是一种特殊的控制机制即社会控制或家族控制。（2）信任机制和控制机制是一种替代关系。持这一观点的学者有 Das 和 Teng（2001）、Dyer 和 Singh（1998）、Gulati 和 Singh（1998）、Inkpen 和 Currall（1997）、Zaheer 和 Venkatraman（1995）、Sitkin 和 Roth（1993）。根据这一替代性观点，低信任导致正式的控制形式，而高信任则使得正式控制的范围受到限制。正式控制传达不信任的信号，因而导致不信任和正式控制。（3）信任机制和控制机制是一种互补关系。持这一观点的学者有 Das 和 Teng（1998）等。这些学者断言，信任和控制机制构建都是有代价的，控制机制的选择、发展和执行的代价都是昂贵的。信任也不是免费的，需要耗费组织大量的资源。既然信任与控制的获得是成本高昂的，学者们认为组织在任何状况下都不会确立过度的信任，对于企业管理者来说，为达到最低限度的管理信任，管理者可以利用信任和控制以相互补充。我们认为，内部控制与信任通过不同的方式增加内部成员在交易中的可预测性，通过内部控制与信任的互补关系，相对可以更真实地描述信任与内部控制之间关系的动态性。廉价而高效的内部控制的存在使得企业较少依赖信任，而当信任存在时企业可以降低因设置内部控制机制而带来的成本和复杂性。然而，大多数企业内部经济关系同时包含了内部控制与信任，包含风险的内部控制的存在可能鼓舞公司承担更大的、基于信任的风险。

---

① 如果把为了达到组织内部信任（TD）的努力而发生的费用支出或消耗定义为组织的信任成本（TC），把因为组织中信任的降低而增加的各种费用支出定义为组织的不信任成本（FTC），则组织内部的信任与信任成本呈正相关关系，信任与不信任成本之间呈负相关关系。如果使用信任度描述组织内部的信任，并且假设用 X1 和 X2 分别表示组织成员的预期行为和实际行为，且 $\Delta = | X1 - X2 |$，则信任度可以表示为 $TD = 1/\Delta$，在组织中提高组织成员之间的信任度（TD），将增加信任成本（TC），同时减少组织中的不信任成本（FTC），反之亦然。由于不适当的组织重构会降低组织成员之间的信任度，这将增加协调成本或不信任成本，而信任度的降低却不能减少组织已经耗费的信任成本，即此时的 TC 不会下降。因此，不适当的组织重构将增加组织的总运行成本。可见，不同程度的信任对组织成本和绩效的作用是不同的，合作中信任的成本和风险，可能使顺向信任出现过度或不足的情况。如果过分推崇信任，组织中的监督、激励机制就没有存在的必要，这将导致代理人的投机行为。信任不足不仅会引起潜在交易成本的增加，而且由于缺乏信任而导致合作失败，还会影响组织中的信任水平与逆向信任程度，使组织凝聚力降低。

根据COSO的定义，内部控制是“由企业董事会、经理阶层和其他员工实施的，为运营的效率和效果、财务报告的可靠性、相关法令的遵循性等目标的达成而提供合理保证的过程。它主要包括：控制环境、风险评估、控制活动、信息和沟通、监督等几个方面的内容”。根据这一定义并结合前述四种信任形式分类，我们起码可以得到以下重要结论，即：信任既是内部控制的基础，更是内部控制的保证。具体来说，基于组织信任的内部控制具有以下主要的治理作用：

1. 内部控制作为一种组织内部信任机制，有助于实现知识共享，降低信息不对称。中国台湾学者张火灿等人（2002）的实证研究表明：其一，组织内部缺乏信任是影响知识分享的最主要原因；其二，信任会导致知识分享及自愿合作，一旦人们产生无条件信任时，会自愿地分享知识及信息。McAllister（1995）指出，知识分享行为是一方愿意主动增强他方能力的行动，该行动需对他方具备高度的信任，否则将会使对方更有能力伤害自己，出现对己不利的情况。企业内部控制作为一种组织内部信任机制，共同知识意味着这些知识可以在组织成员之间传播和分享，生产、储存并传递着企业生产经营、风险管理等所积累的知识，从而引导组织成员解决特定问题的行为及其互动模式，进而影响知识的整合与共享，体现能力的可信任性与行动的诚实性。

2. 内部控制作为一种组织内部信任机制，可以降低组织内部的交易成本。在交易成本产生的问题上，制度经济学将大量的交易成本归结为交易双方的不信任或信任不充分。Arrow（1971）指出，信任是经济交往的润滑剂，企业中的每一项活动都包含着信任要素，信任与交易成本一样是值得研究的。福山等（2000）认为，信任的重要性在于：信任与规则之间存在一种负联系，信任度越低，信任越少，就越需要垂直一体化和等级制度，就越需要增加正式的规则和强制。查尔斯·萨维奇（1998）曾说过：怀疑和不信任是真正的成本之源。因此，企业内部控制作为一种组织内部信任机制，是组织内部活动所必需的公共品，具有降低环境复杂性和系统复杂性的简化功能，可以降低由于信息不对称的存在和契约的不完备性，对机会主义的防范而增加的合作监督成本等，使已达成的协议能够自我遵守和实施。

3. 内部控制作为一种组织内部信任机制，是促进组织内部合作的必要条件。Deutsch（1958）在“囚徒困境”实验里发现，合作发生的最初时期是必须信任的。Anderson et al.（1989）认为，一旦信任建立之后，经由协调和共同努力所产生的结果远胜于双方独自努力所取得的结果，信任机制是合作的必不可少的前提，并导致长期关系的建设性和合作性的重大行为。Ganesan（1994）认为，信任是影响长期合作的最重要因素，如果双方互不信任，将会降低双方之关系承诺，使得长期合作关系转变为短期的交换关系。正是从这个意义上考虑，我们认为企业内部控制作为一种组织内部信任机制是促进组织内部合作的必要条件。

4. 内部控制作为一种组织内部信任机制，有助于提高微观经济组织的内部运行效率和效能。企业内部控制作为一种组织内部信任机制，具有协调和增进分工效益的重要功用。目前大多数企业低效率的主要原因就在于部门之间的联系，以致分工效率由于不合适的协调处理机制（特别是内部控制机制）而被削弱了。具体而言，第一，缓解企业融资约束机制。资金链问题一直是企业生存发展的生命线，而银企之间的信息不对称极易催生道德风险问题，导致金融机构往往不敢对企业还款信誉、经营盈利能力给予过高期望值，进而使得企业很难获得持续稳定、成本较低的贷款。内部控制，作为缓解信息不对称的信任机制或者说“润滑剂”，可在很大程度上缓解企业的融资约束。内部控制信任通过缓解企业融资约束，促进企业效率提升的作用机理主要在于：银企之间的相互信任，将有效减少委托代理成本和机会主义行为，有利于提高贷款申请成功率，形成长期稳定的银企信贷关系，降低企业融资成本；内部控制在企业间信任关系的增强有利于企业组合抱团向银行申请联保贷款，平摊贷款风险，也有助于促进企业间短期资金拆借，缓解资金链上的“燃眉之急”。第二，提升创新效率机制。创新性问题是企业持续发展面临的首要问题，需要积累并获取必要资源及能力（Jarillo，1988）。以往研究证明，企业间网络关系显著影响了新产品、新技术的研发（Edmondson，1999；Ahuja，2000）。内部控制有助于培育良好的企业间网络信任关系，形成互助互利的沟通交易模式，促进创新效率的提升。内部控制信任通过提升企业创新效率，提高企业效率的作用机理在于：内部控制可以增强（化解）企业间的研发合作信任（疑虑或者技术泄密担忧），引导企业之间开展合作创新，相互学习对方先进管理经验及创新技术，促进知识的创造和创新的扩散，同时实现创新资源共享，使得企业自身资源与对方资源之间产生良性互补效应，收获更大的创新效率。内部控制促进企业间合作信任与学习，联合解决问题，从而提升企业创新效率，改善企业劳动生产率，并为扩大生产规模和出口增长提供了必要的生产技术储备。

内部控制规范和约束企业经济行为的首要条件是制度的完备性，但在现实中，由于内部控制制定者的“有限理性”和会计经济环境的未来不确定性，制定完备的内部控制制度几乎是不可能做到的，因而内部控制表现为一种“不完备契约”，比如控制疏漏、控制笼统、控制偏离现实等方面。内部控制的不完备性必然导致当事人（企业决策者、管理者、执行者）把剩余部分留给“隐含契约”，而隐含契约的实施主要是靠当事人的信誉来维持的。从这个意义上说，内部控制的不完备性和隐含契约是信誉存在的前提条件，而信誉则是隐含契约实施的基础。不完备的内部控制只有在得到信誉、道德等非正式制度支持的情况下才能有效运作。比如，控制疏漏、控制笼统和控制误导，一个有信誉、有道德的当事人会选择被认为是合理的解释和恰当的方式处理，尽量约束自己的机会主义行为并采取合作行动。“心照不宣”的信誉即使在形式上是非正式的，但其功能与正式制度一样具有“强迫性”，它引导人们在正义与非正义、合理与不合理之间做出适当选择，以弥补正式制度的缺失。即使动用法律的强制力来维护内部控制的执行，内部控制的执行效果也与当事人是否重视信誉有关。

更进一步地从逻辑层面解释，内部控制规范作为普遍的、无人格的行为准则，总是超越具体的行为个体，这种普遍规范固然神圣而崇高，但其外在的形态下却未必能为行为个体所自觉接受并化为个体的具体行为。如何使普遍性的规范化为个体的行为，如何保证普遍的规范在个体行为实践中的有效性，这无疑应当对道德、信誉予以特别的关注。因为道德、信誉具有将规范内化为个体以形成人格需要的功能。外在的、普遍的规范只有通过理性的体验、情感的认同以及自愿的接受，逐渐融合于个体自我的内在道德意识中，才能在众多个体的实践中体现出来。从这个意义上说，道德、信誉是内部控制运行的基础，是内部控制得以有效执行的重要基础。

三、信任水平与内部控制制度设计

拉特纳辛格姆（Ratnasingam，2003）认为，企业内信任是同一企业内责任单位之间相互的信心（即对交易或管理伙伴的可靠度以及诚实有信心），当处于可能的风险状况时，所有交易的成员都会忠实且适当地采取行动，而 Doney 和 Cannon（1997）则认为，企业内信任是一种资源，这种资源能减轻企业内交换中因不确定性以及依赖性所可能产生的投机行为，进而促进企业内的有效合作，产生更多的合作租金，在整体上提升企业的有效性。信任可以建立可靠的预期，减少不确定性，从而大大降低包括信息成本、谈判成本和监督成本在内的所有交易成本①。内部控制规范之所以能够塑造出统一的和连贯的行为和获得某种信任之外的行为效果，表现出了人们对内部控制规范以及由这些规范所构成的制度的信任。我们认为，内部控制与信任通过不同的方式增加内部成员在交易中的可预测性，通过内部控制与信任的互补关系，相对可以更真实地描述信任与内部控制之间关系的动态性：廉价而高效的内部控制的存在使得企业较少依赖信任；而当信任存在时企业可以降低因设置内部控制机制而带来的成本和复杂性。然而，大多数企业内部经济关系同时包含了内部控制与信任，包含风险的内部控制的存在可能鼓舞公司承担更大的、基于信任的风险。

我们基本赞同 Das 和 Teng（1998）的观点，认为信任与控制是一种互补的关系，互补的关系相对可以更真实地描述信任与控制之间的关系的动态性，信任水平高并不意味着控制水平的降低，反之亦然。一个公司可能建立更多的信任而不必降低控制。然而，我们在研究信任与控制的关系时，应该注意不同的信任与控制方式的特性。根据信任动机的不同，信任包括理性信任与感性信任两种不同的方式。理性信任是一个关于代理 A 评估另外一个代理或代理团队 B 将实施一个特定的影响 A 的行动主观可能性水平，这种可能性水平是基于对代理方依赖程度（或者机会主义）的考量与资产专用性的承诺。感性信任则是由双方间的感情纽带组成，合作者间相互进行感情投资，表达出真诚的关心和对合作者伙伴的关注，这种关注是基于内在美德以及这些关系具有互惠性的信心。感性信任具有长期性和沉淀性特征，而理性信任是即时的。从交易成本经济学的角度看，建立感性信任是长期努力的结果，一旦形成其成本会逐渐降低，在没有意外发生的情况下，感性信任应该是自我加强的，理性信任则是由双方合作关系的特质所决定的，不同控制方式的代价都是相对稳定的。所以我们可以发展这样一种逻辑：在企业中人们是根据对对方的信任程度来决

---

① 信任的出现与两个因素有关。第一个因素是风险，风险可以看作是信任的核心，只有存在风险的情形中信任才是相关因素，信任必然意味着承担风险，而且会产生新的风险。第二个因素是控制，因为风险是信任的核心因素，信任本身是需要控制的，不同的控制水平与不同的信任水平相结合，共同影响交易双方对交易的信心，对风险进行控制，用信任机制来解决秩序和组织的问题。从现有的文献看，有关信任机制和控制机制这两者之间的关系问题，基本的看法有三种：（1）信任是一种特殊的控制机制。在 Ouchi 建立的经典的控制模型中，信任机制被看作是一种特殊的控制机制即社会控制或家族控制；（2）信任机制和控制机制是一种替代关系。根据这一替代性观点，低信任导致正式的控制形式，而高信任则使得正式控制的范围受到限制。正式控制传达不信任的信号，因而导致不信任和正式控制；（3）信任机制和控制机制是一种互补关系。信任与控制的获得是成本高昂的，学者们认为组织在任何状况下都不会确立过度的信心，对于企业管理来说，为达到最低限度的管理信心，管理者可以利用信任和控制以相互补充。

定控制的方式和程度，信任需要以一种有意义的和逐步的方式发展（Bhide 和 Stevenson，1992）。总之，不同的信任方式对不同控制方式的影响将是不同的。然而，信任的建立和控制的实施都是有成本的。为了形成理性信任，双方可能进行超出必要的专门性投资作为抵押，形成一种可置信的承诺；为了建立感性信任，可能需要双方大量的沟通。因此，从契约自我实施的角度看，企业内部控制状况作为企业不可收回的沉淀成本构成了一种潜在的抵押品，由此构成与其他企业或实体进行交易的可置信承诺，这样各个独立的企业就形成以内部控制为核心的自我实施的单边协议，形成不断地进行这种交易的自我约束激励，保证了契约机制的有效，使得自发的交易得以实现（Williamson，1983）。从信息经济学的角度看，一方面，这种不可收回的专用性投资作为抵押品，构成了企业内部各责任单位和企业间进行持续性交易的显示信号，从而诱致新的交易伙伴的加入，因为这种沉淀的专用性投资起到了一种抵押作用，保证了信号显示的可置信性；另一方面，这种不可收回的专用性投资又能起到信息甄别的作用，从而选择出诚实的新的交易伙伴加入，这是因为这种不可收回的专用性资产起到了一种可置信的承诺，保证了交易伙伴的诚意（惠双明，2002）。内部控制的制度设计正是应该充分考虑这种信号显示与信息甄别的作用机制，以实现企业间交易的不断扩展（McMillan 和 Woodruff，1999）。根据 COSO 的定义，并结合以上关于信任与控制相关性的论述，我们起码可以得到以下重要结论，即：信任既是内部控制制度设计的基础，更是内部控制有效执行的保证。内部控制规范和约束企业经济行为的首要条件是制度的完备性，但在现实中，由于内部控制制定者的“有限理性”和会计经济环境的未来不确定性，制定完备的内部控制几乎是不可能做到的，因而内部控制表现为一种“不完备契约”。内部控制的不完备性必然导致当事人（企业决策层、管理层、执行层）把剩余部分留给“隐含契约”，而隐含契约的实施主要是靠当事人的信誉来维持的。从这个意义上说，内部控制的不完备性和隐含契约是信誉存在的前提条件，而信誉则是隐含契约实施的基础。不完备的内部控制只有在得到信誉、道德等非正式制度支持的情况下才能有效运作。因为道德、信誉具有将规范内化为个体以形成人格需要的功能。外在的、普遍的规范，只有通过理性的体验、情感的认同以及自愿的接受，逐渐融合于个体自我的内在道德意识，才能在众多个体的实践中体现。从这个意义上说，道德、信誉是内部控制制度设计的前提、运行的基础，也是内部控制得以有效执行的重要保障（李心合，2002）。总之，内部控制合作的前提是信任，通过合作以降低企业内层级之间的不确定性并最终达到控制总体目标的实现。企业内部控制正是通过长期导向的组织内部合作关系，从而为企业带来合作利益（Doney 和 Connon，1997），并且提升企业的长期绩效（Kalwani 和 Narayandas，1995）。组织内的相互合作，共享彼此独特的能力要素及资源，可以创造出竞争优势，并产生更高的合作利得（王睢，2006）①。

① 信任和知识的共享与企业内合作的成效等因素是有因果关系的（Dyer，1998），信息共享不仅仅使他们之间存在信任关系，更重要的是考虑到了效率（Mark J，Sher，1994）。内部控制就是这样一个用来增加企业内的信任程度的学习机制和知识平台。当企业内的各个责任主体不断通过内部控制这样一个学习组织来增加企业的价值时，就会使整个组织的生产可能性边界外推，从而使组织中的每个责任单位都从中获得合作性租金，形成一个“你中有我，我中有你”的协作关系，在相互协作中促进彼此的信任程度，降低机会主义风险。

第三节 内部控制与知识共享：信任的制度保障与认知调节

一、关于知识共享

知识共享是当今知识管理研究的重要主题①，很多学者和企业界人士一直关注着组织内知识共享问题。由于知识内涵的开放性和知识分类的复杂性，专家学者们对知识共享的内涵的理解尚没有一致的看法。Hendriks（1999）和 Botkin（1999）认为知识共享是一种人与人之间联系和沟通的过程；Senge（1997）从组织学习的角度提出，知识共享不仅仅是一方将信息传递给另一方，还包含愿意帮助另一方了解信息的内涵并从中学习，进而转化为另一方的信息内容，并发展个体的行动能力；有学者从市场的视角认为知识共享过程是企业内部的知识参与知识市场的过程，正如其他商品与服务，知识市场也有买方、卖方，市场的参与者都相信可以自此获得好处。Musen（1992）认为知识共享可以使组织内的知识达到加乘的效果；Sveiby（1997）认为知识共享是组织同事间对彼此的专业知识、技能、经验、价值观、人际网络及工作流程的了解程度；Hidding 和 Shireen（1998）强调只有知识共享才能为组织创造更高的价值；Davenport 和 Prusak（1998）发现知识共享的意义就是将知识进行传递和吸收，即“知识共享 = 传送 + 吸收”；Hendriks（1999）提出知识共享牵涉“知识拥有者”与“知识需求者”两个主体；Sulin Ba 等（2001）提出在公司内部通过建立市场机制实现知识共享；Claude d'Aspremont 等（1998）将知识作为企业内部公共品来讨论其共享机制；Matthias Krakel（2002）分析了影响企业与员工之间的知识转移的因素。我国学者（魏江和王艳，2004）认为知识共享是员工个人的知识（包括显性知识和隐性知识）通过各种交流方式（如电话、口头交谈和网络等）为组织中其他成员所共同分享，从而转变为组织知识财富的过程；左美云（2000）从知识运行机制、知识明晰机制、知识绩效机制和知识奖惩机制四个方面对知识管理的激励机制进行了框架性的研究；张建华和刘仲英（2004）等构造了知识共享度测量模型，提出了考核员工知识贡献的指标体系和测度员工知识共享等级的评估方法，并设计了面向员工知识贡献等级的奖惩方案。

如果进一步对知识共享的定义进行归纳，可以发现现有的研究基本上是从“知识转移（徐勇和王福军，1999）、知识学习（David A. Garvin，1993）、知识交易（Prescott C. Ensign，1998）、知识系统（K. Niwa，1990）、知识类型转化（野中郁次郎，1999）”五个角度展开的，其研究要素可以归为：知识共享对象——知识内容（显性知识和隐性知识）；

---

① 2000 年 9 月联合国《知识管理和信息技术》的调查报告，将来自领导者的激励和管理制度的激励作为知识管理顺利实施的两个重要因素，并将知识管理激励的调查研究列为知识管理九大研究内容。从知识交易的视角出发，可以将知识共享分为三种：显性交易、隐性交易以及组合交易。显性交易就是以货币为媒介的直接的知识交换，通常称为市场交易。在市场交易中，交换利益具体明晰，交换有法律做支撑。隐性交易就是以非货币为媒介的间接的知识交换。隐性交易一般表现为不稳定、不规范和不具法律约束性。

知识共享手段——知识网络、会议和团队学习等；知识共享主体——个人、团队和组织。知识共享对象（显性和隐性知识）借助共享手段，在共享主体中以螺旋式上升的形式不断发展（王蔷和任庆涛，2004）。因此知识共享是组织内员工、团队和组织的显性、隐性知识通过各种共享手段为其他成员所共同分享，从而转变为组织知识财富的过程，其三维模型见图2-2。

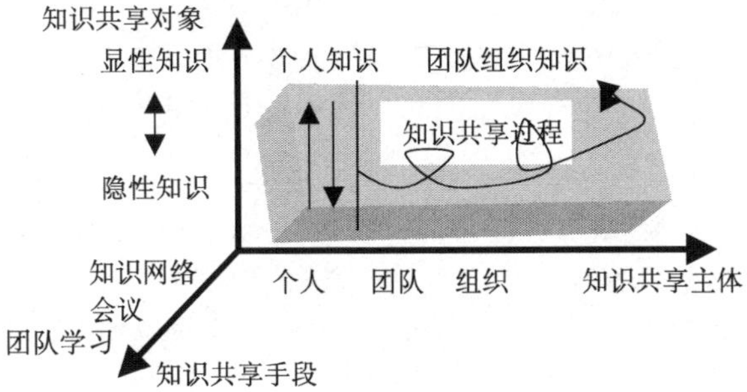

图2-2　知识共享的三维模型

二、内部控制的知识共享性

内部控制作为企业内部重要的激励约束制度安排，本身既是知识共享体系（具有内部契约的公共物品性质）的重要组成部分，同时又是实现企业内部知识共享的重要载体，有助于提高知识共享程度，降低信息不对称。

共同知识可以促进高质量的有用信息的传递和共享，减少信息的传递和理解偏差的交易成本，利于相关主体的理性追求和对非理性行为的控制，它的价值在于节约交易费用，并使人们彼此之间的博弈结果从较低的均衡迈入较高的均衡（Vanderschraaf），它加深了人们对冲突和合作的理解，它的提升有利于资源的帕累托最优①。因此，知识共享，从个人层面是知识的互补；从组织的层面，它需要通过恰当的组织结构形成一种知识联盟，并致力于建构一种内在的激励机制，使知识实现合理而有效的流动，以保证知识的创新和增值。企业组织的结构要素安排和设计会有效地影响企业知识共享的效果，个体、群体和组织的各个层面的知识共享需要设计各自独特而有效的结构。信息体制有其特定的制度生存环境，并且具有不同的交易费用结构特征，必须使制度环境与信息体制相匹配。制度化关联与信息体制的耦合互动可以弥补组织信息体制内生的体制缺陷，降低总交易费用。制度环境的扰动和制度的历时关联影响治理合约的治理效率，治理合约需要做出相应的调适②。

---

①　一般而言，知识共享需要10个条件：（1）相互信任；（2）清楚地进行交流的能力和充分的交流渠道；（3）共同的语言背景；（4）共享的理由或者目的；（5）思维的空间；（6）与其他人随机互动的能力；（7）对共享的自主权；（8）专有的知识；（9）非命令和控制的体制；（10）支持共享的基础架构。这10个条件正是内部控制设计所追求和要达到的理想境界，内部控制与知识共享共生互动。

②　现有研究文献认为，知识共享的障碍除了隐性知识表达障碍、知识拥有者共享障碍、知识共享者共享障碍之外，还来自知识共享渠道等方面的障碍，包括：缺乏对知识共享的技术支持、缺乏利于知识共享的合理的组织结构、缺乏对知识共享的激励等。

组织需要控制体系平衡和均衡各种代理关系以减少纷争和浪费资源，同时也需要权力制衡机制保证其执行，内部控制系统就肩负着“组织内控制”（参与者利益之间的持续或平衡）和“组织的控制”（主张由他人来操纵或利用某些参与者）的统一：一方面激励组织成员以专门的知识行使权利，另一方面以制度等制约其行为（马颖，2007）。因此就组织层面而言，知识共享意味着这些知识可以在组织成员之间传播和分享，企业内部控制作为一种组织内部知识共享机制，储存着其生产经营、风险管理等所积累的知识，从而引导组织成员解决特定问题的行为及其互动模式。图 2－3 说明了组织知识共享与内部控制之间在概念上的关系。那些建立并维持有效知识共享的企业最有可能长期生存和成功，没有这样的知识共享，恶化就会很快成为现实。

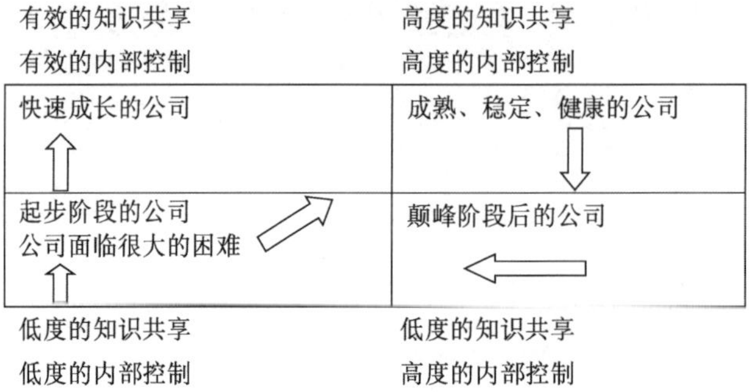

图 2－3 组织知识共享与内部控制的关系图

如果把共同知识形态看作是作为数据、资料储存起来的存货，或者是通过交互作用而处于流通状态的知识（彼得·F. 德鲁克，1995），则所有的组织都是个人或团体之间不完备契约的组合，契约关系中的人们是追求自利和有限理性的，其拥有着私人信息，但同时也无法得到完备的相关信息，所以当处理信息和决策能力有限时，就产生了由于契约不完备而引起的纷争和浪费资源。内部控制系统作为共同知识的载体，组织成员或组织就能够进一步理解或预期其他成员或组织的行为，减少由于契约不完备而产生的信息传递成本和信息理解偏差等的重大交易费用，使组织成员自我控制和他控形成内在有机的融合，利用共同知识的价值促进对组织契约不完备的弥补，以保证组织的正常运作和发展。在这种情况下的知识共享与内部控制之间的关系如图 2－4 所示。

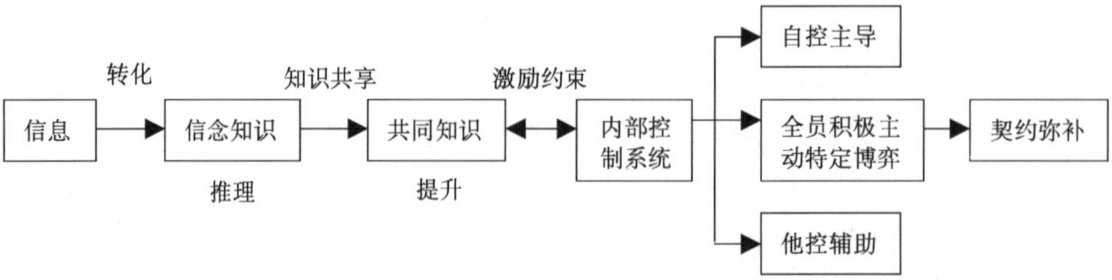

图 2－4 组织知识共享与内部控制的关系图

从以上的分析可以看出：企业内部控制作为共同知识价值凸显的载体、形式和渠道，通过缩短空间距离，建立稳定和持续的关系，加强交易者的沟通与交流，为知识与信息在不同责任个体、不同组织之间快速、准确传播提供了条件。同时，大量同质交易的集聚降低了信息冗余度，提高了责任个体处理信息的效率。信息的高效率传播建立了有效的信息共享与甄别机制，通过相互学习和模仿等方式，关于相互合作的惯例和知识在群体当中快速积累，将会增加个体成员的理性。此外，交易者之间的合作相对稳定，彼此建立了高度的信任和互惠预期，经济活动的可靠性和可预见性得到提高，使其内部控制系统成为全员参与的积极系统以弥补组织的契约不完备，并利用共同知识的作用提升了自控的主导地位，形成了自控与他控相结合的动态的内部控制系统，使其运行更为有效。总之，通过内部控制治理的知识共享特性降低了交易环境的不确定性、增进交易者的理性，降低了合约的不完全性，有效克服企业内部控制合约存在的问题，降低交易费用，提高治理效率。

第四节 内部控制缺陷及其修复：基于信任周期的分析

信任关系的存在，在一定程度上是由风险决定的。信任是承担风险的意图，信任行为则是实际承当的风险。据此，可将信任狭义地定义为，在有风险的条件下对他人顾及自己动力的一种正面预期。一方面，只有在存在风险的情形中，信任才成为企业间关系的一种，信任关系的存在可以减少企业间彼此联系的不确定性和复杂性。另一方面，信任必然要承担风险，充分信任的一方也必然会使自己在与被信任的一方的关系中处于较为不利的地位，因为被信任方是否按信任方的意愿行事决定了信任的一方达到预期效果与否。由此，新的风险随之产生。在相互依赖的情况下，没有对另一方的依赖，一方无法取得利益。而当相互依赖的程度增加时，风险和信任的性质就会发生变化，风险会变得更大，而信任却有可能变得更加脆弱，因而信任是有周期性的。从内部控制的演进看，一方面内部控制随着外部环境的变化，经历了从牵制到制度合约的变迁，另一方面这种变迁在很大程度上是随着信任周期的变化所进行的不断调整，内部控制的演进与持续改进，从某种意义上说，隐藏着信任程度和信任模式变化的一种自我调整与革新，从而不断调适两者之间的合作关系。本节将在前文厘清两者关系的基础上，从信任周期的特征出发，挖掘内部控制制度变迁与持续改进（从缺陷产生到缺陷修复、恢复和强化内部控制机体免疫能力）的力量之源，进一步阐述两者之间的契合与关联。

一、信任的周期性及其影响因素

（一）信托的周期

信任，即在不完全监督的条件下，组织成员认为成员间能够完成其期望交易的主观信心（殷茗等，2006）。在当前存在大量非信任行为的背景下，信任作为一种稀缺资源，其价值性、难以模仿性和不可替代性，使得它对于提升供应链整体竞争力至关重要。然而，信任不会自发形成组织系统所期望的状态，它需要有意识的管理，不管是制度化信任、过程型信任和特征型信任，信任本身具有动态性，是渐进的、动态发展的。信任的这种周期特征的观点早已被一些学者提出（如 Dwyer、Schurr 和 Oh，1987），并且随着对信任动态特征重要性认识的不断加强，信任生命周期的研究和应用已开始引起越来越多学者的兴趣。我们借鉴陈明亮（2003）的研究，给出信任生命周期的阶段以及各阶段的特征（如图 2－5）。

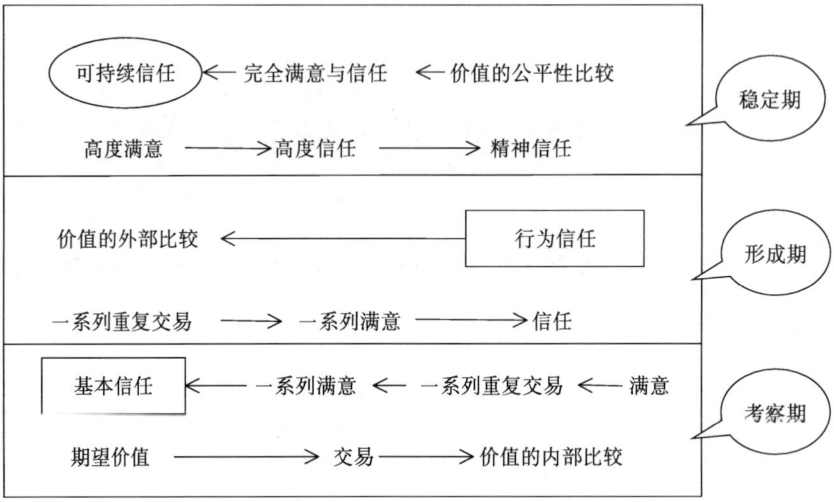

图 2－5 基于交易特征的信任周期动态模型

也就是说，信任生命周期，犹如生命体一样有其诞生、成长、成熟、衰退或死亡阶段。企业在一定的正式或非正式制度背景下，评估和选择交易的对象企业，建立一个完整的关系型交易网络，此阶段所形成的节点企业间（内）信任，称之为建立阶段基于制度的初始信任或制度化信任。随着时间推移，伴随着节点企业间（内）深入了解、加强沟通和持续合作，关系交易的企业伙伴关系顺利推进，它们也在不断改进关系交易企业内部控制制度和规范，强化关系交易管理，继而形成成长阶段基于过程的持续信任。进入持续信任阶段的关系交易企业，持续强化管理，加强节点企业间文化融合和战略匹配，完善制度规范，从而将交易企业的关系信任推进至成熟阶段基于特征的持续信任。上述三阶段信任的有效推进，是建立在关系交易有效运作的基础上，在每一阶段，交易企业关系信任均面临着合作不顺利、无法深入沟通和文化、战略不匹配而使得交易关系信任走向死亡或衰退阶段。

1. 基本信任阶段（考察期）。客户保持的本质决定因素是客户价值，每次交易后客户或者供应商都会对合作方提供的价值进行评估，但合作方的价值评估标准（即价值期望），会随合作方关系生命周期阶段的发展而不断提高。在考察期，合作方企业的价值标准是比较价值水平是否处在供应商或者客户的平均价值水平到最好供应商或客户的价值水平之间；如果客户（供应商）认为供应商（客户）提供的价值水平达到了价值期望，客户（供应商）就满意。第一次交易的满意驱动了客户（供应商）不断重复、持续的交易行为，每一次都以前一次交易的满意为动力，一系列的满意将培育合作交易双方的基本信任，由此，信任关系越过考察期而进入形成期。

2. 行为信任阶段（形成期）。从信任的供应商（客户）处重复交易将给客户（供应商）带来认知成本、情感成本和运作成本等交易成本的节约。受成本节约的激励，客户（供应商）在考察期建立起来的对供应商（客户）的信任，导致了形成期从同一供应商（客户）处一系列的重复交易，并且形成“信任— 重复交易—满意— 信任”的良性循环，因此，客户（供应商）信任不断上升，以至于客户（供应商）对现供应商（客户）的信任高到在做重复交易决策时，几乎不考虑市场可替代供应商（客户）提供的产品，重复交易在概率上成了一个“确定性事件”，形成所谓的行为忠诚，表现为客户（供应商）不仅具有更高的重复交易意图，而且由于交易成本的降低具有更高的价格忍耐力。当客户（供应商）认为现供应商（客户）是其最好的合作伙伴时，信任关系进入稳定期。

3. 精神信任阶段（稳定期前期）。信任关系进入稳定期意味着客户（供应商）认为现供应商（客户）能够提供比其他竞争对手更高的价值，客户（供应商）对现供应商（客户）更加信任，坚信现供应商（客户）将来有能力持续不断地提供比竞争对手更高的价值。这一信念也加强了客户（供应商）的自信，他们相信自己选择的是最好的供应商（客户），由此对公司、公司人员、公司产品或服务产生一种强烈的情感依附，导致精神忠诚，表现为更高的重复交易意图和价格忍耐力，客户（供应商）产生更为强烈的交叉交易意图，信任模式也从客户（供应商）自信到行为忠诚上升为精神忠诚，即使出现一些不利的竞争局势，客户（供应商）仍会继续保持重复交易。

4. 可持续信任（稳定期后期）。客户（供应商）忠诚水平的推进，是建立在客户（供应商）价值评估比较的基础上的。在这一阶段，如果客户（供应商）认为供应商（客户）是公平的，则客户（供应商）相信现供应商（客户）是值得信赖的，在环境发生变化时不会牺牲客户（供应商）利益来换取自身利益，客户（供应商）对供应商（客户）的信任得到升华，由此，客户（供应商）不仅对供应商（客户）提供价值的能力坚信不疑，而且对供应商（客户）的道德水平深信不疑。高水平的信任促进客户（供应商）忠诚进入理想的可持续忠诚阶段。这种形式的忠诚与精神忠诚是客户（供应商）的互惠与合作态度，以及由此态度产生的合作行为，如客户（供应商）积极或自发地为公司传递好的口碑，推荐新的客户（供应商）；真诚地向公司提出一些建设性的意见等。

5. 退化期。关系发展过程中关系水平逆转的阶段，关系的退化并不总是发生在稳定期，任何一阶段客户关系都可能退化。引起关系退化的可能原因很多，如一方或双方经历了一些不满意；发现了更适合的关系伙伴：需求发生变化等。退化期的主要特征有：交易量下降、一方或双方正在考虑结束关系、开始交流结束关系的意图等。如何延缓退化期的到来，或者减轻退化期给企业造成的可能影响，成为信任关系持续改进的重要研究课题。总之，在客户关系生命周期的不同阶段，客户表现出不同的忠诚水平：考察期表现为基本信任、形成期表现为行为忠诚、稳定期表现为精神忠诚和可持续忠诚。可持续忠诚是客户忠诚的最高形态，但它是在低级客户忠诚基础上逐渐发展起来的，是客户关系发展到高级阶段的产物。

（二）信任周期的影响因素

这里，我们要进一步分析信任生命周期的影响因素。根据有关文献，我们归纳以下几方面会对信任生命周期产生不同的影响。

1. 制度化因素。企业认为客观结构条件已足够支持交易的成功实现，它的本质在于通过制度设计和安排，提高机会主义动机和行为的惩罚成本、增加合作的预期收益，使交易企业必须采取合作态度或放弃机会主义动机和行为。Dyer 和 Chu（2000）在对美国、日本、韩国供应商——汽车制造商信任关系的影响因素研究中指出，国家不同，制度环境不同，信任程度也不同。许淑君和马士华（2001）通过比较忽略社会制度和社会制度影响下的企业间博弈分析，论证了社会制度通过影响惩罚幅度和预期合作收益而决定了博弈企业信任与合作行为的选择，其中，社会制度包括正式和非正式制度，正式制度包括立法机构、执法机构以及各个层次的法律条文所形成的法律体系，非正式制度即除法律之外的维护商业关系中道德行为的因素。张强等（2004）以日本制造业供应链企业为研究对象，从制度化信任视角，考察它们的合作关系；他们认为，日本制造业供应链的稳定性和持续性得益于其供应链内部金字塔式的供应商信任等级制度与日本社会快速声誉传播机制和集体惩罚机制。殷茗等（2006）借鉴 Lewicki 和 Bunker（1995）、Johnston 和 Vitale（1998）等人的研究成果，通过能力、正直、关心和短期损失忍耐力度量供应链协作信任，选择企业声誉、预期合作收益、资源投入程度、转移成本四个影响因素，假定 16 个正相关关系，构建并实证分析供应链协作信任研究模型，结果表明，企业声誉、预期合作收益、资源投入程度和转移成本是供应链协作信任的四个影响因素，它们与供应链协作信任四个维度呈正相关关系；在后续研究中，运用可信性和善意度量供应链协作信任，通过监控、反馈、认证、法律契约及合作规范五方面的有效性认知（Zucker，1986；Mcknight，1998；Pavlou 和 Gefen，2005）度量制度信任，建立了基于制度的供应链协作信任理论模型并进行实证研究，结果表明，基于制度信任的五因素对供应链协作信任有正向的差异性影响，论证了供应链背景下通过制度机制可以提高协作信任。王玲（2010）从供应链成员博弈视角，分析了完全信息条件下的无限次重复博弈、不完全信息条件下基于声誉模型的有限多次博弈和不对称信息条件下基于单方决策模型的博弈中供应链成员信任的产生机理和影响因素，结果表明，第一种情形中，合作收益、违约成本、贴现因子和企业数量是博弈均衡结果的重要影响因素，供应链合作收益和违约成本的双提高均有利于促成合作，而且前者的促成效率是最高的，贴现因子越高，企业越偏好于未来利益，越容易激发出信任行为，供应链中成员数量越多，越容易诱发机会主义行为；第二种情形中，增加无限次博弈条件、引入声誉机制能够促成信任；第三种情形中，市场监管概率和惩罚成本是协作信任的重要影响因素，严格的市场监管和设置较高的惩罚成本会使企业自觉采取合作，且前者的影响效率较后者高许多。

2. 过程性因素。基于过程的持续信任发展关键在于深入了解、加强沟通和持续合作，现有文献关于基于过程的持续性信任影响因素主要集中在团队学习、信息质量与信息共享、沟通、交往经验等。(1) 团队学习。温承革等（2003）在其研究中指出，供应链企业间关系的本质是基于长期合作而形成的企业间团队式信任关系，而团队内持续进行的学习过程（含交流与整合过程、社会化与内化过程）同时就是团队成员之间以及个体对团队整体的信任不断强化的过程。(2) 信息质量、信息共享、沟通和交往经验。Kim 等人（2009）指出，产品信息、用户评价信息及商家信用等级信息的质量（及时性、准确性和完整性），对于提高商家的可信性有正向作用。Denize 等（2007）通过 355 个调查样本，研究信息特征、信息传递特征、信息层次、信息交换准则等与信任的关系，结果表明，保证信息质量的信息交换准则与信任呈现出显著相关性。曾文杰（2011）在论证关系沟通对供应链协同的影响作用中，将沟通定义为企业间信息的交流，他认为沟通直接作用于供应链企业间信息共享和同步决策、间接作用于供应链协作信任。王利等（2013）从供应链生命周期视角，以供应商为研究对象，构建了供应商声誉、沟通和信息共享、相互依赖性、交往经验四个影响因素对企业间信任的作用模型，并运用结构方程模型方法进行实证分析，分析结果表明，沟通和信息共享与相互依赖性是供应链成长阶段信任的关键影响因素，交往经验是供应链成熟阶段信任的关键影响因素。

3. 特征属性因素。特征型持续信任是企业信任发展的较高阶段，这一阶段信任的影响因素主要是供应链节点企业的特征属性（企业文化、战略目标以及拥有的资源等）。基于特征的持续信任包括供应链上需求方特征、供应链上供给方特征和供应链节点企业间特征，将企业文化整合和战略匹配相关因素归入供应链节点企业间特征。供应链上需求方的特征。Gefen 等人（2003）借鉴 Davis（1989）技术接受模型中两个核心变量——感知有用性（消费者感知到在线购物为其带来购物绩效的改善程度）和感知易用性（消费者感知到在线购物的容易程度），对消费者信任进行研究，研究表明，客户感知的有用性和易用性是影响消费者信任的重要因素。供应链上供给方的特征。（1）声誉。企业声誉是市场对企业的评价。关于企业声誉对供应链协作信任的影响，Dawar 和 Parker（1994）在其研究中指出，在对方的产品或服务质量并不十分确定时，会依赖其声誉做出决策；马士华（2000）在分析核心企业对供应链战略伙伴关系形成的影响因素中指出，核心企业所具有的信任感与其可参与度、扩展力、影响力，共同构成了核心企业对供应链战略伙伴关系形成的吸引力层面，而核心企业所具有的信任感的重要影响因素，即核心企业的商业信誉；Boerama 等（2003）提出“企业声誉是能力信任的影响因素之一”。王利等（2013）认为，供应商声誉是供应链萌芽阶段信任的关键影响因素。（2）能力。Sako（1992）认为，供应链企业间的信任划分为契约型信任、能力型信任和善意型信任，其中，能力型信任即源于一方具有按照对方要求和预期完成某一行为的能力，以供应商为例，不仅包括供应商产品品质要求，还包括品质保证、供货时间、供货及时性等。Mayer 等（1995）提出个人或组织所拥有的为对方所需的专业性技能与知识使得合作伙伴高度满意且信任。我国学者徐卫等（2009）、张学龙等（2011）、王欣欣（2011）等也提出相似观点。（3）供应商的可替代性。Sako 等人（1998）的研究表明，供应商越不容易被替代，供应链节点企业间的信任就越容易建立。供应链节点企业间特征。（1）供应链节点企业间相互依赖性或资源依赖性。吕晖等（2010）以珠三角地区 141 家制造企业为研究对象，探讨了供应链伙伴间资源依赖、信任、关系承诺信息系统协同之间的关系，结果显示，供应链节点企业间资源依赖和互补性对提升供应链协作信任有显著的正向作用。（2）供应链成员数量。王玲（2010）在对完全信息条件下的无限次重复博弈分析中指出，供应链成员数量越多，就越难以建立信任。（3）人际关系。吕晖等（2010）、段志鹏（2010）均认为在我国典型的关系导向型社会中，人际关系（私人交往状态和私人亲密感）对人际信任、企业间信任有显著的直接影响。（4）企业文化融合。温承革等（2003）认为供应链竞争的成功与否关键在于企业间知识的创造、传播和共享，可以通过团队学习来培育企业间的信任关系，因此，供应链企业应建立相应的企业文化来促进团队学习。在笔者看来，这种促进团队学习和知识共享的组织文化即学习型企业文化，供应链企业间建立学习型企业文化的过程即企业文化融合的过程。（5）战略匹配。共同的愿景和使命，能增强供应链节点企业彼此的认同感，让供应链节点企业间更具有信任感（郑四渭，2011；彭乐力，2009 ；徐卫等，2009）。

二、内部控制缺陷及其修复：基于信任修复视角的考察

（一）内部控制演进的简要回顾与缺陷分析

Leifer 和 Mill（1996）将控制定义为一个限制过程，用以使一个系统的要素通过追求某一期望的目标和状态的过程中所建立的标准而变得更加可以预测。Green 和 Welsh（1988）将控制定义为一个控制论的调整的过程，用以指导和限制一个交互的行为符合一定的标准或者达到一定的标准。众所周知，内部控制的产生与发展经历了内部牵制、控制结构、控制框架与风险整合等不同阶段，其目标大体经历了三个阶段的变化，即：（1）在内部控制牵制阶段（20 世纪 40 年代前）[①]，重点在于防范投机行为，降低交易成本。Jap 和 Ganesan（2000）指出恰当的控制机制是解决企业成员之间由于专用性投资而导致的投机风险的有效途径，因此这种认识更加侧重于契约控制、监督机制以及共同投入高专用性的资产而形成的互锁机制。（2）在内部控制及其控制结构阶段（20 世纪 40 年代到 90 年代）[②]，重点在于提升合作，降低协调成本。Artz 和 Brush（2000）分析了特定的控制方式对协调成本的影响以及存在的影响因素。White 和 Lui（2000）实证研究指出合作关系中交易成本和协作成本是同时存在的，因而有效地降低协作成本是企业控制点的重要目标。基于降低协调成本的企业控制的观点更加关注关系契约、沟通价值、信息管理机制以及整合的冲突解决方法等具体的企业控制方式。（3）在控制框架与风险整合阶段（20 世纪 90 年代之后），正是受信息产业和高风险行业迅速发展的影响以及吸收了管理学的新思想，加上会计舞弊的

---

① 从“内部控制”这个词语被大约 100 年以前的专业会计师创造出来之后，关于内部控制的观点一直在变化。在今后的时间里，仍然需要与时俱进，持续地主要以解释的形式进行不断的修订。尽管工厂制度及其管理经验从英国推广到其他国家，但由于缺乏持续的技术和组织创新动力，因此管理理论没有很大的进展，这种情况直到美国铁路企业出现后才开始改变。企业管理理论的进一步发展和完善形成了涉及组织结构、职责分配、业务程序、内部审计等许多方面的控制体系。

② 内部控制的两分法：会计控制与管理控制。会计控制由组织计划和所有保护资产、保护会计记录可靠性或与此相关的方法和程序构成；管理控制由组织计划和所有为提高经营效率、保证管理部门所制定的各项政策得到贯彻执行或与此直接相关的方法和程序构成。内部控制结构的三分法：（1）控制环境，反映董事会、管理者、业主和其他人员对控制的态度和行为。具体包括：管理哲学和经营作风、组织机构、董事会及审计委员会的职能、人事政策和程序、确定职权和责任的方法、管理者监控和检查工作时所用的控制方法，包括经营计划、预算、预测、利润计划、责任会计和内部审计等。（2）会计系统，规定各项经济业务的确认、归集、分类、分析、登记和编报方法。一个有效的会计制度包括以下内容：鉴定和登记一切合法的经济业务；对各项经济业务适当进行分类，作为编制报表的依据；计量经济业务的价值以使其货币价值能在财务报表中记录；确定经济业务发生的时间，以确保它记录在适当的会计期间；在财务报表中恰当地表述经济业务及有关的揭示内容。（3）控制程序，指管理当局制定的政策和程序，以保证达到一定的目的。它包括：经济业务和活动的批准权；明确各员工的职责分工；充分的凭证、账单设置和记录；资产和记录的接触控制；业务的独立审核等。

不断发生，一直对内部控制研究十分重视的美国会计界对内部控制更是重视有加，在与管理的进一步融合中深化内部控制的研究与实践①。重点在于控制风险，创造最大化合作价值②。Dyer（1997）在系统分析了企业价值创造的基本途径后认为，治理形态（控制方式）对于价值创造有着重要的影响。基于价值创造的企业控制观点强调了各方有效地合作共同创造价值的重要性，因此在具体的控制方式上侧重于对信任的控制功能、关系契约、风险整合等进行讨论。（4）全面风险管理阶段（2017 年）。全球风险管理行业翘首以盼的 COSO 更新版《企业风险管理框架》于 2017 年 9 月 6 日正式发布，距离 2016 年 9 月 30 日全球意见征集截止，已经过去了将近一年的时间。出台前所经历的修订历程如表 2－1 所示。

表 2－1　　COSO ERM 修订关键时间表

2014 年 10 月	COSO 启动风险管理框架修订工作
2016 年 6 月	COSO 发布修订版《企业风险管理框架》征求意见稿
2016 年 9 月	征求意见结束，COSO 内部开始整理意见并完善框架
2017 年 3 月	正式版计划发布日，发布消息推迟到年中
2017 年 6—8 月	未发布，COSO 推迟到 8 月底
2017 年 9 月	正式发布文件（6 月已经初步定稿）

新版本更新的内容主要包含：变更了题目和框架展现方式；应用了要素和原则的编写结构；简化了企业风险管理的定义；强调了风险和价值之间的关联性；重新审视了企业风险管理整合框架所关注的焦点；检验了关于文化在风险管理工作中的定位；提升了对战略相关议题的研讨；增强了绩效和企业风险管理工作的协同效应；体现了企业风险管理支持更加明确地做出决策；明确了企业风险管理和内部控制的关系；优化了风险偏好和风险承受度的概念。从这里可以看出，虽然第一版框架就强调对利益相关方价值的创造，但是从内容上讲还是一个被放大了的“控制框架”，无法直接为价值创造服务，只能间接支持价值创造活动。新的框架从企业使命、愿景和核心价值出发，定位的宗旨为提升主体的价值和业绩，强调嵌入企业管理业务活动和核心价值链，从主要的要素和内容看也进行了翻天

① 有侧重研究管理客体的管理学和侧重研究管理主体的管理学，从古典管理学派到组织行为学派，从管理科学学派到决策行为学，还有如管理过程理论学派、社会系统理论学派、决策理论学派等。

② 1992 年，美国“反对虚假财务报告委员会”下属的由美国会计学会、注册会计师协会、国际内部审计人员协会、财务经理协会和管理会计学会等组织参与的发起组织委员会发布报告“内部控制——整体框架”（COSO 报告），提供了一个广泛的内部控制框架，成为迄今对内部控制最全面的论述。它在一定程度上突破了以往内部控制仅从会计、审计角度研究的狭隘性，从内容上不再局限于会计控制，扩展到企业的管理以及企业的治理，从一个更高、更系统的角度给出了内部控制的一个框架体系。1996 年美国注册会计师协会发布《审计准则公告第78 号》全面接受 COSO 报告的内容，将内部控制定义为：由一个企业的董事长、管理层和其他人员实现的过程，旨在为下列目标提供合理保证：财务报告的可靠性、经营的效果和效率、符合适用的法律和法规。2004 年 COSO 发布了《企业风险管理整合框架》，将风险管理的定义为：风险管理是一个过程，受企业董事会、管理层和其他员工的影响，包括内部控制及其在战略和整个公司的应用，旨在为实现经营的效率和效果、财务报告的可靠性及法规的遵循提供合理的保证。在《内部控制整合框架》的五要素基础上，COSO《企业风险管理整合框架》增加到八个：内部环境、目标设定、事项识别、风险评估、风险应对、控制活动、信息与沟通、监督检查。八个要素互相关联，贯穿于企业风险管理的过程中，并且每个要素承载四个目标：战略目标、经营目标、财务报告目标、合规性目标。同时，一个企业的各个单元则用第三个维度来表示，包括总部、分部、业务单位和附属机构。

覆地的变化，从而使得一个崭新的“管理框架”诞生，这种视角是一种新型的企业管理视角，对企业管理界来说是一场理念的变革。如果说在原有“控制框架”下，会计师事务所可以在实施内部控制框架的基础上，协助企业加强风险管理工作，但新的“管理框架”更像是企业决策者或企业管理咨询顾问关心的范畴。近年来，基于风险导向的管理理念逐渐兴起，企业管理领域中常见的公司治理、企业文化、战略管理、卓越绩效、危机管理、高效沟通等都可以应用此套框架实现更好的标准化和科学化，因为基于风险的管理理念将成为主流并渗透到企业管理的各个方面。同时，在正式版新框架中，自然无法避开关于风险管理和内部控制关系的解释，在新版中的风险管理和内部控制关系被描述为：“内部控制主要聚焦在主体的运营和对于相关法律法规的遵从性上”。“企业风险管理的相关概念并没有包含在内部控制中（例如，风险偏好、风险承受度、战略和目标设定等概念，这些都是内部控制体系实施的前提条件）”。为了避免重复，一些在内部控制中比较常见的概念部分，风险管理新框架并未重复叙述（例如，与财务报告目标相关的舞弊风险、与合规目标相关的控制活动、与运营目标相关的持续及独立评估）。然而，一些在内部控制中的概念在本框架中被进一步研究和深化了（例如，企业风险管理中的治理和文化部分）。在 COSO 公布的《常见问题》解释上，COSO 表明两个体系并不是相互代替或取代，而是侧重点各不相同、相互补充的作用，但同时也强调了内部控制作为一种经历时间考验的企业控制体系，是企业风险管理工作的一个基础和组成部分。

从以上对内部控制演进的简要回顾中可以看出，内部控制一方面从传统人际（牵制）信任到现代制度信任变迁的必然性，另一方面也说明内部控制在不断的运行实践中也存在必然的缺陷。从传统社会向现代社会的转变，最具有根源性、基础性的是市场经济取代自给自足的自然经济而成为社会的主导生产方式。市场经济使得人们都依赖于市场交换而生存，从而将人们的各种活动通过市场而连成了一体。人们的交往互动由以人际（牵制）关系为主展开转向以业缘关系为主展开，由时空统一的“在场”交往转向跨越时空分离基础之上的“缺场”交往世界之中。在此情形下，人际（牵制）信任模式渐渐浮现出诸多弊端。(1) 从社会经济发展层面看，人际（牵制）信任的狭隘性无法满足现代社会经济发展的需要。人际（牵制）信任注定了这种信任的狭隘性和封闭性，妨碍正常交往行为的扩展，阻碍分工和合作在更大领域的进行。相互依赖关系不适应现代化大生产，而且在很多方面有碍于社会的发展，要使经济现代化，必须扩大组织规模和交易范围（王飞雪等，1999）。组织规模和交易范围的扩张在现代社会表现已经非常突出：企业超规模发展，跨国集团的兴盛，贸易跨地区、跨国发展，这些都要求个人与个人、个人与组织、组织与组织之间有较高的信任度，要求人们形成普遍性的社会责任观念，以及对公共事物管理机构和规则的普遍认同。然而传统人际信任容易出现拉关系、重人情的现象，不利于公共秩序和公道原则的建设和维持。(2) 从社会人际交往层面看，人际（牵制）信任的范围过于狭小，无法满足现代社会大范围的社会交往的需要。人际（牵制）难以覆盖整个社会，现代社会，人口流动的数量、范围，人们职业转换的频度都远非传统社会可比，与他人建立长久联系的机会越来越少，路人偶遇型人我关系已经反末为本（李萍和赵明亮，2004），现代媒体的发展将每一个人都纳入广泛的社会网络中来，人们必须要与不同的陌生人交往互动。使得人们不得不频繁处理毫无交往历史的首次交往活动，而对交往对象可信度的信息又几近空白，显然依靠经验来决定是否施以信任已不可能。(3) 以上两大方面的弊端最终都将指向人际信任在现代社会无以维系和保障。现代社会，人际（牵制）信任模式的保障体系也发生了问题。当市场经济代替自然经济，自由市场的逐利诱惑使个人物欲迅速膨胀；当普遍交往代替熟人交往，关系网的异质性、松散性也越来越高，关系网对个人的约束力随之降低。同时现代社会是一个"匿名社会"，其显著特征就是流动、开放、跨时空交往，民俗村约的作用被大大削弱，群体压力对失信的约束能力减弱。显然，在现代社会，人际信任模式无法满足社会发展的需要，对陌生人无感情的和普遍的信任要变得可信和有保证，就必须有其他因素作为媒介（沃伦，2004)。这个媒介就是制度。为现代社会寻求更为合理有效的信任模式——制度信任成为必然。总之，制度信任的终极目标是人的信任。制度本身不是我们信任的最终目标，只有生活于制度中的人才是信任的对象。信任制度在更大程度上正是制度的这种暗含的规范意义以及我假定它对于其他人所具有的道德合理性使我信任那些处于相同制度中的人（沃伦，2004)。这就是说如果共享一个制度空间的人们理解和遵从这些制度所体现的规范思想和价值，即使是陌生人也是值得信任的。只有在这个意义上，可以说制度能够有效降低信任风险，提高行为者行动的可预测性。

然而，不管内部控制是如何演进发展，内部控制具有固有局限性，存在不能防止和发生错报的可能性。此外，由于情况的变化可能导致内部控制变得不恰当，或对控制政策和程序遵循的程度降低，根据内部控制审计结果推测未来内部控制的有效性具有一定风险。

内部控制缺陷是指公司内部控制的设计或运行无法合理保证内部控制目标的实现。内部控制缺陷是内部控制过程存在的缺点或不足，这种缺点或不足使得内部控制无法为控制目标的实现提供合理保证，即已经察觉的、潜在的或实际的缺点，抑或通过强化措施能够带来目标实现更大可能性的机会（COSO - IC，1992；COSO - RM，2004)，包括重大缺陷、重要缺陷与一般缺陷。理想化的、没有任何瑕疵的内部控制是不存在的，判断内部控制是否存在缺陷的标准不是仅仅看控制系统是否存在缺点或不足，而是看这种缺点或不足是否阻碍其为控制目标的实现提供合理保证。从目前的研究看，内部控制缺陷主要原因是：(1) 在决策时人为判断可能出现错误和因人为失误而导致内部控制失效。例如，控制的设计和修改可能存在失误。同样地，控制的运行可能无效，例如，由于负责复核信息的人员不了解复核的目的或没有采取适当的措施，内部控制生成的信息（如例外报告）没有得到有效使用。(2) 控制可能由于两个或更多的人员串通或管理层不当地凌驾于内部控制之上而被规避。例如，管理层可能与客户签订"背后协议"，修改标准的销售合同条款和条件，从而导致不适当的收入确认。再例如，软件中的编辑控制旨在识别和报告超过赊销信用额度的交易，但这一控制可能被凌驾或不能得到执行。(3) 人员素质不适应岗位。如果被审计单位内部行使控制职能的人员素质不适应岗位要求，也会影响内部控制功能的正常发挥。(4) 成本效益考虑。被审计单位实施内部控制的成本效益问题也会影响其效能，当实施某项控制成本大于控制效果而发生损失时，就没有必要设置该控制环节或控制措施。(5) 不经常发生或未预计到的业务。内部控制一般都是针对经常且重复发生的业务设置的，如果出现不经常发生或未预计到的业务，原有控制就可能不适用。根据以上分析，我们可以得出两点暂行结论：

第一，内部控制是一组联系企业内部各相关利益主体（也是控制主体）的正式和非正式关系的制度安排和结构关系网络，其根本目的在于试图通过这种契约制度安排，以达到各相关利益控制主体之间的权力、责任和利益的相互制衡，并通过建立明确的控制机制防范投机行为、提升合作能力、降低风险，从而使得预期目标的实现变得更加可以预测。也就是说，内部控制是一个企业关于内部经济活动行为的“游戏”规则，它提供了企业内部活动系统相互影响的框架或为系统人为设定的制约，从而构成一个企业或确切地说一种企业内部经济活动秩序的合作与竞争关系。内部控制作为一系列正式约束与非正式约束组成的规则网络，它约束着责任单位主体的行为，减少专业化和分工发展带来的交易费用的增加，解决内部管理控制工作所面临的信息不完备和不对称性、权利不对等性、监督与激励等合作问题，创造有效组织运行的条件，实质上是一种“合作解”（即内部控制利益相关方满意的协约）。

第二，内部控制是基于企业内部产权契约衍生的私人合约的一部分，由于有限理性（Simon，1978；Kahnenman，1979）以及交易本，契约是不完备的（Grossman 和 Hart，1986），致使内部控制的演化呈现出“点状均衡”（Stephen Jay Gould，1977；Niles Eldredge，1977）①。即在内部控制制定或修订的那一时刻，内部控制是静态的相对完备的，之后，随着情势的变化，内部控制就呈现滞后性而显示出动态的不完备性。在估计修订的收益大于成本的前提下再进行修订，从而又呈现出相对的完备性，如此不已②。这就意味着，作为处于这个过程中的我们，只能追求其相对真理性的认识（因为绝对真理性认识是一个没有终点的过程）。同时，由于制度的自增强机制（W. Brain Arthur，1988），使得制度的演进具有路径依赖（pathdependence），进而在企业系统内部形成内生性制度安排机制及治理结构。于是，“点”状内部控制的持续不断，就形成内部控制的动态变迁。

（二）内部控制：一个善于自我修复的风险免疫系统

在生物医学上，免疫指有机体的系统识别“自己”与“非己”成分并排斥异己以维持机体内部稳定的生理性防御机制，因此免疫系统作用的客体是能够使机体致病或引起不良反应的异己。对企业而言，尽管从企业组织的边界看，可以分为内部异己和外部异己；从异己对企业组织的利害关系看，可以分为有益异己和有害异己。但实际上，企业病毒可以由企业外部传染，也可以由企业自身繁殖，很多异己很难从根源上来判定到底是内部的还是外部的，也就是说很难对企业异己有个明确的划分，因此探讨企业组织“异己”的识别与应对是个非常复杂的问题，而企业外部经营环境的突变和不可预测性更是增加了组织免疫识别与应对“异己”的难度。鉴于组织免疫更多关注的是维护企业的健康，然后才是企业的创新发展和核心竞争力的形成，因此本专著将重点放在对组织有害异己的研究上，以分析组织免疫是如何发挥作用的。所谓有害异己，其本质上是一种使企业遭受损失或面临损失威胁的风险或病毒，一方面，企业的正常细胞自身会转化成异常细胞，而企业病毒

① 转引自科斯、诺斯和威廉姆森等著，刘刚、冯健等译《制度、契约与组织——从新制度经济学角度的透视》，经济科学出版社 2003 年版，第 39 页。

② COSO 框架提出内部控制的本质是“合理保证”特定目标的过程，强调内部控制应该是一个与企业的经营管理过程相结合的“动态过程”，内部控制的有效性也只是“过程”中某个时点上的一种状态，是一个不断发现和解决问题的循环往复的动态过程。

在内部控制存在缺陷的情况下会入侵企业的正常细胞，导致企业正常细胞感染病毒，病毒会引起企业正常细胞的损伤、老化及突变，并且企业异常细胞如果没有得到有效控制，就会在企业内部不断地繁殖和扩散，最终演变为企业肿瘤，进而危及企业的生存和发展，如处理不当甚至会带来灭顶之灾；另一方面，异己的出现可以暴露企业的弊端，使企业能够对症下药，为进一步发展清除障碍；并且，如果异己处理得当，可以比在常态下更为有效地为企业赢得更多的发展机遇，使“异己”成功地转化为“自己”。这表明尽管企业面临的环境近似于生物有机体生存的环境，具有较高程度的不确定性和不可预见性，但和生物有机体的免疫系统显著不同的是，企业免疫系统不存在使其必然死亡的固有异己，并且企业外部环境的不确定性决定了组织异己是无法消除的，但只要企业能不断调整结构，保持与外部环境的适应性，维持正常的风险免疫功能，理论上是可以持续生存下去，“基业长青”的企业就是我们所说的长寿企业。因此，内部控制——企业这个风险免疫系统如何有效地识别与应对组织异己的问题对人类的认识和处理能力提出了严峻的挑战，是需要迫切研究的重要问题。

可见，企业内部控制发挥风险免疫系统功能作用的内在机理与生物有机体的免疫系统相似，即发现问题、处理问题、完善机制以致增强免疫功能——抵御风险。目前有两种经典的免疫模式，第一种是自我—非我识别模式，该模式认为免疫系统对异己抗原产生的外源性信号产生应答（Burnet，1959）；第二种是危险模式，该模式认为免疫系统只对损伤细胞产生的危险信号产生应答（Langerak，1994），其修复机理见图 2－6。

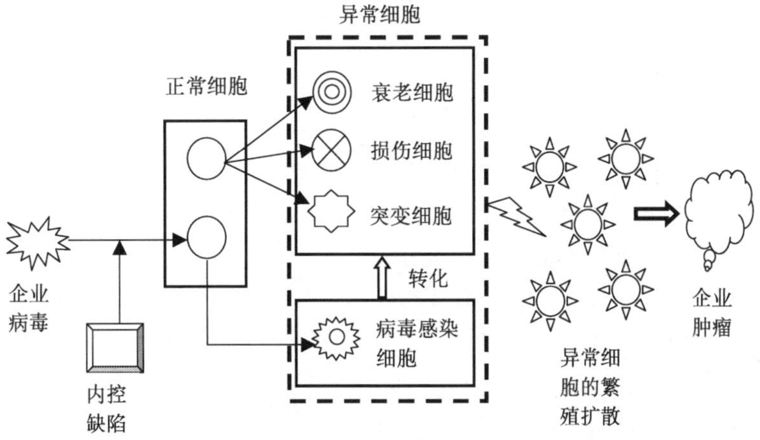

图 2－6　基于缺陷视角的内部控制风险免疫识别机理示意图

从内部控制的人性基础，也就是哲学的角度，亚当 · 斯密的“经济人”假说认为，人类生存和发展存在“趋利避害”的思想，既有“爱好、欲望和追求”的趋利属性，也有“产生憎恨、厌恶还有逃避”的避害属性。同时，由于各种原因，人具有有限理性，如知识、经验、信息、道德的缺乏，而这种特性可能会时时伤害组织抑或利益相关者。企业内部控制就是为了实现企业和组织的目标，同时控制其成员的不合理行为而设置的激励约束兼容的人造免疫系统。但由于“不理性”或者内部控制本身固有局限性的存在，内部控制这个人造免疫系统也必然存在缺陷，从而引发一些不合规、不合法的情况发生。

从内部控制正面角度，内部控制具有与生俱来的风险管控功能与免疫效用。董望和陈汉文等（2011）指出内部控制的基本目标之一就是促进企业合法合规经营，内部控制的有效实施有利于强化法律和监管制度的实施，降低公司的诉讼风险。毛新述和孟杰（2013）研究发现，内部控制越有效，企业涉讼次数以及涉讼金额越低，面临的诉讼风险也越低，还通过对涉讼事件进行分类和检验发现，内部控制对担保纠纷与借款合同纠纷等导致的涉讼风险具有显著的控制作用。然而，如果内部控制存在缺陷，可能给企业带来合规风险，使企业或组织的制度、条文等不能发挥应有的作用，影响企业正常经营活动，让企业在“非正常”的轨道上运转，企业随时都会面临诉讼甚至倒闭的风险（杨兴龙等，2013）。方红星等（2013）研究发现，内部控制质量的高低直接影响了企业的非效率投资水平，当企业内部控制质量处于较低水平时，或内部控制存在缺陷时，企业非效率投资的可能性越大，此时，过大的非效率投资水平会扩大企业整体风险，使企业面临的诉讼风险也会变大。可见，内部控制犹如企业自身的“免疫系统”，通过权力制衡（如不相容职务相互分离、授权审批等）与科学决策两者的有机统一，达到防范风险于未然和自我纠正的目的。

从内部控制缺陷（负面）角度，内部控制存在缺陷既是内部控制的先天属性（因为契约的不完全性以及制度的成本效益权衡），又是导致企业不同程度失败的核心原因（中外企业失败的案例，基本上都可以从内部控制目标或者要素的设计与执行的缺失中找到缘由），缺陷越多、缺陷越严重，企业受到的损害就越大。Doyle（2007）研究发现，存在内部控制缺陷的公司往往都有年轻、财务状态糟糕、容易陷入诉讼风险等特点，而这些特点都大大增加了企业整体失败风险。方红星（2011）指出当内部控制存在缺陷时，契约各方的代理冲突则不容易得到很好解决，面临的合规风险大大提高，而且从中引发的财务困境和财务危机的可能性增大（李万福等，2012）。戴文涛等（2014）研究发现，内部控制状况与企业风险水平呈显著的相关关系，企业内部控制质量越高，风险水平越低；与之相对的是，内部控制缺陷越大，企业目标越难以实现，而任何一个内部控制目标没有实现都会增加企业风险，使企业在“合规之路”上渐行渐远。

更为重要的是，企业组织是一个有机整体，如果说企业财务是“血液循环系统”，那会计就是“中枢神经系统”，而生产制造和营销就是“消化系统”，内部控制就是其“免疫系统”（关峰，2010）。贺伊琦（2011）研究发现内部控制作为企业生产经营和经济运行的“免疫系统”，就像生物有机体一样，能够最早感受到病毒侵蚀的风险，能够更早更快地用制度权限等各种控制措施抵御病毒侵害。韩俊华和干胜道等（2015）认为内部控制是组织治理中“免疫系统”的传导和执行机制，有助于防御雇员有害行为的侵害（非我、损我）。也就是说，当企业内部控制存在缺陷的时候，制度系统不能识别和计量“非我和自我”与“损我和益我”，甚至形成严重的制度盲区。但是由于企业免疫系统中免疫细胞、免疫器官以及免疫分子的作用，使企业或组织的内部控制系统具有自然地进行缺陷修复能力，从而实现内部控制免疫系统的修补功能、保护功能、清除功能与预防功能，其中，免疫防御功能是通过缺陷修复让内部控制具有使企业免于内、外部组织和个人侵犯的能力（Lopez，2009）；免疫自稳功能是通过缺陷修复，不断健全、完善企业内部控制的各项管理机制，通过机制自动发现和清理合规性问题；免疫监视功能是通过缺陷修复，发挥内部控制对企业存在的共性问题进行预测分析，提出预警建议，避免危害加重（La Porta

等，1997；Skinner，1997）。总之，内部控制缺陷的修复不管是从宏观层面还是微观层面都能够促进企业的合规经营，减少企业的合规风险。内部控制存在缺陷会导致企业合规风险增大。但是作为一个免疫系统，随着内部控制缺陷的修复，有利于改善企业的合规经营状况，降低合规风险。

（三）内部控制缺陷修复的理论模型：信任视角的分析

如前所述，内部控制是一个动态的平衡过程，在这一过程中，内部控制的衰退、缺陷是常见现象。内部控制作为一种信任机制，其脆弱性表现在，建立信任机制不容易，破坏信任机制却很容易。这种不平衡是由于人们在感知和加工内部控制信息时，破坏信任机制的负面信息比巩固信任机制的正面信息更令人印象深刻，对人们的判断产生更大的影响。当交易双方所感知到的行为与其期望不相符时，就出现了内部控制机制缺陷（Tomlinson at el.，2004）。欺诈、误会、违约、延期等都可能导致交易双方的预期无法被满足（Pavlou 和 Gefen，2005），这些从严重的违法行为到常见的欺骗行为都是信任缺失的表现形式（Steinel 和 De Dreu，2004）。但令人欣慰的是信任缺失是可以被修复的（Bottom at el.，2002；Schweitzer at el.，2006）。近年来，信任缺失修复逐渐得到研究者的关注（Ferrin et al，2007；Kim et al.，2004，2007；Kim at el.，2009；Tomlinson 和 Mayer，2009）。Kim 等人（2004）认为信任修复与信任重建相似，当信任者对失信者的信任水平从信任违背后的低点有所上升时，即表现出了信任修复迹象。信任修复是一个困难的过程，在这个过程中不仅需要克服已经造成的负面预期，还需要重建积极的预期。信任修复反应是失信者为了使信任者增加对其积极的信任预期而做出的努力。本节我们借鉴西方组织行为学者关注的信任缺失而提出的修复模型，研究内部控制缺陷的修复模型，在理论上通过建模的方式，把影响内部控制缺陷修复的因素表达出来，为后续的研究奠定理论基础。

纵观信任修复模型，我们认为可以用来说明内部控制缺陷修复的，主要有 Tomlinson 和 Mayer（2009）的归因模型、Kim 等人（2009）的动态双边模型以及 Gillespie 和 Dietz（2009）的四阶段模型，下面分别介绍。

1. 归因模型。这是 Tomlinson 和 Mayer（2009）在韦纳（Weiner，1986）的情绪和动机归因模型的基础上提出的，从内部控制缺陷修复的角度看，其归因模型以及一系列具体的修复策略应该是：内部控制缺陷产生之后，交易者可以从缺陷披露的信息中判断造成这种结果的原因，包括能力（制度设计）、善意（执行力）、正直（执行环境）及其他原因。其中，其他原因是指与内部控制制度本身无关的原因，而能力、善意和正直则是可信性的三个维度（Mayer at el.，1995）。具体而言，能力是指内部控制制度制定的全面性，具有制度禀赋和技能；善意是指企业行为动机不是为了谋求私有利益，而是实现利益相关者（关系交易者）的利益；正直是指企业遵守一系列可为交易者（利益相关者）所接受的内部控制执行行为准则。进一步，利益相关者对这些因素会进行更深层次的归因。这一层面上的归因主要包括三个维度，即原因源（locus of causality）、可控性（contro llability）和稳定性（stability）。其中，原因源可分为内在原因源（即产生消极结果的原因存在于缺陷企业身上）和外在原因源（即产生消极结果的原因存在于外在压力或者自身反省）。换句话说，原因源是指应对结果负责的个体或情境，可控性是指个体可对行为结果施加控制的程度，而稳定性则指某一特定结果在类似情况下再次出现的可能性（参见图2-7）。

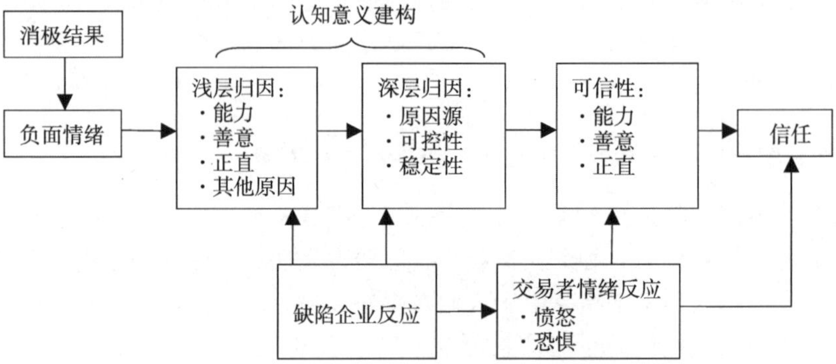

图2-7 内部控制缺陷修复归因模型

资料来源：Tomlinson, E C, and Mayer, R C. The role of causalat tribution dimensions in trust repair [J]. Academy of Management Review, 2009, 34 (1): 85-104。

归因模型具有以下优点：一是把归因理论的三个维度（尤其是可控性维度和稳定性维度）与缺陷修复问题联系起来；二是从归因视角进一步分析了缺陷信息披露（包括利益相关者关系管理）等言语回应的适用情境及缺陷修复效果，丰富并扩展了学者们的前期研究成果；三是揭示了缺陷修复的关键，即弄清缺陷的哪个方面遭到了破坏以及为何遭到破坏。虽然归因模型在以上三方面具有进步性，但仍存在以下问题：一是忽略了归因理论三个维度间的相互作用可能对缺陷修复结果产生的影响；二是没有考虑归因偏差这一影响归因结果的重要因素；三是有关利益相关者对制度缺陷的回应更多地停留在言语回应层面，而没有论及任何“有形”或“具体”的修复方式（刘星和高嘉勇，2010）。

2. 动态双边模型。根据Kim at el.（2009）从认知角度建立的信任修复模型，我们认为内部控制缺陷修复可以借鉴所建立的动态双边模型，因为缺陷修复并不是一个简单的单边过程，即仅由缺陷企业采取行动，而与之交易的一方只是相对被动地观察并评估缺陷企业的修复努力。相反，我们认为，在缺陷修复过程中，利益相关者都扮演着非常重要的角色。成功的缺陷修复不仅取决于利益相关者接受缺陷企业修复行为的意愿，而且还取决于他们各自为修复信任所采取的行动。因此，Kim at el.（2009）提出了有关信任修复的三个重要假设也同样适用于内部控制缺陷修复：一是缺陷企业希望关系交易者认为自己是值得信任的（假设1）；二是利益相关者趋向于认为存在缺陷的企业不应获得更多的信任（假设2）；三是关系交易者都试图解决矛盾（假设3）。

以上三个假设初步体现了缺陷修复过程的动态性和双边性。此外，缺陷修复的结果是多样的，如成功修复、对峙、不值得信任的判断得到证实以及规避修复。缺陷修复的结果取决于利益相关者为修复缺陷所做出的努力（参见图2-8）。因此，要想成功修复缺陷，缺陷企业必须努力采取行动向关系交易者证明自己是值得信任的，而且努力程度必须要大于交易者抵制修复缺陷的程度。

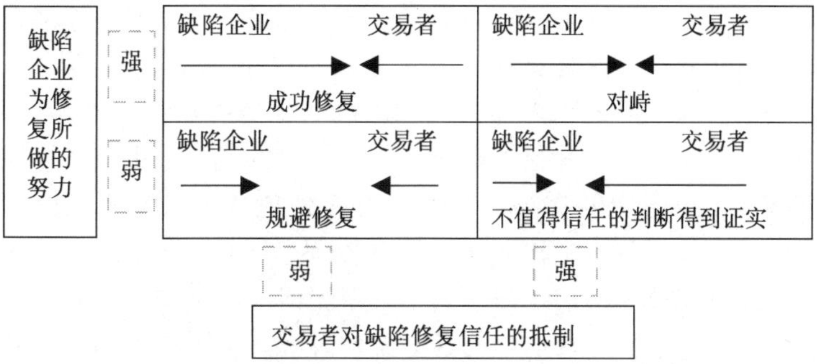

图 2-8 交易双方对内部控制缺陷修复的结果矩阵

资料来源：Kim，P H，Dirk s，K T，and Cooper，C D. The repair of trust：A dynamic bilateral perspective and multilevel conceptualization［J］. Academy of Management Review，2009，34（3）：401-422。

在此基础上，动态双边模型详细阐明了缺陷企业应该如何向交易者证实自己的可信性，并且使自己的努力程度大于交易者的抵制程度，从而成功修复缺陷（参见图 2-9）。该模型的理论框架由三个相互联系、循序渐进的层次构成。首先，模型的第一层次表明，缺陷企业在试图修复缺陷的过程中应该首先努力证明自己是无辜的。这种积极争取修复缺陷的行为会有力地影响交易者对缺陷企业可信性的认知，甚至有可能彻底颠覆交易者先前的不利判断。相反，交易者往往倾向于拒绝接受或抵制缺陷企业为自己进行的辩解，而坚持他之前的判断，并固执地认为缺陷企业有过失、不值得信赖。

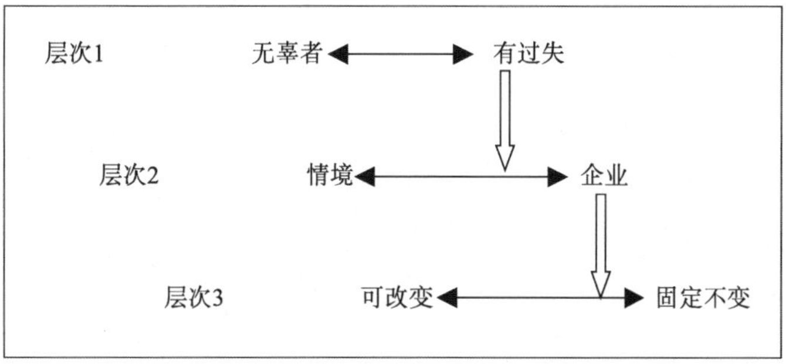

图 2-9 动态双边信任修复模型

资料来源：Kim，P H，Dirks，K T，and Cooper，C D. The repair of trust：A dynamic bilateral perspective and multi level conceptualization［J］. Academy of Management Review，2009，34（3）：401-422。

与归因模型相似，动态双边模型其他两个层次的理论基础也是归因理论。具体而言，模型的第二层次强调了对行为结果原因源的归因，即内在归因（缺陷企业）和外在归因（情境）。模型的第三层次表示对造成结果的原因的稳定性归因，即该原因是可变的还是固定不变的。也就是说，如果缺陷企业无法证实自己对结果没有任何责任，则可以证实造成结果的原因是外在因素（情境），从而在一定程度上修复缺陷。若缺陷企业无法提供有效的证据说明导致某一消极结果的原因的外部性，那么就必须努力向交易者说明其所认知的内在因素是不稳定的，即是可以改变的，从而表明自己可以在未来避免类似情况再次发生。

动态双边模型的优点在于指出并强调了交易者在缺陷修复过程中的地位和作用，即缺陷修复结果取决于利益相关者修复双方信任的努力的“净效应”。但是，该模型提出的所有假设和得出的结论仍局限于组织内部信任双方的信任努力对信任修复结果的影响作用，而忽略了组织中可能影响信任的其他重要因素，如组织氛围、文化、结构等。

3. 四阶段模型。Gillespie 和 Dietz（2009）开拓性地从组织视角提出了信任缺失的修复模型——四阶段模型。内部控制作为信任的重要表达方式，从组织视角和制度层面考虑内部控制的缺陷修复可能更为贴切。与前两个模型相似，该模型中的缺陷修复实质上也是通过修复交易者对缺陷企业制度可信性的认知来实现的。在该模型中，可信性中的能力维度指的是制度有效实现制度目标并履行制度职责的能力；善意维度是指制度关心利益相关者的利益和福利；而正直维度则是指制度行为符合员工认可的行为规范和道德标准，如诚信、公平。此外，该模型中的缺陷修复主要涉及存在缺陷的企业及其执行者对制度可信性的认知和判断，而造成制度可信性受损的原因是不恰当的制度行为（如会计舞弊、欺诈或造假等）导致制度层面上的消极结果，如企业面临财务危机、破产以及大规模裁员等。

第一，影响制度可信性的因素。四阶段模型的核心内容和重要价值之一，就是对制度可信性影响因素的探讨和剖析。Gillespie 和 Dietz（2009）从“系统”和“多元”的视角指出了影响制度可信性的六个主要因素：组织领导和管理实践、制度文化和氛围、组织战略、组织结构、组织政策和实施、外部监管以及社会声誉。其中，组织领导和管理实践、制度文化和氛围、组织战略、组织结构以及政策及其实施为制度可信性的内部影响因素，而外部监管和社会声誉则为影响制度可信性的外部因素（参见图 2 - 10）。

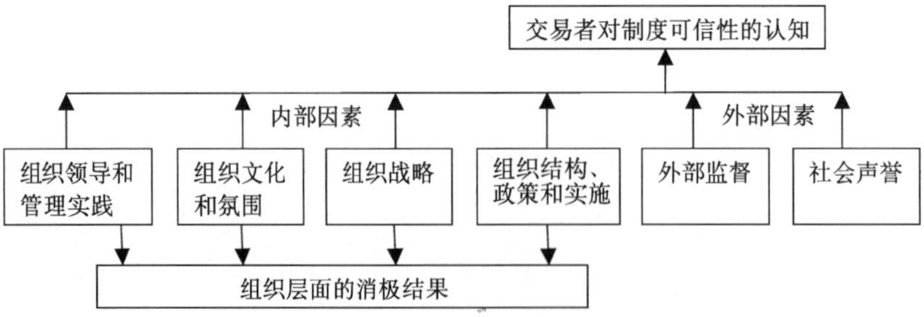

图 2 - 10 组织可信性的影响因素及作用

资料来源：Gillespie，N，and Dietz，G. Trust repair afteran organization level failure［J］. Academy of Management Review，2009，34（1）：127 - 145。

这里的组织领导和管理实践既包括企业高管的内部控制意识、重视程度与管理实践，又包括组织各级管理层的管理实践。组织战略的一致性和有效性直接影响交易者对制度能力的判断和认知。同时，组织战略还可以反映制度的善意和正直程度。与之相似，组织结构、政策和实施的公平和一致性同样可以体现制度的善意和正直程度，而其有效性则可以显示制度的能力。

此外，在影响制度可信性的外部因素中，外部监管是指政府、行业协会及商会、顾客和环境保护机构的监管。交易者对这些外部监管因素的信任是其对制度缺陷修复的重要基础。最后，外部利益相关者（如顾客、行业代表、媒体等）对制度能力、善意和正直的认知是交易者判断制度可信性的一个关键参照标准。良好的社会声誉可以强化并巩固交易者对制度可信性的认知。相反，不良的社会声誉会负面影响交易者对制度可信性的判断。综上所述，我们不难看出，Gillespie 和 Dietz（2009）提出的制度可信性影响因素理论充分体现了制度层面缺陷修复的系统性和多元性特点。

第二，缺陷修复的四个阶段。该模型把制度缺陷的修复过程划分为即时回应、判断原因、实施干预和评估反馈四个阶段。缺陷修复的最终结果受两种修复机制和两大调节因素的影响（参见图 2－11）。

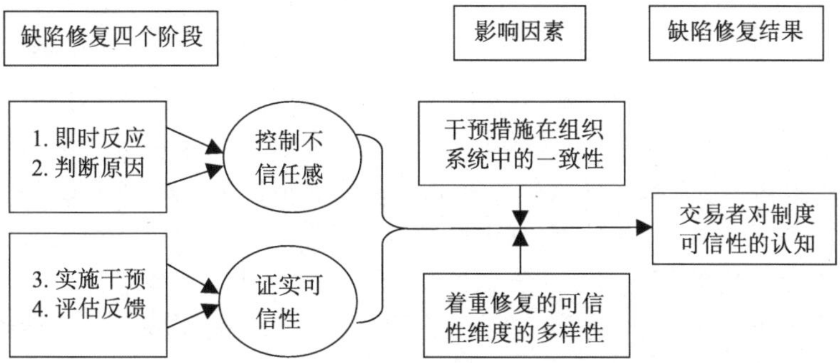

图 2－11　缺陷修复的四个阶段

资料来源：Gillespie，N，and Dietz，G. Trust repair afteran organization level failure［J］. Academy of Management Review，2009，34（1）：127－145。

如图 2－11 所示，制度缺陷的整个修复过程围绕控制不信任感和证实可信性这两种修复机制展开。控制不信任感旨在增强交易者对制度有能力防止未来出现类似问题的信心，而证实可信性的目的是通过言语和行为回应积极地证明制度的能力、善心和正直程度。这两个机制既存在本质区别又互为补充。此外，在该模型中还存在两个极其重要的影响因素：干预措施的一致性及其着重修复的可信性维度的多样性。一般来说，干预措施在制度系统中的一致性程度越高，着重修复的可信性维度越多，这些措施的修复效果也就越好。总之，在四阶段模型中，制度缺陷修复的两种机制和两大调节因素与修复过程四个阶段中修复行为的有效性共同决定修复的最终结果。

一旦制度的某一或某些行为导致消极结果，首先应该立即对消极结果做出积极回应。例如，制度应在第一时间里主动向交易者承认消极结果，真诚地向交易者表示歉意，并且表明将对问题进行调查。在这一阶段，制度应立即对消极结果实施初步的干预（如暂时撤销相关人员的职务、召回问题产品等），以防止类似结果再次出现。然后，应当认真查找并分析造成消极结果的原因，并且有针对性地制定具体的缺陷修复策略。其中，归因的准确性、透明度和及时性是影响缺陷修复结果的三个关键要素。Gillespie 和 Dietz 特别指出，组织高管要审查组织中各个层级、部门以及组织运营的各个环节，并且始终坚持诚实原则，切不可为了隐瞒真相而把责任推卸给某个或某些相关个人或部门。此外，归因结果的透明度并非越高越好，同样，透明度过低也会对修复缺陷产生消极影响，最好是主动向交易者公布调查和分析结果，并直接或间接地传递有关制度善心和正直的信息。

该模型缺陷修复的第三阶段涉及具体、有针对性的干预措施，主要包括信息披露和提供赔偿。值得注意的是，Gillespie 和 Dietz 肯定并提倡制度在信息披露时采取内部归因，并且否定了外部归因的作用。他们认为，在交易者看来，寻找借口、沉默以及否定等言语回应都具有欺骗性。在这一点上，四阶段模型不同于归因模型及动态双边模型。我们也可以从这一点看出，在 Gillespie 和 Dietz 看来，组织的高管应首先端正自己的态度，以总结教训、解决问题并避免问题再次出现为出发点，客观地审查造成问题的根本原因，不回避、推卸责任，不蒙蔽、欺骗交易者。人们常说的内部控制是一把手工程，也就有这样的含义在内。

缺陷修复的最后阶段涉及评估上一阶段采取的干预措施。准确、系统、多层面、及时、公开的评估与随后的结果反馈以及进一步的干预措施，能共同证明制度解决问题、应对危机的能力，对修复和重建交易关系的渴望以及制度的开放性和诚信度。简而言之，评估干预措施和反馈信息这个环节本身就是制度可信性的一个重要体现。

Gillespie 和 Dietz 的四阶段模型把此前制度信任及缺陷修复领域的研究对象从信任双方扩展到整个利益相关者，而且既包括组织结构、战略、文化等内部因素又包括外部监管和社会声誉两个重要的外部因素。此外，该模型还明确阐述了制度信任及缺陷修复的系统性和多元性特点，并在此基础上强调了干预措施的一致性及其所修复可信性维度多样性的重要意义，实现制度秩序和可信任的制度再造。

第三章

关系信任与内部控制：基于资产专用性视角的检验

良好的内部控制是企业提高经营效率与效果的制度保证。Altamuro 和 Beatty（2010）认为内部控制提高了会计信息质量，Bargeron 等（2010）认为内部控制条款的实施有助于降低企业风险，Brochet（2010）认为内部控制减少了内幕交易。内部控制良好的公司通过信息披露将自身与那些内部控制较差的公司区别开来，发出高质量会计信息和良好财务状况的可置性承诺，大大降低信息不对称（黄寿昌和杨雄胜，2010），会被投资者认为其信誉较高，增强投资者信心，投资者对此做出积极反应，降低预计风险，减小逆向选择的可能性（宋占林，2012）。根据信号传递理论，高质量的内部控制一旦建立，这种可置信的专用性投资作为抵押品，构成了各利益相关主体进行持续性交易的显示信号，从而诱致新的交易伙伴的加入。此外，网络中的信任机制也可以有效抑制行动者短视的机会主义行为进而降低交易费用，更有效率地协调交易活动（Jones 等，1997）。因此，关系网络内部成员会做出积极反应，更加真实地了解公司的盈利能力和成长机会，增强了解和信任程度，促进信息沟通、交流及愿景分享，维持和发展关系网络成员之间长期、稳定的合作关系，从而提高合作绩效。然而，随着关系网络的发展、规模的扩大，整个关系网络的一致性会逐渐削弱，这时会增强对侧重于产权明晰和控制权配置的规则治理的需求（例如内部控制的需求），以保证关系网络这种交易治理机制持续健康的发展；同时关系网络带来的关系租金也为内部控制的构建与完善提供了支持。因此可以认为，内部控制与关系网络两种交易治理机制间存在互补效用。关系网络是一种建立在正式契约基础之上的计算性的信任机制（刘仁军，2006），如果把关系网络作为一种交易治理机制看待，关系网络内的企业通过关系专用性投资，降低采取机会主义行为的可能性，形成相互信任、相互依赖的合作关系（郭茜，2008），有助于企业实现资源共享、资源互补，降低生产与经营成本、分散风险、维持稳定的业务关系、获取外界的承认，增强抗风险能力（Czinkota，1982），以促进企业可持续发展。Kong（2011）认为在商业关系网络中，对交易双方而言，长期合作形成的“关系”是一种隐性契约，并且这些依靠关系进行交易的各方通过长期合作已经建立了相互信任的关系，并有私下的途径进行信息的沟通和交流。内部控制作为一种重要的信任机制，一方面能够为关系网络提供稳定的心理预期，从而减少交易的风险；另一方面能够降低交易的机会主义，减少不确定性。

内部控制作为一种内在的制度安排其建立、健全以及有效执行，有利于激励、制约和监督关系信任相关方的行为从而降低关系信任成本①。由于内部控制内生性地决定着会计信息的质量（Ashbaugh - Skaife et al.，2008），在降低代理成本的同时，内部控制也能够有效提高企业会计信息质量，有助于降低企业风险，减少内幕交易。此时内部控制信息将会成为企业一种重要的信号传递给关系信任的利益相关者，内部控制质量高的公司会通过内部控制信息披露，将自身与那些内部控制质量较差的公司区别开来，发出高质量会计信息和财务状况良好的可置性承诺，从而大大降低了各关系信任主体之间的信息不对称，增强关系交易者的稳定预期，减少关系交易风险，促进和维护关系信任的建立与成长；而关系信任的建立是寻求能够使自身利益最大化条件下的长期合作关系②。长期的合作与博弈会在交易双方之间建立起一种双方都能够共同遵守的隐性交易规则，这种基于关系交易而形成的关系规则能够增进彼此的信任和信息沟通，减少关系交易中各利益主体之间的信息不对称与机会主义倾向。在供应商客户与企业的博弈过程中，对于严格、稳健的会计政策以及高质量财务会计信息的需求，也能够进一步提高企业控股股东及管理者的内部控制意识，促进企业内部控制不断完善。

第一节 内部控制缺陷及其修复与供应商风险感知

供应商合作伙伴关系是企业与供应商之间达成的最高层次的合作关系，它是指在相互信任的基础上，供需双方为了实现共同的目标而采取的共同开发创造、共担风险、共享利益的长期合作关系，比如战略性原材料联盟、先进技术发展伙伴关系、供应商早期参与流程设计的技术联盟等等，这是一种典型的资产专用性投资行为。因此，供应商的风险感知渠道和水平成为维护和提高合作伙伴关系的重要问题。本节借鉴制度变迁理论，以交易成本作为供应商风险感知的替代变量，在构建供应商风险感知机制理论模型的基础上，从截面和跨期的视角考察在中国转轨经济背景下，政府监管制度变迁对内部控制缺陷及其修复与供应商风险感知能力的影响。实证检验发现：内部控制缺陷提高了供应商的风险感知程度，但是政府监管力度的增强降低了企业内部控制缺陷，而且也加快内部控制缺陷修复的进程，从而降低供应商的风险感知程度，降低企业的交易成本。研究结果表明，内部控制

① 关系作为一种隐性合约，从理论上最早研究隐性合约的是 Macloed 和 Malcomson（1989）。它与显性的制度契约相比，节省了规则建立的成本，Shleifer 和 Mulligan（2005）的实证研究也说明了这一点。他们用美国的州一级的数据证实，法规的制定受市场范围的限制，人口越多的州各种法规也越多。

② Basu（2001）提出的“核心定理”也说明，理论上凡是由正式合约来实施的，都可以通过社会规范（即非正式合约）来实施，这里的逻辑在于，如果书面上的法律不是博弈中的纳什均衡，那么它就得不到实施，但是社会规范却都是现实世界中的纳什均衡。换言之，社会规范可以替代法律，但是法律却不能替代社会规范。法律只有与社会规范吻合的时候，才是有效率的。

状况对供应商等非财务利益相关者具有重要的决策价值，企业内部控制建设，需要企业自身的觉醒和自律，更需要政府监管的保障，两者的协同与融合，促进企业内部控制持续改进、发挥内部控制决策支持功能。

一、问题提出

供应商作为价值链的上游企业和重要的利益相关者，风险感知及其处置能力对其生存发展具有重要的决定意义，尤其是当供应商严重依赖部分企业客户或者单一企业大客户，若这些客户在商业合作中发生变故甚至陷入破产困境，处于竞争劣势，而供应商企业的风险感知能力较低，导致供应商对合作伙伴企业的关系型投资失去价值，供应商会受到极大损失甚至面临破产局面（Raman 等，2011）。因此，供应商企业不仅要深化与客户的合作，谋求自身利益发展，还要在此基础上优化客户组合，抵御外部环境所带来的不确定性，提高自身处置风险的能力。王勇等（2016）研究发现企业与供应商之间的紧密关系能够减少企业的交易成本，而供应商基于这种紧密关系会根据企业的需求做出相应的调整，从而降低供应商的风险感知程度。方红星等（2016）研究表明，在转型经济背景下，高额交易成本的存在会促使企业选择与供应商建立关系型交易，达到降低交易成本的目的，但同时也增大了供应商的交易风险。内部控制作为公司治理的核心内容，是预防企业财务报告出现重大差错的第一道屏障，其运行效率与效果日益成为利益相关者关注的重点领域。对于投资者来说，内部控制信息披露是投资者进行风险评估和未来决策的依据，内部控制缺陷的存在会被投资者视为消极信息，进而变更投资决策，增强自身风险感知能力。Rose 等（2010）研究发现存在内部控制缺陷的公司比不存在内部控制缺陷的公司的投资者的风险感知水平更高；对于债权人来说，内部控制缺陷的存在会降低企业的经营效益，导致债权人无法按照约定的期限收回本金和利息，基于这种现象，债权人会根据不同的合约内容区分债务人的类型，调整合同中的限制性条款，或者变更合同中关于债务成本、债务期限以及债务规模等方面的约定，从而增强自身风险感知水平的能力（李晓慧等，2013）。从上述文献中可以看出，现有研究大多关注内部控制缺陷对企业投资者、债权人等利益相关者风险感知能力的影响，忽视了内部控制缺陷对企业非财务利益相关者——供应商风险感知的影响，而且现有研究大多停留在静态视角探索内部控制缺陷的经济后果（Johnstone，2011；Cassell 等，2011），忽视了内部控制缺陷修复的动态分析。因此，本节从非财务利益相关者的视角来探究内部控制缺陷与供应商风险感知两者之间的关系，并且关注内部控制缺陷修复（动态过程）是如何作用于供应商的风险感知能力或者是通过哪些途径影响供应商的风险感知能力的。

为了规范企业的财务经济活动和保护利益相关者的利益，我国从 2007 年陆续颁布了一系列有关内部控制的制度。然而，需要引起我们思考的问题是：为何在当今“规则之治”的时代背景下，会计造假事件、高管腐败现象以及资本市场乱象等仍然屡禁不止？究竟是企业内部控制本身存在问题（内部控制缺陷）还是内部控制监管没有实现应有的实施效果？尽管这是一个十分难以回答的诘问，但是至少有一点我们是明确的，内部控制作为政府监管制度的一项战略性安排，仅仅依靠企业本身的内部监管以及行业自律是远远不够的，还需要政府监管措施的保证，中外国家概不能外。刘启亮等（2012）研究发现政府强化监督有利于提高上市公司的内部控制质量。Patterson 等（2007）研究认为 SOX 法案后，管理层欺诈现象减少，但审计风险有所增加。Zhang（2005）研究表明，SOX 法案颁布前后，市场出现较为显著的累计超额收益，而推迟 SOX 法案的颁布有可能会给小规模企业带来成本。然而，到目前为止，很少有文献考察转轨经济环境下，政府监管能否作为一种外生力量达到弥补企业内部控制监管力度不足，进而影响供应商的风险感知能力。此外，即使有少数学者研究政府监管，但大多数文献是将某一连续期间的所有样本作为研究对象，只能说明连续期间内内部控制缺陷及修复对供应商风险感知能力的影响，无法区分在不同的监管阶段由于政府监管力度的差异可能对样本公司产生的影响。本节借鉴制度变迁理论，根据不同时期内部控制相关法律法规的出台对企业监管力度以及震慑力的不同，把研究期间划分为 2007—2011 年和 2012—2015 年两个阶段，以此进一步探究在政府监管强制力的不同阶段，内部控制缺陷及修复影响供应商风险感知能力的差异，为政府监管制度的安排提供经验证据。

基于以上考虑，以 2007—2016 年沪深 A 股上市公司为研究样本，从截面和跨期的视角考察在中国转轨经济背景下，政府监管制度变迁对内部控制缺陷及修复与供应商风险感知能力的影响。可能的贡献在于：第一，拓展和丰富内部控制经济后果的研究文献。首次引入政府监管制度变迁和内部控制缺陷修复两个“动态”视角，既考察了企业提高内部控制有效性从而降低供应商风险感知能力的外部制度环境，也检验了政府监管制度安排影响内部控制缺陷及修复对供应商风险感知能力的作用路径，为政府深化监管制度改革提供了经验证据，丰富和拓展了制度变迁理论和内部控制缺陷的研究文献。第二，拓展和丰富企业利益相关者的研究文献。现有的文献大多围绕公司治理的内部因素、债权人的角度研究内部控制的决策价值，较少有文献从企业视角探究内部控制缺陷对于供应商这一非财务利益相关者的影响，忽视了内部控制缺陷修复对供应商风险感知作用的差异。从企业—供应商的视角探究内部控制缺陷及修复对于供应商风险感知的影响，弥补了已有文献的不足，而且从供应商视角，重点挖掘和检验内部控制的“免疫系统”功能如何重塑了企业利益相关者对企业风险的感知及其反映出来的资源配置效率，以期为学术界理解内部控制影响企业风险的动态作用机理提供新的理论，也为内部控制“免疫系统”功能的整体价值效应体系研究提供新的经验证据。

二、理论分析与研究假设

（一）供应商风险感知机制的理论模型

在不考虑其他因素影响的情况下，企业内部控制在运行过程中出现缺陷，其经营水平和信用模式都会受到影响，供应商风险感知程度会上升，因此企业会采取一系列措施修复内部控制缺陷，完善其风险管控机制，使供应商风险感知下降到原先的正常水平，而内部控制监管（监管主体是政府，与政府监管通用）力度的加强则会使这一过程加快。

为不失一般性，现假定供应商风险感知可接受的最高临界值为 a，若供应商风险感知

$C > a$，则说明内部控制缺陷的影响使得供应商风险感知超过正常水平，信用机制处于“失效”的阶段。

我们设企业信用机制的“有效寿命”期间为 T，表示供应商风险感知有效到无效的时间。我们将供应商风险感知在任意时刻 t（$t \geq 0$）仍然保持在临界值之下的概率定义为：

$$S(t) = P(T > t)$$

其中有：$T \geq 0$；$S(0) = 1$；$S(t)$是 t 的非增函数，且 $\lim_{t \to +\infty} S(t) = 0$。

在 T 为连续随机变量的情况下，记其概率密度函数和累计分布函数分别为 $f(t)$和 $F(t)$，其中 $\frac{dF(t)}{dt} = f(t)$，$F(t)$也称为“失效函数”，即 $F(t) = 1 - S(t)$，为了刻画在时刻 t 供应商风险感知未“失效”的情况下，在以后的单位时间内“失效”的概率，我们定义供应商风险感知的“条件失效率”为：

$$h(t) = \frac{f(t)}{S(t)}$$

这表示供应商风险感知机制在 t 时刻失效密度的瞬时度量。

而将 $f(t) = -\frac{dS(t)}{dt}$ 代入上式中可得：

$$h(t) = -\frac{[dS(t)/S(t)]}{dt}$$

对上式两边从 0 到 t 积分得：

$$\int_0^t h(y)\,dy = -\ln S(t)$$

所以我们得到：

$$S(t) = e^{-\int_0^t h(y)\,dy}$$

在（0，+∞）上 f（t）可积的条件下，若 T 连续，那么我们定义供应商风险感知机制的剩余有效时间的均值为 T 的期望值 E（T），即：

$$E(T) = \int_0^{+\infty} t \cdot f(t)\,dt$$

对上式进行分部积分可得：

$$E(T) = \int_0^{+\infty} S(t)\,dt$$

T 的方差为：

$$Var(T) = \int_0^{+\infty} t^2 \cdot f(t)\,dt - (\int_0^{+\infty} t \cdot f(t)\,dt)2$$

我们由上述公式可得出，若 y 是介于供应商风险感知机制有效到失效时间的中位数，则有：

$$S(y) = F(y) = 1/2$$

为了说明内部控制缺陷对供应商风险感知机制失效风险函数 $h(t)$的影响，我们对 LnT 建模：

$$LnT = x'\beta + u$$

其中 x 为内部控制缺陷，u 为扰动项。基于以上分析我们可知 T 的密度函数、累计分布函数、有效函数与风险函数分别为 f(t)、F(t)、S(t) 与 h(t)，则：

$$S(T)=P(T>t)=P[e^{x'\beta}v]=P[v>e^{-x'\beta}t]=S_v(e^{-x'\beta}t)$$

其中 $v=e^u$，因此，

$$F(t)=F'(t)=[1-S(t)]'=-\frac{\partial S_v[e^{-x'\beta}t]}{\partial t}=f_v(e^{-x'\beta}t)e^{-x'\beta}$$

由此可得：

$$h(t)=\frac{f(t)}{S(t)}=\frac{f_v(e^{-x'\beta}t)e^{-x'\beta}}{S_v(e^{-x'\beta}t)}=h_v(e^{-x'\beta}t)e^{-x'\beta}$$

则我们可由上式推出，当 $e^{-x'\beta}>1$ 时，则意味着 x 对基准风险 h(t) 的加速，反之，若 $e^{-x'\beta}<1$ 时，则意味着 x 对基准风险 h（t）的减速。

显然，当企业内部控制缺陷存在的情况下，其与供应商风险感知机制的有效时间应为负相关，即 $\beta<0$，而内部控制缺陷我们定义为二值变量，非 0 即 1，为非负整数，则 $x'\beta<0$，故 $-x'\beta>0$，即 $e^{-x'\beta}>1$，故我们得出如下推论：

推论 1a：内部控制缺陷可以加速供应商风险感知机制失效的风险，增加交易成本上升的可能性。

同理，当 x 为内部控制修复与内部控制监管时，其与供应商风险感知机制有效时间 t 应为正相关，即 $\beta>0$，而 $x\geqslant0$，故 $-x'\beta<0$，$e^{-x'\beta}<1$，是对基准风险 h(t) 的减速，故我们得出如下推论：

推论 1b：内部控制修复可以减弱供应商风险感知机制失效的风险。

推论 2：内部控制监管可以降低供应商风险感知机制失效的风险。

由上述分析我们还可以得出，当内部控制缺陷出现的频率越高，基准风险 h(t) 越大（加速作用），则 $\int_0^t h(y)dy$ 也就越大，而 $\int_0^t h(y)dy=-\ln S(t)$，故：$\ln S(t)$ 越小，即 S（t）越小，则 $\int_0^{+\infty}S(t)dt$ 取值越小，故 E（T）越小，这表明内部控制缺陷的存在使得供应商风险感知机制的平均有效寿命减少，同时其方差 $Var(T)=\int_0^{+\infty}t^2\cdot f(t)dt-(\int_0^{+\infty}t\cdot f(t)dt)^2$ 也会变大。反之，若内部控制修复的频率越高，基准风险 h(t) 越小（减速作用），则 $\int_0^t h(y)dy$ 也就越小，故 $\ln S(t)$ 越大，即 S（t）越大，则 $\int_0^{+\infty}S(t)dt$ 取值越大，故 E(T) 越大，这表明内部控制缺陷的存在使得供应商风险感知机制的平均有效寿命增加，同时其方差 Var(T) 也会变小。

进一步，我们同时考虑内部控制缺陷 x、内部控制缺陷修复 y、内部控制监管 z 来讨论供应商风险感知机制有效函数 S(t;x,y,z)，其中 x、y、z 为伴随变量。如图 3-1 所示：t^* 表示内部控制监管力度进入加强阶段的时间，在 t^* 之前，企业内部控制缺陷使得供应商风险感知机制失效危险率 h(t) 变高，坡度较陡，内部控制修复使得 h(t) 下降，但下降的坡度较缓；t^* 之后，h(t;x) 的上升坡度变缓，并一度时间保持停滞状态，而 h(t;y) 的下降坡度上升。从图中还可看出，h(t;x) 与 h(t;y) 相交于点 t^*，表明在 t^* 点处，供应商风险感知机制失效率 h(t;x,y) 达到最低，即在内部控制监管力度加强时，供应商风险感知最有可能保持在正常水平。

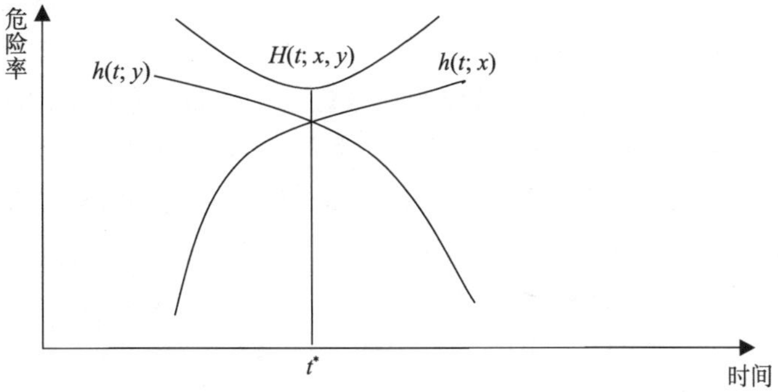

图 3－1 政府监管、内部控制缺陷及其修复的影响机理

（二）内部控制缺陷对供应商风险感知的影响：促进作用或者抑制作用？

20 世纪末期，利益相关者理论引起理论界和学术界的重视，其逐渐替代股东中心理论占据主导地位，供应商作为企业交易供应链的上游，是企业非常重要的外部利益相关者，不仅与企业之间具有利益上的直接联系，更具有自我保护意识的动机，供应商所面临的主要风险是货款的足额按时回收问题。因此，企业过往的经营状况、财务状况以及信用历史成为供应商交易伙伴选择的关键因素。已有关于内部控制缺陷经济后果的研究，主要集中在财务报告质量（Ashbaugh 等，2008；Chan 等，2008；Altamuro 等，2010）、资本市场和投资者反应（Li 等，2008；Kim 等，2009；Beneish 等，2008）、企业的融资成本（Dhaliwal 等，2011；Kim 等，2011；Cassell 等，2011）、审计费用（Krishnan，2008；Elder 等，2009；Munsif，2011）等方面，但是鲜有关于内部控制缺陷影响供应商决策的研究。那么，作为企业内部治理重要机制的内部控制，若存在内部控制缺陷，是否也会对供应商决策产生影响？若存在影响，是促进作用还是抑制作用？

内部控制缺陷促进供应商对不确定性事项的风险感知程度，提高企业的交易成本。内部控制缺陷的披露表明企业治理存在风险问题，供应商基于企业存在的缺陷，会采取提高交易成本的决策。一方面，从企业风险角度看，内部控制缺陷加大企业风险，而供应商基于对风险的识别能力从而提高自身的风险感知程度。Ashbaugh－Skaife 等（2008）研究发现内部控制缺陷的存在会使企业面临更高的系统性风险以及异质性风险。尽管供应商为了提高市场占有率、增加销售额，愿意向一些信用良好的企业提供商业信用，但是供应商也会为了自身的利益通过各种途径监督企业，以保障商业信用行为的安全性，一旦发现企业内部控制存在缺陷，便会及时调整“信用政策”（Fabbri 等，2009），提高自身的风险感知能力，以达到对风险进行防范的目的（王海滨等，2014）。因此，存在内部控制缺陷的公司，供应商在与其交易的过程中，会要求企业补偿其所承担的信用风险，从而得到更高的风险补偿，使得企业所面临的交易成本增加（Kim 等，2011）。另一方面，从财务信息质量角度看，内部控制缺陷的存在会降低企业的财务信息质量进而影响供应商对企业的风险感知，内部控制缺陷的存在表明企业的财务信息质量越差（Doyle 等，2007；Goh 等，

2009）。作为商业信用的债权人，供应商关注的焦点是他们能否从企业身上获得与风险对等或大于风险的收益，对财务信息质量的要求主要是真实性和相关性。一旦财务信息的质量出现问题，真实性受到质疑或者受到监管部门的处罚等，有可能会出现企业声誉受损的现象。供应商在此种条件下与企业进行交易，企业失去了信用融资的机会，供应商会采取预付账款即“先付钱，后交货”的交易形式，以此增加自身的风险感知能力。

内部控制缺陷抑制供应商对不确定性事项的风险感知程度，降低企业交易成本。根据Slovic的风险模型以及风险认知心理理论，当供应商与企业进行交易可能面临的风险可见或者对该交易企业的经营状况更了解时，信息不对称的消解使供应商可能评估更低的风险，从而使企业只需支付更低的交易成本。Slovic（1987）指出，未知是风险评估衍生的两个要素之一，信息不对称的存在使供应商只能通过企业所提供的年报或者其他相关的信息来了解企业的经营状况，决定自己的信贷政策或者收账政策。内部控制缺陷的披露使得企业与供应商之间的信息透明度有所增加，给供应商传递一种积极的信号，企业与供应商的信息不对称程度相应降低，从而使供应商对企业的了解程度更高，要求企业承担的信息风险的补偿也就相对减少，同时因为供应商对企业存在风险的不确定程度降低，风险感知程度随之降低，对企业采取较为宽松的信贷政策或者收账政策。Kim等（2011）研究发现供应商在与企业交易的过程中，随着信息不对称的减弱或者消解，要求企业补偿与不完全信息有关的相应风险减少，从而降低企业的交易成本。此外，归因理论认为，决策者在评估企业内部控制缺陷等信息时，往往会比较信息的诱因。好消息（企业未披露内部控制缺陷）往往会引起接受者的质疑，而坏消息（企业披露内部控制缺陷）则更容易被接受者认可。这是因为好消息与提供者的诱因是一致的，而坏消息与提供者的诱因往往是不一致的（池国华等，2012）。因而，供应商会认为披露内部控制缺陷的企业比不披露的更为可信，进而评估较高的信用等级和较低的风险水平，企业的交易成本也会相应降低（刘凤委等，2009）。综合以上分析，结合前文的机制模型，我们提出以下竞争性假设H1：

H1a：相对于不存在内部控制缺陷的公司，供应商对存在内部控制缺陷的公司的风险感知能力更强，企业所需支付的交易成本更高。

H1b：相对于不存在内部控制缺陷的公司，供应商对存在内部控制缺陷的公司的风险感知能力更弱，企业所需支付的交易成本更低。

（三）政府监管对内部控制缺陷和供应商风险感知的作用路径

政府监管作为内部控制自我监管的一种重要外生力量，对于完善企业内部控制建设发挥着重要作用，但是政府监管的效果也会因为监管力度的渐进性特征而有不同的表现。林毅夫（1994）提出了制度性变迁理论的两种理论模型——诱致性变迁和强制性变迁，而我国的内部控制建设具有明显的渐进式强制性制度变迁的特性，包括了自由实施和强制实施两个阶段，前者是诱致性变迁的结果，后者是强制性变迁的产物。2012年之前为自由实施阶段，在这一阶段，我国的政府监管只是充当了引导和推动的角色，监管力度薄弱，企业存在内部控制缺陷的可能性增大，从而导致供应商的风险感知能力的变化。Rice等（2012）研究发现，SOX 404条款的颁布影响企业内部控制有效性的实施，而政府监管的缺失会引发一系列社会现象，如上市公司财务舞弊增加、审计失败现象频发等（杨国星，2007），根据信号传递效应，供应商基于对企业风险未知的不确定，会采取提高交易成本的策略。2012 年之后为强制实施阶段，在这一阶段，政府监管力度的增强有利于企业完善内部控制，减少内部控制缺陷存在的可能性，从而降低供应商的风险感知能力。Marlene Plum lee 等（2009）认为政府监管力度的增强弱化了企业内部控制缺陷对财务重述的影响，财务重述现象减少，内部控制重大缺陷出现的比率降低。Alexander 等（2013）通过向公司内部人进行问卷调查，发现 SOX 404 条款会对公司内部控制产生积极影响，能够改善公司内部控制结构，提高公司内部审计委员会对内部控制的信心，增强公司预防和发现舞弊的能力。

为了进一步论证政府监管、内部控制缺陷与供应商风险感知三者之间的关系，借鉴博弈分析理论，我们将政府、上市公司以及供应商设定为博弈中的三个局中人，假定三者均为理性经济人，政府追求的是整个社会利益的最大化，我国上市公司和供应商是以获得最大收益为最终目的的组织，其归宿点是企业利润的最大化；假定除了政府的监管状态（强制监管和不强制监管）、上市公司内部控制缺陷信息的披露情况（披露和不披露）以及供应商的决策（提高交易成本和降低交易成本）外，其他信息均为共同信息。这里对不同策略下的政府、上市公司和供应商的收益以及成本做以下假设：企业选择披露内部控制时，产生的正向收益设为 R_B'，而给企业带来的负面影响造成的成本为 C_B'；相对于政府不强制监管条件下，在政府强制监管条件下，企业披露内部控制缺陷的真实性以及严重性从理论上应该大于不强制监管的条件下企业披露内部控制缺陷的真实性以及严重性，所造成的负面影响而导致的额外成本设为 C_F；在政府强制监管条件下企业披露内部控制缺陷给供应商带来的避免由于信息不对称带来的损失，由政府支付，设为 S_C；企业披露内部控制缺陷时，以企业相对最低的交易成本为标准，供应商对企业提高交易成本产生的额外收益设为 R_C'；企业没有披露内部控制缺陷给企业带来的正向收益为 R_B，而给企业带来的负面影响造成的成本为 C_B；企业没有披露内部控制缺陷时，以企业相对最低的交易成本为标准，供应商对企业提高交易成本产生的额外收益设为 R_C；C_G 为政府监管成本；L_E 为企业没有如实披露内部控制缺陷所带来的社会损失，由政府支付；F_B 为企业不服从政府监管所受到的处罚。此外，假定企业以 P1 的概率披露内部控制缺陷，设为 B_1，以（$1-P_1$）的概率不披露内部控制缺陷，设为 B_2；假定供应商以 P_2 的概率采取提高交易成本的策略，设为 C_1，以（$1-P_2$）的概率采取降低交易成本的策略，设为 C2，为使模型设定的有意义，假定供应商不存在交易成本无变化的情况。假定政府以 P_3 的概率实施强制监管，设为 G_1，以（$1-P_3$）的概率不强制监管，设为 G_2。X_1 表示在政府强制监管条件下，企业披露内部控制缺陷的严重性应该大于不强制监管，由此所造成的负面影响而导致的企业额外成本。

基于上述假设以及相关定义，我们建立政府、上市公司和供应商的三方博弈模型，政府、上市公司以及供应商之间进行博弈的支付矩阵如表 3－1 所示。矩阵中的支付结果按行分别对应政府、上市公司和供应商。

表 3-1　　政府、上市公司、供应商三方博弈策略组合及支付矩阵

		供应商 提高交易成本 C_1	供应商 降低交易成本 C_2
政府 强制监管 G_1	企业 披露内部控制缺陷 B_1	$-C_G-S_C$ $R_B'-C_B'-X_1$ $R_C'+S_C$	$-C_G$ $R_B'-C_B'$ 0
	企业 不披露内部控制缺陷 B_2	$-C_G-L_E+F_B$ $R_B-C_B-F_B$ R_C	$-C_G-L_E+F_B$ $R_B-C_B-F_B$ 0
政府 不强制监管 G_2	企业 披露内部控制缺陷 B_1	0 $R_B'-C_B'$ R_C'	0 $R_B'-C_B'$ 0
	企业 不披露内部控制缺陷 B_2	$-L_E$ R_B-C_B R_C	$-L_E$ R_B-C_B 0

根据表 3-1，政府、上市公司、供应商的期望收益如下：

$V_{G1}=P_1[P_2(-C_G-S_C)+(1-P_2)(-C_G)]+(1-P_1)[P_2(-C_G-L_E+F_B)+(1-P_2)(-C_G-L_E+F_B)]=-P_1P_2S_C-P_1F_B+P_1L_E+F_B-C_G-L_E$

$V_{G2}=P_1[P_2\times 0+(1-P_2)\times 0]+(1-P_1)[P_2(-L_E)+(1-P_2)(-L_E)]=-L_E+P_1L_E$

$V_{B1}=P_3[P_2(R_B'-C_B'-X_1)+(1-P_2)(R_B'-C_B')]+(1-P_3)[P_2(R_B'-C_B')+(1-P_2)(R_B'-C_B')]=R_B'-C_B'-P_2P_3X_1$

$V_{B2}=P_3[P_2(R_B-C_B-F_B)+(1-P_2)(R_B-C_B-F_B)]+(1-P_3)[P_2(R_B-C_B)+(1-P_2)(R_B-C_B)]=R_B-C_B-P_3F_B$

$V_{C1}=P_1[P_3(R_C'+S_C)+(1-P_3)(R_C')]+(1-P_1)[P_3R_C+(1-P_3)R_C]=R_C+P_1R_C'-P_1R_C+P_1P_3S_C$

$V_{C2}=P_1[P_3\times 0+(1-P_3)\times 0]+(1-P_1)[P_3\times 0+(1-P_3)\times 0]=0$

对于政府、上市公司和供应商来说，当其在不同策略下的期望收益相等时，博弈才会达到一种均衡的状态，因此，我们可以得出关于 P_1、P_2 和 P_3 的等式：

令 $V_{G1}=V_{G2}$，得出 $P_1=(F_B-C_G)/(F_B+P_2S_C)$　　(3-1)

令 $V_{B1}=V_{B2}$，得出 $P_2=[(R_B'-C_B')-(R_B-C_B)+P_3F_B]/P_3X_1$　　(3-2)

令 $V_{C1}=V_{C2}$，得出 $P_3=(P_1R_C-P_1R_C'-R_C)/P_1S_C$　　(3-3)

对于 P_1，我们将 P_1 改写成以下形式：

$$P_1=\frac{(F_B-C_G)X_1}{F_BX_1+\dfrac{(CR_B-C_B)-(R_B-C_B)\times S_C}{P_3}+F_BS_C} \tag{3-4}$$

由公式（3-4）可见，P_1 是 $(R_B'-C_B')-(R_B-C_B)$ 的减函数，这表明企业选择披露内部控制缺陷的收益越小于不披露内部控制缺陷的收益时，企业越有可能选择披露内部控制缺陷，但是从企业作为理性经济主体而言，企业应该选择不披露内部控制缺陷，这有可能是因为政府监管的强制性作用，P_1 是 P_3 的增函数，随着政府监管力度的增强，企业披露内部控制缺陷的概率增加。对于 P_2，从公式（3－2）中可以得出，P_2 是（$R_B'-C_B'$）的增函数，说明若企业披露内部控制缺陷时所获得的收益越大，企业越会倾向于选择披露内部控制缺陷，而供应商提高交易成本的可能性越大。对于 P_3，从上文的支付矩阵中可以看出，除非政府收到足够的 F_B，政府才可能作为一个理性经济人选择实施强制监管，否则会选择实施不强制监管的决策。但是，考虑到政府在经济发展以及促进社会和谐中发挥的作用，政府要充当引导者的角色，追求的是整个社会利益的最大化，可以不完全从理性经济人的角度选择策略，所以。这里对 P_3 不再进行分析。据此，结合前文的信用机制理论模型，我们提出研究假设 H2：

H2：随着政府监管力度的增强，企业内部控制运行有效性提升，供应商对企业的风险感知下降，交易成本也随之降低。

（四）内部控制缺陷修复对供应商风险感知影响的动态分析

企业同生物有机体一样，也有自身的免疫系统，内部控制便被视为企业的免疫系统（杨兴龙等，2013）。完善的内部控制体制对于防范企业风险、维护自身机体健康发挥着重要作用（王军，2008）。但是内部控制本身也有其局限性所在，内部控制也会出现问题，产生缺陷。当企业存在内部控制缺陷时，企业的“免疫系统”中的免疫分子、免疫细胞或免疫器官的存在会使企业或组织的内部控制具有缺陷修复的功能，使内部控制这个“免疫系统”的修复、保护、预防等功能得到实现（贺伊琦，2011；Lopez 等，2009；Porta R 等，1997；Skinner，1997）。国内外对于内部控制的研究，大多从静态角度出发，探究内部控制缺陷所引发的一系列经济后果，很少有文献去探究内部控制缺陷修复后所产生的经济作用。然而，加大内部控制缺陷的修复工作会给企业带来一定的成本，企业作为理性经济主体，只要进行缺陷修复所带来的收益大于其所付出的成本，企业就有动力进行缺陷修复。那么缺陷修复是否能够降低供应商的风险感知从而降低交易成本获得更多的收益？严格的内部控制监管制度给企业带来的究竟是负担还是收益？因此，本节将进一步分析在政府的强制监管作用下，内部控制缺陷修复后给供应商所带来的影响。

第一，内部控制缺陷修复对供应商信用决策的影响。企业披露内部控制缺陷信息后，基于信号传递效应，包括供应商在内的利益相关者会形成一种认知，即企业内部有可能存在财务信息质量虚假、治理水平低下等问题。在这种情形下，企业管理层为了消除披露内部控制缺陷信息带来的影响，提高供应商对企业经营的信心，会加大对内部控制缺陷进行修复的力度，促使企业与供应商之间信任关系的形成与重建。已有学者研究发现，内部控制缺陷修复后，企业内部财务风险降低，财务信息质量得到提高，企业价值得到提升（林钟高等，2016；Ashbaugh－Skaife 等，2008），从而使企业与供应商之间的信息不对称程度降低，企业与供应商之间的信任关系得以重建，降低供应商对企业风险的不确定性和企业交易成本。另一方面，从董事会治理的角度来看，内部控制缺陷修复是改善企业形象和董事会治理状态不断完善的过程。供应商基于对企业风险的感知，会根据企业的状态调整自身的信贷政策。缺陷修复后，董事会治理水平得到提高（Johnstone，2011），企业社会形象得以改善。当供应商感知到企业内部的良好治理状态时，供应商可能会采取较为宽松的信贷政策，如允许企业推迟付款或者给予成本更低的付款方式等。

第二，内部控制缺陷修复既是完善企业内部治理机制的行动自觉，又是政府监管的核心要义。当内部控制受到损伤存在内部控制缺陷或者本身功能无法得到有效发挥时，企业有足够的动力去修复内部控制缺陷，但这并不意味着政府无法发挥监管者的角色（杨兴龙等，2013）。内部控制缺陷的修复，不仅需要企业本身的内部监督，还需要外部监管即政府监管发挥作用。内部控制缺陷的修复无疑会给企业带来一定的成本，企业基于对成本的规避性，会选择减少内部控制缺陷修复的投入工作甚至不会对内部控制缺陷进行修复，在信息不对称的情形下，与之利益紧密相关的包括供应商在内的利益相关者的利益便会受到侵害，因此，政府的监管者身份不可缺失，政府监管具有强制性以及权威性，政府监管与内部控制缺陷修复以及供应商风险感知密切相关。Aiexander 等（2013）通过调查发现 SOX 404 条款的颁布会对公司内部控制产生积极作用，促使企业管理层进行内部控制修复。而内部控制缺陷修复后，公司内部治理环境得到改善，会计稳健性得以提高，供应商基于企业良好状态的变化，也会给予企业积极的反应，如给予企业交易成本降低的商业信用模式（徐虹和林钟高等，2013）。Hoitash（2009）研究结果表明内部控制有效性与公司治理在不同的制度环境下关系并不相同，SOX 法案颁布后，董事会治理水平有所提高，供应商对企业风险的不确定减少，要求企业所补偿的不完全信息风险以及信用风险也会相应减少。Abboot 等（2007）研究发现 SOX 法案有利于企业加强内部控制审计治理，其本质是改善内部控制质量。综合以上分析，结合前文的信用机制理论模型，我们提出研究假设 H3：

H3：内部控制缺陷的修复与供应商风险感知负相关，而政府监管增强会进一步强化这种影响。

三、研究设计

（一）样本选取与数据来源

以 2007—2016 年我国沪深 A 股上市公司作为研究样本，并对研究样本进行了以下处理：（1）剔除金融类上市公司；（2）剔除数据缺失的上市公司；（3）剔除实际控制人缺失的公司。最终确定的研究样本为 11069 个，其中内部控制缺陷修复的样本为 9625 个。上市公司财务数据、公司治理数据来源于国泰安数据库以及万德数据库，内部控制缺陷数据来源为迪博数据库，使用 STATA13 对数据进行了处理。为了消除异常数值的影响，对模型中的主要连续变量进行了上下 1% 的 Winsorize 处理。

（二）模型构建与变量设计

为了验证研究假设 1 和假设 2，我们构建了模型（1）：

$SRP_{it} = \beta_0 + \beta_1 ICW_{it} + \beta_2 Post_{it} + \beta_3 ICW_{it} \times Post_{it} + \beta_4 Size_{it} + \beta_5 Lev_{it} + \beta_6 Growth_{it} + \beta_7 Complex_{it} + \beta_8 Market_{it} + \beta_9 ROE_{it} + \beta_{10} B\_size_{it} + \beta_{11} Share\_1_{it} + \beta_{12} Big4_{it} + \beta_{13} Cash_{it} + \beta_{14}$

$NDR_{it} + \beta_{15}Duality_{it} + \beta_{16}Age_{it} + \beta_{17}Share\_M_{it} + \beta_{18}Salary_{it} + \beta_{19}State_{it} + \beta_{20}Bank_{it} + \beta_{21}Industry_{it} + \beta_{22}Year_{it} + \varepsilon_{it}$

模型（1）中，被解释变量 SRP 是供应商风险感知，借鉴相关文献（刘凤委等，2009），采用交易成本来衡量。一般来说，供应商对企业风险的不确定性越大，供应商的风险感知越强，企业所支付的交易成本越大。解释变量主要是内部控制缺陷 ICW 以及内部控制缺陷与政府监管的交乘项 ICW × Post。其中，内部控制缺陷 ICW 为虚拟变量，若上市公司当年存在内部控制缺陷，取值为 1，否则取值为 0。内部控制缺陷 ICW 的判定，借鉴叶建芳等（2012）的做法，采用内部控制重大缺陷作为内部控制缺陷的替代指标。若上市公司存在以下情形被视为存在内部控制重大缺陷：（1）企业内部控制自我评价报告中，在问题及整改计划一项中存在重大缺陷等否定性表述；（2）企业内部控制审计报告中出现重大缺陷等否定性表述；（3）当年因出现违规现象受到证券交易所及证券机构的警告等相关处罚。（4）企业在当年被审计师出具非标准审计意见。政府监管 Post 为虚拟变量，在 2012 年之前，政府监管力度相对薄弱，取值为 0，2012 年以后政府监管力度增强，取值为 1。

为了检验研究假设 3，我们构建了模型（2）：

$SRP_{it} = \beta_0 + \beta_1 ICW_{it-1} + \beta_2 Revise_{it} + \beta_3 Post_{it} + \beta_4 Revise_{it} \times Post_{it} + \beta_5 Size_{it} + \beta_6 Lev_{it} + \beta_7 Growth_{it} + \beta_8 Complex_{it} + \beta_9 Market_{it} + \beta_{10} ROE_{it} + \beta_{11} B\_size_{it} + \beta_{12} Share\_1_{it} + \beta_{13} Big4_{it} + \beta_{14} Cash_{it} + \beta_{15} NDR_{it} + \beta_{16} Duality_{it} + \beta_{17} Age_{it} + \beta_{18} Share\_M_{it} + \beta_{19} Salary_{it} + \beta_{20} State_{it} + \beta_{21} Bank_{it} + \beta_{22} Industry_{it} + \beta_{23} Year_{it} + \varepsilon_{it}$

模型（2）中，ICW 为上一年的内部控制缺陷存在情况，若上市公司上一年存在内部控制缺陷，取值为 1，否则为 0；内部控制缺陷修复 Revise 为虚拟变量，若上市公司当年存在内部控制缺陷，下一年甚至未来的几年内不再存在内部控制缺陷，视为内部控制缺陷得到修复，取值为 1，否则取值为 0。此外，在模型（1）的基础上将内部控制缺陷与政府监管的交乘项 ICW × Post 替换为内部控制缺陷修复与政府监管的交乘项 Revise × Post，以此来进一步验证在政府监管的作用下，内部控制缺陷修复对供应商风险感知的影响。

同时，借鉴相关理论以及已有文献，研究模型还控制了其他若干变量，具体变量定义见表 3－2。

表 3－2　　变量定义表

变量名称	变量代码	变量定义
供应商风险感知	SRP	采用交易成本来衡量，SRP = 预付账款/总资产，该变量越大，交易成本越高，供应商风险感知越强
内部控制缺陷	ICW	虚拟变量，若当年存在内部控制缺陷，取值为 1，否则为 0
内部控制缺陷修复	Revise	虚拟变量，若当年存在内部控制缺陷，下一年甚至未来几年内不再存在缺陷，视为修复，取值为 1，否则为 0
内部控制监管	Post	虚拟变量，2012 年以前取值为 0，2012 年以后取值为 1
公司规模	Size	公司期末总资产的自然对数

续表

变量名称	变量代码	变量定义
资产负债率	Lev	公司期末负债总额/资产总额
公司成长性	Growth	(当年营业收入 - 上年营业收入) /上年营业收入
公司复杂度	Complex	(期末应收账款净额 + 年末存货净额) /期末总资产
市场化进程	Market	樊纲等 (2011) 公布的市场化进程指数
净资产收益率	ROE	年末净利润/股东权益平均余额
董事会规模	B_size	公司年末董事会人数
第一大股东持股比例	Share_1	公司第一大股东持股数占全部股本的比例
高管持股	Share_M	公司高管持股数数取自然对数
高管薪酬	Salary	公司前三名高管薪酬总额取自然对数
产权性质	State	虚拟变量，最终控制人为国有，取值为1，否则为0
杠杆水平	Bank	年末 (短期借款 + 一年内到期的长期负债) /期末总资产，用来衡量企业融资状况
四大会计师事务所	Big4	虚拟变量，样本公司聘请四大会计师事务所作为审计师事务所取值为1，否则为0
现金持有量	Cash	年末货币资金/总资产
独立董事比例	NDR	年末独立董事人数占董事会人数的比例
两职合一	Duality	若董事长兼任总经理，取值为1，否则为0
上市年限	Age	公司已上市年限
行业	Industry	虚拟变量，采用证监会2012版行业分类，用来控制行业因素的影响
年份	Year	虚拟变量，用来控制宏观经济因素的影响

四、实证结果与分析

(一) 描述性统计

表3-3是对主要的研究变量及控制变量描述性统计的结果，据表3-3中显示，样本的观测值为11069个，内部控制缺陷修复的观测值为9625个，其中，供应商风险感知的最小值为0，最大值为0.8590，两者之间的差距明显，说明供应商对不同公司的风险感知的不确定有很大的差别。内部控制缺陷与内部控制缺陷修复的均值分别是0.0805、0.4966，标准差分别是0.2720、0.5003，说明若公司内部存在内部控制缺陷，在正常情况下，上市公司会采取相应措施进行内部控制缺陷修复。此外，内部控制监管的加入，对于我们研究内部控制监管、内部控制缺陷及修复以及供应商风险感知三者之间的关系提供了一个良好的制度背景。

表 3－3 主要研究变量的描述性统计

变量名称	观测值	中位数	均值	标准差	最小值	最大值
SRP	11069	0.0196	0.0347	0.0505	0	0.859
ICW	11069	0	0.0805	0.272	0	1
Revise	9625	0	0.4966	0.5003	0	1
Post	11069	0	0.467	0.499	0	1
Size	11069	22	22.11	1.449	14.11	28.51
Lev	11069	0.539	0.583	1.024	0.0071	63.97
Growth	11069	0.0914	0.2276	0.8422	－0.7108	6.5889
Complex	11069	0.225	0.263	0.195	0	0.976
Market	11069	8.93	8.746	2.106	0.38	11.8
ROE	11069	0.56	0.695	0.621	0.0006	10.59
B_size	11069	9	9.137	1.923	4	18
Share_1	11069	33.83	36.06	16.06	0.286	89.99
Share_M	11069	0	5.4557	6.0702	0	18.5242
Salary	11069	13.97	13.94	0.833	9.038	17.35
State	11069	1	0.664	0.483	0	1
Bank	11069	0.397	0.446	0.555	0.0028	25.47
Big4	11069	0	0.0777	0.268	0	1
Cash	11069	0.1279	0.1556	0.1129	0.0046	0.5618
NDR	11069	0.333	0.368	0.0551	0.0909	0.8
Duality	11069	0	0.139	0.346	0	1
Age	11069	14	13.59	4.8	1	26

（二）相关性分析

表 3－4 是对主要的研究变量进行相关性检验的结果，据表中系数矩阵显示，主要研究变量之间的相关系数基本上保持在一个合理的范围内，不超过 0.5，说明表中不存在严重的多重共线性问题。其中，内部控制缺陷与供应商风险感知在 1% 水平上显著正相关，表明内部控制缺陷的存在增加了供应商对企业存在风险的不确定性，供应商的风险感知水平增加，加入政府监管后，政府监管与供应商风险感知在 1% 水平上显著负相关，表明政府监管的增强有利于降低供应商对企业的风险感知。同时，从表中可以得出，内部控制缺陷修复与供应商风险感知在 1% 水平上显著负相关，表明内部控制缺陷修复降低了供应商的风险感知，加入政府监管后，政府监管对于降低供应商对企业的风险感知起到了促进作用，表明政府监管的功能发挥到了实处。此外，由于变量之间的相关性分析检验的是单一变量之间的关系，后文还需要更进一步地进行多元回归后才能更为准确地检验变量之间的关系。

表 3－4　主要变量之间的相关性分析结果

变量	SRP	ICW	Post	Revise	Post	Size	Lev	Growth	B_size	Complex	State
SRP	1.000										
ICW	0.039***	1.000									
Post	-0.119***	0.107***	1.000								
Revise	-0.129***	—	—	1.000							
Post	-0.051	—	—	0.204***	1.000						
Size	-0.044***	-0.054***	0.219***	0.135***	0.101***	1.000					
Lev	0.101***	0.047***	-0.029***	-0.101***	-0.073**	0.239***	1.000				
Growth	0.084***	-0.023**	-0.155***	-0.041	0.002	0.082***	0.051***	1.000			
B_size	-0.045***	-0.045***	-0.052***	0.004	-0.041	0.272***	0.066***	0.023**	1.000		
Complex	0.056***	-0.028***	0.011	0.057*	-0.054	0.016*	0.249***	0.079***	-0.110***	1.000	
State	-0.058***	-0.054***	-0.026***	0.006	0.007	0.245***	0.064***	-0.023**	0.199***	-0.098***	1.000

注：***、**、*分别表示在1%、5%、10%水平上显著。

（三）多元回归分析

1. 静态视角的检验：政府监管、内部控制缺陷与供应商风险感知。在控制了可能影响供应商风险感知的公司规模等内部影响因素以及市场化进程等外部影响因素后，首先检验了内部控制缺陷与供应商风险感知之间的关系。回归结果如表 3－5 中的第（1）列所示，ICW 与 SRP 在 1% 水平上显著正相关，验证了假设 H1a；考虑到主变量之间可能存在内生性问题，对被解释变量做了滞后一期的处理，回归结果如表中第（2）列所示，ICW 与 SRP 在 1% 水平上显著正相关，进一步验证了假设 H1a；我们进一步考察在政府监管的作用下，内部控制缺陷对供应商风险感知的影响，如表中第（3）所示，ICW 与 SRP 在 1% 的水平上显著正相关，再次验证了假设 H1a，ICW 与 Post 的交乘项在 1% 的水平上显著负相关，验证了假设 H2。为进一步考察政府监管的作用，我们把总样本分为低监管水平组和高监管水平组，回归结果如表中第（4）列和第（5）列所示，对于低监管水平组（第 4 列）而言，ICW 与 SRP 在 1% 水平上显著正相关，系数为 0.0082；而对于高监管水平组（第 5 列）而言，ICW 与 SRP 在 1% 水平上显著正相关，系数为 0.0029，表明政府监管的增强弱化了内部控制缺陷对风险感知的影响。此外，为了进一步检验分组后两组回归结果的不一致性，我们对低监管水平组和高监管水平组做了组间系数差异的显著性检验，结果表明两组的组间系数在 1% 水平上存在显著性差异，即分组后两组回归结果存在不一致性，再一次验证了假设 H2。表中第（6）列为各变量的 VIF 值，数值均不超过 5，说明表中不存在严重多重共线性问题。

表 3－5　　政府监管、内部控制缺陷与供应商风险感知的回归结果

	被解释变量：SRP					
	全样本			低监管水平	高监管水平	VIF
	(1)	(2)	(3)	(4)	(5)	(6)
ICW	0.0098*** (6.49)	0.0047*** (2.81)	0.0082*** (2.60)	0.0082*** (2.75)	0.0029*** (2.64)	4.52
Post			－0.0047*** (－2.92)			4.50
ICW × Post			－0.0142*** (－3.93)			4.71
Size	0.0025*** (7.03)	0.0023*** (4.97)	0.0033*** (7.73)	－0.0034*** (－4.58)	－0.0028*** (－8.55)	2.30
lev	－0.0017*** (－3.09)	－0.0015*** (－2.63)	－0.0007 (－0.57)	－0.0202*** (－3.27)	－0.0007* (－1.72)	2.05
Growth	0.0076*** (5.83)	－0.0006 (－0.18)	－0.0042*** (－2.82)	0.0056*** (2.71)	0.0021*** (4.84)	1.00
Duality	－0.0057*** (－5.52)	－0.0034*** (－2.60)	－0.0023 (－1.56)	－0.0037* (－1.79)	－0.0011 (－1.12)	1.10
Cash	－0.0197*** (－5.76)	－0.0080** (－2.03)	－0.0030 (－0.75)	－0.0460*** (－6.27)	－0.0131** (－2.40)	1.13

续表

	被解释变量：SRP					
	全样本			低监管水平	高监管水平	VIF
	(1)	(2)	(3)	(4)	(5)	(6)
NDR	0.0228***	0.0338***	0.1415***	0.0251*	0.0286***	1.28
	(3.17)	(3.93)	(18.59)	(1.84)	(4.24)	
B_size	-0.0007***	-0.0004	0.0018***	-0.0004	-0.0005**	1.66
	(-3.37)	(-1.41)	(9.20)	(-1.05)	(-2.47)	
Complex	0.0119***	0.0110***	0.0411***	-0.0036	0.0119***	1.40
	(6.03)	(3.85)	(17.23)	(-0.80)	(5.29)	
Roe	0.0137***	0.0089***	0.0241***	0.0066***	0.0109***	1.17
	(17.12)	(9.00)	(33.19)	(5.25)	(13.76)	
Share_1	0.0002	-0.0001**	0.0001***	-0.00007	-0.0001***	1.40
	(0.01)	(-2.28)	(2.94)	(-1.35)	(-4.76)	
Share_M	-0.0001*	-0.0003	-0.0001***	-8.59e-11**	-1.23e-10	1.35
	(-1.94)	(-0.35)	(-9.37)	(-2.17)	(-0.76)	
Big4	-0.0134***	-0.0115***	-0.0144***	-0.0169***	-0.0119***	1.33
	(-10.69)	(-6.38)	(-12.45)	(-5.94)	(-5.12)	
Age	-0.0001	-0.0001	0.0007***	-0.00036*	-0.0002**	1.76
	(-1.39)	(-1.02)	(7.84)	(-1.95)	(-2.17)	
State	-0.0033***	-0.0053***	0.0010	-0.0091***	-0.0039***	1.33
	(-4.12)	(-5.28)	(1.01)	(-5.84)	(-3.03)	
Market	-0.0010***	-0.0016***	-0.0012***	-0.0021***	-0.0016***	1.36
	(-5.23)	(-6.88)	(-5.61)	(-5.82)	(-5.37)	
Salary	-0.0053***	-0.0043***	-0.0089***	-0.0028***	-0.0035***	1.88
	(-10.12)	(-5.90)	(-13.45)	(-2.71)	(-3.58)	
Bank	0.0041***	0.0040***	0.0118***	0.0246***	0.0378***	2.34
	(3.15)	(3.71)	(5.68)	(3.49)	(5.68)	
行业/年份	控制	控制	控制	控制	控制	
Prob > chi2				0.0000		
F 值	62.30	25.81	162.72	13.59	26.18	
Adj - R2	0.0968	0.0854	0.2433	0.1096	0.1465	
观测值	11069	11162	11069	5639	5430	

注：***、**、*分别表示在 1%、5%、10% 水平上显著，且表中括号内的 t 值均经过异方差检验调整。

2. 动态视角的检验：政府监管、内部控制缺陷修复与供应商风险感知。表 3-6 考察了政府监管对内部控制缺陷修复与供应商风险感知的作用。首先，我们考察了内部控制缺陷修复与供应商风险感知两者之间的关系，回归结果如表中第（1）列所示，ICW 与 SRP 在 1% 水平上显著负相关，同时，Revise 与 SRP 在 1% 水平上显著负相关，验证了假设 H1a 以及假设 H3 的前半部分。此外，考虑到主变量之间可能存在内生性问题，我们对被解释变量 SRP 做了滞后一期的处理，回归结果如表中第（2）列所示，ICW 与 SRP 在 1%

水平上显著正相关，Revise 与 SRP 在 10% 水平上显著负相关，再次验证了假设 H1a 和假设 H3 的前半部分。为进一步检验政府监管的作用，表中第（3）列中加入 Post 后，ICW 与 SRP 在 1% 水平上显著负相关，Revise 与 SRP 在 10% 水平上显著负相关，Post 与 SRP 在 1% 水平上显著负相关，Revise 与 Post 的交乘项负相关，没有通过显著性检验，Revise 与 Post 的交乘项负相关但没有通过显著性检验，有可能是因为政府监管的初期，政府监管的强制作用没有得到充分发挥，上市公司通过内部控制缺陷修复降低供应商的风险感知的作用减少，但是，随着时间的推移，政府监管的强制性发挥到实处，随着公司内部控制缺陷的修复，内部控制质量得到提高，供应商对风险感知的不确定性下降，交易成本降低，验证了假设 H3 的后半部分，至此假设 H3 得到了整体验证。表中第（4）列和第（5）进一步证实了这一点，对于低监管水平组而言，第（4）列 ICW 与 SRP 在 1% 水平上显著正相关，Revise 与 SRP 在 5% 水平上显著负相关，系数分别为 0.0133、-0.0162，而对于高监管水平组，第（5）列 ICW 与 SRP 在 1% 水平上显著正相关，Revise 与 SRP 在 1% 水平上显著负相关，系数分别为 0.0131、-0.0172，表明政府监管的增强弱化了内部控制缺陷对于供应商风险感知的正向影响以及强化了内部控制缺陷修复对于供应商风险感知的作用。同样，对于分组后的样本，我们做了组间系数差异的显著性检验，结果表明两组的组间系数在 1% 水平上存在显著性差异，即分组后两组回归结果存在不一致性，再一次验证了假设 H3。表中第（6）列为各变量的 VIF 值，数值均不超过 5，说明表中不存在严重多重共线性问题。

表 3-6　政府监管、内部控制缺陷修复与供应商风险感知的回归结果

	被解释变量：SRP					
	全样本			低监管水平	高监管水平	VIF
	(1)	(2)	(3)	(4)	(5)	(6)
ICW	0.0088*** (4.06)	0.0040*** (2.61)	0.0076*** (3.54)	0.0133*** (3.18)	0.0131*** (4.81)	2.06
Revise	-0.0256*** (-9.34)	-0.0039* (-1.81)	-0.0136* (-1.73)	-0.0162** (-2.28)	-0.0172*** (-4.96)	4.13
Post			-0.0124*** (-7.01)			1.35
Revise × Post			-0.0119 (-1.52)			4.06
Size	0.0013*** (3.12)	0.0027*** (8.55)	0.0013*** (2.93)	0.0036*** (5.39)	0.0041*** (7.30)	2.07
lev	-0.0003 (-0.48)	-0.0008* (-1.91)	-0.0003 (-0.53)	-0.0087*** (-4.13)	-0.0011 (-1.48)	1.77
Growth	-0.00002 (-0.42)	-0.00005 (-0.27)	-0.00017 (-0.34)	-0.00002 (-0.92)	-0.00001 (-0.48)	1.01
Cash	-0.0176*** (-4.44)	-0.0008 (-0.31)	-0.0170*** (-4.30)	-0.0250*** (-4.00)	-0.0255*** (-6.39)	1.14

续表

	被解释变量：SRP					
	全样本			低监管水平	高监管水平	VIF
	(1)	(2)	(3)	(4)	(5)	(6)
NDR	0.0299*** (3.89)	0.0268*** (4.43)	0.0343*** (4.48)	0.0378*** (3.17)	0.0103 (0.92)	1.02
B_size	-0.0013*** (-5.90)	-0.0004** (-2.40)	-0.0013*** (-6.04)	-0.0027*** (-9.25)	-0.0018*** (-4.86)	1.19
Duality	-0.0005 (-0.38)	-0.0019** (-2.12)	-0.0004 (-0.30)	-0.0013 (-0.57)	-0.0029* (-1.69)	1.08
Complex	0.0379*** (15.85)	0.0150*** (7.47)	0.0396*** (16.66)	0.0295*** (8.25)	0.0078** (2.31)	1.64
Roe	0.0209*** (8.46)	0.0070*** (12.62)	0.0214*** (9.17)	0.0143*** (12.64)	0.0118*** (13.07)	1.30
Share_1	-0.0001*** (-3.20)	-0.0001*** (-3.81)	-0.0001*** (-3.76)	-0.0002 (-0.37)	-0.0001** (-1.94)	1.31
Share_M	-0.00003*** (-2.66)	-0.00001 (-1.11)	-0.00003*** (-2.91)	-0.00007*** (-2.92)	-0.00004 (-0.52)	1.07
Big4	-0.0052*** (-4.04)	-0.0112*** (-8.80)	-0.0043*** (-3.32)	-0.0185*** (-9.68)	-0.0128*** (-5.21)	1.23
Age	-0.0001 (-1.11)	-0.0002*** (-2.76)	-0.0001 (-0.96)	-0.0002 (-0.99)	-0.0001 (-0.98)	1.36
State	-0.0047*** (-4.29)	-0.0015** (-2.16)	-0.0051*** (-4.58)	-0.0089*** (-5.02)	-0.0018 (-1.37)	1.20
Market	-0.0034*** (-14.54)	-0.0014*** (-9.17)	-0.0035*** (-15.24)	-0.0036*** (-10.20)	-0.0007** (-2.42)	1.19
Salary	-0.0003 (-0.40)	-0.0026*** (-5.28)	-0.0005 (-0.68)	-0.0004 (-0.33)	-0.0037*** (-3.84)	1.68
Bank	0.0025* (1.73)	0.0021*** (2.82)	0.0028* (1.92)	0.0103*** (3.70)	0.0040* (1.81)	1.85
行业/年份	控制	控制	控制	控制	控制	
Prob > chi2				0.0000		
F 值	110.77	30.95	161.88	40.22	19.39	
Adj - R2	0.1932	0.1237	0.2777	0.1502	0.0683	
观测值	9625	8698	9625	4660	4965	

注：***、**、*分别表示在1%、5%、10%水平上显著，且表中括号内的t值均经过异方差检验调整。

（四）稳健性检验

为了保证研究结果更具可靠性，还进行了以下的稳健性检验：第一，剔除ST公司后，重新进行多元回归，主要变量之间的研究结论保持不变；第二，借鉴郑军和林钟高等

（2013）的研究，采用预付账款占应付票据、应付账款以及预付账款三者之和的比重作为供应商风险感知的替代变量，即 SRP = 预付账款/（应付票据 + 应付账款 + 预付账款），重新进行多元回归后，研究结论基本保持不变；第三，制造业是购销业务发生比较频繁的行业，选取制造业作为研究样本，进行多元回归后，主要变量之间的研究结论基本保持不变。

第二节 内部控制有效性、关系交易与企业声誉

传统古典经济学只是把企业看作一个“生产函数”，在“完全信息”和“理性经济人”的假设条件下，企业是追求自身利益最大化的“经济人”，在“看不见的手”支配下，实现资源的最优配置。科斯在 1937 年发表划时代的《企业的性质》一文，引起经济学界对资源配置方式重新思考。科斯认为，应用市场机制也是付出成本的（包括为了完成交易所必需的度量、界定和保证产权、搜寻交易伙伴、进行交易谈判、订立交易合约、执行交易和监督违约行为等成本——交易成本理论）。威廉姆森等人发展与修正了科斯提出的交易成本，把影响市场交易成本的因素分成“交易因素（如交易的技术结构）”和“人的因素（如有限理性和机会主义）”，并且认为现实市场与企业行为与古典经济学的“完全信息”和“理性经济人”的假设相去甚远，以“机会主义”和“有限理性”思想修正古典经济学的交易成本理论。科斯和威廉姆森等人忽视了对企业与市场之间交易方式的分析。其实，在现实经济生活中，大多数的交易并不是以纯粹的市场交易或科层组织交易方式进行，而是介于两者之间的形态，如家族企业之间的关系型交易、企业之间的战略联盟、企业网络等，而且在转型期经济体和法治条件不充分的条件下，这些关系交易更是企业的首选。由于关系型交易一般没有正式的规则和程序，大多数关系型交易规则是非正式的，也就是双方在长期关系过程中约定俗成的，没有强制性。这些关系以“嵌入”的方式受社会价值的影响和制约，通过信誉、人际关系、身份特征制约企业行为。因此在关系型交易中，最关键的是防止关系中的机会主义行为。关系型交易的双方如何维持长期互利合作关系，而避免机会主义行为呢？除了双方一致的利益外，声誉与承诺是关系成功的两个基本因素。声誉和承诺着眼于长期利益，可抵御短期利益的诱惑，并在关系交易过程中相互适应，有效避免机会主义行为。本节区别于以往从声誉的影响力如何渗透到企业绩效、价值评估及投融资行为等的研究，转而借鉴信号博弈模型和动力系统模型，剖析关系型治理机制（关系型交易）与内部控制规则治理机制的融合作用机理，考察两种不同治理机制的交互作用对企业声誉机制的影响。实证结果表明，供应商或客户关系交易的增加对企业声誉机制具有显著的负面效应；进一步引入内部控制治理机制发现，内部控制有效性的提升对关系交易侵蚀企业声誉具有一定的抑制作用，改善和提升了企业的社会形象。研究表明，企业声誉的维护，既要关注企业商业交易模式的合理选择，更要注重企业内部风险管理的优化和控制环境的改善。

一、问题提出

随着市场上各企业之间商业贸易的频繁和长时间合作交易的稳定，“关系”作为一种对企业与客户/供应商双方具有极大便利性和互惠高效性的工具，被越来越广泛地运用到诸多企业的大型交易中来。近年来，尽管有学者从非效率投资、盈余管理、信息透明度等角度考察关系治理机制对于企业的影响（徐虹等，2014，2015；方红星和张勇，2016），但鲜有文献考察企业关系治理机制对其外在声誉的影响，这对企业关系型交易如何诱发各种潜在经营和治理风险，从而降低社会公众和投资者对企业可持续发展的信心，影响企业声誉的研究多少存在一些缺憾。从理论上看，一方面企业通过关系型交易可以有效与客户或供应商建立一体化关系，加强合作，降低交易成本，提高自身在同行业中的竞争优势，实现“双方共赢”的局面，这在市场价格机制不健全、法律体系不完善的转型经济体中更为重要（Chen et. al，2009；Allen 和 Babus，2008；Kong，2011）。但是另一方面，不断增大的关系型交易比例会对公开的财务信息披露产生抑制作用，随着对日常大客户/供应商依赖程度的不断加深，逐渐形成以关系性专用资产支撑着企业发展的独特商业模式（Williamson，1985；Dyer 和 Singh，1998），虽然在一定时期内可能会获得可观的预期收益，但客户/供应商集中度的提高会增强其“议价能力”（Baker，2003），容易诱发其“要挟”等机会主义行为，增强对企业的控制力并以此进行“牟利”行为，企业的利益容易受损（Poter，1991；Suutari，2000；唐跃军，2009），由此也加大了企业风险的管控难度，对公司治理、会计信息质量、效率投资等方面均会产生较为严重的不利影响（Fan et al.，2007；李增泉等，2011；Jin 和 Myers，2006），损害企业在社会公众、投资者和有关政府部门心中的形象，对企业声誉机制造成负面效应。因此，首先关注的主要问题就是：关系型交易是否会导致企业外在声誉的下降？企业减少关系型交易的比重是否会在一定程度上减少经营和治理风险，从而恢复和提升企业声誉？面对越来越重要的关系型交易市场形态，企业如何把控住关系治理机制对企业带来的预期收益与潜在风险以及对其声誉机制产生的不利影响？

问题的重要性还在于，企业对关系型交易的依赖程度和公众对企业的社会评价还受一系列制度环境的影响，其中企业内部控制制度尤为重要。21 世纪初安然、世界通信等巨头公司财务造假事件的发生，极大促成了政府对企业内部风险管理的控制与监督力度的强化。2002 年，美国颁布了 SOX 法案，要求公司必须按规定披露内部控制相关信息，之后，我国政府分别于 2006 年与 2007 年在上交所、深交所颁布了《内部控制指引》，又于 2008 年由五部委颁布了《企业内部控制基本规范》，意在促使上市公司建立并不断完善自身的内部控制制度，控制内部风险水平。Lado et al.（2008）研究发现企业内部控制质量的提高会降低企业对一些主要供应商/客户的依赖程度，促使关系型交易比例降低，从而减轻企业的融资压力和降低交易成本，同时内部控制运行有效性的提升会加大信息透明度，会计信息的波动程度降低（Doyle et al.，2007；Chan et al.，2008），交易的不确定程度下降，供应商/客户与企业之间由于机会主义行为而导致压榨行为就越少（Hwang，2006）。由此可以看出，内部控制有效性的提高，降低了企业因过分依赖关系型交易而给企业带来的潜在风险，提升企业的财务报告质量和经营效率，提高与供应商/客户谈判过程中的议价能力，缓解由于关系型交易可能引起的融资约束，让投资者和社会公众对企业的可持续发展保持着较为乐观的态度，企业声誉也会上升，价值随之提高。问题在于，国外学者的研究结论是否适用于我国转型经济的特殊制度背景（比如企业内部控制建设的渐进性特征，尤其是我国市场体系和法律机制的缺憾导致关系交易成为企业间主要和核心的商业形态）？国内尚无文献将企业内部控制作为企业关系型交易与其声誉机制关系变化的调节因素，更没有考虑内部风险管理机制与关系治理机制对企业声誉的联动影响。

基于以上分析，本节以 2007—2016 年沪深两市 A 股主板上市公司作为研究样本，考察关系型交易对企业声誉的影响及其内部控制有效性在其中的调节作用。研究贡献在于：第一，理论方面，填补了国内有关企业关系型交易与其外在声誉，尤其是内部控制在其间调节作用的研究缺憾。目前，国内研究文献鲜有涉及企业关系型交易对其外在声誉的影响，没有足够的证据说明企业对主要供应商/客户依赖程度加强，是否以及如何给企业带来的潜在经营风险，降低或者提高投资者对企业的投资信心并影响其在社会公众及其他利益相关者的评价，对企业声誉造成的正面或者负面影响。同时，以往的研究大多把企业声誉作为企业一项重要的资产（资源），围绕声誉理论考察企业声誉机制对企业经营、筹资和投资以及监管制度等方面的影响。而我们则以声誉机制作为研究的落脚点，基于内部风险管理机制（制度机制）和关系治理机制（关系机制）这一联动角度出发，研究内部控制有效性的提升，能否抑制关系型交易对企业声誉造成的影响，以及这种影响的作用程度究竟有多大，这对约束企业管理层，进而加强内部风险管理，合理安排大型客户/供应商的交易关系、并构成相互依赖与合作共赢的制度体系具有重要的意义；第二，实践方面，拓展和丰富了内部控制制度安排、制度执行效率提升方面的经验证据。通过考察内部控制对关系型交易及企业声誉的影响，不仅进一步深化和延伸了企业声誉机制影响因素的研究文献，对企业加强内部控制治理和完善提供一定的借鉴和启示，而且也为企业合理布局和配置关系交易资源，发挥好关系交易对企业声誉的正面作用提供了经验证据。

二、理论分析与研究假设

（一）关系型交易与企业声誉

在中国转型经济环境下，法律保护的缺失和有效市场的不完全是诱使企业保持与供应商/客户密切“关系交易”的主要原因（McMillan et al.，1999），尤其在市场化进程缓慢、市场分割严重、产品和要素自由流动产生困难的地区，企业更是醉心于本地区范围内的供应商/客户关系交易（刘凤委等，2007；林钟高等，2014），利用具有“私人信任”的关系型交易降低交易成本，成为企业商业信用模式的一种本能选择（Kong，2011）。而企业在日常交易中过于依赖关系型交易会使得企业的内部信息的生成受到影响，同时承担供应商/客户因为议价能力的提高而出于机会主义的心理对企业采取压榨行为的风险。这些行为风险和结果均会对企业声誉产生一定的影响，Fomburn 和 Rindova（1996）首次提出企业声誉的定义，认为企业声誉综合体现在企业以往的行为以及这些行为导致的结果上面，这些行为及结果都为企业利益相关者提供了具有一定参考价值和产出能力的信号。

从盈余管理看，由于长期与主要供应商/客户建立合作关系，双方信息的沟通可能更多的是通过私有途径，而不是通过公开信息平台的监督对交易过程实施有效的控制（Ball et al.，2000），同时为了避免因原有主要供应商/客户因机会主义放弃与企业进行关系型交易，转而向其竞争对手谋求合作给企业带来的高额交易转换成本，企业通常会通过过度的盈余管理来满足供应商/客户的预期，降低供应商/客户应对企业风险感知的提高而对交易条款做出不利修改的情形（Graham，2005）。Dou et al.（2013）研究发现企业越依赖于关系型交易维持日常生产经营发展需要，利用盈余手段操纵利润的可能性也就越大，Raman 和 Shahrur（2008）研究表明企业倾向于提供虚假承诺以诱发关系型交易的产生，呈现出长期业绩提升的假象（Bowen et al.，1995）。然而企业盈余管理程度的提高会导致因被交易伙伴或其他利益相关者识别，社会公众和外部投资者对企业的风险感知就会上升，企业的外在声誉会因这种“负面印象”而下滑，最终会对企业的业绩和价值产生较为严重的不利影响。Steven 和 Susan（2004）研究认为企业盈余管理行为会影响到管理层自身声誉，弱化了激励机制对高管的薪酬约束作用，刘扬等（2014）实证研究发现过度的盈余管理会损害企业声誉机制，Jennifer et al.（2008）研究发现管理者声誉和盈余质量呈显著负相关关系。可见，企业为维持与供应商/客户的重大关系型交易，通常会采取盈余手段来操纵利润，提高盈余管理，从而加大企业风险，提升社会公众和外部投资者对企业的风险感知，对企业声誉机制造成损害，最终影响企业的经营发展状况。

从信息披露质量看，在关系型交易比重较大的企业，交易双方长期稳定的合作关系会产生一种特有的“心理信任”，更倾向于通过私有沟通渠道来替代高质量的信息披露，对财务报告信息披露质量要求的依赖程度也会较低（Kletin et al.，1978）。同时，拥有复杂关系网络的企业信息披露会诱发更高的专有成本（程新生等，2012），加上处于关系型交易供应链上的供应商/客户对企业的私有信息掌握的足够成分也使得它们不需要从公开信息平台获得更多的信息（张敏等，2012），企业产生高质量财务信息的动机也会削弱。由此引发的问题是，过低的财务信息质量（包括生成和披露质量）会提高企业与利益相关者之间的信息不对称程度，投资者对企业的信心不足导致企业的外部融资成本上升（Healy，1999；Botosan，1997），而且信息披露的不足使得利益相关者无法从企业声誉机制中获取有价值的信息，声誉机制运行有效性降低，企业的外在声誉也会随之下降（胡旭阳，2003）。以上分析表明，企业对关系型交易依赖程度的提高会降低其披露高质量信息的动机，从而加大企业与投资者之间的信息不对称程度，削弱其声誉机制应发挥的作用。

以上分析表明，企业可以通过调节关系型交易的比重来影响其外在声誉机制，我们将这种调节看作是企业向社会公众和广大利益相关者释放的一种“信号”，那么利益相关者便会根据这种“信号”来决定他们的选择行为。基于此，为简化分析，我们以投资者为例（其他利益相关者的分析以此类推），借鉴信号博弈模型来进一步考察其投资行为的选择与决策问题。假定有两个局中人，一个是企业，其发出信号是受关系型交易影响的外在声誉 $r \in R$，其中 r 是非负实数，即 $r \geq 0$。假定企业的实际发展水平为高（H）和低（L）两种，且其信息为企业内部信息，并设类型为 H 的企业的先验概率为 P 。而企业的外在声誉 r 是关系型交易比重 e 的函数 $r(e)$ ，且有 $r'(e) < 0$, $r''(e) > 0$ 。

设投资者给予企业的投资额度为 I , θ 是企业的类型（未来发展水平）, $c(\theta, r(e))$ 为类型为 θ 的企业在通过调节关系型交易比重达到某一外在声誉值 $r(e)$ 的成本, $y(\theta, r(e))$ 为类型为 θ 且外在声誉为 r 的企业的边际产出。当企业被投资者相中且进行投资时，企业的支付函数为 $I - c(\theta, r(e))$ ，而投资者的支付函数为 $\rho \times y(\theta, r(e)) - I$ ，其中 ρ 是企业答应给投资者的分成比例。

这里有一个基本的假设是：低实际发展水平的企业与高实际发展水平的企业相比，要取得同样的外在声誉要花费较大的成本，也就是说低能力的企业调节关系型交易比重的成本要大于高能力的企业。即有：

$$\frac{\partial c(L, r(e))}{\partial r} > \frac{\partial c(H, r(e))}{\partial r}$$

$$\frac{\partial c(L, r(e))}{\partial e} = \frac{\partial c(L, r(e))}{\partial r} \times \frac{\partial r}{\partial e} > \frac{\partial c(H, r(e))}{\partial e} = \frac{\partial c(H, r(e))}{\partial r} \times \frac{\partial r}{\partial e}$$

企业的无差异曲线由如下方程刻画：

$$I - c(\theta, r(e)) = M$$

其中 M 是企业的常数净支付。我们由上述推论可知低能力的企业外在声誉需求曲线比高能力的声誉需求曲线要陡一些，见图 3 -2。

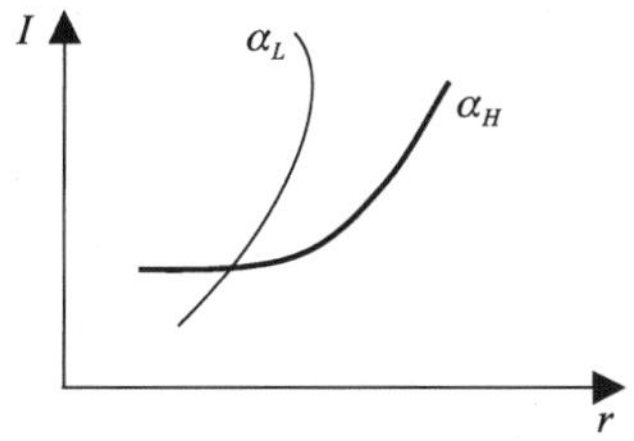

图 3 -2 不同类型企业的无差异曲线

当信息不完全时，若投资者观察到的信号为 r ，则 $\tilde{P}(H|r)$ 为投资者认为企业能力为 H 的后验概率，则投资者的期望产出为：

$$\tilde{P}(H|r)\rho \times y(H, r) + (1 - \tilde{P}(H|r))\rho \times y(L, r)$$

那么对于不完全信息下信号博弈的分离均衡来说，低能力企业若效仿高能力企业通过调节关系型交易比重来取得较高的外在声誉，则即使因此而获取的高投资额 $I^*(H)$ 也不能补偿企业为此而付出的成本，于是有：

$$I^*(L) - c(L, r^*(L)) > I^*(H) - c(H, r^*(H))$$

如图 3 -3 所示。

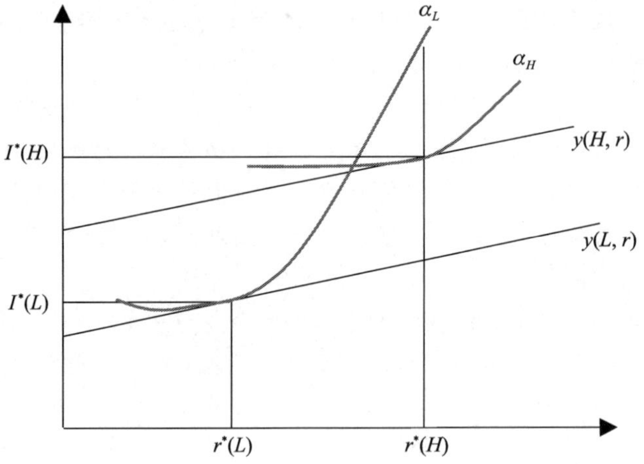

图 3-3　分离均衡条件

显然，最自然的分离均衡中企业的战略为 $[r(L) = r^*(L), r(H) = r^*(H)$，此时投资者观察到信号的后验概率为：

$\tilde{P}(H|r^*(L)) = 0$ 和 $\tilde{P}(H|r^*(H)) = 1$

在非均衡路径上的信念规定如下：

$$\tilde{P}(H|r) = \begin{cases} 0 r < r^*(H) \\ 1 r \geqslant r^*(H) \end{cases}$$

投资者的最优选择为：

$$I(r) = \begin{cases} \frac{y(L,r)}{\rho} r < r^*(H) \\ \frac{y(H,r)}{\rho} r \geqslant r^*(H) \end{cases}$$

对于能力为 H 的企业，当它选 $r^*(H)$ 时，位于无差异曲线 α_H 上；当选 $r \geqslant r^*(H)$，位于无差异曲线 α_H 下方的无差异曲线上，故选 r 劣于 $r^*(H)$。当选 $r < r^*(H)$ 时，产出为 $y(L,r)$，此时它位于无差异曲线 α_H 的下方，由图 3-3 知道它处于过 $y(L,r)$ 曲线的较低位置的无差异曲线上。已知它在 $r \geqslant r^*(H)$ 时的产出为 $y(H,r)$，其效用也不如选 $r^*(H)$，所以它选择 $r^*(H)$ 是最优的。

对于类型为 L 的企业，当他选 $r < r^*(H)$，产出为 $y(L,r)$，必小于选 $r^*(L)$ 时的效用，因 $r^*(L)$ 是它的产出函数 $I = \frac{y(L,r)}{\rho}$ 时的最优努力水平。当它选 $r \geqslant r^*(H)$ 时，产出为 $\frac{y(H,r)}{\rho}$，支付为 $\frac{y(H,r)}{\rho} - c(L,r(e))$。根据图 3-3，该支付显然小于选 $r^*(L)$ 的支付，故选 $r^*(L)$ 是最优的。

故可以看出，经营能力不同的企业，在均衡交易转换成本和声誉提高带来的好处中，会选择对应自己能力的声誉目标并相应调整自身的关系型交易比重，我们可以根据不同企业的关系型交易比重来推测其外在声誉值的大小。基于以上分析，我们提出假设 1：

H1：在其他条件不变的情况下，客户/供应商关系型比重越大的企业，其外部声誉相对较差。

（二）内部控制如何调节关系型交易对企业声誉的影响

高质量的企业会计信息以及企业与投资者之间的信息流通性是提高企业外在声誉必不可少的条件，而企业会计信息的可靠性和流通性存在的前提是企业拥有良好的内部风险管理的水平。COSO 委员会报告有明确规定，企业保证财务报告质量是内部控制运行的首要目标，国内外也有诸多学者纷纷证明了内部控制与企业会计信息可靠性与流通性密不可分的关系，Doyle 等（2007）发现企业内部控制运行有效性的高低直接影响着其会计信息质量水平，企业改善内部控制的运行有利于财务报告质量的提高（Ashbaugh - Skaife 等，2008），同时信息风险低的企业也更倾向于自愿披露内部控制信息，降低自身与投资者之间的信息不对称问题（Francis 等，2008；Gorssman、Hart，1980；Milgrom，1981）。同时关系型交易中企业对于供应商/客户产生的过度依赖带来的机会主义风险也在一定程度上受制于企业的内部控制的有效运行，国内外已有学者研究指出，内部控制质量的提高可以降低企业对于防止主要供应商/客户的机会主义行为的自卫型投入（Lado et al.，2008），交易成本也随之下降，同时对过度的关系型交易行为带来的风险起到了良好的识别和控制作用，对主要供应商/客户提供的私有信息比重下降，在公共平台上提供高质量的财务信息的行为越多，企业的外在声誉也会随之提升。

1. 从企业外部监管制度背景分析。相对于西方国家，我国的内部控制监管体系建立较晚，在 2012 年之前，沪深两市的上市公司对于内部控制相关信息的披露并没有做强制性的规定，属于自愿性披露阶段，此时上市公司的信息披露格式和要求未能有效的规范统一（李明辉等，2004），致使五部委于 2008 年颁布的《内部控制基本规范》并没有得到很好的执行（杨有红等，2008），披露的信息质量也不高，上市公司的整体内部控制状况处于较低的水平。而在 2012 年之后，政府要求沪深 A 股主板上市公司披露内部控制相关信息，并进一步对披露的内容、格式、程序、方法等做了较为详细的规定，形成中国式的“SOX”法案，迫于外部压力和内部风险管理的需要，企业不断完善内部控制制度，加强内部控制缺陷的修复，内部控制整体质量水平得到提高，企业由关系型交易带来的过度依赖风险也会得到有效抑制，向外提供的财务信息质量提高，社会公众和投资者对企业的信心增强，企业外在声誉自然提高。而企业内部控制缺陷状态的转化一般是具有“无后效性”的，即只受当年的缺陷状况和状态转换概率的影响，具有马尔科夫链（Markov Chain）的性质，为了估计企业未来内控的运行状态，我们虚拟设定一家企业的内控历史状态如表 3 - 7 所示。

表 3 - 7　　虚拟企业内部控制各年状态表

第 1 年	第 2 年	第 3 年	第 4 年	第 5 年	第 6 年	第 7 年	第 8 年	第 9 年
1	0	2	1	1	2	0	0	1
第 10 年	第 11 年	第 12 年	第 13 年	第 14 年	第 15 年	第 16 年	第 17 年	第 18 年
2	2	0	1	0	1	1	0	0

表中的状态"0"表示内部控制运行无缺陷，状态"1"表示一般缺陷，状态"2"表示重大缺陷。则由表3－7可知，总数N＝18，状态0、状态1、状态2的个数分别为$n_1=7,n_2=7,n_3=4$。则初始概率为：

$a_0=(7/18,7/18,4/18)$

其状态转移如表3－8所示：

表3－8　　虚拟企业内部控制状态转移表

	状态0	状态1	状态2
状态0	2	3	1
状态1	3	2	2
状态2	2	1	1

则状态转移概率矩阵为：

$$P=\begin{pmatrix}2/6 & 3/6 & 1/6\\ 3/7 & 2/7 & 2/7\\ 2/4 & 1/4 & 1/4\end{pmatrix}=\begin{pmatrix}0.33 & 0.5 & 0.17\\ 0.42 & 0.29 & 0.29\\ 0.5 & 0.25 & 0.25\end{pmatrix}$$

故二步转移概率矩阵为：

$$P(2)=P^2=\begin{pmatrix}0.4039 & 0.3525 & 0.2436\\ 0.4054 & 0.3666 & 0.2280\\ 0.395 & 0.385 & 0.220\end{pmatrix}$$

可以用图3－4来表示状态转换的过程：

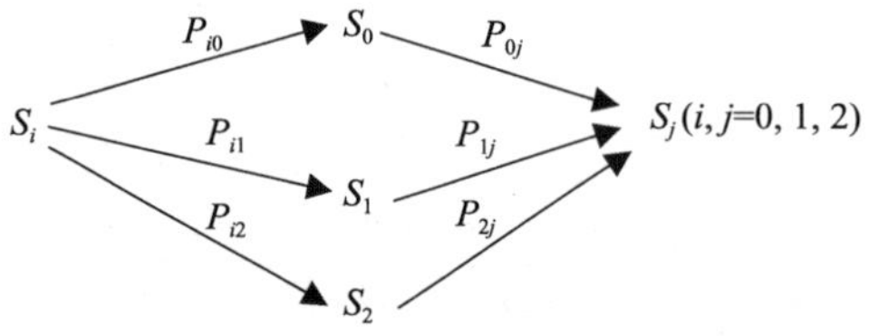

图3－4　内部控制状态转移概率示意图

我们再设终极状态概率为：

$a_\infty=(\pi_1,\pi_2,\pi_3)$

由于终极状态概率不受转移概率的影响，故有：

$$(\pi_1,\pi_2,\pi_3)=(\pi_1,\pi_2,\pi_3)\begin{pmatrix}0.33 & 0.5 & 0.17\\ 0.42 & 0.29 & 0.29\\ 0.5 & 0.25 & 0.25\end{pmatrix}$$

整理可得：

$$\begin{cases}\pi_1=0.33\,\pi_1+0.42\,\pi_2+0.5\,\pi_3\\ \pi_2=0.5\,\pi_1+0.29\,\pi_2+0.25\,\pi_3\\ \pi_3=0.17\,\pi_1+0.29\,\pi_2+0.25\,\pi_3\end{cases}$$ 解得$\pi_1=0.402,\pi_2=0.365,\pi_3=0.233$

故我们根据已有资料可以得出这家企业的未来稳定状态为：不发生缺陷的概率为

0.402，发生一般缺陷的概率为0.365，发生重大缺陷的概率为0.233。但随着管理层采取措施改善控制环境，修复内部控制运行中的缺陷并不断完善提高运行效率，那么其转移概率也会发生变化，如p_{01}、p_{02}、p_{12}会下降，p_{10}、p_{21}、p_{20}会上升等。

2. 从内部控制免疫机制分析。借鉴仿生学原理、自组织理论，我们可以将内部控制作为企业防范风险的一个“免疫系统”（杨兴龙等，2013）。国内已有学者（林钟高等，2016）发现内部控制的风险免疫功能类似于生物的内在免疫系统，都是经过一个问题发现到自动采取措施进行修复完善，并进一步强化机制运行，对风险拥有更强的免疫能力。如果企业的这个风险免疫系统遭到破坏，出现漏洞，那么内外部风险便会如附骨之疽渗透到公司内部各个方面，给公司造成难以估量的损失，只有保证内部控制这个免疫系统能够正常运转，企业才能保证经营发展回归正轨，走上可持续发展道路，不断提升企业价值。当企业内部控制运行过程中出现缺陷时，内外一些不利于公司可持续健康发展的因素就会通过运行漏洞和薄弱环节侵入公司内部，如“病毒”一般扩散，如果不加以措施进行改良完善，那么公司内部各方面机制就会如人体机能一样迅速下降，甚至可能带来生命危险，这一部分称之为“传染期”。而这些缺陷的暴露也正体现了企业风险管理体系的不合理之处及内部控制建设不规则的地方，企业根据这些暴露出来的问题采取针对性的措施，恢复其运行效率。而在修复完善的过程中，企业内部风险管理出现的问题可以通过内部控制的免疫自稳功能来防止其进一步扩散化。这样内部风险自我修复能力逐渐提升，改善控制环境，对防范关系型交易带来的风险具有一定作用，并给外界社会公众和投资者带来良好的风险管理信号，提升企业外在声誉。

借鉴动力系统模型，我们设$x(t)$为公司内部负责监督高管的人员数量，$y(t)$为高管中出现舞弊行为人的数量，且我们设定：

$$\frac{dx(t)/dt}{x(t)}=\mu_1 \qquad \text{——监管人员数量的发展系数}$$

$$\frac{dy(t)/dt}{y(t)}=\mu_2 \qquad \text{——舞弊人员数量的发展系数}$$

而在公司内部的风险管理体制不断完善的情况下，高管人员通过内部控制运行中存在的漏洞进行舞弊的可能性受到制约，设舞弊人员数量的平均密度制约率为δ，则有：

$$\frac{dy(t)/dt}{y(t)}=\mu_2-\delta y(t)$$

同时监管人员由于包庇、私通串联舞弊人员或受利诱、威胁等可能性，会有一小部分监管人员脱离监管队伍，设监管人员因舞弊高管人员影响而脱离监管队伍的概率为ρ，则有：

$$\frac{dx(t)/dt}{x(t)}=\mu_1-\rho y(t)$$

由于内部控制对于联合舞弊发现的可能性较小，一部分监管人员可能因舞弊人员的影响而脱离监管队伍加入舞弊行径中来，设这部分转化的概率为υ_1，则有：

$$\frac{dy(t)/dt}{y(t)}=\mu_2-\delta y(t)+\upsilon_1 x(t)$$

为了保证公司健康可持续发展，并使内部风险管理水平上升，改善内部控制质量，监管人员会加大对高管人员的监管力度和对舞弊人员的打击力度，致使一部分舞弊人员脱离舞弊队伍，设高管舞弊退出概率为υ_2，则有：

$$\frac{dy(t)/dt}{y(t)}=\mu_2-\delta y(t)+\upsilon_1 x(t)-\upsilon_2 x(t)$$

则关于内部控制的动力系统模型如下：

$$E=\begin{cases}\dfrac{dx(t)}{x(t)dt}=\mu_1-\rho y(t)\\ \dfrac{dy(t)}{y(t)dt}=\mu_2-\delta y(t)+x(t)-\upsilon_2 x(t)\end{cases}$$

为方便起见，我们记$x(t)=x,y(t)=y$，$\upsilon_1-\upsilon_2=\upsilon$，则有：

$$E=\begin{cases}\dfrac{dx}{dt}=\mu_1 x-\rho xy\\ \dfrac{dy}{dt}=\mu_2 y-\delta y^2+\upsilon xy\end{cases}$$

其中，υ_1、υ_2、ρ、$\delta>0$，$\upsilon\in R$。

我们设初始条件为$x|_{t=0}=x_0,y|_{t=0}=y_0$，令：

$$\begin{cases}P(x,y)=\mu_1 x-\rho xy=0\\ Q(x,y)=\mu_2 y-\delta y^2+\upsilon xy=0\end{cases}$$

可求得：

$$P_1=(0,0),P_2=\left(0,\frac{\mu_2}{\delta}\right),P_3=\left(\frac{\mu_1\delta-\mu_2\rho}{\rho\upsilon},\frac{\mu_1}{\rho}\right)(\upsilon\neq 0)$$

则在此动力系统中，存在三个平衡点，即$P_1=(0,0)$平凡平衡点，$P_2=\left(0,\frac{\mu_2}{\delta}\right)$半平凡平衡点，$P_3=\left(\frac{\mu_1\delta-\mu_2\rho}{\rho\upsilon},\frac{\mu_1}{\rho}\right)$非平凡平衡点。

设(x^*,y^*)为动力系统中的平衡点，构造一次线性近似系统为：

$$E'=\begin{cases}\dfrac{dx}{dt}=\left.\dfrac{\partial P(x,y)}{\partial x}\right|_{(x^*,y^*)}x+\left.\dfrac{\partial P(x,y)}{\partial y}\right|_{(x^*,y^*)}y\\ \dfrac{dy}{dt}=\left.\dfrac{\partial Q(x,y)}{\partial x}\right|_{(x^*,y^*)}x+\left.\dfrac{\partial Q(x,y)}{\partial y}\right|_{(x^*,y^*)}y\end{cases}$$

$$=\begin{cases}\dfrac{dx}{dt}=(\mu_1-\rho y^*)x+(-\rho x^*)y\\ \dfrac{dy}{dt}=\upsilon y^* x+(\mu_2+\upsilon x^*-2\delta y^*)y\end{cases}$$

（1）代入平凡平衡点$P_1=(0,0)$可得：

$$\begin{cases}\dfrac{dx}{dt}=\mu_1 x\\ \dfrac{dy}{dt}=\mu_2 y\end{cases}$$

其线性矩阵为：

$$A_1=\begin{pmatrix}\mu_1 & 0\\ 0 & \mu_2\end{pmatrix}$$

则A_1的“迹”为 $tr(A_1)=\mu_1+\mu_2>0$，A_1的“模”为 $det(A_1)=\mu_1\mu_2>0$

故 $\Delta=(\mu_1+\mu_2)^2-4\mu_1\mu_2=(\mu_1-\mu_2)^2\geqslant 0$

所以$P_1=(0,0)$是一次线性近似系统E'的源，根据 Perron 定理，$P_1=(0,0)$也为原系统 E 的源。故从P_1点的某一邻域 V 出发的任意轨线 $x=x(t),y=y(t)$在 t 趋于 $-\infty$ 时回归于平凡平衡点P_1，即有：

$$\lim_{t\to-\infty} r(t)=\lim_{t\to-\infty}\sqrt{x_{(t)}^2+y_{(t)}^2}=0$$

这说明，在公司成立初期，内部控制建设未完全建立的情况下，监管人员和舞弊人员数量均为零，当内控体系建立起来，也就有了“监控”和“舞弊”这二者对立的关系。

（2）代入半平凡平衡点$P_2=\left(0,\frac{\mu_2}{\delta}\right)$可得：

$$\begin{cases}\dfrac{dx}{dt}=\dfrac{\mu_1\delta-\mu_2\rho}{\delta}x\\ \dfrac{dy}{dt}=\dfrac{\mu_1\upsilon}{\delta}x-\mu_2 y\end{cases}$$

其线性矩阵为：

$$A_2=\begin{pmatrix}\dfrac{\mu_1\delta-\mu_2\rho}{\delta} & 0\\ \dfrac{\mu_1\upsilon}{\delta} & -\mu_2\end{pmatrix}$$

则有：

$$tr(A_2)=\frac{\mu_1\delta-\mu_2\rho-\mu_2\delta}{\delta},\quad det(A_2)=-\frac{\mu_2(\mu_1\delta-\mu_2\rho)}{\delta}$$

当$\mu_1\delta>\mu_2\rho$时，$det(A_2)<0$，则$P_2=\left(0,\frac{\mu_2}{\delta}\right)$是的$E'$的不稳定鞍点，由 Perron 定理可知，$P_2$亦是 E 的不稳定鞍点。

接着，我们于第一象限内构造 Liapunov 函数，有：

$$\Upsilon(x,y)=lx+y-y^*-y^*\ln\frac{y}{y^*}$$

其中$(x,y)\in R^2,y^*=\frac{\mu_2}{\delta}$,l 为待定正实数，故有：

$$\Upsilon\left(0,\frac{\mu_2}{\delta}\right)=0$$

若 $l\rho=\upsilon$，则有：

$$\frac{d\Upsilon(x,y)}{dt}\leqslant-\frac{1}{\delta}(\delta y-u_2)^2\leqslant 0$$

故$P_2\left(0,\frac{\mu_2}{\delta}\right)$是稳定的平衡点。

又$(x^*,y^*)\neq\left(0,\frac{\mu_2}{\delta}\right)$时，有$\frac{d\Upsilon(x,y)}{dt}<0$

故$\left(0,\frac{\mu_2}{\delta}\right)$为渐进稳定的平衡点。

而因为：

$$\lim_{x^2+y^2\to+\infty}\Upsilon(x,y)=+\infty$$

所以半平凡平衡点$P_2\left(0,\frac{\mu_2}{\delta}\right)$是全局渐进稳定的。

这表明当企业内部控制出现重大缺陷且不采取必要措施进行及时修复时，高管的自律能力会受到影响，监管人员容易受到舞弊高管人员的影响，并与舞弊人员进行联合舞弊，同时高管的舞弊行为被发现的可能性降低，使企业内部整个监管体系开始出现“腐化”，那么最终监管人员的数量会趋于0，最终导致整个公司因风险不断加大和债务的上升压力而崩溃破产，给企业带来灭顶之灾。

（3）对于$P_3=\left(\frac{\mu_1\delta-\mu_2\rho}{\rho\upsilon},\frac{\mu_1}{\rho}\right)$来说：

①当$\upsilon>0,\mu_1\delta-\mu_2\rho>0$时，$P_3=\left(\frac{\mu_1\delta-\mu_2\rho}{\rho\upsilon},\frac{\mu_1}{\rho}\right)$为正非平凡平衡点。

我们在第一象限构造 Liapunov 函数。

$$\Upsilon(x,y)=l\left(x-x^*-x^*\ln\frac{x}{x^*}\right)+\left(y-y^*-y^*\ln\frac{y}{y^*}\right)$$

其中l为待定正实数，$(x^*,y^*)=\left(\frac{\mu_1\delta-\mu_2\rho}{\rho\upsilon},\frac{\mu_1}{\rho}\right)$为该系统的正非平凡平衡点，即有：

$$\begin{cases}\mu_1-\rho y^*=0\\ \mu_2+\upsilon x^*-\delta y^*=0\end{cases}$$

故我们可以得出，当$(x,y)\neq(x^*,y^*)$时，$\Upsilon(x,y)>0$，且$\Upsilon(x^*,y^*)=0$

又：

$$\frac{d\Upsilon(x,y)}{dt}=\frac{\partial\Upsilon(x,y)}{\partial x}\frac{dx}{dt}+\frac{\partial\Upsilon(x,y)}{\partial y}\frac{dy}{dt}$$

$$=-l\rho(x-x^*)(y-y^*)+\upsilon(x-x^*)(y-y^*)-\delta(y-y^*)^2$$

令$l=\frac{\upsilon}{\rho}$，则$\frac{d\Upsilon(x,y)}{dt}=-\delta(y-y^*)^2\leqslant0$，

故(x^*,y^*)是稳定平衡点。

当$y\neq y^*$时，$\frac{d\Upsilon(x,y)}{dt}<0$，

所以(x^*,y^*)是渐进稳定的平衡点。

同时也有：

$$\lim_{x^2+y^2\to+\infty}\Upsilon(x,y)=+\infty$$

故正非平凡平衡点$\left(\frac{\mu_1\delta-\mu_2\rho}{\rho\upsilon},\frac{\mu_1}{\rho}\right)$是全局渐进稳定的。

②当 $\upsilon<0,\mu_1\delta-\mu_2\rho<0$ 时，$P_3=\left(\frac{\mu_1\delta-\mu_2\rho}{\rho\upsilon},\frac{\mu_1}{\rho}\right)$为负非平凡平衡点。

则系统 E 在$\left(\frac{\mu_1\delta-\mu_2\rho}{\rho\upsilon},\frac{\mu_1}{\rho}\right)$的一次线性近似系统为：

$$\begin{cases}\frac{dx}{dt}=-\frac{\mu_1\delta-\mu_2\rho}{\upsilon}y\\ \frac{dy}{dt}=\frac{\mu_1\upsilon}{\rho}x-\frac{\mu_1\delta}{\rho}y\end{cases}$$

其线性矩阵为：

$$A=\begin{pmatrix}0 & -\frac{\mu_1\delta-\mu_2\rho}{\upsilon}\\ \frac{\mu_1\upsilon}{\rho} & -\frac{\mu_1\delta}{\rho}\end{pmatrix}$$

则：

$$det(A)=\frac{\mu_1\delta-\mu_2\rho}{\upsilon}\cdot\frac{\mu_1\upsilon}{\rho}=\frac{(\mu_1\delta-\mu_2\rho)\mu_1}{\rho}$$

当$\mu_1\delta-\mu_2\rho<0$，则有 $det(A)<0$，故$P_3\left(\frac{\mu_1\delta-\mu_2\rho}{\rho\upsilon},\frac{\mu_1}{\rho}\right)$为系统$E'$的鞍点，根据 perron 定理，$P_3\left(\frac{\mu_1\delta-\mu_2\rho}{\rho\upsilon},\frac{\mu_1}{\rho}\right)$亦为 E 的鞍点。

这表明在内部控制缺陷状态严重的情况下，监管人员受舞弊人员的影响更大，监管力度薄弱，舞弊人员更难被发现，但当监管队伍自身发展的能力与发现控制舞弊的能力的乘积大于舞弊队伍发展恶化的能力与舞弊人员自身发展的能力的乘积时，那么无论监管人员与舞弊人员的现在数量为多少，均会趋于稳定值$\left(\frac{\mu_1\delta-\mu_2\rho}{\rho\upsilon},\frac{\mu_1}{\rho}\right)$。若$\frac{\mu_1\delta-\mu_2\rho}{\rho\upsilon}>\frac{\mu_1}{\rho}$时，监管人员数量最终会大于舞弊人员数量，内部控制环境较好，风险得到有效控制；反之则存在内部风险过大的问题。

通过以上分析，我们可以看出一个企业的内部控制环境、内部风险管理水平的高低与当前监管队伍和舞弊人员的多寡无关，而是与监管人员对监管的重视程度、公司对于监管的投入和舞弊人员队伍扩大发展能力的对比有关，即舞弊在公司内部风险、控制环境是否良好等方面具有举足轻重的地位。同时，我们由上述分析可知，在满足一定假设的条件下，舞弊人员在公司中总是存在的，不会消失，即公司没有绝对安全的控制环境，但监管人员却有可能随着舞弊现象的扩大和风险恶化而消失，最终因风险严重恶化导致公司破产倒闭。

所以当企业迫于内部生存发展的需要和外部政府监管及社会公众的压力下，通过采取一系列措施优化内部风险管理，修复内部控制运行中存在的重大缺陷，提高内部控制质量，改善控制环境，会降低企业整体风险，促进企业内外部会计信息的沟通，改善企业会计信息质量和财务报告可靠性，减少因企业关系型交易而带来财务信息质量下降和信息不对称的现象，增强社会外界对企业未来的发展信心，从而提高企业声誉。基于以上分析，我们提出假设 2：

H2：在其他条件不变的情况下，企业内部控制质量的提升有助于抑制关系型交易对企业声誉的负面作用。

三、研究设计

（一）模型设定与变量定义

为了检验假设 H1，我们设定以下模型（1）：

$$Efn_{i,t+1} = \alpha + \beta_1 Sapply_{i,t} + \beta_2 Customer_{i,t} + \beta_3 Size_{i,t} + \beta_4 COmplex_{i,t} + \beta_5 Growth_{i,t} + \beta_6 Property_{i,t} + \beta_7 Zzca_{i,t} + \beta_8 Roa_{i,t} + \beta_9 Lev_{i,t} + \beta_{10} Board_{i,t} + \beta_{11} Ptens_{i,t} + \beta_{12} Ndr_{i,t} + \beta_{13} Salary_{i,t} + \beta_{14} Market_{i,t} + \beta_{15} Age_{i,t} + \beta_{16} \sum Lndustry_{i,t} + \beta_{17} \sum Year_{i,t} + \varepsilon \qquad (3-5)$$

模型（1）中的 Efn 为被解释变量（企业声誉），已有研究发现，企业的社会责任的履行状况通常可以用声誉指数反映（Moskowitz，1972），企业社会责任可以用来度量企业的声誉状况得到学术界的广泛共识，企业通过对社会责任的持续投入在利益相关者心中树立一个良好的形象，从而提升组织声誉（石军伟等，2009）。基于此，我们采用每股社会贡献值的方法来作为度量企业外在声誉的一个指标，其计算公式如下：

每股社会贡献值 =（净利润 + 所得税费用 + 税金及附加 + 财务费用 + 应付职工薪酬期末数—应付职工薪酬期初数 + 支付给职工以及为职工支付的税金 + 公益性捐赠）/期末总股数

另一方面，我们借鉴肖海莲和胡挺（2007）的做法，将企业的违法违规行为作为企业声誉的一个度量方法。如企业在 2007 年至当年之间没有因违规被证监会、深交所或上交所处罚过，令其声誉值为 1；若有一次违规处理但尚未被媒体报道过，令其声誉值为 0；若企业受到多次违规处理且被媒体曝光，则令其声誉值为 -1。同时考虑到由于个人违规对公司造成的声誉影响较小，我们对当年个人违规的公司予以剔除，以保证结果的无偏性。

模型（1）中的解释变量为 Supply 和 Customer（供应商/客户关系型交易），根据以往的研究，我们采用 Banerjee et al.（2008）的做法，采用公司当年向前五大供应商采购额（客户销售额）占公司全年采购额（销售额）的比例来度量企业关系型交易的程度。

为了验证假设 H2，我们设定模型（2）：

$$Efn_{i,t+1} = \alpha + \beta_1 Sapply_{i,t} + \beta_2 Customer_{i,t} + \beta_3 Size_{i,t} + \beta_4 Icid_{i,t} + \beta_5 Icid \times Supply_{i,t} + \beta_6 Icid \times Customer_{i,t} + \beta_n Model1\,Control_{n,t} + \mu \qquad (3-6)$$

模型（2）是在模型（1）的基础上引入了企业内部控制有效性（Icid）及其与企业关系型交易的交乘项（Icid × Customer、Icid × Supply），用以考察企业内部控制的运行有效性水平对企业外在声誉的影响。我们采用目前内部控制研究广泛采用的迪博企业风险管理技术有限公司提供的内部控制指数/100 来衡量企业内部控制的有效性。

参考已有研究文献，上述模型中还引入了以下控制变量：公司复杂度（Complex）、公司成长性（Growth）、公司规模（Size）、产权性质（Property）、经营能力（Zzca）、总资产收益率（Roa）等，具体参考变量见表 3 -9。

表 3-9　　变量定义表

变量名称	变量代码	变量定义
企业声誉	Efn1	根据每股社会贡献值来计算
	Efn2	虚拟变量，如企业在 2007 年至当年之间没有因违规被证监会、深交所或上交所处罚过，令其声誉值为 1；若有一次违规处理但尚未被媒体报道过，令其声誉值为 0；若企业受到多次违规处理且被媒体曝光，则令其声誉值为 -1
内部控制	Icid	采用迪博数据库内部控制指数/100 来衡量
供应商关系型交易	Supply	公司当年向前五大供应商采购额占公司全年采购额的比例
客户关系型交易	Customer	公司当年向前五大客户销售额占公司全年销售额的比例
公司规模	Size	公司当年年末期末总资产的自然对数
公司复杂度	Complex	（期末存货净额 + 年末应收账款净额）/年末总资产
公司成长性	Growth	（本年度营业收入 - 上年度营业收入）/上年度营业收入
产权性质	Property	虚拟变量，若公司的最终控制人为国有股东，取 1，否则，取 0
经营能力	Zzca	当年营业收入总额/（期初总资产 + 期末总资产）/2
总资产收益率	Roa	期末净利润/平均资产总额
资产负债率	Lev	公司期末总负债/期末总资产
董事会规模	Board	董事会总人数
股权集中度	Ptens	公司第一大股东持股比例
独立董事比例	Ndr	独立董事人数占董事会人数的比例
高管薪酬	Salary	公司前三名高管薪酬总额的自然对数
市场化进程	Market	参照樊纲等（2010）《中国市场化指数——各地区市场化相对进程 2009 年报告》
上市年限	Age	公司上市年限
行业	Industry	按照证监会行业分类标准设置行业虚拟变量，其中对制造业按二级代码进行细分
年份	Year	年度虚拟变量，用来控制宏观经济的影响

（二）样本与数据

以 2007—2016 年沪深主板 A 股上市公司作为研究样本，对以下公司进行了剔除：（1）金融保险类的公司；（2）财务数据缺失的公司；（3）每一年中只有个人违规的公司。最终确定了 Supply 的有效观测值为 6728 个，Customer 的有效观测值为 8689 个，数据主要来源于 CRSMAR 数据库，利用 Excel 软件和 Stata13 软件对数据进行整理加工。为了避免数据中极端值对于回归结果的异常影响，我们对模型中的主要连续变量上下 1% 进行 Winsorize 处理。

四、多元回归分析

（一）描述性统计

为了检测不同内部控制运行有效性的企业声誉、关系型交易水平、盈利水平、经营水平等指标的区别，我们做了以下描述性统计，参见表 3 - 10。

表 3 - 10 显示，相对于内部控制水平较低的公司，内部控制有效性较高的公司其企业声誉的均值和中位数要远高于低质量内部控制的企业声誉，这初步显示内部风险管理水平较高的公司通常会享受较高的外在社会评价，声誉值较高。同时关系型交易水平在内部控制水平较高的公司中比重明显低于低质量内部控制的公司，表明内部控制的有效运行抑制了企业对关系型交易的过分依赖。同时我们可以观察到内部控制有效性较高的企业其盈利指标、经营指标、偿债能力等指标均高于低质量内部控制的公司，这些都会影响企业利益相关者对企业的风险状况的判断和未来持续发展前景的看好，从而对企业外在声誉产生影响。

（二）主要变量的 Person 相关性检验

表 3 - 11 是对模型中主要的研究变量进行相关性检验的结果，据表中系数矩阵显示，主要变量之间的相关性系数保持在可接受的范围内，这表明各变量之间不存在严重的共线性问题。就供应商关系型交易而言，Efn1、Efn2 与 Supplier 在 1% 水平上显著正相关，表明在我国上市公司中，供应商关系型交易的比重越大，企业声誉相对越差，加入调节变量 Icid 后，Icid 与 Efn1、Efn2 在 1% 水平上显著正相关，而 Icid 与 Supplier 在 1% 水平上呈显著正相关关系，表明企业内部控制质量的提高会抑制供应商关系型交易对企业声誉的负面作用。另一方面，从客户关系型交易角度看，Efn1、Efn2 与 Customer 在 1% 水平上显著负相关，表明客户关系型交易的存在影响企业的外部声誉，加入 Icid 后，Icid 对于降低客户关系型交易对于企业声誉的影响起到了促进作用。此外，Person 相关性分析检验的是两个变量之间的关系，后文需要进一步的通过多元回归分析检验主要变量之间的关系。

（三）多元回归分析

1. 供应商/客户关系型交易与企业外在声誉。回归结果如表 3 - 12 所示，供应商关系型交易（Supply）与企业外在声誉（Efn）的回归结果参见表中的第 1 列和第 3 列所示。我们发现供应商关系型交易与企业声誉均在 1% 的水平上呈显著负相关，这说明企业与主要供应商的关系型交易比重的增加会使企业的声誉受损，即企业的利益相关者对其的未来发展信心会受到其交易型关系交易比重的影响。同时主要客户关系型交易（Customer）与企业外在声誉（Efn）的回归结果参见表中的第 2 列和第 4 列所示，我们发现主要客户关系型交易与企业声誉也至少在 5% 的水平上呈显著负相关，表明企业与主要客户的关系交易比例的增加也会降低企业的外在声誉。综合以上分析，企业关系型交易的比重增加会损害企业的声誉机制，假设 1 得证。

表 3-10 区分不同内部控制水平下的变量描述性统计

	低内部控制质量的公司						高内部控制质量的公司					
变量名	观测值	中位数	均值	标准差	最小值	最大值	观测值	中位数	均值	标准差	最小值	最大值
* Efn1	4344	0.3255	0.4362	0.6766	-4.6771	9.4168	4345	0.7264	1.0029	1.2760	-6.2962	25.5232
* Efn2	4344	1	0.3619	0.8374	-1	1	4345	1	0.6265	0.7076	-1	1
* Customer	4344	0.2560	0.3276	0.2436	0	1	4345	0.2015	0.2777	0.2375	0	1
* Supplier	3364	0.3223	0.3779	0.2307	0	1	3364	0.2757	0.3322	0.2177	0	1
Icid	4344	6.2931	5.8928	1.2995	0	6.8339	4345	7.2047	7.4469	0.6542	6.8339	9.9536
Size	4344	21.6803	21.6803	1.2344	15.5773	26.5109	4345	22.4030	22.5556	1.4195	15.7152	28.5087
Complex	4344	0.2246	0.2643	0.1930	0	0.9429	4345	0.2436	0.2775	0.1905	0	0.9356
* Growth	4344	0.0395	0.1480	0.7235	-0.7441	5.5403	4345	0.1547	0.3051	0.8236	-0.4621	6.5889
Property	4344	1	0.6395	0.4972	0	1	4345	1	0.7093	0.4632	0	1
* Zzca	4344	0.5079	0.6242	0.5580	0.0007	9.3098	4345	0.6552	0.7998	0.6564	0.0007	9.0726
* Roa	4344	0.0163	0.0106	0.2436	-6.7760	10.4009	4445	0.0416	0.0503	0.0685	-1.2915	0.9208
Lev	4344	0.5295	0.5509	0.4281	0.4281	13.7114	4345	0.5404	0.5453	0.3787	0.0108	13.3969
Board	4344	9	8.9199	1.7878	4	18	4345	9	9.3862	1.9688	4	18
* Ptens	4344	49.6092	49.9382	15.5622	4.4526	99.1873	4345	56.8017	56.3477	16.5799	3.5876	98.1639
Ndr	4344	0.3333	0.3676	0.0532	0.1428	0.7143	4345	0.3333	0.3673	0.0561	0.0909	0.7143
Salary	4344	13.8071	13.7784	0.8000	9.6023	17.1164	4345	14.1662	14.1282	0.7939	10.3080	17.1668
Market	4344	8.1400	8.4790	2.1943	0.38	11.8000	4345	9.0200	8.9287	1.9683	0.3800	11.8000
Age	4344	14	13.9418	4.4386	2	24	4345	13	12.9563	4.5052	1	24

注：表中带“*”号的变量表示不同内部控制有效性水平下公司差异较大的变量；描述性统计的样本观测值除 Supply 外采用 Customer 的样本量。

表 3-11　主要变量的 Person 相关性分析结果

变量	Efn1	Efn2	Supplier	Customer	Icid	Size	Complex	Property	Board	Ptens	Salary	Market
Efn1	1.000											
Efn2	0.103***	1.000										
Supplier	-0.116***	-0.058***	1.000									
Customer	-0.102***	-0.053***	0.303***	1.000								
Icid	0.224***	0.261***	-0.131***	-0.134***	1.000							
Size	0.295***	0.163***	-0.221***	-0.188***	0.421***	1.000						
Complex	0.066***	0.018**	-0.100***	-0.141***	0.073***	0.041***	1.000					
Property	0.092***	0.068***	-0.052***	-0.016**	0.064***	0.267***	-0.095***	1.000				
Board	0.084***	0.087***	-0.052***	-0.024**	0.154***	0.280***	-0.092***	0.187***	1.000			
Ptens	0.180***	0.138***	-0.091***	-0.024**	0.201***	0.387***	-0.008	0.142***	0.123***	1.000		
Salary	0.287***	0.098***	-0.165***	-0.187***	0.313***	0.537***	0.104***	0.082***	0.173***	0.211***	1.000	
Market	0.054***	0.122***	-0.042***	-0.115***	0.123***	0.095***	0.128***	-0.040***	-0.009	0.078***	0.273***	1.000

注：***、**、* 分别表示在 1%、5%、10% 的水平上显著。

表 3－12　　关系型交易与企业声誉

被解释变量	Efn1		Efn2	
	(1)	(2)	(3)	(4)
Supplier	-0.2192*** (-3.73)		-0.5219*** (-2.89)	
customer		-0.1799*** (-3.81)		-0.3032** (-2.01)
Size	0.1685*** (13.77)	0.1645*** (15.96)	-0.0070 (-0.19)	-0.0129 (-0.41)
Complex	0.0808 (1.02)	0.1221* (1.84)	0.1381 (0.57)	0.0144 (0.08)
Growth	0.3595*** (8.28)	0.3429*** (9.74)	0.0099 (0.23)	0.2697*** (2.65)
Property	0.0019 (0.07)	0.0015 (0.07)	0.1842** (2.36)	0.1978*** (2.90)
Zzca	0.0982*** (4.51)	0.1005*** (5.29)	0.1209 (1.62)	0.1385** (2.28)
Roa	0.3260*** (5.00)	0.3297*** (5.57)	0.0037 (0.47)	0.0032 (0.38)
Lev	0.0585* (1.90)	0.0913*** (3.44)	-0.1462 (-0.84)	-0.1784 (-0.98)
Board	-0.0044 (-0.59)	-0.0062 (-1.00)	0.0924*** (3.99)	0.0683*** (3.51)
Ptens	0.0052*** (5.93)	0.0050*** (6.86)	-0.0017 (-0.69)	-0.0033 (-1.46)
Ndr	-0.6934*** (-2.82)	-0.6538*** (-3.22)	2.6804*** (3.53)	1.7359*** (2.75)
Salary	0.2872*** (14.84)	0.2654*** (16.31)	-0.1334** (-2.34)	-0.0788 (-1.62)
Market	-0.0241*** (-3.82)	-0.0204*** (-3.82)	0.0677*** (3.46)	0.0576*** (3.69)
Age	0.0114*** (3.39)	0.0093*** (3.25)	-0.0277*** (-3.28)	-0.0455*** (-5.96)
行业/年份	控制	控制	控制	控制
F 值	41.70	53.65	190.98	194.53
Presudo－R^2	0.1869	0.1872	0.0322	0.0260
观测值	6728	8689	6728	8689

注：表中括号内所有的 t 值均经过异方差检验调整，***、**、* 分别表示在 1%、5%、10% 的水平上显著。

2. 内部控制有效性、关系型交易与企业声誉。表 3 – 13 在关系型交易的基础上引入了内部控制有效性，在表中的第 1 列和第 3 列中，我们发现供应商关系型交易（Supply）与企业外在声誉（Efn）仍在 1% 的水平上呈显著负相关，进一步验证了假设 1。同时我们观察到内部控制有效性（Icid）与企业声誉（Efn）均在 1% 的水平上呈显著正相关，说明企业内部控制运行的有效性越高，企业的外在声誉也会相应提升；再者，内部控制有效性与供应商关系型交易的交乘项（Icid × Supply）与企业声誉（Efn）在 1% 的水平上呈正相关，说明内部控制质量的提高会抑制企业供应商关系型交易对其外在声誉的负面影响，验证了假设 2。同理，在表中的第 2 列和第 4 列中我们可以发现主要客户关系型交易（Customer）与企业声誉（Efn）至少在 10% 的水平上呈显著负相关，进一步验证了前文假设，同时内部控制有效性与主要客户关系型交易的交乘项（Icid × Customer）与企业声誉（Efn）至少在 5% 的水平上呈显著正相关，表明内部控制质量的提高会抑制企业客户关系型交易对其外在声誉的负面影响，验证了假设 2。

表 3 – 13　　内部控制有效性、关系型交易与企业声誉

被解释变量	Efn1		Efn2	
	(1)	(2)	(3)	(4)
Supply	–0.2097*** (–5.49)		–0.3872*** (–3.40)	
customer		–0.1862*** (–6.72)		–0.1362* (–1.65)
Icid	0.0019*** (10.58)	0.0016*** (12.34)	0.0032*** (6.17)	0.0026*** (7.00)
Icid × Supply	0.1342*** (5.25)		0.2428*** (3.26)	
Icid × Customer		0.1091*** (5.87)		0.1228** (2.28)
Size	0.1920*** (14.68)	0.1773*** (16.87)	–0.0041 (–0.10)	–0.0464 (–1.30)
Complex	0.0316 (0.38)	–0.0056 (–0.08)	–0.2659 (–1.04)	–0.1806 (–0.74)
Growth	0.0609*** (3.94)	0.0547*** (4.54)	–0.0154 (–0.33)	0.0020 (0.05)
Property	0.0240 (0.90)	0.0153 (0.70)	0.1870** (2.28)	0.1980*** (2.75)
Zzca	0.1297*** (5.95)	0.1481*** (8.00)	0.0533 (0.73)	0.0776 (1.15)
Roa	0.2306*** (3.62))	0.2529*** (4.49)	0.6524** (2.17)	0.1942 (0.99)
Lev	0.1623*** (4.24)	0.1799*** (5.62)	0.3334** (1.84)	0.2854* (1.69)

续表

被解释变量	Efn1		Efn2	
	(1)	(2)	(3)	(4)
Board	-0.0088 (-1.22)	-0.0096 (-1.63)	0.0700*** (2.88)	0.0735*** (3.54)
Ptens	0.0038*** (4.42)	0.0041*** (5.88)	-0.0002 (-0.06)	-0.0022 (-0.96)
Ndr	-0.6033** (-2.54)	-0.6502*** (-3.40)	2.4482*** (3.04)	1.8426*** (2.77)
Salary	0.2255*** (11.60)	0.2008*** (12.68)	-0.0912 (-1.47)	-0.1390*** (-2.62)
Market	-0.0217*** (-3.50)	-0.0179*** (-3.52)	0.0469** (2.45)	0.0667*** (3.66)
Age	0.0051 (1.55)	0.0056** (2.07)	0.0021 (0.20)	-0.0406*** (-5.03)
行业/年份	控制	控制	控制	控制
F值	36.89	47.80	368.14	330.90
Presudo - R^2	0.2669	0.2692	0.0689	0.0485
观测值	6728	8689	6728	8689

注：表中括号内所有的t值均经过异方差检验调整，***、**、*分别表示在1%、5%、10%的水平上显著。

为了进一步验证假设2，我们区分不同水平下内部控制有效性的企业其关系型交易对企业声誉的影响有何差异，对内部控制指数进行分组，以内部控制指数中位数作为划分依据，将大于中位数的划分为高质量内部控制企业，低于中位数的划分为低质量内部控制企业。回归结果参见表3-14。

表3-14 区分不同内部控制水平下企业关系型交易对企业声誉的影响差异

被解释变量	Efn1				Efn2			
	L - Icid		H - Icid		L - Icid		H - Icid	
	(1)	(2)	(3)	(4)	(5)	(6)	(7)	(8)
Supplier	-0.2076*** (-3.74)		-0.1957** (-2.06)		-0.8625*** (-3.04)		-0.3496 (-1.39)	
Customer		-0.1340*** (3.02)		-0.1077** (-2.13)		-0.5464** (-2.28)		-0.2713 (-1.30)
Size	0.0805*** (6.18)	0.0847*** (7.77)	0.2464*** (12.78)	0.2308*** (22.09)	0.01262 (0.27)	-0.0646 (-1.31)	-0.1118** (-2.00)	-0.0480 (-1.06)
Complex	0.1404* (1.86)	0.1144* (1.84)	0.3585*** (2.84)	0.3074*** (4.20)	-0.3908 (-0.96)	-0.3340 (-1.18)	0.3192 (1.09)	0.3123 (1.27)
Growth	0.0522*** (3.36)	0.0436*** (3.58)	0.0020 (0.09)	0.0207* (1.66)	0.0002 (0.27)	0.1161 (0.69)	0.0986 (0.54)	0.1317 (0.94)

续表

被解释变量	Efn1				Efn2			
	L - Icid		H - Icid		L - Icid		H - Icid	
	(1)	(2)	(3)	(4)	(5)	(6)	(7)	(8)
Property	-0.0657*** (-2.62)	-0.0355* (-1.66)	0.1806*** (4.15)	0.0908*** (3.81)	0.4660*** (3.65)	0.4101*** (3.86)	-0.0492 (-0.46)	0.0712 (0.78)
Zzca	0.0861*** (3.95)	0.0777*** (4.03)	0.0162 (0.48)	0.1120*** (5.86)	-0.1317 (-1.30)	-0.0464 (-0.58)	0.2111* (1.85)	0.274** (2.35)
Roa	0.0057 (0.13)	0.0277 (0.68)	1.1687 (23.08)	5.5442*** (22.62)	1.5249** (2.52)	0.2717*** (3.13)	0.7718** (2.40)	0.0123 (0.68)
Lev	0.0496* (1.82)	0.0792*** (3.35)	0.2669*** (4.98)	0.2494*** (8.60)	0.9065** (2.35)	0.9310*** (2.90)	0.1210 (0.68)	-0.4423* (-1.88)
Board	0.0017 (0.22)	-0.0020 (-0.31)	-0.0064 (-0.59)	-0.0106* (-1.79)	0.1074*** (2.89)	0.1396*** (4.04)	0.0424 (1.25)	0.0239 (0.84)
Ptens	0.0047*** (5.56)	0.0044*** (6.07)	0.0006 (0.43)	0.0014* (1.81)	-0.0052 (-1.25)	-0.0073** (-2.05)	0.0023 (0.61)	-0.0019 (-0.60)
Ndr	-0.0133 (-0.06)	-0.0907 (-0.43)	-0.9467** (-2.49)	-0.9451*** (-4.80)	-0.5131 (-0.47)	0.3023 (0.33)	5.083*** (3.68)	3.5464*** (3.07)
Salary	0.1948*** (9.04)	0.1595*** (9.80)	0.1334*** (4.26)	0.1191*** (7.07)	-0.2005** (-2.12)	-0.1609** (-2.09)	-0.1088 (-1.17)	-0.1253* (-1.78)
Market	-0.0007 (-0.13)	0.0015 (0.30)	-0.0497*** (-4.82)	-0.0227*** (-4.06)	0.1500*** (5.02)	0.1513*** (5.58)	-0.0155 (-0.57)	0.0010 (0.05)
Age	0.0100*** (3.03)	0.0053* (1.86)	0.0091* (1.77)	0.0070** (2.51)	-0.0030 (-0.20)	-0.0553*** (-4.58)	-0.0199 (-1.53)	-0.0273*** (-2.67)
行业/年份	控制	控制	控制	控制	控制	控制	控制	控制
F 值	15.39	18.53	34.31	48.13	126.84	120.83	226.46	155.21
Presudo - R^2	0.1457	0.1407	0.2645	0.3987	0.0464	0.0324	0.0919	0.0488
观测值	3364	4344	3364	4345	3364	4344	3364	4345

注：表中括号内所有的 t 值均经过异方差检验调整，***、**、* 分别表示在 1%、5%、10% 的水平上显著。

通过表 3-14 的第 1 列与第 3 列、第 5 列与第 7 列的对比我们可以发现，相对于低内部控制水平的企业，内部控制质量高的企业其供应商关系型交易对于企业声誉的负面影响较小，如第 3 列的回归系数为 -0.1957，比第 1 列的回归系数的绝对值下降 5.73%，第 7 列的回归系数为 -0.3496，比第 5 列的回归系数的绝对值下降 59.47%，表明较高的内部控制水平有利于降低供应商关系型交易对企业声誉的不利影响。同理，通过对比表中的第 2 列与第 4 列、第 6 列与第 8 列我们可以发现，相对于低内部控制水平的企业，内部控制质量高的企业其客户关系型交易对于企业声誉的负面影响较小，如第 4 列的回归系数为 -0.1077，比第 2 列的回归系数绝对值下降了 19.63%，第 8 列的回归系数为 -0.2713，比第 6 列的回归系数绝对值下降 50.35%，且显著性水平明显下降。这些结果再次印证了假设 2。

（四）内生性检验

尽管上述结果表明内部控制运行有效性的提高会增加企业的外在声誉值，但这种现象有可能并不是内部控制质量提升对企业声誉造成的影响，而是因为企业声誉的提高使得企业更有较强的内生动力去提高自身内部控制质量，即内部控制质量与企业声誉之间有可能存在着内生性问题。为了使研究结果更具有稳健性和可靠性，选择当年企业是否受到货币政策的影响（MP）作为工具变量，我们借鉴陆正飞（2011）采用 3 个 MP 较小的年份，即 2007 年、2008 年及 2011 年，作为通货紧缩期，取值为 1；其余 MP 较大的年份作为货币宽松期，取值为 0。采用工具变量法通过固定效应两阶段最小二乘法（2SLS）解决内生性问题。第一阶段对模型变换分离出内生解释变量（内部控制指数）的外生部分，第二阶段使用此外生部分进行回归。

从表 3-15 的 2SLS 回归结果中我们可发现，表中的第 1 列和第 3 列，货币政策紧缩性（MP）与企业内部控制指数（Icid）至少在 5% 的水平上呈正向关，即表明内部控制与货币政策具有较强的相关关系，同时在表中的第 2 列与第 4 列中，企业内部控制（Icid）与外在声誉（Efn）仍至少在 5% 上呈正相关，这与表 3-13 的分析结果基本一致，上述实证结果再次得到了验证。由此可以推断，实证检验结果并没有受到内生性问题的干扰。

表 3-15　　内部控制与企业声誉的 2SLS 的回归结果

变量	第一阶段	第二阶段	第一阶段	第二阶段
	Icid	Efn1	Icid	Efn2
MP	0.3976 ** (2.13)		0.3532 *** (2.45)	
Icid		0.0754 ** (2.03)		0.4065 *** (2.83)
Size	0.3616 *** (2.87)	0.1274 *** (3.66)	0.3738 *** (2.29)	0.0845 *** (4.09)
Complex	0.5172 *** (2.76)	0.1292 *** (3.19)	0.4823 *** (2.51)	-0.0903 * (-1.70)
Growth	0.1188 *** (3.44)	0.0506 *** (5.38)	0.1278 *** (3.58)	-0.0690 *** (-4.97)
Property	0.0294 (1.20)	0.0005 (0.03)	0.0368 (1.41)	0.1458 *** (2.57)
Zzca	0.2595 *** (2.63)	0.1260 *** (6.69)	0.2638 *** (2.87)	-0.0876 *** (-4.29)
Roa	0.0243 * (1.84)	0.0024 (0.86)	0.1529 * (1.71)	-0.0483 (-1.53)

续表

变量	第一阶段	第二阶段	第一阶段	第二阶段
	Icid	Efn1	Icid	Efn2
Lev	-1.5881*** (-2.38)	0.0037 (0.95)	-1.5399*** (-3.17)	0.2553*** (2.76)
Board	0.0166*** (2.79)	-0.0064 (-1.48)	0.0130** (2.08)	0.0039 (0.78)
Ptens	-0.0003 (-0.32)	0.0038*** (3.52)	-0.0004 (-0.52)	0.0004 (0.72)
Ndr	-0.1405 (-0.64)	-0.5358*** (-4.28)	-0.2743 (-1.19)	-0.1079 (-0.66)
Salary	0.1193*** (6.46)	0.1960*** (5.78)	0.1125*** (5.84)	-0.0495*** (-3.47)
Market	0.0203*** (3.61)	-0.0090*** (-2.61)	0.0197*** (3.30)	0.0370*** (3.19)
Age	-0.0237** (-2.09)	0.0024 (1.16)	-0.0280*** (-2.94)	-0.0170*** (-3.12)
行业/年份	控制	控制	控制	控制
Presudo - R^2	0.2805		0.2917	
Hansen（$Pr>\chi^2$）		0.1385		0.1257
F 值	115.10	143.98	120.21	52.94
观测值	9432	9432	9432	9432

注：表中括号内所有的 t 值均经过异方差检验调整，***、**、* 分别表示在 1%、5%、10% 的水平上显著。

（五）稳健性检验

为了使研究结论具有无偏性和稳定性，我们做了以下稳健性测试：（1）借鉴王少飞等（2010）的做法，将当年企业与前五名供应商的采购交易比例、向前五名客户销售交易比例的最小者作为企业关系型交易的度量指标，结果保持不变；（2）陈正林和王彧（2014）研究认为采销业务在制造业企业中更为频繁常见，企业对客户/供应商的关系型交易的依赖程度也就越大，故仅将制造业企业作为研究样本对上述模型进行重新检验，结果保持不变；（3）ST 公司一般都面临着财务困境，这对企业声誉本身会造成不良影响，所以将 ST 公司删除后对假设进行重新检验分析，结论基本保持不变。

第三节　关系交易、内部控制质量与公允价值的选用

会计政策是指企业在会计核算时所遵循的具体原则以及企业所采用的具体会计处理方法。只有在对同一经济业务所允许采用的会计处理方法存在多种选择时，会计政策才具有实际意义，因而会计政策存在一个“选择”问题。企业所选择的会计政策，将构成企业会计制度的一个重要方面。企业的财务会计应向其相关的利益各方（包括政府、现有的股东、潜在的股东、债权人、供应商、顾客等）充分披露其会计信息。而这些利益相关方与企业彼此之间都有其各自独立的利益，且利益不完全一致，尤其是政府与企业的利益相关性更低。政府为了平衡各相关方的利益并使其制定的准则、制度能使各利益方早日顺利接受，从而使制定后的执行成本降低，因此政府就会放宽准则中对一些经济业务事项的会计处理限定，以提供一些可供选择的会计处理方法。在这些众多的会计政策中，公允价值选用更是一个具有挑战性的问题，尤其是面对复杂关系交易的环境以及公允价值本身存在的“顺周期效应”，公允价值的选用已经成为关系交易主体维护关系、促进关系、合作共赢的重要信息。本节以 2007—2016 年沪深 A 股上市房地产公司为研究样本，基于资产专用性基本理论，首次实证检验了供应商/客户关系型交易是否以及如何影响投资性房地产公允价值的选择使用，并考察了内部控制在其中的调节作用。研究发现，随着关系型交易比例的增加，公司对投资性房地产使用公允价值后续计量的动机增强，但是这种动机在内部控制质量高的公司会受到一定程度的抑制。研究结果表明，供应商/客户关系型交易对企业会计政策选择行为具有重要影响，而健全有效的内部控制具有对企业会计选择行为的利弊制衡与风险管控作用。

一、问题提出

在学术界，公允价值方面的研究主要集中在价值相关性、经济后果及影响因素三个层面。在价值相关性上，国内外的研究结论不尽一致，Khurana 和 Kim（2003）的研究发现，在与股票价格的关联度上，金融工具的历史成本信息和公允价值信息并不存在显著差异，Danbolt 和 Rees（2007）的研究表明，收益的公允价值 计量比历史成本计量价值相关性更高。张凤元（2013）认为，我国上市公司会计信息质量的相关性在引入公允价值后进一步提高，罗婷等（2008）发现相对于非金融行业的公允净资产，非公允净资产更具有价值相关性。在经济后果上，国外多以市场反应的研究为主（陈晨，2014），国内则主要研究公允价值与企业盈余管理行为（刘行健等，2014）、债务融资（曾雪云等，2013）等的相关关系。在影响因素上，国外主要是从契约动机、管理机会主义假说和信息不对称三个方面研究公允价值的选择动因，而国内的研究则发现这三大假设在我国市场下并没有明显的数据支持（陈晨，2014），反而更多的证据表明资本市场状况、会计准则及其监管政策、投资者的理性程度、企业财务状况等等，成为影响企业选择公允价值的因素（张奇峰等，

2011)。可见，目前的公允价值研究缺少对关系型交易的关注，而后者又是我国转型经济条件下一个非常典型的市场特征。在我国经济转型时期，市场经济环境尚不完善，政策及环境不确定性较大，由此带来高昂的市场交易成本使得企业转而选择以关系网络为基础的交易方式。现有大量研究表明，为获取和实现可持续发展，通过基于“关系”构建的交易行为成为转轨经济体中众多企业的现实抉择（Allen 等，2005)。然而已有研究表明，关系型交易具有两面性。一方面，由供应商、企业及客户构成的供应链合作关系本质上形成了一种“隐性契约”，双方借助私下的途径进行信息的沟通和交流，有利于减少交易过程中的不确定性，较低交易成本，增强企业竞争力（Allen 和 Babus，2008；Kong，2011)；另一方面，在交易双方的资产专用性投资不断增加的情况下，关系一旦破裂，会对企业的生产和销售产生影响，给企业带来高昂的转移成本或沉没成本（Raman 和 Shahrur，2008)。所以，企业为了维持这种长久稳定的关系，向供应商/客户传递自身财务状况良好、会计信息质量高、业绩稳定的信息，必然会选择性地实施一系列会计行为，比如通过盈余管理粉饰财务业绩（Raman 和 Shahru，2008)、利用会计政策变更增强会计信息相关性等，那么在投资性房地产后续计量模式没有强制统一且公允价值在一定程度上能够满足维系关系交易需求的情况下，企业是否会因为关系型交易而倾向于选择公允价值计量模式呢？这是我们关注的第一个问题。

与此同时，从公允价值的顺周期效应看，其形成的“会计加速器”作用存在较明显的信息可靠性风险，在经济下行时期的公允价值使用成为各种利益相关者关注的焦点，这在金融资产（包括投资性房地产）日益成为企业核心资产的经济态势下尤为如此（有研究认为这是一个资产证券化时代)。受到世界各国重视的内部控制制度，作为一种规则治理机制和风险免疫机制，日益成为提高公司治理水平的重要手段。在企业主体中，内部控制可以协调会计经济行为、控制会计经济活动，使单位内部明确分工，从而形成相互制约、相互联系的风险管控机制。因此，在诸多影响公允价值计量模式选择的因素中，内部控制是不容忽视的重要因素。内部控制既是企业内部各个控制主体之间为实现作为专业化结果考量和选择公允价值会计模式的一种控制甄别机制，也是一种维持和平衡与特定交易伙伴（供应商/客户）长期交易关系和利益分配的信号传导机制。投资性房地产公允价值计量模式自实施以来，仍没有在上市企业中得以广泛运用，究竟什么因素影响了公允价值的选择使用？作为公司治理和企业风险管理重要机制的内部控制究竟会不会对关系交易和公允价值两者的关系起到一定的调节作用呢？如果会，其调节作用又是怎样发挥的？

基于以上思考，本节以 2007—2016 年沪深 A 股上市房地产公司为样本，从理论分析和实证检验两方面考察了关系交易对企业公允价值使用动机的影响，以及内部控制在其中的调节作用。可能的贡献在于：(1) 丰富和拓展了现有会计政策选择动机的文献。以往关于公允价值的文献研究多关注其价值相关性及经济后果，我们在以往研究成果的基础上，从投资性房地产入手，创新性地引入关系型交易这一企业间重要的交易模式，实证检验了投资性房地产公允价值计量模式的选择动机，丰富并发展有关会计政策选择的文献。(2) 拓展了内部控制经济后果的研究，为企业内部控制的完善提供了新的路径。内部控制作为企业内部约束机制，为降低关系型交易的负面影响发挥其风险管理功能，拓展和揭示了内部控制治理机制对公允价值风险管控的作用。(3) 实践与政策价值。在关系信任的社会背景下，为利益相关者理解企业会计选择行为的发生机理提供了有价值的参考，对准则制定者在财务报告的自由裁量还是强制统一的权衡中提供启示证据。

二、理论分析与研究假设

（一）关系交易与公允价值

1. 关系交易与公允价值的匹配性。在深受儒家文化影响的中国社会中，关系作为一种重要资源被应用于商业交易中，关系型交易成为我国企业之间的常态交易模式。一方面，企业在不完善的外部环境中进行市场化交易不得不承担相对高昂的签约成本和监督成本，而关系型交易在降低交易不确定性、减少交易成本上的优势使其成为众多企业的选择，企业利用关系进行交易的行为也常被视为对不完善外部市场的反映，企业购销类日常关系交易成为缩减成本的一种方式（Claessens 和 Fan，2002）。另一方面，在双方合作的过程中，企业与其供应商/客户之间相互进行特定的关系专用性投资（Williamson，1985）以获得更多市场竞争优势和关系租金，长此以往，一旦关系破裂，企业将承担很高的解约成本。所以出于这两方面的考虑，企业会尽力维持这种关系以实现可持续发展。供应商/客户作为企业重要的非财务利益相关者，同股东、债权人一样会密切关注企业的财务状况、经营成果、发展前景等，为了缓解合作者对风险的担心，迎合其对企业未来发展前景的预期，企业有很强的动机在会计准则允许的范围内采用最有利于企业自身利益的会计政策，对财务业绩进行调整或控制，以向供应商/客户传递符合其企业预期的会计信息质量。

从会计信息决策有用性的角度看，相对于历史成本计量，公允价值的使用提高了会计信息的价值相关性，从而为供应商/客户做出合理决策提供保障，进而增强了供应商/客户对企业的信任。公允价值计量模式着眼于未来（黄世忠，1997），不论是从计量观的角度还是从信息观的角度，以其为基础的财务会计信息将有可能使企业的价值得到反映（葛家澍，2007）。企业对投资性房地产的后续计量选用或改用公允价值模式，扩大公允价值的使用范围，可使其承担的财务风险以及经营、偿债能力等得到更确切的反映，给供应商/客户提供决策相关的会计信息，有利于增强关系交易主体之间的信任，从而为稳定恒久的关系网络提供保障。

从信息不对称的角度看，合作双方在交易过程中，如果一方具有对方不知道的信息，掌握更多隐藏信息的一方通常处于比较有利的地位。事前的信息不对称导致逆向选择，供应商/客户的需求得不到满足，可能使其放弃当前的关系，转而选择比更劣质的企业进行合作。事后的信息不对称导致道德风险，企业在出现经营危机的情况下可能无法按时交纳货款抑或将货款用于公司建设而拖欠货款，合约履行能力显著下降，严重损害供应商/客户的利益。Fields et al.（2001）研究发现，信息不对称是影响企业会计政策选择的主要因素，而供应商/客户作为企业外部的利益相关者与企业之间存在信息不对称问题，从而影响企业会计政策的选择。公允价值是以市场为基础的脱手价格，因其真实公允性增强了财务信息的透明度，能够使利益相关者（供应商/客户）对企业的财务状况和经济成果有更深的了解，降低双方之间的信息不对称程度，使得供应商/客户更有把握与企业维持稳定的关系交易，促进双方共同发展。

从管理机会主义的角度看，相对于历史成本计量，公允价值计量包含更多的主观因素，更容易受到外部环境及市场参与者的影响。从 FASB 界定的对公允价值三个层级的计量中可以看出，与第三层级相比，一、二层级的计量相对可靠，但都不可避免的涉及人为判断，存在较大被管理层操纵的空间。一般情况下，企业的盈余管理主要包括应计盈余管理和真实盈余管理，以非正常应计项目及生产成本、酌量性费用等真实活动达成。已有研究表明，上市公司采用公允价值操控盈余成为普遍现象（刘行健和刘昭，2014），以期在利润波动较大的年份平滑盈余，所以关系型交易的增加会增强企业使用公允价值的动机，以保障交易双方合作关系的建立和维持。一定程度上关系型交易会导致企业的盈余管理行为（方红星等，2016），Dou et al.（2013）研究发现企业关系型交易与其盈余管理行为存在显著的正相关关系，并且出于传递私有信息的动机，当企业处于需要更多关系专用性投资的行业或是契约执行环境较弱的国家时，平滑收益的程度更高。张奇峰等（2011）对北辰实业的案例研究表明，投资性房地产后续计量的公允价值模式成为管理层进行盈余管理的方式，管理层也确实存在这样的行为。显然，为了满足供应商/客户对企业经营发展的要求，迎合其对企业未来前景的预期，以盈余管理活动来粉饰财务报表，从而激励其承担更多的关系专用性投资。

2. 关系交易与公允价值的冲突性。公允价值计量是一个有争议的话题，本身也存在很多威胁，企业在运用上会更加谨慎，会根据经济走势与企业的状况审时度势，甚至减弱公允价值的使用动机。首先，公允价值的应用会使企业的风险增加。一方面，虽然投资性房地产后续计量的公允价值模式需要满足的条件较为严格，但依旧含有大量的估计和主观判断，很可能在确认、计量和披露时出现失误，从而导致会计信息不能准确反映经济活动的原貌，给包括供应商/客户在内的利益相关者造成困扰，进而不利于企业关系网络的维持与发展；另一方面，在市场环境动荡时，由于公允价值顺周期效应的客观存在，采用公允价值计价的资产价格会随着市场的变化而上下波动，扭曲企业的真实境况。Wallison（2008）的研究指出，在经济下行期资产价格会因为公允价值会计而出现非理性下跌，在经济上行期会导致资产泡沫现象发生。谢成博等（2013）研究发现，在公允价值计量模式推行后，公司及市场层面的波动性显著增加。南召风（2015）研究表明资产负债表的不稳定性一定程度上会因公允价值计量而增加，不过这一波动可能不是顺周期的。总之，公允价值计量很可能会使企业的财务业绩呈现不稳定的现象，特别是在我国多变的房地产市场中，政府为了实现宏观调控而不断出台的房地产政策，使得以市场为基础的公允价值加剧利润波动，增加投资者对风险的担心，减弱投资者的投资热情，进而使股票价格下降，这是管理层不愿见到的。其次，公允价值的运用很可能造成企业成本大于收益的状况。由于公允价值是建立在计量日市场参与者间的市场交易基础上的，因此企业对于公允价值的计量需要掌握更多的外部市场信息，这无疑会增加企业的信息搜集成本；并且公允价值计量所涉及的主观判断对会计师的工作经验和从业能力有更高的要求，从而导致企业的人力资源成本增加（陈少华，2011）。另外，由于公允价值计量上的不确定性及客观可验性的缺乏，使得公允价值审计更加困难，需要耗费更多的时间和精力，因此会计师事务所的审计成本增加，相应地，企业的审计费用也会增加（王守海，2017）。因此，基于成本效益的原则，企业在关系交易降低的交易成本和公允价值增加的成本之间进行权衡，可能做出不使用公允价值的选择。最后，公允价值的应用会降低企业的投资效率。公允价值计量会加剧管理层和投资者的非理性心理，在市场波动的状况下表现为过度自信或过度悲观，而已有研究表明这种非理性心理会对企业的投资决策产生重要影响，导致投资不足或投资过度（方瑞琪，2015），进而使得投资效率降低。对企业来说，投资活动是其价值创造的驱动力，投资效率的降低将不利于企业的持续发展，这与建立与维持关系交易的初衷是相违背的。

综上所述，基于我国市场发展不完善、法律制度不健全的现状，企业会优先选择关系型交易模式。企业为了维系与供应商/客户的关系，在企业会计准则对投资性房地产的后续计量模式并没有强制规定的情况下，可能会采用公允价值对投资性房地产进行后续计量，但是采用公允价值会给企业带来未来的不确定影响，导致企业审慎选择和稳健采用，因此，提出假设1：

H1a：在其他条件不变的情况下，随着供应商/客户关系型交易比例的提高，公司采用公允价值对投资性房地产进行后续计量的可能性会相应增加。

H1b：在其他条件不变的情况下，随着供应商/客户关系型交易比例的提高，公司并不会显著增强采用公允价值对投资性房地产进行后续计量的动机。

（二）内部控制对关系交易影响企业公允价值使用动机的调节作用

鉴于中国的市场环境信任水平低下、法制环境不健全，企业为了降低交易成本，保证企业的健康发展，选择建立以“关系”为基础的交易合作伙伴关系。建立在一定信任和互惠基础之上的关系型交易无疑有利于双方契约的长期执行，并使得逐步形成的关系专用性投资成为连接企业与利益相关者（供应商/客户）之间的一种置信承诺（林钟高等，2014）。良好的关系型交易不仅不会破坏传统的规则治理，反而能够与其形成一种互补的关系。交易双方通过契约的缔结与履行使产生的收益得到合理的分配，进而形成了激励专用性投资的合理分配机制。但是这种关系的建立会造成交易双方对彼此的高度依赖，从而形成“双方锁定”（Klein et al.，1978），极大地限制了交易的范围，合作关系一旦破裂，将产生较高的转换成本，进而造成企业价值的贬损。这种情况下，规则治理成为提高公司治理水平的重要举措。已有研究表明，内部控制作为企业生命体的有机组成部分，作为一种有效的内部规则治理机制，可以减弱双方的锁定效应，大大降低关系治理成本（徐虹等，2015）。

从权力制衡的角度看，内部控制是一种权责分明的内部治理机制，能够有效实现利益相关者之间的权力制衡（杨雄胜，2005），有利于拓宽企业与供应商/客户间的交易范围，弱化关系对双方的约束，进而减弱企业使用公允价值的动机。内部控制是公司治理的核心部分，良好的内部控制能够提升公司的治理水平，优化企业的组织结构和权责分配机制。作为企业的一种内部治理制度，内部控制通过制定相关规则，明确企业内各契约方的职责和收益，维系企业本体与外部参与者间关系的均衡性，从而在一定程度上避免了企业与少数主要供应商/客户的狭小范围交易。随着企业可选交易对象的增多，企业的议价能力也随之增强，“锁定效应”给企业带来的高昂解约成本以及对企业价值下降的威胁得到了缓解。自然而然的，企业可能不必再为了迎合供应商/客户对企业财务业绩等一系列的预期而选用公允价值计量模式。

从信号传递的角度看，治理水平高、经营绩效好的企业会通过信号的传递将其与治理水平低、经营绩效差的企业区分开来。高质量的内部控制能向利益相关者传递企业高品质的信号，供应商/客户对这类企业给予更大的信任，使得双方更容易进行经济业务的往来。因此，内部控制质量高的企业为维系关系交易而使用公允价值的动机相对减小。进一步的，有效的内部控制可以增强会计信息的可靠性（范经华等，2013），降低信息不对称（树成琳，2016）。当企业内部控制制度不断健全、内部控制质量不断提高时，供应商/客户对于高质量财务信息的需求已经能够得到满足，因此，企业投资性房地产后续计量的会计政策从成本模式变更为公允价值模式的动机就会减弱。

从风险管控的角度看，公允价值一直是一个有争议的话题，是因为公允价值的使用也存在风险，可能会对企业产生很多不利的影响，而内部控制的核心功能就是对企业各方面的风险进行识别、评估和应对，所以高质量的内部控制可能会抑制企业对于公允价值的选用。吴可夫（2010）认为，公允价值计量风险包含有技术风险和道德风险。特别是在公允价值计量的第三层级上，大量的估计和主观判断可能会造成确认、计量过程中的失误，使财务会计信息不能确切反映经济活动的本来面目。另外，会计准则中对投资性房地产公允价值特有的可选择性致使企业在会计方法的选择上具有一定的随意性，进而导致了管理层的机会主义行为。王曙亮和陈少华（2011）认为，公允价值应用风险的关键是基于自身利益需求的管理层故意风险和由于市场环境动荡引起的顺周期效应等管理层非故意风险。内部控制是企业风险管理的核心部分，在公司运营过程中评价、监督和防范企业风险，维护企业的生存发展，内部控制过程实际上就是一个风险管理的过程（施先旺，2008）。方红星和金玉娜（2011）研究表明，利用会计选择及真实活动进行的盈余管理都会在内部控制质量高的企业中受到抑制。所以，高质量的内部控制能够防范股东和管理层对剩余控制权的滥用，抑制内部人因关系型交易诱发的盈余操控行为，降低机会主义会计政策选择的可能性，从而保护利益相关者（供应商/客户）的利益。因此，内部控制的风险管理功能一定程度上可能会抑制企业对公允价值的选择。综上所述，提出假设 2：

H2：在其他条件不变的情况下，随着内部控制质量的提高，会减弱因关系型交易而选择对投资性房地产后续计量使用公允价值的可能性。

三、研究设计

（一）样本选择与数据来源

选用 2007—2016 年沪深 A 股上市公司中房地产业公司为研究样本，并剔除了相关数据缺失的公司，最后得到的样本数是：供应商关系交易（Supply）354 个，客户关系交易（Customer）534 个。对于部分投资性房地产项目所使用会计政策披露缺失的公司以及向前五大供应商采购比例和向前五大客户销售比例数据均手工搜集自公司公开披露的年报，内部控制指数数据来源于迪博数据库，其他财务数据来源于 CSMAR 和 WIND 数据库。为了剔除异常值的影响，对模型中所有连续变量进行上下 1% 的缩尾处理，前期运用 Excel 进行数据处理，统计软件为 STATA13。

（二）模型设计与变量定义

1. 模型设定。建立如下 logit 回归模型对研究假设进行验证。

$$LogitP(FV = 1)_{i,t+1} = \beta_0 + \beta_1 IC_{i,t} + \beta_2 Supply_{i,t} + \beta_3 Customer_{i,t} + \beta_4 Supply_{i,t} * IC_{i,t} + \beta_5 Customer_{i,t} * IC_{i,t} + \beta_6 Size_{i,t} + \beta_7 Lev_{i,t} + \beta_8 Roe_{i,t} + \beta_9 Growth_{i,t} + \beta_{10} Ipa_{i,t} + \beta_{11} Top10_{i,t} + \beta_{12} Bhldn_{i,t} + \beta_{13} Salary_{i,t} + \beta_{14} Dual_{i,t} + \beta_{15} Age_{i,t} + \beta_{16} State_{i,t} + \beta_{17} Outsize_{i,t} + \beta_{18} Big4_{i,t} + \beta_{19} Mark-et_{i,t} + \beta_{20} ICI_{i,t} + \sum Year + \sum Ind + \varepsilon$$

2. 变量定义。模型中的被解释变量 FV 为二因素变量，即房地产上市企业是否采用公允价值对持有投资性房地产进行后续计量，若采用，则定义为 1，否则为 0。模型中被解释变量被滞后一期以避免内生性。

模型中的解释变量为供应商关系交易 Supply 和客户关系交易 Customer，借鉴张敏和马黎珺（2012）的研究，以向前五大供应商的采购比例以及向前五大客户的销售比例作为关系交易程度的度量，该指标越大，表明企业关系交易程度越高。Supply * IC 与 Customer * IC 分别是供应商/客户关系型交易与内部控制的交乘项，根据假设 2，预期交乘项的系数显著为负。

在借鉴相关研究的基础上，还控制了其他一些相关变量，具体变量解释见表 3－16。

表 3－16　　　　变量定义表

类型	变量名	符号	变量定义
被解释变量	计量模式选择	FV	t+1 年年报中投资性房地产后续计量采用公允价值则取 1，否则取 0
解释变量	供应商关系型交易	Supply	前五大供应商采购额占全年采购额的比重
	客户关系型交易	Customer	前五大客户销售额占全年总销售额比重
	内部控制水平	IC	迪博数据库的内部控制指数除以 100
控制变量	公司规模	Size	总资产的自然对数
	资产负债率	Lev	期末总负债与期末总资产的比值
	盈利能力	Roe	期末净利润/期末净资产
	成长能力	Growth	（本年营业收入－上年营业收入）/上年营业收入
	投资性房地产比重	Ipa	期末投资性房地产的账面价值/期末总资产的账面价值
	前十大股东持股比例	Top10	前十大股东持股数占年末总股数的比重
	高管持股比例	Bhldn	高管年末持股总数/总股数
	高管薪酬	Salary	高管前三名薪酬总额取自然对数
	两职合一	Dual	哑变量，董事长和总经理是否兼任，兼任取 1，否则取 0
	公司年龄	Age	已上市年限的自然对数
	产权性质	state	哑变量，若为国有企业取 1，否则取 0

续表

类型	变量名	符号	变量定义
	独立董事比例	Outsize	独立董事人数占董事总人数的比例
	审计师选择	Big4	哑变量，出具审计报告的事务所若为国际四大则取1，否则取0
	市场化进程	Market	王小鲁、余静文和樊纲2016年发布的《中国市场化八年进程报告》中披露的市场化进程指数
	行业总景气指数	ICI	为“国务院发展研究中心行业景气监测平台”披露的年度行业总景气指数监测数据，衡量宏观经济发展情况
	年份	Year	以2009—2016年的数据为研究样本，控制年份

四、实证结果与分析

（一）描述性统计

表3－17的描述性统计结果显示：(1) 公允价值（FV）的均值为0.136，表明选取的样本中使用公允价值对投资性房地产进行后续计量的企业仅占13.6%，中位数为0，也说明了没有使用公允价值的占多数。自2007年我国实施公允价值会计准则以来，已经有10年了，但公允价值计量仍没有达到广泛且全面的应用。(2) 供应商/客户关系交易的均值分别为0.393和0.185，其中供应商集中度的最小值为0.058，最大值为0.847，客户集中度的最小值为0.010，最大值为0.730。最小值和最大值之间相差较大，表明上市房地产企业前五大供应商采购比例或前五大客户销售比例差距很大，这也为后续的研究提供了很好的机会。(3) 内部控制均值为6.690，最小值为0，最大值为9.813，同样说明了目前我国上市公司内部控制质量的差距较大。

表3－17　主要变量描述性统计分析

变量	均值	标准差	最小值	中位数	最大值
FV	0.136	0.343	0	0	1
Supply	0.393	0.228	0.058	0.359	0.847
Customer	0.185	0.206	0.010	0.099	0.730
IC	6.690	1.204	0	6.850	9.813
Size	23.010	1.215	20.830	22.950	25.350
Lev	0.645	0.151	0.318	0.669	0.871
Roe	0.102	0.081	－0.056	0.094	0.270
Growth	0.176	0.205	－0.114	0.131	0.659
Ipa	0.0637	0.080	0.002	0.030	0.309
Top10	0.413	0.227	0.038	0.432	0.788

续表

变量	均值	标准差	最小值	中位数	最大值
Bhldn	0.003	0.010	0	0	0.046
Salary	14.60	0.773	13.26	14.55	16.17
Dual	0.128	0.334	0	0	1
Age	16.010	4.348	6.929	16.520	22.780
State	0.533	0.499	0	1	1
Outsize	0.373	0.045	0.333	0.357	0.455
Big4	0.118	0.323	0	0	1
Market	11.030	1.201	8.370	11.250	12.660
ICI	104.214	1.053	103.230	103.900	106.170

（二）相关性分析

表3－18是主要变量的相关性检验结果。绝大多数变量间的相关系数都小于0.5，最高为0.531，进一步进行collin共线性检验，VIF值全部小于5，说明变量间不存在严重的多重共线性问题。通过相关性分析我们发现，供应商/客户集中度与公允价值呈正相关关系，表明供应商/客户关系型交易比例越高，企业使用公允价值的动机越强。而内部控制质量与供应商/客户集中度呈显著负相关关系，说明内部控制质量的提高能降低企业的关系交易集中度。

（三）多元回归分析

表3－19中的第（1）列和第（3）列分别考察了供应商/客户关系交易对公允价值选择的影响。在对企业规模、产权性质、资产负债率、高管薪酬、审计师选择、市场化进程等企业内外部特征以及年份进行控制后，我们发现供应商集中度与公允价值在10%水平上显著正相关，客户集中度与公允价值在5%水平上显著正相关，表明了当关系型交易比例增加时，企业会显著增强公允价值的使用动机，即对投资性房地产的后续计量模式采用或改用公允价值计量，假设1a得以验证。

表3－19中的第（2）列和第（4）列报告了交乘项的回归结果，其中第（2）列为供应商集中度与内部控制交乘作用下的回归结果，第（4）列为客户集中度与内部控制交乘作用下的回归结果。我们在控制影响公允价值的相关变量的基础上，考察了内部控制是如何作用于供应商/客户集中度与公允价值之间的关系的，发现IC与Supply的交互项与FV在1%水平上显著负相关，IC与Customer的交互项与FV在10%水平上显著负相关，表明在内部控制质量高的企业中，由关系交易增多而增强的公允价值的使用动机会受到抑制，假设2得以验证。

表 3-18 主要变量相关性分析

	FV	Supply	Customer	IC	Size	Lev	Roe	Growth	Ipa	Top10	Bhldn	Salary	Dual	Age	State	Outsize	Big4	Market	ICI
FV	1																		
Supply	0.063	1																	
Customer	0.017	0.237***	1																
IC	0.046	-0.268***	-0.216***	1															
Size	0.233***	-0.430***	-0.324***	0.459***	1														
Lev	0.152***	-0.338***	-0.376***	0.102***	0.531***	1													
Roe	-0.027	-0.180***	-0.255***	0.420***	0.258***	0.193***	1												
Growth	0.110***	-0.179***	-0.081**	0.196***	0.295***	0.293***	0.290***	1											
Ipa	0.259***	0.090**	0.156***	-0.051	-0.034	-0.222***	-0.136***	-0.111***	1										
Top10	0.012	-0.084*	-0.029	0.057	0.249***	0.115***	-0.079**	-0.096***	0.105***	1									
Bhldn	-0.041	-0.034	-0.134***	-0.004	0.083**	0.065*	0.097***	0.025	-0.111***	-0.014	1								
Salary	0.247***	-0.379***	-0.348***	0.315***	0.657***	0.310***	0.289***	0.217***	0.038	0.170***	0.112***	1							
Dual	-0.058	0.015	-0.070*	-0.054	-0.016	0.054	-0.016	0.033	-0.146***	-0.132***	0.091**	0.008	1						
Age	0.023	0.204***	0.027	-0.212***	-0.040	-0.054	-0.125***	-0.121***	0.179***	0.145***	-0.127***	0.016	0.027	1					
State	-0.204***	0.114**	0.082**	0.001	-0.031	-0.011	-0.098***	-0.087**	0.027	0.087**	-0.265***	-0.208***	-0.062*	0.137***	1				
Outsize	-0.058	0.025	0.078**	0.029	0.124***	-0.026	-0.106***	-0.057	0.102***	0.077**	-0.002	-0.084**	0.093***	-0.010	0.071**	1			
Big4	-0.038	-0.197***	-0.016	0.150***	0.215***	-0.025	-0.050	-0.055	0.303***	0.128***	-0.092***	0.211***	-0.106***	0.014	-0.068*	0.071**	1		
Market	-0.160***	-0.062	-0.040	0.155***	0.189***	0.054	0.067*	0.061*	0.101***	0.031	0.052	0.152***	-0.103***	0.136***	0.013	0.058	0.090**	1	
ICI	-0.123***	-0.058	0.040	0.158***	-0.205***	-0.048	0.092***	0.002	-0.043	-0.192***	-0.016	-0.193***	-0.015	-0.294***	0.034	-0.037	-0.031	-0.012	1

注：*、**、*** 分别表示在 10%，5%，1% 水平上显著。

表 3－19　　关系交易、内部控制与公允价值的回归结果

	FV			
	(1)	(2)	(3)	(4)
Supply	2.542 * (1.78)	9.476 *** (3.22)		
Customer			2.347 ** (2.14)	6.225 ** (2.50)
IC	－1.313 ** (－2.47)	－0.802 (－1.40)	－0.196 (－0.51)	0.070 (0.16)
IC × Supply		－1.067 *** (－2.65)		
IC × Customer				－0.632 * (－1.69)
Size	3.068 *** (5.38)	3.253 *** (5.39)	2.008 *** (5.35)	1.966 *** (5.20)
Lev	－3.528 (－1.28)	－2.562 (－0.89)	0.424 (0.22)	1.196 (0.59)
Roe	－10.54 *** (－2.70)	－11.36 *** (－2.78)	－9.892 *** (－3.08)	－10.48 *** (－3.19)
Growth	2.286 (1.56)	2.378 (1.54)	1.002 (0.90)	1.122 (1.00)
Ipa_w	20.16 *** (5.62)	23.06 *** (5.59)	16.28 *** (6.08)	17.05 *** (6.07)
Top10	－0.006 (－0.57)	－0.008 (－0.75)	－0.007 (－0.82)	－0.007 (－0.79)
Bhldn	－53.980 (－1.56)	－55.130 (－1.55)	－56.330 ** (－2.01)	－56.620 ** (－2.02)
Salary	0.487 (0.96)	0.447 (0.84)	0.471 (1.20)	0.480 (1.21)
Dual	－0.217 (－0.24)	－0.200 (－0.21)	－0.772 (－1.05)	－0.971 (－1.29)
Age	0.158 * (1.90)	0.153 * (1.87)	0.086 (1.35)	0.089 (1.41)
State	－2.354 *** (－4.08)	－2.503 *** (－4.11)	－2.717 *** (－5.72)	－2.860 *** (－5.76)
Outsize	－15.540 *** (－2.59)	－15.850 ** (－2.56)	－12.440 ** (－2.55)	－11.950 ** (－2.41)

续表

	FV			
	(1)	(2)	(3)	(4)
Big4	-4.392*** (-4.58)	-4.905*** (-4.73)	-4.396*** (-5.41)	-4.557*** (-5.49)
Market	-1.282*** (-4.52)	-1.369*** (-4.54)	-1.172*** (-5.80)	-1.174*** (-5.74)
ICI	4.403** (2.27)	4.481** (2.29)	1.200 (0.88)	1.230 (0.90)
_cons	-508.700** (-2.48)	-523.500** (-2.52)	-161.700 (-1.13)	-166.500 (-1.16)
年份	控制	控制	控制	控制
N	354	354	534	534
pseudoR^2	0.583	0.599	0.515	0.521

注：***、**、*分别表示在1%、5%、10%的水平上显著。已对回归方程中异方差问题进行了检验和处理，提供的Z值经过异方差稳健修正。以下表格同此。

（四）内生性检验

供应商/客户关系型交易与公允价值之间可能存在互为因果关系，即在关系交易比例不断增加时，为了维持这种信任关系，企业倾向于选择灵活且更具价值相关性的公允价值，但当采用了公允价值之后，不论是考虑到公允价值带来的风险还是收益，企业都会想要进一步增加关系交易，以进一步降低交易成本。

根据已有文献研究，滞后的解释变量可以满足工具变量的外生性假设，我们将滞后一期的供应商/客户关系交易作为工具变量，同时建立第一阶段的回归模型，如下所示：

$$Supply_{i,t}/Customer_{i,t} = \beta_0 + \beta_1 Supply_{i,t-1}/Customer_{i,t-1} + \beta_2 IC_{i,t} + \beta_3 Control + \varepsilon$$

从表3-20的第一步回归结果可以看出，Supplyi，t-1和Customeri，t-1均在1%水平上显著相关，说明滞后一期的工具变量具有较强的解释力。同时，我们发现表3-20的回归结果与表3-19的回归结果基本一致。因此，内生性问题并未对实证分析结论产生较大影响。

表3-20　两步法回归分析结果

解释变量	第一步	第二步	第一步	第二步
	$Supply_{i,t}$	$FV_{i,t}$	$Customer_{i,t}$	$FV_{i,t}$
Supply		4.897** (2.310)		
$Supply_{i,t-1}$	0.458*** (8.88)			

续表

解释变量	第一步	第二步	第一步	第二步
	$Supply_{i,t}$	$FV_{i,t}$	$Customer_{i,t}$	$FV_{i,t}$
Customer				3.345*** (2.68)
$Customer_{i,t-1}$			0.553*** (14.32)	
IC	-0.011 (-0.50)	-0.019 (-0.06)	-0.012 (-0.85)	0.112 (0.42)
Size	-0.011 (-0.72)	1.537*** (4.72)	-0.009 (-0.85)	1.222*** (5.42)
Lev	-0.310*** (-3.37)	2.823 (1.22)	-0.216*** (-3.48)	2.043 (1.40)
Roe	0.210 (1.30)	-7.823*** (-2.68)	-0.170 (-1.56)	-3.354 (-1.54)
Growth	0.019 (0.35)	-1.017 (-1.09)	0.067 (1.75)	-0.878 (-1.22)
Ipa	0.125 (0.93)	10.590*** (4.85)	0.073 (0.79)	10.580*** (6.27)
Top10	-0.001 (-1.51)	0.007 (0.87)	0.000 (0.15)	-0.002 (-0.28)
Bhldn	2.002** (2.18)	-22.910 (-1.07)	-0.195 (-0.28)	-13.250 (-0.87)
Salary	-0.017 (-0.87)	0.701** (2.03)	-0.014 (-1.08)	0.250 (1.04)
Dual	-0.053 (-1.64)	-0.443 (-0.68)	-0.018 (-0.80)	-0.669 (-1.37)
Age	0.004** (1.46)	0.056 (1.15)	0.000 (0.21)	0.051 (1.34)
State	0.063*** (2.86)	-1.453*** (-3.42)	0.008 (0.55)	-1.423*** (-5.08)
Outsize	0.320 (1.35)	-9.103** (-2.17)	0.274* (1.71)	-7.233** (-2.36)
Big4	-0.073*** (-2.22)	-2.206*** (-3.86)	-0.004 (-0.17)	-2.608*** (-5.54)
Market	-0.015 (-1.60)	-0.587*** (-3.26)	-0.004 (-0.62)	-0.693*** (-5.64)

续表

解释变量	第一步	第二步	第一步	第二步
	$Supply_{i,t}$	$FV_{i,t}$	$Customer_{i,t}$	$FV_{i,t}$
ICI	-0.013	0.527***	0.005	0.174
	(-1.12)	(2.59)	(0.60)	(1.28)
_cons	2.310*	-96.730***	0.161	-44.320***
	(1.74)	(-3.56)	(0.18)	(-2.74)
年份	控制	控制	控制	控制
N	308	308	476	476

（五）稳健性检验

为了验证以上回归结果的可靠性，进行了稳健性检验：（1）在衡量关系交易时，我们借鉴王少飞等（2010）的做法，将供应商/客户关系型交易联合起来进行检验，即使用前五大供应商的采购比例和前五大客户的销售比例两者之中的较小值来度量关系交易程度，回归结果基本保持不变。（2）ST 公司在财务状况等方面情况比较特殊，可能会对研究结论产生影响，因此剔除当年被 ST 的公司后，回归结果没有实质性变化。（3）将内部控制指数按均值分为内部控制质量高和低两组，内部控制质量高组为 1，低组为 0。在计算所有解释变量的平均边际效应后发现，在 IC = 1 组 supply 和 customer 的平均边际效应均小于 IC = 0 组，与前文研究结果基本一致。

第四节　关系交易、内部控制与盈余管理

盈余管理似乎已经进入"学术丛林"，国内外学者针对盈余管理的动机与经济后果形成了大量的研究成果。但是很遗憾的是，以往的研究大多将盈余管理作为一种信号机制，鲜有从信任视角出发进行研究的，而且也很少关注到中国企业关系交易的特有经济形态，因而问题就来了：盈余管理行为会影响企业间的信任关系与信任程度吗？如何看待关系交易特征明显的中国企业的盈余管理行为？正在逐步强化并完善的企业内部控制能否在其中起到重要的修正与纠偏作用？本节不同于以往单纯从内部控制这一规则治理机制出发研究盈余管理的文献，转而引入关系型交易这一关系治理机制和中国企业间鲜明的关系交易形态，探讨两种不同的治理机制及其交互作用对上市公司应计盈余管理和真实盈余管理行为的影响。检验结果表明，随着供应商/客户关系交易比例的增加，上市公司进行正向应计盈余管理和真实盈余管理的程度越严重；进一步研究发现，高质量内部控制有助于抑制供应商关系型交易诱发的正向应计盈余管理和真实盈余管理，但是对客户关系型交易诱发的应计/真实盈余管理无显著影响。本节引入真实盈余管理，进一步丰富了高质量内部控制抑制盈余管理行为的经验证据，而且拓展了"关系治理"和"规则治理"如何相互作用

并最终影响企业盈余的研究文献。

一、问题提出

关系作为效用很高的一种互利互惠工具，越来越广泛地被引入到商业交易中。自20世纪80年代，日本汽车制造企业依靠与供应商之间的合作关系取得巨大成功以来，已有研究发现，企业间关系交易活动的具有两面性——降低交易成本与诱发机会主义行为。一方面，企业之间通过建立关系交易，形成供应商/客户关系一体化的关系，能够降低交易成本、提高生产差异性、减少经营失误、创造持续的关系租，是提升合作双方的关系质量、获取长期的竞争优势、增强企业竞争力的必要条件（Johnson et al.，1999；Dyer et al.，2003；Allen 和 Babus，2008；Khanna 和 Thomas，2009 ；Bunkanwanich et al.，2008；Chen et al.，2009；Kong，2011）。但是另一方面，基于机会主义视角的经验证据却发现企业的关系交易可能导致机会主义、道德风险、双方内部人员合谋、转移公司财富等问题（Tirole，1986；Johnson et al.，2000；Jian et al.，2010），对公司治理、会计信息质量、股价同步性存在较大的负面影响（Jin 和 Myers，2006；Fan et al.，2007；Cohen 和 Frazzini，2008；Devos et al.，2009；Dou et al.，2010；李增泉等，2011）。因此，基于上述关系交易对企业影响的正反两方面证据，关于关系型交易后果的研究还需进一步深入探讨。

在企业与其供应商/客户的关系型交易中，随着彼此相互依赖的增加以及环境不确定性的影响，使交易双方都有通过一定的治理机制来控制和协调交易对象的合作行为的需要。内部控制作为一种制度安排，已经成为财务报告质量（这是关系型交易的重要前提与治理基础）的可靠保证（Maksimovic 和 Titman，1991；Chen et al.，2009），已有研究发现内部控制有助于抑制盈余管理行为，提高盈余质量（Doyle et al.，2007；Kam et al.，2008；Ashbaugh - Skaife et al.，2008；Altamuro et al.，2010；方红星和金玉娜，2011；董望、陈汉文，2011；范经华等，2013）。但是这些研究文献主要是基于应计盈余（Accrual Earnings）视角进行的。然而，随着法律制度与会计准则的日臻完善，操纵应计项目的盈余管理方式更容易引起审计师和监管者的注意，上市公司利用应计项目进行盈余管理的空间越来越小，而扩大生产、调整价格、削减研发支出等真实盈余管理则具有很强的迷惑性和隐蔽性，模糊或粉饰公司业绩水平（Dechow 和 Skinner，2000）的后果更为严重，因此许多公司便“与时俱进”地转向利用更加隐蔽的真实活动进行盈余管理（Bruns 和 Merchant，1990；张俊瑞等，2008），应计与真实盈余管理是公司基于内外部环境进行综合权衡后的一个选择结果（刘启亮等，2011）。因此，本节关注的问题是：在中国缺乏完善的外部法律保护机制的特有背景下，依靠基于关系、声誉的信任而构建的相对狭小的企业关系型交易是否成为诱发企业盈余管理行为的一个重要因素？关系型交易对于不同方式的盈余管理——应计盈余管理和真实盈余管理的影响是否存在差异①？如果进一步考虑内部控制的规则治理因素，则关系型交易对企业应计盈余管理与真实盈余管理的影响将产生怎样的变化？

综合以上分析，本节基于关系信任视角，探讨两种不同的治理机制及其交互作用对上市公司应计盈余管理和真实盈余管理行为的影响。可能的贡献在于：(1) 相对于应计盈余管理而言，真实盈余管理的操作过程更加复杂、周期也更长，需要更多部门相关人员、特别是供应商/客户的配合。本节引入关系型交易，拓展了企业真实盈余管理与其供应商/客户之间关联的研究文献；(2) 研究发现关系型交易增强了企业的盈余管理动机，降低了企业的盈余质量。而内部控制作为财务报告生成的内在制度约束机制，有助于缓解因关系交易而诱发的盈余管理行为。这一研究成果不仅为如何降低关系交易的机会主义负面影响提供了一种有益的思路和方法，而且为正式制度如何弥补非正式制度缺陷提供了经验证据；(3) 对内部控制经济后果的文献拓展。本节更加突出了内部控制的信息交流机制抑制供应商和客户关系交易可能出现的盈余管理行为的作用机理的认识，进一步拓展了“关系”和“规则”如何相互影响企业会计信息质量问题的研究文献。

二、理论分析与假设提出

在新兴市场，由于各类市场机制不尽完善，企业通过市场进行交易的成本通常非常高昂，人们会倾向于采用关系型交易替代离散型交易②。Johnson et al. (2000) 对转轨经济中企业关系合约的研究发现，在法律保护不好的国家，企业更倾向于与自己有关系的企业签订合同，企业内和企业间充满了关系交易。“关系”维持的时间越长，企业在未来可能获取的溢价就越多（MacLeod，2007）。因此，关系型契约成为转轨经济国家的一种减少信息不对称、增强信任、防反欺诈、促进互惠的长期博弈治理机制（唐志军等，2012）。一方面，内涵于“伦理本位的儒家文化”使得“关系”成为中国社会中的一种重要资源，法律等显性制度在中国社会生活中所起作用远不如其在西方规则性社会中所起的作用大；另一方面，处于经济转型期的中国，由于产权界定和保护不力，法律体系不健全且执行成本高，对投资者的保护较弱，为了克服市场残缺带来的信息不对称以及法律执行的不足，也更加强化了中国企业对关系交易行为的需求。然而，交易型交易可能产生正反两方面的效

---

① 应计盈余管理主要是利用会计政策和会计估计进行，这类盈余管理手段通常只影响不涉及现金流量的应计项目（应计项目是权责发生制的结果），而不影响各期实际的现金流量，即只影响会计盈余在各期的分布，而不影响会计盈余的总额；而真实盈余管理则是通过安排真实交易实现的，是公司管理层通过构造具体交易并控制交易发生时间所进行的盈余管理。这类盈余管理手段通常既影响各期盈余，也影响各期实际的现金流量，并且通常不会增加公司价值，反而会伤害到公司的长期价值；此外，由于真实盈余管理在具体交易安排上存在差异，如通过资产处置、关联交易等基于非经常性损益项目的盈余管理更易于识别（Chen and Yuan，2004），而通过调整价格和产量或削减研发支出等真实盈余管理则具有很强的迷惑性和隐蔽性，且与真实的经营活动难以区分。

② 离散交易（discrete transactions，中文译法还不统一，目前有个别性交易、单项交易、个别型或离散型交易、非连续性交易等）是指每笔交易是可清算的，交易之间没有关联，信息是对称的，第三方可观察、可证实的。这种交易者的行动完全是由价格机制所引导的，纯粹的离散交易在现实世界中是很少的。在原始社会最接近的可能是简单的物物交换，在现代社会最接近的是股票交易和商品零售交易。

应，交易者既可以通过关系型交易创造较高水平的关系租金，成为交易各方赢得跨组织竞争优势的必备条件之一；也可能致使交易者随着关系型交易比例的提高而承受较高的机会主义风险。因此，对于交易者而言，更为关注的问题就是了解关系交易中可能存在哪些负面效应，可以通过哪些方式提高关系型交易的正面效应并（或）抑制其负面效应，进而从交易关系中获得满意的收益。

作为公司重要的利益相关者，供应商/客户对公司的战略、经营业绩等诸方面都具有决定性的影响（Freeman，1984），因此，公司有很强的动机与它们建立长期的合作关系。但是，要建立这种合作关系，前提条件是公司本身正处于健康发展状态，以缓解合作者对风险的担心。上市公司为了维持或吸引更多的供应商/客户的关系交易，就需要向供应商/客户传递企业财务状况良好、会计业绩稳步上升的预期，向供应商/客户展示良好的经营业绩，而反映在财务报表中则表现出较高的盈利水平。因此，企业为了达到缔结并进而维系与其主要供应商和客户的关系交易，往往会在会计准则允许的范围内采用最符合企业利益的会计政策，或"构造"真实的交易事项，对企业的盈余信息进行调整或控制。信息不对称是盈余管理存在的根本前提（Demski 和 Sappington，1987）。Ball et al.（2000）的研究发现，依赖"关系"进行交易的企业，由于利益相关主体之间有私下信息沟通机制来规范双方行为（Klein et al.，1978；Williamson，1979），无须依赖公开披露的信息，从而降低了企业的信息透明度。程新生等（2011a）发现在以关系为基础的经济社会中，拥有更多关系网的价值越高的公司为避免由于披露所带来的高额专有成本，往往倾向于选择低披露水平。而企业在面临来自供应商/客户的压力时，更倾向采取增加可供操纵的应计项目等盈余手段来提高利润，满足这些非财务利益相关主体的预期（Graham et al. 2005；Raman 和 Shahrur，2008）。Bowen et al.，（1995）发现供应商/客户与企业的隐性契约更容易促使企业的管理层选择提高长期业绩的会计政策，如先进先出法和直线折旧政策等。Raman 和 Shahrur（2008）的研究也表明，为诱使供应商/客户进行更多的关系型交易关系，企业提供了一种虚假的承诺——采用增加可供操纵的应计项目等盈余手段来提高利润。但是这种盈余管理下的会计利润一旦被交易伙伴识别，反而会破坏双方的关系型契约。Dou et al.（2013）的研究进一步证明，供应商/客户关系交易的增多加剧了企业的盈余管理行为。

自从爆发安然、世通等一系列与盈余管理有关的会计丑闻以来，各国政府部门一方面制定从紧的会计准则和严谨的内部控制制度，另一方面加强监管审查和提高法律诉讼的概率，以期最大限度地缩小企业利用盈余管理操纵利润的空间。然而，相关研究显示，上市公司仍然在进行盈余管理，所不同的是，盈余管理方式发生了明显的变化（Cohen et al.，2008）。近些年来，国内外越来越多的研究表明，随着会计准则的日臻完善、证券市场外部监管以及面临会计师事务所的外部审计监管力度的不断加强，公司管理层在进行应计盈余管理时面临的压力越来越大，而且利用应计项目调增利润的额度毕竟有限，单靠应计项目管理盈余可能会使公司面临期末盈余不能达标的风险（Graham et al.，2005）。因此，操控应计盈余项目并非公司管理层盈余管理的唯一途径，经营者还可以利用销售操控、削弱研发费用开支等途径非最优化地调整公司内在经济活动（Herrmann et al.，2003；Graham et al.，2005；Roychowdhury，2006）。此外，真实盈余管理因为需要部门甚至相关利益者（尤其是客户与供应商）的配合，因此真实的盈余管理从某种意义上更好地沟通了客户与供应商之间的关联。Graham et al.（2005）的研究发现，由于受到来自供应商/客户的压力，企业更倾向于通过盈余管理的方式来满足这些利益相关主体的预期，以改善与它们的交易关系和商业条款，并且其调查发现企业经理更喜欢用真实活动操控来调节报告盈余。国内的相关研究也表明，我国的上市公司中普遍存在盈余管理现象，企业通常采用应计盈余管理和真实盈余管理两种方式同时或替代性地操纵利润（刘启亮等，2009；李增福等，2011）。综合以上分析，提出假设1：

H1：限定其他条件，供应商/客户关系型交易比例越高，上市公司应计或真实盈余管理的程度越严重。

企业间的交易可以获取专业化分工带来的收益，前提是法治良好市场的支持（Coase，1988）。建立在一定信任、合作基础上的关系交易，无疑会有助于更复杂、持续时间更长的契约的执行，良好的关系交易不仅不会破坏以规则为基础的治理秩序，反而能够补充规则治理的不足。然而，当关系交易引致“锁定”效应和因之而产生较高的转换成本、并导致价值贬损问题时，侧重于产权明晰、控制权配置的规则治理则又反过来拓宽人们的交易范围，从而弱化关系对企业过多约束的负面影响。因此，当面临复杂、风险更大的交易时，将灵活、双边、持续的关系治理和明确的契约条款相结合，有助于交易履行更加顺畅。Poppo 和 Zenger（2002）的研究发现，关系治理与正式契约之间存在互补关系，在复杂、高风险的交换关系中，同时采取正式契约治理和关系治理的效果要好于只采取其中一种治理措施的效果。

以双边长期合作形成的关系为基础的关系治理，一方面可以促成双边的合作，但另一方面也可能导致双边的垄断，表现为企业更依赖与主要供应商和客户进行商业交易，并且关系型交易的建立也意味着交易双方的相互依赖性不断增强，更容易形成“双方锁定”（Klein et al.，1978），使双方都无法轻易退出交易，否则就会导致双边利益的损害，使得交易者具有很高的转换成本。正是这种锁定效应带来的高成本，使得关系型交易往往被局限于一个狭小的范围内。随着交易范围的不断扩大，与新的投资者的联系便不再会那么顺畅，企业间整体的一致性会逐渐削弱，信息传递的质量和违约惩罚的可置性也会随之而衰减（Greif 和 Avner，1997），不诚实的行为时有发生，关系交易的维护就变得日渐困难了。而此时，若引入包括内部控制在内的规则治理，将有助于扩大交易范围，从而大大降低了关系治理成本。

国内外监管机构相继出台的一系列关于内部控制的政策规范表明，强化企业内部控制已日益成为世界各国强化规则治理、提高公司治理水平的重要手段。首先，良好的内部控制可以优化公司内部环境，提高公司治理水平。在一个组织结构和权责分配不合理的内控环境下，其企业文化很可能就是“老大”文化，常常是经理一个人说了算。而内部控制作为企业运作的一种内在制度安排，通过明确企业内部契约各方的职责和收益，制定相关的游戏规则（如“三重一大”集体决策制度），在企业中建立相互制约业务组织架构和业务流程，并对各部门的职责进行分工，实现相互监督的状态，确保所有的政策、程序都按照相关的法律和规定执行，可有效地控制、限制经理人的机会主义行为，减少经理人机会主义会计选择的可能性（魏明海等，2007），防止财务报告舞弊和盈余操控。Chan et al.

(2005) 研究发现存在内部控制缺陷的公司操纵性应计指标在统计上显著高于其他公司。Ashbaugh - Skaife et al. (2008) 研究了内部控制缺陷及其调整对应计质量的影响，发现披露内部控制缺陷的公司具有较高的非正常性盈余。Altamuro et al. (2010) 则发现对内部控制的监管可以提高盈利的持续性，增加未来现金流的可预测性，进而有助于提高财务报告的质量。刘炜松等 (2005) 研究发现完善的内部控制形成了严谨的内部制衡关系，可以有效地防范会计信息失真，抑制盈余管理。张军等 (2009) 研究发现实施内控审核后，操纵性应计项明显降低。方红星、金玉娜 (2011) 研究发现高质量的内部控制能够抑制公司的会计选择盈余管理和真实活动盈余管理；其次，良好的内部控制可降低信息不对称。内部控制是为财务报告的可靠性和合规性提供合理保证的过程 (SEC，2003)，高质量的内部控制不仅有助于提高财务报告质量 (Doyle et al.，2007a；Ashbaugh - Skaife et al.，2008；Altamuro et al.，2010)，减小财务报告的信息不确定性，使股东、债权人及供应商/客户等利益相关者获得更加真实的公司盈利能力和经营状况等方面的信息，减少由于错误的定价或决策带来的损失。还能约束内部人的机会主义行为，限制经理人和大股东对剩余控制权的滥用，保护利益相关者的利益不受侵占；再次，内部控制五大要素之一的控制活动，如规范的授权审批控制、复核控制、会计系统控制、预算控制等，有助于及时发现公司内部契约各方发生的非主观故意性的随机错误。最后，内部控制贯穿于企业活动的全过程，全面涵盖了财务报告控制、采购业务控制、销售业务控制、资金活动控制、资产管理控制、研究与开发控制和工程项目控制等诸多方面，从资金筹措、采购、生产、销售、货币资金管理及投资支出等方面对企业经营的全过程都会产生实质性的影响。因此，高质量内部控制不仅可以提高财务报告盈余信息质量，同时可以防止公司不当行为的实际发生。

内部控制这种权责分明的内部治理机制，是企业利益相关者之间实现权力制衡的基本措施 (杨雄胜，2005)，能够进一步拓宽企业间的交易范围，有利于弱化关系对于交易双方的约束。进一步的，当企业内部控制制度不断完善时，也能够满足了供应商/客户对于企业高质量会计信息的需求，减少因关系交易诱发的管理层及大股东的机会主义会计行为。综合以上分析，提出假设 2：

H2：限定其他条件，高质量的内部控制有助于缓解上市公司供应商/客户关系型交易诱发的应计或真实盈余管理行为。

三、研究设计

(一) 样本来源

选取 2007—2016 年我国沪深 A 股上市公司作为研究样本，并剔除了原始样本中金融保险业、ST/PT 上市公司以及相关数据缺失的公司。同时为了避免极端值对研究结果的影响，对研究样本中所有连续变量的上下 1% 进行了 Winsorize 处理，最终获得供应商关系型交易样本 1907 个，客户关系型交易样本 2925 个。上市公司财务数据、公司治理数据来源于中国股票上市研究 (CSMAR) 数据库、万德 (WIND) 数据库以及其他公开数据的手工搜集及处理，内部控制指数数据来源于中国上市公司内部控制指数研究课题组和深圳迪波公司，并对部分存疑数据进行了相互核对。数据前期处理工具为 EXCEL，统计软件为 SAS9.1 和 STATA11.0。

（二）模型构建

1. 应计盈余管理模型。

$$DA = \alpha + \beta_1 Rsi + \beta_2 Icid + \beta_3 Icid * Rsi + \beta_4 Size + \beta_5 Roa + \beta_6 Lev + \beta_7 Drem + \beta_8 State + \beta_9 Rpt + \beta_{10} Top1 + \beta_{11} TobinQ + \beta_{12} Seo + \beta_{13} Ato + \beta_{14} Du + \beta_{15} Comp + \beta_{16} Big4 + \beta_{17} Age + \beta_{18} Loss + Ind + Year + \varepsilon$$

模型中的被解释变量 DA 是操控性应计盈余管理，采用由 Jones 模型演变而来的截面修正的 Jones 模型将可操纵利润从应计利润中分离出来，衡量上市公司的盈余管理。在截面修正的 Jones 模型中，非操纵利润采用事件期（即假设的盈余管理发生期）数据进行估计，其具体模型如下：

$$NDA_t = \partial_1 \frac{1}{A_{t-1}} + \partial_2 \frac{\Delta REV_t - \Delta REC_t}{A_{t-1}} + \partial_3 \frac{PPE_t}{A_{t-1}} \qquad (3-7)$$

上式中，NDA_t 是经过 t-1 期期末总资产调整后的第 t 期的非操纵应计利润；A_{t-1} 表示第 t-1 期末总资产；ΔREV_t 第 t 期收入和 t-1 期收入的差额；ΔREC_t 表示第 t 期净应收款和第 t-1 期净应收款的差额；PEE_t 表示第 t 期末总厂房、设备等固定资产价值。∂_1、∂_2、∂_3 是不同行业、不同年份的特征参数。这些特征参数的估计值根据以下模型，并运用估计期各项数值进行回归取得：

$$\frac{TA_t}{A_{t-1}} = a_1 \frac{1}{A_{t-1}} + a_2 \frac{\Delta REV_t}{A_{t-1}} + a_3 \frac{PPE_t}{A_{t-1}} + \varepsilon_t \qquad (3-8)$$

上式中，a_1、a_2、a_3 是 ∂_1、∂_2、∂_3 的 OLS 的估计值；TA_t 为第 t 期总应计利润；ε_t 表示残差项，代表公司应计利润中可操纵应计利润的部分（Subramanyam，1996；DeFond & Park，1997），其他变量含义与公式（3-7）相同。

$$DA_t = \frac{TA_t}{A_{t-1}} - NDA_t \qquad (3-9)$$

上市中，DA_t 为经过第 t-1 期期末总资产调整后的第 t 期的操纵性应计利润。

$$TA_t = NI_t - OCF_t \qquad (3-10)$$

上式中，TA_t 为第 t 期总应计利润；NI_t 为第 t 期营业利润；OCF_t 为第 t 期现金流量表中经营活动现金流量净额；

2. 真实盈余管理模型。

$$DREM = \alpha + \beta_1 Rsi + \beta_2 Icid + \beta_3 Icid * Rsi + \beta_4 Size + \beta_5 Roa + \beta_6 Lev + \beta_7 Da + \beta_8 State + \beta_9 Rpt + \beta_{10} Top1 + \beta_{11} TobinQ + \beta_{12} Seo + \beta_{13} Ato + \beta_{14} Du + \beta_{15} Comp + \beta_{16} Big4 + \beta_{17} Age + \beta_{18} Loss + Ind + Year + \varepsilon$$

模型中的被解释变量 DEM 为真实盈余管理，其中包括 Drem、Dcfo、Dprod、Ddisexp。借鉴 Cohen et al.，（2008，2010）的研究方法，从销售操控、产品成本操控和酌量费用操控三个方面来衡量企业真实活动的盈余管理。

（1）经营现金流量模型。正常的经营活动现金流与销售额存在线性关系（Dechow et

al.，1995）。通过模型（3－11）估计企业当期正常活动的现金流量，模型的残差项 *Dcfo* 是异常经营活动产生的净现金流量。

$$\frac{CFO_{i,t}}{A_{i,t-1}} = a_1 \frac{1}{A_{i,t-1}} + a_2 \frac{SALES_{i,t}}{A_{i,t-1}} + a_3 \frac{\Delta SALES_{i,t}}{A_{i,t-1}} + \varepsilon_{i,t} \qquad (3-11)$$

其中，$A_{i,t-1}$ 为 i 公司第 t－1 年的年末总资产，$CFO_{i,t}$ 为 i 公司第 t 年的经营现金流量，$SALES_{i,t}$ 是 i 公司第 t 年的营业收入，$\Delta SALES_{i,t}$ 是 i 公司第 t 年的营业收入变化。

（2）产品成本模型。企业会通过扩大本期生产产品的产量从而降低单位产品的生产成本来提高本期报告利润（Roychowdhury，2006），产品成本等于销售产品成本加上当年存货变动额。用模型（3－12）估计正常的产品成本，该模型的残差项 *Dprod* 为异常生产活动的产品成本。

$$\frac{PROD_{i,t}}{A_{i,t-1}} = a_1 \frac{1}{A_{i,t-1}} + a_2 \frac{SALES_{i,t}}{A_{i,t-1}} + a_3 \frac{\Delta SALES_{i,t}}{A_{i,t-1}} + a_3 \frac{\Delta SALES_{i,t-1}}{A_{i,t-1}} + \varepsilon_{i,t} \qquad (3-12)$$

其中，$PROD_{i,t}$ 为 i 公司第 t 年的产品成本（销售成本与存货变动之和），$\Delta SALES_{i,t-1}$ 是 i 公司第 t－1 年的营业收入变化。

（3）酌量性费用模型。企业倾向于通过降低可操控的费用项目如研发费用、广告费及销售费用来达到提高盈余的目的（Roychowdhury，2006）。因此，利用模型（3－13）估计正常的酌量性费用，模型的残差项 *Disexp* 是异常的酌量性费用。

$$\frac{DISEXP_{i,t}}{A_{i,t-1}} = a_1 \frac{1}{A_{i,t-1}} + a_2 \frac{SALES_{i,t}}{A_{i,t-1}} + \varepsilon_{i,t} \qquad (3-13)$$

其中，$DISEXP_{i,t}$ 为 i 公司第 t 年的酌量性费用（销售费用与管理费用之和）。

（4）真实盈余管理总额模型。真实盈余管理总额等于异常产品成本与异常经营现金流量和异常酌量性费用之差。

$$DREM_{i,t} = DPROD_{i,t} - DCFO_{i,t} - DDISEXP_{i,t} \qquad (3-14)$$

（三）变量设置

关系交易（RSI）：借鉴何小杨（2011）和 *Kong*（2011）的做法，采用向客户销售比例 Customer 或向供应商采购比例 Supply 来度量关系型交易。由于我国目前的年报披露并不规范具体，向供应商采购的比例以及向客户销售的比例均为前五大单位的合计比例，因此本节所使用的供应商采购比例及客户的销售比例均采用的是前五大供应商和客户的合计值。

内部控制（Icid）：使用迪博企业风险管理技术有限公司提供的内部控制指数，该指数被多数文章采用，具有较高的权威性，能够比较客观地衡量内部控制的有效性。

同时参考有关文献，在模型中还加入了以下控制变量：总资产收益率（Roa）、总资产周转率（ATO）、公司业绩及成长性（TobinQ）、财务杠杆（Lev）、企业规模（Size）、第一大股东持股比例（Top1）所有权性质（State）、再融资（Seo）、董事长与总经理是否两职合一（Same）、高管薪酬（Comp）。董事会规模（Board）、独立董事比例（Du）以及是否“四大”审计（Big4）、公司是否亏损（Loss）等。具体见表 3－21。

表 3-21　　变量定义表

变量名称	变量符号	变量定义
应计盈余管理	Da	根据修正的截面 Jones 计算出的操纵性应计利润
真实盈余管理	Drem	真实盈余管理总额
异常经营现金流量	Dcfo	销售操控程度
异常生产成本	Dprod	产品成本操控程度
异常酌量性费用	Ddisexp	费用操控程度
供应商关系交易	Supply	公司向前五大供应商采购额占公司全年采购额的比重
客户关系交易	Cusromer	公司向前五大客户销售额占公司全年销售额的比重
内部控制	Icid	采用迪博内部控制指数，该指数越高，说明内部控制越好
资产规模	Size	年末总资产的账面价值取对数
总资产报酬率	Roa	净利润/期末总资产
财务杠杆	Lev	期末总负债/期末总资产
所有权性质	State	最终控制人为国有取 1，否则取 0
供应商关联交易	Rpts	前五大供应商的关联交易采购额占公司全年采购额的比重
客户关联交易	Rptc	前五大客户的关联交易采购额占公司全年采购额的比重
大股东持股比例	Top1	公司第一大股东持股比例
托宾 Q 值	TobinQ	公司价值：市场价值/重置成本 = （每股价格 × 流通股份数 + 每股净资产 × 非流通股份数 + 负债账面价值）/总资产
再融资	Seo	公司进行增发、配股取值为 1，否则为 0
总资产周转率	Ato	营业收入/期末总资产
独立董事比例	Du	独立董事人数与董事会总人数的比值
高管薪酬	Comp	前三名高管薪酬取自然对数
事务所类型	Big4	事务所类型为四大取 1，否则取 0
上市年限	Age	上市年限
亏损情况	Loss	公司发生亏损取 1，否则取 0
行业	Ind	行业虚拟变量
年份	Year	年度虚拟变量

四、实证检验及其结果分析

（一）描述性统计

主要变量描述性统计如表 3-22 所示。首先，从应计盈余管理看，在总样本量为 2925 家上市的公司中，1412 家上市公司为负向盈余管理，1513 家上市公司为正向盈余管理，超过半数的样本公司进行了正向盈余管理，DA 绝对值的均值为 0.0749，DA 的最大值和最小值差距较大，说明上市公司进行盈余管理的程度差距明显；其次，从真实盈余管理看，真实盈余管理总额 Drem 绝对值的均值为 0.1789，说明真实盈余管理已逐渐被各上市公司所采用，并作为应计盈余管理方式的一种补充。相对于 DA，Drem 的标准差较大（0.2136 >0.0761），说明样本公司的真实盈余管理程度存在较大差异；再次，前五大客户和供应商购销比例的均值都超过了 25%，整体而言我国上市公司与前五大供应商和客户的交易比较集中，其前五大供应商的交易均值比前五大客户交易均值高出 6% 左右，说明上市公司对供应商的依赖性更强。供应商和客户最大值最小值差距较大，为本节研究提供了很好的契机。最后，内部控制指数的均值为 7.0152，最大值和最小值的差距明显，说明我国上市公司内部控制质量存在较明显的不平衡现象。

表 3-22　　描述性统计

变量符号	样本量	最小值	中位数	最大值	均值	标准差
Da	2925	-0.3240	0.0028	0.3408	0.0036	0.1032
| Da |	2925	0.0008	0.0519	0.4010	0.0749	0.0761
Da +	1513	0.0007	0.0525	0.3797	0.0755	0.0753
Da -	1412	-0.4426	-0.0499	-0.0009	-0.0746	0.0782
Drem	2925	-1.1657	-0.0762	0.3704	-0.1247	0.2370
| Drem |	2925	0.0018	0.1083	1.2475	0.1789	0.2136
Dcfo	2925	-0.5078	-0.0642	0.3448	-0.0762	0.1114
Dprod	2925	-0.8429	-0.0639	0.3777	-0.0968	0.1841
Ddisexp	2925	-0.1317	0.0113	0.4008	0.0276	0.0810
Supply	1907	0.0361	0.279	0.9428	0.3325	0.2121
Customer	2925	0.0096	0.2077	0.9765	0.2731	0.2163
Icid	2925	4.3134	6.9512	9.6521	7.0015	0.8999
Size	2925	19.5381	21.9696	25.9276	22.1361	1.2546
Roa	2925	-0.1010	0.0363	0.2308	0.0458	0.0528
Lev	2925	0.0887	0.5320	0.8857	0.5211	0.1828
State	2925	0	1	1	0.6626	0.4729
Rpts	2925	0	0	1	0.0044	0.0665
Rptc	2925	0	0	1	0.1279	0.3340
Top1	2925	0.85	0.3448	0.76	0.3650	0.1580
TobinQ	2925	0.8275	1.7009	7.6048	2.0651	1.2299
Seo	2925	0	0	1	0.1504	0.3576
Ato	2925	0.0821	0.6518	3.0722	0.7769	0.5425
Du	2925	0.2857	0.3333	0.5714	0.3671	0.0532
Comp	2925	12.0317	13.9535	15.7800	13.9371	0.7532
Big	2925	0	0	1	0.0756	0.2643
Age	2925	1	12	21	11.8116	3.7064
Loss	2925	0	0	1	0.0701	0.2553

（二）相关性分析

主要变量的相关系数矩阵可参见表 3－23 所示。在表中，我们发现主要的解释变量之间的相关系数低于 0.5，这表明主要解释变量之间的多重共线性较小。从表 3－23 A 看，应计盈余管理程度｜Da｜和供应商关系型交易变量 Supply 显著正相关，说明供应商关系型交易会诱发上市公司的盈余管理行为。而应计盈余管理程度｜Da｜和客户关系型交易变量 Customer 相关性不显著，说明客户关系型交易对盈余管理的影响不大。内部控制 Icid 与应计盈余管理程度｜Da｜负相关但不显著，说明内部控制有助于抑制应计盈余管理行为；从表 3－23 B 看，真实盈余管理总额与供应商/客户关系型交易变量 Supply 和 Customer 均显著正相关，说明供应商/客户关系型交易均会诱发上市公司的真实盈余管理行为。内部控制 Icid 与真实计盈余管理总额 Drem 显著负相关，说明内部控制有助于抑制企业的真实盈余管理行为。进一步看，关系型交易变量 supply 和 customer 与资本结构变量 lev 显著负相关，证实了企业的关系型交易会降低企业的财务杠杆，减少企业财务风险。

表 3－23 A　　应计盈余管理主要变量相关系数表

	[1]	[2]	[3]	[4]	[5]	[6]	[7]	[8]	[9]	[10]
｜Da｜[1]	1.00									
Supply [2]	0.04^{c}	1.00								
Customer [3]	−0.01	0.31^{a}	1.00							
Icid [4]	−0.02	−0.15^{a}	−0.14^{a}	1.00						
Size [5]	0.01	−0.15^{a}	−0.09^{a}	0.56^{a}	1.00					
Roa [6]	0.10^{a}	−0.09^{a}	−0.07^{a}	0.45^{a}	0.10^{a}	1.00				
Lev [7]	0.10^{a}	−0.10^{a}	−0.09^{a}	0.04^{b}	0.38^{a}	−0.31^{a}	1.00			
State [8]	−0.07^{a}	−0.03	0.02	0.10^{a}	0.24^{a}	−0.04^{b}	0.09^{a}	1.00		
Ato [9]	0.00	−0.04^{c}	−0.12^{a}	0.20^{a}	0.06^{a}	0.20^{a}	0.11^{a}	0.13^{a}	1.00	
Age [10]	0.11^{a}	0.09^{a}	0.01	−0.06^{a}	−0.11^{a}	−0.04^{b}	0.03	0.00	−0.01	1.00

注：表中列示的是 Pearson 检验，a、b、c 分别表示在 10%、5%、1% 水平上显著。

表 3－23 B　　真实盈余管理主要变量相关系数表

	[1]	[2]	[3]	[4]	[5]	[6]	[7]	[8]	[9]	[10]	[11]	[12]	[13]
Drem [1]	1.00												
Dcfo [2]	0.21^{a}	1.00											
Dprod [3]	1.00^{a}	0.23^{a}	1.00										
Ddisexp [4]	−0.72^{a}	−0.06^{a}	−0.50^{a}	1.00									
Supply [5]	0.19^{a}	0.07^{a}	0.13^{a}	−0.26^{a}	1.00								
Customer [6]	0.16^{a}	0.10^{a}	0.11^{a}	−0.20^{a}	0.31^{a}	1.00							
Icid [7]	−0.25^{a}	−0.22^{a}	−0.27^{a}	0.14^{a}	−0.15^{a}	−0.14^{a}	1.00						
Size [8]	−0.06^{a}	−0.31^{a}	−0.09^{a}	−0.04^{b}	−0.15^{a}	−0.09^{a}	0.56^{a}	1.00					

续表

	[1]	[2]	[3]	[4]	[5]	[6]	[7]	[8]	[9]	[10]	[11]	[12]	[13]
Roa [9]	-0.49^{a}	-0.07^{a}	-0.49^{a}	0.33^{a}	-0.09^{a}	-0.07^{a}	0.45^{a}	0.10^{a}	1.00				
Lev [10]	0.15^{a}	-0.23^{a}	0.14^{a}	-0.15^{a}	-0.10^{a}	-0.09^{a}	0.04^{b}	0.38^{a}	-0.31^{a}	1.00			
State [11]	-0.01	-0.16^{a}	-0.03^{c}	-0.04^{c}	-0.03	0.02	0.10^{a}	0.24^{a}	-0.04^{b}	0.09^{a}	1.00		
Ato [12]	-0.29^{a}	-0.67^{a}	-0.34^{a}	0.06^{a}	-0.04^{c}	-0.12^{a}	0.20^{a}	0.06^{a}	0.20^{a}	0.11^{a}	0.13^{a}	1.00	
Age [13]	0.03^{c}	0.02	0.05^{a}	0.02	0.09^{a}	0.01	-0.06^{a}	-0.11^{a}	-0.04^{b}	0.03	0.00	-0.01	1.00

注：表中列示的是 Pearson 检验，a、b、c 分别表示在 10%、5%、1% 水平上显著。

（三）多元回归与结果分析

1. 供应商/客户关系型交易与应计/真实盈余管理。供应商关系型交易（Supply）与应计/真实盈余管理的回归结果如表 3-24 A 所示。从应计盈余管理看，供应商关系型交易与企业应计盈余管理程度｜DA｜显著正相关，且通过了 5% 的显著性水平检验；进一步区分应计盈余管理的方向，回归结果显示，在正向应计盈余管理的样本组中，供应商关系型交易的系数均显著为正（通过了 10% 的显著性水平检验），表明随着供应商关系型交易比例的提高，上市公司越倾向于做高盈余，即供应商关系型交易比例越高，上市公司正向应计盈余管理行为越严重；而在负向应计盈余管理组中，供应商关系型交易与负向应计盈余管理负相关，但是未通过显著性水平检验。上述结果说明供应商关系型交易对企业应计盈余管理行为的影响具有非对称性特征，主要是加剧了上市公司正向应计盈余管理行为。从真实盈余管理看，供应商关系型交易与企业真实盈余管理总额 Drem 在 1% 的水平上显著正相关、与异常产品成本 Dprod 显著正相关（10%）、与异常酌量性费用 Ddisexp 显著负相关（1%）、与异常现金流量 Dcfo 负相关但是不显著。说明随着供应商关系型交易比例的提高，上市公司可能通过过度生产的方式以及降低酌量性费用的方式做高利润。上述结果表明，供应商关系型交易在一定程度上加剧了企业的应计和真实盈余管理行为，由此假设 1 得到验证。在应计盈余管理模型中，我们对真实盈余管理总额（｜Drem｜）进行了控制，发现｜Drem｜与｜DA｜显著正相关、与 DA+ 正相关但不显著，与 DA- 均显著负相关；而在真实盈余管理模型中，我们同样对应计盈余管理程度（｜Da｜）进行了控制，发现｜Da｜与真实盈余管理总额 Drem 和异常产品成本 Dprod 显著正相关。说明随着关系型交易比例的提高，为了吸引供应商/客户与之建立长期合作关系、满足供应商/客户对企业的预期，企业可能同时使用了多种盈余管理方式。

客户关系型交易（Customer）与应计/真实盈余管理的回归结果如表 3-24 B 所示。从应计盈余管理看，客户关系型交易虽然与企业应计盈余管理程度｜DA｜正相关但是未通过显著性水平检验；进一步区分应计盈余管理的方向发现，在正向应计盈余管理的样本组中，客户关系型交易的系数显著为正（通过了 5% 的显著性水平检验），表明随着客户关系型交易比例的提高，上市公司越倾向于做高盈余，即客户关系型交易比例越高，上市公司正向应计盈余管理行为越严重；而在负向应计盈余管理组中，客户关系型交易与负向应计盈余管理正相关，但是未通过显著性水平检验。上述结果也同样说明客户关系型交易对企业应计盈余管理行为的影响具有非对称性特征，主要是加剧了上市公司正向应计盈余管理行为。从真实盈余管理看，客户关系型交易与企业真实盈余管理总额 Drem 在 1% 的水平上显著正相关、与异常产品成本 Dprod 显著正相关（%）、与异常酌量性费用 Ddisexp 显著负相关（1%）、与异常现金流量 Dcfo 负相关但是不显著。说明随着客户关系型交易比例的提高，上市公司可能通过过度生产的方式以及降低酌量性费用的方式做高利润。综合以上分析，假设 1 基本得到验证。

表 3 - 24 A　　供应商关系型交易与应计/真实盈余管理的 OLS 多元回归

解释变量	应计盈余管理			真实盈余管理			
	| DA |	DA +	DA -	Drem	Dcfo	Dprod	Ddisexp
Intercept	0.0896 (1.57)	0.1083 (1.62)	-0.1555 (-1.50)	0.3841*** (2.95)	0.3835*** (6.43)	-0.1069** (-2.24)	-0.0908* (-1.89)
Supply	0.0226** (2.53)	0.0211* (1.77)	-0.0184 (-1.33)	0.1015*** (4.69)	-0.0025 (-0.27)	0.0328* (1.92)	-0.0664*** (-8.53)
Size	-0.0015 (-0.62)	-0.0021 (-0.73)	0.0023 (0.53)	-0.0057 (-1.01)	-0.0174*** (-6.58)	-0.0062 (-1.42)	-0.0006 (-0.82)
Roa	0.2572*** (4.29)	0.5373*** (6.19)	0.0653 (0.85)	-1.9010*** (-13.92)	0.0494 (0.70)	-1.5196*** (-13.98)	0.3792*** (7.09)
Lev	0.0606*** (5.06)	0.0731*** (4.64)	-0.0551*** (-3.15)	-0.0543** (-1.98)	-0.0170 (-0.92)	-0.0241 (-1.10)	0.0278*** (2.87)
| Drem |	0.0388*** (2.67)	0.0280 (1.65)	-0.0528*** (-2.93)				
| Da |				0.1569** (2.28)	-0.0327 (-0.92)	0.1932*** (3.50)	0.0422 (1.57)
State	-0.0081** (-2.01)	-0.0137*** (-2.59)	-0.0011 (-0.17)	-0.0087 (-0.86)	-0.0051 (-1.16)	-0.0088 (-1.14)	0.0014 (0.37)
Rpts	-0.0097 (-1.01)	0.0096 (0.79)	0.0232 (1.18)	0.0030 (0.09)	-0.0081 (-0.72)	0.0010 (0.43)	0.0065 (0.45)
Top1	0.0077 (0.59)	-0.0007 (-0.05)	-0.0060 (-0.30)	0.0117 (0.37)	0.0027 (0.20)	0.081 (0.33)	-0.0022 (-0.17)
TobinQ	0.0011 (0.59)	-0.0030 (-1.26)	-0.0036 (-1.22)	-0.0008 (-0.15)	0.0126*** (3.61)	-0.0003 (-0.09)	0.0005 (0.22)
Seo	0.0142*** (2.73)	0.0147** (2.43)	-0.0155 (-1.52)	-0.0486*** (-3.56)	-0.0118** (-2.38)	-0.0313** (-2.83)	0.0150*** (3.02)
Ato	-0.0030 (-0.69)	-0.0075 (-1.22)	-0.0042 (-0.65)	-0.0594*** (-4.34)	-0.1295*** (-25.15)	-0.0691*** (-6.13)	-0.0089* (-1.75)
Du	0.0037 (0.12)	0.0541 (1.34)	0.0534 (1.07)	-0.0057 (-0.07)	-0.0075 (-0.24)	0.0029 (0.05)	0.0060 (0.19)

续表

解释变量	应计盈余管理			真实盈余管理			
	| DA |	DA +	DA -	Drem	Dcfo	Dprod	Ddisexp
Comp	-0.0039 (-1.18)	-0.0034 (-0.86)	0.0059 (1.09)	-0.0081 (-1.12)	0.0021 (0.66)	-0.0035 (-0.60)	0.0047* (1.66)
Big4	-0.0080 (-1.13)	-0.0222** (-2.41)	-0.0034 (-0.31)	-0.0190 (-1.00)	0.0155*** (3.44)	-0.0092 (-0.68)	0.0090 (1.26)
Age	0.0012** (2.17)	-0.0005 (-0.74)	-0.0029*** (-3.33)	-0.0026** (-2.08)	0.0000 (0.00)	-0.0010 (-1.07)	0.0016*** (3.37)
Loss	0.0427*** (5.13)	0.0344*** (3.02)	-0.0185 (-1.64)	-0.1034*** (-5.80)	0.0004 (0.05)	-0.0796*** (-5.82)	0.0236*** (3.41)
行业/年度	控制	控制	控制	控制	控制	控制	控制
F值	6.13	6.18	3.41	28.28	66.83	28.34	23.01
$Adj-R^2$	0.1354	0.2474	0.1421	0.4404	0.5923	0.4285	0.3436
观测值	1907	984	923	1907	1907	1907	1907

注：***表示在1%的水平上显著，**表示在5%的水平上显著，*表示在10%的水平上显著。

表3-24 B 客户关系型交易与应计盈余管理/真实盈余管理的OLS多元回归

解释变量	应计盈余管理			真实盈余管理			
	| DA |	DA +	DA -	Drem	Dcfo	Dprod	Ddisexp
Intercept	0.1281*** (2.90)	0.1545** (2.82)	-0.1769** (-2.37)	0.3772*** (3.64)	0.4632*** (8.85)	0.2792*** (3.46)	-0.0957** (-2.41)
Customer	0.0096 (1.38)	0.0210** (2.28)	0.0072 (0.70)	0.1115*** (6.51)	-0.0104 (-1.20)	0.0520*** (3.84)	-0.0599*** (-9.95)
Size	-0.0035* (-1.88)	-0.0038* (-1.68)	0.0047 (1.55)	-0.0090** (-2.01)	-0.0211*** (-9.58)	-0.0087** (-2.52)	0.0002 (0.14)
Roa	0.2829*** (5.55)	0.5702*** (8.75)	0.0641 (0.97)	-1.9550*** (-17.44)	0.1270** (2.01)	-1.5474*** (-17.38)	0.4303*** (9.42)
Lev	0.0606*** (6.55)	0.0715*** (5.64)	-0.0550*** (-4.29)	-0.0195 (-0.85)	-0.0096 (-0.70)	-0.0011 (-0.06)	0.0159** (1.97)
| Drem |	0.0294*** (2.62)	0.0213 (1.30)	-0.0427*** (-3.12)				
| Da |				0.2929*** (5.27)	-0.0762*** (-2.95)	0.2998*** (6.62)	0.0188 (0.91)
State	-0.0061* (-1.89)	-0.0102** (-2.36)	-0.0007 (-0.16)	-0.0054 (-0.67)	-0.0067* (-1.93)	-0.0016 (-0.26)	0.0050* (1.67)
Rptc	0.0018 (0.42)	-0.0017 (-0.34)	-0.0029 (-1.28)	-0.0083 (-0.84)	0.0095** (2.40)	-0.0031 (-0.41)	0.0049 (1.36)

续表

解释变量	应计盈余管理			真实盈余管理			
	| DA |	DA +	DA -	Drem	Dcfo	Dprod	Ddisexp
Top1	0.0063 (0.64)	0.0025 (0.19)	-0.0053 (-0.36)	0.0141 (0.56)	0.0176* (1.71)	0.0081 (0.40)	-0.0042 (-0.45)
TobinQ	-0.0008 (-0.56)	-0.0045** (-2.31)	-0.0014 (-0.69)	-0.0057 (-1.28)	0.0106*** (3.99)	-0.0025 (-0.76)	0.0032* (1.78)
Seo	0.0163*** (3.84)	0.0155*** (3.30)	-0.0187** (-2.39)	-0.0336*** (-2.89)	-0.0169*** (-4.00)	-0.0208** (-2.22)	0.0103** (2.49)
Ato	-0.0019 (-0.54)	-0.0067 (-1.36)	-0.0039 (-0.76)	-0.0659*** (-5.67)	-0.1311*** (-31.41)	-0.0770*** (-8.07)	-0.0118*** (-2.89)
Du	0.0301 (1.18)	0.0473 (1.46)	-0.0018 (-0.05)	0.0974 (1.54)	-0.0027 (-0.11)	0.0799* (1.68)	-0.0130 (-0.54)
Comp	-0.0031 (-1.22)	-0.0037 (-1.12)	0.0037 (0.93)	-0.0101* (-1.72)	0.0025 (0.90)	-0.0043 (-0.92)	0.0055** (2.44)
Big4	-0.0100* (-1.79)	-0.0205*** (-2.79)	-0.0001 (-0.01)	-0.0269 (-1.63)	0.0215*** (5.02)	-0.0179 (-1.51)	0.0073 (1.18)
Age	0.0010** (2.56)	-0.0004 (-0.74)	-0.0026*** (-4.06)	-0.0009 (-0.92)	0.0003 (0.77)	-0.0007 (-0.84)	0.0004 (0.97)
Loss	0.0374*** (5.37)	0.0225** (1.99)	-0.0157* (-1.78)	-0.1030*** (-7.29)	0.0025 (0.32)	-0.0795*** (-7.08)	0.0253*** (4.74)
行业/年度	控制	控制	控制	控制	控制	控制	控制
F 值	9.08	8.89	5.17	39.95	83.37	39.22	29.73
Adj - R^2	0.1309	0.2420	0.1262	0.4411	0.5601	0.4300	0.3475
观测值	2925	1513	1412	2925	2925	2925	2925

注：*** 表示在 1% 的水平上显著，** 表示在 5% 的水平上显著，* 表示在 10% 的水平上显著。

2. 关系型交易、内部控制与应计/真实盈余管理。由于内部控制和关系型交易对上市公司应计盈余管理行为的影响均具有非对称性特征，因此，下文在检验关系型交易、内部控制对应计盈余管理的联合影响时，区分了应计盈余管理的方向进行分组检验。

供应商关系型交易（Supply）、内部控制对应计/真实盈余管理的联合影响回归结果如表 3-25 A 所示。从应计盈余管理看，在正向应计盈余管理组中，Supply × Icid 的系数显著为负（通过了 10% 的显著性水平检验），说明上市公司内部控制质量的提高，有助于缓解供应商关系型交易引发的正向应计盈余管理行为；进一步观察负向盈余管理组中，Supply 和 Supply × Icid 的系数为负但均未通过显著性检验，由此说明，一方面因供应商关系交易而诱发的负向应计盈余管理不严重，另一方面对于因供应商/客户关系型交易诱发的负向盈余管理行为，内部控制的抑制作用不明显，可能的原因在于：以对风险的管理和控制为核心的内部控制，对高估企业盈余的风险可能更为敏感，因而主要是对供应商关系型交易诱发的正向应计盈余管理具有明显的抑制作用。从真实盈余管理看，Supply × Icid 与真实盈余管理总额 Drem、异常生产成本 Dprod 在 1% 的水平上显著负相关，与异常酌量性费用 Ddisexp 正相关不显著、与异常现金流量 Dcfo 负相关也不显著。即高质量内部控制在一定程度上有助于抑制供应商关系型交易诱发的真实盈余管理，但是主要体现在对真实盈余管理总额 Drem 和异常生产成本 Dprod 具有明显的抑制作用。由此，从供应商关系型交易角度，假设 2 得到验证。

客户关系型交易（Customer）、内部控制对真实盈余管理的联合影响回归结果如表 3－25 B 所示。从应计盈余管理看，无论是正向还是负向应计盈余管理，Customer × Icid 的系数为负但均未通过显著性检验，由此说明上市公司内部控制质量的提高，对于客户关系型交易引发的应计盈余管理行为无显著影响。而从真实盈余管理看，Customer × Icid 对所有反映真实盈余管理变量的影响也都不显著。由此，从客户关系型交易角度，假设 2 未得到验证。

为什么高质量内部控制对供应商与客户关系型交易诱发的应计/真实盈余管理的影响存在比较明显的差异？可能的原因在于：企业与供应商/客户的利益平衡和相互制衡是一个讨价还价的过程，博弈的结果往往依赖于各自的实力和在博弈中所处的地位，实力越强者被合作伙伴依赖的程度越高，实力越弱者依赖合作伙伴的程度越高。从前文的描述性统计中可以看出，整体而言我国上市公司与前五大供应商的交易均值比与前五大客户交易均值高出 6% 左右，说明上市公司对供应商的依赖性更强。由于处于上游企业使得供应商在交易中拥有了一定的主动地位，企业正常生产依赖于原材料的稳定供应，企业更换供应商的成本和风险较大，供应商会以停止供货相要挟，从而迫使企业遵守合约（Petersen 和 Rajan，1997）。而且 Joshi 和 Arnold（1998）的研究发现，关系交易会强化企业对其供应商顺从之间的正相关关系。不仅如此，在企业间的合作中，主要供应商还是企业的主要债权人之一，为了避免由于企业破产给自己带来的损失，作为债权人的供应商对企业的会计稳健性将会有更多的需求（Watts and Zimmerman，1986）。高质量内部控制限制了管理层机会主义行为，并对预期经济损失“坏消息”及时识别和确认力度增加，会计稳健性增强（方红星、张志华，2012；徐虹等，2013）。所以，企业有很强的动机借助高质量内部控制向供应商传递可置信承诺——抑制供应商关系型交易诱发的应计/真实盈余管理。与供应商不同的是，客户在与企业的交易中最关注的信息是商品/服务的质量、价格等相关的信息，客户希望企业能长期生存发展并能够稳定生产及时供货。在交易中客户往往处于弱势的地位，而关系交易又会进一步加强客户对企业的依赖（Poppo and Zenger，2002）。同时，借鉴竞争理论的研究文献，只有在陷入买方垄断的困境中，买方能够施加可置信的威胁转移到另外一个卖方（Van Horen，2005），由此可以合理推论卖方企业为了防止客户流失，才会具有很强的内部控制规制动机抑制盈余管理以锁定客户，而我国作为一个处于转型经济、市场竞争不完全的经济体，企业通过建立完善的内部控制（或者将内部控制作为传递信息的通道）来锁定客户的需求与愿望明显减弱。因此，高质量内部控制主要有助于抑制供应商关系型交易诱发的应计/真实盈余管理；而对于客户关系型交易诱发的应计/真实盈余管理则不具有明显的抑制作用。

表 3-25 A 供应商关系型交易、内部控制与应计/真实盈余管理的 OLS 多元回归

解释变量	应计盈余管理		真实盈余管理			
	DA+	DA-	Drem	Dcfo	Dprod	Ddisexp
Intercept	0.0558 (0.80)	-0.1845* (-1.93)	0.3789*** (2.93)	0.4041*** (6.87)	0.2976*** (2.92)	-0.1813* (-1.71)
Icid	-0.0012 (-0.23)	-0.0047 (-0.76)	-0.0006 (-0.09)	0.0062 (1.59)	0.0025 (0.46)	0.0028 (0.85)
Supply	0.0212* (1.78)	-0.0184 (-1.31)	0.1631*** (5.40)	0.0005 (0.03)	0.0878*** (3.64)	-0.0721*** (-6.79)
Supply × Icid	-0.0165* (-1.91)	-0.0061 (-0.36)	-0.0049*** (-2.83)	-0.0002 (-0.27)	-0.0044*** (-3.13)	0.0005 (0.71)
Size	0.0004 (0.11)	0.0048 (1.10)	-0.0052 (-0.85)	-0.0201*** (-6.74)	-0.0070 (-1.51)	-0.0018 (-0.76)
Roa	0.5658*** (7.19)	0.0797 (1.03)	-1.8836*** (-13.29)	0.0289 (0.37)	-1.5146*** (-13.45)	0.3683*** (6.46)
Lev	0.0731*** (4.71)	-0.0581*** (-3.28)	-0.0522* (-1.93)	-0.0154 (-0.96)	-0.0214 (-0.99)	0.0282*** (2.93)
|Drem|	0.0285 (1.29)	-0.0515*** (-2.85)				
|Da|			0.0932 (1.38)	-0.0332 (-0.93)	0.1920*** (3.49)	0.0421 (1.55)
State	-0.0130*** (-2.45)	-0.0012 (-0.18)	-0.0085 (-0.84)	-0.0053 (-1.21)	-0.0088 (-1.14)	0.0013 (0.34)
Rpts	0.0066 (0.28)	0.0239 (1.23)	0.0054 (0.16)	-0.0088 (-0.78)	0.0118 (0.49)	0.0060 (0.41)
Top1	0.0011 (0.07)	-0.0050 (-0.25)	0.0154 (0.49)	0.0030 (0.23)	0.0114 (0.47)	-0.0024 (-0.19)
TobinQ	-0.0029 (-1.21)	-0.0035 (-1.15)	-0.0008 (-0.16)	0.0123*** (3.48)	-0.0006 (-0.16)	0.0003 (0.15)
Seo	0.0151** (2.50)	-0.0154 (-1.51)	-0.0472*** (-3.47)	-0.0117** (-2.36)	-0.0300*** (-2.73)	0.0148*** (2.99)
Ato	-0.0061 (-0.97)	-0.0038 (-0.57)	-0.0604*** (-4.41)	-0.1303*** (-25.05)	-0.0703*** (-6.25)	-0.0091* (-1.78)

续表

解释变量	应计盈余管理		真实盈余管理			
	DA +	DA -	Drem	Dcfo	Dprod	Ddisexp
Du	0.0521 (1.29)	0.0491 (0.98)	0.0152 (0.18)	-0.0053 (-0.17)	0.0013 (0.02)	0.073 (0.23)
Comp	-0.0031 (-0.78)	0.0064 (1.16)	-0.0087 (-1.19)	0.0017 (0.54)	-0.0041 (-0.71)	0.0046 (1.63)
Big4	-0.0234*** (-2.54)	-0.0027 (-0.25)	-0.0191 (-1.01)	0.0146*** (3.25)	-0.0098 (-0.72)	0.0087 (1.22)
Age	-0.0004 (-0.60)	-0.0028*** (-3.27)	-0.0026** (-2.01)	-0.0001 (-0.11)	-0.0011 (-1.12)	0.0016*** (3.32)
Loss	0.0256** (2.07)	-0.0265** (-2.07)	-0.1071*** (-5.68)	0.0067 (0.76)	-0.0796*** (-5.48)	0.0268*** (3.66)
行业/年度	控制	控制	控制	控制	控制	控制
F 值	5.96	3.26	27.15	64.07	26.98	21.93
$Adj-R^2$	0.2521	0.1445	0.4427	0.5933	0.4315	0.3442
观测值	984	923	1907	1907	1907	1907

注：*** 表示在 1% 的水平上显著，** 表示在 5% 的水平上显著，* 表示在 10% 的水平上显著。

表 3-25 B　客户关系型交易、内部控制与应计/真实盈余管理的 OLS 多元回归

解释变量	应计盈余管理		真实盈余管理			
	DA +	DA -	Drem	Dcfo	Dprod	Ddisexp
Intercept	0.1131** (1.98)	-0.2225*** (-3.20)	0.3447*** (3.26)	0.4664*** (8.56)	0.2502*** (3.04)	-0.0933** (-2.31)
Icid	-0.0066 (-1.62)	-0.0006 (-0.14)	-0.0053 (-0.80)	0.0068** (2.10)	-0.0033 (-0.64)	0.0027 (1.01)
Customer	0.0199** (2.16)	0.0048 (0.44)	0.1176*** (6.71)	-0.0027 (-0.28)	0.0593*** (4.19)	-0.0573*** (-8.76)
Customer × Icid	-0.0080 (-1.22)	-0.0167 (-1.36)	-0.0144 (-0.64)	-0.0157 (-1.39)	-0.0166 (-0.92)	-0.0053 (-0.70)
Size	-0.0002 (-0.07)	0.0069** (2.26)	-0.0061 (-1.23)	-0.0232*** (-9.16)	-0.0065* (-1.69)	-0.0006 (-0.33)
Roa	0.6025*** (9.04)	0.0803*** (2.26)	-1.9276*** (-16.63)	0.1151* (1.73)	-1.5251*** (-16.57)	0.4249*** (8.85)
Lev	0.0714*** (5.71)	-0.0551*** (-4.21)	-0.0202 (-0.68)	-0.0077 (-0.57)	-0.0013 (-0.07)	0.0166** (2.07)
|Drem|	0.0213 (1.33)	-0.0571*** (-3.13)				

续表

解释变量	应计盈余管理		真实盈余管理			
| Da |			0.2912*** (5.25)	-0.0764*** (-2.96)	0.2982*** (6.59)	0.0188 (0.92)
State	-0.0100** (-2.32)	-0.0007 (-0.14)	-0.0055 (-0.68)	-0.0066* (-1.89)	-0.0017 (-0.26)	0.0051* (1.69)
Rptc	-0.0015 (-0.29)	-0.0100 (-1.37)	-0.0087 (-0.88)	0.0096** (2.44)	-0.0035 (-0.46)	0.0049 (1.38)
Top1	0.0028 (0.22)	-0.0041 (-0.28)	0.0150 (0.59)	0.0181* (1.77)	0.0091 (0.45)	-0.0040 (-0.43)
TobinQ	-0.0039** (-1.96)	-0.0012 (-0.56)	-0.0053 (-1.19)	0.0101*** (3.76)	-0.0022 (-0.67)	0.0031* (1.68)
Seo	0.0155*** (3.03)	-0.0187** (-2.41)	-0.0337*** (-2.89)	-0.0167*** (-3.97)	-0.0209** (-2.22)	0.0104** (2.50)
Ato	-0.0051 (-1.02)	-0.0032 (-0.61)	-0.0647*** (-5.53)	-0.1317*** (-31.24)	-0.0759*** (-7.93)	-0.0120*** (-2.92)
Du	0.0457 (1.41)	-0.0056 (-0.14)	0.0955 (1.51)	-0.0013 (-0.05)	0.0786* (1.65)	-0.0124 (-0.52)
Comp	-0.0033 (-1.00)	0.0039 (0.97)	-0.0097* (-1.66)	0.0021 (0.76)	-0.0041 (-0.87)	0.0054** (2.37)
Big4	-0.0197*** (-2.68)	-0.0007 (-0.08)	-0.0262 (-1.58)	0.0199*** (4.53)	-0.0176 (-0.78)	0.0067 (1.07)
Age	-0.0003 (-0.62)	-0.0026*** (-4.65)	-0.0009 (-0.88)	0.0003 (0.82)	-0.0006 (-0.78)	0.0004 (0.98)
Loss	0.0120 (1.01)	-0.0223** (-2.26)	-0.1095*** (-7.11)	0.0090 (1.10)	-0.0840*** (-6.87)	0.0279*** (4.75)
行业/年度	控制	控制	控制	控制	控制	控制
F 值	8.62	4.98	38.25	79.81	37.68	28.34
$Adj-R^2$	0.2468	0.1297	0.4414	0.5612	0.4304	0.3478
观测值	1513	1412	2925	2925	2925	2925

注：*** 表示在 1% 的水平上显著，** 表示在 5% 的水平上显著，* 表示在 10% 的水平上显著。

（四）稳健性检验

为了保证研究结果的稳健性，还采取了下几种方式进行稳健性检验：（1）相对于其他行业而言，制造业企业更依赖与供应商和客户进行交易，因此企业对采购和销售行为更为重视，而其他行业如服务业的企业而言，公司产品主要是无形服务为主，他们可能更容易转换企业的产品形态，因此剔除了其他行业，只对制造业样本进行检验，主要研究结果不变；（2）采用基本的 Jones 模型重新估算操控性应计利润，作为应计盈余管理的替代变量，主要研究结果不变；（3）参考 Zang（2007）、Cohen et al.（2010）、顾鸣润等（2012）的方法，采用两个综合指标捕捉企业真实盈余管理的综合水平。第一个度量综合真实盈余管理的指标 Drem1 等于异常酌量性费用项目乘以 -1（该数值越大说明企业进行了越多的削减可操控性费用的活动）加上异常产品成本。Drem1 越大表示企业进行的真实盈余管理活动越多；第二个度量综合真实盈余管理的指标 Drem2 等于异常经营现金流量项目和异常酌量性费用项目分别乘以 -1 后相加。该指标越大表明企业进行了越多的促销活动和削减酌量性费用的活动以提升盈余。主要研究结果不变。

第五节 本章小结

关系信任的系统研究，是马克·格兰诺维特（2007）在 20 世纪 70 年代考察求职者行动时，对人际交往或人际关系理论及其在实践中的作用所做的研究，并且提出了决定关系强弱的四个维度，即“认识时间的长短”、“互动的频率”、“亲密性”及“互惠性服务的内容”。将关系信任应用到企业间的交易行为，无疑是威廉姆森（1979）在资产专用性这一概念中的首创，当我们将这一概念引入中国这样一个“差序格局”十分明显的国度时，则主要体现在企业交易的集中度方面。因为在经济转型的国家或地区，由于市场经济体制的不发达，人与人之间难以形成普遍的信任，企业也难以选择较广泛的供应商和客户进行交易，只能依赖于长期积累的人脉关系，这样会使主要的供应商和客户同企业的利益绑定在一起。企业与其主要供应商和客户之间的关系交易取决于对企业未来的长期交易关系的稳定预期。本章基于中国企业交易的特有现象，分别采用“公司向前五大供应商的采购额占公司年度总采购额的采购比例”、“公司向前五大客户销售额占公司年度总销售额比例”来衡量供应商/客户的关系型交易，以供应商的风险感知、关系交易与企业声誉、关系交易与公允价值选用、关系交易与盈余管理作为企业维护关系信任的核心变量，通过内部控制质量这一重要的制度信任安排，考察制度信任是否与如何能够对关系交易的作用产生影响。

一、主要研究结论

1. 在供应商的风险感知研究方面。从政府监管的外在压力以及内部控制缺陷修复的双重视角，基于转轨经济背景下各个企业间内部控制建设水平的差异，考察在政府监管的作用下，内部控制缺陷及修复对供应商风险感知的影响。研究发现，内部控制缺陷与供应商风险感知显著正相关，而政府监管力度的增强弱化了这种影响。我们进一步从内部控制缺陷修复的动态视角出发，研究结果表明，内部控制缺陷修复后，供应商对风险感知的不确定性下降，而政府监管力度的增强则强化了这种影响。研究表明，在转型经济发展的特殊时期，上市公司不仅要在政府监管的强制作用下，加强企业内部控制建设，提高内部控制质量，还要积极修复企业内部控制缺陷，保持与供应商之间的良好信任关系，降低供应商对企业风险的不确定，促进企业持续健康的发展。此外，政府要充分发挥监管者的角色，督促企业重视内部控制建设，从而减少企业的内部控制缺陷，与企业双管齐下，共同促进企业的长远发展。

2. 在关系交易与企业声誉研究方面。以沪深 A 股主板上市公司为研究样本，考察了企业内部控制运行有效性水平和关系型交易比重对企业外在声誉的影响。研究发现：(1) 企业与主要供应商/客户的关系型交易比重的增加，对企业外在声誉有显著的负面影响，企业的利益相关者更倾向于认为关系型交易的存在会给企业带来因过度依赖导致的机会风险，因此对企业的未来发展前景信心不足，反之，若关系型交易比重下降，则企业因过度依赖主要供应商/客户带来的风险下降，企业声誉也会上升；(2) 企业内部控制运行的有效性提升会加强企业的内部风险管理水平，提高其财务报告信息质量，为企业的利益相关者带来正面信号，投资者对企业的信心更足，外在声誉也会改善，内部控制有助于抑制企业关系型交易对声誉机制的负面影响。研究启示在于：第一，关系交易程度的合理权衡。处于转型经济的中国企业，关系交易具有广泛的市场，成为企业往来的重要方式，但是对其过度依赖会加强主要供应商/客户对企业的议价能力，提升机会主义风险，削弱社会公众和其他利益相关者对企业的信心，导致企业声誉下降，这说明企业要合理权衡关系型交易与企业声誉维护之间的利弊得失，在关系交易过程中，维护好企业的声誉；第二，内部控制风险免疫机制的重要作用。内部控制作为企业管理内部风险的一项重要机制，在提高财务报告信息质量，改善企业风险水平上具有举足轻重的地位，企业加强内部控制制度建设，持续改进内部控制的风险免疫能力与水平，有助于抑制关系型交易对企业声誉的负面影响。

3. 在关系交易与公允价值选用研究方面。以沪深 A 股房地产上市公司为研究样本，从投资性房地产后续计量模式的选择角度出发，研究了关系交易与公允价值使用之间的关系，在此基础上考察内部控制是否可以作为调节变量对关系交易和公允价值的关系产生影响。实证检验结果表明：(1) 关系交易与企业公允价值选择存在显著的正相关关系。关系型交易比例的提高，降低了企业的交易成本，同时随着双方关系专用性投资的增加，企业的解约成本也大大增加，所以企业为了维系这种关系，会产生一系列的会计行为，采用或改用公允价值计量的动机增强。(2) 高质量的内部控制会减弱两者之间的正向关系。内部控制作为一种公司治理机制，可以实现权力制衡、扩大交易范围，同时实现风险的管控，通过对关系交易和公允价值的影响发挥自身的调节作用。

4. 在关系交易与盈余管理研究方面。利用我国上市公司相关数据，从企业与主要供应商和客户之间构建关系型交易视角出发，采用应计盈余和真实盈余两种盈余管理方式，探讨供应商/客户关系型交易对企业盈余管理的影响，并进一步考虑引入公司内部治理机制——内部控制后，供应商/客户关系型交易对盈余管理影响的变化。研究结果发现：供应商/客户关系型交易比例越高，上市公司正向应计盈余管理行为越严重，上市公司以过度生产的方式以及降低酌量性费用的方式进行真实盈余管理的行为也越严重，说明随着关系型交易比例的提高，为了吸引供应商/客户与之建立长期合作关系、满足供应商/客户对企业的预期，企业可能同时采用了多种盈余管理方式。进一步研究发现，尽管高质量内部控制有助于抑制供应商关系型交易诱发的正向应计盈余管理和真实盈余管理，但是对客户关系型交易诱发的应计/真实盈余管理的无显著影响。

二、主要局限性

局限性1：从内部控制变量看，由于内部控制缺陷的数据部分来自企业内部控制自我评价报告，从而判断内部控制缺陷是否存在可能会缺少一定的客观性，无法反映企业真实的内部控制状况，可能会影响实证研究的结果。同时，对内部控制缺陷的程度没有进一步做出细分，这也有可能会对实证结果造成影响。此外，尽管我国的内部控制建设已经取得相应成果，但仍处于尚不成熟阶段，政府内部控制监管的效果尚不突出，合规成本的存在使得企业选择不披露内部控制信息或者有选择性的披露内部控制信息，这些信息的正确性有待于检验，从而有可能影响实证结果。

局限性2：从关系交易变量看，对于关系型交易本章使用的是前五大供应商/客户的交易比例，但囿于研究条件和上市公司信息披露规则的约定，受到可获取相关数据的限制，对前五大之间可能存在的差异无法进一步细分，可能会对研究结果产生一定的影响，期望未来上市公司详细披露有关财务数据，以便能够更精确的度量"关系"这一变量，以期对企业交易关系网络带来的各种经济影响做出更全面、客观的研究。

局限性3：从会计政策选择变量看，本章在公允价值、盈余管理等方面的研究，非常明显地存在企业的自选择偏好，尤其是随着会计准则的不断修改完善，会计政策的选择问题更是未来会计职业判断的核心，彰显财务会计为企业创造价值的能力。因此，关系交易如何影响会计政策的选择、内部控制如何在其中发挥调节作用，还有待更深层次的理论分析与实证证据。

第四章

系统信任与内部控制：不确定性视角的研究

在企业的经济活动中，如何减少企业面临的不确定性，是一个重要的问题。理论界对围绕生产性组织如何应对市场或环境的不确定性形成了两种组织理论体系，即交易成本理论（参数不确定性）与组织演进理论（结构不确定性）[①]。科斯认为企业是价格机制的替代物，他用交易成本这一工具来分析不确定性对生产组织和生产经营的影响，生产性组织通过减少交易次数和契约来节约交易成本，由此可知，交易成本理论是以科层制组织作为一种缓冲来减少不确定性的。然而，许多学者认为，应当侧重于对结构不确定性的考察来揭示其对经济组织发展和演化的重要意义。不管是参数不确定性理论还是结构不确定性理论，都是对组织和不确定性关系之间的一种解释。

企业内（间）合作实际上是对企业多个责任单位（利益相关者）面对不确定性的一种缓冲，而内部控制是企业内（间）合作的最佳机制。对不确定性的处理是一个有效率组织系统的基本功能（罗珉，2005），因而我们也可以说对不确定性的处理是一个企业有效率的内部控制机制的基本功能，对不确定性的处理导致不同内部控制形态的替代。内部控制形式的演进，实质上是应对不确定性和缓冲市场与环境冲击能力的发展。根据熊彼特（1990）《经济发展理论》一书中的表述，创新就是“建立一种新的生产函数”，把一种从来没有过的关于生产要素和生产条件的“新组合”引入生产体系。创新必然带来风险，而风险内部控制则表现为内部控制者在企业生产经营过程中对各种风险因素的排除和预测，从而获得创新报酬和风险收益。具体地说，创新和风险内部控制一方面是通过对人类行为的内部控制，帮助交易当事人较为准确地判断出交易中的其他人未来可能的行为；另一方面是通过内部控制把未来的不确定性风险从交易者个人身上转移到那些愿意承担风险，并且承担成本较低的社会组织机构，以使交易者对未来经济活动形成稳定的预期。因此，内部控制在本质上是对不确定性的一种控制和对确定性的一种规定，企业经济活动中的不确

① 罗珉（2005）认为，参数不确定性是指对所涉及问题的各种参数缺乏了解；结构不确定性是指缺乏有关问题基本性质和可能出现后果的信息。

定性包括人与自然的关系（即资源配置）及人与人之间的关系（即利益调整）两个方面。要降低不确定性，对人与自然的关系来说，主要是要解决技术问题；而就解决人与人关系中存在的不确定性，就需要对人们的基本交易关系规定必要的准则或形成某些规范性的习惯、传统，以便能够对彼此的经济行为有一个合理、可靠的预期，保证人们的经济行为能够在较为确定性的环境中发生作用。内部控制在经济学意义上的解释便可以归结为，企业内部交易者为尽量减少在“自然状态”中妨碍交易活动的不确定性成本支出而建立的各种确定性的标准规则。

第一节　市场化进程、内部控制缺陷及其修复与企业社会责任

企业的经营活动离不开特定的市场环境，如果企业所在的市场形势较好，其面临的环境不确定性就较低，企业能及时准确地获得关于市场形势变化的数据，从而能准确地把握住市场状况，做出正确的经营决策，保证其经营绩效的稳定（杨智等，2010）。此时企业的营业收入将产生较大幅度的增长，管理层也拥有了较多的自由现金流，对企业的社会责任表现必然存在促进作用。并且，由于此时企业的营业收入处于稳定的增长状态，其进行盈余管理的动机也就相对缺乏。进而，当企业面临的环境不确定性较高时，由于面临较大的经营风险和较差的财务状况，经营业绩不佳，企业的自由现金流将会减少，对其社会责任表现必然存在阻碍作用；同时，企业的管理层有迫切的改善经营业绩的意愿，以避免对其战略目标的实施、薪酬和职业形象产生不良影响（申慧慧，2010），为在短期内迅速降低风险，稳定收益，企业将不得不削减开支，履行社会责任这种看不到现实收益的开支项目将首当其冲，这在内部控制存在缺陷的企业表现更为明显。然而，随着市场化进程的加快，尤其是企业内部控制缺陷修复之后内部管理质量的提高，其社会责任的履行将发生根本性的变化，以此树立自己的外在形象，减少不确定性对企业发展的可能影响。与以往从外部压力和企业内外部治理结构研究企业社会责任不同，本节基于内部控制这一企业内部治理制度，以2007—2016年A股上市公司为研究对象，首次考察在市场化进程这一外部环境下，内部控制缺陷及其修复对企业社会责任的持续影响。研究发现，存在内部控制缺陷的企业社会责任履行水平明显偏低，但缺陷修复后企业社会责任的履行程度提高，这种效果在市场化进程低的地区更加明显。研究表明，企业的社会责任行为受到内外部环境的双重影响，通过内部控制这一“免疫功能系统”的持续改进，不断修复内部控制缺陷，降低外部环境的不利作用，满足企业利益相关者的需求，提高社会责任的履行水平。

一、问题提出

近期爆款手游王者荣耀被戏称为“王者农药”、“王者毒药”，引燃了社会争议，为重建良好的企业形象，王者荣耀以认捐千里长城修复工程的方式履行社会责任，缓解其与利

益相关者的矛盾[①]。事实上，企业社会责任一直是大众关注的焦点，如百度百科“莆田系医院”、麦当劳“冰淇淋机发霉”、中国第九届企业社会责任年会的召开以及近期七省份环保问题清单的出炉，尤其是随着中央环保巡视组的成立及其严格的督查活动，更是让包括环保在内的社会责任问题成为企业“首问之责”，成为一项具有“一票否决”的重要制度安排。在学术界，现有文献多从影响因素和作用效果两个层面对企业社会责任的履行进行研究，发现企业社会责任的披露有助于缓解代理冲突、减少信息不对称程度、降低资本成本、提高经营效率，改善财务绩效，提升企业的风险承担水平（田利军和陈甜甜，2015），企业社会责任影响因素的研究则从企业外在压力（媒体报道、公众舆论、政府监管等）和公司治理结构（董事会结构、管理层权力、所有权分配等）两个层面展开（彭珏和陈红强，2015）。尽管有少数文献涉猎了内部控制与社会责任方面的研究（李志斌和尤雯，2013；李志斌，2014），但是这些研究具有研究样本缺乏代表性、数量少等不足（汤晓建，2016），基本上停留在内部控制质量这一正面视角的研究，缺乏从内部控制缺陷这一负面视角出发，而且基本上停留在静态视角的考察，并未考察内部控制缺陷的修复对于企业社会责任的持续性影响。同时，虽然现有文献有关内部控制的探讨已经涉及财务会计、审计、公司治理等多个学科，但是有关内部控制的溢出效应检验仍留有较大空白，这给我们的研究提供了重要的机会。

更为重要的是，新制度经济学强调，制度环境会对交易主体的行为产生影响，反过来又会影响交易所采用的契约形式，因此制度对企业交易行为与契约结构具有决定性的作用。基于中国资本市场转型经济特征，我们可以有效观察到一些特殊的制度环境约束是如何影响企业行为决策的。由于地理环境、历史发展、政府政策等方面的不同，各地区的市场化进程也存在较大的差异。市场化进程快的地区法律制度相对有效、市场竞争相对充分、公司治理结构相对完善，因此越来越多的学者注意到新兴市场国家与发达国家在制度环境方面的差异，并深入考察这种特殊的制度环境如何影响企业的行为（La Porta et al.，1998）。孙铮等（2005）认为，相对于成熟市场经济国家，制度对企业行为的引导作用在转型国家更明显。作为全世界最大的新兴市场国家的中国，经济转型过程中各地区制度变迁的不平衡性，为研究制度环境差异如何影响企业社会责任行为决策，实现企业从“经济人”向“社会人”的转换选择提供了极好的机会。尽管近年来一些研究考察了制度性因素如投资者法律保护程度、国有股权及地区市场化环境与企业社会责任的关系（李四海等，2015），但尚未考察制度环境（市场化进程）和企业内部治理机制（内部控制缺陷及其修复）对企业社会责任的联合影响。因此，极具现实意义的问题是：地区市场化进程的差异等制度性因素是否以及如何进一步影响企业社会责任的行为与效果的？内部控制缺陷及其修复对企业社会责任的作用是否会受到市场化进程的影响？

基于以上思考，本节立足于中国转型经济的制度特征以及企业社会责任压力日益增大的现实环境，以“市场化进程—内部控制缺陷披露—公司治理效率提升—内部控制缺陷修复—企业社会责任履行”为逻辑链条，从公司内部控制缺陷及其修复与市场化进程相关联的动态视角，理论分析和实证检验对企业社会责任的影响。可能的贡献在于：（1）拓展了

① 资料来自 2017 年 8 月 1 日财新网官方微博。

企业社会责任影响因素的相关文献。现有研究多关注外部压力推动、内部治理结构对企业社会责任的影响，本节从内部控制缺陷这一内部治理制度出发，并从内部控制缺陷修复的动态视角，考察分析了其对企业社会责任的持续性影响，提供了企业内外部因素的互动关系对企业行为决策影响的新证据。(2) 拓宽了内部控制的相关文献。本节基于利益相关者理论和免疫系统理论深化和拓展了内部控制价值效应方面的研究，实证检验了内部控制对利益相关者的衍生价值效应，尤其是提供了不同地区市场化进程有关内部控制不同作用的经验证据，从而为不同地区企业内部控制建设和完善提供了借鉴。(3) 为企业社会责任行为决策提供了实践参考。本节检验了内部控制缺陷修复对企业社会责任的作用，为内部控制存在缺陷公司的责任履行行为改进提供了理论基础，并为监管部门提供内部控制缺陷修复促进企业社会责任履行的经验证据。

二、理论分析与研究假设

（一）企业社会责任博弈模型

在一定条件下，拥有绝对理性的人或团体，遵守一定的规则，选择自身行为并实施，从中各自取得相应结果或收益的过程称之为博弈。企业社会责任的履行实际上是企业与其利益相关者的博弈过程。在此博弈中利益相关者为先行者，向企业投入生产经营中所必需的各项资本，倘若企业回馈资本，满足利益相关者的需求，各方收益最佳，达到一种均衡状态。然而，企业内部治理结构的破坏或内部治理制度的失效会促使公司在利益驱使下追求自身利益最大化，损害其他利益相关者的权益，此时均衡状态打破。利益相关者预料到公司的行为，为了避免这一情况的发生或削弱收益的损害程度，会拒绝或减少向企业（进一步）提供资本，公司资本的缺乏最终导致企业价值下降。在这种情况下，双方利益均受到损害。考虑到这一现象，公司会将外部成本（收益）内部化，寻求各方利益的均衡状态，最终取得双重收益（个人收益和社会收益）。

为了进一步考虑公司内部控制质量与其社会责任履行水平之间的博弈关系，我们设定公司管理层改善内部控制的努力程度为 e_1、e_2、e_3 三个档次，与之相对应的，公司在社会责任履行及披露水平方面的投入也为 I_1、I_2、I_3 三个水平，其中 $e_1 > e_2 > e_3$，$I_1 > I_2 > I_3$。

我们设定函数 $\alpha(e)$、$\beta(I)$、$C(e)$，且 $\alpha(e) \times \beta(I)$ 表示企业履行社会责任后取得收益和价值提升的概率，$C(e)$ 表示公司努力改善内部控制制度（减少内部控制缺陷等级和数量）所花费的必要成本。与此同时，$\alpha(e)$、$\beta(I)$、$C(e)$ 以下条件满足：

(1) $0 \leqslant \alpha(e) \leqslant 1, 0 \leqslant \beta(I) \leqslant 1, C(e) \geqslant 0$；

(2) $\alpha'(e) > 0, \beta'(I) > 0, C'(e) > 0$；

(3) $\alpha''(e) < 0, \beta''(I) < 0, C''(e) > 0$。

上述性质表明影响公司取得收益和价值提升概率的 $\alpha(e)$、$\beta(I)$ 均处于 0 到 1 之间。$\alpha(e)$、$\beta(I)$、$C(e)$ 均为递增函数，即 $\alpha(e)$ 随着公司改善内部控制努力程度的加大而增加，$\beta(I)$ 随着公司在社会责任方面投入的增大而增加，并且在公司努力改善内部控制制度的同时，其花费的必要成本 $C(e)$ 也是不断增加的。与此同时，由于管理层努力程度与社会责任履行情况对公司收益的提升的概率具有“边际效用递减”的性质，因此 $\alpha''(e)<0$，$\beta''(I)<0$，而努力成本是一直增加的，故有 $C''(e)>0$。

进一步，我们可以得出公司在内部控制和社会责任两个方面的支付（期望效益）函数分别为：

$$f(I,e)=\alpha(e)\cdot\beta(I)\cdot V\cdot p-I$$

$$g(I,e)=\alpha(e)\cdot\beta(I)\cdot V\cdot(1-p)-C(e)$$

上式中 V 表示公司取得的收益和价值，p 为公司应归于社会责任方面的相应收益份额。基于以上假设，我们给出了公司内部控制和社会责任的静态博弈（参见表 4－1）。

表 4－1　　公司内部控制努力程度与社会责任投入水平的博弈

	I_1	I_2	I_3
e_1	$(f(I_1,e_1),g(I_1,e_1))$	$(f(I_2,e_1),g(I_2,e_1))$	$(f(I_3,e_1),g(I_3,e_1))$
e_2	$(f(I_1,e_2),g(I_1,e_2))$	$(f(I_2,e_2),g(I_2,e_2))$	$(f(I_3,e_2),g(I_3,e_2))$
e_3	$(f(I_1,e_3),g(I_1,e_3))$	$(f(I_2,e_3),g(I_2,e_3))$	$(f(I_3,e_3),g(I_3,e_3))$

我们设公司管理层努力程度为 e_1、e_2、e_3 的概率分别为 θ_1、θ_2、$1-\theta_1-\theta_2$，在社会责任投入方面为 I_1、I_2、I_3 的概率分别为 γ_1、γ_2、$1-\gamma_1-\gamma_2$ 则公司内部控制的支付函数为：

$$\begin{aligned}\upsilon_A=&\theta_1(f(I_1,e_1)\gamma_1+f(I_2,e_1)\gamma_2+f(I_3,e_1)(1-\gamma_1-\gamma_2))\\&+\theta_2(f(I_1,e_2)\gamma_1+f(I_2,e_2)\gamma_2+f(I_3,e_2)(1-\gamma_1-\gamma_2))\\&+(1-\theta_1-\theta_2)(f(I_1,e_3)\gamma_1+f(I_2,e_3)\gamma_2+f(I_3,e_3)(1-\gamma_1-\gamma_2))\end{aligned}$$

记 $\gamma=\max\{f(I_1,e_1)\gamma_1+f(I_2,e_1)\gamma_2+f(I_3,e_1)(1-\gamma_1-\gamma_2);f(I_1,e_2)\gamma_1+f(I_2,e_2)\gamma_2+f(I_3,e_2)(1-\gamma_1-\gamma_2);f(I_1,e_3)\gamma_1+f(I_2,e_3)\gamma_2+f(I_3,e_3)(1-\gamma_1-\gamma_2)\}$

上式整理可得：

$$\begin{aligned}\gamma=\max\{&f(I_3,e_1)+[f(I_1,e_1)-f(I_3,e_1)]\gamma_1+[f(I_2,e_1)-f(I_3,e_1)]\gamma_2;f(I_3,e_2)\\&+[f(I_1,e_2)-f(I_3,e_2)]\gamma_1+[f(I_2,e_2)-f(I_3,e_2)]\gamma_2\};f(I_3,e_3)+[f(I_1,e_3)-\\&f(I_3,e_3)]\gamma_1+[f(I_2,e_3)-f(I_3,e_3)]\gamma_e\}\end{aligned}$$

为方便起见，我们再记 $\omega_{ij}=f(I_i,e_j)$，则有：

$$\begin{aligned}\gamma=\max\{&\omega_{31}+(\omega_{11}-\omega_{31})\gamma_1+(\omega_{21}-\omega_{31})\gamma_2;\omega_{32}+(\omega_{12}-\omega_{32})\gamma_1+(\omega_{22}-\omega_{32})\gamma_2;\\&\omega_{33}+(\omega_{13}-\omega_{33})\gamma_1+(\omega_{23}-\omega_{33})\gamma_2\}\end{aligned}$$

若 $\omega_{31}+(\omega_{11}-\omega_{31})\gamma_1+(\omega_{21}-\omega_{31})\gamma_2$；$\omega_{32}+(\omega_{12}-\omega_{32})\gamma_1+(\omega_{22}-\omega_{32})\gamma_2$；$\omega_{33}+(\omega_{13}-\omega_{33})\gamma_1+(\omega_{23}-\omega_{33})\gamma_2$ 三个数中只有某一个数等于 γ，则给定 γ_1、γ_2 下管理层内部控制的最优战略是纯战略，即管理层的各努力水平的概率 $\{\theta_1、\theta_2、1-\theta_1-\theta_2\}$ 中必有一个为 1，其他两个概率为 0。

如果至少有两个数等于 γ，则该博弈属于混合战略博弈的情形，有以下四种情况：

（1）$\omega_{31}+(\omega_{11}-\omega_{31})\gamma_1+(\omega_{21}-\omega_{31})\gamma_2=\omega_{32}+(\omega_{12}-\omega_{32})\gamma_1+(\omega_{22}-\omega_{32})\gamma_2>\omega_{33}+(\omega_{13}-\omega_{33})\gamma_1+(\omega_{23}-\omega_{33})\gamma_2$；

（2）$\omega_{32}+(\omega_{12}-\omega_{32})\gamma_1+(\omega_{22}-\omega_{32})\gamma_2=\omega_{33}+(\omega_{13}-\omega_{33})\gamma_1+(\omega_{23}-\omega_{33})\gamma_2>\omega_{31}+(\omega_{11}-\omega_{31})\gamma_1+(\omega_{21}-\omega_{31})\gamma_2$；

（3）$\omega_{31}+(\omega_{11}-\omega_{31})\gamma_1+(\omega_{21}-\omega_{31})\gamma_2=\omega_{33}+(\omega_{13}-\omega_{33})\gamma_1+(\omega_{23}-\omega_{33})\gamma_2>\omega_{32}+$

$(\omega_{12}-\omega_{32})\gamma_1+(\omega_{22}-\omega_{32})\gamma_2$；

（4）$\omega_{31}+(\omega_{11}-\omega_{31})\gamma_1+(\omega_{21}-\omega_{31})\gamma_2=\omega_{32}+(\omega_{12}-\omega_{32})\gamma_1+(\omega_{22}-\omega_{32})\gamma_2=\omega_{33}+(\omega_{13}-\omega_{33})\gamma_1+(\omega_{23}-\omega_{33})\gamma_2=\gamma$

同理，对于公司社会责任来说，其支付函数为：

$$\begin{aligned}\upsilon_B=&\gamma_1(g(I_1,e_1)\theta_1+g(I_2,e_1)\theta_2+g(I_3,e_1)(1-\theta_1-\theta_2))\\&+\gamma_2(g(I_1,e_2)\theta_1+g(I_2,e_2)\theta_2+g(I_3,e_2)(1-\theta_1-\theta_2))\\&+(1-\gamma_1-\gamma_2)(g(I_1,e_3)\theta_1+g(I_2,e_3)\theta_2+g(I_3,e_3)(1-\theta_1-\theta_2))\end{aligned}$$

对于它来说，如果也是处于混合战略博弈的情况下，也会有四种情形，这种情况可视为一种对称博弈，在这种博弈之下，社会责任必然有均衡战略满足

$$\begin{aligned}\omega_{31}+(\omega_{11}-\omega_{31})\gamma_1+(\omega_{21}-\omega_{31})\gamma_2&=\omega_{32}+(\omega_{12}-\omega_{32})\gamma_1+(\omega_{22}-\omega_{32})\gamma_2\\&=\omega_{33}+(\omega_{13}-\omega_{33})\gamma_1+(\omega_{23}-\omega_{33})\gamma_2\end{aligned}$$

在这种情况之下，每个局中人的最优战略选择都会根据对方的战略而发生改变，即对于社会责任方面的战略I_i均有对应的管理层内部控制战略 e_j 与之对应。如给定公司社会责任履行水平的投入I_i，则管理层的最优化问题变成：

$$\max\{g(I_i,e_j)=\alpha(e_j)\cdot\beta(I_i)\cdot V\cdot(1-p)-C(e_j)\}$$

我们对 $g(I,e_i)$求偏导可得：

$$\frac{\partial g(I_i,e_j)}{\partial e_j}=\alpha'(e_j)\cdot\beta(I_i)\cdot V\cdot(1-p)-C'(e_j)\overset{\text{令为}}{\Rightarrow}0$$

整理可得：

$$\frac{C'(e_j)}{\alpha'(e_j)}=\beta(I_i)\cdot V\cdot(1-p)$$

若社会责任的履行情况为I_k，且有$I_k>I_i$，相应管理层内部控制的最优战略满足：

$$\frac{C'(e_l)}{\alpha'(e_l)}=\beta(I_k)\cdot V\cdot(1-p)$$

又 $\beta'(I)>0$，$I_k>I_i$，故有 $\beta(I_k)>\beta(I_i)$，而 $V\cdot(1-p)>0$，则：

$$\beta(I_k)\cdot V\cdot(1-p)>\beta(I_i)\cdot V\cdot(1-p)$$

所以：

$$\frac{C'(e_l)}{\alpha'(e_l)}>\frac{C'(e_j)}{\alpha'(e_j)}$$

我们令：

$$\varphi(e)=\frac{C'(e)}{\alpha'(e)}$$

左右两边同时对 e 取导数，可得：

$$\varphi'(e)=\frac{C''(e)\alpha'(e)-C'(e)\alpha''(e)}{[\alpha'(e)]^2}$$

而 $C''(e)>0,\alpha'(e)>0,$，故 $C''(e)\alpha'(e)>0$；$C'(e)>0,\alpha''(e)<0,$，故 $-C'(e)\alpha''(e)>0$，则：

$$\frac{C''(e)\alpha'(e)-C'(e)\alpha''(e)}{[\alpha'(e)]^2}>0$$

即 $\varphi'(e)>0$，表明 $\varphi(e)$ 是在 $[0,+\infty)$ 上的单调递增函数，因为 $\varphi(e_l)>\varphi(e_j)$，则有 $e_l>e_j$，也就是说，在公司提高社会责任履行水平的情况下，管理层有关内部控制的最优战略是其努力程度也相应提高。

同理，给定管理层修复完善内部控制运行效率的努力程度 e_j 后，那么公司履行社会责任的最优化战略问题为：

$$\max\{f(I_i,e_j)=\alpha(e_j)\cdot\beta(I_i)\cdot V\cdot p-I_i\}$$

我们将 $f(I_i,e_j)$ 对 I_i 求偏导可得：

$$\frac{\partial f(I_i,e_j)}{\partial I_i}=\alpha(e_j)\cdot V\cdot p\cdot\beta'(I_i)-1\overset{令为}{\Rightarrow}0$$

求得：

$$\beta'(I_i)=\frac{1}{\alpha(e_j)\cdot V\cdot p}$$

若管理层的努力程度为 e_l，且有 $e_l>e_j$，相应公司社会责任的最优战略满足：

$$\beta'(I_k)=\frac{1}{\alpha(e_l)\cdot V\cdot p}$$

因为 $\alpha'(e)>0$，故 $\alpha(e_l)>\alpha(e_j)$，则 $\alpha(e_l)\cdot V\cdot p>\alpha(e_j)\cdot V\cdot p$，故有：

$$\beta'(I_k)=\frac{1}{\alpha(e_l)\cdot V\cdot p}<\beta'(I_i)=\frac{1}{\alpha(e_j)\cdot V\cdot p}$$

而 $\beta''(I)<0$，故 $\beta'(I)$ 在 $[0,+\infty)$ 上单调递减函数，又 $\beta'(I_k)<\beta'(I_i)$，故 $I_k>I_i$，这表明随着管理层提高内控质量水平的努力程度的增加，公司为了获取更多的资本投入，社会责任的履行和披露水平更高。

综上分析，前文所述的混合战略博弈中，在对方选择不同的战略时，局中人选择的最优战略分别为 $\{(f(I_1,e_1),g(I_1,e_1)),(f(I_2,e_2),g(I_2,e_2)),(f(I_3,e_3),g(I_3,e_3))\}$，且存在唯一纳什均衡 $\{(\theta_1,\theta_2,1-\theta_1-\theta_2);(\gamma_1,\gamma_2,1-\gamma_1-\gamma_2\}$ 满足：

$$\begin{aligned}\mu_{31}+(\mu_{11}-\mu_{31})\theta_1+(\mu_{21}-\mu_{31})\theta_2&=\mu_{32}+(\mu_{12}-\mu_{32})\theta_1+(\mu_{22}-\mu_{32})\theta_2\\&=\mu_{33}+(\mu_{13}-\mu_{33})\theta_1+(\mu_{23}-\mu_{33})\theta_2\end{aligned}$$

$$\begin{aligned}\omega_{31}+(\omega_{11}-\omega_{31})\gamma_1+(\omega_{21}-\omega_{31})\gamma_2&=\omega_{32}+(\omega_{12}-\omega_{32})\gamma_1+(\omega_{22}-\omega_{32})\gamma_2\\&=\omega_{33}+(\omega_{13}-\omega_{33})\gamma_1+(\omega_{23}-\omega_{33})\gamma_2\end{aligned}$$

其中 $\mu_{ij}=g(I_i,e_j),\omega_{ij}=f(I_i,e_j)$，$(i,j=1,2,3)$

最后，从博弈论的角度看，本节研究市场化进程的环境中，公司在内部控制制度的管控下，企业与利益相关者的博弈关系。图 4-1 的博弈树，博弈的三方参与者为假设拥有绝对理性的市场化进程（Market）、内部控制缺陷（ICW）和企业社会责任（CSR）。博弈树按照以下三个层级展开：（1）处于市场化进程快（F）地区和市场化进程慢（S）地区的企业。（2）企业不存在内部控制缺陷（NE）和存在内部控制缺陷（E）。（3）企业社会责任履行水平高（G）和社会责任表现情况差（W）。当企业所在地市场化进程快（F）、内部控制不存在缺陷（NE）、社会责任水平高（G）时取 1，否则取 0。由图 4-1 可知，博弈三方最终可以得到八个决策方案，然而最优决策只有一个（1，1，1），即企业处于市场化进程快的地区，内部控制缺陷可能性低，社会责任履行水平高，此时公司和利益相关者的权益均得到保障，整体收益最大，对于整个社会而言也是最优的，卡尔多—希克斯标准得以实现。然而，这只是理想的均衡状态，下文将进一步分析市场化进程、内部控制缺陷及其修复和企业社会责任之间的关系。

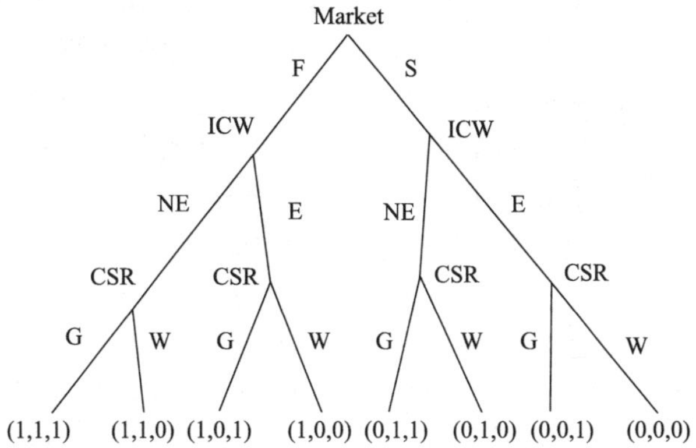

图4-1 市场化进程、内部控制缺陷与企业社会责任的博弈树

（二）内部控制缺陷与企业社会责任

企业是各个参与者间契约的联结。从多元资本共生体的视角，企业的资本形态由财务资本、人力资本、社会资本和生态环境资本等部分组成。按照企业获取参与者资本形态的不同，企业的参与者分为财务资本利益相关者（投资者、债权人）、人力资本利益相关者（员工）、社会资本利益相关者（顾客、供应商、政府部门、社区、公众）和生态环境资本利益相关者（自然环境）（温素彬和方苑，2008）。作为“社会生态经济人”的企业，秉承可持续发展理念，在吸收诸多利益相关者投入资本的同时，必须了解并满足各利益相关者的需求，其对资本的回馈程度即为企业履行社会责任的界定标准。内部控制能够维系企业本体与外部参与者间关系的均衡性和持续性，其缺陷的存在则不利于外部利益相关者利益诉求的满足。

从风险管控视角看，内部控制缺陷的存在提高了企业风险水平，进而不利于公司财务资本利益相关者需求的满足。投资者和债权人为企业提供生产经营所必需的资金，是企业最重要的利益相关者。内部控制是企业重要的风险管理系统，在公司运营过程中评价、监督和防范企业风险，维护企业的生存发展。当公司拥有良好的内部控制系统时，有效的公司治理结构保证了企业的会计信息质量，促进公司资源流向与流量的正确性，降低了企业的财务风险、系统性风险和权益资本成本（林钟高等，2016；Ogneva et al.，2007）。反之，若公司的内部控制存在缺陷时，企业的风险水平上升，企业价值和财务绩效下降（田利军和陈甜甜，2015）。为了降低企业的风险水平，提交相对漂亮稳定的“业绩成绩单”，管理者在加大机会主义行为可能性的同时，倾向于规避风险选择运作收益相对较小的项目。此时，管理者和股东的代理冲突加剧，企业无法实现“帕累托最优”，最优激励合同基本条件中的“激励相容约束”也得不到满足，即股东希望企业保值增值的需求不符合管理者的利益。目前对于债权人的保护主要在于法律法规（企业破产时债权人享有优先权）和合约（有关借贷期限、金额和利息的规定）的签订。然而，事实上由于中国法律制度的不健全，“假破产真逃债”的事件频发，债权人的利益在法律层面上并不能得到有效的保护。公司内部控制缺陷的存在降低了企业的风险管控水平，使得财务资本流动性减弱，资产质量水平下降，盈利能力无法得到保障（王清刚和徐新宇，2016），企业偿还债务支付能力的缺乏使得债权人要求企业按期还本付息的要求得不到满足。因此，内部控制缺陷导致投资者和债权人投入的财务资本得不到回馈，企业社会责任的履行情况较差。

从委托代理视角看，内部控制缺陷的存在加剧了代理冲突，进而不利于公司人力资本利益者需求的满足。Jensen 和 Meckling（1976）提出的委托代理理论认为合作即产生代理关系，合作双方在“效用最大化”原则的驱使下产生利益冲突，此时需要设计和签订契约来确保委托、代理双方利益的一致性，代理成本孕育而生。管理者和员工之间也存在代理关系，员工履行管理者委托的职务。内部控制存在缺陷的公司应计质量更低，获得非标审计意见的可能性更大，并且倾向于隐瞒内部控制缺陷以保护自己的控制权私利（Lu et al.，2011；Goh et al.，2013；Gong et al.，2013）。当公司的内部控制存在缺陷时，财务风险导致的资金短缺，经营风险引发的公司危机加剧了管理者与员工的代理冲突。为了维持企业的持续经营，管理层以拖欠员工薪酬、缩减员工福利的方式获取更多的现金流。与此同时，公司无法提供员工所需要的职业培训和良好的工作氛围，从而影响员工的工作积极性和工作效率（Bridge 和 Harrison，2003）。员工与企业间签订的劳动合约可以保护劳动者的利益，然而合约是不完备的，员工的单个能力无法抗衡公司力量，工会则在一定程度上保护了员工的权益。然而，过于强大的工会会破坏公司的治理结构，内部控制系统存在缺陷，最终会损害员工的利益（王一江，2004）。因此，内部控制缺陷的存在使得员工的需求得不到满足，企业对于员工的责任履行水平较低。

从信息不对称视角看，内部控制缺陷的存在加大了交易双方信息不对称程度，进而不利于资本利益相关者需求的满足。在市场交易中，一方拥有另一方不知道的信息，掌握更多隐藏信息的一方更容易获利。当企业的内部控制存在缺陷时，企业会采取隐瞒信息、发布虚假广告的方式向客户或供应商传递出利好的信号，从而建立或维持与客户（供应商）的合作关系。事前的信息不对称导致逆向选择，使客户（供应商）选择相对劣势的公司进行合作，最终出现“柠檬市场”现象。顾客受到欺骗，收到劣质的产品和服务，信任感的缺失降低其对产品质量的认同，从而影响企业形象的建立（Williams，2000）。事后的信息不对称导致道德风险，经营危机下的企业抑或无法按时交纳货款，抑或将货款资金用于公司建设拖欠货款，合约的不履行严重损害了供应商的利益。因此，内部控制缺陷使社会资本得不到回报，企业对社会资本利益相关者的责任履行质量低下。

从法律制度视角看，内部控制缺陷的存在降低了企业法律法规的履行度，进而不利于生态环境利益相关者需求的满足。环境是企业赖以生存和发展的基础，企业从环境中获取资源的同时应当保护环境，减少环境污染（包括噪声污染）。当公司的内部控制存在缺陷时，在自身的持续发展无法得到保障的情况下，公司的经济需求大于声誉诉求，公司无法处理经济利益和社会利益之间的关系，道德资本改善企业形象的作用降低（Arikan et al.，2014），外部环境所形成的竞争优势不再显现（Yan et al.，2014）。内部控制的存在不利于环境保护法的遵守和资源的优化配置，企业对环境责任的缺失使其更容易获得环境处罚。因此，内部控制缺陷使得环境破坏程度加深，资源配置效率下降，企业对环境利益相关者的社会责任表现情况较差。综上所述，结合本文的博弈分析，提出研究假设 1a：

H1a：在其他条件相同的情况下，相对于不存在内部控制缺陷的公司，存在内部控制缺陷的公司社会责任履行水平越差。

（三）市场化进程、内部控制缺陷与企业社会责任

市场化进程反映了地区的市场化发展水平和程度，一般用市场化指数表示。由于地区资源禀赋、政府政策、地理历史的不同，各地区的市场化进程存在较大的差异。那么，市场化进程这个重要的外部环境变量又是如何影响内部控制缺陷和企业社会责任之间的关系呢？

首先，相对于市场化进程水平低的地区，市场化进程高的地区法制化水平更高。财政部等五部委联合发布的《企业内部控制规范》、《企业内部控制配套指引》、《内部控制应用指引——第4号社会责任》等规范性文件中都明确指出将社会责任嵌入内部控制之中。市场化进程快的地区，法律环境良好，市场与法律机制健全有效，外在压力、政府监管及环境的潜在影响加强了企业社会责任的履行效率（杜颖洁和杜兴强，2014）。与此同时，完善的法律制度、有效的执行力度、严格的惩罚措施强化了企业的风险敏感度，内部控制效率提升，内部控制缺陷数量减少、等级减弱。因此，市场化进程弱化了内部控制缺陷对企业社会责任的负面作用。其次，市场化进程快的地区具备充分的市场竞争环境，政府干预程度低，外在竞争压力的存在促使企业承担更多的社会责任（Femandez 和 Santalo，2010）。已有研究显示，市场化进程水平高的地区市场分割及地方保护主义程度低（李善同等，2004），企业在完全竞争市场中传递的信号确保了合同的公平公正以及承诺的兑现水平。产品市场、要素市场、资本市场、经理人市场竞争的有效性在促进信誉机制形成与运作的同时提高了企业的风险意识，为了预防和发现经营风险，减少公司及经理人自身的利益损失，企业（管理层）倾向于建立更为完善的内部控制制度，发挥内部控制的风险管控及“免疫系统”功能。此时，管理层积极履行诚信责任、公司内部控制有效，企业以维护相关者利益的方式降低风险，不断满足资本投入者的需求，内部控制缺陷对于社会责任的负面作用不再明显。最后，市场化进程水平高的地区企业拥有更加有效的公司治理结构。在法律环境良好的前提下，公司治理结构的完善提高了企业所有权（剩余控制权和剩余所有权）分配的合理性，信息不对称和代理冲突程度减弱，管理层出现机会主义行为和道德风险的可能性低，缓解了公司与利益相关者的利益冲突，提高了企业对于利益相关者的保护程度，公司社会责任水平的缺失程度降低。与此同时，有效的公司治理结构有利于内部控制风险管控职能的发挥，内部控制缺陷数量减少，企业拥有良好的经营绩效和文化氛围，强化了企业社会责任水平的履行（宋建波和李爱华，2010）。让企业在“守约”的同时提升公司形象，最终为企业价值带来潜在的“增值”（刘芳芳，2012）。因此，市场化进程完善了公司治理结构，降低了内部控制缺陷的数量和等级，促进了企业社会责任的有效履行。

综上所述，市场化进程水平高带来的法制制度有效性、市场竞争充分性、公司治理结构完善性强化了企业的内部控制制度，保护了利益相关者的权益，减弱了内部控制缺陷与企业社会责任履行水平的负向关系。因此，结合本书的博弈分析，提出研究假设H1b：

H1b：在其他条件相同的情况下，市场化进程较高地区的企业内部控制缺陷对企业社

会责任的负面影响，要明显小于市场化进程较低的地区。

（四）市场化进程、内部控制缺陷修复与企业社会责任

从内部控制免疫系统视角看，“组织即生命体”，企业的内部控制如同生物体的免疫系统发挥着“防衰老”、“防异己”、“防病变”和“自我调节”的功能（贺伊琦，2011）。内部控制通过免疫识别、免疫监督、免疫自稳及免疫记忆强化内部控制风险免疫功能效应，对企业经营的危险信号进行应答，抵御企业风险。内部控制缺陷越多的公司合规风险、经营风险、财务风险、信息风险越高（林斌等，2013；高明华等，2013；戴文涛等，2014；张继勋等，2013），企业价值越低，对于利益相关者保护的水平越差。当内部控制免疫系统发挥作用，内部控制缺陷修复后，风险的发生概率降低（Lopez et al.，2009），更好地抑制了管理层的舞弊行为和机会主义可能性，使得企业从财务困境中恢复，维持相对稳定良好的发展趋势。企业本体的生机勃勃促使得其改变以往“竞争性经济”下的零和比赛，转变为“协同经济”下的正和比赛，通过合作、传递、交流和控制缓解分割的利益相关者需求与企业利益间的矛盾，最大限度回馈利益相关者的资本投入，履行社会责任。

从信号传递视角看，企业倾向于修复内部控制缺陷向合作者传递出利好的信号，内部控制质量的提升有助于提高企业社会责任的履行水平。经营绩效好的企业会通过信号的传递将其与经营绩效差的企业区分开来，在考虑决策对公司影响的同时还需要考虑决策的市场反应。内部控制缺陷具有信息含量，本身就拥有信号传递的功能（Hamersley et al.，2008），坏消息的发出导致消极的市场作用力，各利益相关者失去信心，削减资本投入，企业价值下降。因此，企业会修复内部控制缺陷（尤其是重大缺陷），整改内部控制问题，将企业风险降至合理范围，重拾企业参与者的信任，满足各利益相关者的需求，提高企业履行社会责任的积极性。

从公司治理视角看，市场化进程低的公司内部控制缺陷的修复对企业社会责任的促进作用更加明显。Johnstone et al.（2011）发现内部控制重大缺陷的修复与公司治理结构的改进呈正相关关系。市场化进程发展速度快地区的公司相对成熟，股东、董事会和管理层间权利与义务的分配合理性、规范性较强，公司高管在自觉履行诚信责任的同时业务判断规则会保护董事、经理人决策的权威，企业的公司治理结构优良，内部控制缺陷的修复对社会责任的正向影响相对较弱。在市场化进程低的地区，竞争的不充分、政府的过度干预以及法治化水平的低下使公司出现治理问题的可能性更大，此时内部控制的风险管控功能发挥作用，企业通过治理结构的完善合理分配剩余控制权和剩余所有权，降低利益相关者的风险预期，解决冲突与矛盾，保持企业活力，进而回报利益相关者的资本投入。

综上所述，在假设拥有绝对理性的市场化进程、内部控制缺陷和企业社会责任为三方参与者的博弈模型中，内部控制缺陷修复的速度与质量直接影响了企业履行社会责任的意识及行动力。内部控制免疫系统的自我修复及不断改进，防范和降低了企业风险，提升了公司价值，以信号传递的方式，促进企业提高公司治理结构的有效性，进而防护、过滤市场化进程低对于企业社会责任的不利影响。即内部控制缺陷的修复对于市场化进程具有替

代作用，缺陷修复得快与好，抵消了市场化进程低带来的负面影响，企业对于利益相关者的保护程度提升，不断回馈利益相关者的资本投入，企业社会责任的表现水平及披露质量提高。因此，结合本书的博弈分析，提出研究假设 2：

H2：在其他条件相同的情况下，内部控制的修复提高了企业的社会责任水平，并且相对于高市场化进程地区的公司，处于低市场化进程的公司，内部控制缺陷的修复更能提高企业的社会责任水平。

三、研究设计

（一）样本选择与数据来源

选取 2007—2016 年沪深 A 股上市公司为初始样本，并剔除了 ST 类公司、金融保险类公司以及数据缺失的公司，最终得到有效样本 12928 个。其中存在内部控制重大缺陷的观测值为 1587 个，约占总样本的 12.28%。企业的社会责任数据手工收集整理自和讯网，内部控制缺陷数据来源于迪博数据库，其他数据来自国泰安数据库和万德数据库。数据的前期处理工具为 Excel，统计软件为 STATA13。为了避免极端值的影响，对回归模型中的所有连续变量上下 1% 的样本进行了 Winsorize 处理。

（二）模型设计与变量定义

为了检验研究假设 H1a 和 H1b，建立了回归模型（4-1）：

$$\begin{aligned} CSR_{i,t} = {} & \beta_0 + \beta_1 ICW_{i,t-1} + \beta_2 Market_{i,t} + \beta_3 ICW_{i,t-1} \times Market_{i,t} + \beta_4 State + \beta_5 Age \\ & + \beta_6 Size + \beta_7 Roa + \beta_8 Lev + \beta_9 Fcf + \beta_{10} Outsize + \beta_{11} Daul + \beta_{12} Top1 \\ & + \beta_{13} Top10 + \beta_{14} IndexZ + \beta_{15} Growth + \beta_{16} Mar + \beta_{17} Bhldn + \beta_{18} Board \\ & + \sum Industry + \sum Year + \varepsilon \end{aligned} \quad (4-1)$$

为了检验研究假设 H2，建立了回归模型（4-2）：

$$\begin{aligned} CSR_{i,t} = {} & \beta_0 + \beta_1 ICWFixed_{i,t} + \beta_2 Market_{i,t} + \beta_3 ICWFixed_{i,t} \times Market_{i,t} + \beta_4 State \\ & + \beta_5 Age + \beta_6 Size + \beta_7 Roa + \beta_8 Lev + \beta_9 Fcf + \beta_{10} Outsize + \beta_{11} Daul + \beta_{12} Top1 \\ & + \beta_{13} Top10 + \beta_{14} IndexZ + \beta_{15} Growth + \beta_{16} Mar + \beta_{17} Bhldn + \beta_{18} Board \\ & + \sum Industry + \sum Year + \varepsilon \end{aligned} \quad (4-2)$$

为了避免内部控制缺陷可能存在的滞后效应和内生性问题，模型（4-1）检验内部控制缺陷披露是否会对下一期的企业社会责任信息披露和责任行为产生影响。模型（4-2）是在模型（4-1）的基础上将解释变量内部控制缺陷（ICW）换成内部控制缺陷修复（ICWFixed），交叉项 ICW × Market 换成 ICWFixed × Market，考察当期内部控制缺陷修复的作用，其他变量保持不变。

1. 被解释变量。被解释变量为企业社会责任（CSR）。目前国内外学者关于企业社会责任的衡量一般采用 KLD 指数法、声誉指数法、内容分析法、机构评分法等。企业社会责任表现较好的公司往往倾向于披露更加详细的社会责任履行情况（朱松，2011）。专业机构评分在考虑企业社会责任履行情况的同时，也从信息披露角度进行了评价，因此我们采用专业机构的评分从社会责任事实及其披露情况来衡量中国上市公司的社会责任履行情况。具体而言，我们使用和讯网社会责任评分来衡量企业社会责任，原因如下：(1) 和讯网的公司社会责任报告专业评测体系从股东、员工、供应商、客户、消费者、环境、社会多个角度考察，并设立了二级和三级指标，对企业满足各个资本提供者需求所体现的社会责任进行了全面性综合评价，符合本节的利益相关者分析视角。(2) 和讯网对所有上市公司均进行了社会责任评分，避免了样本选择性偏误，即做得不好的企业拒绝披露社会责任履行情况，确保了样本的完整性。(3) 和讯网的分项评分还考虑到了各个利益相关者的得分比例分配问题和行业特征差异，进一步降低了样本选择性偏误。

2. 解释变量。

(1) 内部控制缺陷（ICW）。国外学者一般采用内部控制重大缺陷来直接衡量企业的内部控制情况（Hoag 和 Holling sworth，2011）。我国按照影响程度将内部控制缺陷分为一般缺陷、重要缺陷和重大缺陷，然而这种缺陷划分标准的主观能动性较强，缺乏实际操作性。并且，2007—2011 年的内部控制自愿披露阶段，上市公司在披露时并未细分缺陷类型。与此同时，考虑到内部控制一般缺陷对企业行为决策影响力的不足，采用内部控制重人缺陷作为内部控制缺陷的替代变量，并借鉴叶建芳等（2012）的方法，将存在以下情况的公司视为存在内部控制重大缺陷，最终构成解释变量 ICW。①内部控制自我评价报告中出现内部控制重大缺陷；②内部控制审计报告中出现内部控制重大缺陷；③公司当年存在违规行为受到了证券会、交易所等单位机构的处罚；④公司当年被出具非标准审计意见。

(2) 内部控制缺陷修复（ICWFixed）。披露内部控制重大缺陷的公司下一年不存在内部控制重大缺陷，则视为缺陷已修复，取 1，否则为 0。

(3) 市场化进程（Market）。该指标采用王小鲁、余静文和樊纲 2016 年发布的《中国市场化八年进程报告》中披露的市场化进程指数。由于 2015 年市场化进程数据的缺失，为了确保样本数据的完整性，我们采用移动平均法通过计算各省份市场化进程的变化率对缺失数据进行了估计，最终得到市场化进程 Market。同时，为了更好地衡量各省份市场化进程的快慢，对 Market 分年度进行分组，并建立市场化进程虚拟变量 Market1，对市场化进程大于等于中位数的组 Market1 取 1，否则取 0。

3. 控制变量。借鉴以往研究文献，模型对产权性质（State）、公司注册年限（Age）、公司规模（Size）、总资产净利率（Roa）、资产负债率（Lev）、现金净流量（Fcf）、独立董事比例（Outsize）、两职合一（Dual）、第一大股东持股比例（Top1）、前十大股东持股比例（Top10）、股权制衡（IndexZ）、公司成长性（Growth）、公司销售费用（Mar）、高管持股比例（Bhldn）、董事会规模（Board）、行业及年份等变量进行了控制，具体见表4 –2。

表 4-2 变量定义表

变量类型	变量名称	变量符号	变量释义
被解释变量	企业社会责任	CSR	使用和讯网的社会责任数据
解释变量	内部控制缺陷	ICW	虚拟变量，采用叶建芳（2012）年的方法，若当年存在内部控制重大缺陷取 1，否则取 0
	内部控制缺陷修复	ICWFixed	虚拟变量，若披露内部控制重大缺陷的公司下一年不存在内部控制重大缺陷，则视为缺陷已修复，取 1，否则为 0
	市场化进程	Market	采用王小鲁、余静文和樊纲 2016 年发布的《中国市场化八年进程报告》中披露的市场化进程指数，并使用移动平均法对 2015 年的市场化进程数据进行了估计
		Market1	虚拟变量，为更好地衡量市场化进程的快慢，市场化进程快取值 1，市场化进程慢为 0
控制变量	产权性质	State	虚拟变量，如果是国有产权控股取值 1，否则为 0
	公司注册年限	Age	公司成立的年龄
	公司规模	Size	公司总资产的自然对数
	总资产净利率	Roa	衡量企业的盈利能力，为净利润与总资产之比
	资产负债率	Lev	衡量企业的偿债能力，为年末总负债与年末总资产之比
	现金净流量	Fcf	为企业经营、投资、筹资活动产生的现金净流量之和，单位：十亿元
	独立董事比例	Outsize	独立董事人数占董事总人数的比例
	两职合一	Dual	虚拟变量，董事长和总经理是否兼任，兼任取 1，否则为 0
	第一大股东持股比例	Top1	第一大股东持股数占年末总股数的比重
	前十大股东持股比例	Top10	前十大股东持股数占年末总股数的比重
	股权制衡	IndexZ	第一大股东持股比例/第二大股东持股比例
	公司成长性	Growth	公司营业收入增长率
	公司销售费用	Mar	衡量企业的营销能力，单位：十亿元
	高管持股数	Bhldn	高管持股数，单位：亿元
	董事会规模	Board	上市公司董事会人数
	行业	Industry	控制
	年份	Year	控制

四、实证结果与分析

（一）描述性统计

表 4-3 的描述性统计结果显示：（1）企业社会责任（CSR）的最大值为 79.4，最小值为 -5.48，均值为 27.419，说明企业间社会责任的履行和披露水平差距较大，并且大多

数企业的社会责任履行水平低，社会责任意识薄弱。(2) 内部控制缺陷 (ICW) 和内部控制缺陷修复 (ICWFixed) 的均值分别为 0.123 和 0.604，标准差分别为 0.328 和 0.489，说明一般情况下内部控制存在缺陷的公司会采取措施修复内部控制缺陷。(3) 市场化进程 (Market) 的均值为 7.747，表明我国总体的市场化进程较快。最小值和最大值分别为 2.53 和 10.31，说明我国各地区的市场化进程差距较大。

表 4-3　描述性统计

变量名称	样本数量	平均数	标准差	最小值	中位数	最大值
CSR	12928	27.419	18.608	-5.480	22.520	79.400
ICW	12928	0.123	0.328	0	0	1
ICWFixed	1587	0.604	0.489	0	1	1
Market	12928	7.747	1.765	2.530	7.930	10.310
State	12928	0.423	0.494	0	0	1
Age	12928	14.590	5.323	3	14	29
Size	12928	21.939	1.287	18.878	21.774	26.472
Roa	12928	0.040	0.056	-0.257	0.037	0.247
Lev	12928	0.442	0.225	0.032	0.436	1.172
Fcf	12928	0.112	0.833	-2.909	0.003	6.672
Outsize	12928	0.372	0.054	0.300	0.333	0.600
Dual	12928	0.241	0.428	0	0	1
Top1	12928	0.361	0.153	0.076	0.341	0.800
Top10	12928	0.578	0.160	0.186	0.590	0.923
IndexZ	12928	12.826	24.191	1	4.457	192.671
Growth	12928	0.233	0.786	-0.677	0.113	8.094
Mar	12928	0.253	0.720	0	0.060	7.101
Bhldn	12928	0.281	0.637	0	0	4.41
Board	12928	8.785	1.733	5	9	15

(二) 相关性分析

表 4-4 分别列出了内部控制缺陷和内部控制缺陷修复的相关性检验结果。结果显示，企业社会责任与内部控制缺陷在 1% 的水平上负相关，即企业内部控制重大缺陷越多，企业社会责任表现水平越差。而市场化进程和企业社会责任呈正相关关系，表明市场化进程越快，企业履行社会责任的动机越强。与此同时，企业社会责任与内部控制重大缺陷修复在 1% 的水平上显著正相关，说明内部控制缺陷的修复提高了企业的社会责任水平。此外，变量间的相关系数均低于 0.5，可初步判断模型不存在多重共线性问题。然而这只是两两变量之间的关系，并没有控制其他可能的影响因素，后文将对这些关系做更严格的检验。

表 4－4　　主要变量的相关性分析

	CSR	ICW	ICWFixed	Market (ICW)	Market (ICWFixed)	State	Age	Size	Roa	Lev	Fcf	Outsize	Dual	Top1	Top10	IndexZ	Growth	Mar	Bhldn	Board
CSR	1		0.160 ***		0.015	0.059 **	-0.065 ***	0.353 ***	0.357 ***	-0.177 ***	0.067 ***	-0.010	-0.038	0.087 ***	0.185 ***	-0.058 **	0.008	0.269 ***	0.054 **	0.149 ***
ICW	-0.086 ***	1																		
ICWFixed			1		0.077 ***	-0.014	0.012	0.112 ***	0.112 ***	-0.102 ***	0.011	-0.002	-0.027	0.059 **	0.084 ***	-0.026	-0.008	0.058 **	0.027	0.008
Market (ICW)	0.004	-0.070 ***		1																
Market (ICWFixed)					1	-0.260 ***	0.016	-0.026	0.031	-0.147 ***	-0.003	0.016	0.127 ***	-0.041	0.105 ***	-0.124 ***	-0.065 ***	0.012	0.186 ***	-0.097 ***
State	0.153 ***	-0.033 ***		-0.207 ***		1	0.181 ***	0.316 ***	-0.039	0.248 ***	0.049 **	-0.067 ***	-0.202 ***	0.203 ***	-0.049 *	0.259 ***	-0.053 **	0.153 ***	-0.334 ***	0.236 ***
Age	-0.014	0.014		0.015 *		0.222 ***	1	0.038	-0.047 *	0.262 ***	0.036	-0.024	-0.061 **	-0.087 ***	-0.286 ***	0.063 **	0.075 ***	0.027	-0.303 ***	-0.006
Size	0.384 ***	-0.086 ***		0.006		0.375 ***	0.126 ***	1	0.110 ***	0.142 ***	0.158 ***	-0.034	-0.150 ***	0.316 ***	0.237 ***	0.160 ***	0.006	0.468 ***	0.013	0.298 ***
Roa	0.358 ***	-0.084 ***		0.067 ***		-0.124 ***	-0.115 ***	-0.007	1	-0.384 ***	0.073 ***	-0.014	0.013	0.067 ***	0.186 ***	-0.040	0.081 ***	0.105 ***	0.047 *	0.056 **
Lev	-0.013	0.073 ***		-0.133 ***		0.319 ***	0.266 ***	0.435 ***	-0.390 ***	1	0.035	-0.033	-0.080 ***	-0.047 *	-0.235 ***	0.100 ***	0.032	0.024	-0.173 ***	0.090 ***
Fcf	0.110 ***	-0.030 ***		0.014		0.077 ***	0.016 *	0.260 ***	0.055 ***	0.092 ***	1	0.019	0.005	0.049 **	0.086 ***	-0.007	0.060 **	0.262 ***	-0.030	0.078 ***
Outsize	0.007	0.008		0.018 **		-0.064 ***	-0.035 ***	0.018 **	-0.013	-0.015 *	0.051 ***	1	0.080 ***	0.062 **	0.026	0.075 ***	0.031	0.011	0.010	-0.437 ***
Dual	-0.078 ***	0.013		0.124 ***		-0.295 ***	-0.127 ***	-0.194 ***	0.050 ***	-0.158 ***	-0.026 ***	0.097 ***	1	-0.014	-0.014	-0.058 **	0.032	-0.040	0.096 ***	-0.152 ***
Top1	0.150 ***	-0.072 ***		0.018 **		0.190 ***	-0.141 ***	0.281 ***	0.088 ***	0.045 ***	0.058 ***	0.053 ***	-0.053 ***	1	0.641 ***	0.409 ***	0.063 **	0.138 ***	-0.067 ***	0.015
Top10	0.169 ***	-0.079 ***		0.120 ***		-0.075 ***	-0.312 ***	0.168 ***	0.232 ***	-0.172 ***	0.079 ***	0.035 ***	0.049 ***	0.640 ***	1	-0.061 **	0.106 ***	0.125 ***	0.205 ***	0.051 **
Indexz	0.027 ***	-0.017 *		-0.083 ***		0.231 ***	0.071 ***	0.151 ***	-0.079 ***	0.136 ***	0.005	0.011	-0.104 ***	0.419 ***	-0.029 ***	1	-0.033	0.017	-0.133 ***	-0.001
Growth	0.028 ***	0.017 **		-0.039 ***		-0.049 ***	0.009	0.01	0.142 ***	0.049 ***	0.050 ***	0.013	0.009	0.016 *	0.086 ***	-0.033 ***	1	-0.006	-0.033	-0.045 *
Mar	0.228 ***	-0.030 ***		0.033 ***		0.138 ***	0.048 ***	0.468 ***	0.072 ***	0.148 ***	0.209 ***	0.051 ***	-0.053 ***	0.107 ***	0.123 ***	0.003	-0.005	1	-0.039	0.145 ***
Bhldn	0.006	-0.009		0.159 ***		-0.353 ***	-0.239 ***	-0.061 ***	0.132 ***	-0.196 ***	-0.013	0.048 ***	0.167 ***	-0.083 ***	0.160 ***	-0.141 ***	0.015 *	0.009	1	-0.028
Board	0.152 ***	-0.015 *		-0.110 ***		0.276 ***	0.047 ***	0.298 ***	0.001	0.156 ***	0.048 ***	-0.436 ***	-0.178 ***	0.029 ***	0.020 **	0.031 ***	-0.029 ***	0.140 ***	-0.096 ***	1

注：（1）上表的左下角为内部控制缺陷的主要变量相关性分析结果，右上角为内部控制缺陷修复的主要变量相关性分析结果。（2）***表示在1%的水平上显著，**表示在5%的水平上显著，*表示在10%的水平上显著。

（三）回归结果及分析

表4－5的第（1）列至第（4）列报告了模型（1）的回归结果。在控制了可能影响样本企业社会责任的公司特征、行业、年份等变量后，首先考察了内部控制缺陷与企业社会责任的关系，由第（1）列可见，内部控制缺陷与企业社会责任在1%的水平上呈负相关关系，假设1a得以验证，即存在内部控制缺陷的公司社会责任水平越差。说明内部控制具有溢出效应，不仅对于公司本身产生影响，同样作用于企业的利益相关者。表4－5的第（2）列至第（4）列给出了市场化进程、内部控制缺陷与企业社会责任的回归结果。为了更好地研究市场化进程快慢对企业社会责任的影响，我们做了全样本和市场化进程高低的分样本研究。表中的第（2）是假设1b的全样本回归结果，第（3）列至第（4）列是将样本根据市场化进程快慢分为市场化进程快和市场化进程慢两个子样本的回归结果。第（2）列结果表明内部控制缺陷与企业社会责任在1%是水平下通过了负相关显著性检验，内部控制缺陷与市场化进程的交互项（ICW × Market）和企业社会责任正相关但不显著。在第（3）列至第（4）列的分样本回归结果中，不同市场化进程地区的内部控制缺陷在1%的水平上均与社会责任呈显著负相关关系。当市场化进程高时，内部控制缺陷与企业社会责任的回归系数为（－1.150），而市场化进程低地区的内部控制缺陷与社会责任的系数为（－2.042），说明市场化进程快对内部控制缺陷和社会责任关系的影响要远小于市场化进程慢的地区，假设1b得以验证。

表中的第（5）列至第（8）列报告了模型（2）的回归结果，从动态的视角检验了市场化进程、内部控制缺陷修复与企业社会责任的关系。结果显示，内部控制缺陷修复与企业社会责任在1%的水平上正相关，表明内部控制缺陷的修复确实提高了企业社会责任的履行和披露水平。与此同时，第（7）列至第（8）列显示市场化进程高地区的内部控制缺陷修复回归系数（3.531）要小于市场化低（3.555）的地区，说明低市场化进程地区的公司，内部控制缺陷的修复更能提高企业的社会责任水平。假设2得以验证。

（四）稳健性检验

为了保证回归结果的可靠性，进行了以下稳健性检验：（1）为了避免重大灾难性事件引发的外在媒体压力导致企业捐献数增加，从而引发企业社会责任水平高带来的结果偏误，考虑到2010年玉树地震带来的影响，剔除了2010年的数据，回归结果基本保持不变。（2）润灵环球的企业社会责任报告评级从整体性、内容性、技术性、行业四个零指标出发，分别设立了一级指标和二级指标对报告进行全面评价，是学者普遍认同的一种衡量社会责任指标的方法。使用润灵环球的社会责任评分替代和讯网的社会责任数据，回归结果保持不变。（3）由于2012年之前为企业内部控制自愿披露阶段，为了避免公司主观能动性的作用，使用2012—2016年的数据再次回归，研究结果基本不变。

表 4－5　　市场化进程、内部控制缺陷及修复与企业社会责任的回归结果

	CSR	CSR	CSR		CSR	CSR	CSR	
			Market1 = 1	Market1 = 0			Market1 = 1	Market1 = 0
	(1)	(2)	(3)	(4)	(5)	(6)	(7)	(8)
ICW	−1.705*** (−4.12)	−1.637*** (−3.97)	−1.150** (−2.05)	−2.042*** (−3.40)				
Market (ICW)		0.336*** (3.92)						
ICW × Market		0.129 (0.57)						
ICWFixed					3.639*** (4.41)	3.649*** (4.43)	3.531*** (3.19)	3.555*** (2.88)
Market (ICWFixed)						0.230 (0.94)		
ICWFixed × Market						0.199 (0.47)		
State	2.005*** (5.71)	2.165*** (6.11)	3.753*** (7.42)	0.426 (0.84)	0.329 (0.33)	0.485 (0.48)	1.950 (1.32)	−0.500 (−0.36)
Age	0.076*** (2.71)	0.075*** (2.65)	0.133*** (3.83)	−0.019 (−0.39)	0.081 (1.00)	0.079 (0.98)	0.195* (1.89)	−0.097 (−0.73)
Size	5.722*** (34.49)	5.705*** (34.40)	5.433*** (23.88)	5.791*** (23.88)	4.801*** (9.90)	4.807*** (9.89)	5.089*** (7.40)	4.458*** (6.23)
Roa	104.642*** (34.31)	104.371*** (34.29)	115.019*** (27.88)	91.027*** (20.74)	46.208*** (8.71)	46.207*** (8.72)	55.734*** (7.20)	40.279*** (5.54)
Lev	−8.220*** (−10.47)	−8.021*** (−10.20)	−5.271*** (−4.93)	−10.464*** (−9.17)	−8.818*** (−4.89)	−8.773*** (−4.86)	−10.122*** (−3.73)	−8.795*** (−3.71)
Fcf	−0.159 (−0.76)	−0.158 (−0.75)	−0.045 (−0.17)	−0.520 (−1.55)	−0.008 (−1.09)	−0.804 (−1.09)	−0.013 (−1.53)	−0.003 (−0.23)
Outsize	7.422** (2.47)	7.882*** (2.63)	1.272 (0.33)	15.123*** (3.20)	7.490 (0.95)	7.674 (0.97)	0.867 (0.08)	12.142 (1.01)
Dual	−0.143 (−0.48)	−0.216 (−0.72)	0.387 (1.05)	−0.898* (−1.78)	0.280 (0.32)	0.210 (0.24)	−0.316 (−0.29)	1.306 (0.87)

续表

	CSR	CSR	CSR		CSR	CSR	CSR	
			Market1 = 1	Market1 = 0			Market1 = 1	Market1 = 0
	(1)	(2)	(3)	(4)	(5)	(6)	(7)	(8)
Top1	-2.378 (-1.63)	-2.467* (-1.69)	-1.663 (-0.90)	-4.190* (-1.79)	-0.101** (-2.30)	-9.815** (-2.24)	-0.109* (-1.91)	-0.066 (-0.94)
Top10	3.257** (2.42)	3.017** (2.24)	2.551 (1.45)	5.215** (2.48)	0.067* (1.69)	6.324 (1.59)	0.077 (1.47)	0.051 (0.81)
IndexZ	-0.012* (-1.69)	-0.012 (-1.60)	-0.002 (-0.19)	-0.022** (-2.21)	-0.049** (-2.31)	-0.049** (-2.31)	-0.032 (-0.89)	-0.062** (-2.17)
Growth	-0.605*** (-3.81)	-0.573*** (-3.63)	-0.607** (-2.46)	-0.594*** (-2.85)	-0.120 (-1.09)	-0.109 (-0.99)	0.318 (1.09)	-0.224*** (-3.39)
Mar	0.736*** (2.68)	0.703** (2.56)	0.401 (1.25)	2.097*** (3.96)	0.034*** (3.46)	3.300*** (3.40)	0.041*** (4.15)	0.027 (1.20)
Bhldn	0.332 (1.36)	0.303 (1.24)	0.645** (2.20)	-0.497 (-1.09)	0.009 (1.07)	0.840 (1.05)	0.005 (0.50)	0.014 (1.05)
Board	0.215** (2.07)	0.230** (2.22)	-0.026 (-0.18)	0.446*** (3.00)	0.147 (0.54)	0.154 (0.56)	0.187 (0.48)	0.229 (0.60)
行业/年份	控制	控制	控制	控制	控制	控制	控制	控制
截距项	-96.377*** (-21.96)	-98.709*** (-22.18)	-95.051*** (-17.95)	-95.054*** (-13.43)	-85.844*** (-7.75)	-88.347*** (-7.81)	-90.098*** (-6.04)	-92.251*** (-5.83)
N	12928	12928	7136	5792	1587	1587	794	793
Adj R^2	0.342	0.343	0.358	0.344	0.328	0.328	0.397	0.313
mean vif	1.51	1.47	1.53	1.50	1.49	1.45	1.50	1.53

注：（1）***表示在1%的水平上显著，**表示在5%的水平上显著，*表示在10%的水平上显著；（2）已对回归方程中异方差问题进行了检验和处理，提供的T值经过异方差稳健修正；（3）经过VIF值检验，方差膨胀因子均小于10，不存在多重共线性。

第二节　政策不确定性、内部控制缺陷及其修复与企业创新能力

伴随技术创新日新月异和市场竞争日趋激烈，企业面临越来越多的环境不确定，这加剧了企业大股东和经理人之间的信息不对称，经理人的行为越来越难预测。代理理论强调正式的控制和监督有利于管理经理人的行为（Jensen 和 Meckling，1976）。然而，随着企业面临的环境复杂性和不确定性的增加，有学者指出这些正式控制在解释和预测经理人行为方面的不足（Davis，1997）。他们强调企业内的非正式因素（如信任）在公司治理中的作用，并提出了管家理论（Stewardship Theory），为解释公司治理问题提供了新思路。管家理论强调大股东与经理人间的信任关系，可以作为企业内部正式治理机制的有效补充（Dyer 和 Chu，2003），在公司治理中扮演灵活、有效的作用（徐洋，2009）。实践中，一些缺乏正式公司治理体系的企业却能保持较高的灵活性和创新性，这些企业的经理人与大股东往往保持良好的信任关系（Schoorman 等，2007；Gregory 和 Jone，1998）。

经济交换中，信任表现为双方努力表现得与承诺一致、保持诚实，即使在有机会时也不会利用对方弱点获取利益（Hosmer，1995）。现有企业信任的研究大多关注企业间或企业内员工间的信任对组织绩效、创新投入、创新绩效等的影响（Dyer 和 Chu，2003；Hattori 和 Lapidus，2004），缺乏对特定制度信任（如内部控制信任）的探讨。而经理人作为企业日常决策主体，他们的创新动力和能力对企业发展至关重要（Vaccaro 等，2012；Augier 和 Teece，2009）。这种创新动力和能力分别反映了经理人创新意愿和将创新想法付诸实践的能力（Hoffman 和 Hegarty，1993）。根据管家理论，经理人的这种创新动力和能力受到正式制度（系统）信任的影响（Davis，1997；Eddleston 等，2008）。不同于以往从创新的动力、过程、结果以及外部影响因素等方面研究企业的创新能力，基于内部控制这一企业内部治理视角，以 2007—2016 年 A 股上市公司为研究对象，首次考察在政策不确定性这一外部环境下，内部控制缺陷及其修复对企业创新能力的持续影响。研究发现，存在内部控制缺陷的企业创新能力明显偏低，但缺陷修复后企业创新能力水平提高，这种效果在政策不确定性低的时期更加显著。进一步研究发现，非国有企业、财政科技投入高地区的企业，内部控制缺陷及修复对创新能力的作用更大，并且更容易受到政策不确定性的影响。研究表明，企业的创新能力受到内外部环境的双重影响，发挥内部控制“免疫系统”功能，不断修复内部控制缺陷，降低外部环境作用力，促进企业创新能力的提高。

一、问题提出

“中兴通讯”事件引发社会各界的广泛关注，此次“科技冷战”不仅暴露出企业合规管理体系的漏洞、应对合规管理风险的不足，更为重要的是显示企业自主创新的不可或缺。企业研发具有周期长、成本高、风险大等特性，不仅需要优良的公司治理结构合理分

配控制权与所有权，同时需要有效的内部治理制度防范和管理企业创新风险、增强资源技术耦合度，提高创新信息完善性、创新效果显示度（李后建和张宗益，2014；Hus et al.，2014）。国内外学者对于企业创新能力的研究多基于理论层面针对创新动力、过程、结果和创新的内外影响因素等方面进行了探讨（Bercheikh et al.，2006），其中，有关创新内部影响因素的研究多从公司治理结构角度分析，鲜有文献从内部治理制度视角出发，研究内部控制与企业创新能力之间的关系。因此，研究内部控制，尤其是从动态的视角研究内部控制缺陷及其修复对企业创新能力的持续影响至关重要。

与此同时，我国正处于新兴加转型的特殊时期，政府制定政策的谈判成本低，政策“朝令夕改”现象频发，A股市场“政策市”特征显著（李凤羽等，2015a），政策不确定性作为经济发展的重要影响力（Bloom，2009），其对企业决策的影响引发了学者的广泛关注，尽管有少量文献探讨了政策不确定性对企业创新能力的影响，但是研究结论迥异。一些学者基于“熊彼特创新理论”和“实物期权理论”发现，政策不确定性导致企业创新能力下降（魏玮等，2016；Bhattacharya et al.，2014；修家栋和李胜旗，2015），另外一些学者基于数理模型和“奈特不确定”发现，政策不确定性促进企业创新能力的提升（孟庆斌和师倩，2017；郭平，2016）。与此同时，目前学术界有关政府政策的关注主要在于具体政策（如产业政策、货币政策等）调整（一阶矩）对企业行为的影响，对于总体政策不确定性（二阶矩）的作用力研究略显不足（李凤羽，2015b）。因此，极具现实意义的问题是：政策不确定性差异等制度性因素是否以及如何进一步影响企业创新能力？内部控制缺陷及其修复对企业创新能力的作用是否会受到政策不确定性的影响？

基于以上思考，本节立足于中国经济转型的现实环境，以“政策不确定性—内部控制缺陷及其修复—改善公司治理效率—企业创新能力水平提升”为逻辑链条，从内部控制缺陷及其修复与政策不确定性相关联的动态视角，理论分析和实证检验它们对企业创新能力的影响。可能贡献在于：（1）丰富了企业创新能力的相关文献。现有文献对企业创新能力内部影响因素的研究较多关注企业规模、企业文化、企业家特征等的影响，本节从内部控制这一风险免疫机制和内部治理制度出发，考察制度缺陷及其修复影响政策不确定性对企业研发创新的动态变化和作用机理，丰富了有关企业创新能力内部影响因素的相关文献。（2）拓宽了内部控制的相关文献。本节基于奈特不确定、企业核心能力理论和免疫系统理论深化和拓展了内部控制价值效应方面的研究，实证检验了内部控制对企业决策的衍生价值效应，尤其是提供了不同内部控制环境下政策不确定对企业研发创新能力的激励效应与择机处置的经验证据，丰富了企业创新内外部因素互动的思想，从而为不同时期企业内部控制的持续改进提供了借鉴。（3）为企业创新能力行为决策提供了实践参考。本节检验了内部控制缺陷修复对企业创新能力的作用，为内部控制存在缺陷公司的创新决策行为改进提供了理论基础，并为政府部门制定促进企业创新能力的政策走向提供经验证据。

二、理论分析与研究假设

（一）政策不确定性、内部控制缺陷与企业创新能力

1. 内部控制缺陷与企业创新能力。创新能力有助于企业积极有效地吸收、整合、分

配公司内外部资源，开发新产品并获取市场份额，最终实现商业价值持续增长（朱卫东等，2012）。内部控制作为应风险而生的本原，其缺陷的存在成为企业创新能力提升的制度障碍。

从内部控制五要素视角看，内部控制缺陷降低了企业风险管控水平，委托代理问题及信息不对称程度的加剧引发了企业创新投入不足。（1）有缺陷的内部控制导致低质量的内部环境，公司内部权责划分的不明确性及“中央权力”的过度集中，加大了管理层机会主义行为的可能性，为规避风险，管理者选择运作保守型项目、减少企业研发投入的动机加强，“创新路径依赖”风险增加，企业创新能力减弱（田利军和陈甜甜，2015）。（2）存在缺陷的内部控制对于内外部环境要素的风险识别全面性不足，“风险盲区”产生，风险评估功能减弱，不合理决策纠正的不及时阻碍了公司的业绩提升（曾蔚等，2016）。与此同时，投资者及债权人根据公司低水平的风险管控能力加大其对企业的整体风险评价，企业融资成本提升，最终引发财务风险导致创新投入不足（林钟高等，2016a）。（3）存在缺陷的控制活动加剧了代理冲突，职权分离、授权审批、财务保护、会计系统、绩效考评和营运分析等控制力减弱（许佳琪，2017）。管理层不作为引发的高前景创新项目投资错失行为时有发生，代理人“隐藏行为”情形加剧，企业创新的效率及效果较差。（4）内部控制缺陷的存在降低了内外部信息的耦合性，“逆向选择”和“道德风险”的增加使得公司低估自身发展实力及外部环境压力，优良的创新项目因信息不对称无法受到投资者的青睐，从而抑制创新决策。（5）内部监管的缺失阻碍“最优风险承担”和“最优激励合同”的实施，管理层为提交相对稳定的“业绩成绩单”，选择符合自身偏好（风险小、收益低）的项目，企业创新投入不足。

从信号传递视角看，内部控制缺陷释放企业风险管控的不利信号，企业融资成本的增加引发企业创新投入不足。创新需要企业确保研发决策的及时性及研发资金的充足性（Czarntizki et al.，2011）。然而，企业研发具有支出大、风险高等特征，有缺陷的内部控制阻碍了企业总体绩效的提升（黄娟和张配配，2017），公司出现财务危机的可能性增加，在自身经营无法保证的情况下提高研发投入的动机相对较低。此外，大量沉没成本的存在和研发成果的不可抵押，促使公司研发投资对外部金融环境的敏感性更强。一方面，当企业的内部控制存在缺陷时，公司管理层倾向于隐瞒内部控制缺陷信息，以获取外部投资者的资金技术支持，保护自己的控制权私利（Goh et al.，2013）。与此同时，研发成果具有弱排他性，为了防止研发产品的泄密，企业通常对投资者有所保留。由于融资过程缺少以噪声理性预期均衡为特征的反馈机制（郭华等，2016），投资者不能对企业研发融资项目做出准确判断，导致企业研发投资有效性不足，“劣币驱逐良币效应”发生，较差的研发项目受到投资，而优良的研发创新项目缺乏资金保证。另一方面，存在内部控制缺陷的公司被出具非标审计意见的可能性更大（张丽达等，2016），进而形成影响外部融资的影子成本。预期可能产生的投资风险及资金流动性问题，投资者可能拒绝或中断研发项目投资，缺乏稳定的现金流和源源不断的资金保障，企业的创新能力削弱。

从企业核心能力视角看，内部控制缺陷加大了企业的创新路径依赖，组织惰性的强化引发企业创新投入不足。企业核心能力是公司技术和资源的集合，是其持续竞争的源泉与动力。然而，核心能力具有记忆僵化、组织惯例、缺乏灵活性等特征（Boyer et al.，

2006；Ashforth et al.，1988；Gersick et al.，1990），成为企业技术体制变革的阻力来源。此时，企业的创新能力被限制在原先的技术轨迹上，陷入“失败陷阱”和“能力陷阱”的困局（Levinthal et al.，1993），核心能力演变为核心刚度。当公司的内部控制存在缺陷时，管理层为保护既定权力位阶，维持企业生产经营，保证经营业绩的相对稳定，将有限的资源及技术消耗于有利于短期绩效提升的项目决策。企业创新能力周期长、风险高的特征使得组织惯性加大，组织惰性强化。企业恪守原先的知识储备及技术模式，其挖掘内在创新潜力的能力不足，创新投入减少，企业创新能力降低。与此同时，有缺陷的内部控制减弱了企业外部环境的应对能力，妨碍其外部创新搜索，难以根据外部环境的变化及时准确的调整组织决策及资源整合，公司回应市场需求的效率较低（Dursun－kilic，2005）。企业吸收、学习及整合能力的不足对企业创新能力产生不利影响。

2. 政策不确定性的调节作用。在经济新常态及其转型的关键时期，政策不确定作为企业不可避免的系统风险，对公司经营决策具有重要影响。那么，政策不确定性这个重要的外部变量是如何影响内部控制缺陷和企业创新能力之间关系的呢？

首先，政策不确定性对企业创新能力具有“抢占效应”，即政策不确定性对企业创新具有激励功能和择机效应，有助于企业创新能力的提高。“奈特不确定”主张，政策波动不仅仅代表风险的提升，同时蕴含着企业不可缺失的发展机遇（刘志远，2015）。不确定性是企业会计利润的重要来源。企业研发不仅具有投入大、耗时长、风险高等特征，更拥有收益及技术的双重不确定性。政策波动带来的市场不确定，尽管可能较大程度地抑制企业物质资本的投资，但企业却可能将部分投资转移至创新投入（顾夏铭，2018），从而保证企业研发的及时性以抓住市场机会，提高新产品研发的效率及效果。同时，技术不确定影响程度加剧，在新产品需求增加的情况下，技术不确定反而有助于降低企业研发的机会成本，尤其是存在内部控制缺陷的公司会尽快将技术及资源配置于研发投入中（孟庆斌和师倩，2017；郭平，2016），以提高企业研发项目成功的概率，加快公司抢占市场份额的速度。政策不确定性环境意味着企业风险的增加，而内部控制作为企业内部的风险免疫机制，通过不断完善公司内部制度，利用未被充分利用的资源，获得资金及其他财务利益，从而找到新的经济增长点。专利和新产品的不可复制性在一定程度上抵消了研发投入的不可逆，降低企业放弃当前研发决策等待环境稳定的概率。与此同时，不确定的增加会提高企业间竞争的激烈程度，基于“增长期权理论”，研发投资的期权价值大于等待研发的期权价值，为获取增长期权、拥有持续长期的未来收益、获取更多的成长机会，公司倾向于加大市场占优投资即研发投入（Weeds，2002），成为市场领导者，以阻止潜在竞争者进入，迫使同类产品竞争者让步。尤其是对于具有信息优势的企业，政策不确定性给予或者促使其增加创新强度、从而在产品市场上建立竞争优势提供了重要契机。因此，管理层面对较高的政策不确定性做出研发决策的可能性更大，以销蚀或者屏蔽内部控制缺陷可能造成的企业风险及其财务危机。

其次，政策不确定性有助于减少内部控制缺陷的等级及数量。政策不确定性作为企业不可避免的系统性风险，其波动程度及连续性对企业及利益相关者行为产生重要影响。“实物期权理论”认为，企业投资相当于看涨期权，政策不确定性会降低市场效率，提高股票市场噪音，增加企业会计信息失真程度，此时投资者无法准确评价企业业绩，投资者决策风险加大。对于未投资项目，投资者会采取观望的方式放弃或减少投资，以做出更好的投资决策，提高资本配置效率（Durnev，2013），此时，企业融资成本增加，融资难度加大。对于已投资项目，投资者会要求额外补偿以弥补不确定带来的风险损失，企业利润减少。与此同时，面对政府行为波动的不确定性，融资成本及资源的低效配置对企业价值的影响更大。公司预期到投资者行为以及政策不确定性带来的未来现金流不确定性（Baumol et al.，1970），会改善公司治理结构，提高企业风险防范能力，提升内部控制质量，内部控制缺陷的等级和数量减少，从而弱化内部控制缺陷对企业创新能力的不利影响（Kahneman 和 Tversky，1979），企业创新能力增强。

以上分析表明，内部控制缺陷削弱了企业的创新能力，但是政策不确定性一方面具有对企业研发创新的激励效应与择机功能，另一方面，政策不确定性能够减少企业内部控制缺陷程度，减弱内部控制缺陷对企业创新能力的负面作用，增加企业创新投入。据此，我们提出如下研究假设：

H1：在其他条件不变的情况下，相对于不存在内部控制缺陷的公司，存在内部控制缺陷的公司创新能力明显较差。

H2：在其他条件不变的情况下，相对于低政策不确定性的企业，高政策不确定性环境下的企业内部控制缺陷对企业创新能力的负面影响明显更小。

（二）政策不确定性、内部控制缺陷修复与企业创新能力

从内部控制免疫系统理论视角看，企业为生命有机体，具有自身的"免疫系统"，以便在复杂多变的市场环境中防范风险和保持良好的状态（贺伊琦，2011）。企业的内部控制免疫系统通过发现问题、处理问题、完善机制以及增强免疫功能，对外源性危险信号做出应答，从而达到抵御风险的作用。内部控制缺陷的存在阻碍企业组织对内外部有害"异己"的识别与应对，遭受损失或面对损失威胁的风险。当公司的内部控制免疫系统发挥作用，内部控制缺陷修复后，企业受到非标审计意见的概率降低（尚兆燕和扈唤，2016），利益相关者对企业的整体风险预期减弱，确信其投入企业的资源及技术会得到有效使用并获取预期投资报酬，从而加大对企业创新项目的支持，存续并扩展合作交易关系，企业创新投入增加。与此同时，内部控制缺陷的修复有助于企业内部的经验总结，找出导致危险发生的作用机理，调整组织结构，形成免疫记忆，提升防范、识别和应对潜在风险的能力，将"异己"转化为"自己"，企业内部要素协同性和耦合度增加，内在创新挖掘程度提高，企业创新能力增强。

从委托代理理论视角看，内部控制缺陷的修复缓解了代理冲突，抑制管理层舞弊及信任危机，从而有利于企业创新能力的提升。委托代理理论认为，合作双方在"效用最大化"原则的驱使下产生利益冲突，此时需要签订契约来确保双方利益的一致性，代理成本孕育而生（Jensen 和 Meckling，1976）。非有效的内部控制会提高企业风险（林钟高等，2016b），高风险公司创新项目的失败会带来更强的管理层信任风险及信誉危机（Larraza et al.，2007）。自利原则驱使下的领导者以企业绩效为导向倾向于选择回报快、收益高的项目，这与创新投资风险大、周期长的特点相驳，企业创新能力减弱。内部控制缺陷的修复会保证会计信息质量，提高企业经营绩效，防止财务舞弊，抑制代理冲突，减少信息不对

称程度，有效激励管理层承担风险项目，做出创新决策，克服组织惰性，企业创新能力提升。

从公司治理视角看，政策不确定性低的公司内部控制缺陷的修复对企业创新能力的促进作用更加明显。Johnstone et al. （2011）发现内部控制重大缺陷的修复与董事会、审计委员会、高管的特征改进相关，即内部控制质量的提升有助于公司治理结构的改善。面对较高的政策不确定性，市场竞争和声誉机制作用力较大，为取得长期收益，降低融资成本，获取投资者的信任，使其投入更多的资源与技术，公司治理相对稳定，权力和利益、剩余控制权和剩余索取权分配相对合理。企业风险水平低，个人理性约束和激励相容约束下的企业价值相对较大，公司抗风险能力强，内部控制缺陷修复对企业创新的正向影响相对较弱。根据“企业核心能力悖论”，低政策不确定性条件下的企业在“组织惰性”和“记忆僵化”的影响下出现公司治理问题的可能性更大。此时，内部控制免疫系统发挥风险管控作用，内部控制缺陷修复，公司通过治理结构的完善提高风险承担能力和投资找寻能力，更加高效的对内外部关系网络进行知识转换，市场应对能力及外部创新挖掘能力提高，企业创新能力增强。综上所述，本文提出假设3：

H3：在其他条件不变的情况下，内部控制缺陷的修复提高了企业的创新能力，并且相对于高政策不确定时期的企业，处于低政策不确定性时期的企业，内部控制缺陷的修复更能提高企业创新能力。

三、研究设计

（一）样本选择及数据来源

选取2007—2016年沪深A股上市公司为初始样本，并剔除了ST类公司、金融保险类公司以及数据缺失的公司，最终得到有效样本12053个。其中存在内部控制重大缺陷的观测值为1412个，约占总样本的11.71%。企业的创新能力数据手工收集整理自公司年报，内部控制缺陷数据来源于迪博数据库，其他数据来自国泰安数据库和万德数据库。数据的前期处理工具为Excel，统计软件为STATA13。为了避免极端值的影响，对回归模型中的所有连续变量上下5%的样本进行了Winsorize处理。

（二）模型设计及变量定义

为了验证H1和H2，本书构建如下多元回归模型（4-3）：

$$
\begin{aligned}
INNOV_{i,t} = {} & \beta_0 + \beta_1 ICW_{i,t-1} + \beta_2 PU_{i,t} + \beta_3 ICW_{i,t-1} \times PU_{i,t} + \beta_4 Size_{i,t} + \beta_5 Age_{i,t} \\
& + \beta_6 State_{i,t} + \beta_7 Lev_{i,t} + \beta_8 Roa_{i,t} + \beta_9 Fcf_{i,t} + \beta_{10} Outsize_{i,t} + \beta_{11} Dual_{i,t} \\
& + \beta_{12} Top10_{i,t} + \beta_{13} IndexZ_{i,t} + \beta_{14} Growth_{i,t} + \beta_{15} Bhldn_{i,t} + \beta_{16} Board_{i,t} \\
& + \beta_{17} Salary_{i,t} + \beta_{18} Auo_{i,t} + \beta_{19} Big4_{i,t} + \beta_{20} Fee + \beta_{21} ICI_{i,t} + \beta_{22} TFI_{i,t} \\
& + \sum Industry + \sum Year + \varepsilon
\end{aligned}
\tag{4-3}
$$

为了验证H3，本书构建如下多元回归模型（4-4）：

$$
INNOV_{i,t} = \beta_0 + \beta_1 ICWFixed_{i,t} + \beta_2 PU_{i,t} + \beta_3 ICWFixed_{i,t} \times PU_{i,t} + \beta_4 Size_{i,t}
$$

$$+\beta_5 Age_{i,t}+\beta_6 State_{i,t}+\beta_7 Lev_{i,t}+\beta_8 Roa_{i,t}+\beta_9 Fcf_{i,t}+\beta_{10} Outsize_{i,t}$$
$$+\beta_{11} Dual_{i,t}+\beta_{12} Top10_{i,t}+\beta_{13} IndexZ_{i,t}+\beta_{14} Growth_{i,t}+\beta_{15} Bhldn_{i,t}$$
$$+\beta_{16} Board_{i,t}+\beta_{17} Salary_{i,t}+\beta_{18} Auo_{i,t}+\beta_{19} Big4_{i,t}+\beta_{20} Fee+\beta_{21} ICI_{i,t}$$
$$+\beta_{22} TFI_{i,t}+\sum Industry+\sum Year+\varepsilon \qquad (4-4)$$

为了避免内部控制缺陷可能存在的滞后效应和内生性问题，模型（4－3）将内部控制缺陷滞后一期，检验内部控制缺陷披露（t－1期）是否会对下一期（t期）的企业创新能力产生影响。模型（4－4）是在模型（4－3）的基础上，选取内部控制存在缺陷的样本企业，将解释变量内部控制缺陷（ICW）换成内部控制缺陷修复（ICWFixed），交叉项ICW×PU换成ICWFixed×PU，考察当期内部控制缺陷修复的作用，其他变量保持不变。

1. 被解释变量。企业创新能力（INNOV）。目前关于创新能力的评价指标多从投入和产出两个方面进行衡量。研发投入占营业收入的比重用来衡量创新投入，专利数用来衡量创新产出。然而学者普遍认为，企业的专利数量并不代表企业的专利质量，专利并不都能投入市场转化为产品或产出。同时，Pakes和Griliches（1980）指出不是所有的产品都会申请专利。因此，用专利数量来衡量企业的创新能力具有一定局限性。因而采用R&D投入占营业收入的百分比衡量企业创新能力，而将专利数量作为稳健性测试替代变量，进一步检验结论的可靠性。

2. 解释变量。

（1）内部控制缺陷（ICW）：国外学者一般采用内部控制重大缺陷来直接衡量企业的内部控制情况（Hoag和Hollingsworth，2011）。我国按照影响程度将内部控制缺陷分为一般缺陷、重要缺陷和重大缺陷，然而这种缺陷划分标准的主观能动性较强，缺乏实际操作性。并且，2007—2011年的内部控制自愿披露阶段，上市公司在披露时并未细分缺陷类型。与此同时，考虑到内部控制一般缺陷对企业行为决策影响力的不足，采用内部控制重大缺陷作为内部控制缺陷的替代变量，并借鉴叶建芳等（2012）的方法，将存在以下情况的公司视为存在内部控制重大缺陷，最终构成解释变量ICW。①内部控制自我评价报告中出现内部控制重大缺陷；②内部控制审计报告中出现内部控制重大缺陷；③公司当年存在违规行为受到了证券会、交易所等单位机构的处罚；④公司当年被出具非标准审计意见。

（2）内部控制缺陷修复（ICWFixed）：披露内部控制重大缺陷的公司下一年不存在内部控制重大缺陷，则视为缺陷已修复，取1，否则为0。

（3）政策不确定性（PU）：使用Baker等（2013）编制的政策不确定指数衡量我国的政策不确定性。该指数通过统计《南华早报》有关政策不确定事件的文章数量获得，已被广泛应用于学术研究中（韩国高，2014）。由于该指数为月度数据，为了将其转换为年度数据，我们采用几何平均法对数据进行了计算。数据的具体计算方法及来源见网站，http：//www. policyuncertainty. com。

3. 控制变量。借鉴以往研究，本书对公司规模（Size）、企业注册年限（Age）、产权性质（State）、资产负债率（Lev）、总资产净利率（Roa）、现金净流量（Fcf）、独立董事比例（Outsize）、两职合一（Dual）、前十大股东持股比例（Top10）、股权制衡（IndexZ）、公司成长性（Growth）、高管持股数（Bhldn）、董事会规模（Board）、高管薪酬（Salary）、审计意见（Auo）、四大会计师事务所（Big4）、审计费用（Fee）、行业总景气指数

(ICI)、财政科技投入（TFI）、行业及年份等变量进行了控制，具体见表4-6。

表4-6　　变量定义表

变量类型	变量名称	变量符号	变量释义
被解释变量	企业创新能力	INNOV	R&D投入占营业收入的百分比
解释变量	内部控制缺陷	ICW	虚拟变量，采用叶建芳（2012）年的方法，若当年存在内部控制重大缺陷取1，否则取0
	内部控制缺陷修复	ICWFixed	虚拟变量，若披露内部控制重大缺陷的公司下一年不存在内部控制重大缺陷，则视为缺陷已修复，取1，否则为0
	政策不确定性	PU	虚拟变量，Baker等（2013）提出的政策不确定性指数
控制变量	公司规模	Size	公司总资产的自然对数
	公司注册年限	Age	公司成立的年龄
	产权性质	State	虚拟变量，如果是国有产权控股取值1，否则为0
	资产负债率	Lev	衡量企业的偿债能力，为年末总负债与年末总资产之比
	总资产净利率	Roa	衡量企业的盈利能力，为净利润与总资产之比
	现金净流量	Fcf	为企业经营、投资、筹资活动产生的现金净流量之和，单位：十亿元
	独立董事比例	Outsize	独立董事人数占董事总人数的比例
	两职合一	Dual	虚拟变量，董事长和总经理是否兼任，兼任取1，否则为0
	前十大股东持股比例	Top10	前十大股东持股数占年末总股数的比重
	股权制衡	IndexZ	第一大股东持股比例/第二大股东持股比例
	公司成长性	Growth	公司营业收入增长率
	高管持股数	Bhldn	高管持股数，单位：亿元
	董事会规模	Board	上市公司董事会人数
	高管薪酬	Salary	公司前三名高管薪酬数额取自然对数
	审计意见	Auo	如果公司当年被出具非标审计意见为1，否则为0
	四大会计师事务所	Big4	虚拟变量，样本公司聘请四大会计师事务所作为审计师事务所取值1，否则为0
	审计费用	Fee	公司支付给会计师事务所的审计费用，单位：万元
	行业总景气指数	ICI	为“国务院发展研究中心行业景气监测平台”披露的年度行业总景气指数监测数据，衡量宏观经济发展情况
	财政科技投入	TFI	虚拟变量，为“各省份研发经费投入与相应年度地区GDP之比”，>=中位数取1，否则为0
	行业	Industry	控制
	年份	Year	控制

四、实证结果与分析

（一）描述性统计

表 4-7 的描述性统计结果显示：（1）企业创新能力（INNOV）的最大值为 12.138，最小值为 0.105，均值为 3.706，说明企业间创新能力水平差距较大，并且大多数企业的创新能力较差，创新意识薄弱。（2）内部控制缺陷（ICW）和内部控制缺陷修复（ICW-Fixed）的均值分别为 0.116 和 0.635，标准差分别为 0.320 和 0.482，说明一般情况下内部控制存在缺陷的公司会采取措施修复内部控制缺陷。（3）政策不确定性（PU）的均值为 1.832，最小值和最大值分别为 0.946 和 3.471，表明我国总体的政策不确定较高，政策“朝令夕改”现象时有发生，说明我国各期的政策不确定性差距较大。

表 4-7　　描述性统计

变量名称	样本数量	平均数	标准差	最小值	中位数	最大值
INNOV	12053	3.706	3.115	0.105	3.205	12.138
ICW	12053	0.116	0.320	0	0	1
ICWFixed	1412	0.635	0.482	0	1	1
PU	12053	1.832	0.885	0.946	1.626	3.471
Size	12053	2.179	0.109	2.020	2.163	2.420
Age	12053	18.356	4.703	10	18	26
State	12053	0.305	0.460	0	0	1
Lev	12053	0.385	0.199	0.081	0.370	0.748
Roa	12053	0.049	0.040	-0.026	0.043	0.131
Fcf	12053	0.082	0.346	-0.506	0.011	1.032
Outsize	12053	0.370	0.044	0.333	0.333	0.455
Dual	12053	0.295	0.456	0	0	1
Top10	12053	6.005	1.403	3.307	6.164	8.097
IndexZ	12053	0.788	0.964	0.108	0.367	3.723
Growth	12053	0.018	0.357	-1.141	0.091	0.480
Bhldn	12053	0.228	0.395	0	0.017	1.432
Board	12053	8.592	1.351	6	9	11
Salary	12053	14.130	0.590	13.066	14.117	15.271
Auo	12053	0.983	0.131	0	1	1
Big4	12053	0.043	0.203	0	0	1
Fee	12053	8.803	6.050	2.300	7	26
ICI	12053	10.387	0.103	10.265	10.347	10.618
TFI	12053	0.510	0.500	0	1	1

（二）相关性分析

表4－8分别列出了内部控制缺陷和内部控制缺陷修复的主要变量相关性检验结果。结果显示，企业创新能力与内部控制缺陷在1%的水平上负相关，即企业内部控制重大缺陷越大，企业创新能力水平越差。而政策不确定性和企业创新能力呈负相关关系，表明政策不确定性越高，企业做出创新决策的动机越低。与此同时，企业创新能力与内部控制重大缺陷修复正相关，说明内部控制缺陷的修复提高了企业的创新能力。此外，变量间的相关系数均低于0.5，可初步判断模型不存在多重共线性问题。然而这只是两两变量之间的关系，并没有控制其他可能的影响因素，后文将对这些关系做更严格的检验。

（三）回归结果及分析

表4－9的第（1）列至第（4）列报告了模型（4－3）的回归结果。在控制了可能影响样本企业创新能力的公司特征、行业、年份等变量后，首先考察了内部控制缺陷与企业创新能力的关系，由第（1）列可见，内部控制缺陷与企业创新能力在5%的水平上呈负相关关系，假设1得以验证，即存在内部控制缺陷的公司创新能力水平越差。说明内部控制具有溢出效应，不仅对于公司治理结构本身产生影响，同样作用于企业的决策行为。表中的第（2）列至第（4）列给出了政策不确定性、内部控制缺陷与企业创新能力的回归结果。为了更好地研究政策不确定性高低对企业创新能力的影响，我们做了全样本和政策不确定性高低的分样本研究。第（2）列是假设2的全样本回归结果，第（3）列至第（4）列是将样本根据政策不确定性高低分为政策不确定性高和政策不确定性低两个子样本的回归结果。第（2）列结果表明内部控制缺陷与企业创新能力在5%的水平下通过了负相关显著性检验，内部控制缺陷与政策不确定性的交互项（ICW × PU）和企业创新能力呈10%正相关。在第（3）列至第（4）列的分样本回归结果中，政策不确定性低时期内部控制缺陷与创新能力在5%的水平上呈显著负相关关系，政策不确定性高时期的内部控制缺陷与企业创新能力呈不显著的负相关关系。同时，当政策不确定性高时，内部控制缺陷与企业创新能力的回归系数为（－0.019），而政策不确定性低时期的内部控制缺陷与企业创新能力的系数为（－0.124），说明政策不确定性高对内部控制缺陷和创新能力关系的影响要远小于政策不确定性低的时期，假设2得以验证。

表4－9的第（5）列至第（8）列报告了模型（4－4）的回归结果，从动态的视角检验了政策不确定性、内部控制缺陷修复与企业创新能力的关系。结果显示，内部控制缺陷修复与企业创新能力在10%的水平上正相关，表明内部控制缺陷的修复确实提高了企业创新能力水平。与此同时，第（7）列至第（8）列显示政策不确定性高的内部控制缺陷修复回归系数（0.040）要小于政策不确定性低（0.135）的时期，并且，政策不确定性低时内部控制缺陷修复与企业创新能力在10%的水平上通过了显著性检验。说明低政策不确定性时期的公司，内部控制缺陷的修复更能提高企业的创新能力。假设3得以验证。

（四）内生性检验

由于内部控制缺陷与企业创新能力之间可能存在互为因果的关系，即内部控制缺陷的

表 4-8　相关性分析

	Innov	ICW	ICWFixed	PU（ICW）	PU（ICWFixed）	Size	Age	State	Lev	Roa	Fcf	Outsize	Top10	Salary
Innov	1		0. 043		-0. 025	-0. 215***	-0. 17***	-0. 152***	-0. 251***	0. 140***	-0. 033	0. 001	0. 007	0. 189***
ICW	-0. 033***	1												
ICWFixed			1		0. 077***	0. 126***	-0. 035	-0. 022	-0. 095***	0. 095***	0. 109***	-0. 008	0. 006	0. 101***
Pu（ICW）	-0. 027***	0. 033***		1										
PU（ICWFixed）					1	0. 222***	0. 009	-0. 009	0. 009	0. 021	0. 141***	0. 028	-0. 051*	0. 153***
Size	-0. 262***	-0. 003		0. 134***		1	0. 129***	0. 341***	0. 331***	0. 050*	0. 213***	-0. 062**	0. 044	0. 372***
Age	-0. 149***	0. 031***		0. 008		0. 212***	1	0. 265***	0. 219***	-0. 004	0. 054**	-0. 069***	-0. 255***	0. 075***
State	-0. 158***	0. 001		-0. 011		0. 412***	0. 288***	1	0. 304***	-0. 040	0. 035	-0. 089***	-0. 076***	0. 023
Lev	-0. 230***	0. 085***		0. 008		0. 554***	0. 242***	0. 373***	1	-0. 461***	0. 087***	-0. 051*	-0. 241***	-0. 078***
Roa	0. 266***	-0. 104***		-0. 050***		-0. 158***	-0. 099***	-0. 200***	-0. 437***	1	0. 067**	-0. 017	0. 131***	0. 190***
Fcf	-0. 047***	-0. 035***		0. 033***		0. 200***	0. 022**	0. 045***	0. 050***	0. 083***	1	0. 011	-0. 050*	0. 133***
Outsize	0. 035***	0. 002		0. 022**		-0. 035***	-0. 074***	-0. 074***	-0. 036***	-0. 016*	0. 013	1	0. 025	-0. 029
Top10	0. 030***	-0. 100***		-0. 051***		-0. 063***	-0. 282***	-0. 114***	-0. 212***	0. 288***	0. 080***	0. 048***	1	0. 019
Salary	0. 132***	-0. 033***		0. 134***		0. 415***	0. 092***	0. 091***	0. 085***	0. 206***	0. 099***	-0. 007	0. 012	1

注：（1）上表的左下角为内部控制缺陷的主要变量相关性分析结果，右上角为内部控制缺陷修复的主要变量相关性分析结果。（2）***表示在1%的水平上显著，**表示在5%的水平上显著，*表示在10%的水平上显著。

表 4-9　政策不确定性、内部控制缺陷及修复与企业创新能力的回归结果

	INNOV	INNOV	INNOV		INNOV	INNOV	INNOV	
			PU = 1	PU = 0			PU = 1	PU = 0
	(1)	(2)	(3)	(4)	(5)	(6)	(7)	(8)
ICW	-0.081** (-2.13)	-0.088** (-2.28)	-0.019 (-0.32)	-0.124** (-2.47)				
PU (ICW)		-0.050 (-1.15)						
ICW × PU		0.129* (1.70)						
ICWFixed					0.092* (1.82)	0.092* (1.82)	0.040 (0.52)	0.135* (1.95)
PU (ICWFixed)						0.112 (1.06)		
ICWFixed × PU						-0.078 (-0.80)		
Size	-0.369*** (-17.71)	-0.370*** (-17.75)	-0.343*** (-9.87)	-0.386*** (-14.78)	-0.142*** (-4.05)	-0.143*** (-4.09)	-0.136*** (3.05)	-0.149*** (-2.75)
Age	-0.028*** (-10.40)	-0.028*** (-10.39)	-0.025*** (-5.59)	-0.029*** (-8.74)	-0.021*** (-4.28)	-0.022*** (-4.28)	-0.017** (-2.42)	-0.026*** (-3.61)
State	0.160*** (4.74)	0.161*** (4.76)	0.165*** (2.88)	0.159*** (3.78)	0.106* (1.65)	0.108* (1.67)	0.065 (0.69)	0.143 (1.61)
Lev	0.410*** (4.57)	0.410*** (4.58)	0.237 (1.58)	0.499*** (4.47)	-0.226 (-1.30)	-0.220 (-1.26)	-0.241 (-1.19)	-0.144 (-0.56)
Roa	6.186*** (15.13)	6.187*** (15.13)	4.796*** (6.95)	6.946*** (13.70)	0.371* (1.77)	0.369* (1.75)	0.685 (1.20)	0.335 (1.34)
Fcf	-0.053 (-1.49)	-0.054 (-1.52)	-0.050 (-0.85)	-0.046 (-1.05)	-0.155 (-0.74)	-0.150 (-0.72)	-0.269 (-0.92)	-0.131 (-0.43)
Outsize	0.313 (0.94)	0.314 (0.94)	0.813 (1.43)	0.042 (0.10)	-0.267 (-0.50)	-0.247 (-0.46)	0.006 (0.01)	-0.469 (-0.61)
Dual	-0.015 (-0.50)	-0.014 (-0.50)	0.010 (0.19)	-0.026 (-0.74)	-0.045 (-0.82)	-0.047 (-0.86)	-0.241*** (0.69)	0.092 (1.61)
Top10	-0.005*** (-5.70)	-0.005*** (-5.72)	-0.006*** (-3.79)	-0.005*** (-4.25)	-0.005* (-1.86)	-0.005* (-1.85)	-0.006 (-1.48)	-0.004 (-1.22)
IndexZ	0.002* (1.84)	0.002* (1.85)	0.002 (1.03)	0.003 (1.58)	0.004 (1.45)	0.004 (1.46)	0.004 (1.03)	0.004 (1.13)
Growth	0.144*** (4.17)	0.145*** (4.21)	0.077 (1.21)	0.178*** (4.30)	0.090 (1.28)	0.089 (1.27)	0.140 (1.47)	0.057 (0.57)
Bhldn	0.144*** (4.07)	0.145*** (4.08)	0.133** (2.32)	0.149*** (3.30)	0.082* (1.72)	0.083* (1.75)	0.058 (0.93)	0.135* (1.70)
Board	-0.007 (-0.61)	-0.007 (-0.60)	-0.002 (-0.12)	-0.010 (-0.66)	0.007 (0.32)	0.006 (0.31)	-0.013 (-2.93)	0.012 (1.23)
Salary	0.547*** (22.34)	0.547*** (22.35)	0.577*** (14.36)	0.529*** (17.11)	0.390*** (9.93)	0.390*** (9.93)	0.379*** (6.66)	0.399*** (7.22)

续表

	INNOV	INNOV	INNOV		INNOV	INNOV	INNOV	
			PU = 1	PU = 0			PU = 1	PU = 0
	(1)	(2)	(3)	(4)	(5)	(6)	(7)	(8)
Auo	0.028 (0.27)	0.026 (0.25)	0.222 (1.29)	-0.076 (-0.57)	0.060 (0.57)	0.066 (0.63)	-0.050 (-0.31)	0.200 (1.46)
Big4	0.161 ** (2.44)	0.163 ** (2.46)	0.220 ** (1.96)	0.126 (1.55)	0.184 (1.27)	0.186 (1.29)	-0.020 (-0.08)	0.505 *** (2.74)
Fee	-0.000 (-1.33)	-0.000 (-1.32)	-0.001 (-1.05)	-0.001 (-0.80)	-0.001 ** (-2.07)	-0.001 ** (-2.06)	-0.001 (-0.40)	-0.001 *** (-2.93)
ICI	0.002 (0.10)	-0.012 (-0.55)	0.153 *** (2.98)	-0.023 (-1.06)	0.090 ** (2.48)	0.139 *** (2.80)	0.104 (-0.43)	0.121 ** (0.42)
TFI	0.142 *** (5.38)	0.143 *** (5.39)	0.163 *** (3.71)	0.127 *** (3.83)	0.246 *** (4.73)	0.244 *** (4.69)	0.312 *** (4.31)	0.188 ** (2.43)
行业/年份	控制	控制	控制	控制	控制	控制	控制	控制
截距项	-0.099 (-0.05)	1.338 (0.59)	-16.060 *** (-2.93)	3.317 (1.37)	-9.683 ** (-2.39)	-14.890 *** (-2.78)	-9.328 (-0.74)	-13.432 ** (-2.32)
N	(-0.05) 12053	(0.59) 12053	(-2.93) 4095	(1.37) 7958	(-2.39) 1412	(-2.78) 1412	(-0.74) 662	(-2.32) 750
Adj R^2	0.2853	0.2855	0.2876	0.2863	0.2850	0.2853	0.3268	0.2868
mean vif	1.50	1.47	1.51	1.50	1.40	1.41	1.42	1.45

注：(1) ***、**、* 分别表示在 1%、5% 和 10% 的水平上显著；(2) 已对回归方程中异方差问题进行了检验和处理，提供的 T 值经过异方差稳健修正；(3) 经过 VIF 值检验，方差膨胀因子均小于 10，不存在多重共线性。下同。

存在成为企业创新能力制度障碍的同时，企业创新能力也会对内部控制产生影响。尽管在设置解释变量及被解释变量的时候，已经考虑到了内部控制缺陷可能存在的滞后效应和内生性问题，采取滞后一期的方法。为了使得结果更加可靠，我们在技术上选取内部控制缺陷行业均值（Micwt-1）作为工具变量，通过两阶段最小二乘法（2SLS）来解决内部控制缺陷和企业创新能力之间的内生性问题。建立第一阶段回归模型：

$$ICW_{i,t} = \beta_0 + \beta_1 Micw_{i,t-1} + \beta_2 Control + \varepsilon$$

表 4-10 列出了回归结果，从工具变量的解释力来说，F 值为 26.103，可以拒绝“工具变量没有解释力”的原假设，“弱工具变量”的问题在这里并不严重，即内部控制缺陷行业均值具有外部性。与此同时，我们发现与表 4-9 相比，实证结果并未发生改变，因此我们有理由相信内生性问题并不影响本文的分析结果。

表 4-10　　内生性检验

	第一阶段	第二阶段
	ICW	INNOV
Micw	0.613 *** (5.46)	

续表

	第一阶段	第二阶段
	ICW	INNOV
ICW		-7.231*** (-4.74)
Control variable	控制	
截距项	0.537 (1.52)	13.776*** (4.45)
N	12053	12053
R-squared	0.286	0.038
Shea Partial $R^2=0.04$; F=26.103		

（五）稳健性检验

为了保证回归结果的可靠性，进行以下稳健性检验：（1）为了进一步揭示和理解政策不确定性对企业创新能力影响的微观作用机制，采用企业专利授权数替代研发投入与营业收入的比重，从企业创新产出角度衡量企业的创新能力，回归结果基本保持不变。（2）由于2012年之前为企业内部控制自愿披露阶段，为了避免公司主观能动性的作用，使用2012—2016年的数据再次回归，研究结果基本不变。（3）采用地级市市委书记变更作为政策不确定性（陈艳艳和罗党论，2012）的替代变量，回归结果基本保持不变。

五、进一步研究：基于产权性质与财政补贴的分析

基于以往研究，相对于非国有企业而言，国有企业的创新意识更加消极，并且不同产权性质下内部控制制度的作用效果存在差异（林钟高等，2016b；李后建和刘思亚，2015）。与此同时，企业创新具有风险高和成本大等特征，凭借企业的一己之力很难达到创新的预期效果，政府会通过补助来缓解企业的资金压力，试图解决创新活动“市场失灵”问题。因此，值得我们进一步思考的是，所有权性质下的企业行为对政策的反应是否存在不同？财政科技投入的作用效果是否会受到公司内部治理制度的影响？为了更深层次的考察不同政策不确定时期下内部控制缺陷及其修复与企业创新能力之间的关系，我们根据企业的所有权性质和财政科技投入水平分组回归，进行进一步研究。

（一）基于产权性质的进一步研究

产权性质的差异是我国经济转型不可忽略的制度背景，因此我们将公司分为国有企业和非国有企业，分样本检验了不同产权性质下，政策不确定性、内部控制缺陷及其修复与企业创新能力之间的关系，结果见表4-11。表中的第（1）至第（8）列为非国有企业的回归结果，全样本中ICW、ICWFixed与INNOV均在5%的水平上通过了相关性检验，ICW×PU与ICWFixed×PU和INNOV在10%的水平上通过显著性检验。低政策不确定下的内部控制缺陷与企业创新能力呈5%负相关，缺陷修复与企业创新能力呈5%正相关，并且

其系数的绝对值均大于高政策不确定时期系数。第（9）列至第（16）列的国有企业回归结果显示，无论是政策不确定性的全样本还是分样本回归，ICW 及 ICWFixed 的系数均不显著。说明，非国有企业内部控制缺陷对企业创新能力的阻碍作用更大，缺陷的修复对企业创新能力提升的作用力更强，并且更容易受到政策不确定性的影响。

造成以上结果的原因可能如下：（1）与非国有企业相比，国有企业内部控制缺陷导致企业创新能力降低的可能性较低，缺陷修复作用力较弱。一方面，与非国有企业不同，国有企业承担更多"政策性任务"，能够便利的享受政策优惠、财政补贴及产业投资，其创新目标与国家发展走向一致（李后建和刘思亚，2015），内部治理制度（内部控制缺陷及修复）对企业创新能力的影响略显不足。另一方面，国有企业与政府具有得天独厚的纽带联系，商业银行会提供研发所需的大量资金，甚至会帮助经营危机下的国有企业渡过难关，企业融资成本下降，内部控制缺陷引发的企业风险作用力减弱，并不足以影响企业的研发决策，缺陷修复的积极作用也不明显。（2）政策不确定性对国有企业的影响小于非国有企业。与非国有企业相比，国有企业管理层任命于政府，独特的"关系"带来了政府庇护、信息传递及法律保护，从而降低政策不确定的影响力。

（二）基于财政科技投入的进一步研究

创新具有的正外部性和高风险特征，使得市场经济下的创新活动往往偏离最优轨道，需要政府干预给予校正。为研究政府科技投入的作用效果是否会受到公司内部治理制度的影响，我们在原回归的基础上，将样本按照财政科技投入高低进行区分，进行进一步的检验分析。

一方面，政府的财政科技投入具有杠杆效应。政府的财政支持可以缓解外部性引发的"市场失灵"，缩短企业个体收益和社会收益之间的差异，提高企业的自主创新动力。同时，缓解企业因成本高和资金缺乏而采取的创新决策退缩行为（吴非等，2017）。另一方面，政府的财政科技投入具有替代效应。政府财政补贴挤出了企业自身的研发投入，研发成本的相对转移及研发收益的相对增加，提高了管理层的机会主义行为，使得公司将资金用于高管薪酬等非创新项目投入，或盲目决策引发过度投资。并且，为获取更多的财政补贴，公司会迎合政府，进行低水平的"政策性创新"或"策略性创新"。错误投资及过度投资的存在导致财政投入并未发挥提升企业创新能力的作用。当公司的内部控制存在缺陷时，企业风险管控能力低，非有效的内部监管无法防止和及时制止企业创新资金的挪用和滥用现象。此时，政府财政科技投入的"替代效应"大于"杠杆效应"，企业创新效率低下，并且，财政投入水平越高，内部控制缺陷对于企业创新能力的负面作用越明显。当内部控制缺陷修复后，"替代效应"影响力减弱，"杠杆效应"作用力增强，企业创新能力提升。与此同时，政府财政科技投入的政府行为属性也反映了其对于政策变动的敏感性。因此，我们推论，财政科技投入提高了内部控制缺陷（内部控制缺陷修复）与企业创新能力的负（正）相关关系，并且更容易受到政策不确定性的影响。

我们通过查阅各年份《中国科技统计年鉴》，使用"各省份研发经费投入与相应年度地区 GDP 之比"作为财政科技投入的衡量指标，并以中位数为分位点进行了样本分组，分样本检验了财政科技投入高低情形下，政策不确定性、内部控制缺陷及修复与企业创新能力之间的关系，回归结果见表 4－12。表 4－12 显示，与低财政科技投入地区企业 ICW、

表 4-11　所有权性质对不同政策不确定性时期公司内部控制缺陷及其修复与企业创新能力的影响

	非国有样本								国有样本							
	INNOV	INNOV	INNOV		INNOV	INNOV	INNOV		INNOV	INNOV	INNOV		INNOV	INNOV	INNOV	
			PU1 = 1	PU1 = 0			PU1 = 1	PU1 = 0			PU1 = 1	PU1 = 0			PU1 = 1	PU1 = 0
	(1)	(2)	(3)	(4)	(5)	(6)	(7)	(8)	(9)	(10)	(11)	(12)	(13)	(14)	(15)	(16)
ICW	-0.096**	-0.106**	-0.005	-0.157**					-0.028	-0.030	-0.021	-0.037				
	(-2.08)	(-2.25)	(-0.08)	(-2.56)					(-0.42)	(-0.45)	(-0.20)	(-0.43)				
PU		0.250**								-0.077						
(ICW)		(2.07)								(-0.93)						
ICW × PU		0.158*								0.061						
		(1.72)								(0.45)						
ICWFixed					0.187***	0.189***	0.106	0.244***					0.091	0.091	0.169	0.042
					(3.09)	(3.11)	(1.18)	(2.90)					(1.01)	(1.00)	(1.06)	(0.36)
PU						0.042								0.129		
(ICWFixed)						(0.34)								(0.66)		
ICWFixed × PU						-0.216*								-0.003		
						(-1.77)								(-0.02)		
Control	控制															
截距项	-0.113	0.687	-13.770**	3.467	-12.066***	-17.312***	-13.280	-16.203**	-1.756	0.471	-23.348**	5.388	-3.603	-8.471	4.407	-5.112
	(-0.05)	(0.26)	(-2.14)	(1.25)	(-2.59)	(-2.84)	(-0.91)	(-2.37)	(-0.41)	(0.09)	(-2.14)	(1.01)	(-0.48)	(-0.85)	(0.17)	(-0.47)
N	8380	8380	2859	5521	981	981	467	514	3673	3673	1236	2437	431	431	195	236
Adj R^2	0.2746	0.2743	0.2765	0.2758	0.2511	0.2537	0.2844	0.2676	0.2876	0.2877	0.2939	0.2897	0.4112	0.4112	0.5461	0.4526
mean vif	1.42	1.40	1.44	1.41	1.41	1.44	1.43	1.45	1.43	1.41	1.43	1.45	1.46	1.48	1.50	1.58

表 4-12　　财政科技投入对不同政策不确定性时期公司内部控制缺陷及其修复与企业创新能力的影响

	财政科技投入水平高								财政科技投入水平低							
	INNOV	INNOV	INNOV		INNOV	INNOV	INNOV		INNOV	INNOV	INNOV		INNOV	INNOV	INNOV	
			PU1 = 1	PU1 = 0			PU1 = 1	PU1 = 0			PU1 = 1	PU1 = 0			PU1 = 1	PU1 = 0
	(1)	(2)	(3)	(4)	(5)	(6)	(7)	(8)	(9)	(10)	(11)	(12)	(13)	(14)	(15)	(16)
ICW	-0.118**	-0.126**	-0.043	-0.173**					-0.083	-0.086	-0.059	-0.111				
	(-2.17)	(-2.32)	(-0.50)	(-2.44)					(-1.56)	(-1.58)	(-0.72)	(-1.57)				
PU (ICW)		-0.074								0.302***						
		(-1.28)								(2.61)						
ICW × PU		0.138								0.053						
		(1.27)								(0.49)						
ICWFixed					0.164**	0.175**	0.051	0.339***					0.044	0.046	0.029	0.033
					(2.30)	(2.48)	(0.49)	(3.28)					(0.61)	(0.63)	(0.64)	(0.35)
PU (ICWFixed)						0.820**								0.037		
						(2.32)								(0.14)		
ICWFixed × PU						-0.275**								0.046		
						(-1.99)								(0.32)		
Control	控制															
截距项	4.238	6.482	1.986	7.602	-9.253	-14.362	-42.363***	-17.104	-0.982	-0.026	-21.384***	1.728	-6.500	-9.924	-2.768	-9.389
	(1.01)	(1.29)	(0.13)	(1.49)	(-0.77)	(-0.49)	(-3.89)	(-1.04)	(-0.40)	(-0.01)	(-3.30)	(0.56)	(-1.31)	(-1.51)	(-0.18)	(-1.31)
N	6147	6147	2170	3977	712	712	368	344	5906	5906	1925	3981	700	700	294	406
Adj R^2	0.3318	0.3320	0.3214	0.3397	0.3069	0.3110	0.3034	0.3921	0.2335	0.2336	0.2471	0.2312	0.2584	0.2585	0.3701	0.2475
mean vif	1.53	1.50	1.53	1.54	1.46	1.48	1.48	1.56	1.48	1.46	1.51	1.60	1.63	1.54	1.60	1.63

ICWFixed 和 INNOV 的不显著相关不同，高财政科技投入地区的企业，内部控制缺陷和修复与企业创新能力均在 5% 的水平下通过了显著性检验，并且，低政策不确定下两者的相关性更强。说明，财政科技投入加强了公司的内部控制缺陷及修复对企业创新能力的作用力，并且对于政策不确定性的敏感度更大。

第三节 环境不确定性、内部控制与审计收费

Zucker（1986）认为主要的信任产生机制，一是由声誉产生的信任；二是由社会相似性产生的信任；三是由法制产生信任。Shapiro（1983）认为在一个商业关系中，职业化的名誉从另一方面上可被理解为一种抵押品，如果一方当事人伤害了另一方当事人对他的信任，那么受害者会迅速扩散信息，将侵害者弄得声名狼藉。从其观点来看，信任是对持续交易的期待，是以市场为导向，经过经济谋算的，而谋算的价值主要来自对维系或丧失信任所付出的代价以及创设或维系信任关系所带来利益的判定。

正式制度能起的作用在很多情况下是非常有限的，在大量的交易活动中，信任是靠信誉机制维持的。基于信誉的信任，简单地说，就是基于长期合作关系而建立起来的信任。不为短期利益损坏长期利益。经济学的激励理论——隐性激励。人们既然不太合逻辑地从企业的过去推断其现在，那么为了将来利益的企业必须做好现在的事情，于是控制系统完成了，这也是事前激励理论。对于任何一种有质量差异的产品或服务，其质量高低能否作为其价格高低的决定因素，取决于消费者对该种产品或服务是否具有不同的质量需求。对高质量产品有需求的消费者通常愿意以更高的价格来换取高质量，反之则只愿意支付较低的价格，审计服务就是这样的一种产品。因为审计收费的高低，既是企业向利益相关者披露的具有信息含量的信号（比如事务所的规模、审计质量、财务信息的复杂程度等等），同时也是表明企业内部控制的状况、经营环境与经营态势的基本预期，以及对企业信任程度的高低等等。企业为了维持自己的信任度更愿意向外界提供高质量的审计报告，因此愿意以更高的价格来换取高质量的审计服务。大型事务所会有更高的审计收费（Francis，1984）。Becker（1998）、Magee 和 Tseng（1990）的研究认为，在审计过程中，大额的审计费用可以增强审计师的工作积极性，从而有助于审计质量的提高。与审计质量相对应的是审计收费。根据 Simunic（1980）研究，大所具有更强的垄断势力，并且提供了异质产品，因此收取了更高的审计费用。我们以 2007—2016 年我国上市公司为考察对象，首次基于环境不确定性角度研究了内部控制与审计收费的关系。实证发现，环境不确定性显著增加了审计风险，提高了审计收费；随着环境不确定性程度的提高，公司的内部控制质量也有所提高，并且有效缓解了环境不确定性对审计收费的正向关系，高质量的内部控制显著降低了审计收费。表明我国审计市场的风险导向审计模式能够得到有效实施，审计师通过收取溢价的方式规避审计风险；进一步地，随着外部环境不确定性的增加，作为一种风险免疫系统的企业内部控制有助于降低环境不确定程度对审计收费的影响，表明加强内部控制建设既具有必要性更具有重要性。

一、问题提出

在审计理论领域，主要存在着代理假说以及保险假说，目前从代理理论角度出发研究审计问题已经取得了相当多的经验成果，但是检验审计保险假说却成为审计理论研究中的一个难题，Bell、Landsman 和 Shackelford（2001）的研究表明，审计师花费的时间以及收取的审计费用对商业风险比较敏感，而单位审计费用对商业风险的敏感度则较小；随着审计师感知的客户风险的增加，审计师花费的时间以及审计收费也显著增加，但是单位审计费用并没有受到客户风险的增加而增加；审计师在面对客户的风险时，通过获取审计溢价间接地为自己购买“保险”，证明自己“尽忠职守”。伍利娜、郑晓博和岳衡（2010）以 2003 年我国高院《关于审理证券市场因虚假陈述引发的民事赔偿案件的若干规定》的颁布为事件窗口进行的实证检验发现，在该规定颁布前后长期为同一上市公司提供审计服务的审计师，会提高审计定价以补收长期审计欠收的审计费用，补收的审计费用和股价中反映的审计保险价值显著正相关，实证表明法律的强制性功能催生了我国证券市场审计的保险功能，投资者的利益得到更大程度的保护。可见已有文献或是基于某种特殊的风险或是从累计超额回报率波动来检验股价中包含的“审计保单”的价值大小等角度来检验审计保险假说，鲜有文献考虑企业整体的风险对审计收费的影响，这成为研究思考的第一个方面。

引发思考的第二个方面是，在风险导向的审计准则思想指导下，审计被视为一个控制审计风险的过程，审计师应当根据审计风险领域和程度（重大错报风险 × 检查风险）配置审计资源，实现风险领域和程度与审计资源分配之间的均衡度与匹配度，风险控制与审计人员的接受度、审计报告使用者的期望差较高的吻合度，达到在既定的审计资源下产出最大化（最优审计结果）的目标。在当今，经济全球化的影响触及到了公司经营的各个方面，给公司发展带来了不可估量的机遇，但同时也带来了各种潜在的风险，公司面临的环境愈加复杂、不确定性也愈加凸出，导致企业整体风险的提高。审计作为一种风险转移（保险）机制（Menon 和 Williams，1994），企业的投资者和债权人等利益相关者可以通过支付相当于保险合同中保费的审计费用将其所承担的一部分风险转移给审计师，从而达到规避风险、减少损失的目的，尤其在“深口袋”的审计环境下，这种目的更为明显。因此这为我们从企业整体风险角度来检验新审计准则所倡导的风险导向模式的实施效果以及审计保险假说提供了很好的契机。

已有研究指出，内部控制作为企业内部自我约束的一系列制度安排和内部治理机制，不但可以减少经理人或职员随机错报的可能性，降低财务报表错报风险和舞弊风险（周继军和张旺峰，2011），而且也会较好地抑制内部控制人的机会主义会计选择行为（魏明海、陈胜蓝和黎文靖，2007），提高盈余质量（Doyle、Ge 和 McVay，2007b；Ashbaugh - Skaife、Collins、Kinney 和 LaFond，2008），保护投资者利益（Gong、Ke 和 Yu，2013），但是内部控制如何面对较高程度的环境不确定性的挑战？管理层在面临较高程度的环境不确定性时是否以及能否产生提高内部控制质量的动力？如果环境不确定性会导致内部控制质量提高，那么作为提高会计信息质量、降低审计风险的重要内生性机制，在环境不确定性的既定条件下，内部控制系统（也是一种均衡各利益相关主体的契约装置）究竟能否影响审计收费？高质量的内部控制会不会缓解环境不确定性与审计收费之间的正向关系？截至目前，这些问题尚缺少实证证据的检验。

基于以上考虑，我们尝试从企业面临的外部环境不确定性及其与内部控制的互动关系来探寻整体风险影响审计师行为的基本路径，其可能的贡献在于：（1）检验了新审计准则所倡导的风险导向模式的实施效果，为审计保险假说提供更为直接的经验证据。从理论上来讲，环境不确定性会导致公司的经营风险大幅度提高，破产风险也随之增加。从审计需求角度来看，企业更有可能利用审计这种风险转移机制，将环境不确定性引致的部分风险转移给审计师；从审计供给角度来看，在风险导向的审计模式下，环境不确定性带来的企业整体风险水平的提高，可能会导致审计师收取审计溢价。因此，研究环境不确定性对审计收费的影响，可以为审计保险理论提供更为普遍化的证据。（2）进一步拓展了内部控制质量的影响因素及其经济后果。从环境不确定性影响公司绩效——企业高管的动机——内部控制优化这个逻辑分析了影响内部控制质量的主要因素，并从内部控制作为内生于企业内部管控需求的演化特征出发，考察内部控制是否以及如何作用于环境不确定性对审计收费的影响，既比较全面地补充了有关内部控制影响因素的研究文献，也进一步拓展了有关内部控制经济后果的研究文献，为更好地建设和完善内部控制制度提供了重要的理论基础和实证依据。（3）提供了理解内部控制与外部审计之间相互作用机理的新视角。国外学者关于内部控制与审计收费之间关系的研究存在“替代论”和“互补论”两种不同的观点，“替代论”认为，内部控制与外部审计之间存在相互替代的关系，内部控制（尤其是财务报表内部控制）质量越高的企业，意味着其财务报表质量更高，审计师可以简化针对财务报表的实质性测试程序、缩小审计范围、减少取证盲目性，从而付出较低的审计成本（Raghunandan 和 Rama，2006）。“互补论”则认为，内部控制与外部审计具有相互补充作用，内部控制质量越高的企业越愿意付出更高的审计费用，从而一方面有助于协调经济利益矛盾和促进企业持续健康发展，同时也有助于更好地展示企业的质量和管理形象（Hay、Knechel 和 Wong，2006）。但是，这些研究均忽视了外部环境不确定性的存在，因而得出的研究结论可能有失偏颇。我们将外部环境不确定性纳入研究视野，对于理解内部控制与外部审计的不同结论提供了新的视角。

二、理论分析与研究假设

（一）环境不确定性与审计收费

环境不确定性是指由于众多财务与非财务利益相关者、各种规制制定者、监管机构等主客观的、连续而不可预测的外在变化，导致公司经营、筹资、投资以及收益分配等相关活动的变化，这些变化跨越了时空界限，尤其是资本市场和资本流动的国际化趋势，环境不确定性造成的影响程度和波及的范围更加广泛和更加深刻，环境不确定性不仅加大了审计风险，审计师所需的投入也大大增加，最终会导致审计师索取审计溢价。具体分析如下：

1. 从风险角度看，环境不确定性加大了监督和控制公司经济业务的难度，公司经济业务的可靠计量难度更大，财务人员发生错报的风险更高。（1）林斌（2000）从会计业务处理的角度，将不确定性分为内在不确定性和外在不确定性，外在不确定性是指环境变化所引起的不确定性，如税法与会计法规的变更和会计政策的变化等导致的不确定性、经济业务本身难于精确测量所带来的不确定性（如资产每期摊销额的准确计算）、经济业务复杂多变所引起的不确定性（如衍生金融工具业务）以及经济业务未来结果的不确定性等；内在不确定性是指会计作为一个信息系统在职业判断过程（会计确认与计量广泛采用估计和判断方法）中的主观性、信息加工过程（确认、计量、记录和报告）中的不确定性等。面对不确定性，选用的会计计量属性更为多元化、信息披露方式更加多样性，并且相比稳定环境条件下的企业而言，面临环境不确定性的企业需要根据环境的动态变化不断调整企业的经营战略目标，精心谋划具体的经营活动，需要持续改进企业内部业务单元和变革创新业务流程，甚至进行组织再造。（2）随着环境不确定性程度的提高，尤其是导致环境不确定性的复杂因素交织在一起的情况下，管理者评估风险的知识储备和信息渠道都显得捉襟见肘，对外部环境的变化可能带来的收益与成本的评判估计变得更加困难，管理层面临的决策失败风险也因此大大增加（牛建波和赵静，2012）。在这种情况下，面对内外压力和职业生涯的考量，管理层往往会通过盈余管理的手段来降低盈余的未来波动性（Ghosh 和 Olsen，2009；申慧慧，2010），降低环境不确定性带来的不利影响，因此大大增加了舞弊风险。（3）环境不确定性会导致公司经营风险提高，由于在较高的不确定性环境下，公司对任何刺激政策的反应都比较弱，因而环境不确定性带来的经营风险更加难以被分散。Bloom、Bond 和 Reenen（2007）的研究就指出，在较高程度的不确定性条件下，投资对给定的需求刺激的反应更加谨慎：不确定性的标准差每增加一个单位会大幅度降低投资对随之采取的货币或者财政政策的反应。这样，面临较高环境不确定性时，公司的破产风险也有所增加，审计师面临的非审计失败所导致的诉讼风险也骤然增多（Seetharaman、Gul 和 Lynn，2002），导致审计师陷入“深口袋”的困境中。也就是说，环境不确定性极大增加了信息不对称程度，上司公司的财务报告可靠性及其持续经营的可靠性降低，经营失败的可能性加大，审计师审计失败并进而遭遇诉讼风险甚至导致损失的概率越高。

2. 从投入角度看，环境不确定性增加了审计投入成本。（1）环境不确定性对审计师风险评估有显著影响，在现代风险导向审计模式下，审计师必须合理评估企业整体的风险水平。由于环境不确定性具有动态性和复杂性等特征，加大了风险评估的难度，审计师需要履行更多的审计程序，花费更多的审计时间，搜集更多或者更有说服力的审计证据，这些都给正常的审计过程带来额外的工作量。（2）已有研究指出，审计师在感受到较高的审计风险时，会秉持更加谨慎的职业态度，在出具审计意见时表现得更为稳健，出具非标审计意见的概率较大（Lennox，2000；申慧慧、吴联生和肖泽忠，2010）。由于非标审计意见的出具被看作是公司财务状况恶化的警讯，会给公司带来股价下跌、外部融资成本提高等负面效应（Chen、Su 和 Zhao，2000），因此当审计师要出具非标准审计意见时，需要投入更多的精力确定核实审计事项，提供充分、适切的非标审计意见证据，同时要花费更多的时间与客户进行深度沟通，如果进一步考虑环境不确定性带来的信息不对称的影响（牛建波和赵静，2012；Ghosh 和 Olsen，2009），审计师对客户风险的评估、与客户管理层的沟通都更加困难，需要付出更多的时间与精力。据此提出如下的假设 1：

H1：限定其他条件下，环境不确定性与审计收费显著正相关。

（二）环境不确定性与内部控制

在当今经济全球化、需求更加复杂多变背景下，企业间竞争越来越激烈，企业经营风险不断提高，并且任何偏离企业内部控制目标的重大行为、过程和结果都意味着企业存在风险。内部控制作为一种内部治理机制，是为达到某个或某些目的而进行一种动态控制过程，因此它不是静止的，会受到企业内部和外部环境的影响，内部控制必须适应公司所面临风险和环境的变化，采取必要的修复手段，以应对环境变化对内部控制的全新挑战，展示内部控制“点状均衡”的特殊功能作用，内部控制是一个发现问题—解决问题—缺陷修复—控制质量提高的循环往复过程。已有的研究指出，环境不确定性会导致企业盈余出现较大的波动（Ghosh 和 Olsen，2009），既会提高公司经营风险，也会影响企业战略目标的实施和经营计划的实现，增加战略失败的风险，影响公司绩效。因此，我们试图沿着环境不确定性影响公司绩效—企业高管的动机—内部控制优化这个逻辑对环境不确定性与内部控制之间的关系做出分析。

1. 从环境不确定性引起公司风险增加，公司绩效下降影响企业高管晋升角度来看，企业高管会产生提高内部控制质量的动机。由于我国的上市公司大多是由国有企业改制而来，很多上市公司的高管具有政府官员和企业家的双重身份。中国正处于转轨与新兴市场并存的公司治理环境，正处于从行政型治理向市场型治理过渡的转型时期（李维安、邱艾超和古志辉，2010），“行政型治理”和“市场型治理”并存的双重治理特征导致对国有或者民营企业高管激励机制除了会有薪酬（包括现金和股权等）激励外，更重要的还有内部升迁以及政治晋升激励（Kato 和 Long，2011；宋增基、张国杰和郭桂玺，2013）。在我国，无论国有企业还是民营企业，行政情境下的企业经营目标都具有多元化的天然禀赋，管理者在晋升竞争中不仅要考虑企业绩效，还要考虑就业、社会稳定、经济发展、仕途晋升、政治形象等非利润因素，清晰地界定企业经营绩效与经营者努力程度之间的因果关系变得困难，尤其在个体业绩难以度量或不可证实、监督难度及成本较高、企业经营风险较大等情形下，与薪酬激励相比，政治晋升激励的效果更加明显。由于组织和政治晋升与业绩之间的关系更为密切，因此只有相对业绩表现更优的管理者才能够在锦标竞争中获胜（张兆国、刘亚伟和亓小林，2013），企业相对业绩表现的优越程度自然成为内部升迁、政治晋升重要的激励根源和依据（许年行和罗炜，2011）。在晋升压力下企业高管具有加强内部管理、提高内部控制质量的激励动机。

2. 从环境不确定性引起公司风险增加，公司绩效下降会导致高管变更角度来看，企业高管也会产生提高内部控制质量的动机。Conyon 和 Florou（2002）等针对国外上市公司的公司业绩对高管变更影响的研究均发现，非正常高管变更前的经营状况出现了大幅下降，但是正常变更前的经营状况没有出现明显下降。我国学者的研究也指出，经营业绩低劣的公司更容易更换高管人员。宋德舜和宋逢明（2005）从国有企业层面研究了国有控股上市公司董事长更换和公司绩效间的关系，研究结果表明，我国国有控股上市公司经营者变更的激励模式与国际公众公司相近，即使是在国有企业，经营绩效的恶化也会导致经营者被免职。刘星、代彬和郝颖（2012）认为，虽然中国的国有企业还存在着一定程度的所有者缺位及预算软约束等问题，但由于经营状况较差、亏损的国有企业已经无法提供足够的资源来为地方经济发展、就业以及社会福利等公共治理提供支持；相反，国有企业的经济损失最终需要各级政府通过直接或间接的方式予以承担，再加之我国国企的整体治理水平也在不断探索中得到一定程度地提升，因此，当公司经营业绩欠佳，尤其是出现亏损时，即使是国有性质的上市公司也有很强的动机撤换掉业绩低劣的高管。

综上所述，环境不确定性引致的公司绩效下降风险以及机会主义行为不仅导致其内部升迁、政治晋升机会下降，更有可能导致其直接被更换。但是，内部控制作为公司治理机制的核心部分，可以通过贯穿于企业生产经营活动全过程的一系列有效制度安排，在治理环境、机构设置及权责分配、风险评估、控制活动、业务流程、信息沟通等诸多方面，在决策、执行和监督等诸多环节实现相互制衡，提高企业决策的科学性和执行力，提升运营效率和效果，降低环境不确定性的不利影响。因此，在面临环境不确定性时，公司高管更有可能通过有效的制度安排来抑制环境不确定性下盲目追求利益的行为，抵御风险，关注企业内部控制，提高企业的管理质量与经营业绩。据此提出假设2：

H2：限定其他条件，环境不确定性与内部控制质量显著正相关。

（三）环境不确定性、内部控制与审计收费

从历史演进看，内部控制的产生与发展具有强烈的外部审计诱因，这可以从外部审计面向数据、面向制度的审计模式变迁中得到检验；从我国审计准则体系的风险导向模式特征看，企业重大错报风险的识别、评估和应对过程已经全面融入了对内部控制的了解和测试工作，并最终服务于审计风险控制。与此相适应的是，《企业内部控制基本规范》也全面引入风险管控导向理念，用风险管理的广阔视野和内在要求构建内部控制体系，体现内部控制的风险管理精髓，外部审计模式的转换与内部控制变迁之间深刻的内在联系和广泛的一致性可见一斑（孙新宪和田立军，2011）。但是问题在于，源于审计又服务于审计的高质量内部控制，是否可以有效地抑制环境不确定性对审计收费的影响呢？这是我们接下来必须回答的问题。

1. 从内部控制降低审计风险看。（1）已有研究发现，高质量的内部控制可以减少经理人员随机错报的可能性以及经理人机会主义会计选择的可能性（魏明海、陈胜蓝和黎文靖，2007；Ashbaugh－Skaife、Collins、Kinney 和 LaFond，2008），因此，相对于内部控制质量较低的企业而言，内部控制质量较高的企业的财务信息可靠性更高，错报风险和舞弊风险更低。周继军和张旺峰（2011）研究指出，高质量的内部控制对于管理者的错弊行为具有事前防范、事中纠正和事后惩戒三个方面的抑制作用——一方面，有效的内部控制通过组织机制、授权机制与不相容职务分离机制等，规范组织与业务流程，关注业务风险点的控制活动，防范错弊的发生；另一方面，有效的内部控制可以通过其监控及信息传导沟通、行为约束机制等功能，发现已经存在的错弊行为，并及时纠正避免类似行为的再次发生；再一方面，有效的内部控制可以通过惩罚机制、问责机制追溯错弊的原因及其责任主体，以震慑可能的潜在舞弊者，从而降低舞弊行为发生的概率。（2）与具有低质量的内部

控制的企业相比，拥有高质量内部控制的企业可以使企业更好地应对环境不确定性等带来的经营风险：从内部控制的内部环境来说，有效的内部控制可以通过合理的机构设置及权责分配与制衡完善公司的治理结构，并促使内部各种契约的有效执行；从内部控制的风险评估和控制活动来说，有效的内部控制能帮助企业及时识别、系统分析经营活动中的风险，并据此确定相应的风险应对策略，将风险控制在可承受度之内；从内部控制的信息与沟通来说，高质量的内部控制能够提高信息和沟通的效率，降低企业内部和外部契约各方的信息不对称程度，实现内部控制与公司内外部治理机制的有效对接；从内部控制的内部监督来说，高质量的内部控制可以对内部控制建立与实施情况进行更有效的监督检查，评价内部控制的有效性，及时发现存在的内部控制缺陷并加以改进。总之，高质量的内部控制，有助于降低审计风险，这不仅是内部控制原生禀赋，更是内部控制追求的境界。

2. 从内部控制降低审计成本看。(1) 根据风险导向审计的要求，审计师在制定审计计划时应当首先对企业的内部控制进行了解、测试和评价（即符合性测试），其主要目的是通过对被审计单位内部控制制度有效性的测试、评价，根据测试的结果判断客户提供的审计证据的质量以及需要继续收集的审计证据的数量，确定实质性测试的范围和程序（孙新宪和田立军，2011）。与之不同的另一种测试方法是实质性测试，实质性测试是指在符合性测试的基础上，为取得直接证据而运用多种审计方法，获取充分、适当的审计证据，以便对被审计会计报表发表意见提供合理基础的过程，因此，实质性测试所需花费的时间和精力远远大于符合性测试，有效的内部控制可以减少审计实质性测试工作量。Raghunandan 和 Rama（2006）研究认为，当企业内部控制质量较低、风险较高时，审计必须付出额外的审计投入，如改变审计程度、花费时间与客户管理层深入讨论、花费精力决定内部控制缺陷的分类与等级（严重程度），这些因素导致与高质量内部控制企业相比，低质量内部控制企业的审计收费会有所增加。Hogan 和 Wilkins（2008）认为，导致审计师对具有较高内部控制风险的企业收取风险溢价的原因有两个：内部控制风险较高时，审计师需要投入更多的时间与精力；内部控制风险越高，往往意味着公司整体风险水平和失败的概率较高，审计业务面临的后续诉讼风险也较高。国内已有的相关研究均指出，一方面，内部控制质量越高，财务报告重大错报、漏报风险就越低，已有的审计证据越可靠，其可依赖和可利用的程度也越高，审计师利用较少的审计时间就可以获取充分、适当审计证据；另一方面，内部控制可以提高财务信息的可靠性，在高质量内部控制系统中生成的财务数据比内部控制薄弱时生成的财务数据更为可靠，审计人员所需花费的实质性测试与面对数据的审计程序和时间更为简洁，审计风险也越能控制在可以接受的水平内（李越冬、张冬和刘伟伟，2014）。(2) 高质量的内部控制会通过推动企业在现有法律法规的规制下守法经营，及时发现可能存在的控制缺陷，避免利润操纵行为以及舞弊行为，为财务报告的真实性、公允性提供保障。对于中介机构的事务所来说，在高质量内部控制系统下，审计师与客户之间的沟通更有效率，可以及时、有效地获取必要地审计证据，降低审计师的审计风险以及成本投入，提高清洁审计意见的概率。对于利益相关者来说，良好的内部控制系统具有顺畅的沟通、信息传递机制，保证信息在企业内部、企业与外部（客户、供应商、中介机构以及监管机构）之间及时准确有效传递，降低信息不对称程度。据此提出假设3：

H3：限定其他条件，高质量的内部控制有助于缓解环境不确定性对审计收费的正向影响，显著降低审计收费水平。

三、研究设计

（一）样本选择

以2007—2016年沪深两市的上市公司为初选样本，并按照顺序做如下剔除：（1）剔除金融保险类公司；（2）剔除实际控制人数据缺失的公司；（3）剔除相关财务数据缺失的公司；（4）剔除销售收入少于五年的公司和各年销售收入小于0的公司，最终得到8287个观测值。公司的财务数据来源于万德数据库和国泰安数据库。为了剔除连续数据的极端值对实证结果的可能影响，对回归模型中的连续变量上下1%的样本进行了Winsorize处理。数据前期处理工具为EXCEL 2010，计量软件为STATA 11。

（二）模型设定与变量定义

为了检验假设1，我们设定研究模型（4-5）：

$$
\begin{aligned}
Lnaf_{it} = {} & \alpha_0 + \alpha_1 EU_{it} + \alpha_2 Size_{it} + \alpha_3 Subs_{it} + \alpha_4 Inva_{it} + \alpha_5 Reca_{it} + \alpha_6 Profit_{it} + \alpha_7 Lev_{it} \\
& + \alpha_8 Liq_{it} + \alpha_9 Growth_{it} + \alpha_{10} Loss_{it} + \alpha_{11} Board_{it} + \alpha_{12} Indep_{it} + \alpha_{13} Shrl_{it} \\
& + \alpha_{14} Shr2\_10_{it} + \alpha_{15} Lngdp_{it} + \alpha_{16} Lawindex_{it} + \alpha_{17} Opinion_{it} + \alpha_{18} Big4_{it} \\
& + \alpha_{19} Tenure_{it} + \alpha_{20} Switch_{it} + \alpha_{21} Soe_{it} + \sum r_i Year_i + \sum r_i Ind_i + \varepsilon_{it} \qquad (4-5)
\end{aligned}
$$

模型（4-5）中的被解释变量为审计收费（Lnaf），根据已有研究，以上市公司年报披露的境内审计费用的自然对数计量审计收费。解释变量为环境不确定性（Eu），借鉴Ghosh和Olsen（2009）和申慧慧（2010）的做法，采用经行业调整的企业过去五年的销售收入的变异系数来衡量企业的环境不确定性EU。根据假设1，预期环境不确定性EU的符号显著为正。

为了检验假设2，我们设定研究模型（4-6）：

$$
\begin{aligned}
IC_{it} = {} & \beta_0 + \beta_1 EU_{i,t-1} + \beta_2 Size_{it} + \beta_3 Subs_{it} + \beta_4 Inva_{it} + \beta_5 Reca_{it} + \beta_6 Profit_{it} + \beta_7 Lev_{it} \\
& + \beta_8 Growth_{it} + \beta_9 Age_{it} + \beta_{10} Mrkindex_{it} + \beta_{11} MA_{it} + \beta_{12} Opinion_{it} + \beta_{13} Big4_{it} \\
& + \beta_{14} Soe_{it} + \beta_{15} Foreign_{it} + \sum r_i Year_i + \sum r_i Ind_i + \varepsilon_{it} \qquad (4-6)
\end{aligned}
$$

模型（4-6）中的被解释变量为内部控制质量（IC），根据已有的研究，以迪博·中国上市公司内部控制指数作为内部控制质量的代理指标。根据假设2，预期环境不确定性EU的符号显著为正。

为了检验假设3，我们采用两阶段回归，第一阶段的回归方程采用上述模型（4-6），第二阶段的回归方程采用下面的研究模型（4-7）：

$$
\begin{aligned}
Lnaf_{it} = {} & \gamma_0 + \gamma_1 EU_{i,t-1} + \gamma_2 IC_{it} + \gamma_3 EU_{i,t-1} * IC_{it} + \gamma_4 Size_{it} + \gamma_5 Subs_{it} + \gamma_6 Inva_{it} + \gamma_7 Reca_{it} \\
& + \gamma_8 Profit_{it} + \gamma_9 Lev_{it} + \gamma_{10} Liq_{it} + \gamma_{11} Growth_{it} + \gamma_{12} Loss_{it} + \gamma_{13} Board_{it} + \gamma_{14} Indep_{it} \\
& + \gamma_{15} Shrl_{it} + \gamma_{16} Shr2\_10_{it} + \gamma_{17} Lngdp_{it} + \gamma_{18} Lawindex_{it} + \gamma_{19} Opinion_{it} + \gamma_{20} Big4_{it}
\end{aligned}
$$

$$+ \gamma_{21}Tenure_{it} + \gamma_{22}Switch_{it} + \gamma_{23}Soe_{it} + \sum r_i Year_i + \sum r_i Ind_i + \varepsilon_{it} \quad (4-7)$$

模型（4－7）是在模型（4－5）的基础上，增加了环境不确定性（EU）与内部控制（IC）的交互项，根据假设3，预期交互项的符号显著为负。

根据已有研究文献，还控制了上市公司业务复杂程度（包括纳入合并范围子公司数目Subs，公司规模Size，存货比例Inva，应收账款比例Reca）、财务状况（包括盈利能力Profit，资产负债率Lev，成长性Growth，是否亏损Loss，流动比率Liq）、公司治理（包括董事会规模Board，独立董事比例Indep，控股股东持股比例Shr1，股权制衡度Shr2_10）、地区差异（人均GDP Lngdp，诉讼风险Lawindex）、审计情况（审计意见Opinion，事务所声誉Big4，事务所更换Switch，审计任期Tenure）以及产权情况（包括产权性质Soe，并购重组Ma，是否发行境外股份Foreign）以及上市时间Age、市场化进程Mrkindex等变量的影响。对所有的检验模型均控制了年份和行业的固定效应。各变量的具体释义见表4－13。

表4－13　变量设置与定义表

变量名称	变量符号	变量释义
审计收费	Lnaf	境内审计费用取自然对数
环境不确定性	EU	经行业中位数调整后的企业过去5年销售收入变异系数
内部控制质量	IC	迪博·中国上市公司内部控制指数
公司规模	Size	总资产取自然对数
纳入合并范围子公司数目	Subs	纳入合并范围子公司数目的平方根
存货比例	Inva	期末存货余额占期末总资产比重
应收账款比例	Reca	期末应收账款余额占期末总资产比重
盈利能力	Profit	期末销售毛利率
资产负债率	Lev	期末总负债与期末总资产之比
流动比率	Liq	期末流动资产与期末总资产之比
成长性	Growth	期末营业收入增长率
是否亏损	Loss	上年亏损取值为1，否则取值为0
董事会规模	Board	董事会人数取自然对数
独立董事比例	Indep	独立董事人数与董事会人数之比
控股股东持股比例	Shr1	第一大股东持股数/总股本
股权制衡度	Shr2_10	第二到第十大股东持股数之和/总股本
人均GDP	Lngdp	各省（直辖市、自治区）人均GDP取自然对数
市场化进程	Mrkindex	樊纲、王小鲁和朱恒鹏（2011）公布的市场化进程指数。当公司所在地市场化进程指数大于总体的市场化进程指数中位数时，该公司市场化进程取值为1，否则取值为0
诉讼风险	Lawindex	樊纲、王小鲁和朱恒鹏（2011）公布的法制环境指数。当公司所在地法制环境指数大于总体的法制环境指数中位数时，该公司诉讼风险取值为1，否则取值为0

续表

变量名称	变量符号	变量释义
审计意见	Opinion	当期审计意见为非标类取值为1，否则取值为0
事务所声誉	Big4	聘请国际四大取值为1，否则取值为0
事务所更换	Switch	当年更换事务所取值为1，否则取值为0
审计任期	Tenure	事务所连续审计某一上市公司的时间
产权性质	Soe	实际控制人为国有取值为1，否则取值为0
上市时间	Age	至当年年末已上市时间，取自然对数
并购重组	Ma	当年发生并购重组取值为1，否则取值为0
是否发行境外股份	Foreign	企业境外发行取值为1，否则取值为0

四、实证检验与结果分析

（一）描述性统计

表4－14报告了主要变量的描述性统计，可以看出样本公司的审计费用均值为13.30622，最小值为9.21034，而最大值达到17.51681，与朱松和陈关亭（2012），李明辉、张娟和刘笑霞（2012）等人的结果相近，这说明不同的公司所支付的审计费用存在较大的差异。环境不确定性EU的均值为1.12425，与申慧慧（2010）得出的环境不确定均值1.1622相近，且最大值和最小值的差异比较明显，表明不同公司的外部经营环境的不确定性存在较大差异。内部控制指数的均值为6.836278，最小值、最大值分别为0、9.9321，这表明我国内部控制的建设仍存在不足，不同的公司的内部控制建设存在明显的差异。

表4－14　　变量描述性统计

变量名	样本量	均值	标准差	最小值	Q1	中位数	Q3	最大值
Lnaf	8287	13.3062	0.6227	9.2103	12.8992	13.2177	13.5924	17.5168
Eu	8287	1.1243	0.7325	0.0408	0.645	0.9768	1.3943	8.2181
IC	8287	6.8363	0.986	0	6.5531	6.9148	7.2182	9.9321
Size	8287	21.7604	1.2	17.7692	20.9144	21.6232	22.4554	27.3005
Subs	8287	3.0323	1.8538	0	2	2.8284	3.7417	26.87
Inva	8287	0.17892	0.1631	0.0001	0.0704	0.1364	0.2267	0.9427
Reca	8287	0.0911	0.0909	0	0.0193	0.0649	0.1363	0.9748
Profit	8287	0.2582	0.1732	－1.5055	0.1403	0.2212	0.3453	0.9912
Lev	8287	0.4703	0.2065	0.0071	0.3167	0.4838	0.63	0.997
Liq	8287	2.3183	4.7057	0.0385	0.9683	1.3852	2.1971	20.4742
Growth	8287	0.442	16.9751	－0.9777	－0.0159	0.1258	0.2836	14.9716

续表

变量名	样本量	均值	标准差	最小值	Q1	中位数	Q3	最大值
Loss	8287	0.0723	0.25897	0	0	0	0	1
Board	8287	2.1843	0.2001	1.0986	2.0794	2.1972	2.1972	2.8903
Indep	8287	0.366	0.0529	0.0909	0.3333	0.3333	0.3846	0.8
Shr1	8287	0.3656	0.1554	0.0219	0.2392	0.3488	0.4819	0.8941
Shr2_10	8287	0.1916	0.1292	0.0045	0.0821	0.1711	0.2807	0.6564
Lngdp	8287	10.5694	0.5242	8.8414	10.2085	10.6254	10.9895	11.4422
Lawindex	8287	0.4998	0.5	0	0	0	1	1
Mrkindex	8287	2.2763	0.2452	0.3221	2.1471	2.3046	2.4493	2.5494
Opinion	8287	0.0286	0.1667	0	0	0	0	1
Big4	8287	0.0514	0.2208	0	0	0	0	1
Tenure	8287	1.897	0.6583	0	1.3863	1.946	2.3979	3.2581
Switch	8287	0.09485	0.293	0	0	0	0	1
Soe	8287	0.5573	0.4967	0	0	1	1	1
Age	8287	2.2688	0.5869	1.0986	1.7918	2.485	2.7081	3.1781
Ma	8287	0.732	0.443	0	0	1	1	1
Foreign	8287	0.0545	0.2271	0	0	0	0	1

（二）主要变量的单变量检验

表4－15列示了主要变量的单变量检验结果。从企业的审计费用看，无论是均值T检验，还是中位数Wilcoxon检验，均显示与环境不确定性低相比，企业在环境不确定性高时付出的审计费用显著更高。从内部控制质量看，环境不确定性低组和高组的内部控制指数均值分别为6.7508、6.991242，两者的均值在1%水平上存在显著差异，环境不确定性低组和高组的内部控制指数中位数分别为6.8737、6.9847，两者的中位数也在1%水平上存在显著差异，这表明环境不确定性越高，公司的内部控制质量也会越高，初步证实了我们的推理。

表4－15　　主要变量的单变量分析

变量	统计值	环境不确定性低组	环境不确定性高组	均值检验（T值）	中位数检验（Z值）
$Lnaf_{i,t}$	均值	13.26305	13.34166	-6.0643***	
	中位数	13.21767	13.23569		-5.494***
	样本数	4143	4144		
$IC_{i,t}$	均值	6.7508	6.991242	-10.3385***	
	中位数	6.8737	6.9847		-10.514***
	样本数	2878	2847		

注：***、**、*分别表示在1%、5%、10%水平上显著。

（三）主要变量的相关性检验

表 4－16 列示了主要变量之间的 Pearson 相关系数。在表 4－16 中，我们可以发现主要的解释变量之间的相关系数都不超过 0.72，这表明解释变量之间的多重共线性较小，可以将它们放在同一模型中进行检验。环境不确定性与审计收费在 1% 的水平上显著正相关，这意味着企业的审计费用会随着环境不确定性的增加而提高。环境不确定性与内部控制也在 1% 的水平上显著正相关，这初步表明，内部控制质量会随着环境不确定性的提高而提高。法律环境指数与审计收费也在 1% 的水平上显著正相关，这意味着对于法制环境较好地区的上市公司来说，事务所面临的诉讼风险越大，因此索取的审计费用越高。应该强调的是，我们应该谨慎看待这些初步的结果，因为两两相关系数的检验并没有控制其他可能的影响因素，后文将在控制企业特征、时间效应和行业效应以后，对以上关系进行更加严格的检验。

（四）回归分析

1. 环境不确定性与审计收费。表 4－17 报告了环境不确定性与审计收费的回归结果。第（1）列中，为了控制自选择问题，我们采用了 Heckman 两阶段回归模型检验了环境不确定性与审计收费之间的关系，从中可以看出，环境不确定性与审计收费在 5% 显著性水平上正相关，由于 lambda 的系数为 0.6026228，z 值为 1.51，并不显著，这表明样本并不存在自选择问题，因此第（2）列至第（4）列我们使用了 OLS 回归。在第（2）列中，除了控制了年份和行业外，未控制其他变量，结果显示，环境不确定性与审计收费在 1% 显著性水平上正相关。列（3）显示了在控制了所有的控制变量以及年份和行业的影响后，环境不确定性与审计收费仍在 1% 显著性水平上正相关。进一步地，我们按全样本环境不确定性的中位数将环境不确定性虚拟化——如果公司的 EU 取值高于总样本的中位数，则 Eudum 取值为 1，否则为 0，回归结果见列（4）。从列（4）可以发现，Eudum 与审计收费仍在 1% 显著性水平上正相关。因此假设 1 得证。

2. 环境不确定性与内部控制。表 4－18 报告了环境不确定性与内部控制的回归结果。第（1）列中，在没有控制企业产权性质、规模、资产负债率、盈利能力、成长能力等变量时，将环境不确定性单独对内部控制进行 OLS 回归，发现环境不确定性与内部控制质量在 1% 的水平上显著正相关；在第（2）列中增加了所有控制变量之后，环境不确定性与内部控制质量在 5% 的水平上显著正相关。进一步地，我们将内部控制质量按照全样本的中位数高低进行划分——高于全样本中位数的取值为 1，低于全样本中位数的取值为 0，采用 Logit 回归模型对环境不确定性与内部控制质量进行了回归分析，结果列于第（3）列、第（4）列。第（3）列显示在未控制其他变量时，环境不确定性与内部控制质量在 1% 的水平上显著正相关，第（4）列显示在控制了影响内部控制质量的其他因素后，环境不确定性与内部控制质量在 10% 的水平上显著正相关，假设 2 得证。

表 4-16 **变量的相关性分析**

	[1]	[2]	[3]	[4]	[5]	[6]	[7]	[8]	[9]	[10]	[11]	[12]	[13]	[14]	[15]	[16]	[17]	[18]	[19]	[20]	[21]
Lnaf [1]	1.000																				
Eu [2]	0.064c	1.000																			
IC [3]	0.366c	0.089c	1.000																		
Size [4]	0.713c	0.082c	0.479c	1.000																	
Subs [5]	0.570c	0.047c	0.306c	0.513c	1.000																
Profit [6]	-0.081c	0.051c	0.189c	-0.090c	-0.004	1.000															
Lev [7]	0.255c	0.058c	-0.035c	0.412c	0.259c	-0.350c	1.000														
Liq [8]	-0.181c	-0.004	0.021a	-0.241c	-0.168c	0.311c	-0.624c	1.000													
Growth [9]	0.010	0.340c	0.175c	0.069c	0.044c	0.101c	0.053c	-0.019a	1.000												
Loss [10]	-0.071c	-0.024b	-0.217c	-0.130c	-0.077c	-0.131c	0.133c	-0.093c	-0.009	1.000											
Board [11]	0.179c	-0.029c	0.130c	0.275c	0.074c	-0.036c	0.119c	-0.104c	-0.002	-0.023b	1.000										
Indep [12]	0.043c	0.042c	0.027b	0.040c	0.041c	0.024b	-0.021a	0.027b	0.018a	-0.010	-0.377c	1.000									
Shr1 [13]	0.171c	0.117c	0.162c	0.272c	0.011	-0.006	0.047c	-0.023b	0.041c	-0.074c	0.011	0.053c	1.000								
Shr2_10 [14]	-0.032c	0.101c	0.068c	-0.116c	-0.051c	0.190c	-0.230c	0.248c	0.072c	-0.075c	0.047c	-0.030c	-0.374c	1.000							
Lngdp [15]	0.252c	-0.026b	0.114c	0.110c	0.181c	0.036c	-0.120c	0.155c	-0.029c	-0.079c	-0.071c	0.019a	0.064c	0.073c	1.000						
Lawindex [16]	0.158c	-0.040c	0.079c	0.017	0.136c	0.032c	-0.103c	0.110c	-0.016	-0.058c	-0.054c	0.006	0.051c	0.076c	0.747c	1.000					
Opinion [17]	-0.056c	0.027b	-0.291c	-0.120c	-0.070c	-0.093c	0.101c	-0.057c	-0.047c	0.193c	-0.001	0.006	-0.072c	-0.029c	0.040c	-0.033c	1.000				
Big4 [18]	0.466c	-0.029c	0.219c	0.328c	0.181c	0.012	0.059c	-0.076c	0.001	-0.027b	0.094c	0.039c	0.118c	0.036c	0.100c	0.085c	-0.017	1.000			
Tenure [19]	0.074c	-0.114c	0.045c	0.044c	0.073c	-0.010	0.031c	-0.093c	-0.033c	-0.042c	0.004	0.001	-0.102c	-0.083c	0.030c	0.023b	-0.034c	-0.022b	1.000		
Switch [20]	-0.033c	0.043c	-0.028c	-0.006	-0.007	-0.005	0.016	0.012	0.007	0.043c	-0.015	0.003	0.030c	-0.006	0.004	-0.011	0.021a	-0.008	0.588c	1.000	
Soe [21]	0.127c	-0.108c	0.066c	0.310c	0.081c	-0.154c	0.249c	-0.248c	-0.042c	0.030c	0.235c	-0.051c	0.176c	-0.286c	-0.117c	-0.136c	-0.006	0.100c	0.027b	0.012	1.000

注：表中 a、b、c 分别表示在 10%、5%、1% 的水平上显著。

表 4 – 17　　环境不确定性与审计收费

	(1)	(2)	(3)	(4)
$Eu_{i,t}$	0. 0973 ** (2. 55)	0. 0513 *** (5. 29)	0. 0288 *** (4. 38)	
$Eudum_{i,t}$				0. 0254 ** (3. 11)
$Size_{i,t}$	0. 7237 *** (3. 53)		0. 2633 *** (46. 23)	0. 2636 *** (46. 25)
$Subs_{i,t}$	0. 0726 *** (5. 91)		0. 0868 *** (26. 76)	0. 0869 *** (26. 78)
$Inva_{i,t}$	0. 1217 (1. 51)		0. 1216 (1. 38)	0. 1105 (1. 36)
$Reca_{i,t}$	0. 0379 (0. 50)		0. 0272 (0. 36)	0. 0297 (0. 39)
$Profit_{i,t}$	0. 1456 (0. 58)		-0. 1491 *** (-5. 19)	-0. 1494 *** (-5. 19)
$Lev_{i,t}$	-1. 3406 * (-1. 92)		-0. 1192 *** (-4. 10)	-0. 114 *** (-3. 92)
$Liq_{i,t}$	-0. 2098 ** (-2. 29)		-0. 0106 *** (-5. 58)	-0. 0106 *** (-5. 59)
$Growth_{i,t}$	-0. 10071 (-1. 52)		-0. 0634 *** (-5. 38)	-0. 0542 *** (-4. 67)
$Loss_{i,t}$	0. 2818 *** (2. 88)		0. 0799 *** (5. 28)	0. 08072 *** (5. 32)
$Board_{i,t}$	-0. 259 * (-1. 89)		0. 0495 ** (2. 23)	0. 0465 ** (2. 09)
$Indep_{i,t}$	0. 6293 (1. 20)		0. 0370 (0. 44)	0. 0361 (0. 43)
$Shr1_{i,t}$	-0. 1479 (-0. 46)		0. 0614 ** (2. 05)	0. 0734 ** (2. 46)
$Shr2\_10_{i,t}$	0. 8638 * (1. 68)		0. 0885 ** (2. 37)	0. 0983 *** (2. 64)
$Lngdp_{i,t}$	-0. 0255 (-0. 34)		. 113801 *** (8. 06)	0. 1147 *** (8. 12)
$Lawindex_{i,t}$	0. 0154 (0. 21)		0. 0225 * (1. 78)	0. 0209 * (1. 66)

续表

	(1)	(2)	(3)	(4)
$Opinion_{i,t}$	0.5538** (2.21)		0.0916*** (4.11)	0.0959*** (4.32)
$Big4_{i,t}$			0.6653*** (27.63)	0.6618*** (27.50)
$Tenure_{i,t}$	0.0445 (1.13)		0.0341*** (4.56)	0.0331*** (4.43)
$Switch_{i,t}$	-0.0396 (-0.44)		-0.019 (-1.15)	-0.0183 (-1.11)
$Soe_{i,t}$	-0.1392** (-2.18)		-0.0749*** (-8.58)	-0.0764*** (-8.71)
lambda	0.6026 (1.51)			
行业/年份	控制	控制	控制	控制
Constant	-2.6205 (-0.48)	13.4708*** (39.09)	5.9904*** (32.40)	6.0013*** (32.44)
Wald 值/F 值	343.74***	22.77***	305.20***	305.44***
R^2	—	0.0742	0.6600	0.6596
Adj - R^2	—	0.0712	0.6582	0.6577
Obs	8287	8287	8287	8287

注：第（1）列显示的是为控制自选择问题而采用 Heckman 两阶段模型的回归结果，模型检验为 Wald 值，括号中数字为 z 值；第（2）至（4）列为 OLS 回归结果，模型检验为 F 值，括号中数字为 t 值。以上所有回归结果均经过 white 异方差调整。***、**、* 分别表示在 1%、5%、10% 水平上显著。

表 4-18　　环境不确定性与内部控制

	(1)	(2)	(3)	(4)
$Eu_{i,t-1}$	0.1353*** (6.85)	0.0321** (2.07)	0.2809*** (6.57)	0.0918* (1.87)
$Size_{i,t}$		0.437*** (34.48)		1.1132*** (23.55)
$Subs_{i,t}$		0.0283*** (3.93)		0.0335 (1.36)
$Inva_{i,t}$		0.3038*** (3.88)		0.0817 (0.30)
$Reca_{i,t}$		0.8972*** (6.62)		3.2074*** (6.66)
$Profit_{i,t}$		1.1445*** (16.28)		3.2493*** (12.79)

续表

	(1)	(2)	(3)	(4)
$Lev_{i,t}$		-0.897 *** (-14.14)		-1.3281 *** (-6.18)
$Growth_{i,t}$		0.3375 *** (10.52)		0.8284 *** (7.45)
$Age_{i,t}$		-0.0497 ** (-2.30)		-0.2571 *** (-3.17)
$Mrkindex_{i,t}$		0.2027 *** (4.42)		0.8531 *** (5.34)
$Ma_{i,t}$		-0.0318 (-1.56)		-0.1154 (-1.62)
$Opinion_{i,t}$		-1.0324 *** (-13.12)		-1.7621 *** (-5.24)
$Big4_{i,t}$		0.2264 *** (4.58)		0.2566 (1.35)
$Soe_{i,t}$		0.001 (0.05)		-0.0637 (-0.85)
$Foreign_{i,t}$		-0.0873 * (-1.76)		-0.0228 (-0.14)
行业/年份	控制	控制	控制	控制
Constant	6.64 *** (90.99)	-3.3061 *** (-11.34)	-0.2444 (-1.46)	-26.315 *** (-24.04)
F 值/ Wald 值	4.68 ***	84.62 ***	136.57 ***	103.352 ***
R^2/ Pseudo R^2	0.0224	0.4376	0.0183	0.2144
Adj - R^2/ Pseudo R^2	0.0181	0.4338	0.0183	0.2144
Obs	5725	5725	5725	5725

注：第（1）列和第（2）列显示的是 OLS 回归结果，模型检验为 F 值，拟合优度为 R2，括号中的数值为 t 值；第（3）列和第（4）列显示的是 Logit 回归结果，模型检验为 Wald 值，拟合优度为 Pseudo R2，括号中的数值为 z 值。以上所有回归结果均经过 white 异方差调整。***、**、* 分别表示在 1%、5%、10% 水平上显著。

3. 环境不确定性、内部控制与审计收费。表 4-19 报告了环境不确定性、内部控制与审计收费的回归结果。第（1）列中，我们仅控制了上市公司层面影响审计收费的因素（业务复杂程度、财务状况以及公司治理），将环境不确定性、内部控制以及两者的交乘对审计收费进行回归，发现环境不确定性与审计收费在 1% 的水平上显著正相关，而环境不确定性与内部控制质量的交乘在 1% 的水平上显著负相关，这表明，高质量的内部控制可以显著地缓解环境不确定性与审计收费之间的正向关系，显著降低审计收费；第（2）列是在第（1）列的基础上，进一步控制了影响审计收费的地区差异因素（经济发展水平以及法制环境），结果发现环境不确定性与审计收费仍在 1% 的水平上显著正相关，而环境不确定性与内部控制质量的交乘仍在1%的水平上显著负相关；最后，在第（3）列中增加了所有控制变量，结果显示，环境不确定性与审计收费在10%的水平上显著正相关，而环境不确定性与内部控制质量的交乘在10%的水平上显著负相关。因此假设3得证。

表4-19 环境不确定性、内部控制与审计收费（2SLS回归）

	(1)	(2)	(3)
$Eu_{i,t-1}$	3.3822*** (5.81)	2.6042*** (5.11)	1.6109* (1.94)
$IC_{i,t}$	0.9568*** (6.02)	0.7322*** (5.23)	0.4548* (1.92)
$Eu_{i,t-1} \times IC_{i,t}$	-0.494*** (-5.81)	-0.3793*** (-5.09)	-0.2328* (-1.91)
$Size_{i,t}$	0.1345*** (4.62)	0.1723*** (6.79)	0.1915*** (4.85)
$Subs_{i,t}$	0.0908*** (15.02)	0.0864*** (16.17)	0.0846*** (19.60)
$Inva_{i,t}$	0.0403 (0.53)	0.1223 (1.52)	0.1297 (1.39)
$Reca_{i,t}$	0.2106 (1.27)	0.1306 (1.39)	0.1347 (0.74)
$Profit_{i,t}$	-0.5887*** (-6.35)	-0.4482*** (-5.43)	-0.3787*** (-3.32)
$Lev_{i,t}$	0.2344** (2.36)	0.1577* (1.83)	0.0717 (0.58)
$Liq_{i,t}$	-0.0047 (-1.10)	-0.0086** (-2.20)	-0.0075* (-1.72)
$Growth_{i,t}$	-0.2437*** (-6.85)	-0.1975*** (-6.22)	-0.1316*** (-3.03)
$Loss_{i,t}$	0.2629*** (6.27)	0.2261*** (6.21)	0.1484*** (3.96)
$Board_{i,t}$	0.0066 (0.16)	0.0194 (0.53)	0.0365 (1.19)
$Indep_{i,t}$	0.0713 (0.46)	0.1315 (0.96)	-0.0249 (-0.22)
$Shr1_{i,t}$	0.0507 (0.85)	0.0175 (0.34)	0.024 (0.53)
$Shr2\_10_{i,t}$	0.1274 (1.63)	0.1269* (1.85)	0.0379 (0.60)

续表

	(1)	(2)	(3)
$Lngdp_{i,t}$		0.0785*** (2.99)	0.0705*** (2.84)
$Lawindex_{i,t}$		0.0551** (2.48)	0.0438** (2.38)
$Opinion_{i,t}$			0.2599*** (2.57)
$Big4_{i,t}$			0.5974*** (13.15)
$Tenure_{i,t}$			0.05*** (4.82)
$Switch_{i,t}$			0.021 (0.78)
$Soe_{i,t}$			-0.0689*** (-5.54)
行业/年份	控制	控制	控制
Constant	3.6405*** (6.28)	3.4034*** (6.71)	4.9261*** (6.99)
Wald	3091.77***	4103.77***	6843.06***
R^2	0.1222	0.3252	0.5466
Adj - R^2	0.1164	0.3205	0.5430
Obs	5725	5725	5725

注：在stata11以及后续版本中，2sls回归的模型检验为Wald值，系数显著性检验为z值（括号内数值）。以上所有回归结果均经过white异方差调整。***、**、*分别表示在1%、5%、10%水平上显著。

（五）进一步研究：基于政府干预的分析

中国处于新兴加转轨的经济发展时期，政府干预与市场主体作用交织在一起，在不同的时期和不同的地区，政府干预与市场功能的作用形成不同的景观：在市场化进程较高的地区，政府干预能力和范围受到较大的限制，市场作用明显，但是在市场化进程较低的地区，政府不仅充当着“守夜人”的角色，还会积极地干预企业经济活动（刘成立，2011；谭劲松、简宇寅和陈颖，2012）。即便在我国事务所脱钩改制后，许多地方事务所仍然能够依靠当地政府的关系发展新客户和保留现有客户，这种关系导致地方政府仍然能够对辖区内的事务所施加强大的政治影响，从现实中大量存在的上市公司属地化审计（包括IPO、再融资、并购重组等投融资活动）就可以清晰地看出这些影响。从地方政府对审计干预的行为动机看，由于上市公司的年报一旦被出具非标意见，会带来一系列连锁后果（如融资限制、股权激励限制等），会对上市公司的发展产生不利影响，影响地方政府的执政成绩甚至官员的政治晋升，因此地方政府具有很强的动机去干预审计事务，甚至直接影响审计意见的出具；从地方政府对上市公司的干预行为看，存在典型的上市前剥离优质资产获取上市资格、上市后维护甚至纵容和配合辖区企业进行盈利操纵、企业出现危机后又不遗余力地予以各种名目补贴和减免保牌，以达到从股票市场获取更多资源等目的。已有研究指出，环境不确定性所带来的风险会促使审计师出具更多的非标审计意见以降低可能的损失赔偿，但是对于国有企业来说，由于存在政府的支持和背书，尽管企业面临很高的经营环境不确定性，尤其是2008年之后国内外经济发展受到金融危机的重大影响，但是审计师对出具非标审计意见的概率相对要低，而现实中的企业经营情况尤其是持续经营能力并不像审计意见表现得这么光鲜。经营环境不确定性与审计非标意见显然存在不对称性，这可以从历年来出具的审计意见分布情况得到检验，这背后的政府干预影子也就不难理解了。

2003年1月9日，我国最高法院颁布《关于审理证券市场因虚假陈述引发的民事赔偿案件的若干规定》，要求审计师就审计意见的公允性对财务报告的使用者负有保证义务，如审计师违反这种保证义务且给报告使用者带来损失时，审计师要对报告使用者承担民事赔偿责任。但是同样明显的是，在政府干预的作用下，审计师这种潜在的赔偿责任风险，必定会通过提高审计收费得到补偿承诺。唐跃军（2007）的研究指出，无论是向现有的审计师还是下任审计师购买审计意见，在市场机制的作用下，购买审计意见最终都体现在审计收费上，因此在政府干预下，事务所可能会通过收取审计溢价的方式来补偿降低出具非标意见概率带来的风险。伍利娜、郑晓博和岳衡（2010）的研究指出，在我国这样的新兴资本市场上，投资者愿意为审计的保险功能支付溢价，同时审计师会要求上市公司为审计的保险功能支付保险费。由于地区间资源禀赋、地理位置以及税收财政政策的不同，由于地区市场化进程、法制发展水平、经济发展水平的不同，导致了各地区在政府干预程度、方式、频率等方面呈现出较大的差异（樊纲、王小鲁和朱恒鹏，2011），因此我们预期在政府干预较高的地区，内部控制并不能缓解环境不确定性与审计收费之间的正向关系，而在政府干预较低的地区，内部控制能够显著地缓解环境不确定性与审计收费之间的正向关系。

从表4-20的结果可以看出，在政府干预较高的地区，内部控制与环境不确定性的交乘系数为0.3730214，并且通过了5%的显著性水平测试，因此在政府干预较高的地区，内部控制并不能缓解环境不确定性与审计收费之间的正向关系；与之相反的是，在政府干预较低的地区，内部控制与环境不确定性的交乘系数为-0.317588，并且通过了1%的显著性水平测试，因此在政府干预较低的地区，内部控制能够显著地缓解环境不确定性与审计收费之间的正向关系。

表4-20　　按政府干预程度分样本回归结果（2SLS回归）

	政府干预高组	政府干预低组
$Eu_{i,t-1}$	-2.534** (-2.32)	2.2319*** (2.64)
$IC_{i,t}$	-0.7278** (-2.42)	0.6355*** (2.60)

续表

	政府干预高组	政府干预低组
$Eu_{i,t-1} \times IC_{i,t}$	0.373 ** (2.32)	-0.3176 *** (-2.59)
$Size_{i,t}$	0.4058 *** (8.17)	0.1476 *** (3.61)
$Subs_{i,t}$	0.0844 *** (11.36)	0.0779 *** (11.34)
$Inva_{i,t}$	1.9403 (0.72)	1.0243 (1.34)
$Reca_{i,t}$	0.2017 (1.17)	0.3181 (1.05)
$Profit_{i,t}$	0.1024 (0.61)	-0.2432 ** (-2.18)
$Lev_{i,t}$	-0.5491 *** (-3.49)	0.1845 (1.40)
$Liq_{i,t}$	-0.0235 *** (-3.41)	-0.0071 (-1.38)
$Growth_{i,t}$	0.0931 (1.42)	-0.1352 *** (-3.25)
$Loss_{i,t}$	0.0622 (1.31)	0.1255 ** (2.31)
$Board_{i,t}$	0.0823 * (1.74)	0.0218 (0.42)
$Indep_{i,t}$	0.051 (0.27)	-0.196 (-1.04)
$Shr1_{i,t}$	0.169 ** (2.26)	-0.1128 * (-1.72)
$Shr2\_10_{i,t}$	0.1207 (1.30)	-0.2174 ** (-2.21)
$Lngdp_{i,t}$	0.0442 (1.29)	0.1612 *** (4.01)
$Lawindex_{i,t}$	0.1272 *** (3.58)	-0.1161 *** (-3.55)
$Opinion_{i,t}$	-0.1311 (-0.96)	0.2578 ** (2.06)

续表

	政府干预高组	政府干预低组
$Big4_{i,t}$	0.8467*** (13.61)	0.5118*** (8.07)
$Tenure_{i,t}$	0.0163 (0.98)	0.0536*** (3.23)
$Switch_{i,t}$	-0.0809* (-1.69)	0.0118 (0.32)
$Soe_{i,t}$	-0.0593*** (-3.00)	-0.0802*** (-4.05)
行业/年份	控制	控制
Constant	8.623*** (8.89)	3.8597*** (4.61)
Wald 值	3.0678***	2.3919***
R^2	0.4370	0.4334
Adj-R^2	0.4281	0.4243
Obs	2905	2820

注：在 stata11 以及后续版本中，2sls 回归的模型检验为 Wald 值，系数显著性检验为 z 值（括号内数值）。以上所有回归结果均经过 white 异方差调整。***、**、* 分别表示在 1%、5%、10% 水平上显著。

（六）稳健性检验

为了使得研究结论更加稳健性，我们还进一步做了以下测试：(1) 将将制造业上市公司的环境不确定性按一级代码进行行业调整，运行结果没有实质性的变化；(2) 鉴于审计收费取值范围为［9.21034，17.51681］，内部控制指数取值范围为［0，9.9321］（原来的取值范围是 winsorize 之后的；现在将取值范围改成了没有 winsorize 的，与描述性统计表格数值一致），均为截尾数据，因此采用 TOBIT 回归对检验模型进行回归，运行结果未见实质性变化；(3) 将回归模型按公司和年度分别进行了 Cluster 处理，结果未见实质性变化；(4) 借鉴冯延超和梁莱歆（2010）以及刘笑霞（2013）等人的做法，以上期审计意见控制住审计意见对审计收费的影响，发现研究结论保持不变；(5) 借鉴朱松和陈关亭（2012）、邢立全和陈汉文（2013）等人的做法，以地区哑变量（即当上市公司注册地为京、沪、津、渝、苏、浙或者粤时，诉讼风险取值为 1，否则取值为 0）控制住法律诉讼风险对审计收费的影响，发现研究结论保持不变。

第四节　高管持股、内部控制缺陷及其修复与风险提示信息

在瞬息万变、竞争激烈的市场环境中，面对内外部诸多不确定性因素，在报表中提供

风险信息，无疑是企业具有组织自信与担当的表现，尤其对于内部控制存在缺陷的企业，更是一个挑战。风险信息的揭示，既是系统信任的重要渠道，也是内部控制缺陷修复的重要指示。在年报风险提示信息越发受到关注的当下，如何看待这种信息的价值，无疑是风险会计研究的一个重要课题。与先前主要研究内部控制与财务报告可靠性的文献不同，基于上市公司财务报告中的非财务信息，考察内部控制缺陷及其修复对年报中非财务性的风险提示信息的影响及高管持股在其中的调节作用。研究发现：年报中的风险提示信息随内部控制缺陷数量的增加而增加，高管持股的加入增强和促进了内部控制对风险提示信息可靠性的管控程度，初步显示了高管持股的信息与制度治理效应；进一步从动态关系视角研究发现，风险提示信息年度增量与内部控制缺陷增量显著正相关，与高管持股增量显著负相关，经内生性检验后研究结论仍然成立。研究结果表明，内部控制运行的好坏能够在年报中的非财务信息得到反映，良好的内部控制抑制了企业的信息风险。同时，高管持股作为一种有效的公司治理机制，能够通过完善内部控制使其在财务报告方面的目标更好的实现，上市公司不仅应关注内部控制对年报中的非财务信息产生的影响，而且要重视高管持股在内部控制信息风险管制方面发挥的功效。

一、问题提出

已有研究表明，内部控制在影响企业风险承担方面具有两面性，一方面，有效的内部控制通过提升企业的会计信息质量使得财务报告的真实性得以保证，方春生等（2008）基于中国石化公司的数据研究发现，实施内部控制制度后财务报告在各个层面上的可靠性均有显著提升。方红星和张志平（2012）也指出注重提升内控质量的公司相较于其他公司更易于增强其会计稳健性。另一方面，内部控制缺陷抑制了制度本身防范监督作用的发挥，增大了企业的信息风险。Ashbaugh - Skaife et al.（2013）研究表明，内部控制缺陷会降低公司财务报表中数据的准确性，进而提高信息不对称程度。然而，虽然众多学者在理论上都认为内部控制缺陷增大了企业的信息风险，但在实证研究中鲜有学者从年报风险提示信息的角度进行检验。众所周知，年报风险提示信息作为上市公司财务信息的重要补充，不但能够缓解管理层与股东之间的信息不对称，使投资者较为全面地了解公司运营状况，对增强管理层的治理责任感和服务意识也是尤为重要。但是杜莉和戴倩倩（2010）的研究指出，尽管上交所和深交所分别在 2006 年以及 2007 年的 7 月 1 日实施了《内部控制指引》，《企业内部控制基本规范》也从 2008 年 5 月起在上市公司逐步实施，但从目前来看我国上市公司年报中的风险信息是否已经产生积极效用还需打个问号，基本规范的实行能否成为企业防范信息风险的“保护伞”仍需深究。同时，由于“形式主义传统”和“符合外部监管需求”的制度观念，法规条文注重的是对企业内部控制与风险管理的“共性”要求，而忽视了不同类型公司（垄断型和非垄断型公司、家族制和非家族制公司等）的“个性”特征（李心合，2013）。因此，当内部控制存在缺陷或者缺陷修复时，现有的内控制度和相关规范能否使其及时准确地在年报风险提示信息中得到反映，内控缺陷与风险提示信息之间是否存在不匹配或者脱节现象，理论上的争议为本节的研究提供了契机。

内部控制是否能发挥“应有之功效”一方面取决于内部控制本身是否存在问题（主

要指设计缺陷、执行缺陷与披露缺陷），同时更需要有与之相匹配的良好的内外部环境作为支撑。与复杂多变、难以控制的外部环境相比，易于掌控、执行有效的内部环境往往更易发挥促进作用。事实上，在企业内部控制实践当中，企业的高管人员往往扮演着“中心人”的角色，指挥内部控制的日常运行（逯东等，2014）。因此，高管执行力是内部控制至关重要的微观治理环境。而高管执行力的提升往往源自于高管激励机制的实施，这种激励机制大多体现在薪酬和持股两个方面。相比于薪酬带来的高管执行力的提高，持股产生的促进效应受到了更多的争议。因为管理层持股在产生“利益趋同效应”的同时可能也会带来“壕沟防守效应”，也就是说这种激励机制并非无懈可击，它既可能增强管理层积极建设内部控制的动机，也可能使他们凌驾于公司的内部控制之上，进行盈余管理等舞弊行为。近年来关于高管持股的内部控制治理作用研究发现，增加高管的持股比例能够使内部控制更为有效的实施（董卉娜和严茹梅，2016；Balsam，2012），但也有研究表明当高管持股比例过高时，该行为对内部控制达到预期目标（提升会计信息质量）而言并无益处（陈军梅，2015）。然而这些研究不仅结论迥异，而且还都只是单纯从“高管激励机制→内部控制”这一逻辑链条来检验微观企业特征对内部控制有效性的影响，局限于从财务信息的角度进行检验，鲜有文献从财务报告中的非财务信息尤其是与内部控制密切相关的风险提示信息角度探索内部控制及相应的治理机制对会计信息产生的影响。同时，近年来财务会计盈余管理盛行导致的“失真、造假”等问题屡见不鲜，很大程度上影响了财务会计信息的相关性和有用性（李心合，2012），而非财务信息中的风险提示信息（经营风险、行业风险、管理风险、道德风险等）的预警信号往往先于财务因素，将更有助于利益相关者预测公司未来发展的趋势，对公司整体状况进行更加全面地把控，与内部控制所要达成的目标不谋而合。因此，本节在研究内部控制缺陷及其修复对财务报告风险提示信息影响的基础上，加入高管持股作为内部控制影响年报风险提示信息的调节变量，旨在回答以下几个问题：第一，内控缺陷与风险信息之间是否存在不匹配或者脱节现象？第二，如果内控缺陷与风险提示信息之间存在不匹配或者脱节现象，由于年报中与风险相关的信息是否披露、披露多少主要由董事会和高管层决定，那么高管持股是通过产生的“利益协同效应”抑制了这种现象的发生，还是通过产生的“壕沟防守效应”加剧了这种不良的经济后果？

基于以上分析，以2007—2016年我国A股上市公司为样本，利用ROSTCM6等文本挖掘技术在上市公司年报中获取有关企业风险的文本信息，以内部控制缺陷及其修复来衡量上市公司内部控制质量，实证检验了内部控制出现缺陷和缺陷修复与风险提示信息之间的关联以及高管持股在其中的调节作用。主要贡献在于，第一，拓展和深化了内部控制影响财务报告信息质量的相关文献。已有研究发现，内部控制的改善能够提升财务报告的可靠性和真实性，内部控制质量与会计信息质量之间呈现出明显的正相关关系（刘启亮等，2013）。但这些研究多集中于从财务报告中财务信息的角度进行考察，而未考虑该制度是否也能对非财务信息尤其是利益相关方高度重视的风险提示信息的真实完整性产生影响，我们填补了以上文献的空缺，揭示了内部控制缺陷及其修复对非财务性风险提示信息的作用机制，拓展和深化了内部控制有效性的相关研究。第二，加入高管持股作为调节变量，进一步探究了高管层面的公司治理机制在内部控制影响风险提示信息质量中发挥正向调节作用。在前人研究的基础上，我们将“高管股权激励→内部控制”这一逻辑链条顺向延伸至“高管股权激励→内部控制→风险提示信息质量”，以公司治理的动态调整为桥梁，从动态的视角来探索内部控制影响企业风险提示信息的内在路径以及折射出的资源配置效率问题，为厘清与揭示内部控制防控企业风险的机理研究做出增量贡献，同时也在一定程度上为财务报告信息披露的改进提供了经验证据。第三，为风险会计的建立提供了理论依据。企业利益相关者需要获得与风险产生、控制、预防、作用机制以及影响等相关的系统信息的支持，而风险提示等非财务信息的披露和完善正是建立风险系统不可或缺的重要内容，有助于增加企业风险承担的透明度，缓解不同利益相关者之间的“信息不对称”以及派生的道德风险与逆向选择问题。

二、理论分析与研究假设

（一）内部控制缺陷及修复对风险提示信息的影响

在“噪声”较大的新兴资本市场中，投资者受到的保护程度较弱，股价难以真实地反映公司特质信息，市场资源配置效率低下。风险提示信息作为一种非财务信息，在减少信息不对称使得公司透明度大大提升的同时，也因其本身可鉴证性弱和难以证实或审计的特质而备受争议（Athanasakou 和 Hussainey，2010）。因此，财务报告中披露的风险提示信息需要高质量的内部控制对其真实性进行合理保证。Hermanson（2000）通过问卷方式研究发现，报表使用者们对企业内部控制非常重视，自愿披露内部控制相关信息的企业往往受到更多投资者的青睐。Kinney 和 Mc Daniel（1989）也指出，内部控制缺陷增加了财务报告发生错报的可能。尽管国内外有学者对内部控制有效性提出了质疑，认为内部控制缺陷并非是导致较低的财务信息质量的原因（Bedard，2006），但也有大量经验证据表明，当某些类型的实质性缺陷被修正后，盈余质量会有显著的提升（王晶等，2015）。就内部控制整体而言，该制度通过各部门和人员之间的相互稽查和制衡，能够有效避免员工的舞弊行为，进而为包括风险提示在内的年报整体信息的真实性提供合理保证，对整个资本市场和投资者而言其存在的价值毋庸置疑（李明辉，2002）。

首先，从委托代理角度来看，由于股东与经营者之间存在着利益冲突，一方面，代理人基于个体利益最大化的动机可能会向会计人员施压，指使会计人员减少对风险提示信息的披露；另一方面，企业会计人员作为会计信息这种“产品”的“生产者”，在业务素质和职业道德不高时，其披露的非财务性的风险提示信息的质量也难以得到保证。因此，与风险相关的高质量的会计信息必须建立在有效运作的制度安排的基础上。而内部控制通过其特有的五大要素（控制环境、风险评估、控制活动、信息与沟通以及内部监督）发挥出的功效能够严密控制财务报告的生成流程，为公允透明的会计信息的形成提供保证（张海燕，2004）。因为在内部控制框架下，企业的员工将在自身职责范围内工作，不同层级的管理层因为拥有不同的权利和责任而达到相互制约，互为牵制。方春生等（2008）针对中石化公司的调查也发现，该公司内控制度实施后相比实施前无论是财务报表还是表外信息的可靠性均有提高，并且当报表使用者获取的其他信息与财务报告上的信息出现差异时，他们会更倾向于参考后者进行决策。从这一点来看，高质量的内部控制应对应着高质量的财务报告信息，当内部控制出现缺陷时，预警式的风险提示信息在财务报告中应有所反映。其次，根据信号传递假说，在充满信息不对称的资本市场上，高质量的公司为了引入优质资源，往往愿意向资本市场提供其特有的内部信息（内部控制信息）（蔡冬梅和郑婕霞，2005）。通过对内控信息质量的不断完善，尤其是以内部控制缺陷信息为代表的风险提示信息的披露能够使投资者充分了解企业内部运营管理的真实状况和存在的风险，对企业的管理效率、风险应对能力做出较为准确的判断，从而做出正确的决策，提高资本市场的资源配置效率（张青，2016）。

然而，理论的完备并非一定能与现实状况相契合。一方面，对企业而言，虽然实施内部控制对提升企业的经营管理水平、风险抵御能力以及财务报告的可靠性大有裨益，但这难免要以牺牲企业部分经营效率为代价，并且会产生制度执行成本（包括设计成本、实施成本、评价成本等直接成本以及效率损失等间接成本），因此短期内企业的利润可能并不会提高甚至会有所下降。而部分追求短期盈利的企业基于成本效益的考量，即使设计出完善的制度也无法保证其能够有效施行。例如，魏晓博（2013）的研究发现，上市公司是否选择对内控评价进行披露是一个博弈的过程，只有当监管者实施监管的概率达到或超出一个范围时抑或是企业在追求长期获利能力时，才会选择披露内控评价信息。同时，Myllymaki（2013）实证检验了在 SOX404 下披露了内部控制实质性缺陷的公司能否在未来出现较高质量的财务报告。结果表明，对比从未披露过 SOX404 内部控制缺陷的公司，曾经披露 SOX404 缺陷的公司，即使将实质性缺陷进行修复，在以后的两年里仍极有可能发生财务错报。因此，受成本效益原则掣肘，企业内部控制缺陷很难与风险提示信息保持及时地呼应。另一方面，如若公司对存在的内部控制缺陷在风险提示中予以揭示，一定程度上表明了其财务报告信息质量的可信度较低，而利益相关方在进行投资决策时面临逆向选择的问题，当财务报告传递的信息质量难以验证时，他们往往会要求为公司会计信息质量的不确定性获得相应补偿，反映在具体行为上则是调整对公司未来现金流和风险的预期。例如，Ogneva et al.（2007）考察了上市公司内部控制缺陷与筹资成本之间的关系后发现，内部控制缺陷与融资成本之间存在显著的正相关关系，上市公司在披露内控缺陷后会获得较高的权益成本。齐保垒等（2010）的研究也指出，相比于那些内部控制质量较高的企业，当公司内部控制产生缺陷时其会计稳健性及应计质量均较低，但这两类公司在财务信息价值相关性方面并未显示出较大差异，即内控缺陷的存在与否并未对会计信息的有用性造成重大影响。基于以上分析，提出如下的竞争性假设 1：

H1a：保持其他条件不变，内部控制出现缺陷时，年报中的风险提示信息会增多，缺陷修复后，风险提示信息则会相应的减少，内部控制缺陷及修复与年报风险提示信息之间不存在不匹配现象。

H1b：保持其他条件不变，内部控制出现缺陷时，年报中的风险提示信息会减少或不变，缺陷修复后，风险提示信息则会相应的增多或不变，内部控制缺陷及修复与年报风险提示信息之间存在不匹配现象。

（二）高管持股对内部控制缺陷及修复影响风险提示信息关系的调节作用

已有研究表明，内部控制作为一种广泛运用的管理工具和权力制衡手段，虽然从运行机理角度来看能够适用于大多数组织，但很难脱离组织的内外部环境而单独存在（王晶等，2015）。因此，有效的内部控制制度建立及其作用的发挥依赖于良好的内外部环境支撑。Denis 和 Mc Connell（2003）就指出，公司应当设计一套能够促进内控制度高效运行的标准的公司管理模式，如董事会治理、管理层激励等。同时又有研究发现，内部控制缺陷对财务报告的信息质量造成的不利影响主要基于以下两种途径：(1) 因为政策不健全、培训不足加之职员能力匮乏导致的无意识的误报，这些无意识的错误通过增加或减少应计损害了财务报告的信息质量。(2) 由于管理层自身存在不良动机导致的有意识的错报或漏报，这些故意错报一般会夸大现阶段的盈余，而后管理层再利用"大洗澡"或"甜品罐"等方式使当期盈余被机会性低估从而造成财务误述（齐保垒等，2010）。事实上，追溯会计信息失真的本质缘由，其关键通常并非是会计人员自身能力不足或者徇私舞弊，而更有可能是管理层存在为了一己之私而进行盈余管理甚至财务欺诈的不良动机。受到公司规章制度的桎梏，会计人员往往因受制于管理层而不得已进行会计信息造假（李明辉，2002）。Hambrick（1994）在修正的高层梯队理论模型中也指出，组织在很大程度上是高管人员自我特征的一种体现。因此，管理层的诚实与否以及他们遵从的管理哲学，事实上决定了财务报告信息能否被完整公允的披露、不利消息能否不被蓄意隐瞒以及盈余操纵能否被严格控制。而内部控制作为公司发展运营过程中的重要政策和牵制机制，其制定和实施的主体正是公司的高管层。高管人员肩负着维持内部控制的有效建设和实施的责任，不仅做出的决策会决定公司内部控制的运行效果，其心理结构也会影响企业内部控制作用的发挥。然而，即使高管们存在道德约束和实行高效控制的外部压力，但根据理性经济人这一基本假设，他们并不存在"作茧自缚"的动机（杨有红和胡燕，2004）。因此，为了制约高管们的自利动机，需要相应的激励措施，管理层持股正是激励的一种主要形式。

一方面，根据 Jensen 和 Meckling（1976）提出的"利益趋同效应"假说，上市公司通过管理层持股的激励手段，能使得高管人员为公司创造的价值与其自身利益尽量达到统一，由于高管们自身将承担公司的经营风险，他们会更加积极地完善公司治理以避免内部控制缺陷对公司价值造成损害。例如，Balsam（2012）指出对 CEO 进行股权激励能够激发其建立和完善内部控制的积极性，进而降低内部控制出现缺陷的概率。逯东等（2014）的研究表明，高管持股确实能通过产生的"利益协同效应"促进内部控制的有效实施。但另一方面，也有研究发现，管理层持股并非是无懈可击的激励机制，它也会产生与"利益趋同效应"相反的"壕沟防守效应"（Fama 和 Jensen，1983）。该研究认为：当管理层持有大量股票时，尽管监督和激励机制仍在发挥作用，但高管人员对公司的经营和财务政策依然会产生重大影响，这时基于对权力获取的欲望以及私人利益摄取的动机，加之其行为产生的成本将远远低于由于经营风险增大而带来的成本，高管们极有可能会产生"道德风险"及"逆向选择"问题。他们将凌驾于公司的内部控制之上，通过施行激进的会计政策及估计方法抑或是盈余管理等舞弊行为以粉饰公司财务报告、虚增业绩、哄抬短期股价，进而达到对资本市场进行操纵。例如，刘启亮等（2013）研究发现，如果高管权力过于集中，由于公司高管的"强势"，内部控制在运行时可能会出现"只能制约一般职工，难以牵制高管"的情形，使内部控制的"装饰性"取代了原本的"实用性"。

既然高管持股对内部控制产生的影响有利有弊，那么在高管持股与内部控制共同影响下的上市公司年报风险提示信息的披露是否也会受到正反两方面的影响呢？一方面，管理层持股之后，管理层和股东之间由于委托代理关系导致的委托代理问题将有所缓解，公司治理问题的改善将有助于公司绩效的提升，并将进一步使得公司愿意对外披露自愿性信息，以彰显自身在市场竞争和运营管理等方面的有时能力。同时，在中国资本市场上，年报中许多非财务信息通常是由董事会和管理层联合讨论并发布的，当高管持有公司股份时，他们与股东之间将保持非常密切的利益关系，为了获取公司股东的信任，以及将股票在资本市场上出售以获得超额资本报酬，他们也愿意披露更多的信息。例如，有研究发现，管理层持股能够降低代理成本，管理层持股与自愿性信息披露之间存在正相关关系（Warfield et al.，1995；Xiao 和 Yuan，2007）。周泽将（2007）也指出，管理层持股的增加提升了公司信息披露的透明度。另一方面，当公司高管持股比例不断增大时，高管极有可能与公司股东之间达成一种均衡状态，即利益同盟。而根据产权成本假说，公司如果向市场披露了一些关键的决策性信息，很可能会降低自身在产品市场上的竞争优势，比如当公司披露了具有竞争力的信息（核心技术、市场准确地位等）时很可能会削弱其竞争能力，基于这方面的考量，高管和股东将会有动机、有选择的减少对风险提示信息的披露。例如，Broberg et al.（2010）通过对 2002—2005 年的 431 家上市公司年报进行实证检验发现，管理层持股比例的正向增长将会引起自愿性信息披露水平的显著下降。Aboody 和 Kasznik（2000）则是以 572 家上市公司的 2039 名高级管理人员为研究对象，发现当对高管实施了股权激励后，他们往往会基于自身股票期权薪酬最大化的动机而抑制自愿性信息的披露，并发布一些对自己有利的信息。钟伟强等（2006）以 2004 年中国上市公司年报为研究样本的研究指出，管理层持股比例与自愿性信息披露水平之间不存在显著的相关关系。因此，基于以上分析，提出以下的竞争性假设 2：

H2a：保持其他条件不变，高管持股比例越高，越有利于内部控制缺陷信息在年报风险提示中得到反映。

H2b：保持其他条件不变，高管持股比例越高，越不利于内部控制缺陷信息在年报风险提示中得到反映。

三、研究设计

（一）样本和数据来源

以 2007—2016 年中国 A 股上市公司作为研究对象，同时，样本的筛选遵循以下原则：（1）剔除研究期间内相关数据缺失的公司；（2）剔除金融保险等行业的上市公司。样本的财务数据来自于 CSMAR 和迪博内部控制与风险管理数据库，部分缺失的数据以及非财务性的风险信息通过手工搜集公司披露的年报获得，最后共计得到 10138 个样本观察值的数据。根据迪博内部控制与风险管理数据库统计的结果，修复的样本是 2255 个，但是由于受到风险提示信息的限制（修复样本的公司中缺损关于风险提示方面的信息，这类公司 490 个样本予以剔除），最终符合样本要求的只有 1765 个。对所有连续变量进行了上下 1% 的缩尾调整（winsorize）以剔除异常值的影响。

（二）模型设定及变量定义

1. 模型设定。在借鉴叶建芳（2012）、林钟高和陈曦（2016）所设计模型的基础上，结合研究内容的需要，建立了如下回归模型对研究假设进行验证。其中，模型（4－8）用来检验竞争性假设1。模型（4－9）用来检验竞争性假设2。

$$Risk_{i,t} = \alpha_0 + \beta_1 ICW_{i,t-1} + \beta_2 ICWfix_{i,t} + \beta_3 Control + \varepsilon \quad (4-8)$$

$$Risk_{i,t} = \alpha_0 + \beta_1 ICW_{i,t-1} + \beta_2 ICWfix_{i,t} + \beta_3 Gao_{i,t} + \beta_4 ICW_{i,t-1} \times Gao_{i,t} + \beta_5 ICWfix_{i,t} \times Gao_{i,t} + \beta_6 Control + \varepsilon \quad (4-9)$$

2. 变量定义。Risk 为年报中披露的与风险相关的非财务信息。由于和风险有关的内容多见于对业绩的分析和对未来的预测，以文字描述为主，并且多集中于公司年报中“董事会报告”的“管理层讨论与分析”和“公司未来展望”两小节下。因此，借鉴罗彪等（2014）的研究，采用内容分析法测量年报中披露的风险信息的强度。首先，选取企业年报中的董事会报告作为分析对象；其次，在已有文献对风险研究的基础上，在董事会报告中进一步筛选与“风险”相关的关键字词并将所有关键词合并，筛选主要依据《迪博境内上市公司风险库》、《2009 中国金融发展报告》以及国资委 2016 年颁布的《中央企业全面风险管理报告》中对风险进行的划分。提取的关键词主要包括：风险、危机、危险、危害、损害、困难、困境、缺陷、萎缩、短缺、压力、现金短缺、财务困境、市场萎缩、利息负担、成本压力、政策调整、流动性风险、市场风险、汇率风险、生产技术风险、原材料成本风险等；再次，借助文本分析软件 ROSTCM6 对所有年报资料进行评判分析，量化风险；最后，考虑到董事会报告长度不一致问题，我们将风险变量的词频字节数除以董事会报告总长度，得到风险强度的标准化测量结果。

ICW 为内部控制缺陷，设置为虚拟变量，借鉴叶建芳（2012）、林钟高和陈曦（2016）的研究，采用内部控制重大缺陷作为内部控制缺陷的替代变量，认为当公司存在内部控制重大缺陷时取 1，否则取 0。内部控制缺陷的数据均从 DIB 数据库提供的《内部控制评价库》和《内部控制审计库》中取得。《内部控制评价库》对内部控制重大缺陷的划分依据主要为《企业内部控制基本规范》及其配套指引、《公司内部控制制度和评价办法》、《企业内部控制应用指引》、《企业内部控制评价指引》、《上市公司内部控制指引》中对重大缺陷的认定标准；《内部控制审计库》对内部控制重大缺陷的划分依据主要为《企业内部控制审计指引》和《中国注册会计师执业准则》中对重大缺陷的认定标准。

ICWfix 为内部控制缺陷修复，虚拟变量，如果当年存在内部控制重大缺陷的公司在下一年内不再存在内部控制重大缺陷，视为内部控制缺陷得到修复，取值为 1，否则取为 0。评判缺陷是否进行修复的依据为 DIB 数据库提供的《内部控制评价缺陷库》和《内部控制审计缺陷库》中披露的 2010—2015 年的重大缺陷修复数据。

Gao 为高管持股比例，借鉴董卉娜和严茹梅（2016）的研究，用公司全部高级管理人员（包括董事长、总经理、执行董事以及其他）持股数除以公司发行的总股份数来表示。

根据李璇（2012）、刘昱熙（2007）的研究，我们在模型中加入以下控制变量：企业规模（lnsize）、偿债能力（lev）、盈利能力（ROE）、成长能力（growth）、两职合一（Dual）、股权集中度（HI）、经营性现金流量（CF）、市场化程度（Market）、股权再融资

(Seo)、审计费用 (AuditFee)、是否被国际四大审计 (Big4)、盈余波动度 (STD)、Beta 系数 (BETA)、市账比 (Tobin' Q)、是否设立审计委员会 (AuditClub)、产权性质 (state)、董事会规模 (Boardsize)、行业 (IND)、年份 (Year)。具体变量定义见表 4-21。

表 4-21 变量定义表

变量名	符号	变量定义
风险提示信息	Risk	(年报中披露的与风险有关的信息词频数汇总 * 字节数) /董事会报告章节字节数 ×10000
内部控制缺陷	ICW	虚拟变量，若当年存在内部控制重大缺陷取值为 1，否则为 0
内部控制缺陷修复	ICWfix	虚拟变量，若当年存在内部控制重大缺陷，下一年不再存在重大缺陷视为修复，取值为 1，否则为 0
高管持股比例	Gao	高管年末持股总数/总股数
企业规模	Lnsize	期末资产总额的自然对数
资产负债率	Lev	期末负债总额/期末资产总额
盈利能力	ROE	期末净利润/期末净资产
成长能力	growth	(资产总计本期期末值 - 资产总计本期期初值) /资产总计本期期初值
股权集中度	HI	公司第一大股东持股比例
两职合一	Dual	虚拟变量，董事长与总经理兼任则为 1，否则为 0
经营活动现金流	CF	企业本期由经营活动所产生的现金流量净额的自然对数
市场化程度	Market	该变量范围取 0—10，数值范围越大，表示市场化程度越高
股权再融资	Seo	虚拟变量，本年度实施了配股或增发则为 1，否则为 0
盈余波动度	STD	当年净利润 - 上年净利润/当年净利润
审计费用	AuditFee	当年的审计费用的自然对数
是否四大	Big4	虚拟变量，公司聘请国际四大事务所则为 1，否则为 0
Beta 系数	BETA	BETA 综合市场的年度 Beta 值
托宾 Q	Tobin' Q	总市值/总资产
是否设立审计委员会	AuditClub	虚拟变量，若公司设立了审计委员会则为 1，否则为 0
产权性质	state	虚拟变量，若公司为国有企业则为 1，否则为 0
董事会规模	Boardsize	董事会人数

四、回归结果及其实证分析

(一) 描述性统计

表 4-22 显示，首先，风险提示信息 (Risk) 的均值为 16.5%，最大值达到 78.4%，表明了在年报的“董事会报告”章节中，与风险相关的词频已占相当一部分比例，上市公司和投资者们越来越关注年报中的非财务性风险信息。其次，内部控制缺陷 (ICW) 以及

内部控制缺陷修复（ICWfix）的均值分别为17.4%和48.2%，表明我国上市公司目前的内部控制水平整体较高，出现重大缺陷后，近半数的上市公司会采取措施对其进行积极修复，使公司的内部控制制度趋于完善。再次，表4－22的高管持股（Gao）显示，目前上市公司高管的持股比例平均可达7.6%，并且从标准差0.163可以看出彼此间差异较小，整体持股仍处于较低水平。最后，表4－22也显示了部分控制变量的描述性统计结果。同时，经VIF测试证实模型的方差膨胀因子均小于10，不存在多重共线性问题。

表4－22　　主要变量描述性统计分析

变量	均值	标准差	最小值	50%	最大值
Risk	0.165	12.96	0	13.9	0.784
ICW	0.174	0.379	0	0	1
ICWfix	0.482	0.5	0	0	1
Gao	0.076	0.163	0	0	0.792
Lnsize	21.88	1.309	18.95	21.73	25.77
Lev	0.44	0.229	0.041	0.432	1.025
ROE	0.068	0.126	－0.644	0.0713	0.438
growth	0.238	0.461	－0.305	0.111	2.785
HI	35.84	15.34	8.804	33.85	75.42
Dual	0.253	0.435	0	0	1
Market	10.96	1.123	7.65	11.25	12.66
Seo	0.107	0.309	0	0	1
STD	0.325	3.152	－12.11	0.16	18.97
Big4	0.053	0.224	0	0	1
BETA	1.069	0.249	0.377	1.081	1.687
Tobin'Q	2.278	2.283	0.174	1.602	13.71

（二）相关性分析

表4－23显示了主要变量的Pearson相关系数检验结果。通过对变量进行相关性分析我们发现，风险提示信息Risk与内部控制缺陷ICW呈现出显著的正相关关系，而与内部控制缺陷修复ICWfix以及高管持股Gao呈现出显著的负相关关系，表明内部控制缺陷与风险提示信息之间存在密切关系。同时，高管持股Gao与内部控制缺陷ICW呈现出显著的负相关关系，而与内部控制缺陷修复ICWfix呈现出显著的正相关关系，表明高管持股对内部控制缺陷存在抑制效应，这些结果初步均验证了研究假设。

表 4-23　主要变量相关性分析

	Risk	ICW	ICWfix	Gao	Lnsize	Lev	ROE	growth	HI	Dual	Market	Big4	BETA
Risk	1												
ICW	0.036***	1											
ICWfix	-0.024*	0.076***	1										
Gao	-0.046***	-0.067***	0.101***	1									
Lnsize	0.042***	-0.018**	0.114***	-0.200***	1								
Lev	0.024***	0.057***	0.021	-0.093***	0.014*	1							
ROE	-0.003	-0.010	0.006	-0.003	-0.033***	0.006	1						
growth	-0.003	-0.034***	-0.103***	0.111***	-0.043***	-0.037***	-0.003	1					
HI	0.012	-0.034***	0.008	-0.026***	0.277***	-0.020**	-0.011	-0.030***	1				
Dual	-0.018**	-0.038***	-0.084***	0.423***	-0.191***	-0.046***	0.016*	0.083***	-0.054***	1			
Market	-0.006	-0.050***	-0.064***	0.072***	-0.025***	-0.045***	-0.006	0.012	0.024***	0.065***	1		
Big4	0.009	-0.024***	0.021	-0.081***	0.366***	0.021**	-0.002	-0.019**	0.145***	-0.078***	0.033***	1	
BETA	0.035***	-0.007	-0.076***	0.090***	-0.002	-0.055***	-0.014*	-0.009	-0.001	0.019**	0.030***	-0.029***	1

注：***表示在 1% 水平下显著，**表示在 5% 水平下显著，* 表示在 10% 水平下显著。

（三）多元回归分析

1. 内部控制缺陷及修复对风险提示信息的影响。表 4－24 显示了内部控制缺陷及修复与风险提示信息的回归结果，首先，内部控制缺陷（ICW）与风险提示信息（Risk）在 10% 水平上显著正相关，表明了当上市公司内部控制出现重大缺陷时，年报中的风险提示信息会显著增多，即内部控制运行的好坏能够在年报的非财务信息中得到反映，初步验证了假设 1a。其次，在加入内部控制缺陷修复（ICWfix）后，其与风险提示信息（Risk）在 10% 水平上显著负相关，说明了在上市公司修正了内部控制缺陷后，年报中的风险提示信息会相应地减少，即良好的内部控制降低了企业的信息风险，再次验证了假设 1a。但同时我们发现，此时内部控制缺陷（ICW）与风险提示信息（Risk）的关系不显著，这可能是因为内部控制缺陷修复变量（ICWfix）削弱了原有的内部控制缺陷变量（ICW）对风险提示信息（Risk）的影响，即在企业对内部控制缺陷进行修复的当期，即使内部控制仍然存在缺陷，为了降低利益相关方对信息质量不确定性的不良预期，同时强调其在内部控制修复方面所做的贡献，企业更倾向于减少对风险提示信息的披露。

表 4－24　　内部控制缺陷及修复与风险提示信息的回归结果

解释变量	被解释变量	
	Risk	
ICW	0.567* (1.91)	1.590 (0.66)
ICWfix		-0.761* (-1.80)
Big4	-0.638 (-1.17)	-0.141 (-0.13)
Tobin'Q	-0.010** (-2.09)	-0.003 (-0.79)
HI	-0.000 (-0.05)	-0.000 (0.02)
STD	0.011 (1.28)	0.002 (0.09)
BETA	1.956*** (3.96)	3.618*** (4.20)
Market	0.055 (0.53)	0.201 (1.25)
CF	0.132 (0.33)	0.278 (0.30)
growth	-0.077 (-0.40)	-0.420 (0.93)

续表

解释变量	被解释变量	
	Risk	
ROE	-0.004 (-0.25)	-0.000 (-0.00)
Lev	0.372** (2.23)	0.145 (1.14)
Dual	-0.422 (-1.49)	-0.506 (-1.01)
Seo	-0.586 (-1.56)	-1.420** (-2.03)
AuditFee	0.239** (2.02)	0.165 (1.05)
Lnsize	0.089 (0.68)	0.568** (2.49)
AuditClub	0.143 (0.61)	0.166 (0.41)
state	1.159*** (4.17)	1.910*** (4.20)
Boardsize	-0.251*** (-3.48)	-0.139 (-1.17)
Year/IND	控制	控制
R-squared	0.0390	0.0992
F	10.75***	4.99***
N	10138	1765

注：***表示在1%水平下显著，**表示在5%水平下显著，*表示在10%水平下显著。已对回归方程中的异方差问题进行了检验和处理，括号内提供的T值经过异方差稳健修正。

2. 高管持股对内部控制缺陷及其修复影响风险提示信息的调节作用。表4-25显示了高管持股作用下的内部控制缺陷及修复与风险提示信息的回归结果，其中第（1）列为高管持股与内部控制缺陷单独作用下的回归结果，第（2）列为高管持股与内部控制缺陷交乘作用下的回归结果，第（3）列为高管持股与内部控制缺陷修复单独作用下的回归结果，第（4）列为高管持股与内部控制缺陷修复交乘作用下的回归结果。由第（1）列和第（3）列的回归结果可以看出，风险提示信息（Risk）与高管持股（Gao）分别在1%与10%水平上呈显著的负相关，表明当上市公司高管持股比例上升时，年报中的风险提示信息会减少，即增加高管的持股数量确实将有助于降低年报中风险信息的比例，这初步验证了假设2a。而从第（2）列的回归结果可以看出，风险提示信息（Risk）仍与高管持股（Gao）保持显著的负相关关系，同时，与高管持股和内部控制缺陷的交乘项（Gao×ICW）在10%水平上呈显著的正相关，表明高管持股对内部控制缺陷影响风险提示信息产生了正向的促进作用，即在高管持股比例较高时，内部控制运行的缺陷更易于在年报的非财务信息中得到反映，增加高管的持股数量能够通过改善内部控制来降低企业的信息风险，再次验证了假设 2a。与此同时，从第（4）列的回归结果我们也可以看出，风险提示信息（Risk）与高管持股和内部控制缺陷修复的交乘项（Gao × ICWfix）在 10% 水平上呈显著的负相关，表明高管持股对内部控制缺陷修复影响风险提示信息产生了正向的促进作用，即在高管持股比例较高并且内部控制缺陷得到修复后，内部控制运行状况与年报中非财务性风险信息披露状况更易于相互呼应，互为印证，进一步验证了假设 2a。

表 4-25　高管持股作用下内部控制缺陷及修复与风险提示信息的回归结果

解释变量	被解释变量			
	Risk			
	(1)	(2)	(3)	(4)
Gao	-2.184*** (-2.69)	-1.087* (-1.98)	-3.477* (-1.68)	-4.805* (-1.82)
ICW	0.503* (1.74)	0.794** (2.05)	2.456 (0.73)	2.497 (0.74)
ICWfix			-0.554 (-0.94)	-0.720 (-1.15)
Gao × ICW		0.705* (1.67)		
Gao × ICWfix				-2.562* (-1.74)
Big4	-1.055* (-1.73)	-1.089* (-1.79)	-3.092* (-1.88)	-3.075* (-1.87)
Tobin' Q	-0.144** (-2.00)	-0.153** (-2.12)	-0.008 (-0.04)	-0.000 (-0.00)
HI	0.007 (0.85)	0.011 (1.41)	-0.014 (-0.60)	-0.015 (-0.62)
STD	-0.002 (-0.04)	-0.003 (-0.07)	0.050 (0.48)	0.049 (0.47)
BETA	1.948*** (3.68)	2.006*** (3.79)	4.423*** (2.93)	4.437*** (2.94)
Market	0.040 (0.38)	0.015 (0.14)	0.557** (2.00)	0.560** (2.01)
CF	0.008 (0.11)	0.008 (0.07)	0.509 (1.58)	0.503 (1.56)
growth	-0.657* (-1.66)	-0.719* (-1.83)	-0.502 (-0.42)	-0.530 (-0.44)

续表

解释变量	被解释变量			
	Risk			
	(1)	(2)	(3)	(4)
ROE	-3.634*** (-3.38)	-3.505*** (-3.27)	-8.119*** (-2.79)	-8.135*** (-2.80)
Lev	2.963*** (4.44)	3.129*** (4.74)	1.985 (1.08)	1.956 (1.06)
Dual	-0.109 (-0.36)	-0.075 (-0.25)	-0.587 (-0.67)	-0.608 (-0.69)
Seo	-0.208 (-0.54)	-0.192 (-0.50)	-0.230 (-0.20)	-0.220 (-0.19)
AuditFee	0.205 (0.63)	0.202 (0.62)	-0.945 (-1.17)	-0.953 (-1.18)
Lnsize	-0.355** (-1.99)	-0.406** (-2.33)	0.203 (0.31)	0.229 (0.35)
AuditClub	0.030 (0.13)	0.030 (0.13)	0.039 (0.06)	0.028 (0.04)
state	0.632** (2.22)	0.634** (2.22)	0.569 (0.75)	0.573 (0.76)
Boardsize	-0.219*** (-3.03)	-0.219*** (-3.03)	-0.142 (-0.73)	-0.142 (-0.73)
Year/IND	控制	控制	控制	控制
R-squared	0.0420	0.0420	0.0833	0.0836
F	10.95***	10.68***	5.29***	5.14***
N	10138	10138	1765	1765

注：***表示在1%水平下显著，**表示在5%水平下显著，*表示在10%水平下显著。已对回归方程中的异方差问题进行了检验和处理，括号内提供的T值经过异方差稳健修正。

（四）进一步分析：动态视角的检验

以上分析趋向于从静态关系视角考察高管持股、内部控制缺陷与风险提示信息三者间的关系，这种联系在动态视角下能否依然成立呢？根据林钟高和陈曦（2016）以及唐松莲和胡奕明（2011）的研究，采用动态回归方法对以上问题进行进一步检验，以期探究三者之间的动态关系。在基本沿用模型（4-8）、模型（4-9）中各个变量年度间变化量的基础上微做调整，建立了以下的动态回归模型（4-10）、模型（4-11），如下公式所示：

$$\Delta Risk_i = \alpha_0 + \beta_1 \Delta ICW_t^+ + \beta_2 \Delta ICW_t^- + \beta_3 \Delta Control_t + \varepsilon \quad (4-10)$$

$$\Delta Risk_t = \alpha_0 + \beta_1 \Delta Gao_t + \beta_2 \Delta ICW_t^+ + \beta_3 \Delta ICW_t^- + \beta_4 \Delta Gao_t \times \Delta ICW_t^+ + \beta_5 \Delta Gao_t \times \Delta ICW_t^- + \beta_6 \Delta Control + \varepsilon \quad (4-11)$$

模型（4-10）、模型（4-11）中微调部分主要体现在以下两方面：第一，使用 ΔICW_t^+、ΔICW_t^- 代替本应对应的 ΔICW_t（$\Delta ICWt = ICW_t - ICW_{t-1}$），以考察风险提示信息在内部控制缺陷增加（$\Delta ICW_t^+$）或缺陷减少（$\Delta ICW_t^-$）时所受到的影响；第二，删除控制变量中的市场化程度（Market），由于采用樊纲等（2009）的市场化指数衡量上市公司的市场化程度，而各个年份该指数基本无变化，因此未将其变化量放入模型中进行检验。

表 4-26 显示了高管持股、内部控制缺陷与风险提示信息的动态回归结果，其中，第（1）列与第（2）列为内部控制缺陷与风险提示信息的动态回归结果，第（3）列至第（6）列为高管持股作用下的内部控制缺陷与风险提示信息的动态回归结果。首先，从表中回归的 F 值和 Adj-R2 的解释力来说，模型是有效的。其次，观察第（1）列与第（2）列中风险提示信息年度增量与内部控制缺陷年度增量的显著性与方向可以发现，风险提示信息年度增量（$\Delta Risk_t$）与内部控制缺陷增加（ΔICW_t^+）在 5% 的水平上呈显著的正相关，而与内部控制缺陷减少（ΔICW_t^-）在 5% 的水平上呈显著的负相关，表明年报中的风险信息对内部控制缺陷的变化是比较敏感的，当缺陷增加时，风险信息会随之增加，而当缺陷减少后，风险信息则会相应地减少，这与表 4-24 的结果基本一致，使假设 1a 再次得到验证。再次，通过对比第（3）列至第（6）列中风险提示信息年度增量与高管持股年度增量的显著性可以看出，风险提示信息年度增量（$\Delta Risk_t$）与高管持股（ΔGao_t）分别在不同程度上呈显著的负相关，说明当上市公司的高管持股与年报中的风险信息含量保持相反的增减趋势，即高管持股增加时，年报中的风险信息会减少，这与表 4-25 中第（1）列和第（3）列的回归结果基本一致，再次验证了假设 2a。最后，比较第（4）列与第（6）列的回归结果我们发现，风险提示信息年度增量（$\Delta Risk_t$）与高管持股（ΔGao_t）和内部控制缺陷增加（ΔICW_t^+）的交乘项在 10% 的水平上呈显著的正相关，而与高管持股（ΔGao_t）和内部控制缺陷减少（ΔICW_t^-）的交乘项在 10% 的水平上呈显著的负相关，说明当缺陷增加时，在高管持股的影响下风险信息增长得会更加明显，而当缺陷减少后，受高管持股的影响风险信息会减少得更显著，这与表 4-25 中第（2）列和第（4）列的结果也基本一致，使假设 2a 再次得到验证。

表 4-26　高管持股、内部控制缺陷与风险提示信息的动态回归结果

解释变量	被解释变量					
	$\Delta Risk_t$					
	(1)	(2)	(3)	(4)	(5)	(6)
ΔICW_t^+	0.940** (2.38)		0.739* (1.86)	0.827** (2.15)		
ΔICW_t^-		-0.672** (-2.22)			-0.626** (-2.16)	-0.478* (-1.73)
ΔGao_t			-3.260** (-2.39)	-2.688* (-1.88)	-3.436** (-2.42)	-2.621* (-1.89)
$\Delta Gao_t \times \Delta ICW_t^+$				4.643* (1.67)		

续表

解释变量	被解释变量					
	$\Delta Risk_t$					
	(1)	(2)	(3)	(4)	(5)	(6)
$\Delta Gao_t \times \Delta ICW_t^-$						-7.592 * (-1.65)
$\Delta Big4_t$	-0.481 (-0.27)	0.181 (0.11)	-0.498 (-0.28)	-0.776 (-0.46)	-0.693 (-0.41)	-0.712 (-0.43)
$\Delta Tobin'Q_t$	-0.035 (-0.34)	-0.039 (-0.40)	-0.056 (-0.52)	-0.141 (-1.39)	-0.077 (-0.77)	-0.019 (-0.19)
ΔHI_t	0.059 ** (2.08)	0.053 ** (1.97)	0.059 ** (2.05)	0.058 ** (2.09)	0.054 ** (2.00)	0.051 * (1.92)
ΔSTD_t	-0.018 (-0.56)	0.008 (0.27)	-0.031 (-0.93)	-0.037 (-1.17)	0.005 (0.16)	0.008 (0.25)
$\Delta BETA_t$	1.819 *** (3.46)	1.449 *** (2.84)	1.780 *** (3.27)	1.773 *** (3.25)	1.555 *** (2.95)	1.510 *** (2.95)
ΔCF_t	-0.129 (-0.93)	-0.118 (-0.87)	-0.191 (-1.33)	-0.192 (-1.34)	0.070 (0.51)	0.042 (0.31)
$\Delta growth_t$	-0.313 (-0.77)	-0.764 * (-1.95)	-0.323 (-0.78)	-0.098 (-0.26)	-0.887 ** (-2.24)	-0.736 * (-1.92)
ΔROE_t	-1.466 (-1.34)	-1.192 (-1.26)	-0.844 (-0.74)	-0.339 (-0.31)	-0.602 (-0.61)	-0.052 (-0.06)
ΔLev_t	1.072 (0.65)	-0.878 (-0.58)	0.296 (0.17)	0.300 (0.19)	-1.527 (-0.99)	-0.671 (-0.46)
$\Delta Dual_t$	0.702 (1.47)	0.605 (1.31)	0.648 (1.29)	0.498 (1.04)	0.604 (1.25)	0.780 (1.64)
ΔSeo_t	-0.466 (-1.44)	-0.310 (-0.97)	-0.575 * (-1.74)	-0.522 * (-1.65)	-0.373 (-1.15)	-0.419 (-1.32)
$\Delta AuditFee_t$	0.592 (0.93)	-0.732 (-1.18)	0.570 (0.88)	0.674 (1.08)	-0.563 (-0.87)	0.702 (1.14)
$\Delta Lnsize_t$	-0.396 (-0.64)	0.820 (1.51)	-0.237 (-0.38)	-0.576 (-0.98)	1.092 ** (1.97)	0.384 (0.73)
$\Delta AuditClub_t$	-0.213 (-1.31)	-0.186 (-1.18)	-0.200 (-1.21)	-0.201 (-1.21)	-0.098 (-0.61)	-0.058 (-0.37)
$\Delta state_t$	1.570 (1.36)	0.763 (0.76)	2.014 * (1.70)	2.020 * (1.71)	0.786 (0.75)	0.961 (0.92)
$\Delta Boardsize_t$	-0.209 (-1.34)	-0.221 (-1.47)	-0.157 (-1.00)	-0.158 (-1.00)	-0.183 (-1.21)	-0.199 (-1.34)
Year/IND	控制	控制	控制	控制	控制	控制
R - squared	0.0423	0.0312	0.0431	0.0432	0.0339	0.0331
F	8.25 ***	6.97 ***	7.76 ***	7.55 ***	6.93 ***	6.75 ***
N	6226	7203	6226	6226	7203	7203

注：***表示在1%水平下显著，**表示在5%水平下显著，*表示在10%水平下显著。已对回归方程中的异方差问题进行了检验和处理，括号内提供的T值经过异方差稳健修正。

（五）内生性检验

根据已有研究（刘凤芹和马慧，2009；仇云杰和魏炜，2016；董艳和李凤，2011；邹新月和李茂卿，2012），一方面，在内部控制缺陷影响年报风险提示信息披露的过程中，可能存在与控制变量有关的遗漏变量，从而导致风险提示信息实际上不受或不显著受内部控制缺陷的影响，引起内生性问题。另一方面，高管持股与风险提示信息之间可能存在互为因果关系，即高水平的高管持股会促使管理者与投资者利益趋于一致，从而降低企业风险水平进而减少风险提示信息披露，而企业风险降低后，管理者必然会要求更高的激励措施如提高持股水平。为了避免估计结果产生偏误，参考上述文献，我们分别采用倾向得分匹配法（PSM）和两阶段回归（2SLS）对以上两方面问题进行内生性检验。

首先，使用模型（4-8）中的控制变量对内部控制缺陷（ICW）进行 Logit 回归，计算出 PS 值，而后采用一对一不放入的匹配方法，在0.01的半径内进行配对，筛选出配对样本并基于上述匹配数据进行多元分析。表4-27显示了处理组和对照组之间在倾向得分和协变量上是否存在显著的差异，由表中结果可以看出，在经过平衡性分析过程之后，匹配后的所有条件变量在两组企业之间的偏差程度都显著降低，同时，已匹配样本的P值变大，表明处理组和对照组的条件变量在分布上是一致的。这也说明我们所选择的条件变量是合理的，匹配的过程也是有效的。表4-28报告了PSM的平均处理效应（ATT），结果显示匹配后的显著性水平达到了5%，可见，在排除了其他影响因素之后，内部控制缺陷与年报风险信息的正相关关系仍然显著，进一步支持了假设1a。

其次，根据已有研究（邹新月和李茂卿，2012），同时借鉴郝云宏等（2010）确定滞后期方法，认为滞后2—4期解释变量就可以满足工具变量的外生性假设，我们将高管持股滞后两期（$Gao_{i,t-2}$）作为工具变量，同时建立第一阶段的回归模型，如下公式所示：

$$Gao_{i,t} = \alpha_0 + \beta_1 Gao_{i,t-2} + \beta_2 ICW + \beta_3 ICWfix_{i,t} + \beta_4 Control + \varepsilon$$

由表4-29我们可以看出，从工具变量的解释力来说，Shea Partial R2 的数值很高，达到0.6107，F值为209.218，可以拒绝“工具变量没有解释力”的原假设，“弱工具变量”的问题在这里并不严重。同时，我们发现表4-29的回归结果与表4-25中的回归结果基本一致，因此我们认为“互为因果”导致的一定的内生性问题对分析研究结论并未产生较大影响。

表4-27　　条件变量匹配质量检验

变量	样本	平均值		标准偏差	偏差降低比例%	T值	P值
		处理组	控制组				
Tobin' Q	匹配前	2.269	2.231	1.700	57.60	0.670	0.502
	匹配后	2.269	2.286	-0.700		-0.200	0.839
HI	匹配前	35.26	36.17	-6	60.70	-2.310	0.0210
	匹配后	35.26	35.62	-2.400		-0.720	0.472
STD	匹配前	0.343	0.170	5.400	80.70	2.300	0.0220
	匹配后	0.343	0.376	-1		-0.280	0.777

续表

变量	样本	平均值		标准偏差	偏差降低比例%	T值	P值
		处理组	控制组				
BETA	匹配前	1.076	1.075	0.500	-185.3	0.200	0.841
	匹配后	1.076	1.073	1.500		0.440	0.657
Market	匹配前	10.83	10.98	-12.50	94.40	-5.020	0
	匹配后	10.83	10.84	-0.700		-0.210	0.837
CF	匹配前	19.006	19	0.300	-303.3	0.11	0.915
	匹配后	19.006	19.027	-1.300		-0.33	0.741
growth	匹配前	0.138	0.176	-12.10	91.20	-4.680	0
	匹配后	0.138	0.134	1.100		0.340	0.731
ROE	匹配前	0.0409	0.0679	-20.60	88.40	-8.940	0
	匹配后	0.0409	0.0440	-2.400		-0.650	0.518
Lev	匹配前	0.471	0.427	20	95.10	7.860	0
	匹配后	0.471	0.469	1		0.290	0.770
AuditFee	匹配前	13.643	13.623	2.800	37.70	0.89	0.373
	匹配后	13.643	13.617	3.600		0.97	0.334
Lnsize	匹配前	21.94	21.99	-4.200	41.10	-1.620	0.105
	匹配后	21.94	21.91	2.500		0.740	0.462
Boardsize	匹配前	8.922	8.761	9.300	83.10	3.620	0
	匹配后	8.922	8.895	1.600		0.460	0.642

表4-28　　PSM的平均处理效应（ATT）

变量	样本	处理组	控制组	ATT	标准差	T值
Risk	匹配后	16.5901	15.6658	0.9243	0.4187	2.21**

注：***表示在1%水平下显著，**表示在5%水平下显著，*表示在10%水平下显著。

表4-29　　2SLS回归分析结果

解释变量	第一阶段	第二阶段
	被解释变量	
	$Gao_{i,t}$	$Risk_{i,t}$
$Gao_{i,t}$		-5.802** (-2.08)
$Gao_{i,t-2}$	0.810*** (14.41)	
$ICW_{i,t}$	-0.0203 (-0.55)	2.816 (1.14)

续表

解释变量	第一阶段	第二阶段
	被解释变量	
	$Gao_{i,t}$	$Risk_{i,t}$
$ICWfix_{i,t}$	-0.0048 (-0.85)	-0.483 (-0.61)
$Big4_{i,t}$	0.0114 (1.56)	-4.468*** (-3.12)
$Tobin'Q_{i,t}$	0.0009 (0.44)	-0.347 (-1.64)
$HI_{i,t}$	0.0000 (0.52)	0.0003 (0.01)
$STD_{i,t}$	0.0009* (1.74)	0.0778 (0.67)
$BETA_{i,t}$	0.0322*** (2.59)	3.546** (2.21)
$Market_{i,t}$	0.0000 (0.03)	0.471 (1.58)
$CF_{i,t}$	-0.0024 (-1.20)	0.121 (0.44)
$growth_{i,t}$	0.0164 (0.92)	-0.543 (-0.43)
$ROE_{i,t}$	-0.0052 (-0.28)	-9.334** (-2.43)
$Lev_{i,t}$	-0.0276 (-1.61)	3.444 (1.60)
$Dual_{i,t}$	0.0463*** (4.95)	-0.258 (-0.24)
$Seo_{i,t}$	-0.0212*** (-3.16)	0.0214 (0.01)
$AuditFee_{i,t}$	-0.0146** (-2.12)	-0.968 (-1.02)
$Lnsize_{i,t}$	0.0134*** (2.78)	0.315 (0.41)
$AuditClub_{i,t}$	0.0046 (0.89)	0.504 (0.67)

续表

解释变量	第一阶段	第二阶段
	被解释变量	
	$Gao_{i,t}$	$Risk_{i,t}$
$state_{i,t}$	0.004 (0.84)	1.135 (1.25)
$Boardsize_{i,t}$	-0.0006 (-0.43)	-0.197 (-0.85)
常数项	-0.0706 (-0.84)	9.348 (0.70)
N	6226	6226
R - squared	0.748	0.108
Shea Partial R^2 = 0.6107，F = 209.218，P = 0.0000		

注：***表示在1%水平下显著，**表示在5%水平下显著，*表示在10%水平下显著。括号内提供的数值分别为第一阶段的T值与第二阶段的Z值。

（六）稳健性检验

为了验证以上回归结果的稳健性，本节进行了以下几个方面的稳健性检验：(1) 风险提示信息替代变量的稳健性测试。在衡量风险提示信息的数量时，借鉴罗彪等（2014）的做法，我们采用分类风险强度（即将与市场风险以及财务风险有关的词频字节数除以董事会报告总长度，得到分类风险强度的标准化测量结果）替换原先的总风险强度，形成替代因变量Riskqd对假设1的回归模型进行敏感性测试。实证结果表明，内部控制缺陷（ICW）与风险提示信息（Riskqd）在10%水平上显著正相关，表明了当上市公司内部控制出现重大缺陷时，年报中的风险提示信息会显著增多。内部控制缺陷修复（ICWfix）与风险提示信息（Riskqd）在5%水平上显著负相关，说明了在上市公司修正了内部控制缺陷后，年报中的风险提示信息也会相应地减少，多元回归结果没有实质性改变。(2) 高管持股替代变量的稳健性测试。刘进和池趁芳（2016）研究发现，高管团队规模会影响内部控制质量，高管规模较大时内部控制趋向于更加完善。因此，借鉴刘进和池趁芳（2016）的研究，我们采用高管团队规模（Gaosize）对原有的高管持股变量进行替代对假设2的回归模型进行敏感性测试。实证结果表明，高管团队规模变量单独作用时，风险提示信息（Risk）与高管团队规模（Gaosize）分别在1%水平和10%水平上呈显著的负相关，加入高管团队规模和内部控制缺陷的交乘项（Gaosize × ICW）后，风险提示信息（Risk）与交乘项在10%水平上呈显著的正相关，加入高管持股和内部控制缺陷修复的交乘项（Gaosize × ICWfix）后，风险提示信息（Risk）与交乘项在10%水平上呈显著的负相关，表明当上市公司高管持股比例上升时，年报中的风险提示信息会减少，同时高管持股对内部控制缺陷影响风险提示信息产生了正向的促进作用，对内部控制缺陷修复影响风险提示信息也产生了正向的促进作用，回归结果基本保持一致，证明假设2的结论是稳健的。(3) 考虑到2008—2009年是全球金融危机时期，在此期间企业风险因素会明显增多，采用此期间的上市公司作为样本可能会出现较多的异常值，导致实证结果不稳健。因此我们剔除2007—2009年三年的数据（2007年1月30日，证监会发布并实施了《上市公司信息披露管理办法》，对“管理层报告”披露的内容进行了细化，强化了披露要求，要求重点列示出对公司有重大影响的事项和不确定因素的讨论分析，自此与风险有关的文本内容才逐渐在年报中体现，由于披露管理办法刚刚颁布，其宗旨也需要一段时间被上市公司消化吸收）重新回归，实证结果仍然是成立的。（4）其他稳健性测试。为了进一步检验结果的稳健性，剔除了当年被ST的上市公司，考察正常上市的公司风险信息披露情况，回归结果基本一致，再次证实了研究结论具有稳健性。

第五节　本章小结

现在社会是一个高风险的社会，现代社会的到来，使得社会关系从彼此互动的地域性关联中过渡到对不确定的时间的无限穿越而被重构的关联中，为了消除时空的不确定性，减轻社会交易的成本，现代社会必然要建立起高度发达的系统，依据系统信任来克服或者避免因不确定的时空所导致的不信任现象。本章依据帕森斯关于社会行动的理论和对社会系统的分类，再根据卢曼关于信任的交往媒介的分类和吉登斯关于现代社会信任赖以建立的抽象体系的分类，我们以内部控制缺陷及其修复作为核心观测点，围绕市场化进程与企业社会责任、政策不确定性与企业创新能力、环境不确定性与审计收费、高管持股与企业风险提示信息等作为系统信任的重要观测点，理论分析与实证检验了内部控制缺陷对这些重要观测点的影响，以及修复之后可能发生的变化。一方面说明内部控制制度系统自我修复与持续改进的能力，另一方面也检验了企业内部控制这一风险控制系统所具有的免疫能力强化过程及其效果。

一、主要研究结论

1. 市场化进程与企业社会责任研究方面。以企业内部控制缺陷产生及其修复为动态视角，研究我国市场化进程下，内部控制缺陷及修复与企业社会责任之间的关系。实证结果表明：（1）内部控制缺陷与企业社会责任呈负相关关系。内部控制缺陷的存在提高了企业的风险水平、加剧了代理冲突、提高了信息不对称程度，资本投入者得不到应有的回报，不利于企业利益相关者需求的满足，企业社会责任水平低。（2）市场化进程的提高会减弱二者的负向关系。高市场化进程地区的企业拥有充分的市场竞争环境、有效的公司治理结构和法律制度，保护了利益相关者的权益，从而减弱了内部控制缺陷对企业社会责任的负向影响。（3）内部控制缺陷修复提升了企业的社会责任水平，并且市场化进程低地区的企业作用力更明显。其启示意义在于：第一，企业在关注内部控制风险管控作用的同时，应该发挥内部控制的免疫系统功能，不断修复内部控制缺陷，减少缺陷导致的公司治理问题和不良信号传递。第二，利益相关者在向企业投入资本的同时需要注意公司的内部控制情况，避免自身权益的损害。第三，国家应当减少政府干预程度，促进资源的优化配置，加快市场化进程速度，保护企业利益相关者的权利，提高企业社会责任的履行水平。

2. 政策不确定性与企业创新能力研究方面。以企业内部控制缺陷及其修复为动态视角，分析检验了政策不确定性下，内部控制缺陷及其修复与企业创新能力之间的关系。实证结果表明；(1) 内部控制缺陷与企业创新能力呈负相关关系。内部控制缺陷的存在降低了企业风险管控水平，加剧委托代理问题及信息不对称程度，提高了企业的融资约束及企业的创新路径依赖程度，从而引发创新投入不足。(2) 低政策不确定性会强化二者的相关关系。高政策不确定性促使企业增加研发投入，抢占市场先机，改善内部控制制度的动机加强，从而减弱了内部控制缺陷对企业创新能力的负向影响。(3) 内部控制缺陷的修复提升了企业创新能力，并且低政策不确定性时期的企业作用力更加明显。(4) 非国有企业、财政科技投入水平高地区的公司，内部控制缺陷及修复对企业创新能力的作用更大，并且更容易受到政策不确定性的影响。由此，我们得到的启示是：第一，企业应该充分关注和发挥内部控制的免疫系统功能，不断修复内部控制缺陷，持续改进内部控制质量，减少公司治理缺陷和不良信号传递，避免创新决策失误、自身权益损害及公司利益流失。与此同时，公司（尤其是非国有企业）应该关注政策不确定性对企业研发机会成本的降低作用，获得增长期权，优化融资环境，抓住发展机遇，抢占市场先机，促进企业成长。第二，面对经济转型的现实环境，国家在政策调整及科技投入时，应当关注政策不确定程度及财政补助对企业创新决策的影响，注意经济政策调整的适时性及适当性，平衡政策波动的短期及长期效应、财政科技投入的替代及杠杆效应。加大财政科技投入水平，加强法制建设及资源的优化配置，完善市场竞争及信誉机制，保护公司研发成果，促进企业及整个国家创新力的提高，进而推动经济发展由要素驱动走向创新驱动。

3. 环境不确定性与审计收费研究方面。以沪深 A 股上市公司的数据检验了环境不确定性对审计收费、内部控制的影响以及内部控制在环境不确定性影响审计收费中所发挥的作用，研究结果表明，环境不确定性会导致审计师承担的风险显著增加，因此而收取了审计溢价；在面临环境不确定性时，作为一种内部治理机制的内部控制会有所更新以适应环境的变化；随着内部控制质量的提高，环境不确定性与审计收费之间的正向关系有所缓解，高质量的内部控制显著地降低了审计收费。本章的研究拓展了外部环境因素与公司内部治理机制之间的共生互动性框架，进一步验证了学者以及监管机构所强调的内部控制建设的必要性与重要性：面对越来越复杂的经营环境，提高内部控制质量的必要性在于防范环境不确定性带来的经营风险，重要性在于高质量的内部控制可以降低企业的审计费用，为企业节约资源。

4. 在高管持股与企业风险提示信息研究方面。以我国 A 股上市公司为样本，在研究内部控制缺陷及其修复对上市公司年报中有关企业风险的文本信息产生的影响的基础上，加入高管持股作为内部控制影响风险提示信息的调节变量，对内部控制出现缺陷和缺陷修复与财务报告风险提示信息之间是否存在关联，高管持股能否通过完善内部控制而在其中发挥调节效应进行了实证检验。检验结果发现，风险提示信息与内部控制缺陷之间存在显著的正相关关系，而与内部控制缺陷修复存在显著的负相关关系。同时，加入高管持股后，高管持股对内部控制缺陷以及内部控制缺陷修复影响风险提示信息均产生了正向的促进作用，即在高管持股比例较高时，内部控制运行的缺陷及其修复更易于在年报的非财务信息中得到反映。此外，从动态关系视角对高管持股、内部控制缺陷及其修复与风险提示信息进行进一步研究的结论也支持上述的检验结果。研究结果表明，首先，内部控制运行的好坏能够在年报的非财务信息中得到反映。上市公司修正内控缺陷之后，风险提示信息相应地减少也说明良好的内部控制降低了企业的信息风险。即从目前来看，我国上市公司年报中非财务信息部分尤其是董事会报告章节的风险信息披露状况比较理想，与公司运营状况较为符合，这也积极响应了财政部在 2014 年颁布的有关完善上市公司年报中“管理层讨论与分析”内容的政策规定。其次，增加高管的持股能够使得内部控制运行状况与年报风险提示信息披露更加贴合，互为印证，表明高管持股通过改善内部控制降低了企业的信息风险，该激励方式作为一种特殊的公司治理机制，就内部控制缺陷修复而言产生的“利益协同效应”在某种程度上大于产生的“壕沟防守效应”，对完善公司治理是有益的，因而提醒上市公司可以通过适当的股权激励以增强高管完善信息披露制度的动机。最后，非财务信息中具有预警价值的风险提示信息是影响投资者决策至关重要的因素，内部控制在追求财务信息真实可靠的同时应充分关注年报中的风险提示等非财务信息产生的影响，仅保证财务信息的可靠性未必能使投资者对企业现状做出彻底的判断。

二、主要局限性

局限性 1：内部控制相关法规发布等制度变迁引发的内部控制缺陷及内部控制环境变化，亦可能对企业社会责任的履行及披露情况、对企业创新能力产生影响，由于数据获得性的局限，无法进一步拓展研究。同时，内部控制重大缺陷指标的部分数据来源于企业的内部控制自我评价报告，尽管本章做了相应的内生性检验，但是依然会有客观性方面的缺陷。

局限性 2：在衡量环境或者政策不确定性方面，也有进一步优化的空间。第一，以销售收入的波动来计量环境不确定性可能无法捕获所有外部环境对企业的影响。同时，处于生命周期不同阶段的企业，由于内外部环境的变化，企业也将面临不同的风险和机遇。进一步，企业不同的生命周期（产品生命周期/行业生命周期、需求生命周期等）面临的竞争压力是不同的，面临的资金压力（包括资金数量、融资渠道）也必然存在重要的差异，而且，如何控制和衡量众多宏观因素的调整和变化可能造成的影响，同样存在一些实际的计量难题。

局限性 3：本章最大的困难还是有关本文信息的提取问题。囿于非财务信息本身不可定义性和难以计量的限制，本章仅从年报中“董事会报告“章节披露的风险提示信息这一角度进行研究，而未进一步考察其他与企业经营状况相关的非财务信息，如：环境信息、社会责任信息等与内部控制缺陷及其修复之间的关系。另外，由于风险一词在语言学中具有多种表达方式，本章选取的与风险有关的关键词仅在一定程度上代表了年报中风险信息的含量，并不十分全面，这也有赖于未来更高级的文本检索技术的支持。

第五章

组织信任与内部控制：企业战略视角的分析

Ratnasingam 和 Pavlou（2003）认为，组织信任是同一企业内（不同企业间）责任单位（交易关系）之间相互的信心（即对交易或管理伙伴的可靠度以及诚实有信心），当处于可能的风险状况时，所有交易的成员都会忠实且适当地采取行动，而 Doney 和 Cannon（1997）则认为，企业内（间）信任是一种资源，这种资源能减轻企业内（间）交换中因不确定性以及依赖性可能产生的投机行为，进而促进企业内（间）的有效合作，产生更多的合作租金，在整体上提升企业的有效性。内部控制规范之所以能够塑造出统一的和连贯的行为和获得某种信任之外的行为效果，表现出了企业内（间）成员对内部控制规范以及由这些规范所构成的制度的信任。我们认为，内部控制与信任通过不同的方式增加内外部成员在交易中的可预测性，通过内部控制与信任的互补关系，相对可以更真实地描述信任与内部控制之间关系的动态性：廉价而高效的内部控制的存在使得企业较少依赖信任；而当信任存在时企业可以降低因设置内部控制机制而带来的成本和复杂性。然而，大多数企业内部（外部）经济关系同时包含了内部控制与信任，包含风险的内部控制的存在可能鼓舞公司承担更大的、基于信任的风险。

我们基本赞同 Das 和 Teng（1998）的观点，认为信任与控制是一种互补的关系，互补的关系相对可以更真实地描述信任与控制之间的关系的动态性，信任水平高并不意味着控制水平的降低，反之亦然。一个公司可能建立更多的信任而不必降低控制。然而，我们在研究信任与控制的关系时，应该注意不同的信任与控制方式的特性。根据信任动机的不同，信任包括理性信任与感性信任两种不同的方式。理性信任是基于对代理方依赖程度（或者机会主义）的考量与资产专用性的承诺，具有即时性的鲜明特点。感性信任是基于内在美德以及这些关系具有互惠性的信心，具有长期性、战略性和沉淀性特征。从交易成本经济学的角度看，建立感性信任是长期努力的结果，一旦形成其成本会逐渐降低，在没有意外发生的情况下，感性信任应该是自我加强的，理性信任则是由双方合作关系的特质所决定的，不同控制方式的代价都是相对稳定的。所以我们可以发展这样一种逻辑：在企业中人们是根据对对方的信任程度来决定控制的方式和程度，信任需要以一种有意义的和逐步的方式发展（Bhide 和 Stevenson，1992）。总之，不同的信任方式对不同控制方式的影响将是不同的。然而，信任的建立和控制的实施都是有成本的。为了形成理性信任，双方可能进行超出必要的专门性投资作为抵押，形成一种可置信的承诺；为了建立感性信任，可能需要双方大量的沟通。因此，从契约自我实施的角度看，企业内部控制状况作为企业不可收回的沉淀成本构成了一种潜在的抵押品，由此构成与其他企业或实体进行交易的可置信承诺，这样各个独立的企业就形成以内部控制为核心的自我实施的单边协议，形成不断进行这种交易的自我约束激励，保证了契约机制的有效，使得自发的交易得以实现（Williamson，1983）。从信息经济学的角度看，一方面，这种不可收回的专用性投资作为抵押品，构成了企业内部各责任单位和企业间进行持续性交易的显示信号，从而诱致新的交易伙伴的加入，因为这种沉淀的专用性投资起到了一种抵押作用，保证了信号显示的可置信性；另一方面，这种不可收回的专用性投资又能起到信息甄别的作用，从而选择诚实的新的交易伙伴加入，这是因为这种不可收回的专用性资产起到了一种可置信的承诺，保证了交易伙伴的诚意（惠双明，2002）。内部控制的制度设计正是从企业战略的高度，充分考虑这种信号显示与信息甄别的作用机制，以实现企业内（间）交易的不断扩展（McMillan 和 Woodruff，1999）。总之，内部控制合作的前提是基于战略视角的组织信任，通过合作以降低企业内（间）层级之间的不确定性并最终达到控制总体目标的实现。企业内部控制正是通过长期战略导向的组织内部和外部合作关系，从而带来合作利益（Doney 和 Connon，1997），提升长期绩效（Kalwani 和 Narayandas，1995）。组织内（间）的相互合作，共享彼此独特的能力要素及资源，以创造竞争优势，并产生更高的合作利得（王雎，2006）①。

第一节　内部控制、董事会行为与企业创新战略选择

企业是否创新、如何创新以及创新绩效如何，关乎企业未来的发展态势以及竞争能力，既是董事会的核心战略行为，又是企业能够在多大程度上获得组织信任的重要信号。本节将企业创新战略选择视为组织信任的重要方式，围绕战略实现这一内部控制目标的原始禀赋，基于挖掘式与探索式两种创新战略的替代效应，实证考察以下两个问题：（1）董事会行为是否影响企业创新战略的选择？（2）企业内部控制能否对董事会行为和创新战略选择之间的关系产生调节作用？研究发现：董事会行为表现得越积极，企业越倾向于选择挖掘式创新战略，而且企业内部控制质量的提高进一步增强了董事会行为对挖掘式创新战略的正向调节效应。研究结果表明：当前我国企业整体创新能力仍然不高，注重追求规模

① 信任和知识的共享与企业内合作的成效等因素是有因果关系的（Dyer，1998），信息共享不仅仅使他们之间存在信任关系，更重要的是考虑到了效率（Mark J、Sher，1994）。内部控制就是这样一个用来增加企业内的信任程度的学习机制和知识平台。当企业内的各个责任主体不断通过内部控制这样一个学习组织来增加企业的价值时，就会使整个组织的生产可能性边界外扩，从而使组织中的每个责任单位都从中获得合作性租金，形成一个“你中有我，我中有你”的协作关系，在相互协作中促进彼此的信任程度，降低机会主义风险。

经济和当下生产效率，对于风险性较大的探索式创新战略则持谨慎的态度，所以转变企业的创新观念和完善创新市场是我国迈入创新型国家急需解决的问题。

一、问题提出

创新，是国家发展的必由之路，同时也是企业在日趋激烈的市场竞争中获得生存和发展的必然选择。March 等（1991）提出挖掘式和探索式两种学习模式，Benner 和 Tushman（2003）据此提出了挖掘性和探索性两种企业创新战略，并且指出它们在目标、知识基础、结果、结构等许多方面存在明显不同的特征。挖掘式创新主要指依照市场、产品和服务，不断优化生产技术，扩大企业规模，抢占市场份额。而探索式创新主要是摆脱现有的技术、产品和服务，探索新技术，开辟新市场为企业寻找新的利润增长点。March 等（1991）从资源稀缺性、组织惯性与锁定效应和组织结构三个角度论证了两种模式难以共存。Tushman（2013）认为企业在一个发展阶段很难同时兼顾两种创新战略，两种创新战略的平衡应该是针对企业的不同发展阶段而言的。而 He 和 Wong（2004）则提出两种创新模式的平衡关系能促进企业绩效的提升，两种创新战略具有互补作用，即双元创新战略驱动。本专著无意介入两种不同观点的争议，而是另辟蹊径，从企业创新战略选择的影响因素出发，一方面引入董事会这一企业决策的核心机制，考察董事会行为对这两种创新战略选择的影响，以提供董事会有关战略决策行为偏好的经验证据；另一方面从内部控制这一企业内部风险免疫机制，考察内部控制对于企业战略制定及其实现这一目标禀赋的影响，提供内部控制目标定位的经验证据。

关于两种创新战略的研究主要着眼于两种创新战略对于企业绩效的作用和企业特征对两种战略实施的影响两方面（Lavie 等，2011；杨菲等，2014），也有少数文献从董事会的角度研究对两种创新战略选择的影响。Johnson（2011）认为董事会能够在进行资源分配、提供创造性思维以及建立与外界联系等方面，对战略的选择和制定奠定重要的支持作用。Barney（2001）研究认为，董事会在介入企业战略管理的过程中，能够更好地引导和监督管理层对战略的制定和实施，从而一定程度上保证企业战略决策的科学化。但是，这些研究并没有具体深入到董事会的行为如何影响某一种创新战略的选择，以及通过何种途径发挥董事会的影响作用，所以董事会对创新战略选择的影响成为本节关注的第一个问题。同时我们认为，创新战略作为企业获取竞争优势而进行的重大决策，是企业进行技术发展的表现形式，作为合理保证企业发展战略顺利实施的企业内部控制制度，既是公司治理的重要决策机制，又是在董事会层面上与公司治理相互契合互为作用的制衡机制，董事会作为公司治理的重要组成部分，自然与内部控制存在着密切的联系。内部控制是由企业管理层、治理层和其他人员制定的旨在合理保证财务报表的真实性、经营活动的效率性的政策和程序，无论从其目标还是过程来看，内部控制都与公司治理存在着密切的联系（程晓陵和王怀明 2008）。内部控制是企业提高其治理水平的基础（杨雄胜，2005），如果一家企业存在内部控制问题，其公司治理也无法发挥应有之功效。林钟高等（2016）实证检验了内部控制存在缺陷能降低董事会治理水平，随着内部控制缺陷被修复，董事会治理水平也在提高。所以引入内部控制作为调节变量，检验内部控制能否增强董事会行为对创新战略选择的影响，成为本节关注的第二个问题。

鉴于以上分析，本节主要实证考察董事会行为是否影响企业创新战略选择以及内部控制在其间的调节作用。主要贡献在于：第一，丰富和拓展企业创新发展战略的相关文献。以往文献大多是研究创新战略对企业绩效的影响或者是企业特征对创新战略实施的影响，我们从董事会行为这一公司治理层面出发，研究对企业具体创新战略选择的影响，拓展和丰富了影响企业创新战略选择具体形态的研究文献。第二，弥补内部控制影响企业战略选择的研究缺失。基于董事会与内部控制作为公司治理两种核心嵌入机制，内部控制作为公司治理重要机制在董事会层面上的高度契合，选择和加入内部控制作为调节变量，进一步探究内部控制能否在董事会行为对创新战略选择的影响中发挥正向调节作用，对内部控制制度的目标预设提供证据，填补了以往这方面研究的缺失，也为企业加强内部控制建设和发挥内部控制对企业战略选择的监管作用提供重要的制度依据。

二、理论分析与研究假设

（一）董事会行为与企业创新战略选择

自从 March 等（1991）将企业创新分类为挖掘式创新和探索式创新后，学界开始不断重视对两种创新模式的研究。大多数研究主要是基于两种模式的互补效应，即双元创新战略，例如 He 和 Wong（2004）通过对 206 家企业调查发现，探索式创新和挖掘式创新的平衡关系能提升企业的财务绩效。Jasen（2012）通过对一家金融服务企业的 88 个子公司进行研究发现双元创新和企业绩效之间存在着正相关关系。但是也有研究认为，挖掘式创新战略和探索式创新很难在企业的同一阶段同时运用（Cheng 和 Van de Ven 1996；Tushman，2013；March 等，1991），他们分别从以下三个角度来解释两种战略难以共存的原因：第一，从资源分配约束角度来看，由于企业的资源具有有限性和稀缺性的特点，两种创新战略会对企业的资源进行争夺，很难平衡地将资源分配到两种战略。第二，从组织惯性理论与锁定效应来看，一般企业会为了减少转换成本，会围绕现有的知识基础和发展路径来进行发展，致使企业形成一种锁定效应，使其只会着眼于挖掘式创新或探索式创新其中一种战略。第三，从组织结构和文化模式冲突的视角来看，挖掘式创新战略需要组织具有稳定性和流程化，主要依赖于传统的机械式组织结构；探索式创新战略需要组织具有灵活性和多变性，主要依赖于有机和柔软性兼备的组织结构。我们无意参与两种观点的争议，而是考察董事会在两种创新战略模式选择中，究竟发挥了怎样的作用。

1. 董事会行为与挖掘式创新战略。创新战略是企业未来发展的一个重要战略决策，董事会作为企业战略制定的核心层级，对创新战略的选择有着直接或间接的影响。20 世纪 90 年代之前，人们只是将董事会作为高管进行战略行为选择的顾问，企业战略制定的主体是 CEO，而不是董事会（Zajac，2000）。但从 90 年代开始，美国部分公司经营的失败，尤其是一系列由于董事会监管力度不够而导致的管理层舞弊欺诈丑闻的大量发生，使得人们开始关注到董事会在企业战略管理中的重要性，董事会的职责开始扩展到战略制定方面。李维安（2001）认为董事会是公司的最高战略决策机关，必须要严格履行这一职责，保证企业战略制定和实施的科学性。龚红等（2007）也认为董事会不应该仅仅只局限于前期战略决策阶段，而应关注从战略判断到战略计划再到战略执行整个战略实施阶段。所以，董事会要充分发挥企业“领头羊”的角色，努力推动企业创新战略的制定和实施。首先，挖掘式创新战略主要是依据企业现有的模式进行创新发展，战略实施的可行性和稳定性较高，并且从组织惯性角度来看，企业具有保持原有结构模式和行为趋势的习惯，创新发展不能脱离企业的资源与流程，受到组织惯性的影响（刘洁等，2017）。如果一个企业的经营业绩表现良好，表明企业根据现有的人力、资源、生产销售模式进行发展是有利可图的。而董事会能通过完善公司管理制度、对管理层进行激励和制约等手段来提高企业的绩效，优化企业的发展模式。王斌和童盼（2008）也实证检验了董事会行为对企业业绩能够产生影响，积极的董事会行为能够提高企业的经营业绩，从而能够提高企业的价值。所以企业董事会行为表现得越积极，企业现有发展模式的可行性和可靠性就越高，进而企业更有可能依照现有的模式进行创新发展。其次，从风险规避角度来说，挖掘式创新战略的风险相对较小，未来收益的确定性也较高，而董事会由股东选出，作为股东利益的“代言人”，对风险一般持谨慎态度，更倾向于保证企业平稳健康运行。同时，挖掘式创新战略项目实施的回收期短，能够使得股东投入的资金在短期内得到回报。所以在企业中，董事会行为表现得越积极，对创新战略的参与度就越高，出于对风险的规避和股东利益的保护，董事更倾向于选择挖掘式创新战略。最后，从组织理性动机来看，挖掘式创新战略能够充分调动企业的资源进行发展，对资金的占用量少，占用期短。并且目前随着经济不确定性的不断增强，企业越来越倾向于选择保守型财务战略（于欢，2016）。资金的有效利用是企业发展的关键，而董事会有制定企业财务预、决算的职能，需要充分考虑资金的使用效率。所以在现有发展模式可行的情况下，董事会出于“理性经济人”的考量，挖掘式创新战略成为企业的首选。

2. 董事会行为与探索式创新战略。探索式创新战略是着眼于企业长期发展的战略，一旦战略实施成功，会使得企业在市场竞争中处于绝对优势地位。尽管由于其项目回收期长，资金占用多，风险大，但是出于对企业长期发展的考量，尤其是“高风险高收益”的市场扩张需要，董事会层面也会积极支持探索式创新战略进行发展，并且通过制约、管控和监督来降低企业选择探索式创新战略的成本。首先，从委托代理理论来看，董事会存在的目的是为了制约和监督高管的行为，从而保证股东权益不受侵害。探索式创新战略风险性高，资金占用大，短期内可能会使得企业的财务报告呈现账面亏损，所以高管出于业绩评价的考虑，一般不愿选择探索式创新战略，然而随着市场经济的不断发展，企业转型创新成为企业发展的必要选择（Ballot 等，2012），如果不开创新的模式进行发展，有可能使得企业在长期市场竞争中处于劣势。而董事会能够通过对管理层进行激励和制约或者完善企业的业绩评价制度，来抑制企业高管的短视行为，同时董事会也可以通过积极参与到企业高管制定决策、战略的过程中来促使企业选择利于长期发展的探索式创新战略。其次，从风险管控角度来看，探索式创新战略实施过程中最大的问题就是风险性，由于资金投入量大，一旦实施失败，可能会使得企业面临破产重组的危险。董事会下设的风险管理专业委员会通过专家型委员能够帮助企业识别和防范风险（袁琳，2011）。董事会行为表现得越积极，董事会参与风险管理专业委员会的程度就越高，职责发挥的就越充分，在探索式创新战略中识别风险的可能性就越大，从而最大可能地降低探索式创新战略实施的风险性。所以在企业中，董事会行为表现得越积极，企业越有能力采用探索式创新战略进行发展。最后，董事会由不同类型的人员组成，Hillman 和 Dalzie（2003）将公司董事按照不同的类型分为内部人、商务专家、支持专家、社区影响者，不同类型的董事可以为企业提供不同的资源。当董事会行为表现得积极时，董事会成员能将自身的资源优势发挥出来，企业能更容易发现新的利润增长点，从而进行创新发展。并且从资源依赖理论来看，探索式创新战略依托于新的发展模式，也需要足够的外部资源（例如资金、专利技术等）来进行发展。所以在企业中董事会行为表现得越积极，企业越能有足够的外部资源寻找到创新点来进行创新发展。基于以上分析，提出以下假设：

H1：在其他条件不变的情况下，董事会行为表现得积极，企业可能选择挖掘式创新战略。

H2：在其他条件不变的情况下，董事会行为表现得积极，企业可能选择探索式创新战略。

（二）内部控制对董事会行为影响创新战略选择的调节作用

随着市场经济的不断发展，企业间的竞争加剧，内部控制作为公司治理的重要前提，与治理层内部治理成为企业持续健康发展的重要保证。杨雄胜（2005）认为如果企业没有系统而有效的内部控制，公司治理将是一纸空文。由此可见公司治理的有效与否与内部控制有一定的联系，而董事会作为公司治理的核心，自然也会受到内部控制的影响。朱海珅和闫贤贤（2010）表明内部控制可以提高董事会治理效率。有效的内部控制能够提高企业的营运效率并且在一定程度上保证企业遵循相关法律法规，从而实现董事会对重大问题决策的正确性和对经营管理者行为的制约，是董事会行使控制权的重要保证。从内部控制的目标来看，内部控制的最高目标就是合理保证企业发展战略的实现（Yufang，2005），内部控制对于企业创新战略的选择和实施起到了重要的作用。那么，这种作用，对于不同的创新战略选择与实施是否具有不同呢？

1. 内部控制与挖掘式创新战略。首先，从战略的资源基础理论来看，企业选择挖掘式创新战略进行发展需要依据企业现有的资源优势，但是长期依托固定的模式发展容易造成企业生产僵化，人员倦怠，导致生产效率低下，出现规模不经济。而良好的内部控制能够通过控制和监督各个生产管理部门，激励和制约员工行为来提高资源的使用效率、提升企业生产能力、完善企业发展模式，进而提高企业的价值。所以当企业拥有良好的内部控制时，董事会更倾向于使企业按照现有的模式进行创新发展。其次，按照固有模式进行创新发展，可能会使得管理层或者大股东由于熟悉企业生产经营流程，欺瞒或绕开董事会对企业资产进行转移或掏空，使得中小股东利益受损。同时，挖掘式创新战略相对来说对资金的占用量较少，占用期短，企业能够拥有较多的闲置资金，管理层可能会出于个人理性主义而盲目投资，构建自己的"经理人帝国"（赵洁，2017）。内部控制的监督职能能够制约和监督管理层权利，降低因自身利益而进行的无效率扩张，同时内部控制能提高信息透明度，在一定程度上约束大股东的利益输送和资金占用行为，从而保证挖掘式创新战略实施的高效性。这样管理层因个人理性主义而盲目投资的可能性减少，为挖掘式创新战略的实施提供了一个良好的内部控制环境。所以，在良好的内部控制环境下，董事会推动实施挖掘式创新战略的代理成本降低，战略实施的可行性增强。最后，从内部控制的设计和实施成本来看，企业引入内部控制需要支付高额的设计成本，并且在内部控制的实施过程中也需要执行成本（Leuz，2007），如果企业通过寻求新的模式进行创新发展，那么可能会为其带来的高风险而重新制定内部控制制度，进而增加企业的成本。所以在企业中，如果内部控制制度能够与现有的模式完美的契合，那么董事会出于成本和风险的考量可能会促使企业选择挖掘式创新战略。

2. 内部控制与探索式创新战略。探索式创新战略能够带动企业未来的发展，但战略实施期长、风险性大是其弊端，企业管理层可能会出于短期绩效和自身业绩评价的考虑不愿采用探索式创新战略，从而出现管理层短视和机会主义行为。而内部控制能够通过对管理活动进行控制和监督来抑制管理机会主义风险，同时企业拥有良好的内部控制能进一步降低实施探索式创新战略的风险和成本，所以能够促进风险中立的董事会选择探索式创新战略。具体而言，首先，内部控制能够在一定程度上约束管理层的自由裁量权，通过不相容职务分离控制、授权审批控制等控制措施来限制管理层的权限范围，从而抑制管理层短视和机会主义行为（时现等，2016），进而为探索式创新战略的实施创造有利的内部环境。其次，从内部控制风险评估角度来看，内部控制的本质就是企业的一种风险控制机制。李连华（2007）认为内部控制有一个共同的目标指向——降低各种风险给企业带来的损失。所以当企业拥有良好的内部控制时，能够有效地识别、评估、应对和控制采用新模式进创新发展所带来的风险，进而对风险持谨慎态度的董事会更愿意促使企业选择有利于长期发展的探索式创新战略。再次，探索式创新战略实施难度较大，会在一定程度上增加企业的复杂性和不确定性，所以实施探索式创新战略进行发展需要各个生产管理部门互相协作。但是，即便董事会积极地投入到战略实施过程中，在一定程度上也无法保证各个部门之间能高效地协作运转。而内部控制五要素中其中一个就是沟通与交流，能够保证信息在企业不同层级和不同部门之间的上传下达（周中胜，2016），同时也能够通过对各个部门的激励和监督，保证企业内部各个环节实施探索式创新战略的高效性，进而降低其实施成本，增加其实施成功的可能性。所以在内部控制良好的企业中，董事会更有能力去促使企业选择探索式创新战略。最后，企业良好的内部控制能向外界传递正向的信息，使得投资者更愿意关注企业未来发展，为企业投入一定的外部资源。同时，周中胜（2016）也实证检验了当企业拥有良好的内部控制时，能在一定程度上缓解融资约束，为企业的发展获取更多的资金。所以企业拥有良好的内部控制，企业可能会有充足的外部资源和资金流，能够缓解探索式创新战略带来的资金占用大的问题，进而董事会更有意愿促使企业采用有利于长期发展的探索式创新战略。基于以上分析，提出以下假设：

H3：在其他条件不变的情况下，企业内部控制对董事会行为与挖掘式创新战略的关系起到正向调节作用。

H4：在其他条件不变的情况下，企业内部控制对董事会行为与探索式创新战略的关系起到正向调节作用。

三、研究设计

（一）样本和数据

选取 2007—2016 年全部沪深 A 股上市公司作为研究对象，对样本的筛选基于以下原则：（1）剔除保险、金融行业的上市公司；（2）剔除 ST 企业；（3）剔除样本数据有缺失的上市公司。样本的数据来源于 CSMAR、Wind 和迪博数据库，对主要变量进行了 1% 上下的缩尾调整（winsorize）以避免异常值对数据的影响，最后共得到 2732 个样本。运用 EXCEL2007 和 STATA13 进行统计分析。

（二）模型设定与变量定义

1. 模型设定。设立以下的回归模型对假设进行检验：

$$\begin{aligned}EXPLOIT_{i,t}/EXPLORE_{i,t} = {} & \beta_0 + \beta_1 BOARD_{i,t} + \beta_2 IC_{i,t} + \beta_3 IC_{i,t} \times BOARD_{i,t} + \beta_4 SIZE_{i,t} \\ & + \beta_5 Z_{i,t} + \beta_6 ROA_{i,t-1} + \beta_7 LEV_{i,t} + \beta_8 TIME_{i,t} + \beta_9 GROWTH_{i,t} \\ & + \beta_{10} STATE_{i,t} + \beta_{11} DUAL_{i,t} + \beta_{12} MARKET_{i,t} + \beta_{13} ICI_{i,t} \\ & + \beta_{14} SALARY_{i,t} + \beta_{15} BIG4_{i,t} + \beta_{16} Q_{i,t} + \beta_{17} YEAR \\ & + \beta_{18} INDUSTRY + \varepsilon\end{aligned}$$

2. 变量定义。EXPLOIT 表示挖掘式创新战略，EXPLORE 表示探索式创新战略。借鉴毕晓方（2017）的研究，对于 EXPLOIT 采用研发支出资本化来替代，具体采用开发资本化与总资产的比值。对于 EXPLORE 采用研发支出费用化来替代，具体采用研究费用化与总资产的比值。针对这两个变量也有学者采用与营业收入的比值进行标准化，我们将采用这种方法进行稳健性检验。

IC 表示内部控制，采用迪博内部控制指数进行衡量。

BOARD 表示董事会行为，采用因子分析法进行处理，变量的衡量主要借鉴白重恩（2005）和林钟高（2016）的做法，选取了独立董事比例、董事会的规模、前十大股东持股比例、董事会会议次数、董事薪酬、第一大股东持股比例六个指标进行因子分析（表 5－1）。董事会行为数值越大，表明便越积极。

表 5－1　　董事会变量定义表

变量名	符号	变量定义
独立董事比例	IND	样本公司独立董事的人数与董事会总人数的比例
前十大股东持股比例	TOP10	样本公司前十名股东持股比例的平方和
董事会的规模	SIZE	样本公司董事会总人数
董事会会议次数	MEET	样本公司召开的董事会会议次数
董事薪酬	INCOME	样本公司前三名董事薪酬总额的对数
第一大股东持股比例	TOP1	样本公司第一大股东持股比例

表 5－2 是董事会行为变量的相关性分析表，从表中可以看出，相关性比较大的有

TOP1 和 TOP10（0.541）、SIZE 和 IND（-0.426）。相关性较弱的有 MEET 和 TOP10（0.004）、TOP1 和 INCOME（-0.022）。从此六个变量中分离出彼此不相关但尽可能包含其他变量信息的公共因子，然后用这些因子得分来表示董事会行为。

表 5-2　董事会相关性分析

变量	IND	TOP10	SIZE	MEET	INCOME	TOP1
IND	1.000	0.028	-0.426	0.053	-0.041	0.036
TOP10	0.028	1.000	0.037	0.004	0.086	0.541
SIZE	-0.426	0.037	1.000	0.006	0.141	0.031
MEET	0.053	0.004	0.006	1.000	0.177	-0.053
INCOME	-0.041	0.086	0.141	0.177	1.000	-0.022
TOP1	0.036	0.541	0.031	-0.053	-0.022	1.000

表 5-3 是通过主成分法提取出初等因子载荷矩阵然后通过方差最大化正交旋转后得到的因子方差贡献。具体计算通过表 5-4，其中 GE 表示董事会行为指标，G1、G2、G3、G4 表示前四个主成分。

表 5-3　总方差分析

元件	起始特征值			提取平方和载入			循环平方和载入		
	总计	变异%	累加 %	总计	变异%	累加 %	总计	变异 %	累加 %
1	1.553	25.882	25.882	1.553	25.882	25.882	1.546	25.762	25.762
2	1.461	24.356	50.238	1.461	24.356	50.238	1.427	23.782	49.544
3	1.179	19.651	69.890	1.179	19.651	69.890	1.019	16.975	66.519
4	0.801	13.348	83.238	0.801	13.348	83.238	1.003	16.718	83.238
5	0.559	9.323	92.561						
6	0.446	7.439	100.000						

注：按照主体元件分析法进行提取。

$$GE = (0.25882 \times G1 + 0.24356 \times G2 + 0.19651 \times G3 + 0.13348 \times G4) / 0.83238$$

表 5-4　因子得分系数矩阵

变量	元件			
	1	2	3	4
IND	0.032	-0.610	0.132	0.004
TOP10	0.564	-0.007	0.071	0.023
SIZE	0.035	0.579	0.058	0.035
MEET	0.012	0.018	-0.101	1.012
INCOME	-0.023	-0.046	0.992	-0.097
TOP1	0.573	0.010	-0.106	-0.002

根据（曹兴，2017；毕晓方，2017）的研究，我们在模型中加入如下控制变量：企业

规模（SIZE）、股权制衡度（Z）、总资产利润率（ROA）、资产负债率（LEV）、上市年限（TIME）、成长能力（GROWTH）、产权性质（STATE）、两职合一（DUAL）、市场化程度（MARKET）、行业景气指数（ICI）、高管薪酬（SALARY）、四大会计师事务所（BIG4）、企业价值（Q）、年份（YEAR）、行业（INDUSTRY）。具体的变量定义见表5-5。

表5-5　　变量定义表

变量名	符号	变量定义
挖掘式创新战略	EXPLOIT	企业开发资本化支出/总资产
探索式创新战略	EXPLORE	企业研究费用化支出/总资产
董事会行为	BOARD	选取和董事会行为有关的变量进行因子分析
内部控制	IC	迪博内部控制指数/100
企业规模	SIZE	企业期末总资产的对数
股权制衡	Z	Z指数
总资产利润率	ROA	滞后一期的总资产利润率
资产负债率	LEV	期末负债总额/期末资产总额
上市年限	TIME	企业上市的年数
成长能力	GROWTH	营业收入增长率=营业收入/总资产
产权性质	STATE	虚拟变量，公司为国有企业为1，否则为0
两职合一	DUAL	虚拟变量，董事长与总经理兼任为1，否则为0
市场化程度	MARKET	采用樊纲的市场化总指数
行业景气指数	ICI	采用国务院发展研究中心行业景气检测平台披露的行业景气检测数据
高管薪酬	SALARY	采用公司前三名高管薪酬的自然对数
四大会计师事务所	BIG4	虚拟变量，如果企业聘请四大会计师事务所进行审计为1，否则为0
企业价值	Q	企业托宾Q值
年份	YEAR	年份虚拟变量
行业	INDUSTRY	行业虚拟变量

四、回归结果及其实证分析

（一）描述性统计

表5-6显示，挖掘式创新战略（EXPLOIT）最大值为0.28，最小值为0，标准差为0.01，探索式创新战略（EXPLORE）最大值为0.27，最小值为0，标准差为0.02。董事会行为（BOARD）最大值为2.66，最小值为-1.85，标准差为0.97，内部控制（IC）最大值为8.49，最小值为3.39，标准差为0.74，表明企业间的董事会行为和内控指数存在着明显的差异。与此同时，在表5-2中也列示了部分控制变量的统计性描述结果。同时对变量进行VIF检验，发现模型的方差膨胀因子均小于10，不存在多重共线性的问题。

表 5-6 主要变量描述性统计分析

变量	平均值	标准差	最小值	50%	最大值
EXPLOIT	0	0.010	0	0	0.280
EXPLORE	0.010	0.020	0	0.010	0.270
BOARD	0.210	0.970	-1.850	0.220	2.660
IC	6.640	0.740	3.390	6.730	8.490
SIZE	22.36	1.260	19.68	22.20	26.06
Z	12.93	21.35	1.010	4.820	129.9
ROA	0.050	0.050	-0.130	0.040	0.220
LEV	0.450	0.210	0.060	0.450	0.890
TIME	11.43	6.600	1	12	26
GROWTH	0.160	0.490	-0.540	0.080	3.940
STATE	0.460	0.500	0	0	1
DUAL	0.210	0.410	0	0	1
MARKET	7.910	1.780	-0.300	8.370	9.950
ICI	103.6	0.380	103.2	103.5	104.1
SALARY	14.260	0.690	11.490	14.250	17.35
BIG4	0.060	0.240	0	0	1
Q	2.170	4.920	0.090	1.490	232.6

（二）相关性分析

表 5-7 显示了主要变量的 Pearson 相关系数的检验。通过变量间的相关性分析我们发现挖掘式创新战略（EXPLOIT）和探索式创新战略（EXPLORE）负相关，说明二者之间可能存在着替代关系。董事会行为（BOARD）与挖掘式创新战略（EXPLOIT）显著正相关，与探索式创新战略（EXPLORE）显著负相关，表明董事会行为对创新战略选择存在着密切的关系。内部控制（IC）与挖掘式创新战略（EXPLOIT）显著正相关，表明内控对战略的选择有着正向的作用。

（三）多元回归分析

表 5-8 给出了董事会行为对企业战略选择的影响及其内部控制在其中的调节作用的回归结果。表 5-8 第（1）列和第（3）列显示了董事会行为与创新战略选择的回归结果，其中第（1）列是董事会行为与挖掘式创新战略的回归结果，第（3）列是董事会行为与探索式创新战略的回归结果。从第（1）列的回归结果可以看出董事会行为（BOARD）与挖掘式创新战略（EXPLOIT）在 1% 的显著性水平下正相关，表明董事会行为表现得越积极，企业越可能选择挖掘式创新战略，假设 1 得到验证。从第（3）列的回归结果可以看出董事会行为（BOARD）与探索式创新战略（EXPLORE）在 5% 的显著性水平下负相关，表明董事会行为表现得越积极，企业越不会选择探索式创新战略，假设 2

表 5-7 主要变量相关性分析

	EXPLOIT	EXPLORE	BOARD	IC	SIZE	Z	ROA	LEV	TIME	GROWTH	STATE	DUAL	Market	ICI	Salary	BIG4	Q
EXPLOIT	1																
EXPLORE	-0.010	1															
BOARD	0.075***	-0.042**	1														
IC	0.035*	-0.022	0.177***	1													
SIZE	0.011	-0.015	0.299***	0.235***	1												
Z	-0.004	-0.006	0.214***	-0.019	0.061***	1											
ROA	0.047**	-0.003	0.147***	0.196***	-0.056***	-0.074***	1										
LEV	-0.031*	0.009	-0.002	-0.022	0.515***	0.091***	-0.397***	1									
TIME	-0.018	-0.016	-0.209***	-0.053***	0.242***	0.169***	-0.190***	0.314***	1								
GROWTH	0.005	-0.006	0.054***	0.153***	0.049***	-0.047**	-0.054***	0.036*	-0.002	1							
STATE	0.032*	-0.015	0.125***	0.046**	0.302***	0.224***	-0.136***	0.235***	0.422***	-0.090***	1						
DUAL	-0.028	0.008	-0.032*	-0.020	-0.126***	-0.078***	0.049***	-0.084***	-0.188***	0.025	-0.254***	1					
Market	-0.034*	-0.011	-0.018	-0.039**	-0.022	-0.006	-0.002	-0.012	-0.036*	-0.004	-0.036*	0.007	1				
ICI	-0.005	0.027	-0.129***	-0.017	-0.144***	-0.064***	0.013	-0.056***	0.011	0.010	-0.127***	0.081***	-0.145***	1			
Salary	0.005	-0.037**	0.038**	0.015	0.018	-0.017	0.029	-0.018	-0.032*	0.011	0.006	0.006	0.200***	-0.135***	1		
Big4	-0.007	0.008	-0.007	-0.012	0.005	-0.005	-0.008	-0.004	-0.024	0.024	0.006	-0.013	0.073***	-0.025	0.210***	1	
Q	-0.007	-0.028	-0.004	-0.029	0.017	0.008	-0.018	0.020	0.021	-0.002	0.033*	-0.022	0.011	-0.077***	-0.076***	-0.054***	1

注：***、**、*分别表示在1%、5%、10%的水平下显著。

没有得到验证。表5－8第（2）列和第（4）列显示了内部控制作用下董事会行为与企业创新战略选择的回归结果，其中第（2）列是内部控制（IC）与董事会行为（BOARD）交乘对挖掘式创新战略（EXPLOIT）的回归结果，第（4）列是内部控制（IC）和董事会行为（BOARD）交乘对探索式创新战略（EXPLORE）的回归结果。从第（2）列的回归结果可以看出内部控制和董事会行为的交乘项（IC×BOARD）与挖掘式创新战略（EXPLOIT）在10%的显著性水平下正相关，表明内部控制做得越好，董事会行为表现得积极的企业越可能挖掘式创新战略，假设3得到验证，表明内部控制对于董事会的挖掘式创新战略选择具有正向调节作用。从第（4）列的回归结果可以看出内部控制和董事会行为的交乘项（IC×BOARD）与探索式创新战略（EXPLORE）不显著，假设4没有得到验证，表明内部控制对于董事会行为与探索式创新战略选择的关系没有显著的影响。

表5－8　　董事会行为对企业战略选择的影响及其内部控制的调节作用

变量	(1) EXPLOIT	(2) EXPLOIT	(3) EXPLORE	(4) EXPLORE
BOARD	0.0009*** (3.87)	－0.00134 (－1.01)	－0.0011** (－2.06)	－0.0025 (－1.09)
IC		0.0000 (0.69)		－0.0000 (－1.42)
IC×BOARD		0.0003* (1.67)		0.0002 (0.66)
SIZE	－0.0001 (－0.61)	－0.0002 (－0.89)	0.0001 (0.16)	－0.0000 (－0.06)
Z	－0.0000* (－1.68)	－0.0000 (－1.58)	0.0000 (0.04)	－0.0000 (－0.21)
ROA	0.0076** (2.02)	0.0072* (1.90)	－0.0005 (－0.05)	0.0001 (0.01)
LEV	－0.0006 (－0.56)	－0.0005 (－0.50)	0.0011 (0.48)	－0.0004 (－0.24)
TIME	0.0000 (0.10)	0.0000 (0.07)	－0.0001 (－0.79)	－0.0000 (－0.67)
GROWTH	0.0002 (0.43)	0.0001 (0.29)	－0.0001 (－0.11)	0.0003 (0.56)
STATE	0.0008 (1.30)	0.0008 (1.31)	－0.0003 (－0.30)	－0.0003 (－0.40)
DUAL	－0.0006 (－1.55)	－0.0007 (－1.58)	0.0005 (0.44)	0.0001 (0.22)
MARKET	－0.0002 (－1.37)	－0.0002 (－1.34)	－0.0000 (－0.09)	－0.0002 (－1.43)

续表

变量	(1) EXPLOIT	(2) EXPLOIT	(3) EXPLORE	(4) EXPLORE
ICI	-0.0001 (-0.12)	-0.0001 (-0.10)	0.0009 (0.74)	0.0004 (0.62)
SALARY	0.0001 (0.27)	0.0001 (0.30)	-0.0011** (-2.04)	-0.0007* (-1.93)
BIG4	-0.0003 (-0.41)	-0.0003 (-0.41)	0.0015 (0.63)	0.0000 (0.02)
Q	-0.0000 (-0.78)	-0.0000 (-0.71)	-0.0001 (-1.58)	-0.0001* (-1.67)
Cons	0.0133 (0.20)	0.0116 (0.17)	-0.0622 (-0.49)	-0.0155 (-0.21)
YEAR/INDUSTRY	YES	YES	YES	YES
N	2732	2732	2732	2732
R - squared	0.015	0.016	0.013	0.019

注：***、**、*分别表示在1%、5%、10%的水平下显著。已对回归方程中的异方差问题进行了检验和处理，括号内的T值经过异方差稳健修正。下表同。

产生上述结果的原因可能有：第一，目前在我国的大环境下，创新力度整体仍然不足，国家对专利技术的保护仍在发展完善，采取探索式创新战略可能会投入较高的成本，承担较大的风险。董事会作为风险中立者，自然不会轻易冒险选择探索式创新战略。第二，研究数据来源主要是上市公司，股价是上市公司重要的价值体现。而中国股票市场存在着一定投机行为，人们更关注于企业的短期利润波动，如果企业采用探索式创新战略可能会因为其资金占用量大、回收期长而使得短期内利润下滑，向市场传递不好的信号，进而影响股价。董事会作为股东的代理人，有稳定股价，保证企业平稳健康运行的责任，所以在选择创新战略时，董事会可能更倾向于使企业选择确定性更高的挖掘式创新战略。第三，我国引入内部控制时间不长，并且从2012年开始才进入强制披露阶段，内部控制对于创新战略风险的识别和应对仍然需要完善，所以企业即便有良好的内部控制，董事会也会谨慎考虑探索式创新战略。同时采用探索式创新战略需要考虑新的环境，制定新的内部控制制度来应对其带来的风险，会加大企业的成本，所以当企业内部控制制度表现良好时，董事会出于对成本收益原则的考量，会更愿意使企业继续按照现有的模式进行创新发展。

（四）内生性检验

董事会行为与创新战略选择之间可能存在互为因果的关系。即董事会作为战略决策的主体，其行为会对企业的创新战略选择产生影响。同时企业创新战略选择也会对董事会行为产生一定的影响，因为无论企业做出何种创新战略选择，董事会都需要根据不同的战略来适时调整自己的行为。为了处理可能存在的内生问题，我们采用二阶段回归对可能存在的内生问题进行稳健性测试，选用后滞一期的董事会行为作为工具变量，因为未来的行为对当期的战略决策选择没有影响。建立第一阶段的回归模型，如下公式所示：

$$BOARD_{i,t} = \beta_0 + \beta_1 BOARD_{i,t+1} + \beta_2 Control + \varepsilon$$

从表 5－9 可以看出，从工具变量的解释力来说，Shea Partial R2 的数值很高，达到了 0.5270，F 值为 1782.4，可以拒绝“工具变量没有解释力”的原假设，“弱工具变量”的问题在检验中并不严重。同时我们发现表 5－9 中的回归结果与主检验的回归结果基本一致，因此“互为因果”导致的内生性问题对主检验的回归分析结果并没有产生较大的影响。

表 5－9　　处理内生问题的稳健性检验结果

解释变量	第一阶段	第二阶段	
	被解释变量		
	$BOARD_{i,t}$	EXPLOIT	EXPLORE
$BOARD_{i,t+1}$	0.7266*** (47.59)		
$BOARD_{i,t}$		0.0014*** (2.83)	-0.0021** (-2.36)
SIZE	0.0730*** (5.50)	-0.0003 (-1.21)	0.0008 (1.55)
Z	0.0021*** (3.28)	-0.0000* (-1.69)	0.0000 (0.78)
ROA	0.3331 (1.13)	0.0098** (2.00)	-0.0112 (-0.94)
LEV	-0.2015** (-2.37)	0.0006 (0.51)	0.0017 (0.62)
TIME	-0.0036 (-1.46)	-0.0000 (-0.15)	-0.0001 (-1.02)
GROWTH	0.1431*** (5.40)	-0.0001 (-0.16)	0.0000 (0.03)
STATE	0.0936*** (3.06)	0.0006 (0.69)	-0.0007 (-0.60)
DUAL	0.0023 (0.07)	-0.0006 (-1.08)	0.0008 (0.60)
MARKET	0.0002 (0.03)	-0.0003 (-1.44)	-0.0001 (-0.19)
ICI	-0.0534 (-1.58)	-0.0001 (-0.11)	0.0010 (0.69)
SALARY	0.0075 (0.39)	0.0000 (0.12)	-0.0009 (-1.30)

续表

解释变量	第一阶段	第二阶段	
	被解释变量		
	$BOARD_{i,t}$	EXPLOIT	EXPLORE
BIG4	-0.0341 (-0.65)	-0.0006 (-0.71)	0.0047 (1.47)
Q	-0.0004 (-0.17)	-0.0000 (-0.89)	-0.0001 (-1.62)
Cons	3.6840 (1.03)	0.0191 (0.23)	-0.0907 (-0.62)
YEAR/ INDUSTRY	YES	YES	YES
N	2732	2732	2732
R - squared	0.676	0.018	0.020
Shea Partial R2 = 0.5270, F = 1782.4			

（五）稳健性测试

为了保证回归结果的可靠性，我们进行了以下稳健性测试。（1）被解释变量的替换。对挖掘式创新战略（EXPLOIT）采用开发资本化与营业收入的比值来进行替换。对探索式创新战略（EXPLORE）采用研究费用化与营业收入的比值进行替换。实证结果发现，董事会行为（BOARD）与挖掘式创新战略（EXPLOIT）在1%的显著性水平下正相关，与探索式创新战略（EXPLORE）在1%的显著性水平下负相关，表明董事会行为表现得越积极，企业越可能选择挖掘式创新战略，证明了假设1。同时引入内部控制后的实证结果发现，内部控制和董事会行为的交乘项（IC × BOARD）与挖掘式创新战略（EXPLOIT）在1%的显著性水平下正相关，而内部控制（IC）和内部控制和董事会行为的交乘项（IC × BOARD）与探索式创新战略（EXPLORE）不存在显著的相关性，证明了假设3。稳健性检验结果与主检验结果一致，回归结果是稳健的。（2）2012年1月1日开始在上交所、深交所主板上市的公司执行《内部控制配套指引》，强制企业披露内部控制缺陷，并聘请中介机构对内部控制有效性进行审计。考虑到2012年以后企业内部控制信息披露的更加全面和客观，我们剔除2007—2011年的数据重新回归，结果没有实质性变化。

第二节　内部控制、多元化经营与超额现金持有

多元化与归一化，作为企业发展战略的两种不同选择，历来受到理论界和实务界的高度重视，理论争议也从未停歇过。本节不过多考虑这些争议，而是将多元化视为具有信号传递价值的一种企业发展战略模式，首次将多元化和超额现金持有同时视为组织间的信任

模式，以2007—2016年我国A股上市公司为研究对象，尝试将公司治理特征和企业财务特征关联起来，考察内控质量与多元化经营对公司超额现金持有水平的影响，探索内部控制在多元化经营与超额现金持有关系中的独到作用。研究发现，高质量的内部控制显著抑制了企业的超额现金持有水平和多元化经营程度；由于内部控制对多元化经营的显著抑制效应，多元化经营与超额现金持有水平之间呈现了显著的正相关关系。进一步区分相关多元化与非相关多元化后研究发现，内部控制可以显著地抑制上市公司的非相关多元化经营，而对相关多元化经营则没有显著的降低效应，由此非相关多元化经营与超额现金持有水平之间仍呈现显著的正相关关系，而相关多元化经营与超额现金持有水平之间则呈现负相关关系。研究表明高质量的内部控制在抑制上市公司盲目扩张、降低超额现金持有行为、从而缓解日趋严重的多元化代理问题具有重要的管控价值。

一、问题提出

现金作为企业运行的“血液”，其持有水平的确定是公司的一项重要财务决策。Keynes（1936）从宏观经济学（货币需求理论）的角度指出公司持有现金主要基于交易性、预防性和投机性等三种需求动机，Meltzer（1963）以及Miller和Orr等（1966）从静态权衡理论角度，研究认为企业现金持有水平受到现金短缺的边际成本等因素的影响，最优的现金持有量是平衡现金持有的成本与收益的结果。但是对现金持有的经验研究却比较晚，直到Opler et al.（1999）实证研究了企业现金持有行为的影响后，关于公司现金持有行为的经验研究才开始逐步兴起，并且国内外的研究文献更多的是从融资优序理论（信息不对称）和自由现金流量理论（代理成本）出发，研究对现金持有行为的影响。融资优序理论认为，为了降低因信息不对称而带来融资成本的增加，公司管理层会选择持有更多的现金；而自由现金流量理论则是从代理成本（股东和代理人之间）的角度出发，认为公司持有大量现金主要是出于经理人的利益（比如增加津贴、职务消费、经理人的职位、报酬等）而非股东的利益。自由现金流量与融资优序理论对公司持有现金行为动机的解释是完全相反的，并且无论是自由现金流量理论，还是融资优序理论，就内部控制对现金持有行为的影响均鲜有涉及。事实上，内部控制作为企业现金管理中最直接的制约机制，对于现金的使用和分配具有重要的监督与制约作用，是缓解二者矛盾冲突的重要途径。因此，深入考察内部控制与超额现金持有的关系，既提供了企业现金持有代理理论的新证据，也是对内部控制经济后果研究的一个补充。

与此同时，我国上市公司多元化经营的迅猛发展同样也吸引了研究者的关注，但是学者们的聚焦点大多集中在多元化经营的经济后果方面，关于多元化影响因素的经验研究则相对较少。一方面，截至目前，并没有文献研究内部控制对上市公司多元化经营行为的影响。多元化经营的形成是一个漫长而复杂的过程，会涉及是否进行多元化经营的决策、如何筹措资金、如何进入其他领域、如何协调企业内部之间的管理等一系列问题。内部控制作为企业重要的内部治理机制，它与企业经营活动相互交织，使企业的经营依循既定的目标前进，使企业的经营活动达到预期效果，并监督企业经营活动的持续进行（吴水澎等，2000），因而内部控制会在多元化经营的决策过程中产生什么样的作用——究竟是抑制还是提高多元化经营程度是一个值得思考和研究的问题。另一方面，现金持有水平的决策价值和近年来屡战屡败的多元化现实，尤其是企业对多元化情有独钟和难以割舍的冲动情怀，使得对二者关系的研究成为公司投融资决策的现实需要，尽管目前关于多元化经营对企业现金持有的影响已经积累了较多的经验证据（Duchin，2010；Subramaniam et al.，2011；陈立泰和徐静，2012；杨兴全和曾春华，2012；王福胜和宋海旭，2012；林晓辉和吴世农，2008；邓新明，2011 等），但是这些文献并没有考虑多元化经营的相关性、多元化的内生问题以及这些问题对超额现金持有的可能影响。本节在考虑多元化的内生性以及相关性基础上，拓展和深化了多元化对超额现金持有的影响。

鉴于以上分析，本节尝试将公司治理特征和公司财务特征联系起来，探析内部控制质量和公司多元化经营对公司超额现金持有行为的交互影响。可能的贡献在于：（1）进一步丰富了有关现金持有行为研究的文献。现金持有行为的现有文献大多不涉及超额现金持有，而且主要围绕现金持有的价值（持有现金的经济后果）进行研究，较少关注超额现金持有的影响因素和行为动机，本节的研究弥补了这方面文献的缺失，为现金持有行为研究范围的拓展提供有益视角；（2）拓展了内部控制经济后果的研究领域。多元化与现金持有量作为企业决策的重要内容，是企业经营战略的重要组成，以往的研究更多的是从外部特征及其制度环境着手，本节则首次从内部控制的视角展开研究，揭示了建立健全内部控制的必要性与重要性——通过抑制盲目多元化扩张，提高多元化经营效率，降低多元化的代理问题，这既呼应了内部控制战略目标的落地需要，又拓展了内部控制经济后果的研究领域；（3）比较合理地解决了多元化和现金持有研究中的内生性问题。多元化和现金持有都是企业的重要决策行为，但是在以往的研究中均忽视了内生性的影响，因而研究结论有失偏颇。本节尝试将上市公司的多元化经营行为区分为相关和不相关的多元化，在此基础上研究内部治理机制中的内部控制机制对多元化经营行为的影响，以及在内部控制影响多元化经营行为的过程中，上市公司的超额现金持有水平会产生什么样的变化，既丰富了多元化经营的影响因素以及经济后果（对现金持有行为的影响）的文献，而且通过二阶段回归模型比较合理地解决了多元化的内生性影响，使得研究结论比较切合实际，对企业多元化实践也有较好的指导价值。

二、理论分析与研究假设

（一）内部控制与超额现金持有

作为内部治理机制的一种，内部控制可以通过降低经营风险削弱持有现金的预防性动机；通过提高信息披露质量降低现金持有的收益。同时，作为降低代理成本的重要内部治理机制，内部控制对于管理者利用现金谋取私利、构建商业帝国等行为具有未雨绸缪、防患于未然的作用。因此可以预期内部控制对现金持有具有降低效果。

第一，从内部控制降低现金持有的预防性动机来看。按照 COSO 于 2004 年 9 月正式颁布的《企业风险管理——整合框架》中对内部控制的定义，内部控制所控制的对象和目的是预防和降低治理风险、经营风险和作业风险。谢志华（2007）认为，内部控制是以风险管理为起点的，虽然内部控制的层次从企业员工层面提升至管理层和治理层层面，内部控制的目的从最初的保障财物的安全性以及信息的真实性，延伸至保证经营效率乃至战略的正确性，但是风险管理和控制作为贯穿内部控制的核心主线一直未曾改变，内部控制就是控制风险的过程。现金流作为企业经营和投融资活动的宗旨和核心，“现金为王”集中反映了企业的经营管理效率与风险抵御能力，过高或者过低的现金流，要么导致现金闲置，失去风险与收益平衡理论的价值创造，要么造成企业支付困难，现金流的短缺甚至会影响公司的生存和发展。因此，内部控制作为企业一项重要的风险控制机制，有助于合理规划和控制现金流，提高企业现金持有的经营管理水平和风险防范能力，从而显著降低超额现金持有的预防性动机。

第二，从内部控制提高信息披露质量来看。信息不对称导致公司外部融资成本显著提高，带来了融资约束问题（Botosan，1997；Leuz 和 Verrecchia，2000），导致公司更倾向于积累过多现金（Myers 和 Majluf，1984），以免因融资约束问题而导致未来投资机会的流失。因此，除了正常的交易需求和预防性需求外，公司现金持有水平的确定在很大程度上取决于公司面临信息不对称问题。作为一种减少公司与外部投资者之间信息不对称的制度安排，从预测风险和流动性两个方面完善信息披露，有助于降低信息不对称程度，缓解融资约束，降低融资成本。已有研究指出，高质量的内部控制可以有效减少管理层的舞弊行为（周继军和张旺峰，2011），提高财务报告的可靠性，保证企业依法、公允、及时、准确地披露相关性较高的信息（Ashbaugh - Skaife et al.，2008；Chan et al.，2008；方春生等，2008；孙光国和莫冬燕，2012），从而有效提高上市公司的信息披露质量。Ashbaugh - Skaife et al.（2008）对内部控制缺陷及其修复对应计质量的影响研究认为，内部控制存在缺陷的企业，会计信息的噪声增加，管理层容易凌驾于内部控制干预会计信息的生成，降低了会计信息的可靠性，因此，内部控制存在缺陷的企业，其会计信息质量较低。但是，如果企业对内部控制缺陷进行了修复，而且外部审计师对于企业的内部控制缺陷修复给予肯定意见，那么应计质量会有所提高，因此，内部控制质量的改善和提高对会计信息质量具有提升作用。由于有效的内部控制有助于企业信息披露质量的提高，减轻管理层与外部投资者之间的信息不对称，在一定程度上缓解融资约束，降低企业的外部融资成本，融资成本的降低使得企业不必在内部积累过多的资金，现金只是一种企业内部留存收益与投资资本之间的缓冲物，现金持有量会有所降低。

第三，从内部控制降低代理成本来看。在中国目前的转型经济环境下，对外部投资者特别是中小股东的法律保护机制还不健全，大股东及其管理层对中小投资者利益侵害的现象极其严重（Jian 和 Wong，2010；Jiang et al.，2010），而公司持有的现金所具有的易侵占等特性使得通过超额持有现金成为大股东及其管理层对中小投资者利益侵害的重要渠道。首先，现金持有可以降低公司资金断裂、债务困境等流动性风险，使得厌恶风险的管理者的职位安全得到有效保障，降低了管理者个人的职业投资风险，满足了其对自身职业生涯的追求（Bertrand 和 Mullainathan，2003），为其在职消费与过度投资提供了重要机会，促进其商业帝国的构建（Harford et al.，2008）。其次，现金持有可以增强管理者投融资决策的灵活性，资金调度更为便利，减少或者规避外部资本市场的监督和控制（Bertrand 和 Mullainathan，2003）。最后，大股东也存在着流动性资产偏好以方便其进行资产转移等利己行为，以更多现金的形式持有公司资产更是增加了其资金占用的便利性，使其更容易获取控制权私有收益（Dittmar 和 Mahrt - Smith，2007），从而会导致公司的现金持有水平偏离应有水平。已有的研究指出，内部控制通过提高财务报告可靠性，降低经理人会计选择的机会主义行为，约束并限制经理人或大股东操纵会计信息以及各种利益侵占行为（Doyle et al.，2007；Ashbaugh - Skaife et al.，2008；魏明海等，2007，杨德明等，2009，杨玉凤等，2010 等），最终达到降低代理成本的效果。因此可以预期，具有降低代理成本作用的内部控制会限制上市公司持有超额的现金。综上所述，提出研究假设 1：

H1：高质量的内部控制可以显著地抑制超额现金持有。

（二）多元化经营与超额现金持有

根据 Opler et al.（1999）的研究，公司现金持有水平的确定取决于持有流动资产的边际成本和边际收益——持有现金的成本包括管理者自由裁量权产生的代理问题以及资本闲置的机会成本，持有现金的收益包括降低外部融资的交易成本、减轻外部资本市场的代理成本以及信息不对称问题。

首先，多元化经营能够降低现金持有的收益。多元化经营形成的内部资本市场，各业务间的相关性较小的投资机会和现金流量为资金的重新配置提供了条件，企业可以通过内部资本市场将资金从现金流充足而缺乏投资机会的分部转移至拥有良好投资机会但是现金流资源匮乏的分部，更好地满足资金需求，降低外部融资施加的约束与限制（Khanna 和 Palepu，1997；陈立泰和徐静，2012）；并且受益于多元化经营公司的较大规模，企业可通过出售非核心部门的资产获取低成本的资金（Subramaniam et al.，2011），降低外部融资成本，降低现金持有收益。

其次，多元化经营会提高现金持有的成本。多元化公司内部体系的过度投资、交叉补贴、寻租等提高代理成本的行为层出不穷，这些导致了内部资本配置效率的低下，提高了持有现金的成本。Stein（2001）指出，与专业化公司相比，多元化公司拥有更多的现金流可供支配，这极易诱发管理者的过度投资行为。除此之外，与专业化公司相比，多元化公司具有更为复杂层级之间的委托代理关系。Scharfstein 和 Stein（2000）研究指出，在多级委托代理框架下，由于代理链条的冗长和信息不对称程度的加重，降低了企业内部资本市场的资源配置效率，一方面多元化集团企业分部经理之间的委托代理关系，通过寻租行为提高其谈判能力并从高层经理那里得到更多的补偿；另一方面高层经理作为投资者的代理人，又会进一步给寻租的分部经理所负责的部门分配更多的资源，进而从投资者那里获取更多的补偿，形成典型的部门“交叉补贴”现象，寻租行为愈演愈烈。同时，由于信息不对称，各个分部的经理往往会尽其所能地利用其信息优势向总部索取过高的内部资本投入和报酬，这些必然会导致资源配置的无效率（Bernardo et al.，2006）。

Duchin（2010）对美国资本市场上的多元化经营与现金持有的研究发现，从 1990 年到 2006 年，美国多元化经营公司总资产中的 11.9% 以现金形式存在，而专业化经营公司持有的现金则至少达到其总资产的 20.9%，即多元化经营公司的现金持有水平大约仅为专业化经营公司的一半。究其原因，对于在不完美的资本市场中生存、发展的公司来说，很难及时筹措到充足的资金来满足稍纵即逝的未来投资机会，因此公司可能考虑通过持有、积累现金来满足未来的投资机会，然而将现在的现金用于以后的投资机会是有代价的——由于融资摩擦的存在，公司必须放弃现在的有价值的投资机会。当现在投资的边际利润等于未来投资机会的预期边际利润时，公司持有的现金达到最优水平，即最佳现金持有水平是投资机会的联合分布与现金流的函数。多元化经营能够影响公司整体的现金持有也正是由于多元化会对投资机会的联合分布、部门间的现金流产生影响——当各部门间的投资机会相关性较小时，多个部门同时拥有相同的多个投资机会的可能性会降低，这降低了现金持有的边际价值，从而降低了现金的预防性动机；类似的，当各部门间的现金流相关性较小时，多个部门同时面临现金流短缺冲击的可能性会降低，现金持有的边际价值和预防性动机会有所降低；最后，考虑投资机会和现金流对现金持有的联合影响，当现金流和投资机会之间的相关性较高时，内部产生的现金流即可为投资机会提供资金来源，不必持有过高的现金。Subramaniam et al.（2011）从“互补性成长”（complementary growth）、“资产出售”（asset sales）以及“势力成本或代理成本”（influence costs or agency costs）三个角度较为系统地分析了多元化经营降低现金持有的原因：（1）多元化经营的公司并不是各个部门的简单组合，各个部门之间是相互依存的关系，具有不同步、不相关的成长机会，因而可以利用某一个部门的现金为另一个部门的投资机会提供资金来源，即多元化公司部门层面的互补性、成长机会以及内部资本市场的有效性，降低了持有现金的边际收益。（2）资产出售作为低成本的融资渠道之一，如果公司拥有较多的廉价且容易变现的资产，那么便可以通过出售资产这种方式获取低成本的资金（Shleifer 和 Vishny，1992）。由于多元化公司规模远远大于专业化公司，并且拥有更多的非核心部门，因此多元化公司可以通过变卖非核心部门的资产来筹措资金，从而降低现金持有的边际收益，并且变卖资产这种内部资金来源不会招致外部融资的信息不对称问题。（3）多元化公司存在着比专业化公司更为严重的代理问题——部门经理存在着对公司整体资源的攫取倾向（Rajan et al.，2000），影响力、势力较大的部门可以获得更多的资源从而为过度投资问题的产生埋下隐患，这些代理问题的加剧提高了持有现金的边际成本。综上所述，提出研究假设 2。

H2：多元化经营可以显著地抑制超额现金持有。

（三）内部控制、多元化经营与超额现金持有

尽管实现企业战略已经成为内部控制的核心目标，但是在实施多元化这一战略的过程中，内部控制扮演着什么角色至今鲜有文献涉及。多元化经营战略的实施是一个较为漫长的过程，既需要充分的资源投入，也需要管理者能力、治理结构的匹配，在这个过程中，具有降低代理成本、保证运营效果、优化治理结构作用的内部控制必然会对多元化经营产生影响。

首先，从我国上市公司进行多元化经营的动机来看，高质量的内部控制会对多元化经营的不良动机产生抑制作用。尽管已有的研究指出公司进行多元化经营有多种动机，例如资源充分利用动机、协同效应与范围经济动机、市场势力动机以及管理者私利动机等。无论多元化经营是出于何种动机，都离不开管理者的决策。因此，可把充分利用剩余资源、获取协同效应以实现范围经济、提高市场地位与竞争优势等动机归于管理者的能力假说，而把谋取个人私利归于管理保护（机会主义）假说。刘志远等（2005）、张翼等（2005）、

艾健明和柯大钢（2007）、卢闯等（2011）针对我国企业多元化经营动机的研究均指出，我国上市公司的多元化经营更可能是代理问题的表现——控股股东通过多元化经营为其进行财富转移搭建渠道，实现关联公司互相担保、构建复杂的组织、降低信息透明度等旨在掏空上市公司的行为，即我国上市公司多元化经营的动机属于管理保护（机会主义）假说。基于此，具有约束、抑制管理层和大股东掏空上市公司行为作用的内部控制可能会降低上市公司的多元化经营程度。

其次，从我国上市公司进行多元化经营的不良经济后果来看，高质量的内部控制具有降低多元化经营程度负面效果的作用。多元化经营的效果与外部的市场环境和内部的公司治理背景息息相关（林晓辉和吴世农，2008）。我国作为新兴加转轨的经济体，具有法治环境不完善、公司治理机制不健全、制度环境不完备以及政府干预明显等特征，我国企业的多元化经营存在更为严重的代理问题——管理者机会主义行为、信息不对称问题、较高的内部协调成本以及内部资本市场失效等，我国上市公司的多元化经营行为严重损害了上市公司的经营绩效。姚俊等（2004）以我国593家上市公司为样本数据研究了多元化程度与经济绩效的关系，实证检验结果表明，我国企业的监管体制不完善、监管模式混杂，高度多元化不仅无法克服外部市场的低效率，反而带来了更严重的代理问题，抵消了多元化的优势——多元化并不能给股东带来投资收益，相反，多元化经营负面影响了资产的增值。韩忠雪等（2006）认为，我国多元化经营公司中普遍存在的“内部人控制”与大股东控制并存的股权格局产生了严重的代理问题，不仅使得多元化经营程度有所加剧，对公司绩效的损害程度也不言而喻。作为公司内部治理机制的内部控制，保证经营效果是其重要的目标，鉴于我国上市公司的多元化经营更有可能带来严重的代理问题，影响内部控制目标之经营效率的实现，因此可以合理预期高质量内部控制可以降低多元化经营程度。

再者，从内部控制的构成要素来看，高质量的内部控制会对多元化经营产生抑制作用。多元化经营作为一项管理层的综合决策成果，其在最初的设想、初步计划直至最后的付诸实施都离不开内部治理机制——内部控制的控制、约束和监督。（1）从内部控制的内部环境来说，高质量的、完善的内部控制机制应该保证组织内部的机构设置和权责分配合理、有效。由于多元化经营导致公司的业务涉及不同的产品、面向不同的市场，处理好不同客户的需求、了解潜在竞争者与现有竞争者、评估自身的战略并做出及时调整是多元化经营公司必须时刻面临的问题，为此多元化经营公司的机构设置需要适应公司规模和管理活动的需求，职能部门需要相应增加，代理链条因此变得更加冗长，这导致其机构设置的合理性难以得到有效保证。并且，已有的研究指出，多元化经营会导致企业总部在资源再配置时出现相对好的分部投资不足而对于差的分部却投资过度的低效率的跨部门“交叉补贴”等权责分配不合理现象（Shin 和 Stulz，1998；Rajan et al.，2000 等）。因此，从内部控制的内部环境来说，高质量的内部控制会抑制多元化经营程度。（2）从内部控制的风险评估和控制活动来说，高质量的内部控制机制能够及时识别、科学分析并评价影响内部控制目标实现的各种因素并采取控制策略、活动。由于多元化经营的公司不仅在单个业务层面存在失控的风险以及激励的降低，额外的层级还将阻碍信息的流动（张建君和李宏伟，2007），因此多元化经营的分散效应是有限的，风险分散效应的效果在很大程度上取决于多元化经营的跨度以及公司的经营管理能力。张翼等（2005）对多元化与风险关系的研究并没有发现多元化经营能够降低企业陷入财务困境的证据——在我国进行多元化经营不仅会降低经营绩效，而且还无助于经营风险的降低。现实中，许多企业的多元化扩张之路也为我们的研究提供了丰富的佐证，例如，1994 年主营空调业务的春兰集团迅速地开始了一系列的盲目多元化活动，由主营生产空调逐步转向汽车、摩托车、彩电、冰箱等行业，由于对新进入领域的风险缺乏足够的认识，并且缺少有效的风险应对策略，春兰不仅在新业务上毫无建树，而且还削弱了主业所具有的竞争优势，最终在竞争中被埋没。(3) 从内部控制的信息与沟通以及对控制的监督来说，高质量的内部控制机制需要及时、准确、完整地收集与经营管理相关的各种信息，使这些信息以合适的方式在有关层级之间进行及时、有效、合理地传递、沟通和应用，并通过连续性监督检查以及专项监督检查对其内部控制的健全性、合理性进行监督检查与有效评估，形成书面报告并做出相应处理。鉴于多元化经营会导致公司组织结构设置复杂化、代理链条冗长化、信息不对称严重化，而高质量的内部控制要求信息的传递、活动的监督具有及时性、有效性与合理性，因此完善的内部控制会抑制多元化经营程度。

综上所述，由于我国上市公司的多元化经营行为大多源于管理者追求一己私利的需要，其带来的经济后果大多是对公司绩效的损害，因而高质量的内部控制会抑制多元化经营程度。但是如果考虑多元化经营的相关性，内部控制可能会产生不同的影响。多元化具有相关多元化和不相关多元化之分，相关多元化经营是指新涉及的业务与原有业务在生产、技术、市场等方面存在着相互关联、具有“战略匹配关系”，例如以同一技术为核心发展多元化——利用制冷技术生产冰箱和空调；以同一市场为核心发展多元化——针对建筑企业用户生产多种建筑机械等。非相关多元化是指新拓展的业务与原有业务之间没有战略适应性、行业关联性的多元化行为。与不相关多元化经营相比，相关多元化经营是基于充分利用资源、实现协同效应与范围经济、增强市场势力动机的，并不会损害公司绩效（胡旭阳和史晋川，2008；林晓辉和吴世农，2008 等）。不同于非相关多元化大多通过收购、兼并等实现多元化战略，相关多元化则更多地通过内部发展方式实施，更强调也更容易实现各部门之间的相互协作，不用承担非相关多元化下的较高的兼并整合成本，其组织结构跨度也相对较小，透明度相对较高，信息的沟通与传递相对更有效率，因此高质量的内部控制会抑制非相关多元化经营，而对相关多元化经营没有显著的抑制作用。

虽然多元化经营对现金持有具有降低效应，但是内部控制却会对不同的多元化经营程度产生不同的影响——对非相关多元化经营程度具有显著的抑制作用，对相关多元化经营程度没有明显的降低作用，因此我们提出研究假设 3：

H3：高质量的内部控制可以显著降低多元化经营程度；由于高质量内部控制对多元化经营的显著抑制作用，多元化经营并不能降低超额现金持有，而是显著地提高超额现金持有。

H3a：高质量的内部控制可以显著降低非相关多元化经营程度；由于高质量内部控制对非相关多元化经营的显著抑制作用，非相关多元化经营并不能显著地降低超额现金持有，会显著地提高超额现金持有。

H3b：高质量的内部控制不能显著降低相关多元化经营程度；由于高质量内部控制对相关多元化经营不具有显著的抑制作用，相关多元化经营能够降低超额现金持有。

三、研究设计

（一）样本选择

选用2007—2016年沪深两市的A股上市公司为初选样本，剔除金融保险类上市公司、ST和PT类公司以及相关财务数据缺失的公司。公司的财务数据来源于Wind数据库和CSMAR数据库。为了避免极端值可能对实证结果产生的影响，对回归模型中所有的连续变量进行了上下1%的Winsorize缩尾处理。数据前期处理工具为EXCEL 2010，统计计量软件为STATA 11。

（二）模型设定与变量定义

为了检验内部控制（多元化）对超额现金持有的影响，我们设定研究模型（5-1）：

$$\begin{aligned} Absiaexcash_{it} = {} & \alpha_0 + \alpha_1 IChigh_{it}(Div_{it}) + \alpha_2 Tobinq_{it} + \alpha_3 Cf_{it} + \alpha_4 Nwc_{it} + \alpha_5 Bankdebt_{it} \\ & + \alpha_6 Debtstr_{it} + \alpha_7 Roe_{it} + \alpha_8 Size_{it} + \alpha_9 Lev_{it} + \alpha_{10} Shrl_{it} + \alpha_{11} Shr2\_10_{it} \\ & + \alpha_{12} Board_{it} + \alpha_{13} Mshare_{it} + \alpha_{14} Capex_{it} + \alpha_{15} Dividend_{it} + \alpha_{16} Tang_{it} \\ & + \alpha_{17} Soe_{it} + \alpha_{18} Mrkindex_{it} + \sum r_i Year_i + \sum r_i Ind_i + \varepsilon_{it} \end{aligned} \tag{5-1}$$

参考Dittmar、Mahrt - Smith and Servaes（2003）以及辛宇和徐莉萍（2006a，2006b）等人的研究，以t年末i公司现金及现金等价物/（t年末i公司总资产-t年末i公司现金及现金等价物）的自然对数计量t年末i公司现金持有水平（Cash）。为了剔除行业的影响，将上式计算出的第t年i公司的现金持有减去其所在行业当年现金持有水平的中位数，计算结果即为行业调整后的公司现金持有水平（Iacash）。借鉴辛宇和徐莉萍（2006a）的研究，以行业调整后的公司现金持有水平（Iacash）为因变量，通过基于财务特征的现金持有水平估计模型估计上市公司的正常现金持有水平①：

$$\begin{aligned} Iacash_{it} = {} & \theta_0 + \theta_1 Size_{i,t-1} + \theta_2 Lev_{i,t-1} + \theta_3 Turnover_{it} + \theta_4 Cf_{it} + \theta_5 Growth_{it} \\ & + \theta_6 Dividend_{it} + \theta_7 Efn_{it} + \varepsilon_{it} \end{aligned}$$

上述估计模型的残差（Iaexcash）的绝对值即为第t年i公司的超额现金持有水平（Absiaexcash），即上市公司实际现金持有水平与正常现金持有水平之间的差异或偏离程度。

根据已有的研究（韩忠雪和周婷婷，2011；王福胜和宋海旭，2012；陈立泰和徐静，2012），控制了公司财务特征（包括成长性Tobinq、现金比例Cf、现金替代物Nwc、银行债务Bankdebt、债务期限结构Debtstr、盈利能力Roe、公司规模Size、财务杠杆Lev、资本支出Capex、股利支付Dividend以及有形资产比例Tang）、公司治理（包括控股股东持股

① 超额现金持有估计模型中所采用的指标包括：公司规模Size，以年初总资产的自然对数计量；财务杠杆Lev，等于年初总负债除以年初总资产；总资产周转率Turnover，以年末销售收入净额与年末总资产均值的比值替代；资产现金流量回报率Cf，等于年末经营现金净流量除以年末总资产均值；成长率Crowth，用年末总资产减去年初总资产之后再除以年初总资产来衡量；是否支付股利Dividend，如果公司在当年的年度报告中宣布发放股利，取值为1，否则为0；融资需要虚拟变量Efn，如果公司在之后三年进行过配股或增发，取值为1，否则为0。

比例 Shr1、股权制衡度 Shr2_10、董事会规模 Board 以及高管持股比例 Mshare）以及产权性质 Soe 和市场化进程 Mrkindex 这些因素对超额现金持有的影响。另外，为了控制住年度效应和行业效应的影响，模型还加入了行业和年度虚拟变量。根据假设 1，预期内部控制 IChigh 的符号显著为负。根据假设 2，预期多元化经营 Div 的符号显著为负。

为了检验内部控制对多元化经营的影响，我们设定研究模型（5 -2）：

$$Div_{it} = \beta_0 + \beta_1 IChigh_{it} + \beta_2 Size_{it} + \beta_3 Lev_{it} + \beta_4 Tobinq_{it} + \beta_5 Oprisk_{it} + \beta_6 Liq_{it} + \beta_7 Mrkindex_{it} + \beta_8 Age_{it} + \beta_9 Soe_{it} + \sum r_i Year_i + \sum r_i Ind_i + \varepsilon_{it} \quad (5-2)$$

模型（5 -2）的被解释变量为多元化经营 Div，分别以虚拟变量 Divdum 以及赫芬达指数 HHI 计量是否多元化经营以及多元化经营的程度；进一步地，考虑多元化经营的相关性，我们将多元化经营分为相关多元化经营 DR 以及非相关多元化经营 DU。

（1）是否多元化经营虚拟变量（Divdum）。借鉴林晓辉和吴世农（2008）的研究，若上市公司经营项目所跨行业数目为 1，并且以行业大类（单字母加二位数字代码）计算的某类业务收入大于等于主营业务收入 90%，则取 Divdum 取值为 0，否则取值为 1。

（2）多元化经营程度赫芬达指数（HHI）。赫芬达尔指数 HHI = 1 - ∑Pi2，其中 Pi 为来源于 i 行业大类的收入占总收入的比重。多元化程度越高，赫芬达指数 HHI 就越高；当公司实施专业化经营时，该指数值为 0。

（3）相关与不相关多元化经营程度。借鉴林晓辉和吴世农（2008）［11］的研究，以下式计算相关多元化经营程度（DR）以及非相关多元化经营程度（DU）：

$$DR = \sum_{j=1}^{m} DR_j p_j, DR_j = \sum_{i \in 行业集j} (p_i/p_j)\ln(p_j/p_i)$$

$$DU = \sum_{j=1}^{m} p_j \ln(1/p_j)$$

其中，DR_j 为公司行业集 j 内部的多元化程度；m 为 n 个行业种类所属的行业集数目（n≥m）；p_j 为行业集 j 的收入之和在公司主营业务收入中的比重，以行业门类为准划分行业集，由于制造业公司占了上市公司总数的绝大多数，因此对于制造业以次类为准划分行业集。

控制变量中，根据姜付秀（2006）等人的研究，控制了财务特征（包括公司规模 Size、财务杠杆 Lev、成长性 Tobinq、经营风险 Oprisk、流动比率 Liq）、市场化进程 Mrkindex、上市年龄 Age、产权性质 Soe 以及年度 Year 和行业 Ind 这些因素对多元化经营的影响。根据研究假设 3，预期多元化经营虚拟变量（Divdum）以及赫芬达指数（HHI）的符号显著为负；根据假设 3a，预期非相关多元化经营（DU）的符号显著为负；根据假设 3b，预期相关多元化经营（DR）的符号不显著为负。

为了检验内部控制与多元化经营对超额现金持有的联合影响，我们采用两阶段回归，第一阶段的回归方程采用上述模型（5 -2），第二阶段的回归方程采用以下研究模型（5 -3）：

$$Absiaexcash_{it} = \gamma_0 + \gamma_1 IChigh_{it} + \gamma_2 Div_{it} + \gamma_3 Div_{it} \times IChigh_{it} + \gamma_4 Tobinq_{it} + \gamma_5 Cf_{it} + \gamma_6 Nwc_{it} + \gamma_7 Bankdebt_{it} + \gamma_8 Debtstr_{it} + \gamma_9 Roe_{it} + \gamma_{10} Size_{it} + \gamma_{11} Lev_{it} + \gamma_{12} Shr1_{it} + \gamma_{13} Shr2\_10_{it} + \gamma_{14} Board_{it} + \gamma_{15} Mshare_{it} + \gamma_{16} Capex_{it} + \gamma_{17} Dividend_{it} + \gamma_{18} Tang_{it} + \gamma_{19} Soe_{it} + \gamma_{20} Mrkindex_{it}$$

$$+ \sum r_i Year_i + \sum r_i Ind_i + \varepsilon_{it} \quad (5-3)$$

模型（3）是在模型（1）的基础上，增加了内部控制（IChigh）与多元化经营（Div）的交互项。根据研究假设3，预期内部控制与是否多元化经营虚拟变量交互项（IChigh × Divdum）以及内部控制与赫芬达指数交互项（IChigh × HHI）的符号显著为正；根据假设3a，预期内部控制与非相关多元化经营交互项（IChigh × DU）的符号显著为正；根据假设3b，预期内部控制与相关多元化经营交互项（IChigh × DR）的符号为负。

各变量的具体释义见表5－10。

表5－10　　变量释义

变量名称	变量符号	变　量　释　义
现金持有水平	Cash	年末现金及现金等价物/（年末总资产－年末现金及现金等价物）
行业调整现金持有水平	Iacash	年末现金持有水平－行业中位数
超额现金持有水平	Absiaexcash	现金持有水平估计模型的残差取绝对值
内部控制质量	IChigh	内部控制质量（IC）虚拟变量。以迪博·中国上市公司内部控制指数为内部控制质量原始数据，如果公司的内部控制指数大于总样本的75%分位数，取值为1，否则取值为0
多元化经营	Div	是否多元化经营Divdum、赫芬达尔指数HHI、相关多元化经营DR以及非相关多元化经营DU
成长性	Tobinq	年末托宾Q值，等于年末企业市场价值/重置成本
现金比率	Cf	（年末净利润＋年末折旧与摊销）/（年末总资产－年末现金及现金等价物）
现金替代物	Nwc	（年末营运资本－年末现金及现金等价物）/（年末总资产－年末现金及现金等价物）
银行债务	Bankdebt	（年末长期借款＋年末短期借款）/年末总负债
债务期限结构	Debtstr	年末流动负债/年末总负债
盈利能力	Roe	年末净利润/年末平均股东权益
公司规模	Size	年末总资产取自然对数
财务杠杆	Lev	年末总负债/年末总资产
控股股东持股比例	Shr1	年末第一大股东持股数/年末总股本
股权制衡度	Shr2_10	年末第二到十大股东持股数之和/年末总股本
董事会规模	Board	年末董事会人数取自然对数
高管持股比例	Mshare	年末高管持股数/年末总股本
资本支出	Capex	年末购建固定资产、无形资产和其他长期资产支付的现金/（年末总资产－年末现金及现金等价物）
股利支付	Dividend	当年年报宣布发放股利取值为1，否则为0
有形资产比例	Tang	年末固定资产净额/（年末总资产－年末现金及现金等价物）
产权性质	Soe	实际控制人为国有取值为1，否则取值为0

续表

变量名称	变量符号	变　量　释　义
市场化进程	Mrkindex	樊纲、王小鲁和朱恒鹏（2011）公布的市场化进程指数
经营风险	Oprisk	每股收益的波动性 = $\sqrt{[EPS_{i,t}-(\sum_{t=1}^{3}EPS_{i,t}/3)]^2+[EPS_{i,t-1}-(\sum_{t=1}^{3}EPS_{i,t}/3)]^2+[EPS_{i,t-2}-(\sum_{t=1}^{3}EPS_{i,t}/3)]^2}$
流动比率	Liq	年末流动资产/年末流动负债
上市年龄	Age	公司上市的年数取自然对数
行业变量	Ind	行业虚拟变量
年份变量	Year	年度虚拟变量

四、实证分析

（一）描述性统计

表5-11报告了主要变量的描述性统计，可以看出样本公司的现金持有（Cash）均值为0.2597，最小值为0.0008，而最大值达到12.2940，这说明不同的公司持有的现金存在较大的差异。超额现金持有计量模型的残差（Iaexcash）的均值接近于0，而超额现金持有（Absiaexcash）的均值为0.5924，与辛宇和徐莉萍（2006a）计算的0.602以及孙健（2008）的0.669相近，这表明说明现金冗余和现金不足的情况同时存在，另外我们注意到超额现金持有（Absiaexcash）的最小值和最大值分别为0和2.1415，差异较大，表明各公司实际现金持有水平偏离正常现金持有水平的程度存在显著差异。内部控制指数（IC）的均值为7.0236，最小值和最大值分别为0和9.9536，这表明我国内部控制的建设仍存在不足，处于较低水平，有很大的提升空间，并且不同的公司的内部控制建设存在明显的差异。多元化方面，多元化经营虚拟变量（Divdum）的均值为0.4605，这表明我国上市公司的多元化经营行为较为普遍，多元化经营的公司占样本的46.05%；赫芬达指数（HHI）均值分别为0.2416，最小值和最大值分别为0和0.8057，表明我国A股上市公司多元化经营程度存在较大差异。非相关多元化（DU）的均值与中位数分别为0.3788和0.2312，接近于林晓辉和吴世农（2008）计算的0.3871和0.2645，相关多元化（DR）的均值与中位数分别为0.0819和0.0482，与林晓辉和吴世农（2008）计算的0.0533和0相差无几，这表明我国上市公司的多元化经营行为大多为不相关的多元化，也表明了我们在研究多元化的影响因素与经济后果时考虑多元化经营的相关性是必要的。

表5-11　　变量描述性统计

变量名	样本量	均值	标准差	最小值	*Q1*	中位数	*Q3*	最大值
Cash	6497	0.2597	0.3608	0.0008	0.0982	0.1699	0.2999	12.2940
Iacash	6497	0.0796	0.3495	-0.4163	-0.0647	0.0000	0.1149	11.9391
Iaexcash	6497	0.0000	0.7690	-2.7870	-0.4426	0.0375	0.5050	2.7890

续表

变量名	样本量	均值	标准差	最小值	Q1	中位数	Q3	最大值
Absiaexcash	6497	0.5924	0.4660	0.0000	0.2308	0.4748	0.8454	2.1415
IC	6497	7.0236	0.8852	0.0000	6.7058	6.9728	7.2987	9.9536
IChigh	6497	0.2499	0.4330	0.0000	0.0000	0.0000	0.0000	1.0000
Divdum	6497	0.4605	0.4985	0.0000	0.0000	0.0000	1.0000	1.0000
HHI	6497	0.2416	0.2293	0.0000	0.0343	0.1572	0.4457	0.8057
DR	6497	0.0819	0.1810	0.0000	0.0104	0.0482	0.1126	1.6696
DU	6497	0.3788	0.4003	0.0000	0.0234	0.2312	0.6753	2.4704
Tobinq	6497	1.8903	1.2715	0.3699	1.1404	1.5127	2.1983	21.8956
Cf	6497	0.0694	0.1201	-0.6102	0.0097	0.0591	0.1197	1.3467
Nwc	6497	-0.0290	0.2551	-1.7304	-0.1810	-0.0278	0.1352	0.8482
Bankdebt	6497	0.3594	0.2422	0.0000	0.1553	0.3671	0.5399	1.0817
Debtstr	6497	0.8188	0.1918	0.0726	0.7165	0.8880	0.9735	1.0000
Roe	6497	0.1146	0.1958	-0.0623	0.0445	0.0883	0.1478	11.7512
Size	6497	21.9125	1.2544	18.1713	21.0250	21.7487	22.6271	28.4052
Lev	6497	0.4851	0.1940	0.0070	0.3434	0.4945	0.6340	1.0374
Shr1	6497	0.3707	0.1586	0.0219	0.2401	0.3539	0.4882	0.8941
Shr2_10	6497	0.1820	0.1245	0.0045	0.0773	0.1589	0.2660	0.6564
Board	6497	2.1924	0.2059	1.0986	2.0794	2.1972	2.1972	2.8903
Mshare	6497	0.0451	0.1310	0.0000	0.0000	0.0000	0.0010	0.7500
Capex	6497	0.0744	0.0700	0.0000	0.0231	0.0553	0.1046	0.6683
Dividend	6497	0.6855	0.4643	0.0000	0.0000	1.0000	1.0000	1.0000
Tang	6497	0.2537	0.1804	0.0000	0.1138	0.2182	0.3676	0.9709
Soe	6497	0.5985	0.4902	0.0000	0.0000	1.0000	1.0000	1.0000
Mrkindex	6497	8.8937	2.0630	0.3800	7.3901	9.0202	10.4203	11.8005
Oprisk	6497	0.2582	0.3213	0.0000	0.0734	0.1606	0.3225	5.3082
Liq	6497	1.9431	3.6656	0.0385	0.9747	1.3547	1.9876	10.9483
Age	6497	2.3633	0.4977	1.0986	2.0794	2.4849	2.7725	3.1780

（二）相关性分析

表5-12列示了主要变量之间的Pearson相关系数。在表中我们可以发现，是否多元化经营（Divdum）、赫芬达指数（HHI）、非相关多元化经营（DU）以及相关多元化经营（DR）两两之间的相关系数都较大，并且均在1%的水平上显著相关，这表明多元化经营指标之间的相关性较强，可以有效地衡量公司的多元化经营程度。内部控制（IChigh）与超额现金持有（Absiaexcash）的相关系数为-0.051，并且通过了1%显著性水平测试，初步验证了假设1：高质量的内部控制可以有效地抑制超额现金持有。多元化经营的四个代理变量与超额现金持有的相关系数均显著为负，并且至少通过了5%的显著性水平测试，初步验证了假设2：多元化经营可以有效地抑制超额现金持有。内部控制与多元化经营方面，内部控制（IChigh）与是否多元化经营（Divdum）、赫芬达指数（HHI）以及非相关

表 5 - 12　　　变量的相关性分析

	[1]	[2]	[3]	[4]	[5]	[6]	[7]	[8]	[9]	[10]	[11]	[12]	[13]	[14]	[15]	[16]	[17]	[18]	[19]	[20]	[21]	[22]	[23]
Absiaexcash [1]	1.000																						
IChigh [2]	-0.051a	1.000																					
Divdum [3]	-0.056a	-0.066a	1.000																				
HHI [4]	-0.064a	-0.107a	0.775a	1.000																			
DR [5]	-0.032b	-0.043	0.152a	0.042a	1.000																		
DU [6]	-0.050a	-0.011a	0.764a	0.903a	-0.143a	1.000																	
Tobinq [7]	0.000	-0.032b	-0.012	-0.005	-0.006	-0.042a	1.000																
Cf [8]	-0.028b	0.125a	-0.081a	-0.091a	0.024c	-0.099a	0.226a	1.000															
Nwc [9]	-0.032b	-0.046a	-0.053a	-0.069a	-0.080a	-0.068a	0.095a	-0.228a	1.000														
Bankdebt [10]	-0.033a	-0.066a	0.074a	0.099a	-0.050a	0.109a	-0.161a	-0.233a	-0.220a	1.000													
Debtstr [11]	-0.010	-0.081a	-0.026b	-0.045a	0.072a	-0.076a	0.205a	0.094a	-0.042a	-0.351a	1.000												
Roe [12]	-0.027b	0.353a	-0.062a	-0.051a	-0.008	-0.056a	0.216a	0.260a	0.015	-0.167a	0.028b	1.000											
Size [13]	-0.021c	0.501a	0.012	0.008	-0.028b	0.065a	-0.412a	-0.047a	-0.167a	0.092a	-0.378a	0.177a	1.000										
Lev [14]	-0.081a	0.083a	0.047a	0.058a	0.003	0.077a	-0.303a	-0.223a	-0.429a	0.337a	-0.195a	0.066a	0.415a	1.000									
Shr1 [15]	0.053a	0.146a	-0.035a	-0.057a	-0.018	-0.044a	-0.160a	0.036a	-0.007	-0.021c	-0.108a	0.116a	0.292a	0.064a	1.000								
Shr2_ 10 [16]	-0.017	0.069a	-0.135a	-0.107a	-0.011	-0.116a	0.043a	0.072a	0.098a	-0.075a	0.026b	0.162a	-0.051a	-0.134a	-0.374a	1.000							
Board [17]	-0.009	0.123a	-0.021c	-0.019	0.015	-0.006	-0.096a	0.062a	-0.148a	0.053a	-0.140a	0.051a	0.264a	0.107a	0.012	0.083a	1.000						
Mshare [18]	-0.029b	-0.052a	-0.165a	-0.148a	-0.032a	-0.152a	-0.019	-0.005	0.211a	-0.067a	0.149a	0.005	-0.185a	-0.224a	-0.107a	0.355a	-0.116a	1.000					
Capex [19]	-0.017	0.075a	-0.108a	-0.079a	-0.006	-0.089a	-0.001	0.197a	-0.153a	0.136a	-0.172a	0.070a	0.051a	-0.136a	0.036a	0.158a	0.106a	0.138a	1.000				
Dividend [20]	-0.055a	0.221a	-0.054a	-0.061a	-0.002	-0.048a	-0.119a	0.123a	0.083a	-0.072a	-0.065a	0.195a	0.272a	-0.138a	0.141a	0.139a	0.117a	0.113a	0.146a	1.000			
Tang [21]	0.013	0.007	-0.061a	-0.040a	-0.003	-0.039a	-0.056a	0.178a	-0.417a	0.324a	-0.242a	-0.115a	0.079a	0.001	0.054a	-0.021c	0.174a	-0.077a	0.279a	-0.000	1.000		
Soe [22]	-0.008	0.076a	0.072a	0.082a	0.024c	0.100a	-0.118a	0.028b	-0.246a	0.010	-0.161a	-0.041a	0.254a	0.187a	0.174a	-0.214a	0.220a	-0.401a	-0.024b	0.034a	0.188a	1.000	
Mrkindex [23]	-0.016	0.067a	0.028b	0.017	0.013	0.035a	-0.056a	-0.018	0.097a	-0.083a	0.105a	0.003	0.012	-0.079a	0.028b	0.071a	-0.066a	0.188a	-0.062a	0.118a	-0.191a	-0.169a	1.000

注：相关性分析表中 a、b、c 分别表示在 1%、5%、10% 水平上显著。

多元化经营（DU）的相关系数均为负值，并且均通过了1%水平的显著性检验；与相关多元化经营（DR）的相关系数虽为负值，但是并没有通过显著性检验，这初步表明内部控制对多元化经营具有显著地抑制作用，可以显著地抑制非相关多元化经营，无法显著抑制相关多元化经营。当然两两相关系数的检验并没有控制会对变量间关系产生影响的其他因素，因此相关性检验的结果需要采用更为稳健的方法来验证，后文将在控制公司特征、时间效应和行业效应以后，对以上关系进行更加严格的检验。

（三）回归结果与分析

1. 内部控制与超额现金持有。表5-13报告了内部控制与超额现金持有的回归结果。第（1）列显示的是在没有控制财务特征以及公司治理等变量、仅控制年份效应和行业效应情况下，将内部控制对超额现金持有进行OLS回归，结果表明，内部控制与超额现金持有在1%的水平上显著负相关。第（2）列显示了在第（1）列的基础上增加财务特征控制变量后的回归结果，可以发现，内部控制与超额现金持有仍在1%的水平上显著负相关。第（3）列显示了在第（2）列的基础上增加公司治理控制变量后的回归结果，可以发现，内部控制与超额现金持有依然在1%的水平上显著负相关。在第（4）列中，我们将所有影响超额现金持有的变量放入研究模型，回归结果表明，内部控制与超额现金持有仍在1%的水平上显著负相关。假设1得以验证。

表5-13　内部控制与超额现金持有

	(1)	(2)	(3)	(4)
$IChigh_{i,t}$	-0.0555*** (-4.32)	-0.0448*** (-2.81)	-0.0464*** (-2.91)	-0.0473*** (-2.97)
$Tobinq_{i,t}$		-0.0025 (-0.37)	0.0001 (0.02)	-0.0003 (-0.05)
$Cf_{i,t}$		-0.4047*** (-6.20)	-0.4102*** (-6.28)	-0.4112*** (-6.30)
$Nwc_{i,t}$		-0.3800*** (-8.87)	-0.3883*** (-9.00)	-0.3959*** (-9.19)
$Bankdebt_{i,t}$		-0.0714** (-2.21)	-0.0638** (-1.96)	-0.0716** (-2.20)
$Debtstr_{i,t}$		-0.0576 (-1.31)	-0.0599 (-1.36)	-0.0559 (-1.27)
$Roe_{i,t}$		0.1299 (1.59)	0.0833 (1.00)	0.0633 (0.76)
$Size_{i,t}$		0.0138* (1.71)	0.0081 (0.98)	0.0115 (1.38)
$Lev_{i,t}$		-0.6021*** (-11.69)	-0.5974*** (-11.57)	-0.5992*** (-11.66)

续表

	(1)	(2)	(3)	(4)
$Capex_{i,t}$		-0.0893 (-0.91)	-0.1087 (-1.08)	-0.1214 (-1.21)
$Dividend_{i,t}$		-0.0622 *** (-4.57)	-0.0665 *** (-4.87)	-0.0634 *** (-4.63)
$Tang_{i,t}$		-0.0281 (-0.50)	-0.0342 (-0.61)	-0.0309 (-0.55)
$Shr1_{i,t}$			0.2064 *** (4.82)	0.2170 *** (5.08)
$Shr2\_10_{i,t}$			0.1247 ** (2.27)	0.1168 ** (2.12)
$Board_{i,t}$			0.0076 (0.25)	0.0164 (0.53)
$Mshare_{i,t}$			-0.0478 (-1.00)	-0.0788 (-1.55)
$Soe_{i,t}$				-0.0401 *** (-2.87)
$Mrkindex_{i,t}$				-0.0047 (-1.57)
行业/年份	控制	控制	控制	控制
Constant	0.6536 *** (17.76)	0.7508 *** (3.84)	0.7874 *** (3.96)	0.7639 *** (3.78)
F 值	4.53 ***	8.39 ***	8.24 ***	8.11 ***
R^2	0.0176	0.0527	0.0561	0.0575
$Adj-R^2$	0.0136	0.0472	0.0501	0.0513
Obs	6497	6497	6497	6497

注：表中所有括号内 t 值都经 white 异方差调整，***、**、* 分别表示在 1%、5%、10% 水平上显著。本表以及后续的回归模型，我们均计算了解释变量和控制变量的方差膨胀因子 VIF 值，发现 VIF 值均小于 5，表明模型没有严重的共线性问题。

2. 多元化经营与超额现金持有。表 5-14 报告了多元化经营与超额现金持有的回归结果。第（1）列显示了是否多元化经营与超额现金持有水平的回归结果，可以发现，是否多元化经营与超额现金持有水平在 1% 显著性水平上负相关；第（2）列报告了以赫芬达指数作为多元化经营代理变量时，多元化经营与超额现金持有水平的回归结果，结果表明，多元化经营与超额现金持有水平仍在 1% 水平上显著负相关。进一步地，我们考虑了多元化经营的相关性，发现无论是非相关多元化经营，还是相关多元化经营，它们均与超额现金持有呈显著的负相关关系：第（3）列显示，非相关多元化经营与超额现金持有水平在 1% 水平上显著负相关；第（4）列显示，相关多元化经营与超额现金持有水平也呈显著的负相关关系，并且通过了5%的显著性水平测试。这验证了我们的假设2：多元化经营与超额现金持有显著负相关。

表5-14　多元化经营与超额现金持有

	(1)	(2)	(3)	(4)
$Divdum_{i,t}$	-0.0682*** (-5.53)			
$HHI_{i,t}$		-0.1692*** (-6.38)		
$DU_{i,t}$			-0.0847*** (-5.19)	
$DR_{i,t}$				-0.0934** (-2.53)
$Tobinq_{i,t}$	-0.0033 (-0.49)	-0.0031 (-0.45)	-0.0035 (-0.52)	-0.0030 (-0.44)
$Cf_{i,t}$	-0.4367*** (-6.66)	-0.4465*** (-6.81)	-0.4413*** (-6.72)	-0.4214*** (-6.45)
$Nwc_{i,t}$	-0.4048*** (-9.44)	-0.4108*** (-9.60)	-0.4068*** (-9.49)	-0.4023*** (-9.35)
$Bankdebt_{i,t}$	-0.0594* (-1.82)	-0.0566* (-1.74)	-0.0578* (-1.77)	-0.0709** (-2.17)
$Debtstr_{i,t}$	-0.0604 (-1.38)	-0.0653 (-1.49)	-0.0658 (-1.51)	-0.0577 (-1.31)
$Roe_{i,t}$	0.0079 (0.10)	0.0170 (0.21)	0.0108 (0.13)	0.0166 (0.21)
$Size_{i,t}$	0.0009 (0.12)	0.0005 (0.08)	0.0021 (0.30)	-0.0005 (-0.07)
$Lev_{i,t}$	-0.5955*** (-11.62)	-0.5977*** (-11.67)	-0.5988*** (-11.70)	-0.5909*** (-11.53)
$Capex_{i,t}$	-0.1607 (-1.59)	-0.1534 (-1.53)	-0.1533 (-1.52)	-0.1248 (-1.24)
$Dividend_{i,t}$	-0.0638*** (-4.65)	-0.0644*** (-4.70)	-0.0644*** (-4.70)	-0.0631*** (-4.60)
$Tang_{i,t}$	-0.0551 (-0.97)	-0.0545 (-0.96)	-0.0495 (-0.87)	-0.0331 (-0.59)
$Shr1_{i,t}$	0.1969*** (4.60)	0.1926*** (4.50)	0.1938*** (4.51)	0.2133*** (4.99)

续表

	(1)	(2)	(3)	(4)
$Shr2\_10_{i,t}$	0.0870 (1.57)	0.0917* (1.66)	0.0926* (1.67)	0.1078** (1.96)
$Board_{i,t}$	0.0119 (0.39)	0.0106 (0.35)	0.0115 (0.37)	0.0200 (0.65)
$Mshare_{i,t}$	-0.1099** (-2.15)	-0.1084** (-2.11)	-0.0994* (-1.94)	-0.0865* (-1.70)
$Soe_{i,t}$	-0.0383*** (-2.75)	-0.0359*** (-2.58)	-0.0358*** (-2.57)	-0.0394*** (-2.81)
$Mrkindex_{i,t}$	-0.0040 (-1.35)	-0.0040 (-1.34)	-0.0038 (-1.30)	-0.0049 (-1.64)
行业/年份	控制	控制	控制	控制
Constant	1.0682*** (5.79)	1.0997*** (5.98)	1.0519*** (5.68)	1.0276*** (5.61)
F 值	8.68***	8.88***	8.54***	7.94***
R^2	0.0611	0.0626	0.0609	0.0575
$Adj-R^2$	0.0549	0.0563	0.0546	0.0512
Obs	6497	6497	6497	6497

注：表中所有括号内 t 值都经 white 异方差调整，***、**、* 分别表示在 1%、5%、10% 水平上显著。

3. 内部控制、多元化经营与超额现金持有。首先，我们检验内部控制与多元化的关系。表 5-15 报告了内部控制与多元化经营的回归结果。表中的第（1）列和第（2）列分析了内部控制与是否多元化经营以及与赫芬达指数的关系。第（1）列显示了内部控制与是否多元化经营的回归结果，结果表明，内部控制与是否多元化经营在 5% 的水平上显著负相关；第（2）列显示了内部控制与赫芬达指数的回归结果，可以发现，内部控制与赫芬达指数在 10% 的水平上显著负相关。第（1）列和第（2）列的结果表明高质量的内部控制可以显著降低多元化经营程度。进一步地，我们将多元化经营行为区分为相关的和非相关的多元化，分析了内部控制与非相关、相关多元化经营的关系，结果列示于第（3）列和第（4）列。第（3）列显示了内部控制与非相关多元化经营的回归结果，结果表明，内部控制与非相关多元化经营在 10% 的水平上显著负相关，这表明高质量的内部控制可以显著降低非相关多元化经营程度。第（4）列显示了内部控制与相关多元化经营的回归结果，可以发现，内部控制与相关多元化经营呈不显著的负相关关系，这表明高质量的内部控制并不能显著降低相关多元化经营程度。这些结果初步验证了假设 3 的前半部分内容。

表 5-15 内部控制与多元化经营

	被解释变量			
	Divdum	HHI	DU	DR
$IChigh_{i,t}$	-0.1583 ** (-2.06)	-0.0151 * (-1.94)	-0.0251 * (-1.89)	-0.0002 (-0.04)
$Size_{i,t}$	0.0037 (0.11)	-0.0023 (-0.66)	0.0137 ** (2.21)	-0.0050 ** (-2.19)
$Lev_{i,t}$	-0.1762 (-0.85)	-0.0101 (-0.47)	-0.0692 * (-1.91)	0.0188 (1.21)
$Tobinq_{i,t}$	-0.0807 *** (-2.58)	-0.0064 ** (-1.97)	-0.0199 *** (-3.97)	-0.0011 (-0.56)
$Oprisk_{i,t}$	-0.4948 *** (-4.87)	-0.0226 ** (-2.25)	-0.0629 *** (-3.67)	0.0031 (0.42)
$Liq_{i,t}$	-0.0778 *** (-3.31)	-0.0096 *** (-4.32)	-0.0186 *** (-5.62)	0.0000 (0.00)
$Mrkindex_{i,t}$	0.0639 *** (4.60)	0.0057 *** (4.01)	0.0127 *** (5.24)	0.0011 (1.22)
$Age_{i,t}$	0.8671 *** (13.30)	0.0797 *** (12.51)	0.1360 *** (12.75)	0.0084 ** (2.00)
$Soe_{i,t}$	-0.0609 (-0.97)	0.0036 (0.57)	0.0072 (0.67)	0.0021 (0.51)
行业/年份	控制	控制	控制	控制
Constant	-0.8839 (-1.11)	0.2598 *** (3.28)	0.0744 (0.54)	0.1561 *** (3.03)
Wald 值/*F* 值	598.18 ***	24.04 ***	30.02 ***	6.39 ***
Pseudo R^2/ R^2	0.0829	0.1057	0.1351	0.0319
Adj - R^2	——	0.1009	0.1306	0.0268
Obs	6497	6497	6497	6497

注：第（1）列显示的是 Logit 回归结果，模型检验为 Wald 值，拟合优度为 Pseudo R^2，括号中的数值为 z 值；第（2）-（4）列显示的是 OLS 回归结果，模型检验为 F 值，拟合优度为 R^2，括号中的数值为 t 值。以上所有回归结果均经过 white 异方差调整。***、**、* 分别表示在 1%、5%、10% 水平上显著。

其次，我们检验内部控制与多元化经营对超额现金持有的联合影响。表 5-16 进一步检验了内部控制、多元化经营与超额现金持有的关系，以完整考察假设 3 的整体回归结果。第（1）列显示了内部控制与是否多元化经营的交乘对超额现金持有影响的回归结果，可以发现，内部控制以及是否多元化经营均与超额现金持有在 1% 的水平上显著负相关，而内部控制与是否多元化经营的交乘与超额现金持有则在 1% 的水平上显著正相关；第（2）列显示了内部控制与赫芬达指数的交乘对超额现金持有影响的回归结果，可以发现，内部控制以及赫芬达指数均与超额现金持有在1%的水平上显著负相关，而内部控制与赫芬达指数的交乘与超额现金持有则在1%的水平上显著正相关。第（1）列和第（2）列的研究结果表明，在高质量的内部控制显著降低多元化经营程度的过程中，多元化经营并不能降低超额现金持有，而是显著提高了超额现金持有。

表5-16　　内部控制、多元化经营与超额现金持有（2SLS回归）

	(1)	(2)	(3)	(4)
$IChigh_{i,t}$	-0.2937*** (-3.79)	-0.3700*** (-3.77)	-0.3713*** (-4.78)	-0.2894*** (-4.31)
$Divdum_{i,t}$	-0.6805*** (-3.90)			
$IChigh_{i,t} \times Divdum_{i,t}$	0.5182*** (3.26)			
$HHI_{i,t}$		-1.6919*** (-3.95)		
$IChigh_{i,t} \times HHI_{i,t}$		1.3051*** (3.34)		
$DU_{i,t}$			-1.0025*** (-4.62)	
$IChigh_{i,t} \times DU_{i,t}$			0.8246*** (4.27)	
$DR_{i,t}$				-1.2067*** (-3.16)
$IChigh_{i,t} \times DR_{i,t}$				-0.7040 (-1.35)
$Tobinq_{i,t}$	-0.0048 (-0.63)	-0.0026 (-0.33)	-0.0069 (-0.88)	0.0199 (0.47)
$Cf_{i,t}$	-0.5591** (-6.55)	-0.6139*** (-6.64)	-0.5957*** (-6.83)	-0.7418*** (-6.31)
$Nwc_{i,t}$	-0.4707** (-8.85)	-0.5047*** (-8.79)	-0.4820*** (-9.11)	-0.3940*** (-7.07)
$Bankdebt_{i,t}$	-0.0266 (-0.71)	-0.0039 (-0.10)	-0.0046 (-0.12)	0.1200 (0.51)
$Debtstr_{i,t}$	-0.0590 (-1.20)	-0.0951* (-1.83)	-0.1107** (-2.10)	-0.2418** (-2.06)
$Roe_{i,t}$	0.0608 (0.64)	0.1263 (1.28)	0.1054 (1.07)	0.2064 (0.47)

续表

	(1)	(2)	(3)	(4)
$Size_{i,t}$	0.0227** (2.32)	0.0197** (2.03)	0.0312*** (3.01)	-0.0211*** (-3.43)
$Lev_{i,t}$	-0.6320*** (-10.70)	-0.6233*** (-10.34)	-0.6257*** (-10.55)	-0.5661*** (-10.03)
$Capex_{i,t}$	-0.3740*** (-2.84)	-0.3205** (-2.51)	-0.3544*** (-2.75)	0.4059*** (-2.78)
$Dividend_{i,t}$	-0.0656*** (-4.06)	-0.0723*** (-4.29)	-0.0717*** (-4.27)	-0.0868*** (-3.91)
$Tang_{i,t}$	-0.2277*** (-2.76)	-0.2156*** (-2.67)	-0.1955*** (-2.61)	0.3957*** (-2.99)
$Shr1_{i,t}$	0.0563 (0.87)	0.0310 (0.45)	0.0130 (0.19)	0.2266 (0.87)
$Shr2\_10_{i,t}$	-0.0908 (-1.09)	-0.0464 (-0.58)	-0.0630 (-0.79)	0.7100 (1.30)
$Board_{i,t}$	-0.0379 (-1.03)	-0.0616 (-1.52)	-0.0657* (-1.68)	-0.0688* (-1.69)
$Mshare_{i,t}$	-0.3185*** (-3.91)	-0.3002*** (-3.65)	-0.2584*** (-3.53)	-0.2944*** (-2.92)
$Soe_{i,t}$	-0.0375*** (-2.34)	-0.0136 (-0.76)	-0.0104 (-0.59)	0.0209 (0.22)
$Mrkindex_{i,t}$	0.0005 (0.15)	0.0009 (0.24)	0.0031 (0.78)	-0.0243 (-1.05)
行业/年份	控制	控制	控制	控制
Constant	1.2103*** (4.78)	1.4983*** (5.06)	1.2348*** (4.78)	1.1133*** (5.10)
Wald 值	317.57***	302.76***	292.66***	219.08***
R^2	0.0655	0.0798	0.0723	0.0682
$Adj-R^2$	0.0590	0.0734	0.0658	0.0617
Obs	6497	6497	6497	6497

注：在 stata11 以及后续更高版本中，2sls 回归的模型检验为 Wald 值，系数显著性检验为 z 值（括号内数值）。以上所有回归结果均经过 white 异方差调整。***、**、* 分别表示在 1%、5%、10% 水平上显著。

第（3）列显示了内部控制与非相关多元化经营的交乘对超额现金持有影响的回归结果，结果表明，内部控制以及非相关多元化经营均与超额现金持有在 1% 的水平上显著负相关，而内部控制与非相关多元化经营的交乘与超额现金持有则在 1% 的水平上显著正相关，这表明，由于高质量内部控制对非相关多元化经营程度的显著抑制作用，非相关多元化经营并不能显著地降低超额现金持有，会显著地提高超额现金持有。

第（4）列显示了内部控制与相关多元化经营的交乘对超额现金持有影响的回归结果，可以发现，内部控制以及相关多元化经营均与超额现金持有在1%的水平上显著负相关，内部控制与相关多元化经营的交乘与超额现金持有呈不显著的负相关，这表明高质量的内部控制虽然可以降低相关多元化经营程度，但是却不具有显著的效应，因而相关多元化经营降低超额现金持有也只具有不显著的效应。以上结果检验了假设3的整体预期，检验结果与预期相符。

（四）稳健性检验

为了使研究结论更加稳健，我们还进一步做了以下测试：第一，分别以所跨行业数目和熵指数作为多元化经营程度的代理变量，对研究模型进行重新检验，回归结果没有实质性的变化；第二，借鉴江龙和刘笑松（2011）以及陈立泰和徐静（2012）等人的研究，以现金及现金等价物/总资产计算公司层面的现金持有水平，之后按照前文所述超额现金持有估计模型计算超额现金持有水平，检验结果没有实质性变化；第三，借鉴辛宇和徐莉萍（2006b）的研究，将辛宇和徐莉萍（2006a）现金持有估计模型中的解释变量全部进行行业中位数的调整，据此估计上市公司正常的现金持有水平以及超额现金持有水平，检验结果没有实质性改变；第四，借鉴孙健（2008）的研究，将辛宇和徐莉萍（2006a）现金持有估计模型中的融资需要虚拟变量Efn替换为管理费用与总资产的比率，将公司规模Sizei，t-1以及财务杠杆Levi，t-1替换为公司规模Sizei，t以及财务杠杆Levi，t，据此计算超额现金持有水平，检验结果基本保持不变；第五，为了控制潜在的异方差和序列相关问题，将回归模型按公司和年度分别进行了Cluster处理，结果未见实质性变化；第六，借鉴江龙和刘笑松（2011）以及杨兴全和曾春华（2012）等人的研究，以分别以收入增长率和资产增长率替代托宾Q值控制住成长性对超额现金持有的影响，发现研究结论保持不变。

第三节　外部盈利压力、内部控制与上市公司并购

上市公司并购作为企业重要的投资方式，备受关注，全球五次并购浪潮已经充分显示并购行为对于企业的核心价值，以及对资源配置效率的重要意义，毫无疑问，并购已经成为企业获得组织信任的一种重要途径，尽管“并购陷阱”屡屡发生，但是依然乐此不疲，前赴后继。内部控制作为组织信任的重要机制，与并购行为这样一种通过投资方式获取的组织信任之间究竟存在怎样的关联？尤其是存在外部盈利压力的现实情况下，作为组织信任机制的内部控制如何对并购发生作用，这是内部控制建设和执行要予以重视的一个现实问题。本节以我国2006—2017年沪深A股非金融类上市公司为研究样本，考察了外部盈利压力对企业并购行为的影响，并从内部控制和高管权力双重视角进一步检验其对外部盈利压力与企业并购行为两者关系的调节作用。研究发现：外部盈利压力越大，企业越不倾向于并购；但是这种外部盈利压力对企业并购行为的负面影响会随着内部控制质量的提高

而降低，相对内部控制差的企业而言，在内部控制好的企业中，外部盈利压力越大，企业并购的可能性越大，而且这种关系在高管权力小的上市公司更加显著。研究表明，在我国新兴加转轨的关键时期，厘清外部盈利压力与企业并购行为之间的关系及其影响这种关系强弱的治理机制具有重要的理论价值与现实意义。

一、问题提出

企业并购行为不仅关系着企业的经营风险和盈利能力，而且是实现企业价值最大化目标的重要手段。企业并购是一种投入在前，收益在后的行为，具有效率不确定、收益跨期性和信息不对称等特征。研究企业并购行为的文献，主要集中在并购行为的动机及其效率（方军雄，2008；万良勇和胡璟，2014；Bruner，2002；李善民和朱滔，2005），而且偏重于资本市场（如融资约束）的“硬约束”对企业并购的影响（方明月，2011；赵立彬，2013），从资本市场的经营期望视角对企业并购行为的“软约束”研究仍较为匮乏。虽然有学者检验了企业实际业绩状况与组织经营期望的差距对企业并购效率的影响（邹木琤，2007；张伟，2007；Kahneman 和 Tversky，1979；Sebora 和 Cornwall，1995），但是却忽略了企业还将面对外部的各种期望，如证券分析师盈余预测（Zhang 和 Gimeno，2010；王菁和程博，2012；Lee 和 Chang，2014），忽略了经理人对实现资本市场期望目标难易程度的感知（也即外部盈利压力）对并购决策的影响。在我国新兴加转轨的关键时期，面对外部盈利压力时，企业是否会为了迎合外部经营预期而调整投资战略——增加或减少并购行为？这成为本节关注的一个重要方面。

与这个问题相关的是，外部盈利压力与企业并购之间的关系还是一个重要的内生问题，这就是我们关注的内部控制和管理层权力对这种关系的存在性及其影响强度。作为一种内部治理机制，内部控制在缓解代理冲突、降低信息不对称、提高监督激励力度、放松融资约束、提高投资效率和控制风险等方面具有明显优势（徐虹等，2014a），那么，内部控制质量的高低是否对外部盈利压力与企业并购之间的关系产生影响？同时并购作为企业最为重要的一项资源配置战略，其决策权一般掌控在公司高管手中，并购决策的做出、并购接管的进行、甚至并购后的整合等并购的全过程中，高管都在其中起着关键性作用。公司并购通常是高管对个人利益和公司价值两者权衡之下采取的战略行为。不仅如此，高管权力的大小还会影响内部控制治理功效的发挥（刘启亮等，2013；牟韶红等，2014），高管权力是研究企业并购决策中重要的、不可忽略的重要因素。也就是说，基于内部控制在企业重大投融资决策方面的影响，内控质量能否发挥其内部治理的作用，降低外部盈利压力对企业并购决策的影响？企业高管作为并购决策的主要参与者，他们的行为动机是否以及如何对企业并购活动产生影响？因此，有必要进一步检验内部控制对外部盈利压力与企业并购决策的影响，是否因高管权力大小而有所不同。

基于以上分析，本节考察了外部盈利压力对企业并购行为的影响，并从内部控制和高管权力双重视角进一步检验其对外部盈利压力与企业并购行为两者关系的调节作用。可能的贡献是：（1）将资本市场的经营期望纳入企业并购的研究框架，考察了由内外部经营期望差距而形成的盈利压力与企业并购行为之间的关系，丰富了公司并购理论的研究，为今后在中国情境下企业并购决策的研究提供了一个新的研究视角；（2）确立了内外环境之间的互动关系，从一个全新的视角厘清了公司治理内外机制之间的作用机理。从企业外部的盈利压力和企业内部的内部控制、高管权力之间交互影响的角度研究它们对公司并购行为的综合影响无疑是一个全新的视角，为公司治理内外部机制的互动作用机理提供了新的证据；（3）本研究拓展和深化了企业建立内部控制效率视角方面的文献。通过分析上市公司内部控制对企业并购行为的影响，丰富了内部控制在企业投资决策活动中的作用方面的文献。

二、理论分析与研究假设

（一）外部盈利压力对企业并购的影响

证券分析师（以下简称分析师）在股票市场上发挥着关键性的作用：利用其优于一般投资者的信息收集途径和专业知识背景，通过收集、评估公共和私人信息（包括股票市场信息、企业披露的过去盈利和未来发展前景的信息以及产业发展前景和宏观经济等信息），对上市公司的未来前景进行分析，向投资者发布其对公司会计盈余的预测（Cheng 等，2006），向市场提供股票买入、增持、中性、减持和卖出的评级报告（Schipper，1991；胡奕明等，2003；张烨等，2009；Wiersema 和 Zhang，2011），并且往往成为利益相关者投融资行为判断和决策的重要依据（Degeorge 等，1999）。作为外部监督约束治理机制的身份，证券分析师充当企业与投资者之间信息沟通的中介（张雁翎，2002；李丹和贾宁，2009），对公司经理人的行为起着潜在监督作用，能有效减轻代理冲突，产生积极的影响（Lang 等，2004；Yu，2008）；作为一般外部市场参与者，证券分析师的盈余预测被看作是盈余的市场预期（O' brien，1988），但分析师的盈余预测普遍存在高于企业内部经营预期的现象，存在乐观偏差与羊群行为（Dechow 等，2000；吴东辉、薛祖云，2005）。如果企业定期公布的公司业绩达不到市场预期，投资者就会用脚投票，将资金从该企业中撤离而投向那些达到分析师预期的企业，企业股价下跌，企业声誉和经理人个人利益受损（Bower 和 Gilbert，2007）。因此，分析师预期与企业管理层预期之间的绩效差距、经理人对实现资本市场期望目标难易程度的感知，将成为一种外部盈利压力影响经理人的投资决策（Zhang 和 Gimeno，2010）。如果企业不能实现市场预期，企业将遭投资者用脚投票，股价大跌（Bower 和 Gilbert，2007）。出于自身职业生涯与个人声誉、薪酬等方面的考虑，经理人必须采取措施提高短期业绩，以迎合资本市场上的期望绩效。因此，企业经理层迫于外部盈利压力，可能不得不放弃那些不能立竿见影、却与企业长期战略发展相一致的投资。大量研究确实发现，在面临外部盈利压力时，经理层的确存在以牺牲股东长远利益为代价，但是能快速提高短期业绩的投资行为（Osma 和 Young，2009；Zhang 和 Gimeno，2010；Gentry 和 Shen，2013）。王菁和程博（2012）研究发现，经理人所感知的外部盈利压力越大，越倾向于投资不足。谢震和艾春荣（2014）研究发现，企业为了提高短期业绩而减少研发投入。Lee 和 Chang（2014）研究也发现经理层所感知的外部盈利压力越大，企业越不倾向于研发投入。也就是说，管理者意识到实现外部经营预期的利害关系，将有动机采取各种方式实现或超越分析师和投资者的经营期望（Degeorge 等，1999；King，2004；Bernhardt 和 Campello，2007），管理者的领导力也将持续不断地受到企业内外部利益相关者的评估。可见，分析师对塑造利益相关者对企业未来盈利水平的期望具有重要作用。

企业并购投资具有产出不确定、收益跨期性的特征。大量经验证据表明，大多数企业的并购并不成功、未达到预期效果（Bruner，2002；李善民和朱滔，2005 等）。从企业确定被并购企业、制定并购方案到实施并购、并购后进行整合等环节中都充满了各种风险（赵息和张息栓，2013a）。同时，企业并购失败经理层将受到惩罚。Lehn 和 Zhao（2006）发现那些做出有损公司价值并购的高管在随后被更换的概率更高。Girma 等（2006）发现如果企业实施的并购导致股东财富减少，高管薪酬将会减少。Guest（2009）也发现并购增加薪酬，但差的并购绩效会使高管薪酬减少。所以我们合理预计经理人所感知的外部盈利压力下越大，为了实现市场预期，企业可能会减少、延迟甚至取消并购计划。因此提出假设 1：

H1：外部盈利压力越大，企业进行并购的可能性越小，并购频率越低。

（二）内部控制对外部盈利压力和企业并购之间关系的影响

当公司具有良好的内部控制制度时，上述外部盈利压力诱发的经理人为提高短期业绩而放弃并购的自利行为可得到有效的抑制。具体作用机理在于：首先，从改善信息不对称的角度看，良好的内部控制可以提升会计信息质量，增加信息披露的可信度，改善企业的信息环境，降低企业股东、外部投资者和经理人之间的信息不对称（Ashbaugh - Skaife 等，2013），对经理人具有间接约束作用。并且内部控制好的企业更有动机披露内部控制信息以区别于内部控制差的企业，从而缓解企业与外部投资者之间的信息不对称，使投资者可以了解企业实际经营状况、盈利能力和投资机会，同时内部控制信息的披露，也有助于增加分析师盈利预测的准确性（徐虹等，2014b），进而缓解经理层面临的外部盈利压力，以降低经理层做出不正确决策的可能性；其次，从改进激励制度的角度看，内部控制制度从本质上来说就是一种内在制度安排（包括激励和监督方面的制度安排），这种安排有助于增加群体决策的能力，激励和监督经理人努力工作。李万福等（2011）认为，在良好的激励和监督机制下，群体决策更加科学，能更好地识别与本企业在战略目标、关键资源及产业链等方面具有一致性或互补性的并购目标；最后，从抑制机会主义的角度看，高质量的内部控制通过有效缓解并购过程中的信息不对称（黄寿昌和杨雄胜，2010；Ashbaugh - Skaife 等，2013）、利益冲突和意见分歧（杨道广等，2014）等，利用相互制衡的决策机制、严格的控制与监督活动、畅通的信息与沟通渠道等活动能有效抑制管理者的机会主义行为（杨德明等，2009）、减少决策偏误，减轻代理问题。李万福等（2011）、方红星和金玉娜（2013）研究发现高质量的内部控制可以抑制非效率投资。Bryan 和 Lilien（2005）研究发现，提高内部控制的信息透明度，避免了由于管理层权力过大导致的管理层利益驱动而发起的并购行为，进而提高并购效率；赵息和张西栓（2013a）以 2008 年我国沪深两市发生并购行为的上市公司为样本进行实证研究，有效的内部控制不仅能够正向促进并购的绩效，而且能够使公司高管权力过大得到抑制，从而影响并购绩效。

综上所述，外部经营期望越高，经理人感受到的盈利压力越大，即便发现具有良好发展前景的并购机会，实施并购行为也不是经理人的最优选择。但由于高质量的内部控制有助于约束经理人的自利行为（李万福等，2011），在良好的激励、监督机制以及科学的群体决策机制下，迫使经理层不得不放弃短视行为，从公司和股东利益最大化角度进行并购决策。据此提出假2：

H2：高质量内部控制弱化了外部盈利压力与企业并购之间的负相关关系。

三、研究设计

（一）模型设置

为了验证提出的假设，我们构建了如下模型[①]：

$$P = \beta_0 + \beta_1 Gap + \beta_2 Icid + \beta_3 Gap \times Icid + \beta_4 Soe + \beta_5 Size + \beta_6 Lev + \beta_7 Growth + \beta_8 Ocf + \beta_9 Esh + \beta_{10} Salary + \beta_{11} Shr1 + \beta_{12} Shr2-10/1 + \beta_{13} Duality + \beta_{14} Gdp + \sum Year + \sum Ind + \varepsilon \quad (5-4)$$

根据假设1，预期模型（5－4）的Gap的回归系数β1显著为负；根据假设2，预期模型（5－4）的交互项Gap×Icid的回归系数β3显著为正。

（二）变量定义

1. 并购行为（P）。本节借鉴万良勇和胡璟（2014）采用并购概率（P1）和并购频率（P2）两个变量来表征公司并购行为。P1为虚拟变量，如果该年度内公司发生并购，取值为1，否则为0；P2为连续变量，表示该年份公司发生并购的次数，若该年份未发生并购，则取值为0。

2. 外部盈利压力（Gap）。本节依据Matsumoto（2002）、Zhang and Gimeno（2010）、王菁和程博（2014）的测量方法衡量企业外部盈利压力。用当年分析师发布的关于公司每股收益预测平均值作为资本市场绩效预期。外部盈利压力表示分析师和经理人对特定年份公司绩效预期的差距。

首先，根据第t年每股收益的变化率（$\Delta EPS_{i,t}/P_{i,t-1}$）和t+1年超额收益率（$CRET_{i,t+1}$）预测企业第t+1年的每股收益变化率（$\Delta EPS_{i,t}+1/P_{i,t}$），如公式（5－5）所示。

$$\Delta EPS_{i,t+1}/P_{i,t} = \alpha_{j,t} + \beta_{1j,t}(\Delta EPS_{i,t}/P_{i,t-1}) + \beta_{2j,t} CRET_{i,t+1} + \varepsilon \quad (5-5)$$

其中△EPS为每股收益变动额，P为年末股票收盘价，CRET为超额累计报酬率。

其次，采用普通最小二乘法，分行业回归，根据估计系数计算每股收益的期望变动额（E［$\Delta EPS_{i,t+1]}$）］，如公式（5－6）所示。

$$E[\Delta EPS_{i,t+1}] = [\hat{\alpha}_{j,t} + \beta_{1j,t}(\Delta EPS_{i,t/Pi,t-1}) + \beta_{2j,t} CRET_{i,t+1}] \times P_{i,t} \quad (5-6)$$

然后计算潜在每股收益，T+1期的潜在每股收益等于T期每股收益加上T+1期的每股收益的期望变动额，如公式（5－7）所示。

---

① 由于并购概率（P1）为虚拟变量，并购频率（P2）为截尾数据，因而分别运用Logit、Tobit模型回归。

$$Potential\ EPS_{i,t+1} = EPS_{i,t} + E[\Delta EPS_{i,t+1}] \quad (5-7)$$

最后计算外部盈利压力，外部盈利压力等于外部分析师的预测与企业潜在每股收益之间的差值，如公式（5－8）所示。

$$Gap(Earning\ Pressure) = F_{i,t+1} - EPS_{i,t+1} \quad (5-8)$$

3. 内部控制（Icid）。根据已有研究（牟韶红等，2013；徐虹等，2014a），采用由深圳市迪博企业风险管理技术有限公司提供的"迪博·中国上市公司内部控制指数"，该指数越高表明内控越好。

参考国内外关于并购行为有关文献（方军雄，2008；万良勇和胡璟，2014），还在模型中控制了以下变量：产权性质（Soe）、公司规模（Size）、负债率（Lev）、成长能力（Growth）、现金流（Ocf）、高管薪酬（Salary）、高管持股比例（Esh）、第一大股东持股比例（Shr1）、股权制衡（Shr2－10/1）、两职合一（Duality）、地区生产总值（Gdp）、行业变量（Industry）和年度变量（Year），模型中所有的控制变量均为（t－1）期。具体变量说明见表5－17。

表5－17　变量定义

变量类型	变量名称	变量代码	变量定义
被解释变量	并购概率	P1	虚拟变量，在某年份内发生并购为1，否则为0
	并购频率	P2	公司在某一年份发生并购次数
解释变量	外部盈利压力	Gap	根据前述方法计算而得
	内部控制质量	Icid	迪博内部控制指数，将指数进行了除以100的处理
	外部盈利压力与内部控制的交乘项	Gap × Icid	外部盈利压力与内部控制虚拟变量交乘，其中内部控制质量好取值为1，内部控制差取值为0
控制变量	产权性质	Soe	虚拟变量，公司当年的最终控制人的所有权性质，最终控制人为国有股东，取值为1，否则为0
	公司规模	Size	公司上年末的总资产取自然对数
	负债率	Lev	公司上年末的负债/总资产×100%
	成长能力	Growth	公司上年末的营业收入增长率
	现金流	Ocf	公司上年末经营性现金流量/总资产
	高管持股比例	Esh	公司上年末高管持股数/总股数
	高管薪酬	Pay	公司上年末高管前三名薪酬总额
	第一大股东持股比例	Shr1	公司上年末的第一大股东持股比例
	股权制衡	Shr2－10/1	公司上年末的第二至第十大股东持股比例总和/公司第一大股东持股比例
	两职合一	Dual	上年末董事长与总经理是否两职合一，是为1，否则为0
	地区生产总值	Gdp	公司所在地区上年末的国民生产总值的自然对数
	行业变量	Ind	虚拟变量，根据证监会对制造业的二级分类标准进行分类，用来控制行业因素的影响
	年度变量	Year	虚拟变量，用来控制宏观经济因素的影响

（三）样本选择

选取 2007—2016 年沪深 A 股的上市公司样本，并进行了如下剔除：（1）选择上市公司是主并方的并购样本；（2）剔除金融类公司样本；（3）剔除业务类型为债务重组的并购样本，剔除重组类型为资产剥离、债务重组、资产置换、股份回购的并购样本；（4）剔除交易总额小于 100 万元的并购样本；（5）将分次购入目标公司股权以实现并购视为一次并购事件；（6）剔除关联并购样本；（7）不包括房地产公司购买地产形成的并购业务（CSMAR 数据库是这样处理的）；（8）剔除有数据缺失的样本。为消除极端值的影响，对除虚拟变量以外的所有连续变量进行了 1% 的缩尾处理（winsorize）。

四、实证检验与分析

（一）描述性统计

主要变量描述性统计如表 5－18 所示。在表中，P1 的均值为 0.296，意味着平均而言，我国上市公司中每 100 家公司中有 29.6 家公司发生了并购，由此说明我国上市公司的并购行为非常普遍；P2 的最大值为 0.444，说明平均而言我国上市公司中每家公司发生并购的次数为 0.444 次；外部盈利压力的均值为 0.012，中位数为 0.007，可以看出我国上市公司总体存在外部盈利压力；内部控制的均值为 7.122，最小值为 4.845，最大值为 9.579，说明上市公司之间内部控制质量存在明显差异。

表 5－18　　主要变量的描述性统计

变量	观测值	均值	最小值	中位数	最大值	标准差
P1	4731	0.296	0.000	0.000	1.000	0.457
P2	4731	0.444	0.000	0.000	4.000	0.818
Gap	4731	0.012	－0.058	0.007	0.156	0.032
Icid	4731	7.122	4.845	7.025	9.579	0.897
Soe	4731	0.679	0.000	1.000	1.000	0.467
Size	4731	22.174	19.731	22.023	25.81	1.215
lev	4731	0.522	0.100	0.535	0.887	0.178
Growth	4731	0.287	－0.551	0.172	4.854	0.653
Ocf	4731	0.057	－0.194	0.056	0.273	0.082
Esh	4731	0.001	0.000	0.000	0.013	0.001
Pay	4731	13.836	11.791	13.854	15.697	0.781
Shr1	4731	0.381	0.094	0.369	0.768	0.157
Shr2_10/1	4731	0.624	0.029	0.418	2.995	0.603
Dual	4731	0.110	0.000	0.000	1.000	0.313
Gdp	4731	27.954	25.51	27.98	29.30	0.758

（二）相关性分析

研究模型中变量的相关系数矩阵参见表 5－19 所示。从表中看，外部盈利压力 Gap 与企业并购概率 P1、企业并购频率 P2 均显著负相关，说明外部盈利压力越大，企业越不倾向于并购；内部控制 Icid 与企业并购概率 P1、企业并购频率 P2 均显著正相关，说明企业内部控制越好，企业发生并购的可能性越大。此外，外部盈利压力 Gap 与内部控制 Icid 显著负相关，说明我国上市企业内部控制越好，企业面临的外部盈利压力越小，也进一步验证了良好的内部控制降低了信息不对称，使得企业的外部经营期望与实际盈利更趋于一致。上述相关性分析结果初步验证了研究假设。另外，模型的解释变量之间的相关系数都比较低，说明解释变量之间的多重共线性较小。

（三）回归结果及分析

外部盈利压力对企业并购行为影响的回归结果如表 5－20 第（1）列、第（3）列所示。第（1）列中，外部盈利压力 Gap 与企业并购概率 P1 显著负相关，第（3）列中外部盈利压力 Gap 与企业并购频率 P2 显著负相关，且均通过了 10% 的显著性水平检验，表明在控制其他影响因素的情况下，外部盈利压力越大，企业进行并购的可能性越小，并购频率越低，支持了研究假设 1。

内部控制对外部盈利压力和企业并购行为/频率之间关系影响的回归结果如表 5－20 第（2）列、第（4）列所示。第（2）列、第（4）列中，外部盈利压力 Gap 的系数在 1% 水平上显著为负，这个结果与上文的研究结果是一致的，外部盈利压力与内部控制的交互项 Gap × Icid 的系数在 5% 水平上显著为正，说明高质量内部控制弱化了外部盈利压力与企业并购行为/频率之间的负相关关系，支持了研究假设 2。

观察模型中的控制变量可以看出，资产负债率、营业收入增长率、高管薪酬均与企业并购显著正相关，而产权性质、地区生产总值与企业并购显著负相关。上述实证检验结果与以往的研究基本保持一致。

（四）内生性检验

考虑到内部控制可能的内生性对研究结论的影响，采用二阶段模型（Heckman）控制内生性问题导致的自选择偏误。参考 Doyle 等（2007）、刘启亮等（2012）的研究，第一阶段设置模型如下（因变量为 Dum_Icid，内部控制的虚拟变量，大于中位数为 1，否则为 0）：

$$\begin{aligned} Dum\_Icid = {} & \beta_0 + \beta_1 Foreign + \beta_2 Mrkindex + \beta_3 Soe + \beta_4 Size + \beta_5 Roa + \beta_6 Lev \\ & + \beta_7 Dual + \sum Year + \sum Ind + \varepsilon \end{aligned} \tag{5-9}$$

将第一阶段自选择模型（Pobit 回归）估计得到的逆米尔斯系数 IMR（Inverse Mills Ratios）作为控制变量，放到模型（5－9）与其他变量一道进行第二阶段回归。

表 5-19　　主要变量相关系数表

变量	【1】	【2】	【3】	【4】	【5】	【6】	【7】	【8】	【9】	【10】	【11】	【12】	【13】	【14】	【15】
P1	1														
P2	0.836^{C}	1													
Gap	-0.030^{B}	-0.029^{B}	1												
Icid	0.082^{C}	0.099^{C}	-0.052^{C}	1											
Soe	-0.085^{C}	-0.084^{C}	0.006	0.057^{C}	1										
Size	0.056^{C}	0.074^{C}	0.019	0.477^{C}	0.216^{C}	1									
Lev	0.071^{C}	0.081^{C}	0.173^{C}	0.020	0.052^{C}	0.326^{C}	1								
Growth	0.036^{B}	0.037^{B}	0.003	0.076^{C}	-0.024	0.061^{C}	0.082^{C}	1							
Ocf	-0.017	-0.031^{B}	-0.032^{B}	0.166^{C}	0.065^{C}	-0.032^{B}	-0.212^{C}	0.046^{C}	1						
Esh	0.002	0.0101	-0.009	0.044^{C}	-0.115^{C}	0.049^{C}	0.003	-0.014	-0.027^{A}	1					
Salary	0.075^{C}	0.095^{C}	-0.077^{C}	0.319^{C}	0.030^{B}	0.446^{C}	0.056^{C}	0.010	0.020	0.074^{C}	1				
Shr1	-0.037^{B}	-0.043^{C}	-0.060^{C}	0.168^{C}	0.265^{C}	0.308^{C}	0.014	0.109^{C}	0.056^{C}	-0.094^{C}	0.016	1			
Shr2_ 10/1	0.045^{C}	0.059^{C}	0.021	0.008	-0.232^{C}	-0.094^{C}	-0.013	-0.007	0.001	0.094^{C}	0.109^{C}	-0.677^{C}	1		
Dual	0.025^{A}	0.039^{C}	0.001	-0.002	-0.143^{C}	-0.091^{C}	-0.032^{B}	-0.010	-0.020	-0.001	0.024	-0.117^{C}	0.076^{C}	1	
Gdp	-0.012	-0.000	0.020	0.082^{C}	-0.082^{C}	0.125^{C}	-0.000	-0.031^{B}	-0.037^{B}	0.076^{C}	0.279^{C}	-0.017	0.006	0.041^{C}	1

注：表中列示的是 Pearson 检验，A、B、C 分别表示在 10%、5%、1% 水平上显著。

表 5－20　　外部盈利压力、内部控制与企业并购

VARIABLES	P1		P2	
	(1)	(2)	(3)	(4)
	全样本	全样本	全样本	全样本
Gap	−1.8522* (−1.70)	−4.2796*** (−2.73)	−2.2876* (−1.86)	−4.9465*** (−2.88)
Icid		0.1642*** (3.37)		0.2201*** (4.08)
Gap × Icid		4.9164** (2.35)		5.4936** (2.33)
Soe	−0.4551*** (−5.90)	−0.4533*** (−5.86)	−0.5407*** (−6.23)	−0.5372*** (−6.22)
Size	0.0850** (2.31)	0.0054 (0.13)	0.1064** (2.56)	0.0019 (0.04)
Lev	0.5815*** (2.65)	0.6874*** (3.10)	0.7176*** (2.91)	0.8533*** (3.44)
Growth	0.1006** (2.00)	0.0853* (1.68)	0.1199** (2.18)	0.0995* (1.81)
Ocf	−0.2030 (−0.47)	−0.5002 (−1.14)	−0.4175 (−0.85)	−0.8325* (−1.68)
Esh	−15.6881 (−0.65)	−18.4194 (−0.76)	−8.0556 (−0.29)	−10.6269 (−0.38)
Pay	0.2124*** (3.91)	0.1850*** (3.39)	0.2650*** (4.41)	0.2282*** (3.81)
Shr1	−0.5606* (−1.78)	−0.6574** (−2.07)	−0.5732 (−1.61)	−0.6971* (−1.95)
Shr2_10/1	−0.0141 (−0.18)	−0.0294 (−0.38)	0.0228 (0.27)	0.0037 (0.04)
Dual	0.0914 (0.86)	0.0851 (0.81)	0.1865 (1.55)	0.1736 (1.45)
Gdp	−0.0900* (−1.87)	−0.0971** (−2.02)	−0.1046* (−1.94)	−0.1140** (−2.13)
_cons	−2.6495* (−1.79)	−1.4342 (−0.95)	−3.4925** (−2.10)	−1.9154 (−1.14)
年度/行业	控制	控制	控制	控制
observations	4731	4731	4731	4731
Wald chi2/F	216.28***	234.77***	6.99***	7.27***

续表

VARIABLES	P1		P2	
	(1)	(2)	(3)	(4)
	全样本	全样本	全样本	全样本
$PescudoR^2/R^2$	0.0405	0.0444	0.0277	0.0307

注：***表示在1%的水平上显著，**表示在5%的水平上显著，*表示在10%的水平上显著。已对回归方程中的异方差问题进行了检验和处理，括号内提供的T值经过异方差稳健修正。

表5-21是控制上市公司内部控制质量内生性问题后的Heckman二阶段回归结果。如表中的第（1）、（2）列所示，外部盈利压力与内部控制的交互项Gap×Icid的系数依然在5%水平上显著为正，主要研究结果不变。此外，逆米尔斯系数（IMR）在回归中并不显著，说明样本不存在严重的自选择和内生性问题，回归结果稳健。

表5-21　　外部盈利压力、内部控制与企业并购

一阶段回归：	Dum_Icid	二阶段回归：	P1	P2
	(1)		(1)	(2)
	全样本		全样本	全样本
Foreign	0.1016 (1.12)	Gap	-4.3526*** (-2.77)	-4.9950*** (-2.90)
Mrkindex	0.0368*** (3.31)	Icid	0.1900*** (3.35)	0.2200*** (3.82)
Soe	-0.0545 (-1.15)	Gap * Icid	5.3137** (2.46)	5.7894** (2.39)
Size	0.6161*** (26.25)	Soe	-0.4523*** (-5.85)	-0.5365*** (-6.21)
Roa	8.8031*** (16.84)	Size	-0.0072 (-0.16)	-0.0076 (-0.15)
Lev	0.4785*** (3.26)	Lev	0.7049*** (3.17)	0.8668*** (3.48)
Dual	-0.1235* (-1.84)	Growth	0.0834 (1.64)	0.0980* (1.78)
		Ocf	-0.5071 (-1.16)	-0.8363* (-1.69)
		Esh	-18.4330 (-0.76)	-10.7804 (-0.39)
		Pay	0.1825*** (3.34)	0.2256*** (3.77)
		Shr1	-0.6547** (-2.06)	-0.6946* (-1.94)

续表

一阶段回归：	Dum_Icid	二阶段回归：	P1	P2
	(1)		(1)	(2)
	全样本		全样本	全样本
		Shr2_10/1	-0.0279 (-0.36)	0.0052 (0.06)
		Dual	0.0835 (0.79)	0.1724 (1.44)
		Gdp	-0.0982 ** (-2.04)	-0.1147 ** (-2.14)
		IMR	-0.0502 (-0.89)	-0.0387 (-0.60)
		_cons	-1.4342 (-0.95)	-1.7945 (-1.06)
年度/行业	控制	年度/行业	控制	控制
observations	4731	observations	4731	4731
Wald chi2/F	1479.09 ***	Wald chi2/F	235.05 ***	7.09 ***
PescudoR^2/R^2	0.2255	PescudoR^2/R^2	0.0446	0.0308

注：***表示在1%的水平上显著，**表示在5%的水平上显著，*表示在10%的水平上显著。已对回归方程中的异方差问题进行了检验和处理，括号内提供的T值经过异方差稳健修正。

五、进一步检验：高管权力的调节作用

前文的研究结果表明，相对于内控差的企业而言，在内控好的企业中，外部盈利压力与企业并购之间的负相关关系会得到有效缓解。事实上，内部控制作用的发挥，会受到高管权力的影响（刘启亮等，2013；牟韶红等，2013）。因此，本节进一步检验外部盈余压力与企业并购的关系是否以及如何受到公司高管权力结构配置的影响。

尽管有部分研究认为，高管权力越大越有可能促进内部控制的良好运行（刘启亮等，2013；牟韶红等，2013）。因为高管权力越大的公司可以更有效地调配公司的各种资源，及时、快捷地完善内部控制制度，公司内部控制制度的执行更加有效。但是更多的研究证据认为，随着高管权力的增加，高管可能出于自身利益的考虑，凌驾于内部控制制度之上。公司的内部控制制度是由经理层制定的，由董事会审批通过的，因此高管在制定内控制度时肯定会朝着对自己有利的方向发展，拥有更大权力的高管更有动机和能力这样做；同时，即使公司制定了良好的内控制度，过大的高管权力（CEO兼任董事长）也会削弱董事会的影响（Jensen，1993），降低董事会的制衡效率（树友林，2011），内部控制对过度投资的抑制作用受制于高管权力，内部控制制度的设计和实施沦为形式甚至成为代理问题的一部分，更多的是“装饰”或“摆设”（干胜道和胡明霞，2014）。一些学者也提供了支持上述观点的经验证据，如刘启亮等（2013）研究发现，内部控制会对会计信息质量

产生提升作用，但这种效用受制于高管的权力配置结构，仅在非高管集权公司样本组，公司的内部控制质量与会计信息质量显著正相关；赵息和张西栓（2013a）研究发现内部控制与高管权力显著为负，过大的高管权力会抑制内部控制的有效性；赵息和张西栓（2013b）研究发现，高管组织权力、能力权力会对企业内部控制的有效性产生显著的消极作用，但所有权权力会对内部控制的有效性产生正面影响；张帆（2014）研究也发现高管权力集中会降低内部控制对会计稳健性的提升作用。综上，过大的高管权力会制约内部控制制度的有效性。因此我们推论：高质量内部控制弱化外部盈利压力与企业并购之间的负相关的影响，仅出现在高管权力小的上市公司样本中。

借鉴以往研究，对企业高管权力做如下界定[①]：高管权力（Power）。对于高管权力指标（Power）的衡量，学者们尚未取得一致意见。我们在综合已有文献的基础上，借鉴卢锐（2007）权力模型的思路，分别用两职合一（dual）、高管在位期限（tenure）与股权制衡度（disp）得到的综合权力指标 power 作为解释变量，其中，$dual + tenure + disp \geq 2$，power 取值为 1，否者为 0。在考察高管权力的调节作用时，为了避免高管权力与企业内部控制之间的内生性问题，我们对“高管权力”变量进行了滞后期处理。

接下来，我们进一步检验对于高管权力不同的企业，内部控制对外部盈利压力与企业并购行为/频率之间关系的影响是否存在显著差异。在表 5－22 中，我们将总样本分为高管权力大与高管权力小两个子样本，在高管权力大样本中，如表中第（1）、第（3）列所示，外部盈利压力与内部控制的交互项 Gap × Icid 的系数为正但没有通过显著性检验，表明高管权力较大时，内部控制对企业并购行为没有显著影响；而在高管权力小的样本中，如表中第（2）、第（4）列所示，外部盈利压力与内部控制的交互项 Gap × Icid 的系数至少在 5% 的水平上显著为正，表明高管权力较小时，高质量内部控制有助于减弱外部盈利压力与并购行为/频率之间的负相关关系。由此理论预期得到验证。

表 5－22　　外部盈利压力、内部控制与企业并购（高管权力的调节作用）

VARIABLES	P2		P2	
	(1)	(2)	(3)	(4)
	高管权力大样本 (power = 1)	高管权力小样本 (power = 0)	高管权力大样本 (power = 1)	高管权力小样本 (power = 0)
Gap	−8.6903** (−2.12)	−3.7362** (−2.20)	−10.4407** (−2.18)	−4.2485** (−2.33)
Icid	0.2109* (1.79)	0.1516*** (2.78)	0.2955** (2.18)	0.1988*** (3.39)
Gap × Icid	3.8086 (0.67)	5.5568** (2.45)	2.3929 (0.37)	6.6038*** (2.64)

① 变量定义：两职合一（dual），董事长与总经理是否两职合一，是为 1，否则为 0；高管在位期限（tenure），总经理任职期限，高于中位数为 1，否则为 0；股权制衡度（disp），第二到第十大股东所持股份之和与第一大股东所持股份的比率，当比值大于 1 时，说明公司股权比例相对分散，大股东对管理层的监督缺乏动力和责任心，高管权力较大，取值为 1，否则为 0。

续表

VARIABLES	P2		P2	
	(1)	(2)	(3)	(4)
	高管权力大样本 (power = 1)	高管权力小样本 (power = 0)	高管权力大样本 (power = 1)	高管权力小样本 (power = 0)
Soe	-0.4888*** (-2.79)	-0.4635*** (-5.30)	-0.6553*** (-3.12)	-0.5283*** (-5.58)
Size	0.1169 (1.01)	-0.0193 (-0.41)	0.1018 (0.77)	-0.0261 (-0.51)
Lev	0.9205* (1.75)	0.6639*** (2.69)	0.9898 (1.61)	0.8441*** (3.14)
Growth	-0.2818 (-1.32)	0.0975* (1.87)	-0.2410 (-0.85)	0.1081** (1.97)
Ocf	1.2301 (1.03)	-0.7524 (-1.57)	1.0778 (0.76)	-1.1410** (-2.18)
Esh	-46.4743 (-1.17)	-10.9447 (-0.34)	-41.2427 (-0.84)	-6.1874 (-0.18)
Pay	0.0817 (0.64)	0.2168*** (3.49)	0.2337 (1.54)	0.2355*** (3.62)
Shr1	-1.3319 (-1.22)	-0.5594 (-1.63)	-1.2095 (-0.89)	-0.5607 (-1.49)
Shr2_10/1	-0.0849 (-0.50)	0.0277 (0.27)	-0.1820 (-0.92)	0.0569 (0.51)
Dual	-0.0301 (-0.16)	0.3214* (1.75)	-0.0906 (-0.39)	0.3747* (1.92)
Gdp	-0.1243 (-1.06)	-0.1017* (-1.89)	-0.2304 (-1.56)	-0.1001* (-1.75)
_cons	-1.4275 (-0.41)	-1.2977 (-0.76)	-0.4428 (-0.10)	-1.8774 (-1.04)
年度/行业	控制	控制	控制	控制
observations	829	3902	829	3902
Wald chi2/F	58.67**	205.93***	2.09***	6.37***
PescudoR^2/R^2	0.0630	0.0489	0.0428	0.0328

注：***表示在1%的水平上显著，**表示在5%的水平上显著，*表示在10%的水平上显著。已对回归方程中的异方差问题进行了检验和处理，括号内提供的T值经过异方差稳健修正。

六、稳健性检验

为了增加上述结论的稳健性，还进一步做了以下测试：(1) 考虑到公司的决策可能是当年年底作出的，本节又进一步借鉴谢震和艾春荣（2014）做法，采用上一年10月至当年9月分析师发布的关于公司每股收益预测平均值作为资本市场绩效预期，主要研究结果不变；(2) 借鉴Feng（2011）和刘启亮等（2013）的做法，选择将董事长和总经理两职合一的企业视为高管权力大的企业，其余为高管权力小的企业，主要研究结果不变；(3) 对回归模型进行了按年度和公司层面的Cluster处理，研究结果不变；同时，还考察了各模型中变量的VIF值，发现所有变量的VIF值都小于3，表明模型中变量之间的多重共线性较小。

第四节　内部控制、风险投资与上市公司IPO业绩变脸

风险投资（Venture Capital）作为向初创企业提供资金支持并取得该公司股份的一种融资方式，既是投资者充分估量风险投资的不确定性、进而希望获得高额回报的投资行为，也是为被投资企业带来具有组织信任价值强烈信号的一种路径。由于风险投资具有“利益动机”与“监管动机”的两面性，这种两面性是否影响企业IPO业绩？影响的机理何在？作为企业风险免疫与组织信任机制的内部控制系统，如何调节这种影响？这些问题在“大众创业、万众创新”的企业变革大潮中，在“中小板与创业板”IPO如火如荼的资本市场发展中，具有重要的研究价值。本节以2008—2014年中小板和2009—2014年创业板IPO公司为样本，秉承风险投资的经典治理假说，考察了风险投资治理对IPO公司业绩变脸的影响及内部控制在其间的调节作用。研究发现，风险投资参与的企业IPO普遍存在业绩变脸现象，而且参与比例越高，业绩变脸程度越严重。进一步研究发现，高质量内部控制可以弱化风险投资对企业IPO后业绩变脸现象的负面影响，且参与程度越高（风投持股比例越大、参与董事会治理）的公司，抑制作用越明显。研究表明，我国风险投资制度体系发展尚未成熟，风险投资行为表现出明显的“逐名动机”，监管部门要进一步完善风险投资制度体系，强化上市公司内部控制体系的建设，真正实现风险投资的认证监督与创造价值增值目标。

一、问题提出

随着全球经济的发展，风险投资行业发展迅猛，风险投资在我国资本市场中起着重要的角色。据WIND数据库关于“风险投资事件统计”显示，近十年来，风险投资由2006年投资金额1253.28亿元增长到2015年投资金额3625.98亿元，投资金额增长约三倍；投资事件由2006年904件增长到2015年4529件，投资事件增长约四倍，最近两年风险投资

活跃程度创下历史高峰。风险投资发展如此迅速，一方面为中小高新技术企业提供了资金上的支持，同与风险投资机构融资相比，中小企业从银行等传统金融机构获得融资机会更难成本更高。另一方面，风险投资是专业的投资机构，可以为中小高新技术企业提供技术上的支持，公司战略决策、公司治理、人力资源的安排等方面的帮助。

我国上市公司 IPO 后业绩变脸已屡见不鲜，国内外学者围绕业绩变脸的成因做了大量的研究（Jain 和 Kini，1994；逯东等，2015），也有部分学者对风险投资参与的企业 IPO 后的业绩变脸现象做了分析研究，但是结论并不一致。国外学者（如 Jain 和 Kini，1995；Brav，1997）以美国上市公司为样本研究表明，风险投资参与的企业 IPO 后业绩高于无风险投资参与的企业。他们认为，风险投资在公司 IPO 过程中起到了认证监督的作用，风险投资较大程度上抑制了盈余管理行为，并且积极参与公司的决策与治理，使得公司上市后的业绩要优于无风险投资参与的企业。我国学者（如梁建敏和吴江，2012；陈见丽，2012；李玉华和葛翔宇，2013）以我国创业板公司为样本研究表明，风险投资的介入会抑制 IPO 前的盈余管理程度，提高上市公司盈余质量，IPO 时的抑价率也会更低，风险投资在公司 IPO 过程中参与企业的日常管理、承销商、承销时机与承销方式等战略性决策，对上市公司的经营绩效起到了积极的促进作用，即风险投资参与的企业 IPO 后的经营业绩情况要好于无风险投资企业的经营业绩。然而，也有学者研究表明，年轻的风险投资由于自身利益的诉求，风险投资将未成熟的公司包装后强行上市，使得上市公司的长期利益遭受损害，即风险投资“逐名假说”（Gompers，1996）。贾宁和李丹（2011）研究表明，由于过分考虑其自身利益，风险投资参与企业的长期业绩下滑现象严重，阻碍企业的长期发展；蔡宁（2015）研究发现，与无风险投资参与的企业相比，风险投资支持的企业 IPO 前盈余管理程度显著更高，由于应计盈余管理的“反转”会造成公司 IPO 后长期业绩变脸会更加严重，在中国转轨经济和不成熟的资本市场环境下，风险投资具有比较明显的投机性质和短期获利偏好。可见，国内外学者对于风险投资在公司中是起到“认证监督作用”还是“逐名作用”尚未达成一致意见。并且，国内鲜有文献从风险投资参与公司治理与内部控制互动作用视角考察其对上市公司 IPO 业绩变脸的影响。因此本节关注的首要问题是：风险投资介入（如风投持股比例大小、风投是否参与董事会治理）会缓解还是恶化 IPO 上市公司业绩变脸现象？

引起我们进一步思考的问题是，在治理风险投资的众多机制中，内部控制作为企业内部重要的治理机制，有着特殊的作用和价值。按照监管要求，主板上市公司的内部控制规范日趋严格，且获得非标内部控制审计意见的上市公司比例逐年增多，使得内部控制在沪深主板上市公司中防错纠弊、保证财务报告信息可靠性与真实性、防范风险的作用日趋明显，但是中小板和创业板公司的内部控制尚处于自愿实施阶段。已有研究发现，内部控制这一内部治理机制有利于缓解代理冲突、降低信息不对称、提高监督激励力度、放松融资约束、提高投资效率和控制风险（徐虹等，2014）。那么中小板和创业板公司内部控制质量的高低能否与如何影响风险投资行为，进而抑制其与上市公司 IPO 业绩变脸之间的不利作用，真正发挥风险投资的价值增值？这也是本节需要进一步关注的问题。

综合上述，以 2008—2014 年中小板和 2009—2014 年创业板上市公司为样本，秉承风险投资的经典治理假说，考察风险投资治理对 IPO 公司业绩变脸的影响及其内部控制在其间的调节作用。可能的贡献是：(1) 丰富了风险投资与上市公司业绩变脸方面的理论。尽管已有不少文献研究了上市公司 IPO 业绩变脸，但鲜有文献直接探讨风险投资对业绩变脸的影响。本节探讨了风险投资对 IPO 业绩变脸影响，并进一步从风险投资持股特征及其派驻董事参与公司治理角度考察了其对上市公司 IPO 后业绩的影响，不仅丰富了风险投资与上市公司 IPO 业绩方面的文献，还为解决长期困扰我国资本市场的 IPO 业绩变脸之谜提供了一种可行的思路，即如何有效的遏制风险投资的“逐名动机”，发挥风险投资“监督”作用，改善公司治理，提升公司经营效率；(2) 拓展了内部控制治理的研究视野。本节首次将内部控制引入风险投资市场效应的治理研究，通过内部控制和风险投资互动视角，理清了公司治理对上市公司业绩影响，不仅为公司治理的作用机理提供了新的经验证据，还通过研究内部控制有效性对上市公司 IPO 业绩变脸的影响，拓展了内部控制经济后果相关文献；(3) 提供“中小创”板块全面实施内部控制提供实践指导和监管证据。由于目前内部控制规范体系已经在我国主板上市公司强制推行，而中小板与创业板的内部控制尚处于自愿实施阶段。本节的研究为监管机构在“中小创”板块强制实施内控规范体系提供了经验证据，也为 IPO 的中小创上市公司自身的内部控制建设提供实践指导。

二、理论分析与研究假设

关于风险投资介入公司上市过程有两种相对立的理论假说，即：认证、监督假说和逆向选择、逐名假说。基于这两种不同的理论假说，风险投资介入对企业 IPO 后的业绩变脸可能会产生不同的影响。

(一) 风险投资认证监督理论与上市公司业绩变脸

风险投资的认证监督理论认为，当市场不能及时准确有效反映公司市值时，风险投资参与的上市公司会向市场各种利益相关者传递公司具有良好发展前景的信号，起到了认证监督的作用。这种作用可以从以下两个方面分析：

从风险投资的专业背景与项目遴选机制看它的认证作用。风险投资机构还会凭借其专业的投资能力和经验，积极为公司提供运营管理服务，扩展公司融资网络和社会关系网络等资源，并且会积极提高被投资企业的管理水平。Sahlman (1990) 研究发现，企业向风险投资机构融资优于向银行机构融资，其原因在于风险投资机构作为一种专业投资机构，具有专业的投资背景和丰富从业经验，能够对被投资企业的市值做出更为准确的判断，从而降低了投资者与初创企业家之间的信息不对称程度。同时，从风险投资机构选择被投资企业来看，Fried 和 Hisrich (1994) 研究发现，风险投资从挑选初创企业到投资决策需要经历寻找项目、风险投资机构自我标准筛选、通用的标准筛选、评估项目的价值、评估项目的投资障碍、签约投资等六个阶段，经历上述六个阶段，风险投资机构会筛选出具备高成长性、持续盈利潜力且具有竞争优势的企业。不仅如此，风险投资在选择被投资企业过程中还会特别看重企业是否具有管理实力和优异从业经历的优秀管理者。因此，有风险投资参与的拟上市公司是风险投资机构从大量备选企业中筛选出来的优秀企业，更容易受到优秀投资者的青睐。如 Baum 和 Silverman (2004) 的研究发现，风险投资机构在选择初创企业时会看中其联合网络、专利、人力资本，并且风险投资会更青睐于具有技术优势的企业，而这些特征往往代表了风险企业未来的发展潜力。因此，在 IPO 过程中，有风险投资机构介入的企业会向市场传递好消息，即发挥认证作用。风险投资机构在发挥认证作用和提供资金支持以外，还会有效的发挥其监督职能（Barry 等，1990）。风险投资在进入被投资企业后，在监督和管理企业成长过程中，凭借其专业优势，提升被投资企业公司治理水平、构建科学的企业内部控制制度、有效防范重大战略风险。吴超鹏等（2012）研究发现，风险投资减少了上市公司过度投资行为、改善了公司治理结构，而且拓宽了企业的融资渠道，促进了上市公司的长远发展。与无风险投资参与的企业相比，有风险投资参与的企业 IPO 过程中抑价程度降低（Brav 和 Gompers ，1997；梁建敏和吴江，2012；张学勇等，2014）、企业 IPO 前盈余管理程度更低和业绩表现更好（李玉华和葛翔宇，2013）。

从委托代理理论看它的认证作用。风险投资与被投资机构存在着委托代理关系，风险投资作为委托方，将其拥有的资金投资于被投资公司，被投资公司作为代理方经营管理受托的资产并创造价值。然而，这样的委托代理关系必然会产生逆向选择与道德风险。一方面，风险投资机构为了控制代理风险，具有强烈的动机通过各种途径改善和创新企业的治理结构，以保证投入资本的安全性；另一方面，风险投资为了获取高额资本回报，具有希望通过建立一个有效的公司治理机制的强烈愿望，以更好地组织企业的经营管理活动，增加企业的价值，并择机通过被投资企业的上市、并购等渠道获得高收益退出。为了尽可能避免信息不对称所带来的不利影响，风险投资机构向被投资公司董事会派出代表，直接参与企业的经营决策（袁蓉丽等，2014）。风险投资机构通过获得公司股权参与公司的经营，不仅改善中小企业单一的股权结构，而且他们会积极参与公司董事会决策，对董事会监督和决策的独立性有更严格的要求，并且约束公司管理层的机会主义行为，以保护小股东的利益。Barry 等（1990）研究发现，风险投资通过获得被投资企业董事会席位拥有监督的话语权，风险投资持股比例越高其监督效果越明显。风险投资不仅通过自身在董事会中占有席位积极参与决策，而且还会引入独立董事等外部董事等措施，提高被投资企业的治理效果。企业引入风险投资，不仅可以解决资金问题，还可以提高公司管理能力和效率，优化公司治理结构，实现企业的价值增值。因此，基于以上理论分析，风险投资持股比例越大、风险投资向被投资企业派驻董事，优化被投资企业的治理结构和治理效率能力越强，进而会促进企业成长提升企业的价值和业绩。

（二）风险投资逐名理论与上市公司业绩变脸

与认证监督假设相对立的则是逆向选择和逐名假说，即风险投资并不能为企业带来增值，在企业 IPO 后风险投资最为关注的是如何尽快退出企业并获得最大的超额收益，从而导致企业 IPO 后业绩变脸更严重。Amit 等（1990）提出逆向选择假说，企业引入风险资本可能要受到风险投资机构多方面限制，优质企业不愿接受风险资本的投入，劣质企业更愿意引入风险资本，导致风险投资也没有强烈的意愿去监督和帮扶企业。在中国这种逆向选择的问题可能更严重，首先，中国的中小金融机构不发达、商业银行对民营企业的贷款高要求的格局，使得创业企业外部融资难且成本高。其次，我国资本市场对企业的 IPO 有严格的审查制度，使得创业企业不得不引入风险投资以获得风险投资的关系网络。杨其静等（2015）研究发现，与美国较为成熟的VC相比，中国VC的事前的甄选能力和事后的监督能力并没有得到发挥。如：在IPO前，业绩较差的创业企业更愿意去引入风险投资且更倾向于引入多个风险投资。进而，风险投资资助的企业IPO后业绩变脸现象更为严重，资本市场不仅不会给予VC资助的企业正面市场评价，甚至会给予其负面评价。

Gompers（1996）提出，风险投资在急于创造良好的上市业绩口碑和获取超额收益退出企业目的驱逐下，风险投资有动机将未成熟的创业企业包装上市，最终导致创业企业在IPO后经营业绩会大幅度下滑。由于风险投资IPO退出的收益较高，风险投资一般会优先选择IPO退出方式，风险投资在退出的压力下，传统的认证监督已不能促成其快速上市，在这种情况下“逐名”的动机可能会更加强烈。创业企业在中国资本市场上市首先财务指标必须严格达到上市的标准，此时风险投资会尽可能地将企业财务指标“包装”成管理层所要求的高度一致，不仅可以获得IPO的机会，而且好的财务状况使得公司可以获得较高的市场定价，这样更方便风险投资获得超额收益退出。在风险投资为获得IPO机会到IPO后顺利退出的动机下，蔡宁（2015）研究表明，有风险投资参与的创业企业在IPO前更倾向于正向盈余管理，由于应计利润的转回，创业企业IPO前的盈余管理程度越严重，IPO后财务业绩变脸也会越严重。陈工孟等（2011）通过对不同证券市场比较研究表明，在纽约证券市场及纳斯达克风险投资参与对IPO折价没有显著的影响，在我国中小板和香港主板市场上市的中资企业中，有风险投资参与的企业IPO折价显著高于无风险投资参与的企业，即风险投资为了追求自己的声誉，加大IPO折价程度使企业较早的进行IPO，从而可以提前退出该投资项目获得更多的收益。这样大幅的IPO折价对企业发展产生了极为不利的影响，为创业企业IPO后业绩变脸奠定了基础。

当风险资本投入越多拥有创业企业股权越多时，风险投资机构尽早退出企业获得丰厚的增值收益的意愿越强，其“逐名动机”也就越强，可能会造成IPO后业绩变脸越严重。同时，当风险资本拥有越多的股权，为降低风险资本与被投资企业间的信息不对称问题，风险资本参与公司治理的动机更加强烈，靳明和王娟（2010）研究发现，风险投资并不能给中小企业公司治理水平和企业经营绩效带来帮助。众所周知，资本是逐利的，风投企业通过参与公司治理目的可能不仅是提高创业企业的治理水平而已，甚至最终目的是夺取控制权以获得巨额收益。风险投资在这种目的的驱使下不仅不利于企业的发展，反而有可能将企业推向死亡的边缘。雷士照明引入风险投资就是一个典型的例子。雷士照明2006年引入风险投资机构赛富亚洲投资基金管理公司（下文简称“赛富”）为其解决了资金紧张问题，同时，赛富也获得了雷士照明的董事会席位。2008年和2009年雷士照明在赛富和高盛的资金支持下收购了世通和上海阿卡特快速实现上下游产业链资源的整合，在一系列并购整合战略资源后，雷士照明发展迅速，生产能力和获利能力大幅提升。为选择最佳渠道退出，风险投资竭尽全力将雷士照明推向IPO，在雷士照明IPO过程中，风投机构为其提供了全球路演等诸多帮助，2010年雷士照明顺利在香港证券市场IPO。不幸的是，雷士照明在IPO后业绩大幅度“变脸”，爆发了公司创始人吴长江与第一大股东赛富管理层的激烈矛盾，赛富等风投股东与吴长江创始人股东的股权之争，导致2012年5月25日吴长江突然“辞职”，赛富首席合伙人阎炎担任董事长。在此之后近一年的时间里双方展开了激烈的股权之争，并引发雷士照明集团多处工厂罢工，多家经销商暂停订单为吴长江“伸张正义”，在这个过程中，雷士照明也是元气大伤。从雷士照明案例中可发现，风险投资对被投资企业的治理效果具有两面性，风险投资的机会主义行为也会给公司带来巨大的损失和风险。根据上面的分析，提出以下竞争性假设：

H1a（认证监督假说）：与无风险投资参与的企业相比，有风险投资参与的企业 IPO 后业绩变脸现象会得到改善；风险投资参与企业的程度越大（风投持股比例越大、参与董事会治理），企业 IPO 后业绩变脸现象会得到更明显的改善。

H1b（逐名假说）：与无风险投资参与的企业相比，有风险投资参与的企业 IPO 后业绩变脸现象更严重；风险投资参与企业的程度越大（风投持股比例越大、参与董事会治理），企业 IPO 后业绩变脸现象更为严重。

（三）内部控制、风险投资与 IPO 业绩变脸

从企业内部角度看，内部控制是一种产生于企业内部各相关控制主体之间的不完备契约和委托代理关系持续均衡利益关系的治理机制，其关注的当企业面临影响企业目标实现的风险或威胁之前或者之时，能够通过提高或保证内部控制系统质量实现管理者自身风险/预期收益组合的最优化（林钟高等，2009）。从企业外部角度看，内部控制既是企业外部各个利益主体之间为实现作为专业化结果交换收益的一种持续均衡利益的契约装置，也是一种维持与特定交易伙伴（包括风险投资）长期交易关系和利益分配尤其是价值创造的传导装置，在风险投资价值创造的过程中，内部控制通过其信号显示与信息甄别的作用机制，塑造统一和连贯的行为并获得某种信任之外的行为效果，不断扩展企业的风险投资交易和实现价值的持续增值，下面从两个方面论述。

1. 从内部控制与公司治理角度分析。从不完全契约角度看，如果公司治理是一种契约，那么内部控制就是旨在弥补关系契约的不完全性，确保公司取得比较优势，实现这种契约的一项执行机制和一项内部公司治理机制（Bushman 和 Smith，2001 ）。在现代公司委托代理关系中，两权分离需要权力制衡，内部控制是实现权力制衡的基本措施，也是实现公司治理的基础设施建设（杨雄胜，2005）。李万福等（2011）研究发现，内部控制可以缓解“一言堂”现象，提高由于管理层不合理的决策导致的非效率投资。即内部控制不仅实现减少股东与经理层之间的利益冲突，而且保证公司透明度和向股东授权并保证董事会对股东的受托责任的目标。因此，我们有理由认为，高质量的内部控制可使得风险投资监管企业的动机成为现实，保证风险投资机构有效地参与公司治理；高质量的内部控制也会有效遏制风险投资机构的逐名动机，防范风险投资机构的机会主义行为及其对风险企业的非理性干预。即内部控制可强化风险投资的“认证监督”能力，抑制风险投资的“逆向选择和逐名”动机，以尽可能地保证风险企业 IPO 时“泡沫”最小化，IPO 后更有能力适应资本市场的大环境，IPO 后业绩变脸程度也会越低。

2. 从内部控制与企业价值角度分析。首先，从信号传递理论分析，公司会通过高质量的内部控制信息披露与内部控制较差的公司区别开来，投资者会对高质量或有好消息的公司做出积极的反应，从而公司股价会提高。因此，高质量内部控制可以保证 IPO 公司以一个更加合理定价发行，Gupta 和 Nayar（2007）研究发现，公司内部控制缺陷与市场反

应负相关；邱冬阳等（2010）以2006—2008年创业板IPO公司为样本，研究发现，内部控制信息披露越详细，其IPO定价越合理，抑价率越低，企业的市场价值也会越大；余海宗（2013）从投资者视角考察了内部控制信息披露的市场反应，良好的内部控制信息能够使投资者更加信任会计信息的质量，从而提高会计信息的决策有用性，同时内部控制披露的信息还包括企业的经营状况等方面内容也会提高投资者的信任决策行为，企业的市场表现也会越好。其次，高质量内部控制还可以提高公司的经营效率、增强公司盈利能力，提升企业价值。Altamuro和Beatty（2010）研究发现，联邦存款保险公司对有关内部控制条款改进后，公司现金流量的稳定性和盈余持续性都有所提高；张晓岚等（2012）以净资产收益率、总资产收益率、每股盈余、经营业绩指数为经营业绩替代变量，研究发现，内部控制信息披露质量越高的公司，经营业绩越好；肖华和张国清（2013）研究发现，公司内部控制质量越高，盈余持续性越好，进而公司价值越高。阮磊等（2016）均研究发现，内部控制与企业价值显著正相关，说明高质量的内部控制有利于提升企业价值。

可见，高质量内部控制不仅可为IPO公司获得更加合理的发行定价、更好的市场反应，更好地体现风险投资的认证监督作用，更有效地抑制其逐名偏好，并且在企业运营过程中协同风险投资的风险/利益权衡，共同努力提高公司的经营效率、增强公司盈利能力，提升企业价值，因此，高质量内部控制可缓解IPO后业绩变脸现象，使企业IPO后有更好的业绩表现。根据上面的分析，提出以下假设：

H2：高质量的内部控制可以强化（认证监督假说）或者弱化（逐名假说）风险投资对企业IPO后业绩变脸现象的改善（或者加剧）作用，且风险投资参与企业的程度越大（风投持股比例越大、参与董事会治理），其作用越明显。

三、研究设计

（一）样本选择与数据来源

以2008—2014年中小板和2009—2014年创业板合计941上市公司为研究样本①，剔除财务数据缺失的样本，最终得到917家样本公司。关于风险投资相关数据，通过手工翻阅IPO公司的招股说明书，查找IPO企业股东名称中是否含有"风险投资"、"创业投资"、"创业资本投资"等字样，如果有则认定为有风险投资机构参与；否则，进一步查询IPO企业股东的主营业务，如果其主营业务包括"创业投资"、"风险投资"等字样，也认定为是风险投资公司。为了保证数据的可靠性，将手工收集数据与WIND数据库中PE/VC数据相核对后最终确定。财务数据来源于WIND数据库和CSMAR数据库。为了剔除极端值的影响，对回归模型中的连续变量上下1%的样本进行Winsorize处理，数据处理采用Stata统计软件。

---

① 本节所使用的样本期间与全书略有区别，不再使用2007—2016年的样本数据，主要是考虑到中小板与创业板不同于A股企业的设定时间与企业特性。传统制造企业的风险投资占比很小，研究意义不大。

（二）模型构建及相关变量说明

为了检验假设，借鉴逯东等（2015）相关文献建立回归模型如下：

$$\Delta Growth = \alpha_0 + \alpha_1 VC/VChold/VCgov + \alpha_2 Size + \alpha_3 Lev + \alpha_4 Ato + \alpha_5 DU + \alpha_6 Dual + \alpha_7 Top + \alpha_8 State + \alpha_9 Age + \alpha_{10} DA + \alpha_{11} BM + \alpha_{12} Plate + \sum Ind + \sum Year$$

$$\Delta Growth = \alpha_0 + \alpha_1 VC/VChold/VCgov + \alpha_2 VC \times IC/VChold \times IC/VCgov \times IC + \alpha_3 Size + \alpha_4 Lev + \alpha_5 Ato + \alpha_6 DU + \alpha_7 Dual + \alpha_8 Top + \alpha_9 State + \alpha_{10} Age + \alpha_{11} DA + \alpha_{12} BM + \alpha_{13} Plate + \sum Ind + \sum Year$$

1. 被解释变量。业绩变脸（ΔGrowth）：借鉴逯东等（2015）用公司 IPO 前后一年的营业收入增长率变化值（ΔGrowth1）和净利润增长率变化值（ΔGrowth2）来度量业绩变脸。

2. 解释变量。风险投资（VC）：有风险投资参与的企业赋值为 1，否则为 0。

风险投资持股比例（VChold）：VChold1 是风险投资机构持股比例；VChold2 是联合风险投资持股比例。

风险投资参与董事会治理（VCgov）：VCgov1 是风险投资任职于被投资企业董事会赋值为 1，否则为 0；VCgov2 是风险投资机构委派董事占比。

内部控制质量（IC）：借鉴林钟高等（2016）采用“迪博数据库”内部控制指数作为替代变量，该指数越高表明内控质量越高。

3. 控制变量：借鉴逯东等（2015）的研究，加入如下控制变量：总资产（Size）、资产负债率（Lev）、资产周转率（Ato）、独立董事比例（DU）、两职合一（Dual）、实际控制人持股比例（Top）、产权性质（State）、公司年龄（Age）、盈余管理（DA）、账面市值比（BM）、公司上市板块（Plate）、行业（Ind）、年份（Year），具体变量定义如表 5-23。

表 5-23　　变量定义

变量类型	变量名称	符号	定　义
被解释变量	业绩变脸	ΔGrowth1	公司 IPO 前后一年的营业收入增长率变化值，Growth1 = 上市后一年营业收入增长率 - 上市前一年营业收入增长率
		ΔGrowth2	公司 IPO 前后一年的净利润增长率变化值，即 Growth2 = 上市后一年净利润增长率 - 上市前一年净利润增长率
解释变量	风险投资	VC	有风险投资参与的企业赋值为 1，否则为 0
	风险投资持股比例	VChold1	风险投资领头机构持股比例
		VChold2	联合风险投资持股比例
	风险投资参与董事会治理	VCgov1	风险投资任职于被投资企业董事会赋值为 1，否则为 0
		VCgov2	风险投资机构委派董事占比
	内部控制质量	IC	迪博内部控制指数，将指数进行了除以 100 的处理。该指数越大表明内部控制质量越高

续表

变量类型	变量名称	符号	定　义
控制变量	总资产	Size	IPO 当年年末总资产的自然对数
	资产负债率	Lev	IPO 当年年末资产负债率
	资产周转率	Ato	IPO 当年年末资产周转率
	独立董事比例	DU	IPO 当年年末独立董事占董事会的比例
	两职合一	Dual	IPO 当年年董事长和总经理同为一人赋值为 1，否则为 0
	实际控制人持股比例	Top	IPO 当年年末实际控制人持股比例
	产权性质	State	如果公司的最终控制人为国有股东，取值为 1，否则为 0
	公司年龄	Age	LN（从成立到上市月份数）
	盈余管理	DA	IPO 当年盈余管理，DA >0 取 1，否则取 0。DA 根据修正的截面 Jones 模型计算的 IPO 当年操纵性应计利润
	账面市值比	BM	IPO 当年公司账面价值与市场价值之比
	公司上市板块	Plate	创业板上市的公司取值 1，中小板上市的公司取值为 0
	行业	Ind	用于控制行业影响因素
	年份	Year	用于控制年份的影响

四、实证检验

（一）描述性统计

表 5 - 24 为主要变量描述性统计结果。ΔGrowth1 和 ΔGrowth2 均值（分别是 -0.0701、-0.3896）和中位数（分别是 -0.0528、-0.3000）均小于 0，说明上市公司 IPO 后业绩变脸现象普遍存在。VC 均值高达 0.4798，说明我国风险投资发展比较迅速，风险投资受到风险企业的青睐。VCgov1 均值达到 0.3250（接近 VC 的均值），说明大多数风险投资机构都会参与公司治理。IC 的标准差为 0.7489，说明我国中小板和创业板上市公司内部控制质量存在显著的差异，为后续的研究可行性提供了基础。

表 5 - 24　　描述性统计

变量	样本量	最小值	中位数	最大值	均值	标准差
ΔGrowth1	917	-1.4894	-0.0528	0.9538	-0.0701	0.4041
ΔGrowth2	917	-3.7817	-0.3000	1.3585	-0.3896	0.7405
VC	917	0.0000	0.0000	1.0000	0.4798	0.4999
VChold1	917	0.0000	0.0000	0.3915	0.0333	0.0510

续表

变量	样本量	最小值	中位数	最大值	均值	标准差
VChold2	917	0.0000	0.0000	0.5587	0.0461	0.0687
VCgov1	917	0.0000	0.0000	1.0000	0.3250	0.4686
VCgov2	917	0.0000	0.0000	0.3333	0.0461	0.0728
IC	917	0.0000	6.9160	9.0532	6.7815	0.7489
Size	917	19.6568	20.8026	22.6026	20.8700	0.6009
Lev	917	0.0203	0.1705	0.6207	0.2079	0.1419
Ato	917	0.2105	0.6415	2.5381	0.7327	0.4111
DU	917	0.3333	0.3333	0.5556	0.3692	0.0490
Dual	917	0.0000	0.0000	1.0000	0.4678	0.4992
Top	917	0.0000	0.4020	0.7401	0.4092	0.1512
State	917	0.0000	0.0000	1.0000	0.0643	0.2455
Age	917	3.3951	4.0202	4.2084	3.9643	0.1818
DA	917	0.0000	1.0000	1.0000	0.6674	0.4714
BM	917	0.1088	0.3561	1.2824	0.4080	0.2167
Plate	917	0.0000	0.0000	1.0000	0.4373	0.4963

（二）相关性分析

根据表5－25变量的相关性分析表明，业绩变脸ΔGrowth1和ΔGrowth2与风险投资VC分别在1%和5%水平的显著负相关，说明有风险投资参与的企业IPO后业绩变脸程度越大；业绩变脸ΔGrowth1和ΔGrowth2与风险投资持股VChold1和VChold2分别在1%、1%、5%和10%水平显著负相关，说明风险投资持股比例越大，风险企业IPO后业绩变脸程度越大；业绩变脸ΔGrowth2与风险投资参与董事会治理VCgov1在10%水平显著负相关，说明风险投资参与风险企业治理会导致风险企业IPO后业绩变脸更严重。相关性分析结果表明，目前在我国中小板和创业板上市公司中，风险投资在被投资企业表现更符合“逐名假说”，即文章的假设H1b得到初步验证。此外，业绩变脸ΔGrowth1和ΔGrowth2与内部控制质量IC均在1%水平显著正相关，说明上市公司内部控制质量越高，越有利于改善上市公司IPO后的业绩表现，即假设H2初步得到验证。内部控制质量IC与风险投资VC在5%水平的显著负相关，说明有风险投资参与的企业内部控制质量越差，这也进一步验证了我国风险投资的“逐名动机”假说。另外，模型变量间的相关系数均小于0.5，说明模型不存在严重的多重共线性问题。

表 5-25 **变量的相关性分析**

	ΔGrowth1	ΔGrowth2	VC	VChold1	VChold2	VCgov1	VCgov2	IC	Size	Lev	Ato	DU	Dual	Top	State	Age	DA	BM	Plate
ΔGrowth1	1																		
ΔGrowth2	0.6200^{c}	1																	
VC	-0.0927^{c}	-0.0757^{b}	1																
VChold1	-0.1253^{c}	-0.0827^{b}	0.6812^{c}	1															
VChold2	-0.0896^{c}	-0.0638^{a}	0.6984^{c}	0.9264^{c}	1														
VCgov1	-0.0503	-0.0643^{a}	0.7224^{c}	0.6473^{c}	0.6968^{c}	1													
VCgov2	-0.0433	-0.0543	0.6598^{c}	0.6640^{c}	0.7432^{c}	0.9097^{c}	1												
IC	0.1319^{c}	0.1693^{c}	-0.0708^{b}	-0.0398	-0.0880^{c}	-0.0555^{a}	-0.0667^{b}	1											
Size	0.0174	-0.1088^{c}	0.0032	-0.0255	-0.0293	-0.0382	-0.0520	0.1774^{c}	1										
Lev	-0.0030	-0.0541	-0.0486	-0.0705^{b}	-0.0625^{a}	-0.0510	-0.0759^{b}	-0.0390	0.3766^{c}	1									
Ato	-0.0501	-0.0560^{a}	-0.0781^{b}	-0.0494	-0.0625^{a}	-0.0708^{b}	-0.0855^{c}	0.0774^{b}	0.2444^{c}	0.3923^{c}	1								
DU	-0.0550^{a}	-0.0359	-0.1157^{c}	-0.1390^{c}	-0.1589^{c}	-0.1441^{c}	-0.1387^{c}	0.0214	-0.0735^{b}	-0.0473	-0.0240	1							
Dual	0.0185	0.0626	0.1057^{c}	0.0466	0.0476	0.0681^{b}	0.0781^{b}	0.0464	-0.0490	-0.0504	-0.0588^{a}	0.0847^{b}	1						
Top	-0.0585	-0.0447	-0.1270^{c}	-0.1894^{c}	-0.2124^{c}	-0.1166^{c}	-0.1302^{c}	0.0502	0.0536	0.0431	0.0902^{c}	0.1541^{c}	0.0528	1					
State	0.0572^{a}	0.0580^{a}	-0.0917^{c}	-0.0112	-0.0277	-0.0586^{a}	-0.0587^{a}	0.0479	0.1369^{c}	0.1524^{c}	0.0285	-0.0886^{c}	-0.1479^{c}	-0.0133	1				
Age	-0.0264	0.0121	-0.0015	0.0370	0.0620^{a}	0.0105	-0.0049	-0.0613^{a}	-0.0463	0.0346	-0.0576^{a}	-0.0006	-0.0003	-0.0638^{a}	0.0134	1			
DA	-0.0411	-0.1142^{c}	-0.0123	0.0182	0.0200	0.0203	0.0091	0.0709^{b}	0.0522	-0.0310	-0.0078	0.0456	0.0125	-0.0671^{b}	-0.0035	-0.0993^{c}	1		
BM	-0.2315^{c}	-0.2060^{c}	-0.0321	-0.0170	-0.0114	-0.0521	-0.0667^{b}	-0.0199	0.2796^{c}	0.5387^{c}	0.2268^{c}	-0.0129	-0.0632^{a}	0.0328	0.0087	0.0652^{b}	0.0511	1	
Plate	-0.1150^{c}	-0.0541	0.1390^{c}	0.1011^{c}	0.1060^{c}	0.1487^{c}	0.1522^{c}	-0.1175^{c}	-0.3582^{c}	-0.2646^{c}	-0.3313^{c}	0.0285	0.0679^{b}	-0.1302^{c}	-0.1147^{c}	0.0918^{c}	-0.0076	-0.1978^{c}	1

注：表中列示的是 Pearson 检验结果，a、b、c 分别表示在 10%、5%、1% 水平上显著。

（三）多元回归分析

1. 风险投资及其参与程度与上市公司 IPO 业绩变脸。表 5－26 考察了风险投资及其参与程度对上市公司 IPO 业绩变脸影响。多元回归（1）和（6）的结果表明，业绩变脸 ΔGrowth1 和 ΔGrowth2 与风险投资 VC 显著负相关，且分别通过 1% 和 5% 显著水平检验，说明与无风险投资参与的企业相比，有风险投资参与的的企业 IPO 业绩变脸更严重；多元回归（2）、（3）、（7）和（8）的结果表明，业绩变脸 ΔGrowth1 和 ΔGrowth2 与风险投资持股 VChold1 和联合风险投资总持股 VChold2 均显著负相关，且分别通过 1%、1%、5% 和 10% 显著性水平检验，说明随着风险投资持股比例的增大，风险企业 IPO 业绩变脸更为严重；多元回归（4）、（5）、（9）和（10）的结果表明，业绩变脸 ΔGrowth1 与风险投资参与董事会治理程度 VCgov1 在 10% 水平显著负相关，业绩变脸 ΔGrowth1 与风险投资参与董事会治理 VCgov2 负相关，但未通过显著水平检验；业绩变脸 ΔGrowth2 与风险投资参与董事会治理 VCgov1 和风险投资参与董事治理程度 VCgov2 均显著负相关，且分别通过 5% 和 10% 显著水平检验，说明风险投资参与董事会治理及其程度的增大，风险企业 IPO 业绩变脸程度也会增大。因此，假设 H1b（逐名假说）得到了验证，表明我国风险投资发展尚未成熟，风险投资在企业 IPO 过程中并没有发挥其认证监督作用，反而更多的表现其逐名作用，导致风险企业 IPO 后业绩变脸现象更严重。

2. 风险投资、内部控制与上市公司 IPO 业绩变脸。表 5－27 考察了内部控制对风险投资与上市公司 IPO 业绩变脸关系的调节作用。风险投资 VC、风险投资持股 VChold1、联合风险投资总持股 VChold2、风险投资参与董事会治理 VCgov1 和风险投资参与董事治理程度 VCgov2 的系数均显著为负，与上文的研究结论一致。风险投资及其参与程度与内部控制交互项 VC×IC、VChold1×IC、VChold2×IC、VCgov1×IC 和 VCgov2×IC 的系数均显著为正，说明高质量内部控制可以弱化风险投资对企业 IPO 后业绩变脸现象的加剧作用，且风险投资参与企业的程度越大（风险投资持股比例越大、参与董事会治理），其作用越明显。因此，假设 H2b（逐名假说）得到了验证，表明高质量的内部控制可以遏制风险投资机构的逐名动机，预防风险投资机构的机会主义行为以及对风险企业的不正常干预，以尽可能的保证风险企业 IPO 时发行定价合理、“泡沫”最小化，并在上市后提升企业运营效率，有效缓解 IPO 后业绩变脸现象。

（四）稳健性检验

为了增加上述结论的稳健性，我们还进一步做了以下测试：（1）采用 IPO 前后一年的 ROA 变化率，即△GROWTH1 = 上市后一年 ROA － 上市前一年 ROA）/上市前一年 ROA 和 IPO 前后一年的 ROE 变化率，即△GROWTH2 =（上市后一年 ROE － 上市前一年 ROE）/上市前一年 ROE，对“业绩变脸”换一种方式度量，结论基本不变；（2）考虑到宏观因素对上市公司业绩变脸的影响，我们分别将 IPO 当年地区生产总值的自然对数（LNGDP）和樊纲等发布的“中国市场化指数报告”中的市场化进程指数（Market）作为控制变量加以控制，回归结果依然支持回归结果。

表 5 - 26　　风险投资及其参与程度对上市公司 IPO 业绩变脸影响的多元回归结果

	被解释变量 ΔGrowth1					被解释变量 ΔGrowth2				
	(1)	(2)	(3)	(4)	(5)	(6)	(7)	(8)	(9)	(10)
VC	-0.0737***					-0.1080**				
	(-2.95)					(-2.25)				
VChold1		-0.9061***					-0.9890**			
		(-3.75)					(-2.12)			
VChold2			-0.5020***					-0.5843*		
			(-2.77)					(-1.68)		
VCgov1				-0.0457*					-0.1120**	
				(-1.73)					(-2.23)	
VCgov2					-0.2540					-0.5990*
					(-1.49)					(-1.84)
Size	-0.0709***	-0.0734***	-0.0748***	-0.0756***	-0.0759***	-0.2050***	-0.2100***	-0.2110***	-0.2103***	-0.2110***
	(-2.87)	(-2.99)	(-3.04)	(-3.06)	(-3.08)	(-4.32)	(-4.43)	(-4.46)	(-4.45)	(-4.47)
Lev	0.2254*	0.2100*	0.2200*	0.2320*	0.2300*	-0.0637	-0.0781	-0.0679	-0.0545	-0.0593
	(1.86)	(1.73)	(1.81)	(1.90)	(1.89)	(-0.27)	(-0.33)	(-0.29)	(-0.23)	(-0.25)
Ato	-0.0805**	-0.0750**	-0.0770**	-0.0778**	-0.0774**	-0.1080	-0.1010	-0.1030	-0.1060	-0.1050
	(-2.20)	(-2.06)	(-2.10)	(-2.12)	(-2.11)	(-1.54)	(-1.43)	(-1.47)	(-1.51)	(-1.49)
DU	-0.2472	-0.2740	-0.2590	-0.2230	-0.2100	-0.3660	-0.3620	-0.3520	-0.3970	-0.3610
	(-0.98)	(-1.09)	(-1.02)	(-0.88)	(-0.83)	(-0.76)	(-0.75)	(-0.73)	(-0.82)	(-0.74)
Dual	0.0233	0.0216	0.0201	0.0188	0.0188	-0.0497	-0.0543	-0.0557	-0.0534	-0.0537
	(0.95)	(0.89)	(0.82)	(0.76)	(0.76)	(-1.05)	(-1.15)	(-1.18)	(-1.13)	(-1.14)
Top	-0.1022	-0.1280	-0.1180	-0.0862	-0.0869	-0.0558	-0.0735	-0.0654	-0.0447	-0.0451
	(-1.23)	(-1.53)	(-1.40)	(-1.04)	(-1.04)	(-0.35)	(-0.46)	(-0.40)	(-0.28)	(-0.28)

续表

	被解释变量 ΔGrowth1					被解释变量 ΔGrowth2				
	(1)	(2)	(3)	(4)	(5)	(6)	(7)	(8)	(9)	(10)
State	0.0275 (0.53)	0.0387 (0.76)	0.0353 (0.69)	0.0338 (0.66)	0.0347 (0.67)	0.1010 (1.03)	0.1180 (1.19)	0.1140 (1.15)	0.1070 (1.08)	0.1090 (1.11)
Age	−0.0105 (−0.14)	0.0068 (0.09)	0.0090 (0.12)	−0.0012 (−0.02)	−0.0014 (−0.02)	−0.0345 (−0.25)	−0.0103 (−0.07)	−0.0075 (−0.05)	−0.0257 (−0.18)	−0.0258 (−0.18)
DA	−0.0115 (−0.44)	−0.0103 (−0.39)	−0.0102 (−0.39)	−0.0099 (−0.38)	−0.0110 (−0.42)	−0.1013** (−2.02)	−0.1000** (−1.99)	−0.0998** (−1.98)	−0.0975* (−1.94)	−0.1000** (−1.99)
BM	−0.0474 (−0.53)	−0.0464 (−0.52)	−0.0453 (−0.50)	−0.0494 (−0.55)	−0.0495 (−0.55)	0.0060 (0.03)	0.0076 (0.04)	0.0089 (0.05)	0.00001 (0.00)	0.0002 (0.00)
Plate	−0.1442*** (−5.00)	−0.1440*** (−5.01)	−0.1470*** (−5.08)	−0.1470*** (−5.06)	−0.1470*** (−5.07)	−0.2363*** (−4.26)	−0.2385*** (−4.31)	−0.2410*** (−4.35)	−0.2360*** (−4.25)	−0.2370*** (−4.27)
Year/Ind	控制	控制	控制	控制	控制	控制	控制	控制	控制	控制
Cons	1.3570* (1.95)	1.3670** (1.97)	1.3760** (1.98)	1.4090** (2.02)	1.4160** (2.03)	3.6460*** (2.73)	3.6690*** (2.75)	3.6772*** (2.75)	3.7420*** (2.80)	3.7561*** (2.81)
F	9.04	9.26	9.00	8.80	8.77	5.66	5.64	5.58	5.66	5.60
Adj−R2	0.2139	0.2186	0.2130	0.2088	0.2082	0.1363	0.1358	0.1341	0.1362	0.1347
观测值	917	917	917	917	917	917	917	917	917	917

注：表中所有括弧内 t 值都经过异方差调整，*、**和***分别表示 10%、5% 和 1% 的显著性水平。

表 5 - 27　　风险投资、内部控制与上市公司 IPO 业绩变脸的多元回归结果

	被解释变量 ΔGrowth1					被解释变量 ΔGrowth2				
	(1)	(2)	(3)	(4)	(5)	(6)	(7)	(8)	(9)	(10)
VC	-0.5110*** (-3.70)					-1.6740*** (-6.41)				
VC × IC	0.0645*** (3.22)					0.2310*** (6.09)				
VChold1		-8.3793*** (-3.79)					-31.371*** (-7.54)			
VChold1 × IC		1.1130*** (3.40)					4.5240*** (7.34)			
VChold2			-2.4030** (-2.46)					-10.745*** (-5.82)		
VChold2 × IC			0.2900** (1.98)					1.5472*** (5.60)		
VCgov1				-0.4371** (-2.34)					-2.1085*** (-5.98)	
VCgov1 × IC				0.0581** (2.11)					0.2964*** (5.72)	
VCgov2					-2.1420* (-1.85)					-12.062*** (-5.52)
VCgov2 × IC					0.2830* (1.65)					1.7164*** (5.31)
Size	-0.0741*** (-3.02)	-0.0766*** (-3.14)	-0.0759*** (-3.09)	-0.0762*** (-3.10)	-0.0763** (-3.09)	-0.2160*** (-4.65)	-0.2225*** (-4.84)	-0.2170*** (-4.66)	-0.2140*** (-4.60)	-0.2133*** (-4.58)
Lev	0.2450** (2.03)	0.2220* (1.84)	0.237* (1.95)	0.2460** (2.02)	0.2360* (1.94)	0.0075 (0.03)	-0.0298 (-0.13)	0.0236 (0.10)	0.0160 (0.07)	-0.0242 (-0.11)
Ato	-0.0937** (-2.56)	-0.0863** (-2.37)	-0.0827** (-2.25)	-0.0845** (-2.30)	-0.0816** (-2.22)	-0.1560** (-2.25)	-0.1470** (-2.14)	-0.1334* (-1.92)	-0.1400** (-2.02)	-0.1303* (-1.88)

续表

	被解释变量 ΔGrowth1					被解释变量 ΔGrowth2				
	(1)	(2)	(3)	(4)	(5)	(6)	(7)	(8)	(9)	(10)
DU	-0.2490 (-0.99)	-0.2430 (-0.97)	-0.2290 (-0.91)	-0.2160 (-0.85)	-0.2050 (-0.81)	-0.3720 (-0.79)	-0.2342 (-0.50)	-0.1940 (-0.41)	-0.3623 (-0.76)	-0.3260 (-0.68)
Dual	0.0199 (0.81)	0.0148 (0.61)	0.0160 (0.65)	0.0145 (0.59)	0.0156 (0.63)	-0.0619 (-1.34)	-0.0821* (-1.79)	-0.0778* (-1.67)	-0.0751 (-1.62)	-0.0731 (-1.57)
Top	-0.1110 (-1.34)	-0.1430 (-1.72)	-0.1240 (-1.47)	-0.0977 (-1.17)	-0.0943 (-1.13)	-0.0874 (-0.56)	-0.1353 (-0.86)	-0.0975 (-0.61)	-0.1040 (-0.66)	-0.0902 (-0.57)
State	0.0279 (0.54)	0.0353 (0.69)	0.0342 (0.67)	0.0316 (0.61)	0.0339 (0.66)	0.1030 (1.06)	0.1040 (1.08)	0.1074 (1.10)	0.0953 (0.98)	0.1040 (1.07)
Age	-0.0234 (-0.32)	0.0014 (0.02)	0.0079 (0.11)	-0.0034 (-0.05)	-0.0030 (-0.04)	-0.0808 (-0.59)	-0.0325 (-0.24)	-0.0134 (-0.10)	-0.0370 (-0.27)	-0.0352 (-0.25)
DA	-0.0168 (-0.64)	-0.0146 (-0.56)	-0.0106 (-0.41)	-0.0106 (-0.41)	-0.0121 (-0.46)	-0.1204** (-2.44)	-0.1180** (-2.40)	-0.1020** (-2.06)	-0.1011** (-2.05)	-0.1070** (-2.16)
BM	-0.0498 (-0.56)	-0.0437 (-0.49)	-0.0527 (-0.59)	-0.0585 (-0.65)	-0.0541 (-0.60)	-0.0026 (-0.02)	0.0183 (0.11)	-0.0309 (-0.18)	-0.0460 (-0.27)	-0.0280 (-0.17)
Plate	-0.1481*** (-5.15)	-0.1463*** (-5.12)	-0.1480*** (-5.13)	-0.1490*** (-5.14)	-0.1490*** (-5.15)	-0.2501*** (-4.60)	-0.2480*** (-4.61)	-0.2480*** (-4.54)	-0.2470*** (-4.53)	-0.2500*** (-4.57)
Year/Ind	控制	控制	控制	控制	控制	控制	控制	控制	控制	控制
Cons	1.4900** (2.15)	1.4633** (2.12)	1.4040** (2.02)	1.4450** (2.08)	1.4360** (2.06)	4.1210*** (3.14)	4.0610*** (3.13)	3.8273*** (2.91)	3.9260*** (2.99)	3.8790*** (2.95)
F	9.17	9.44	8.87	8.70	8.60	6.87	7.48	6.57	6.70	6.47
Adj - R2	0.2221	0.2278	0.2156	0.2119	0.2097	0.1702	0.1846	0.1628	0.1661	0.1605
观测值	917	917	917	917	917	917	917	917	917	917

注：表中所有括弧内 t 值都经过异方差调整，*、**和***分别表示 10%、5% 和 1% 的显著性水平。

第五节 本章小结

随着组织信任的重要性不断被人们所认知，组织信任逐渐成为心理学、社会学和组织行为学等社会科学研究的热门课题。作为一类复杂的组织行为，组织信任的理论和研究方法的进展反映了组织信任的多个侧面和多个水平。组织信任的最近研究热点，国内外学术界对组织信任的研究已经取得了一定的进展，也取得了一些很有价值的研究成果，主要集中在关于组织信任内容构思的研究，组织信任结构与作用机制的研究，组织信任与相关组织变量（如组织诚信、组织承诺、领导风格等）关系的研究，组织信任的影响因素与影响效果的研究，组织信任与人力资源、企业策略关系的研究。众多研究表明，组织信任是组织内部团队与企业联盟合作必不可少的前提，对组织内部管理而言，组织信任能够降低交易成本，促进组织内部（外部）资源的合理运用。因此组织信任深刻地影响着组织的态度和运行行为以及组织绩效等，最终对组织核心竞争力产生关键的影响作用，决定着组织战略的成败。因此，对组织信任的研究非常重要。本章从企业战略发展的视角，选择了董事会行为与企业创新、多元化与企业超额现金持有、外部盈余压力与企业并购、风险投资与企业 IPO 业绩等几个具有战略意义的问题，作为企业利益共同体（组织）信任的替代变量，研究内部控制作为正式制度信任是否以及如何在其中起着调节作用。

一、主要研究结论

1. 在企业董事会行为与创新战略研究方面。在研究董事会行为对创新战略选择的基础上，加入了内部控制作为调节变量，对董事会行为和创新战略选择之间是否存在关联性，以及内部控制能否影响董事会行为与创新战略选择的关系进行了实证检验。检验结果表明在企业中董事会行为表现积极，企业可能会选择挖掘式创新战略。同时，加入内部控制后，对董事会行为与挖掘式创新战略的关系有正向的促进关系。但对一个企业而言，过多的选择挖掘式创新战略可能会使其在长期市场竞争中处于不利的地位，并且随着市场经济的不断完善，企业间的竞争也在加剧。根据《全国科技经费投入统计公报》显示，我国企业研发投入虽然呈现逐年上升趋势，但与发达国家相比，仍存在着强度过低的问题。所以董事会要转变其发展观念，着眼于企业未来的长远发展，加大企业的研发投入，同时政府也要努力推动我国创新市场的发展完善，为企业进行创新发展提供良好的环境。

2. 在多元化与企业超额现金持有研究方面。检验了内部控制与多元化经营对超额现金持有的影响，进一步地，探讨了内部控制对多元化经营行为的影响以及内部控制在多元化经营影响超额现金持有中所发挥的作用。研究结果表明，内部控制和多元化均会显著地降低上市公司的超额现金持有；高质量的内部控制可以有效地抑制多元化经营程度从而导致多元化经营并不能显著地降低超额现金持有。进一步地，我们将上市公司的多元化经营行为区分为相关的和不相关的多元化，研究发现，高质量的内部控制可以显著降低非相关多元化经营程度，从而导致非相关多元化经营并不能显著地降低超额现金持有，显著地提高了超额现金持有；相反，高质量的内部控制无法显著降低相关多元化经营程度，因而相关多元化经营能够降低超额现金持有。这给我们的启示在于：上市公司为了更好地应对越来越激烈的市场竞争，在通过多元化扩张做大做强的过程中，更需要建立健全内部控制——必要性在于抑制盲目地进行多元化，重要性在于促进相关多元化经营，避免盲目多元化扩张带来的不利影响，避免持有过高或者过低的现金。

3. 在外部盈余压力与企业并购研究方面。在外部盈利压力的环境下，理论探讨和实证验证了内部控制与企业并购行为之间的关系。实证结果表明：（1）企业面临的外部盈利压力越大，企业越不倾向于并购；（2）相对内部控制差的企业而言，在内部控制好的企业中，外部盈利压力越大，企业并购的可能性反而增加；（3）高管权力抑制了内部控制的执行效率。其研究启示在于：第一，分析师偏重于企业短期业绩的预测，而仅以企业的业绩是否达到分析师盈余的预测来评价企业，考核经理人，会促使经理人更关注当期利益，不利于企业的长远发展，因此，亟须制定一套科学的企业业绩评估体系；第二，对于加强国内企业对内部控制制度的重视和建设，提高上市公司内部控制效率具有重要现实意义，同时也进一步表明企业内部形成良好权力配置结构的意义和重要性。

4. 风险投资与企业 IPO 业绩研究方面。以 IPO 公司业绩变脸为考察对象，理论探讨和实证验证内部控制、风险投资与上市公司 IPO 业绩变脸之间的关系。研究结果表明：第一，与无风险投资参与的企业相比，有风险投资参与的企业 IPO 后业绩变脸现象更严重；风险投资参与企业的程度越大（风投持股比例越大、参与董事会治理），企业 IPO 后业绩变脸现象更为严重；第二，高质量内部控制可以有效缓解风险投资对企业 IPO 后业绩变脸的影响，且高质量内部控制对风险投资参与程度越大（风投持股比例越大、参与董事会治理）的企业，其作用越明显。其启示意义在于：首先，我国相关部门需不断完善风险投资机构制度管理体系并加强对风险投资机构从业人员的监管。由于我国资本市场和风险投资制度体系发展尚未成熟，在这种特定的制度背景下，风险投资机构为获得投资回报、创造 IPO 退出时机可能更具有追逐短期利益的“逐名动机”，最终导致风险投资机构参与的上市公司 IPO 业绩变脸现象更加突出。如果风险投资管理制度体系设计不健全、风险投资从业人员监管不到位，风险投资机构会因为自身利益的诉求，诱发风险投资机构及其从业人员的短期机会主义行为，这也会极其不利于我国风险投资行业的发展；其次，积极探索、改进和完善风险投资机构参与风险企业公司治理的途径和方式，塑造真正的基于企业基业长青的风险投资者和投资行为；最后，内部控制是公司治理的基石，高质量的内部控制不仅可以改善公司治理结构，还可以遏制风险投资机构的短期机会主义行为。一方面，加强中小创企业自身的内部控制建设，充分发挥内部控制的“免疫功能”，全面提升中小创企业质量；另一方面，由于目前内部控制规范体系在中小板与创业板的内部控制尚处于自愿实施阶段，监管机构有必要在中小板与创业板尽快全面、强制实施内控规范体系，发挥企业内部控制制度应有之功效。

二、研究局限性

局限性 1：内部控制由控制环境、风险评估、控制活动、信息与沟通和监五大要素构成，本章没有具体分别从五要素（或者八要素）的调节作用进行细分，而且受限于数据的获取，仅以上市公司为研究对象，而现实中，对于非上市公司的类似行为，无法获取相应的数据只能舍弃。尤其是，企业内部控制信息的披露仍然会受到企业管理层的影响，如何客观地表达企业原本的性态，值得进一步斟酌。

局限性 2：在具体的研究变量方面，还值得进一步优化，比如，Finkelstein（1992）将高管权力划分为组织上的权力、所有权权力、专家权力和声望权力四个方面，本章没有进一步对样本企业的高管权力做出区分。再比如，关于公司正常、合理现金持有水平的估计模型，学术界并没有形成统一结论，本章使用的正常现金持有水平估计模型也是在参考学术界引用率较高的文献基础上确定的，然而这个估计模型能够在多大程度上衡量上市公司的现金持有水平还有待研究探索。

局限性 3：在现实中不同的行业可能有不同的创新战略选择倾向，例如工业企业可能倾向于选择挖掘式创新战略，高新技术企业可能倾向于选择探索式创新战略，本章没有对企业进行细分，有待后续深入研究。

主要参考文献

[1] Abbott, L. J. , Parker, S. , Peters, G. F. , Rama. D. V. , Corporate governance, Audit Quality, and the Sarbanes - Oxley Act: Evidence from Internal Audit Outsourcing [J]. The Accounting Review, 2007, 82 (4): 803 - 835.

[2] Aboody D, Kasznik R. CEO Stock Option Awards and the Timing of Corporate Voluntary Disclosures [J]. Journal of Accounting and Economics, 2000, 29 (1): 73 - 100.

[3] Ahmed A. S. , McAnally M. L. , Rasmussen S. , Weaver C. D. , How Costly is the Sarbanes Oxley Act? Evidence on the Effects of the Act on Corporate Porfitability. Journal of Corporate Finance, 2010, 16 (3): 352 - 369.

[4] Ahuja, G. Collaboration Networks, Structural Holes, and Innovation: A Longitudinal Study [J]. Administrative Science Quarterly, 2000, 45 (3): 425 - 455.

[5] Akerlof. G. , The Market for "Lemons": Quality uncertainty and the market mechanism [J]. Quarterly Journal of Economics, August, 1970, 84 (3): 488 - 500.

[6] Alchian, Armen and Demsetz, Harold. Production, information Costs and Economic Organization [J]. American Economic Review, 1972, 3 (2): 21 - 41

[7] Alexander C. R. , Scoot W. Bauguess. , G Bernile, Y - H Alex Lee, J. Marietta - Westberg. , Economic effects of SOX Section 404 compliance: A corporate inside perspective [J]. Journal of Accounting and Economics, 2013, 56 (2 - 3): 267 - 290.

[8] Allen, F. A. Babus. Networks in Finance [R]. working paper, Wharton Financial Institutions Center, University of Pennsylvania. 2008.

[9] Allen, F. , Qian, J. , Qian, M. Law, finance, and economic growth in China [J]. Journal of Financial Economics, 2005, 77 (1): 57 - 116.

[10] Allyn A. Young, Increasing Returns and Economic Progress [J]. The Economic Journal, 1928, 38 (152): 527 - 542.

[11] Altamuro, J. , Beatty, A. How does Internal Control Regulation Affect Financial Reporting? [J]. Journal ofAccounting and Economics, 2010, 49 (1 - 2): 58 - 74.

[12] Amit, Glosten and Muller. Entrepreneurial Ability, Venture Investments, and Risk Sharing [J]. Management Science, 1990, 36 (10): 1232 - 1245.

[13] Anderson B. , Weitz. Determinants of Continuity in Conventional Industrial Channel

Dyads [J]. Marketing Science, 1989. 8 (4): 310 -323.

[14] Andrew C Wick. Shawn L Berman, Thomas M Jones. The structure of optimal trust: Moral and strategicimplic ations [J]. Academy of management review, 1999, 24 (1): 99 - 116.

[15] Aoki, M., Toward a Comparative Institutional Analysis (M). Cambridge, MA: MIT Press. 中文版, 2001.

[16] Arikan E, Kantur D, Maden C, Telci EE. Investigating the mediating role of corporate reputation on the relationship between corporate social responsibility and multiple stakeholder outcomes [J]. Quality & Quantity, 2016, 50 (1): 1 -21

[17] Arrow, Kenneth J. Political and Economic Evaluation of Social Effects and Externalities [M]. Chapter in NBER book The Analysis of Public Output (1970), Julius Margolis, editor (p. 1 -30) Published in 1970 by NBER.

[18] Artz K. W., Brush T. H.. Asset Specificity, Uncertainty and Relational Norms: An Examination of Coordination Costs in A Collaborative Contractual Alliance [J]. Journal of Economic Behavior & Organization, 2000, 41 (4): 337 -362.

[19] Ashbaugh - Skaife Hollis, Collins Daniel W., Kinney William R. and LaFond Ryan. The effect of SOX Internal Control Deficiencies and their Remediation on Accrual Quality [J]. The Accounting Review, 2008, 83 (1): 217 -250.

[20] Ashbaugh - Skaife, H., Collins, D., Kinney, W., The Discovery and Reporting of Internal Control Deficiencies Prior to SOX - Mandated Audits [J]. Journal of Accounting and Economics, 2007, 44 (1 -2): 166 -192.

[21] Ashbaugh - Skaife, H., Collins, D., Kinney, W., LaFond, R., The Effect of SOX Internal Control Deficiencies on Firm Risk and Cost of Equity [J]. Journal of Accounting Research, 2009, 47 (1): 1 -43.

[22] Ashbaugh - Skaife, H., David. Veenman, D. Wangerin., Internal Control over financial reporting and managerial rent extraction: Evidence from the profitability of insider trading [J]. Journal of Accounting and Economics, 2013, 55 (1): 91 -110.

[23] Ashforth, B. E., Fried, Y. The Mindlessness of Organizational Behaviors [J]. Human Relations, 1988, 41 (4): 305 -329.

[24] Ashwin. W. Joshi. Stephen. J. Arnol. How relational norms affect compliance in industrial buying [J]. Journal of Business Research. 1998, 41 (2): 105 -114.

[25] Augier M, Teece D J. Dynamic capabilities and the role of managers in business strategy and economic performance [J]. Organization Science, 2009, 20 (2): 410 -421.

[26] Baker M, Stein J C, Wurgler J. When does the market matter? Stock prices and the investment of equity - dependent firms [J]. The Quarterly Journal of Economics, 2003, 118 (3): 969 -1005.

[27] Baker, S. R., Bloom, N., Davis, S. J. Measuring Economic Policy Uncertainty [R]. NBER Working Paper No. 21633, 2013.

[28] Ball, R. , S. P. Kothari, and A. Robin. The effect of international institutional factors on properties ofaccounting earnings [J]. Journal of Accounting and Economics 2000, 29 (1): 1 -51.

[29] Ballot G, F Fakhfakh, and E Taymaz. Firms human capital, R&D and performance: a study on French and Swedish firms [J]. Empirical Economics, 2012, 43 (2): 581 -596.

[30] Balsam S, Jiang W Lu B. Equity Incentives and Internal Control Weaknesses [J]. Contemporary Accounting Research, 2012, 31 (1): 178 -201.

[31] Barber, B. , The Logic and Limits of Trust, New Brunswick, NJ: Rutgers University Press. 1983.

[32] Bargeron, L. L. , Lehn, K. M. , Zutter, C. J. Sarbanes - Oxley and Corporate Risk - Taking [J]. Journal of Accounting and Economics, 2010, 49 (1 -2): 34 -52.

[33] Barney, J. B. Firm resources and sustained competitive advantage [J]. Journal of Management, 1991, 17 (1) : 99 -120.

[34] Barry C B, Muscarella C J, Iii J W P, et al. The role of venture capital in the creation of public companies: Evidence from the going - public process [J]. Journal of Financial Economics, 1990, 27 (2): 447 -471.

[35] Barv A; Gompers P. Myth or Reality? The Long - run Underperformance of Initial public Offering: Evidence from Venture Capital and Non - venture Capital - backed Companies [J]. Journal of Finance, 1997, 52 (5) . 1791 -1821.

[36] Baum J A C, Silverman B S. Picking winners or building them? Alliance, intellectual, and human capital as selection criteria in venture financing and performance of biotechnology startups [J]. Journal of Business Venturing, 2004, 19 (3): 411 -436.

[37] Baumol, W. J. , Heim, P. , Malkiel, B. G. , Quandt, R. E.. Earnings Retention, New Capital and the Growth of the Firm [R]. The Review of Economics and Statistics, 1970, 52 (4): 345 -355.

[38] Becheikh N. , R. Landry and N. Amara. Lessons From Innovation Empirical Studies in the Manufacturing Sector: A System Aticre View of The Literature From 1993 - 2003 [J]. Technovation, 2006, 26 (5): 644 -664.

[39] Becker, C. , DeFond, M. , Jiambalvo, J. , Subramanyam. , K. R. , The Effect of Audit Quality on Earnings Management [J]. Contemporary Accounting Research, 1998, 15 (1): 1 -24.

[40] Bedard J. Reported Internal Control Deficiencies and Earnings Quality [R]. Working Paper, University Laval, 2006.

[41] Bedard, J. C. , L. Graham. Detection and severity classifications of Sarbanes - Oxley Section 404 internal control deficiencies [J]. The Accounting Review, 2011, 86 (3): 825 - 855.

[42] Bedard, J. C. , R. Hoitash. , U. Hoitash. , K. Westermann. , Material Weakness Remediation and Earnings Quality: A Detailed Examination by Type of Control Deficiency [J]. Au-

diting: A Journal of Practice & Theory, 2012, 31 (1): 57 -78.

[43] Bell Timothy B., Landsman Wayne R. and Shackelford Douglas A. Auditors' Perceived Business Risk and Audit Fees: Analysis and Evidence [J]. Journal of Accounting Research, 2001, 39 (1): 35 -43.

[44] Beneish M D, Billings M B, Hodder L D. Internal Control Weaknesses and Information Uncertainty [J]. Accounting Review, 2007, 83 (3): 665 -703.

[45] Benjamin K, Robert G C, Armen A A. Vertical integration, appropriable rents, and the competitive contracting process [J]. The Journal of Law and Economics, 1978, 21 (2): 297 -326.

[46] Benner M J, and M L Tushman. Exploitation, Exploration, and Process Management: The Productivity Dilemma Revisited [J]. Academy of Management Review, 2003, 28 (2): 238 -256.

[47] Bernardo Antonio E., Luo Jiang and Wang James J. D. A Theory of Socialistic Internal Capital Markets [J]. Journal of Financial Economics, 2006. 80 (3): 485 -509.

[48] Bernhardt, D., Campello, M.. The dynamics of Earnings Forecast Management [J]. Review of Finance, 2007, 11 (2): 287 -324.

[49] Bertrand Marianne and Mullainathan Sendhil.. Enjoying the Quiet Life? Corporate Governance and Managerial Preferences [J]. Journal of Political Economy, 2003, 111 (5): 1043 - 1075.

[50] Bhattacharya U, Hsu PH, Tian X, Xu Y. What Affects Innovation More: Policy or Policy Uncertainty? [J]. Journal of Financial & Quantitative Analysis, 2017, 52 (2): 21 -79.

[51] Bhide A, H Stevenson. Attracting stakeholders [A]. W. Sahlman, H. Stevenson, eds. The Entrepreneurial Venture [M]. Harvard Business School Publications, Boston, MA, 1992: 149 -159.

[52] Bierstaker J. L., Hunton J. E., Thibodeau J. C., Do Client - Prepared Internal Control Documentation and Business Process Flowcharts Help or Hinder an Auditor's Ability to Identify Missing Controls? [J]. Auditing: A Journal of Practice & Theory 2009, 28 (1): 79 -94.

[53] Bloom Nick, Bond Stephen and Reenen John Van. Uncertainty and Investment Dynamics [J]. Review of Economic Studies, 2007, 74 (3): 391 -415.

[54] Bloom, Nick. The Impact of Uncertainty Shocks [J]. Econometrica, 2009, 77 (3): 623 -685.

[55] Boersma M F, Buckley P J, Ghauri P N. Trust in international joint venture relationships [J]. Journal of BusinessResearch, 2003, 56 (12): 1031 -1042.

[56] Bolton Patrick and Mathias Dewatripont. The Firm as a Communication Network [J]. Quarterly Journal of Economics, 1994, 109 (4): 809 - 839.

[57] Botkin JW. Smatr Business: How Knowledge Communities Can Revolutionize Your Company. Retrieved Septenmber 05, 2007, form http: // home. att. net/ ~ discon/ KM/ Botkin. htm, 1999 (7): 60.

[58] Botosan Christine A. Disclosure Level and the Cost of Equity Capital [J]. The Accounting Review, 1997, 72 (3): 323 -349.

[59] Bottom, W. P., Gibson, K., Daniels, S. E., & Murnighan, J. K. When talk is not cheap: Substantive penance and expressions of intent in rebuilding cooperation [J]. Organization Science, 2002, 13 (5) : 497 -513.

[60] Bowen R, . Du Charme., D. Shares, . Stakeholders implicit claim and accounting method choice [J]. Journal of Accounting and Economics, 1995, 20 (3): 255 -295.

[61] Bower, J. L., Gilbert, C. G.. How Managers'Everyday Decisions Create or Destroy Your Company's Strategy [J]. Harvard Business Review, 2007, 85 (2): 72 -79.

[62] Boyer, M. Robert, J. Organizational Inertia and Dynamic Incentives [J]. Journal of Economic Behvior&Organization, 2006, 59 (3): 324 -348.

[63] Bradach J L, Eccles R G. Price, authority, and trust: from ideal types to plural forms [J]. Annual Review of Sociology, 1989, 15 (1): 97 -118.

[64] Brian Arthur W. Self - Reinf orcing Mechanisms in Economics, In Philip W. Anderson. Kenneth J. Arrow and David Pines (eds.) [M]. The Economy as an Evolving Complex System. Addis on Wesley Publish Company. 1988.

[65] Bridge S S, J K Harrison. Employee Perceptions of Stakeholder Focus and Commitment to The Organization [J]. Journal of Managerial Issues, 2003, 21 (4): 498 -509.

[66] Broberg P, Tagesson T, Collin S O. What Explains Variation in Voluntary Disclosure? A study of the Annual Reports of Corporations Listed on the Stockholm Stock Exchange [J]. Journal of Management and Governance, 2010, 14 (4): 351 -377.

[67] Brochet, F., Information content of insider trades before and after the Sarbanes - Oxley Act [J]. The Accounting Review, 2010, 85 (2): 419 -446.

[68] Bronson S. N., Carcello J. V., Raghunandan K., Firm Characteristics and Voluntary Management Reports on Internal Control [J]. Auditing: A Journal of Practice & Theory, 2006, 25 (2): 25 -39.

[69] Bruner, R. F.. Does M&A Pay? A Survey of Evidence for The Decision - Maker [J]. Journal of Applied Finance, 2002, 12 (1): 48 -68.

[70] Bryan, S. H., Lilien, S. B.. Characteristics of Firms with Material Weaknesses in Internal Control: An Assessment of Section 404 of Sarbanes Oxley [R]. Working paper, 2005.

[71] Bushman, R. M. and Smith, A. J., Financial Accounting Information and Corporate Governance [J]. Journal of Accounting and Economics,, 2001, 32 (13): 237 -333.

[72] Bunkanwanich, P, Fan, J, Wimattanakantang, Y. Marriage and Network Formation: A Study of Family Business Groups in an Emerging Market [R]. Working Paper, Chinese University of Hong Kong. 2008.

[73] Carter M. Ellen., Luann J. Lynch., S. L. C. Zechman, Changes in bonus contracts in the post - Sarbanes - Oxley Era. Review of Accounting Studies, 2009, 14 (4): 480 -506.

[74] Cassell C A, Drake M S, Rasmussen S J. Short Interest as a Signal of Audit Risk [J].

Contemporary Accounting Research, 2011, 28 (4): 1278 - 1297.

[75] Chan K C, Farrell B R, Lee P. Earnings Management of Firms Reporting Material Internal Control Weaknesses Under Section 404 of the Sarbanes - Oxley Act [J]. Social Science Electronic Publishing, 2008, 27 (2): 161 - 179.

[76] Chen C J, Li Zengquan, Su Xi jia, et al. Relationship - specific investment and accounting conservatism: effect of customers and suppliers [R]. Working Paper, City University of HongKong, 2000.

[77] Chen Charles J. P., Su Xijia and Zhao Ronald. An Emerging Market's Reaction to Initial Modified Audit Opinions: Evidence from Shanghai Stock Exchange [J]. Contemporary Accounting Research, 2000, 17 (3): 429 - 455.

[78] Chen J. P, Li Zengquan, Su Xijia, Yiwei Yao, Relationships - specific investment and accounting conservatism: The effect of customers and suppliers [R]. Working Paper. City University of Hong Kong. 2009.

[79] Cheng Yu - Ting and Andrew H. Van de Ven. Learning the innovation journey: Order out of chaos? [J] Organisational Science, 1996, 7 (6): 593 - 613.

[80] Cheng, Mei, Dan. Dhaliwal, Yuan Zhang, Does investment efficiency improve after the disclosure of material weaknesses in internal control over financial reporting? [J]. Journal of Accounting and Economics, 2013, 56 (1): 1 - 18.

[81] Cheng, Y., Liu, M. H., Qian, J.. Buy - Side Analysts, Sell - Side Analysts, and Investment Decisions of Money Managers [J]. Journal of Financial and Quantitative Analysis, 2006, 41 (1): 51 - 83.

[82] Claude d'Aspremont, Sudipto Bhattacharya, Louis - Andre Gerard - Varet. Knowledge as a public good: efficient sharing and incentive for development effort [J]. Journal of Mathematical Economics. 1998, (30): 389 - 404.

[83] Cohen, D. A., A. Dey, and T. Z. Lys. Trends in earnings management and informativeness of earnings announcements in the pre - and post - Sarbanes Oxley periods [R]. Working paper, Northwestern University, Chicago, IL. 2005.

[84] Cohen, D. A; P. Zarowin Accrual - based and Real Earnings Management Activities around Seasoned Equity Offerings [R]. Electronic copy available at: http: //ssrn. com/abstract = 1081939, 2010, (9): 1 - 48.

[85] Collins Denton., Adi Masli, A. L., Reitenga, J. M., Sanchez., Earning Restatements, the Sarbanes - Oxley Act, and the Disciplining of Chief Financial Officers. Journal of Accounting, Auditing and Finance, 2009, 24 (1): 1 - 34.

[86] Conyon Martin J. and Florou Annita. Top Executive Dismissal, Ownership and Corporate Performance [J]. Accounting and Business Research, 2002, 32 (4): 209 - 225.

[87] Costello, A. M., and R. Wittenberg - Moerman, The Impact of Financial Reporting Quality on Debt Contracting: Evidence From Internal Weakne [J]. Reports, Journal of Accounting Research, 2011, 49 (1): 97 - 136.

[88] Costigan, R. D, Ilter, S. S, Berman, J. J. , A Multi - dimensional Study of Trust in Organizations [J]. Journal of Managerial Issues, 1998, 10 (3): 303 - 317.

[89] Creed, W. , Miles, R. E. , Kramer, R. M. , &Tyler, T. R. Trust in organizations. Trust in Organizations: Frontiers of Theory and Research [M]. 16 - 38. Thousand Oaks, CA, US: Sage Publications Inc. 1996.

[90] Culati, R. Does Familiarity Breed Trust? The Implications of Repeated Ties for Contractual Choice in Alliances [J]. Academy of Management Journal, 1995, 38 (1): 85 - 112.

[91] Currie, G. and Kerrin, M. , Human resource management and knowledge management: enhancing knowledge sharing in a pharmaceutical company [J]. International Journal of Human Resource Management, 2003, 14 (6): 1027 - 1045.

[92] Czarnitzki, D. , Hottenrott, H. R&D Investment and Financing Constraints of Small and Medium - sized Firms [J]. Small Business Economics, 2011, 36 (1): 65 - 83.

[93] Czinkota, M. R. Export Development Strategies: US Promotion Policies [M]. New York: Prager Publishers, 1982.

[94] Danbolt J, Rees W. Market - to - market accounting and valuation: Evidence from UK real estate and investment companies [R]. Working Paper, University of Glasgow: Scotland, 2007.

[95] Daniel A. Cohen, Aiyesha Dey, Thomas Z. Lys. Real and Accrual - based Earnings Management in the Pre - and Post - Sarbanes - Oxley Periods [J]. The Accounting Review, 2008, 83 (3): 757 - 787.

[96] Das T K , Teng B S. , Resource and Risk Management in the Strategic Alliance Making Process [J]. Journal of Management. 1998, 24 (1): 21 - 42.

[97] Das, T. K. and Teng, B. S. Trust, Control and Risk in Strategic; Alliances: An Integrated Framework [J]. Organization Studies, 2001, 22 (2): 251 - 283.

[98] Davenport, T. H. , Prusak, L. Working Knowledge [M]. Boston: Harvard Business School Press, 1998.

[99] Davenport. T. , I. . Prusak. Working Knowledge: How Organizations Manage What They Know [M]. Harvard Business School Press. Boston, MASS, 1998, 2000 (August).

[100] David A Garvin. Building Learning Organizations [M]. Harvard Business Review, 1993.

[101] Davis J H, Schoorman F D, Donaldson L. Toward a stewardship theory of management [J]. Academy of Management Review, 1997, 22 (1): 20 - 47.

[102] Davis. F. D. , Bagozzi, R. P. , and Warshaw, P. R. user Acceptance of Computer Technology: A Comparison of TwoTheoretical Models, Management science, 1989, 35 (8): 982 - 1003.

[103] Dawar N, Parker P. Marketing universals: Consumers'use of brand name, price, physical appearance, and retailer reputation as signals of product quality [J]. Journal of Marketing, 1994, 58 (2): 81 - 95.

[104] Deakin, S, & Wilkinson, F. Contract law and the economics of interorganizational trust [C]. In C. Lane and R. Bachmann (Eds), Trust within and between organisations, 1998, 146 - 172. Oxford: Oxford University Press.

[105] Dechow, P. M., Hutton, A. P., Sloan, R. G.. The Relation Between Analysts' Forecasts of Long - term Earnings Growth and Stock Price Performance Following Equity Offerings [J]. Contemporary Accounting Research, 2000, 17 (1): 1 - 32.

[106] Dechow, P. M., Sloan, R. G., and Sweeney, A. P. Detecting Earnings Management [J]. The Accounting Review, 1995, 70 (2): 193 - 225.

[107] DeFond M. L., Chul W. Park. Smoothing Income in Anticipation of Future Earnings [J]. Journal of Accounting and Economics, 1997, 23 (2): 115 - 139.

[108] Degeorge, F., Patel, J., Zeckhauser, R.. Earnings Management to Exceed Thresholds [J]. The Journal of Business, 1999, 72 (1): 1 - 33.

[109] Denis, D. K., and J. J. Mc Connell. International Corporate Governance [J]. Journal of Financial and Quantitative Analysis, 2003, 38 (1): 1 - 36.

[110] Denize S, Young L. Concerning trust and information [J]. Industrial Marketing Management, 2007, 36 (7): 968 - 982.

[111] Deutsch M. Trust and suspicion [J]. The Journal of Conflict Resolution, 1958, (2): 265 - 279.

[112] Dey A., The Chilling Effect of Sarbanes—Oxley: A discussion of Sarbanes—Oxley and Corporate Risk - Taking [J]. Journal of Accounting and Economics, 2010, 49 (1 - 2): 53 - 57.

[113] Dhaliwal D S, Hogan C E, Trezevant R, et al. Internal Control Disclosures, Monitoring, and the Cost of Debt [J]. The Accounting Review, 2011, 86 (4): 1131 - 1156.

[114] Dittmar Amy and Mahrt - Smith Jan. Corporate Governance and the Value of Cash Holdings [J]. Journal of Financial Economics, 2007, 83 (3): 599 - 634.

[115] Dittmar Amy, Mahrt - Smith Jan and Servaes Henri. International Corporate Governance and Corporate Cash Holdings [J]. Journal of Financial and Quantltative Analysis, 2003, 38 (1): 111 - 133.

[116] Do ney, p. M, &Cannon, J P. An Ex amination of the Nature of Trust in Buyer - Seller Relationships [J]. Journal of Marketing, 1997, (2): 61 - 101.

[117] Doney P M, Cannon J P. An examination of the nature of trust in buyer - seller relationships [J]. The Journal of Marketing, 1997, 61 (2): 35 - 51.

[118] Dou, Y., O - K. Hope, and W. B. Thomas. Relationship - specificity, contract enforceability, and income smoothing [J]. The Accounting Review 2013, 88 (5): 1629 - 1656.

[119] Dowdell T. D., Jang - Chul Kim, B. K., Klamm, M. W., Watson., Internal Control Reporting and Market Liquidity [J]. Research in Accounting Regulation, 2013, 25 (1): 30 - 40.

[120] Doyle Jeffrey, Ge Weili and McVay Sarah. Accruals Quality and Internal Ccontrol over Financial Reporting [J]. The Accounting Review, 2007, 82 (5): 1141 -1170.

[121] Doyle, J. T. , W. Ge, and S. Mc Vay. Determinant of weakness in internal control over financial repor - ting [J]. Journal of Accounting Economics, 2007, 44 (1 -2): 193 - 223.

[122] Duchin Ran. Cash Holdings and Corporate Diversification [J]. Journal of Finance, 2010, 65 (3): 955 -992.

[123] Durnev, A.. The Real Effects of Political Uncertainty: Elections and Investment Sensitivity to Stock Prices [R] Working Paper, 2013.

[124] Dursun - Kilic, T. An Empirical Investigation of the Link between Market Oriention ans New Product Performance: the Mediating Effects of Organizational Capabilities [D]. Doctoral Dissertation, Old Dominion University. Proquest Information and Learning Company, 2005.

[125] Dwyer, F. Robert, S churr, Paul H. , and Oh, Sejo. Developing buyerseller relations [J]. Journal of Marketing, 1987, 51 (April): 11 -28.

[126] Dyer et al. Chu W. The Role of Trustworthiness in Reduce Transaction Costs and Improving Performance; Empirical Evidence from the United States, Japan and Korea [J]. Organization Science 2003, 14 (1): 13 -28.

[127] Dyer J H, Chu W. The role of trustworthiness in reducing transaction costs and improving performance: Empirical evidence from the united states, Japan and korea [J]. Organization Science, 2003, 14 (1): 57 -68.

[128] Dyer J H, Singh H. The relational view: cooperative strategy and sources of interorganizational competitive advantage [J]. Academy of Man - agement Review, 1998, 23 (4): 660 -679.

[129] DyerJH, ChuW. The Role of Trustworthiness in Reducing Transaction Costs and Improving Performance: Empirical Evidence from the United States, Japan, and Korea [J]. OrganizationScience, 2003, 14 (1): 57 -68.

[130] E. Fama. Agency problem and the theory of the firm [J]. Journal of Political Economy, 1980, (88): 287 -306.

[131] F. Garvin, David A. , Building A Learning Organization [J]. Harvard Business Review, 1993, 71 (4): 78 -81.

[132] Eddleston K A, Kellermanns F W, Sarathy, R. Resource configurations in family firms: Linking resources, strategic planning and technological opportunities to performance [J]. Journal of Management Studies, 2008, 45 (1): 26 -50.

[133] Edmondson, A. Psychological safety and learning behavior in work teams. Administrative Science Quarterly, 1999, (44): 350 -383.

[134] Ernst & Young Center, Knowledge Management and Innovation An Initial Exploration Rudy Ruggles and Ross LittleMay [R]. Working Paper, 1997 Ernst & Young LLP All Rights Reserved.

[135] Elangovan R. A, L DS hapiro. Betray of trust in organizations [J]. Academy of Management review, 1998, 23, (3): 547 -566.

[136] Elder R. , Zhang Yan, Zhou Jian, Zhou Nan, Internal Control Weaknesses and Client Risk Management. Journal of Accounting, Auditing & Finance, 2009, 24 (4): 543 -579.

[137] Engel, E. , Hayes, R. M. , Wang, X. , The Sarbanes - Oxley Act and firms' going - private decisions [J]. Journal of Accounting and Economics, 2007, 44 (1 -2): 116 -145.

[138] Erik Devos. Palani - Rajan Kadapakkam. Srinivasan Krishnamurthy. , How Do Mergers Create Value? A Comparison of Taxes, Market Power, and Efficiency Improvements as Explanations for Synergies [J]. The Review of Finanical Studies. 2009, 22 (3): 1179 -1211.

[139] Ettredge M. L. , Scholz S. , Li Chan, Audit Fees and Auditor Dismissals in the Sarbanes - Oxley Era [J]. Accounting Horizons, 2007, 21 (4): 371 -386.

[140] Ettredge. M. L. , Li Chan. , Lili Sun. , The Impact of Sox Section 404 Internal Control Quality Assessment on Audit Delay in the SOX Era. Auditing: A Journal of Practice & Theory, 2006, 25 (2): 1 -23.

[141] Fabbri D, Menichini A M C. Trade credit, collateral liquidation, and borrowing constraints ☆ [J]. Journal of Financial Economics, 2009, 96 (3): 413 -432.

[142] Fama E F, Jensen M C. Separation of Ownership and Control [J]. Journal of Law and Economics. 1983, 26 (2): 301 -325.

[143] Fan, Jian, Yeh1 Succession: The roles o f specialized assets and transfer costs [R]. Working Paper, 2007.

[144] Fan, J. P. , M. Jian, and Y. H. Yeh. Family firm succession: The roles of specialized assets and trans - fer costs [R]. Working paper. 2007.

[145] Fekrat Ali, M. I. Carla, D. Petroni. , Corporate Environmental Disclosures: Competitive Disclosure Hypothesis Using 1991 Annual Data [J]. The International Journal of Accounting, 1999, 31 (2): 175 -195.

[146] Feng Mei, Li Chan, McVay S. , Internal Control and Management Guidence [J]. Journal of Accounting and Economics, 2009, 48 (2 -3): 190 -209.

[147] Feng Mei, Li Chan, McVay S. , Hollis Skaife. , 2015, Does Ineffective Internal Control over Financial Reporting affect a Firm's Operations? Evidence from Firms' Inventory Management [J]. Social Science Electronic Publishing, 2015, 90 (2): 529 -557.

[148] Feng, M. , Ge, W. L. , Luo, S. Q. , Shevlin, T. . Why do CFOs Become Involved in Material Accounting Manipulations? [J]. Journal of Accounting and Economics, 2011, 51 (1): 21 -36.

[149] Fernandez Kranz D, Santalo J. When Necessity Becomes a Virtue: The Effect of Product Market Competition on Corporate Social Responsibility [J]. Journal of Economics & Management Strategy, 2010, 19 (2): 453 -487.

[150] Ferrin, D. L. , Kim, P. H. , Cooper, C. D. , & Dirks, K. T. Silence speaks volumes: The effectiveness of reticence in comparison to apology and denial for repairing integrity -

and competence – based trust violations [J]. Journal of Applied Psychology, 2007, 92 (4), 893 – 908.

[151] Financial Reporting: A Comparison of Regulatory Regimes [J]. The Accounting Review, 2009, 84 (3): 839 – 867.

[152] Finkelstein, S.. Power in Top Management Teams: Dimensions Measurement, and Validation [J]. Academy of Management Journal, 1992, 35 (3): 505 – 538.

[153] Fomburn and Rindova. Who's Tops and Who Decides? The Social Construction of Corporate Reputations [R]. New York University, Stern School of Business, working paper, 1996.

[154] Francis, J, and Michael D. Yu. Big 4 offi ce and audit quality [J]. The Accounting Review, 2009, 84 (5): 1521 – 1552.

[155] Francis, J., Dhananjay Nanda, Per Olsson, Voluntary disclosure, earnings quality, and cost of capital [J]. Journal of Accounting Research, 2008, 46 (1): 53 – 99.

[156] Freeman. R. E. Strategic Management: A stakeholder Approach [M] (Pitman/Ballinger. Boston), Cambridge University Press, 2010.

[157] Fried V H, Hisrich R D. Toward a Model of Venture Capital Investment Decision Making [J]. Financial Management, 1994, 23 (3): 28 – 37.

[158] Ganesan Shankar. Determinants of Long – Term Orientation in Buyer – Seller Relationships Journal of Marketing, 1994, 58 (2): 1 – 19.

[159] Gao, F., J. S. Wu, J. Zimmerman, Unintended Consequences of Granting Small Firms Exemptions from Securities Regulation: Evidence from the Sarbanes – Oxley Act [J]. Journal of Accounting Research, 2009, 47 (2): 459 – 506.

[160] Gary S. Becker, Kevin M. Murphy, The Division of Labor、Coordination Cost and Knowledge [J]. The Quarterly Journal of Economics, 1992, 107 (3): 299 – 322.

[161] Ge W., McVay S., The dicclosure of material weaknesses in internal control after the Sarbanes – Oxley Act [J]. Accounting Horizons, 2005, 19 (3): 137 – 158.

[162] Ge W., Zining Li, Qiliang Liu, McVay S., The Effect of Internal Control on Corporate Corruption: Evidence from China [R]. University of Washington, Southern Methodist University, Huazhong University of Science and Technology Working Paper, 2014.

[163] Ge, W., J. Kim, B. Song, Internal Governance, Legal Institutions and Bank Loan Contracting around the World [J]. Journal of Corporate Finance, 2012, 18 (3): 413 – 432.

[164] Gefen D, Karahanna E, Straub D W. Trust and TAMin on – line shopping An integrated model [J]. MIS Quarterly, 2003, 27 (1): 51 – 90.

[165] Gentry, R. J., Shen, W.. The Impacts of Performance Relative to Analyst Forecasts and Analyst Coverage on Firm R&D Intensity [J]. Strategic Management Journal, 2013, 34 (1): 121 – 130.

[166] Gersick, C. J. G., Hackman, J. R. Habitual Routines in Taskperforming Teams [J]. Organizational Behavior and Human Decision Processes, 1990, 47: 65 – 97.

[167] Ghosh Dipankar and Olsen Lori. Environmental uncertainty and managers' use of discretionary accruals [J]. Accounting, Organizations and Society, 2009, (34): 188 -205.

[168] Gilbert, T. A. , T. L. P. Tang, An Examination of Organizational Trust Antecedents [J]. Public Personnel Management, 1998. 27 (3), 321 -325.

[169] Gillespie, N, and Dietz, G. Trust repair after an organization level failure [J]. Academy of Management Review, 2009, 34 (1): 127 -145.

[170] Girma, S. , Thompson, S. , Wright, P. W.. The Impact of Merger Activity on Executive Pay in the United Kingdom [J]. Economica, 2006, 73 (290): 321 -339.

[171] Goh B W, Li D. Internal control reporting and accounting conservatism [R]. http: //www. capana. net/download/2009papers/Dan [BF] _ [BFQ] Li. pdf, 2008.

[172] Goh B. W. , Audit Committees, Boards of Directors, and Remediation of Material Weaknesses in Internal Control [J]. Contemporary Accounting Research, 2010, 26 (2): 549 -579.

[173] Goh B. W. , Li Dan. , Internal Control and Conditional Conservatism. The Accounting Review, 2009, 86 (3): 975 -1005.

[174] Goh, B. W. , J. Krishnan, and D. Li. Auditor Reporting under Section 404: The Association between the Internal Control and Going Concern Audit Opinions [J]. The Contemporary Accounting Research, 2013, 30 (3): 970 -995.

[175] Gompers, P. Grandstanding in the Venture Capital Industry [J]. Journal of Financial Economics, 1996, 42 (1): 133 -156.

[176] Gong Guojin, Ke Bin and Yu Yong. Home Country Investor Protection, Ownership Structure and Cross - listed Firms' Compliance with SOX - Mandated Internal Control Deficiency Disclosures [J]. Contemporary Accounting Research, 2013, 30 (4): 1490 -1523.

[177] Graham, J. R. , C. R. Harvey, S. Rajgopal. The Economic Implications of Corporate Financial Reporting [J]. Journal of Accounting and Economics, 2005, 40 (1 -3): 3 -73.

[178] Gregory A B, Jone L P. Straining for shared meaning in organization science: Problems of trust and distrust [J]. Academy of Management Review, 1998, 23 (3): 405 -421.

[179] Greif. Avner. Contracting Enforcement and Efficiency: Economic Beyond the Law [R]. In Michael Bruno and Boris Pleskovie (eds.) . Annual World Bank Conference on Development Economics Washington. DC. The Word Bank. 1997.

[180] Greiner, Larry, E. , Evolution and Revolution as Organizations Grow (J) . Harvard Business Review, 1972, 50 (4): 37 - 46. Available at SSRN: http: //ssrn. com/abstract =1504482.

[181] Guest, P. M.. The Impact of Mergers and Acquisitions on Executive Pay in the United Kingdom [J]. Economica, 2009, 76 (301): 149 -175.

[182] Gulati R, Singh H. The architecture of cooperation: managing coordination costs and appropriation concerns in strategic alliances [J]. Administrative Science Quarterly, 1998, 43

(4): 781 -814.

[183] Gupta P P, Nayar N. Information content of control deficiency disclosures under the Sarbanes - Oxley Act: An empirical investigation [J]. International Journal of Disclosure and Governance, 2007, 4 (1): 3 -23.

[184] Hambrick. Top management Group: A Conceptual Integration and Consideration of the "team" Label [J]. Research in Organizational Behavior, 1994, (16): 171 -213.

[185] Hammersley J., Myers L., Jian Zhou, The Failure to Remediate Previously Disclosed Material Weaknesses in Internal Control. Auditing [J]. A Journal of Practice & Theory, 2012, 31 (2): 73 -111.

[186] Hammersley J., Myers L., Shakespeare, C., Market Reactions to the Disclosure of Internal Control Weaknesses and to the Characteristics of those Weaknesses under Section 302 of the Sarbanes Oxley Act of 2002 [J]. Review of Accounting Studies, 2008, 13 (1): 141 -165.

[187] Harford Jarrad, Mansi Sattar A. and Maxwell William F. Corporate Governance and Firm Cash Holdings in the US [J]. Journal of Financial Economics, 2008, 87 (3): 535 -555.

[188] Hart, O. and J. Moore, Property rights and the nature of the firm [J]. Journal of Political Economy, 1990, 98 (6): 1119 -1158.

[189] Hattori R A, Lapidus T. Collaboration, trust and innovative change [J]. Journal of Change Management, 2004, 4 (2): 97 -104.

[190] Hay David C., Knechel W. Robert and Wong Norman. Audit Fees: A Meta - analysis of the Effect of Supply and Demand Attributes [J]. Contemporary Accounting Research, 2006, 23 (1): 141 -191.

[191] Hedlund G. A Model of Knowledge management and the N - form Corporation [J]. Sttategic Management Journal, 1994, 15 (1): 73 -90.

[192] Hemanson H. M., An Analysis of the Demand for Reporting on Internal Control [J]. Accounting Horizons 2000, 14 (3): 325 -341.

[193] Hendriks P. Why Sha re Knowledge? The Influence of ICT on the Motiva tion for Knowledge Sharing [J]. Knowledge and Process Management, 1999, 6 (2): 91 -100.

[194] Herrmann, D, Inoue, T, and Thomas, W B. The Sale of Assets to Manage Earnings in Japan [J]. Journal of Accounting Research, 2003, 41 (1): 89 -108.

[195] Hetherington, M. J. and Rudolph, T. J. Priming, performance, and the dynamics of political trust [J]. Journal of Politics, 2008, 70 (2): 498 -512.

[196] Heugens, Pursey, C. B. van Riel and F. van den Bosch. Reputation Management Capabilities as Decision Rules [J]. Journal of Management Studies, 2004, 41 (8): 1349 -1377.

[197] Heugens, Pursey., A Neo - Weberian Theory of the Firm. Tjalling C. Koopmans Research Institute, Discussion Paper Series, 2004, nr: 04 -02, February. Working Papers, 2005, 26 (4): 547 -567.

[198] Hidding. G. J. Cattera ll, S. M. Anatomy of a Learning Organization; Turmng Knowledge intocapital at Anderson Consulting [J] Knowledge and Process Management, 1998, 5 (1): 3 -13.

[199] Hillman A J, and T Dalzie. Boards of Directors and firm performance: integrating agency and resource dependence perspectives [J]. Academy of Management Review, 2003, 28 (3): 383 -396.

[200] Hoag, Matthew L. and Carl W. Hollingsworth. An Intertemporal Analysis of Audit Fees and Section 404 Material Weaknesses [J]. Auditing, 2011, 30 (2): 173 -200.

[201] Hodgson, G. M. Competence and Cont ract in the Theory of the Firm [J]. Journal of Economic Behavior &Organization. 1998, 35 (2): 179 -201.

[202] Hoffman R C, Hegarty W H. Top management influence on innovations: Effects of executive characteristics and social culture [J]. Journal of Management, 1993, 19 (3): 549 - 553.

[203] Hogan C. E.., Wilkins M. S. , Evidence on the Audit Risk Model: Do Auditors Increase Audit Fees in the Presence of Internal Control Deficiencies? [J]. Contemporary Accounting Research, 2008, 25 (1): 219 -242.

[204] Hoitash U. , Hoitash R. , Bedard J. C. , Corporate Governance and Internal Control over Financial Reporting: A comparison of Regulatory Regimes [J]. The Accounting Review, 2009, 84 (3): 839 -867.

[205] Hoitash. R, Hoitash U. , The Role of Audit Committees in Managing Relationships with External Auditors after Sox: Evidence from the USA. Managerial Auditing Journal, 2009, 24 (4): 368 -397.

[206] Hoitash. R, Hoitash U. , Bedard J. C. , Internal Control Quality and Audit Pricing under the Sarbanes—Oxley Act. Auditing [J]. A Journal of Practice & Theory, 2008, 27 (1): 105 -126.

[207] Hoitash. R, Hoitash U. , K. M. , Johnstone, Internal Control Material Weaknesses and CFO Compensation [J]. Contemporary Accounting Research, 2012, 29 (3): 768 -803.

[208] Hosmer, L. T. , Turst: The Connection Link between Organizational Theory and Philosophical Ethics [J]. A cademy of Management Review, 1995, 20 (2): 379 -403.

[209] Hsu, P. H. , Tian, X. , Xu, Y. Financial Development and Innovation: Cross - country Evidence [J]. Journal of Financial Economics, 2014, 112 (1): 116 -135.

[210] Huemer L, von Krogh G, Roos J. Knowledge and the concept of trust [A]. In von Krogh G, Roos J, Kleine D (eds) . Knowing in firms [C]. Newbury Park: Sage Publications, 1998: 123 - 45.

[211] Hwang P. Asset specificity and the fear of exploitation [J]. Journal of Economic Behavior and Organization, 2006, 60 (3): 423 -438.

[212] Impink. J. , M. J. P Lubberink. , B. V. , Praag. , D. Veenman. , Did Accelerated Filing Requirements and Sox Section 404 Affect the Timeliness of 10 - K Filings? [J]. Review of

Accounting Studies, 2012, 17 (2): 227 -253.

[213] Inkpen, A. C, & Cumall, S. The coevolution of trust, control, and leaming in joint ventures [J]. Organization Science, 2004, 15 (5): 586 -599.

[214] Inkpen, Currall S C. International joint venture trust: an empirical examination [M]. San Frncisco: The New Lexington Press, 1997.

[215] Jain B A, Kini O. Venture capitalist participation and the post - issue operating performance of IPO firms [J]. Managerial & Decision Economics, 1995, 16 (6): 593 -606.

[216] Jansen J J, Z Simsek, and Q Cao. Ambidexterity and Performance in Multiunit Contexts: Cross - level Moderating Effects of Structural and Resource Attributes [J]. Strategic Management Journal, 2012, 33 (11): 1286 -1303.

[217] Janvrin, D. J. , E. A. Payne, P. Byrnes. The updated COSO internal control - integrated framework: Recommendations and opportunities for future research [J]. Journal of Information Systems, 2012, 26 (2): 189 -213.

[218] Jap, S D, and Ganesan, S. Control mechanisms and the relationship lifecycle: Implications for safeguardings pecif ic investments and developing commitments [J]. Journal of Marketing Research, 2000, 37 (2): 227 -245.

[219] Jarillof J C. On Strategic Networks [J]. Strategic Management Journal, 1988, 13 (9): 31 - 41.

[220] Jay Barney, Mike Wright, J David. and Jr Ketchen. The Resource - based View of The Firm: Then Years After 1991 [J]. Journal of Management, 2001, 27 (6): 625 -641.

[221] Jennifer F. , Allen H. H. , Shiva Ram R. etal. CEO Reputation and Earnings Quality [J]. Contemporary Accounting Research, 2008, 25 (1): 109 -147.

[222] Jensen M. C. , W. H. Meckling, Theory of the firm: Managerial Behavior, Agency Costs and Ownership Structure [J]. Journal of Financial Economics, 1976, 3 (3): 305 -360.

[223] Jensen, M. C.. The Modern Industrial Revolution, Exit, and the Failure of Internal Control Systems [J]. The Journal of Finance, 1993, 48 (3): 831 -880.

[224] Jensen, M. C. Meckling, W. H. Theory of The Firm: Management Behavior, Agency Costs and Ownership Structure [J]. Journal of Financial Economics, 1976, 3 (4): 305 -360.

[225] Jian Ming and Wong T. J. Propping through related party transactions [J]. Review of Accounting Studies, 2010, 15 (1): 70 -105.

[226] Jiang Guohua, Lee Charles M. C. and Yue Heng. Tunneling through intercorporate loans: The China experience [J]. Journal of Financial Economics, 2010, 98 (1): 1 -20.

[227] Jin L. , Myers S. C. R2 Around the World: New Theory and New Tests [J]. Journal of Financial Economics, 2006, 79 (2): 257 -292.

[228] Joel S. Demski and David E. M. Sappington. Hierarchical Regulatory Control [J]. The RAND Journal of Economics. 1987, 18 (3): 369 -383.

[229] Johnson, S. , La Porta, R. , Lopez - De - Silanes, F. , Shleifer, A. , Tunneling [J]. American Economics Review 2000, 90: 22 -27.

[230] Johnson S, K Schnatterly, J F Bolton, and C Tuggle. Antecedents of New Director Social Capital [J]. Journal of Management Studies, 2011, 48 (8): 1782 -1803.

[231] Johnson S, Kaufmann D, Mcmillan J, et all Why do firms hide? Bribes and unofficial activity after communism [J]. Journal of Public Economics, 2000, 76 (3): 495 - 520.

[232] Johnson. S, John McMillan, Christopher Woodruff. Contract Enforcement in Transition [R]. Working Paper. CESifo. 1999.

[233] Johnson. S, McMillan. J and Woodruff. C. M., Property Right, Finance, and Entrepreneurship [R]. Working Paper of NBER, 1999, No8852.

[234] Johnston, H. R., M. R. Vitale. Creating competitive advantage with interorganizational information systems [J]. MIS Quarterly, 1988, 12 (2): 153 -165.

[235] Johnstone, K., C. Li, and K. H. Rupley. Changes in Corporate Governance Associated with the Revelation of Internal Control Material Weaknesses and Their Subsequent Remediation [J]. Contemporary Accounting Research, 2011, 28 (1): 331 -383.

[236] Jones Thomas O., W. Earl sasser, Jr. Why satisfied customers defect [J]. Harvard Business Review, 1995, 73 (November December): 88 -99.

[237] Jones, C., Hestly, W. S., Borgatti, S. P. A General Theory of Network Govemance: Exchange Conditions and Social Mechanism [J]. Academy of Management Review, 1997, 22 (4): 911 -945.

[238] Joseph F, Stijn C. Corporate governance in Asia: A survey [J]. International Review of Finance, 2002, 3 (2): 71 -103.

[239] K Niwa. Toward Successful Implementation of Knowledge - based Systems: Expert Systems vs. Knowledge Sharing Systems [J]. IEEE Transactions on Engineering Management, 1990, 37 (4): 231 -253.

[240] K. Arrow: The Limits of Organisation. The Fels lectures on public policy analysis [M]. Norton, New York: Norton. 1974.

[241] Kahneman D, Tversky A. Prospect Theory: An Analysis of Decision under Risk [J]. Econometrica: Journal of the Econometric Society, 1979, 47 (2): 263 -292.

[242] Kalwani, M. U, &Narayandas, N. Long - term Manufacturing - Supplier Relationships: Do They Pay off for Supplier Firms [J]. Journal of Marketing, January, 1995, (1): 1 -16.

[243] Kam. C., Chan. Barbara. Farrell., Picheng. Lee. Earnings Management of Firms Reporting Material Internal Control Weaknesses under Section 404 of the Sarbanes - Oxley Act [J]. A Journal of Practice and Theory. 2008, 27 (2): 161 -179.

[244] Kato Takao and Long Cheryl. Tournaments and Managerial Incentives in China's Listed Firms: New Evidence [J]. China Economic Review, 2011, 22 (1): 1 -10.

[245] Kenneth J., Rediker, Anju S., Boards of Directors and Substitution Effects of Alternative Governance Mechanisms [J]. Strategic Management Journal, 1995, 16 (2): 85 -99.

[246] Keynes J. M. The General Theory of Employment: Interest and Money [M]. Lon-

don: Harcourt Brace. 1936.

[247] Khanna T, Thomas C. Synchronicity and firm interlocks in an emerging market [J]. Journal of Financial Economics. 2009, 92: 182 -204.

[248] Khanna Tarun and Palepu Krishna. Why Focused Strategies May Be Wrong for Emerging Markets? [J]. Harvard Business Review, 1997, 75 (4): 41 -51.

[249] Khurana, I. K. , Kim, M. S. Relative value relevance of historical cost vs. fairvalue: Evidence from bank holding companies [J]. Journal of accounting and Public Policy, 2003, 22 (01): 19 -42.

[250] Kim, P H, Dirk s, K T, and Cooper, C D. The repair of trust: A dynami c bilateral perspective and multilevel conceptu alization [J]. Academy of Management Review, 2009, 34 (3): 401 -422.

[251] Kim J B, Song B Y, Zhang L. Internal Control Weakness and Bank Loan Contracting: Evidence from SOX Section 404 Disclosures [J]. Social Science Electronic Publishing, 2011, 86 (4): 1157 -1188.

[252] Kim Y, Park M S. Market uncertainty and disclosure of internal control deficiencies under the Sarbanes - Oxley Act [J]. Journal of Accounting & Public Policy, 2009, 28 (5): 419 -445.

[253] Kim, P. H. , Dirks, K. T. , Cooper, C. D. , & Ferrin, D. L. When more blame is better than less: the implications of internal vs. external attributions for the repair of trust after a competence - vs. integrity - based violation. Organizational Behavior and Human Decision Processes [J]. Journal of Applied Psychology, 2007, 92 (4): 893 -908.

[254] Kim, P. H. , Ferrin, D. L. , Cooper, C. D. , & Dirks, K. T. Removing the shadow of suspicion: The effects of apology versus denial for repairing competence - versus integrity - based trust violations [J]. Journal of Applied Psychology, 2004, (89) : 104 -118.

[255] King, T. , Stewart, B. . Majing Financial Goals and Reporting Policies Serve [J]. Journal of Applied Corporate Finance, 2004, 16 (4): 17 -27.

[256] Kinney J R, William R. Research opportunities of internal control quality and quality assurance [J]. Auditing, 2000, (19): 371 -379.

[257] Kinney, W. R. , and L. S. Mc Daniel. Characteristics of Firms Correcting Previously Reported Quarterly Earnings [J]. Journal of Accounting and Economics, 1989, 11 (1): 71 - 93.

[258] Klein B, R A Craw ford, A A Alchianl Vertical integration, appropriable rents, and the contracting process [J]. Journal of Law and Economics, 1978, (21): 297 -326.

[259] Knack S, Keefer P. Does social capital have an economic payoff? A cross - country investigation [J]. The Quarterly Journal of Economics, 1997, 112 (4): 1251 -1288.

[260] Kong X, Why are social network transactions important? Evidence based on the concentration of key suppliers and customers in China [J]. China Journal of Accounting Reserch, 2011, 4 (3): 121 -133.

[261] Konovsky MA , Pugh SD, Citizens hip Behavior and Social exchange [J]. Academy of Management Journal, 1994, 37 (3): 656 -669.

[262] Krishnan J, Rama D, Zhang Y. Costs to Comply with SOX Section 404 [J]. Auditing A Journal of Practice & Theory, 2011, 27 (1): 169 -186.

[263] Krishnan J. , Audit Committee Quality and Internal Control: An Empirical Analysis [J]. The Accounting Review, 2005, 80 (2): 649 -675.

[264] Kryzanowski L. , Ying Zhang, Financial restatements and Sarbanes - Oxley: Impact on Canadian from governance and Management turnover [J]. Journal of Corporate Finance, 2013, 21 (Jun): 87 -105.

[265] La Porta, R. , F. Lopez - de - Silanes, A. Shleifer, and R. Vishny, Legal Determinants of External Finance [J]. Journal of Finance, 1997, 52 (3): 1131 -1150.

[266] La Porta, R. , F. Lopez - de - Silanes, A. Shleifer, and R. Vishny, Law and Finance [J]. Journal of Political Economy, 1998, 106 (6): 1113 -1155.

[267] La Porta, R. , F. Lopez - de - Silanes, A. Shleifer, and R. Vishny, Corporate Ownership around the World [J]. Journal of Finance, 1999, 54 (2): 471 -517.

[268] La Porta, R. , F. Lopez - de - Silanes, A. Shleifer, and R. Vishny, Investor Protection and Corporate Governance [J]. Journal of Financial Economics, 2000, 58 (1 -2): 3 -27.

[269] Lado A A, Dant R R, Tekleab A G. Trust - opportunism paradox, relationalism, and performance in interfirmrelation ships: evidence from the retailindustry [J]. Strategic Management Journal, 2008, 29 (4): 401 -423.

[270] Lambert R. A. , C. Leuz. , R. E. , Verrecchia. , Accounting Information, Disclosure, and the Cost of Capital [J]. Journal of Accounting Research, 2007, 45 (2): 385 -420.

[271] Lang, M. H. , Lins, K. V. , Miller, D. P. . Concentrated Control, Analyst Following, and Valuation: Do Analysts Matter Most When Investor Are Protecd Least [J]. Journal of Accounting Research, 2005, 42 (3): 589 -623.

[272] Langerak E. Duties to Others and Covenantal Ethics [J]. Springer Netherlands, 1994.

[273] Larraza - Kintana, M. , Wiseman, R. M. , Goemz - Mejia, L. R. , Welbourne, T. M. Disentangling Compensation and Employment Risks Using the Behavioral Agency Model [J]. Strategic Management Journal, 2007, 28 (10): 1001 -1019.

[274] Laura Poppo. Todd Zenger. Do formal contracts and relational governance function as substitutes or complements? [J]. Strategic Management Journal. 2002, 23 (8): 707 -725.

[275] Lauren Cohen. Andrea Frazzini, Economic Links and Predictable Return [J]. The Journal of Financial. 2008, 63 (4): 1977 -2011.

[276] Lavie D, J Kang, and L Rosenkopf. Balance within and Across Domains: The Performance Implication of Exploration and Exploitation in Alliances [J]. Organization Science, 2011, 22 (6): 1517 -1538.

[277] Lee, C. Y., Chang, H. Y.. How Do the Combined Effects of CEO Decision Horizon and Compensation Impact the Relationship between Earnings Pressure and R&D Retrenchment? [J]. Technology Analysis & Strategic Management, 2014, 26 (9): 1057 - 1071.

[278] Lehn, K. M., Zhao, M. X.. CEO Turnover after Acquisitions: Are Bad Bidders fired? [J]. The Journal of Finance, 2006, 61 (4): 1759 - 1811.

[279] Lennox Clive. Do Companies Successfully Engage in Opinion Shopping? Evidence from the UK [J]. Journal of Accounting and Economics, 2000, 29 (3): 321 - 337.

[280] Leuz C. Was the Sarbanes - Oxley Act of 2002 Really this Costly? A Discussion of Evidence from Event Returns and Going - private decisions [J]. Journal of Accounting and Economics, 2007, 44 (1): 146 - 165.

[281] Leuz C., Triantis A., Wang T. Y., Why do Firms Go Dark? Cause and Economic Consequences of Voluntary Deregistrations [J]. Journal of Accounting and Economics, 2008, 45 (2 - 3): 181 - 208.

[282] Leuz Christian and Verrecchia Robert E. The Economic Consequences of Increased Disclosure [J]. Journal of Accounting Research, 2000, 38 (3): 91 - 124.

[283] Levinthal, D. A., March, J. G. The Myopia of Learning [J]. Strategic Management Journal, 1993, 14 (8): 95 - 112.

[284] Li C, Sun L, Ettredge M. Financial executive qualifications, financial executive turnover, and adverse SOX 404 opinions [J]. Journal of Accounting & Economics, 2008, 50 (1): 93 - 110.

[285] Li Chan., M. L. Ettredge., Lili Sun., The Impact of Sox Section 404 Internal Control Quality Assessment on Audit Delay in the SOX Era [J]. Auditing: A Journal of Practice & Theory, 2006, 25 (2): 1 - 23.

[286] Li, H., Pincus, M., Rego, S. O., Market reaction to events surrounding the Sarbanes - Oxley Act of 2002 and earnings management [J]. Journal of Law and Economics, 2008, 51: 111 - 134.

[287] Lin Yu - Chen, Ying - Chieh Wang, J. Ren Chiou, Hua - Wei Huang., CEO Characteristics and Internal Control Quality. Corporate Governance [J]. An International Review, 2014, 22 (1): 24 - 42.

[288] Linck J. S., Netter J. M., Yang Tina, The Effects and Unintended Consequences of the Sarbanes - Oxley Act on the Supply and Demand for Directors [J]. Review of Financial Studies, 2009, 22 (8): 3287 - 3328.

[289] Liu, Annie H. Examining the role of customer value, customer satisfaction, and perceived switching costs: A model of repuchaseintention for business - to - business services: [doctoral dissertation] [D]. Georgia: Georgin State University, 1998.

[290] Lopez T. J., Vandervelde S. D., Wu Yi - Jing, Investor Perceptions of an Auditor's Adverse Internal Control Opinion [J]. Journal of Accounting Pubilc Policy, 2009, 28 (3): 231 - 250.

[291] Lu, H., G. Richardson, and S. Salterio. Direct and Indirect Effects of Internal Control Weaknesses on Accrual Quality: Evidence from a Unique Canadian Regulatory Setting [J]. Contemporary Accounting Research, 2011, 28 (2): 675 - 707.

[292] Luhmann, N., Trust and Power [M]. Chichester: John Wiley & Sons Ltd. 1979.

[293] Luis Garicano, Hierarchies and the Organization of Knowledge in Production [J]. The Journal of Political Economy, 2000, 108 (5): 874 - 904.

[294] MA. Petersen., RG. Rajan. Trade credit: theories and evidence [J]. The Review of Financial Studies. 1997, 10 (3): 661 - 691.

[295] Magee R. and Tseng M. Audit pricing and independence [J]. The Accounting Review. 1990, 65 (2): 315 - 336.

[296] Maijoor S. The Internal Control Explosion [J]. International Journal of Auditing, 2000, 4 (1): 101 - 109.

[297] Maksimovic V, Titman S1 Financial policy and reputation for product quality [J]. The Review of Financial Studies, 1991, (2): 175 - 2001.

A Kanemura, M Doita, K Kasahara, M Sumi, M Kurosaka. The Influence of Materiality and Voluntary Incentives on Companies' Decisions to Announce Accounting Restatem en ts Through 8 - K And/ Or Am ended Filings [J]. Social Science Electronic Publishing, 2009, 22 (7): 479 - 485.

[298] Marc J. Hetherington, Thoms J. Rudolph. Priming, Performance and the Dynamics of Political Trust [J]. The Journal of Politics, 2008, 70 (2): 498 - 512.

[299] March J G, Olsen J P. The uncertainty of the past: Organizational learning under ambiguity [A]. In March J G (ed). Decisions and Organization [C]. London: Blackwell, 1990: 1335 - 358.

[300] March J G. Exploration and Exploitation in Organizational Learning [J]. Organization Science, 1991, 2 (1): 71 - 87.

[301] Margaret O. Allen., D. H., Jaenicke., The Effect of Management and Auditor Reports on Internal Control on Financial Analysts Perceptions and Decision [R]. Working Paper, 1997.

[302] Mark J. Sher. Transaction Cost Economics and Beyond: Towards a New Economics of the Firm [M]. London and New York: Routledge, 1994.

[303] Matsumoto, D.. Management's Incentives to Avoid Negative Earnings Surprises [J]. The Accounting Review, 2002, 77 (3): 483 - 514.

[304] Matthias Krakel., Withholding of knowledge in organizations [J]. Schmalenbach Business Review, 2002, 3 (3): 221 - 242.

[305] Mayer, R C, Davis, J H, and S choorman, F D. An integrative model of organizational trust [J]. Academy of Management Review, 1995, 20 (3): 709 - 734.

[306] Mayer, K. J, & Argyres, N. Learning to contract: Evidence from the personal computer industry [J]. Organization Science, 2004, 15 (4): 394 - 410.

[307] Mc Millan J, Christopher W. Interfirm relationships and informal credit in Vietnam [J]. Quarterly Journal of Economics, 1999, 114 (4): 1285 - 1320.

[308] MC Willliams A, D S Siegel. Corporate Social Responsibility and Financial Performance: Correlation or Misspecication? [J]. Strategic Management Journal, 2000, 21 (5): 603 - 609.

[309] McAllister D. J. Affect and Cognition - Based Trust asFoundations for Interpersonal Cooperation in Organizations [J]. Academy of Management Journal, 1995, January, 38 (1): 24 - 59.

[310] McKnight D H, Cummings L L, Chervany N L. Initial trust formation in new organizational relationships [J]. Academy of Management Review, 1998, 23 (3): 473 - 490.

[311] McMillan, J. and Woodruff. Interfirm relationships and informal credit in Vietnam [J]. Quarterly Journal of Economics, 1999, 114 (4): 1285 - 1320.

[312] Meltzer Allan H. The Demand for Money: A Cross - section Study of Business Firms [J]. Quarterly Journal of Economics, 1963, 77 (3): 405 - 422.

[313] Menon Krishnagopal and Williams David D. The Insurance Hypothesis and Market Prices [J]. The Accounting Review, 1994. 69 (2): 327 - 342.

[314] Merchant K A. Control in business organizations [M]. Marshfield, MA: Pitman Publishing, 1984: 68.

[315] Merchant, K. A. The design of the corporate budgeting system, influences on managerial behavioural and performance [J]. The Accounting Review. 1981, 56 (4): 813 - 29.

[316] Michael G A, Srikant M D. How do you stop the books from being cooked? A management control perspective on financial acounting standards setting and the section 404 requirements of Sarbanes - Oxley act [J]. International Journal of Disclosure and Governance, 2004, 1 (2): 119 - 137.

[317] Milgrom, P. , Good News and Bad News Representations Theorems and Applications [J]. Bell Journal of Economics 1981, 12 (2): 380 - 391.

[318] Miller Merton H. and Orr Daniel. A Model of the Demand for Money by Firms [J]. Quarterly Journal of Economics, 1966, 80 (3): 413 - 435.

[319] Mishra. A, Mishra, K. E. , The Role of Trust in Effective Downsizing Strategies [J]. Human Resources Managemeng, 1994, 33 (2): 261 - 278.

[320] Moorman, Christin, Rohit Deshpande, Gerale Zaltman. Factors affecting trust in market research relationship [J]. Journal of Marketing, 1993, Janury, 57 (1): 81 - 101.

[321] Moskowitz M. Choosing socially responsible stocks [J]. Business and Society, 1972 (1): 71 - 75.

[322] Munsif V, Raghunandan K, Rama D V, et al. Audit Fees after Remediation of Internal Control Weaknesses [J]. Social Science Electronic Publishing, 2011, 25 (1): 87 - 105.

[323] Musen, A. M. Dimensions of Knowledge Sharing and Reuse [J]. Computers and Biomedical Research, 1992. (25): 435 - 467.

[324] Myers Stewart C. and Majluf Nicholas S. Corporate Financing and Investment Decisions when Firms Have Information that Investors Do Not Have [J]. Journal of Financial Economics, 1984, 13 (2): 187 -221.

[325] Myllymki, E. R. The Persistence in the Association between Section 404 Material Weaknesses and Financial Reporting Quality [J]. Auditing: A Journal of Practice&Theory, 2013, 33 (1): 93 -116.

[326] Naiker V., Divesh S., Sharma S., Former Audit Partners on the Audit Committee and Internal Control Deficiencies [J]. The Accounting Review, 2009, 84 (2): 559 -587.

[327] Newson M., C., Deegan., Global Expectations and their Association with Corporate Social Disclosure Practices in Australia, Singapore, and South Korea [J]. The International Journal of Accounting 2002, 37 (2): 183 -213.

[328] Nicolai J. Foss. Knowledge -based Approaches to the Theory of the Firm: Some Critical Comments [J]. Organization Science, 1996, 7 (5): 470 -476.

[329] Nicolai J. Foss, C Knudsen. Christian Knudsen. Towards a Competence Theory of the Firm [J]. Cambridge Journal of Economics, 1999, 23 (2): 151 -166.

[330] Niles Eldredge, Evolution in the Marketplace [J]. Structural Change and Economic Dynamics, 1997, (4): 21 -29.

[331] Noordin S. Importance of internal control systems [J]. Journal of Government Auditing, 1997, (31): 456 -467.

[332] North, Douglass C., Institutions, Institutional Change and Economic Performance [M]. Cambridge University Press. 1990.

[333] Nyhan, R. C., Marlower, H. A., Development and Psychometric properties of the Organizational Trust Inventory [J]. Evaluation Review, 1997, 21 (5): 614 -634.

[334] Williamson, Credible Commitments: Using hostages to support exchange [J]. The American Economic Review, 1983, 73 (4): 519 -540.

[335] O'Brien, P. C.. Analysts'Forecasts as Earnings Expectations [J]. Journal of Accounting and Economics, 1988, 10 (1): 53 -83.

[336] O'Reilly C A, and M L Tushman. Organizational Ambidexterity: Past, Present and Future [J]. Academy of Management Perspectives, 2013, 27 (4): 324 -338.

[337] Ogneva, M., K. R. Subramanyam, and K. Raghunan - dan. Internal Control Weakness and Cost of Equity: Evidence from SOX Section 404 Disclosures [J]. The Accounting Review, 2007, 82 (5): 1255 -1297.

[338] Oliver, Ri chard L. Whence consumer loyalty? [J]. Journal of Direct marketing, 1999, 63 (Special Issue): 33 -44.

[339] Opler Tim, Pinkowitz Lee, Stulz Rene and Williamson Rohan. The Determinants and Implications of Corporate Cash Holdings [J]. Journal of Financial Economics, 1999. 52 (1): 3 -46.

[340] Osma, B. G., Young, S.. R&D Expenditure and Earnings Targets [J]. European

Accounting Review, 2009, 18 (1): 7 -32.

[341] Ouchi W G. Markets, bureaucracies and clans [J]. Administrative Science Quanly, 1980, (25): 129 -141.

[342] Ouchi, W. G. A conceptual framework for the design of organizational control mechanisms [J]. Management Science (September): 1979, 25 (9): 833 -848.

[343] Pakes A. and Z. Griliches. Patens and R&D at the Firm Level [J]. Economics Letters, 1980, 5 (4): 377 -381.

[344] Palmrose, Z. , Richardson, V. , S. Scholz. , Determinants of market reactions to restatement announcements [j]. Journal of Accounting and Economics, 2004, 37 (1): 59 -89.

[345] Patricia M. Dechow, Associate Professor, Douglas J. Skinner, Professor Earnings Management: Reconciling the Views of Accounting Academics, Practitioners, and Regulators [J]. Accounting Horizon. 2000, 14 (2): 235 -250.

[346] Patterson E R, Smith J R. The Effects of Sarbanes - Oxley on Auditing and Internal Control Strength [J]. Accounting Review, 2007, 82 (2): 427 -455.

[347] Paul M. Healy and James M. Wahlen. A review of the management literature and its implications for standard setting [J]. Accounting Horizons; 1999, 13 (4): 365 -383.

[348] Pavlou, P. A. , D. Gefen. Building Effective Online Marketplaces with Institution - Based T rust [J]. Information Systems Research, 2004, 15 (1): 37 -51.

[349] Pavlou, P. A. , & Gefen, D. Psychological contract violation in online marketplace: antecedents, consequences, and moderating role [J]. Information Systems Research, 2005, 16 (4), 372 -399.

[350] Piotroski, J. D. , Srinivasan, S. , Regulation and Bonding: The Sarbanes - Oxley Act and the Flow of International Listings [J]. Journal of Accounting Research, 2008, 46 (2): 383 -425.

[351] Poppo, L, &Zenger, T. Do formal contracts and relational governance function as suhetitntes or complements? [J]. Strategic Management Journal, 2002, 23 (1): 707 -725.

[352] Porta R, Lopez - De - Silanes F, Shleifer A, et al. Legal Determinants of External Finance [J]. The Journal of Finance, 1997, 52 (3): 1131 -1150.

[353] Porter M E. How competitive forces shape strategy [M]. / /On Competition and Strategy. MA: Harvard Business School, 1991.

[354] Prescott C Ensig n. Innov ation in the Multinational Firm with G lobally Dispersed R&D: T echno logical Knowledg e Utiliza tion and Accumulation [j]. The Journal of Hig h Technology Manag ement Resea rch, 1999 , 10 (2): 203 -221.

[355] Prescott C. Ensign, Interrelationships and horizontal strategy to achieve synergy and competitive advantage in the diversified firm [J]. Management Decision, 1998, 36 (10): 657 - 668.

[356] Prewitt L. B. , Merit pay in academia: Perceptions from the school of business [j]. Public Personnel Mnanagement, 1991, (20) 4: 409 -417.

[357] R. H. Coase. The Nature of the Firm: Influence [J]. Journal of Law, Economics, & Organization. 1988, 41 (2): 33 -47.

[358] Raghunandan K. and Rama Dasaratha V. SOX Section 404 Material Weakness Disclosures and Audit Fees [J]. Auditing: A Journal of Practice & Theory, 2006, 25 (1): 99 - 114.

[359] Rajan R. , L. Zingales. , The Emergence of Strong Property Rights: Speculation from history [R]. NBER Working Paper NO. 9478, 2003.

[360] Rajan Raghuram, Servaes Henri and Zingales Luigi. The cost of diversity: the diversification discount and inefficient investment [J]. Journal of Finance, 2000, 55 (1): 35 - 80.

[361] Raman K, Shahrur H. Relationship - Specific Investments and Earnings Management: Evidence on Corporate Suppliers and Customers [J]. Accounting Review, 2011, 83 (4): 1041 -1081.

[362] Ratnasingam, P. and P. A. Pavlou. T echnology trustin internet based interorganizational electronic com merce [J]. Journal of Electronic Commerce in Organizations, 2003, 1 (1), 17 -41.

[363] Ray Ball. S. P. Kothari. Ashok Robin. The effect of international institutional factors on properties of accounting earnings [J]. Journal of Economics and Accounting. 2000, 29 (1): 251 -302.

[364] Reichheld, Frederick F. , Earl W. Sasser, Zero defections: quality comes to services [J]. Harvard Business Review, 1990, 68 (5): 105 -111.

[365] Reichheld, Frederick F. The Loyalty effect - the relationship between loyalty and profits [J]. European Business Journal, 2000, 12 (3): 173 -179.

[366] Rice S C, Weber D P. How Effective Is Internal Control Reporting under SOX 404? Determinants of the (Non -) Disclosure of Existing Material Weaknesses [J]. Journal of Accounting Research, 2012, 50 (3): 811 -843.

[367] Robert M. Grant, Toward a Knowledge - based Theory of the Firm [J]. Strategic Management Journal, 1996, 17 (S2): 109 -122.

[368] Romme, A. G. L. , A Note On the Team - Hierarchy Debate [J]. Strategic ManagementJournal, 1996, (17): 411 -417.

[369] Root, S. J. . Beyond COSO: internal control to enhance corporate governance [M]. John Wiley & Sons. 1998.

[370] Rose J M, Norman C S, Rose A M. Perceptions of Investment Risk Associated with Material Control Weakness Pervasiveness and Disclosure Detail [J]. Accounting Review, 2010, 85 (5): 1787 -1807.

[371] Rousseau, D. M. , Sitkin, S. B. , Burt, R. S. , and Camerer, C. , Not So Different After All: A Cross Discipline View of Trust [J]. Academy of Management Review, 1998, 23 (3): 393 -404.

[372] S haw, R B. Trust in the balance: Building successful organiz ations on result s, integrity and concern [M]. San Franci sco: Jossye - Bass, 1997.

[373] Sabel, C. F. , Studied Trust: Building New Forms of Cooperation in a Volatile Economy [J]. Human Relations, 1993, 46 (9): 1133 -1170.

[374] Sahlman W A. The structure and governance of venture - capital organizations [J]. Journal of Financial Economics, 1990, 27 (2): 473 -521.

[375] Sako M, Helper S. Determinants of trust in supplier relations: evidence from the automotive in Japan and the United States [J]. Journal of Economic Behavior and Organization, 1998, 34 (3): 387 -417.

[376] Sanford J. Grossman and Oliver D. Hart, Takeover Bids, The Free - Rider Problem, and the Theory of the Corporation [J]. The Bell Journal of Economics, 1980, 11 (1): 42 - 64.

[377] Sanford J. Grossman, Oliver D. Hart, The Costs and Benefits of Ownership: A Theory of Vertical and Lateral Integration [J]. The Journal of Political Economy, 1986, 94 (4): 691 -719.

[378] Scharfstein David S and Stein Jeremy C. The Dark Side of Internal Capital Markets: Divisional Rent - Seeking and Inefficient Investment [J]. Journal of Finance, 2000, 55 (6): 2537 -2564.

[379] Schipper, K.. Analysts'Forecasts [J]. Accounting Horizons, 1991, (4): 105 - 121.

[380] Schneider, A. , A. A. Gramling, D. R. Hermanson, Z. S. Ye. A review of academic literature on internal control reporting under SOX [J]. Journal of Accounting Literature, 2009, 28: 1 -46.

[381] Schoorman F D, Mayer R C, Davis J H. An integrative model of organizational trust: Past, present, and future [J]. Academy of Management Review, 2007, 32 (2): 344 - 354.

[382] Schweitzer, M. E. , Hershey, J. C. , & Bradlow, E. T. Promises and lies: Restoring violated trust [J]. Organizational Behavior and Human Decision Processes, 2006, (101): 1 - 19.

[383] Scott M S. , Developments in Organization Theory, 1960 - 1980. [J]. American Behavior Scientist, 1981, 24 (3): 407 -422.

[384] Sebora, T. C. , Cornwall, J. R.. Expected Utility Theory Vs. Prospect Theory: Implications For Strategic Decision Makers [J]. Journal of Managerial Issues, 1995, 7 (1): 41 - 61.

[385] Seetharaman Ananth, Gul Ferdinand A. and Lynn Stephen G. Litigation Risk and Audit Fees: Evidence from UK Firms Cross - Listed on US Markets [J]. Journal of Accounting and Economics, 2002, 33 (1): 91 -115.

[386] Senge, P. M. Sharing Knowledge [J]. Executive Excellence, 1997, 14 (11): 17

-20.

[387] Shapiro, Carl. , Premiums for High Quality Products as Returns to Reputations [J]. Quarterly Joumal of Economics, 1983, 98 (4): 659-680.

[388] Shin Hyun - Han and Stulz Rene M. Are Internal Capital Markets Efficient? [J]. The Quarterly Journal of Economics, 1998, 113 (2): 531-552.

[389] Shleifer A. and Vishny R. Liquidation Values and Debt Capacity: A Market Equilibrium Approach [J]. Journal of Finance, 1992, 47 (4): 1343-1366.

[390] Sim on H A. Rationality as process and product of though [J]. Am erican E conom ic Review, 1978, 68 (3): 1-16.

[391] Simons R.. Levers of control: how managers use innovative control systems to drive strategic renewal [M]. Boston: Harvard Business Press, 1995.

[392] Simunic, D. A. The Pricing of Audit Services: Theory and Evidence [J]. Journal of Accounting Research, 1980, 18 (1), 161-190.

[393] Singleton W R, Steven Globerman, The changing nature of financial disclosure in Japan [J]. The International Journal of Accounting, 2002, 37 (1): 95-111.

[394] Sitkin, SB and Roth, NL. Explaining the limited effetiveness of legalistic; " remedies" . for trust/distrust [J]. Oranizationg Science, 1993, 4 (3): 367-392.

[395] Sitkin, Roth S B, Nancy L. Legalistic organizational responses to catastrophic illness: the effect of stigmatization on [J]. Empioyee Responsibilities & Rights Journal, 1993, 6 (4): 291-313.

[396] Skinner D J. Earnings disclosure and stockholder lawsuits [J]. Journal of Accounting and Slovic P. Perception of risk. [J]. Ssrn Electronic Journal, 2004, 23 (3): 249-282.

[397] Brusoni, Stefano, Prencipe, Andrea and Pavitt, Keith. Knowledge specialization, organizational coupling, and the boundaries of the firm: why do firms know more than they make? [J]. Administrative Science Quarterly, 2001, 46 (4): 597-621.

[398] Stein Jeremy C. Agency, Information and Corporate Investment [R]. Harvard University and NBER: 2001. 1-88 (NBER Working Paper No. w8342 90 Pages Posted: 25 Jun 2001 Last revised: 24 Jul 2001).

[399] Steinel W, De Dreu C. Social motives and strategic misrepresentation in social decision making [J]. Journal of Personality and Social Psychology, 2004, (86): 419-434.

[400] Stephen Jay Gould, 自达尔文以来：自然史沉思录 [M]. 中译本，读书生活新知三联书店，1997.

[401] Steven K. , Susan R. The Reputation Effects of Earnings Management in the Internal Labor Market [J]. Business Ethics Quarterly, 2004, 14 (3): 453-478.

[402] Su Lixin. , Xuezhou Zhao. , Gaoguang Zhou. , Do customers respond to the disclosure of internal control weakness? [J] Journal of Business Research, 2014, 67 (7): 1508-1518.

[403] Subramaniam Venkat, Tang Tony T. , Yue Heng and Zhou Xin. Firm Structure and Corporate Cash Holdings [J]. Journal of Corporate Finance, 2011, 17 (3): 759-773.

[404] Subramanyam K. R. The Pricing of Discretionary Accruals [J]. Journal of Accounting and Economics, 1996, 22: 249 -282.

[405] Sugata Roychowdhury. Earnings Management through Real Activities Manipulation [J]. Journal of Accounting and Economics. 2006. 42 (3): 335 -370.

[406] Sulin Ba, Jan Stallaert, Andrew B. Whinston., Optimal Investment in Knowledge within firm using a market mechanism [J]. Management Science, 2001, 47 (9): 1203 - 1219.

[407] Suutari R. Understanding industry structure [J]. CMA Management, 2000, 73 (9): 34 -37.

[408] Sveiby. K. The New Organizational Wealth [M]. San Franetst co: Berrett Koehler. 1997.

[409] Teece, D. J., G. Pisano and A. Shuen. Dynamic capabilities and strategic management [J]. Strategic Management Journal, 1997. 18 (7): 509 -533.

[410] Thomas D F, Thomas Z L, Linda V. Empirical Research on Accounting choice [J]. Journal of Accounting and Economics, 2001, 31 (2): 255 -307.

[411] Thompson D. Bishop M. Privatisation in the UK: Internal Organisation and Productive Efficiency [J]. Annals of Public & Cooperative Economics, 2010, 63 (2): 171 -188.

[412] Tirole Jean. Hierarchies and Bureaucracies; On the Role of Collusion and Organization [J]. Journal of Law. Economics. Organization, 1986, 2 (2): 181 -214.

[413] Tomlin son, E C, and Mayer, R C. The role of causal at tribution dimensions in trust repair [J]. Academy of Management Review, 2009, 34 (1): 85 -104.

[414] Tomlinson E., Dineen B. and Lewicki R. The road to reconciliation: Antecedents of victim willingness to reconcile following a broken promise [J]. Journal of Management, 2004, 30 (2): 165 -187.

[415] V. Athanasakou, K. Hussainey. Forward - Looking Performance Disclosure and Earnings Quality [R]. London School of Economics and University of Stirling, Working Paper, 2010.

[416] Vaccaro I G, Jansen J J P, Van Den Bosch F A J, Volberda H W. Management innovation and leadership: The moderating role of organizational size [J]. Journal of Management Studies, 2012, 49 (1): 28 -51.

[417] Van Horen. Neeltje. Trade Credit as a Competitiveness Toll: Evidence from Developing Countries. [R]. Word Bank Working Paper. 2005.

[418] W. Bentley MacLeod. Reputations, Relationships, and Contract Enforcement [J]. Journal of Economic Literature. 2007, 45 (3): 595 -628.

[419] Wallison, P. J. Fair Value Accounting: A Critique [J]. American Enterprise Institute for Public Policy Research, 2008, 17 (7): 1 -8.

[420] Wang Hongxia., W. N., Davidson III, Xiaoxin Wang., The Sarbanes - Oxley Act and CEO tenure, turnover, and risk aversion [J]. The Quarterly Review of Economics and Fi-

nance. 2010, 50 (3): 367 -376.

[421] Wang, X. , Increased disclosure requirements and corporate governance decisions: Evidence from chief financial officers in the pre - and post - Sarbanes - Oxley periods [J]. Journal of Accounting Research, 2010, 48 (4): 885 -920.

[422] Warfield T D, Wild J J, and Wild K L. Managerial Ownership, Accounting Choices, and Informativeness of Earnings [J]. Journal of Accounting and Economics, 1995, 20 (1): 61 -91.

[423] Watts, R. , Zimmerman, J. , Positive Accounting Theory [M]. Prentice - Hall, Englewood Cliffs. NJ. 1986.

[424] Weeds H. Strategic Delay in a Real Options Model of R&D Competition [J]. The Review of Economic Studies, 2002, 69 (3): 729 -747.

[425] Weick K E, Roberts K H. Collective mind in organizations: Heedful interrelating on flight decks [J]. Adm - inistrative Science Quarterly, 1993, 38 (3): 357 -381.

[426] Whisenant J. S. , Sankaraguruswamy S. , Raghunandan K. , Market Reactions to Disclosure of Reportable Events. Auditing [J]. A Journal of Practice and Theory, 2003, 22 (1): 181 - 194.

[427] Wiersema, M. F. , Zhang, Y. . CEO Dismissal: The Role of Investment Analysts [J]. Strategic Management Journal, 2011, 32 (11): 1161 -1182.

[428] William J Bruns. Kenneth A Merchant. The dangerous morality of managing earnings [J]. Management Accounting. 1990, 7 (2): 22 -25.

[429] Williamson, O. E. Transaction Cost economics: The governance of contractual relations [J]. Journal of Law and Economics, 1979, 22 (2): 233 - 2621.

[430] Williamson, O. E. Public and Private Bureaucracies: A Transaction Cost Economics Perspective [J]. The Journal of Law, Economics & Organizations, 1999, 15 (1): 306 -342.

[431] Williamson, O. E. Credible commitments: Using hostages to support exchange [J]. The American Economic Review, 1983, 73 (4): 519 -540.

[432] Williamson, O. E. The Economic Institutions of Capitalism [M]. New York: Free Press, 1985.

[433] Willis D. M. , Lightle S. S. , Management Reports on Internal Controls [J]. Journal of Accountancy, 2000, 190 (4): 57 -62.

[434] Wrightsman, L. S. , Assumptions About Human Aature: Implications for Researchers and Practitioners, Newbury Park [M]. CA: Sag e Publications. 1992.

[435] Xiao H F and Yuan J G. Ownership Structure, Board Composition and Corporate Voluntary Disclosure: Evidence from Listed Companies in China [J]. Managerial Auditing Journal, 2007, 22 (6): 604 -619.

[436] Xu Xiaonian. , Yan Wang. , Ownership Structure and Corporate Gvernance in Chinese Stock Companies [J]. China Economic Review 1999, 10 (1): 75 -98.

[437] Yan Zhu, LI - Yun Sun, Alicia S M Leung. Corporatesocial responsibility, firm

reputation, and firm performance: The role of ethical leadership [J]. Asia Pacific Journal of-Management, 2014, 31 (4): 925 -947.

[438] YiWei Dou. Ole - Kristain Hope. Wayne B Thomas. Relationship - Specificity, Contract Enforceability, and Income Smoothing: A International Study [J]. The Accounting Review Forthcoming. 2013, 88 (5): 1629 - 1656.

[439] Yu, F.. Analyst Coverage and Earnings Management [J]. Journal of Financial Economics, 2008, 88 (2): 245 -271.

[440] Yufang J, L Ruoshan, and X Minglei. The New Development of COSO Report Analysis the event of China Aviation Oil (Singapor e) on Enterprise Risk Management [J]. Accounting Research, 2005, 32 (2): 32 -38.

Z Lin , J Zheng , L Peng , XU Dexin, Relationship - Specific Transaction, Audit Firms Choice and Stability of Audit Contracts: Evidence from Key Suppliers and Customers in China [J]. China Journal of Accounting Research, 2011, 3 (4): 121 -133.

[441] Zaheer A, Venkatraman N. Relational governance as an interorganizationgal strategy: an empirical test of the role of trust in economic exchange [J]. Strategic Management Journal, 1995, 16 (5): 373 -392.

[442] Zaheer, B. McEvily, V. Perrone, Does trust matter? Exploring the effects of interorganizational and interpersonal trust on performance [J]. Organization Science, 1998, 9 (2): 141 - 159.

[443] Zajac E J, M S Kraatz, and R K F Bresser. Modeling the Dynamics of Strategic Fit: A Normative Approach to Strategic Change [J]. Strategic Management Journal, 2000, 21 (4): 429 - 453.

[444] Zang, A. Evidence on the Tradeoff between Real Manipulation and Accrual Manipulation [R]. Hong Kong University of Science and Technology Working Paper, 2007.

[445] Zhang I X. Economic Consequences of the Sarbanes - Oxley Act of 2002 [C, E]. Journal of Accounting and Economics, Elsevier, vol. 44 (1 -2), pages 74 -115, September.

[446] Zhang Yan, Jian Zhou, Nan Zhou, Audit Committee Quality, Auditor Independence, and Internal Control Weaknesses [J]. Journal of Accounting and Public Policy, 2007, 26 (3): 300 -327.

[447] Zhang, Ivy, Economic Consequences of the Sarbanes - Oxley Act of 2002 [J]. Journal of Accounting and Economics, 2007, 44 (1 -2): 74 -115.

[448] Zhang, Jieying, The Contracting Benefits of Accounting Conservatism to Lenders and Borrowers [J]. Journal of Accounting and Economics 2008, 45 (1): 24 -54.

[449] Zhang, Y. , Gimeno, J.. Earnings Pressure and Competitive Behavior: Evidence from the US Electricity Industry [J]. Academic of Management Journal, 2010, 53 (4): 743 - 768.

[450] Zi - Lin He, and Wong Poh - Kam. Exploration vs. Exploitation: An Empirical Test of the Ambidexterity Hypothesis [J]. Organization Science, 2004, 15 (4): 481 -494.

[451] Zucker, L. G. Production of Trust: Institutional Sources of Economic Structure, 1840 - 1920 [J]. Research in Organizational Behavior, 1986 (8): 53 - 111.

[452] 阿尔钦. 产权: 一个经典解释, 财产权利与制度变迁 [M]. 中译本, 上海: 上海三联书店, 1996.

[453] 埃瑞克. G. 菲吕博顿. 新制度经济学 [M]. 中译本, 上海: 上海财经大学出版社, 1998.

[454] 艾健明, 柯大钢. 多元化战略与管理保护: 基于中国上市公司进入新行业的视角 [J]. 管理评论, 2007, 19 (4): 29 - 34.

[455] 爱伦·斯密德. 财产、权力和公共选择 [M]. 中译本, 上海三联书店、上海人民出版社, 1999.

[456] 白重恩, 刘俏, 陆洲, 宋敏, 张俊喜. 中国上市公司治理结构的实证研究 [J]. 经济研究, 2005, (2): 81 - 91.

[457] 柏拉图. 理想国 [M]. 中译本, 北京: 商务印书馆, 1986.

[458] 贝克尔. 人类行为的经济分析 [M]. 中译本, 上海: 上海三联书店, 1996.

[459] 彼得. F. 德鲁克. 大变革时代的管理 [M]. 中译本, 上海: 上海译文出版社, 1995.

[460] 毕晓方, 翟淑萍, 姜宝强. 政府补贴、财务冗余对高新技术企业双元创新的影响 [J]. 会计研究, 2017, (1): 46 - 52 + 95.

[461] 布罗姆利. 经济利益与经济制度 [M]. 中译本, 上海: 上海三联书店, 1996.

[462] 蔡冬梅, 郑婕霞. 小议内部控制信息披露的效益与成本 [J]. 首都经济贸易大学学报, 2005, (2): 88 - 90.

[463] 蔡吉甫. 我国上市公司内部控制信息披露的实证研究 [J]. 审计与经济研究, 2005, (3): 85 - 88.

[464] 蔡宁. 风险投资"逐名"动机与上市公司盈余管理 [J]. 会计研究, 2015, (5): 20 - 27.

[465] 曹兴, 宋长江. 认知邻近性、地理邻近性对双元创新影响的实证研究 [J]. 中国软科学, 2017, (6): 120 - 131.

[466] 曾蔚, 刘志杰, 张昭. 媒体关注、内部控制有效性与企业业绩波动性研究 [J]. 中南大学学报 (社会科学版), 2016, 22 (2): 116 - 122.

[467] 曾文杰. 论关系沟通对供应链协同的影响作用 [J]. 商业时代, 2011, (2): 18 - 20.

[468] 曾雪云, 徐经长. 公允价值计量、金融投资行为与公司资本结构 [J]. 金融研究, 2013, (3): 181 - 193.

[469] 查尔斯·萨维奇. 第五代管理 [M]. 中译本, 广州: 珠海出版社, 1998.

[470] 陈晨. 投资性房地产公允价值计量动因与经济后果研究 [D]. 中国矿业大学, 2014.

[471] 陈工孟, 俞欣, 寇祥河. 风险投资参与对中资企业首次公开发行折价的影响——不同证券市场的比较 [J]. 经济研究, 2011, (5): 74 - 85.

[472] 陈共荣，刘燕．内部控制信息披露的市场反应 [J]. 系统工程，2007，(10)：40-45.

[473] 陈关亭，张少华．论上市公司内部控制的披露及其审核 [J]. 审计研究，2003，(6)：34-38.

[474] 陈汉文，张宜霞．企业内部控制的有效性及其评价方法 [J]. 审计研究，2008，(3)：48-54.

[475] 陈汉文，周中胜．内部控制质量与企业债务融资成本 [J]. 南开管理评论，2014，(3)：103-111.

[476] 陈见丽．风险投资对我国创业板公司业绩增长的影响 [J]. 财经科学，2012，(3)：50-58.

[477] 陈军梅．股权激励、内部控制与会计稳健性 [J]. 现代财经（天津财经大学学报），2015，35 (04)：81-92.

[478] 陈骏．内部控制监管、遵循成本与监管效果——基于我国上市公司内部控制监管的经验研究 [J]. 中南财经政法大学学报，2014，(6)：75-84.

[479] 陈骏．审计师声誉与银行信贷资源配置——基于银行信用借款决策的经验证据 [J]. 审计研究，2011，(5)：90-97.

[480] 陈立泰，徐静．多元化经营与现金持有水平——基于中国制造业上市公司的实证研究 [J]. 经济与管理研究，2012. (2)：40-48.

[481] 陈丽蓉，周曙光．上市公司内部控制效率的实证研究——基于审计师变更视角的经验证据 [J]. 当代财经，2008，(10)：120-128.

[482] 陈明亮．客户忠诚与客户关系生命周期 [J]. 管理工程学报，2003，(2)：90-93.

[483] 陈艳艳，罗党论．地方官员更替与企业投资 [J]. 经济研究，2012，(2)：18-30.

[484] 陈正林，王彧．供应链集成影响上市公司财务绩效的实证研究 [J]. 会计研究，2014，(2)：49-56.

[485] 陈志斌，何忠莲．内部控制执行机制分析框架构建 [J]. 会计研究，2007，(10)：46-52.

[486] 程小可，郑立东，姚立杰．内部控制能否抑制真实活动盈余管理？——兼与应急盈余管理之比较 [J]. 中国软科学，2013，(3)：120-131.

[487] 程晓陵，王怀明．公司治理结构对内部控制有效性的影响 [J]. 审计研究，2008. (4)：53-61.

[488] 程新生．公司治理、内部控制、组织结构互动关系研究 [J]. 会计研究，2004，(4)：14-18.

[489] 程新生，谭有超，刘建梅．非财务信息、外部融资与投资效率——基于外部制度约束的研究 [J]. 管理世界，2012，(7)：137-150+188.

[490] 程新生，谭有超，许垒．公司价值、自愿披露与市场化进程——基于定性信息的披露 [J]. 金融研究，2011，(8)：111-127.

[491] 池国华，张传财，韩洪灵．内部控制缺陷信息披露对个人投资者风险认知的影响：一项实验研究［J］．审计研究，2012，（2）：105－112.

[492] 迟旭升，李明．公司治理与企业财务风险相关性研究——来自沪深两市主板A股上市公司的经验证据［J］．东北财经大学学报，2011，（5）：67－73.

[493] 仇云杰，魏炜．研发投入对企业绩效的影响——基于倾向得分匹配法的研究［J］．当代财经，2016，（3）：96－106.

[494] 戴文涛，纳鹏杰，马超．内部控制能预防和降低企业风险吗？［J］．财经问题研究，2014，（2）：87－94.

[495] 戴彦，汪艳．内部控制本原的经济学思考［J］．财会通讯（综合版），2005，（12）：72－74.

[496] 单华军．内部控制、公司违规与监管绩效改进——来自2007—2008年深市上市公司的经验证据［J］．中国工业经济，2010，（11）：140－148.

[497] 德索托．奥地利学派：市场秩序与企业家创造性［M］．中译本，杭州：浙江大学出版社，2010.

[498] 德索托．社会主义：经济计算与企业家才能［M］．中译本，长春：吉林出版集团有限责任公司，2010.

[499] 邓德强．金字塔结构与内部控制信息披露——来自沪市上市公司的经验证据［J］．东北财经大学学报，2011，（4）：20－27.

[500] 邓德强，温素斌，潘琳娜，刘昊天．内部控制质量、机构投资者异质性与持股决策：来自自选择模型的实证研究［J］．管理评论，2014，（10）：76－89.

[501] 邓宏图．组织、组织演进及制度变迁的经济解释［J］．南开经济研究，2003（1）：23－27.

[502] 邓莉，张宗益，李宏胜，刘伟．银行在公司控制权市场中的作用［J］．金融研究，2008，（1）：88－99.

[503] 邓新明．我国民营企业政治关联、多元化战略与公司绩效［J］．南开管理评论，2011.14（4）：4－15.

[504] 丁有刚，胡兴国．内部控制、风险控制与风险管理——基于组织目标的概念解说与思想演进［J］．会计研究，2007，（12）：51－54.

[505] 董卉娜，严茹梅．高管层持股对企业内部控制缺陷的影响［J］．财会月刊，2016，（05）：8－13.

[506] 董望，陈汉文．内部控制、应计质量与盈余反应——基于中国2009年A股上市公司的经验证据［J］．审计研究，2011，（4）：68－78.

[507] 董艳，李凤．管理层持股、股利政策与代理问题［J］．经济学（季刊），2011，10（03）：1015－1038.

[508] 杜莉，戴倩倩．年度报告的风险信息沟通及影响因素［J］．证券市场导报，2010，（07）：32－36＋49.

[509] 杜颖洁，杜兴强．女性董事、法律环境与企业社会责任——基于中国资本市场的经验证据［J］．当代会计评论，2014，（1）：90－121.

[510] 杜玉红. 浅析内部控制的局限性及其对策 [J]. 财务与会计, 2006 (15): 32 - 32.

[511] 段志鹏. 人际关系对供应链关系质量的影响研究 [J]. 生产力研究, 2010 (3): 114 - 116 + 217.

[512] 樊纲, 王小鲁, 朱恒鹏. 中国市场化指数——各地区市场化相对进程 2011 年报告 [M]. 北京: 经济科学出版社, 2011.

[513] 樊纲, 王小鲁, 朱恒鹏. 中国市场化指数——各地区市场化相对进程 2009 年报告 [M]. 北京: 经济科学出版社, 2009.

[514] 范经华, 张雅曼, 刘启亮. 内部控制、审计师行业专长、应计与真实盈余管理 [J]. 会计研究, 2013, (4): 81 - 88.

[515] 范黎波. 基于网络的企业学习与治理机制 [J]. 中国工业经济, 2006, (10): 106 - 112.

[516] 凡勃仑. 有闲阶级论 [M]. 中译本, 北京: 商务印书馆, 1964.

[517] 方春生, 王立彦, 林小驰, 林景艺, 冯博. SOX 法案、内控制度与财务信息可靠性——基于中国石化第一手数据的调查研究 [J]. 审计研究, 2008, (1): 45 - 52.

[518] 方红星, 金玉娜. 公司治理、内部控制与非效率投资: 理论分析与经验证据 [J]. 会计研究, 2013, (7): 63 - 69.

[519] 方红星, 张勇. 供应商/客户关系型交易、盈余管理与审计师决策 [J]. 会计研究, 2016, (1): 79 - 86.

[520] 方红星, 金玉娜. 高质量内部控制能抑制盈余管理吗? ——基于自愿性内部控制鉴证报告的经验研究 [J]. 会计研究, 2011, (8): 53 - 59.

[521] 方红星. 内部控制、审计与组织效率 [J]. 会计研究, 2002, (7): 41 - 44.

[522] 方红星, 张志平. 内部控制质量与会计稳健性——来自沪深 A 股公司 2007—2010 年年报的经验证据 [J]. 审计与经济研究. 2012, 27 (5): 3 - 10.

[523] 方红星, 戴捷敏. 公司动机、审计师声誉和自愿性内部控制鉴证报告——基于 A 股公司 2008—2009 年年报的经验研究 [J]. 会计研究, 2012, (2): 87 - 95.

[524] 方红星, 刘丹. 内部控制质量与审计师变更——来自我国上市公司的经验证据 [J]. 审计与经济研究, 2013, (2): 16 - 24.

[525] 方红星, 施继坤. 自愿性内部控制鉴证与权益资本成本——来自沪市 A 股非金融类上市公司的经验证据 [J]. 经济管理, 2011, (12): 128 - 134.

[526] 方红星, 孙翯, 金韵韵. 公司特征、外部审计与内部控制信息的自愿披露 [J]. 会计研究, 2009, (10): 44 - 52.

[527] 方红星, 张志平. 内部控制对盈余持续性的影响及其市场反应——来自 A 股非金融类上市公司的经验证据 [J]. 管理评论, 2013, (12): 77 - 86.

[528] 方军雄. 政府干预、所有权性质与企业并购 [J]. 管理世界, 2008, (9): 118 - 123.

[529] 方明月. 资产专用性、融资能力与企业并购——来自中国 A 股工业上市公司的经验证据 [J]. 金融研究, 2011, (5): 156 - 170.

[530] 方瑞琪．公允价值、非理性心理与企业投资效率［J］．东北财经大学学报，2015，(1)：89－96.

[531] 冯根福．双重委托代理理论：上市公司治理的另一种分析框架——兼论进一步完善中国上市公司治理的新思路［J］．经济研究，2004，(12)：16－25.

[532] 冯均科．不同产权结构下的内部控制效率的研究［J］．中国工业经济，2001，(8)：28－33.

[533] 冯延超，梁莱歆．上市公司法律风险、审计收费及非标准审计意见——来自中国上市公司的经验证据［J］．审计研究，2010，(3)：75－81.

[534] 弗兰西斯·福山，信任：社会道德与繁荣的创造［M］．中译本，呼和浩特：远方出版社，1998.

[535] 福山，转引自李惠斌．社会资本与社会发展引论［M］．中译本，国外社会科学，2000. 7

[536] 盖地、盛常艳．内部控制缺陷及其修正对审计收费的影响——来自中国A股上市公司的数据［J］．审计与经济研究，2013，(3)：21－27.

[537] 干胜道，胡明霞．管理层权力、内部控制与过度投资［J］．审计与经济研究，2014，(5)：40－47.

[538] 高明华，杜雯翠．外部监管、内部控制与企业经营风险——来自中国上市公司的经验证据［J］．南方研究，2013，(12)：63－72.

[539] 格雷汉姆．M. P 芙丽特——管理学的先知［M］．中译本，经济日报出版社，哈佛商学院出版社，1998.

[540] 葛家澍．关于在财务会计中采用公允价值的探讨［J］．会计研究，2007，(11)：3－8.

[541] 葛雷纳．组织成长中的演变和变革［J］．哈佛商业评论，1972年7—8月。引自 http：//wenruiliu. blog. 163. com/blog/ static/2428562220095155355869/.

[542] 龚红，宁向东，崔涛．董事会对公司战略过程评价：逻辑架构与指标体系［J］．南开管理评论，2007. (5)：26－30.

[543] 顾鸣润，田存志．IPO后业绩变脸与真实盈余管理分析［J］．统计与决策．2012，(1)：164－167.

[544] 顾夏铭，陈勇民，潘士远．经济政策不确定性与创新——基于我国上市公司的实证分析［J］．经济研究，2018，(2)：109－123.

[545] 郭华，王程，李后建．政策不确定性、银行授信与企业研发投入［J］．宏观经济研究，2016，(2)：89－112.

[546] 郭继强．专用性资产特性、组织剩余分享与企业制度［J］．经济学家，2005，(6)：68－74.

[547] 郭平．政策不确定性与企业研发投资："延迟效应"还是"抢占效应"——基于世界银行中国企业调查数据的分析［J］．山西财经大学学报，2016，38 (10)：1－12.

[548] 郭茜．基于关系租金的企业网络对企业绩效的影响研究［D］．长沙：中南大学硕士学位论文，2008.

[549] 韩国高．政策不确定性对企业投资的影响：理论与实证研究 [J]．北京：经济管理，2014，(12)：62－71.

[550] 韩洪灵，郭燕敏，陈汉文．内部控制监督要素之应用性发展——基于风险导向的理论模型及其借鉴 [J]．会计研究，2009，(8)：73－79.

[551] 韩洪灵，张立燕．控制风险、披露压力与内部控制鉴证报告的自愿性披露——基于沪市2008—2014年A股上市公司的经验证据 [J]．江西财经大学学报，2014，(6)：34－44.

[552] 韩婷，俞春江．内部控制失效与中航油事件 [J]．对外经贸财会，2005，(5)：37－39.

[553] 韩忠雪，周婷婷．产品市场竞争、融资约束与公司现金持有：基于中国制造业上市公司的实证分析 [J]．南开管理评论，2011，14 (4)：149－160.

[554] 韩忠雪，朱荣林，王宁．股权结构、代理问题与公司多元化折价 [J]．当代经济科学，2006，28 (5)：52－58.

[555] 郝云宏，周翼翔．董事会结构、公司治理与绩效——基于动态内生性视角的经验证据 [J]．中国工业经济，2010，(05)：110－120.

[556] 何建国，张欣，周曙光．上市公司内控信息披露质量及影响因素——基于公司治理视角的经验证据 [J]．山西财经大学学报，2011，(3)：98－106.

[557] 何卫红．基于免疫理论的内部控制实施与评价框架 [J]．现代经济探索，2011，(6)：45－48.

[558] 何小杨．我国家族企业中的“人际关系网”——现状及制度诱因 [J]．证券市场导报，2011，(11)：54－66.

[559] 何禹霆，王岭．扩展的交易成本理论视角：经济组织治理逻辑的重新审视 [J]．现代财经，2008，(6)：3－7.

[560] 何禹霆．中国装备制造业的产业组织模式——基于COCP范式的研究 [M]．北京：经济管理出版社，2006：38 －42.

[561] 贺欣．内部控制有效性与财务报告可靠性研究——内部控制需求观 [M]．武汉：武汉大学出版社，2007.

[562] 贺伊琦．基于自组织理论和仿生学的企业内部控制——内部控制学的新分析框架 [J]．会计与经济研究，2011，(6)：56－63.

[563] 胡安安，徐瑛，凌鸿．组织内知识共享的信任模型研究 [J]．上海管理科学，2007 (1)，32－36.

[564] 胡旭阳，史晋川．民营企业的政治资源与民营企业多元化投资——以中国民营企业500强为例 [J]．中国工业济经，2008，(4)：5－14.

[565] 胡旭阳．中介机构的声誉与股票市场信息质量——对我国股票市场中介机构作用的实证研究 [J]．证券市场导报，2003，(2)：58－61.

[566] 胡一帆，宋敏，张俊喜．竞争、产权、公司治理三大理论的相对重要性及交互关系 [J]．经济研究，2005，(9)：44－57.

[567] 胡奕明，林文雄，王玮璐．证券分析师的信息来源、关注域与分析工具 [J].

金融研究，2003，(12)：52 -63.

[568] 黄家明，方卫东．交易费用理论：从科斯到威廉姆森 [J]．合肥工业大学学报，2000，(1)：33 -36.

[569] 黄娟，张配配．管理层权力、内部控制信息披露质量与企业绩效 [J]．南京审计大学学报，2017，(2)：1 -10.

[570] 黄少安．关于制度变迁的三个假说及其验证 [J]．中国社会科学，2000，(4)：37 -49.

[571] 黄世忠．公允价值会计：面向 21 世纪的计量模式 [J]．会计研究，1997，(12)：1 -4.

[572] 黄寿昌，杨雄胜．内部控制报告、财务报告质量与信息不对称——来自沪市上市公司的经验证据 [J]．财经研究，2010，(7)：81 -91.

[573] 黄寿昌，李芸达，陈圣飞．内部控制报告资源披露的市场反应——基于股票交易量及股票收益波动率的实证研究 [J]．审计研究，2010，(4)：44 -51.

[574] 黄新建，刘星．内部控制信息透明度与公司绩效的实证研究——来自 2006—2008 年沪市制造业公司的经验证据 [J]．软科学，2010，(3)：109 -112.

[575] 黄中生．财务控制权配置：目标及实现机制 [J]．当代经济科学 2006，(6)：109 -116.

[576] 惠双明．资产专用性、网络扩展和私人秩序 [J]．经济研究，2002，(7)：63 -68.

[577] 吉登斯．现代性的后果 [M]．中译本．南京：译林出版社，2003.

[578] 贾根良．网络组织：超越市场与企业两分法 [J]．经济社会体制比较，1998，(4)：13 -19.

[579] 贾宁，李丹．创业投资管理对企业绩效表现的影响 [J]．南开管理评论，2011，14 (1)：96 -106.

[580] 江龙，刘笑松．经济周期波动与上市公司现金持有行为研究 [J]．会计研究，2011，(9)：40 -46.

[581] 姜付秀．我国上市公司多元化经营的决定因素研究 [J]．管理世界 (月刊)，2006，(5)：128 -135.

[582] 姜国华，王汉生．财务报表分析与上市公司 ST 预测研究 [J]．审计研究，2004，(6)：60 -63.

[583] 姜秀华，孙铮．治理弱化与财务危机：一个预测模型 [J]．南开管理评论，2001，(5)：19 -25.

[584] 金玉芳，董大海．消费者信任影响因素实证研究：基于过程的观点 [J]．管理世界，2004，(7)：93 -99.

[585] 靳明，王娟．风险投资介入中小企业公司治理的机理与效果研究 [J]．财经论丛，2010 (6)：84 -90.

[586] 康均，陈靓，刘曦．上市公司内部控制信息披露现状、成因及完善对策 [J]．财会月刊，2009，(3，下)：100 -102.

[587] 柯武刚，史漫飞．制度经济学——社会秩序与公共政策［M］．中译本，北京：商务印书馆，2000.

[588] 肯尼思·约瑟夫·阿罗．社会选择：个性与多准则［M］．中译本，北京：首都经济贸易大学出版社，2000.

[589] 李丹，贾宁．盈余质量、制度环境与分析师预测［J］．中国会计评论，2009，(4)：351－370.

[590] 李非，富与德．亚当·斯密的无形之手：市场社会的架构［M］．中译本，天津：天津人民出版社，2001.

[591] 李凤羽，史永东，杨墨竹．经济政策不确定性影响基金资产配置策略吗？——基于中国经济政策不确定指数的实证研究［J］．证券市场导报，2015，(5)：52－70.

[592] 李凤羽，杨墨竹．经济政策不确定性会抑制企业投资吗？——基于中国经济政策不确定指数的实证研究［J］．金融研究，2015，(4)：115－129.

[593] 李红昌，荣朝和．基于交易性质的物流契约结构分析［J］．物流技术，2008，(6)：82－86.

[594] 李后建，刘思亚．银行信贷、所有权性质与企业创新［J］．科学学研究，2015，33 (7)：1089－1099.

[595] 李后建，张宗益．金融发展、知识产权保护与技术创新效率——金融市场化的作用［J］．科研管理，2014，35 (12)：160－167.

[596] 李嘉图．李嘉图著作与通讯集（第四卷）［M］．中译本，北京：商务印书馆，1980.

[597] 李连华．权力配置与内部控制效率问题研究［J］．财政监督，2007，(4)：3－5.

[598] 李连华．内部控制理论结构——控制效率的思想基础和政策建议［M］．厦门：厦门大学出版社．2007.

[599] 李明辉．论内部公司治理与内部控制［J］．广西会计，2002，(11)：8－9.

[600] 李明辉．试论管理当局对内部控制的责任［J］．财经论丛，2002，(5)：65－70.

[601] 李明辉，王学军．上市商业银行内部控制信息披露研究［J］．金融研究，2004，(5)：53－63.

[602] 李明辉，张娟，刘笑霞．会计师事务所合并与审计定价——基于2003—2009年十起合并案面板数据的研究［J］．会计研究，2012，(5)：86－92.

[603] 李明辉，何海，马夕奎．我国上市公司内部控制信息披露状况的分析［J］．审计研究，2003 (1)：38－43.

[604] 李明辉．内部控制与会计信息质量［J］．当代财经，2002，(03)：72－77.

[605] 李萍，赵明亮．从现实人格失范纬度看信任危机［J］．北京邮电大学学报（社科版），2004，6 (4)：1－42.

[606] 李善民，朱滔．中国上市公司并购的长期绩效——基于证券市场的研究［J］．中山大学学报（社会科学版），2005，(5)：80－86.

[607] 李善同，侯永志，刘云忠等．中国国内地方保护问题的调查与分析 [J]．经济研究，2004，(11)：78 - 84.

[608] 李四海，李晓龙，宋献中．产权性质、市场竞争与企业社会责任行为——基于政治寻租视角的分析 [J]．中国人口，资源与环境，2015，(1)：162 - 169.

[609] 李万福，林斌，宋璐．内部控制在公司投资中的角色：效率促进还是抑制? [J]．管理世界，2011，(2)：81 - 100.

[610] 李万福、陈晖丽，内部控制与公司实际税负 [J]．金融研究，2012，(9)：195 - 206.

[611] 李万福，林斌，林东杰．内部控制能有效规避财务困境吗? [J]．财经研究，2012，(1)：124 - 134.

[612] 李维安，邱艾超，古志辉．双重公司治理环境、政治联系偏好与公司绩效——基于中国民营上市公司治理转型的研究 [J]．中国工业经济，2010，(6)：85 - 95.

[613] 李维安．公司治理 [M]．天津：南开大学出版社．2001.

[614] 李向阳．企业信誉、企业行为和市场机制 [M]．北京：经济科学出版社，2000.

[615] 李小燕，田也壮．持续改进的企业内部财务控制有效性标准的研究——基于组织循环理论的分析框架 [J]．会计研究，2008，(8)：46 - 52.

[616] 李晓慧，杨子萱．内部控制质量与债权人保护研究——基于债务契约特征的视角 [J]．审计与经济研究，2013，(2)：97 - 105.

[617] 李心合．会计制度的信誉基础 [J]．会计研究，2002，(4)：17 - 23.

[618] 李心合．内部控制：从财务报告导向到价值创造导向 [J]．会计研究，2007，(4)：54 - 60.

[619] 李心合．内部控制研究的困惑与思考 [J]．会计研究，2013，(6)：54 - 61.

[620] 李心合．丧失相关性的会计与会计的持续性变革 [J]．会计研究，2012，(10)：3 - 10 + 95.

[621] 李璇．创业板"管理层讨论与分析"披露影响因素实证研究 [D]．重庆工商大学，2012.

[622] 李映辉．对内部控制与公司组织结构变革共生性的探索 [N]．http：//www. studa. net/caiwuqita /070211/ 15462392. html.

[623] 李宇立．自我感知的内部控制缺陷间的关系——基于问卷调查的路径分析 [J]．审计研究，2011，(6)：74 - 81.

[624] 李玉华，葛翔宇．风险投资参与对创业板企业影响的实证研究 [J]．当代财经，2013 (1)：75 - 84.

[625] 李育红．公司治理结构与内部控制有效性——基于中国沪市上市公司的实证研究 [J]．财经科学，2011，(2)：69 - 75.

[626] 李越冬，张冬，刘伟伟．内部控制重大缺陷、产权性质与审计定价 [J]．审计研究，2014，(2)：45 - 52.

[627] 李增福，董志强，连玉君．应计项目盈余管理还是真实活动盈余管理? ——基

于我国 2007 年所得税改革的研究［J］. 管理世界. 2011，(1)：121－134.

［628］李增泉，叶青，贺卉. 企业关联、信息透明度与股价特征［J］. 会计研究，2011，(1)：44－51.

［629］李志斌，尤雯. 内部控制的基本效应与溢出效应：内涵挖掘视角的研究［J］. 现代管理科学，2013，(5)：48－51.

［630］李志斌. 内部控制、实际控制人性质与社会责任履行——来自中国上市公司的经验［J］. 经济经纬，2014，(5)：109－114.

［631］李志强. 制度配置状态：制度耦合、制度冲突与制度真空［J］. 经济师，2002 (4)：33－34.

［632］梁建敏，吴江. 创业板公司 IPO 前后业绩变化及风险投资的影响［J］. 证券市场导报，2012 (4)：64－69.

［633］林斌，周美华，舒伟，刘春丽. 内部控制、公司诉讼和公司价值［J］. 中国会计评论，2013，11 (4)：431－456.

［634］林斌，饶静. 上市公司为什么自愿披露内部控制鉴证报告？——基于信号传递理论的实证研究［J］. 会计研究，2009，(2)：45－52.

［635］林斌，孙烨，刘瑾. 内部控制、信息环境与资本成本——来自中国上市公司的经验证据［J］. 证券市场导报，2012，(11)：26－31.

［636］林斌. 论不确定性会计［J］. 会计研究，2000，(6)：24－29.

［637］林金忠. 企业组织的经济学分析（M），上海：商务印书馆，2004：33.

［638］林晓辉，吴世农. 股权结构、多元化与公司绩效关系的研究［J］. 证券市场导报，2008，(1)：56－63.

［639］林毅夫. 关于制度变迁的经济学理论：诱致性变迁与强制性变迁，摘自财产权利与制度变迁——产权学派与新制度学派译文集［M］. 中译本，上海三联出版社，1994.

［640］林钟高，陈曦. 社会信任、内部控制重大缺陷及其修复与财务风险［J］. 当代财经，2016，(6)：118－129.

［641］林钟高，徐虹，吴玉莲. 交易成本与内部控制治理逻辑——基于信任与不确定性的组织内合作视角［J］. 财经研究，2009，35 (2)：111－122.

［642］林钟高，常青. 内部控制监管、内部控制缺陷及修复与董事会治理［J］. 会计与经济研究，2017，(1)：65－83.

［643］林钟高，李菊娣，徐虹. 关系投资、内部控制与大股东资金占用［J］. 会计与经济研究，2014，(3)：35－49.

［644］林钟高，郑军，彭琳. 关系型交易、盈余管理与盈余反应——基于主要供应商和客户视角的经验证据［J］. 审计与经济研究，2014，(2)：47－57.

［645］林钟高，郑军. 基于契约视角的企业内部控制研究［J］. 会计研究，2007 (10)：53－61.

［646］林钟高，陈俊杰. 终极控制人性质、内部控制缺陷与企业风险［J］. 财经理论与实践，2016，(7)：84－92.

［647］凌玲，申鹏. 组织信任对工作满意度和组织承诺关系影响的实证研究［J］. 科

技管理研究，2009，(8)：5-8.

[648] 刘成立．政府干预、产权性质与审计治理效应［J］．财贸研究，2011，(4)：119-127.

[649] 刘芳芳．企业社会责任与内部控制相关性分析［J］．财会通讯，2012，(4)：62-63.

[650] 刘凤芹，马慧．倾向得分匹配方法的敏感性分析［J］．统计与信息论坛，2009，24 (10)：7-13.

[651] 刘凤委，李琳，薛云奎．信任、交易成本与商业信用模式［J］．经济研究，2009，(8)：60-72.

[652] 刘凤委，孙铮，李增泉．政府干预、行业竞争与薪酬契约——来自国有上市公司的经验证据［J］．管理世界，2007，(9)：76-84.

[653] 刘凤委，张人骥，崔磊磊．地区市场化进程、市场分割与公司关联交易行为［J］．财经研究，2000，(6)：43-54.

[654] 刘行健，刘昭．内部控制对公允价值与盈余管理的影响研究［J］．审计研究，2014，(2)：59-65.

[655] 刘洁，梁淑茵，何小文．组织惯性、网络位置与双元技术创新实证研究：基于广东省制造企业数据．软科学，2017，(7)：24-28.

[656] 刘进，池趁芳．高管团队特征、薪酬激励对内部控制质量影响的实证研究——来自创业板上市公司的经验数据［J］．工业技术经济，2016，35 (02)：60-67.

[657] 刘明辉，张宜霞．内部控制的经济学思考［J］．会计研究，2002，(8)：54-56.

[658] 刘启亮，罗乐，何威风，陈汉文．产权性质、制度环境与内部控制［J］．会计研究，2012，(3)：52-61.

[659] 刘启亮，罗乐，张雅曼，陈汉文．高管集权、内部控制与会计信息质量［J］．南开管理评论，2013，16 (1)：15-23.

[660] 刘启亮，何威风，罗乐．IFRS 的强制采用、新法律实施与应计及真实盈余管理［J］．中国会计与财务研究，2009，13 (1)：112-143.

[661] 刘启亮，刘晶莹，谈丽华，张雅曼．IFRS 的强制趋同、盈余动机与应计及真实盈余操纵［J］．财会通讯，2011，(5)：9-13.

[662] 刘仁军．关系契约与企业网络转型［J］．中国工业经济，2006，(6)：91-98.

[663] 刘炜松，周焯华，张宗益．公司治理结构中经营者盈余管理的博弈分析［J］．财贸研究，2005，(2)：104-108.

[664] 刘笑霞．审计师惩戒与审计定价——基于中国证监会 2008—2010 年行政处罚案的研究［J］．审计研究，2013，(2)：90-98.

[665] 刘星，代彬，郝颖．高管权力与公司治理效率——基于国有上市公司高管变更的视角［J］．管理工程学报，2012，26 (1)：1-12.

[666] 刘星，高嘉勇．国外最新组织信任修复模型评介［J］．外国经济与管理，2010，(4)：25-30.

[667] 刘亚莉，马晓燕，胡志颖．上市公司内部控制缺陷的披露：基于治理特征的研究［J］．审计与经济研究，2011，(3)：35－43.

[668] 刘焱，姚海鑫．高管权力、审计委员话专业性与内部控制缺陷［J］．南开管理评论，2014，(2)：4－12.

[669] 刘扬，刘彬星，邹亚男，肖翔．论企业社会责任、盈余管理与企业声誉［J］．时代金融，2014，(11Z)：196－197.

[670] 刘昱熙．中国上市公司“管理层讨论与分析”信息披露理论与实证研究［D］．暨南大学，2007.

[671] 刘志远，邵军，阴永晟．股权结构、多元化战略与资本结构——基于代理理论的解释及经验证据［C］．当代管理会计新发展——第五届会计与财务问题国际研讨会论文集（上）．2005.

[672] 刘志远，王存峰．中央政府换届与企业风险承担：是经济政策不确定性效应，还是锦标赛激励的影响？［R］．北京：《经济研究》工作论文，2015.

[673] 刘志远、刘洁．信息技术条件下的企业内部控制［J］．会计研究，2001，(12)：32－36.

[674] 卢闯，刘俊勇，孙健，杨棉之．控股股东掏空动机与多元化的盈余波动效应［J］．南开管理评论，2011，14（5）：68－73.

[675] 卢福财，周鹏．外部网络化与企业组织创新［J］．中国工业经济，2004，(2)：101 －106.

[676] 卢锐，柳建华，许宁．内部控制、产权与高管薪酬业绩敏感性［J］．会计研究，2011，(10)：42－48.

[677] 卢锐．管理层权力、薪酬差距与绩效［J］．南方经济，2007，(7)：60－70.

[678] 陆伟刚．传统产业组织理论的危机及实践含义：基于企业网络的视角［J］．中国工业经济，2005，(11)：26 －34.

[679] 陆正飞，杨德明．商业信用：替代性融资，还是买方市场？［J］．管理世界，2011，(4)：6－14.

[680] 逯东，万丽梅，杨丹．创业板公司上市后为何业绩变脸？［J］．经济研究，2015，(02)：132－144.

[681] 逯东，王运陈，付鹏．CEO激励提高了内部控制有效性吗？——来自国有上市公司的经验证据［J］．会计研究，2014，(06)：66－72＋97.

[682] 路德维希·米塞斯．人的行动［M］．中译本，上海：上海人民出版社．2013.

[683] 罗彪，葛佳佳，王琼．探索型、挖掘型战略选择对组织绩效的影响研究［J］．管理学报，2014，(1)：37－45.

[684] 罗珉．组织间创新性合作：基于知识边界的研究［J］．中国工业经济，2006，(9)：78－86.

[685] 罗珉．组织间关系：界面规则与治理机制［J］．中国工业经济，2005，(5)：87－95.

[686] 罗纳德·英格尔哈特．静悄悄的革命［M］．中译本，上海：上海人民出版

社，2016.

[687] 罗纳德·英格尔哈特．发达工业社会文化转型 [M]．中译本，北京：社会科学文献出版社，2013.

[688] 罗婷，薛健，张海燕．解析新会计准则对会计信息价值相关性的影响 [J]．中国会计评论，2008，(2)：130－139.

[689] 吕春晓，常建平．组织绩效、信任与成本 [J]．西安电子科技大学学报（社会科学版），2000，(4)：53－57.

[690] 吕晖，叶飞，强瑞．供应链资源依赖、信任及关系承诺对信息协同的影响 [J]．工业工程与管理，2010，(6)：7－15.

[691] 马可一，王重鸣．中国创业背景中的信任 [J]．南开管理评论，2004，(7)：41－46.

[692] 马克·E. 沃伦．民主与信任 [M]．中译本，北京：华夏出版社，2004.

[693] 马士华．论核心企业对供应链战略伙伴关系形成的影响 [J]．工业工程与管理，2000，(1)．24－27.

[694] 马颖．共同知识价值视角透视长安福特公司内部控制系统 [J]．商场现代化，2007，(5)：198－200.

[695] 马克·格兰诺维特．镶嵌——社会网与经济行动 [M]．中译本．北京：社会科学文献出版社，2007.

[696] 迈克尔·查特菲尔德．会计思想史 [M]．中译本，北京：中国商业出版社，1989.

[697] 毛新述，孟杰．内部控制与诉讼风险 [J]．管理世界，2013，(11)：155－165.

[698] 孟凡伟，李小燕，宋根生．企业内部控制有效性评价的国际经验借鉴 [J]．财会月刊，2007，(10)：77－79.

[699] 孟庆斌，师倩．宏观经济政策不确定性对企业研发的影响：理论与经验研究 [J]．世界经济，2017，(9)：75－98.

[700] 孟焰，孙丽虹．从内部控制理论的发展看如何加强证券公司的内部控制 [J]．审计研究，2004，(3)：15－18.

[701] 牟韶红，李启航．高管权力、内部控制与审计定价 [R]．第八届中国管理学年会——会计与财务分会场论文集，2013.

[702] 牟韶红，李启航，于林平．内部控制、高管权力与审计费用——基于2009—2012年非金融上市公司数据的经验研究 [J]．审计与经济研究，2014，(4)：40－49.

[703] 南召凤．基于资产负债表探讨公允价值会计顺周期效应 [J]．财政研究，2015，(10)：107－111.

[704] 牛建波，赵静．信息成本、环境不确定性与独立董事溢价 [J]．南开管理评论，2012，15 (2)：70－80.

[705] 牛建波，李维安．产品市场竞争和公司治理的交互关系研究——来自中国制造业上市公司1998—2003年数据的实证分析 [J]．南大商学评论，2007，(1)：83－103.

[706] 尼古莱·J·福斯，克里斯第安·克努森．企业万能：面向企业能力理论[M]．大连：东北财经大学出版社，1998.

[707] 诺斯．交易成本、制度和经济史，新制度经济学 [M]．中译本，上海：上海财经大学出版社，1998.

[708] 帕特南．使民主运转起来 [M]．中译本，南昌：江西人民出版社，2001.

[709] 彭珏，陈红强．内部控制、市场化进程与企业社会责任[J]．现代财经，2015，(6)：43-54.

[710] 彭乐力．供应链中信任机制研究综述 [J]．管理世界，2009，(3)：128-129.

[711] 彭正银．网络治理、四重维度与扩展的交易成本理论 [J]．经济管理，2003，(18)：4-12.

[712] 齐保垒，田高良，李留闯．上市公司内部控制缺陷与财务报告信息质量 [J]．管理科学，2010，23 (04)：38-47.

[713] 齐保垒，田高良．基于财务报告的内部控制缺陷影响因素研究 [J]．管理评论，2012，(4)：133-140.

[714] 青木昌彦．比较制度分析 [M]．中译本，上海：上海远东出版社，2001.

[715] 卿志琼．制度效率与有效制度设计 [D]．南开大学经济系工作论文，2004.

[716] 邱冬阳，陈林，孟卫东．内部控制信息披露与 IPO 抑价——深圳中小板市场的实证研究 [J]．会计研究，2010，(10)：34-39.

[717] 阮磊，刘玉廷，王艺霖．上市公司内部控制价值溢出效应研究 [J]．统计与决策，2016 (8)：186-188.

[718] 色诺芬（古希腊）．经济论：雅典的收入 [M]．中译本，北京：商务印书馆，1961.

[719] 尚兆燕，扈唤．独立董事主动辞职、内部控制重大缺陷及非标审计意见——来自中国上市公司的经验证据 [J]．审计研究，2016，(1)：94-100.

[720] 申慧慧，吴联生，肖泽忠．环境不确定性与审计意见：基于股权结构的考察[J]．会计研究，2010，(12)：57-64.

[721] 申慧慧．环境不确定性对盈余管理的影响 [J]．审计研究，2010，(1)：89-96.

[722] 施东晖．转轨经济中的所有权与竞争：来自中国上市公司的经验证据 [J]．经济研究，2003，(8)：46-54.

[723] 施先旺．内部控制理论的变迁及其启示 [J]．审计研究，2008，(6)：79-82.

[724] 石高宏，李灵燕．强烈的互惠主义：一种关于企业内合作行为的新解释 [J]．哈尔滨工业大学学报（社会科学版)，2004，(1)：54-59.

[725] 石军伟，胡立君，付海艳．企业社会责任、社会资本与组织竞争优势：一个战略互动视角——基于中国转型期经验的实证研究 [J]．中国工业经济，2009，(11)：87-98.

[726] 时现，吴厚堂．内部控制、研发强度与管理短视——基于中国上市公司的经验证据 [J]．南京审计大学学报，2016．(5)：19-29.

[727] 树成琳．内部控制、内部人交易与信息不对称 [J]．当代财经，2016，(8)：121－128.

[728] 树友林．高管权力视角下上市公司内部控制失效问题研究 [J]．中国管理信息化．2011，14 (23)：17－19.

[729] 斯蒂格利茨．转轨经济中公司治理结构的失败 [J]．经济社会体制比较，2000，(3)：51－60.

[730] 宋德舜，宋逢明．国有控股、经营者变更和公司绩效 [J]．南开管理评论，2005，8 (1)：10－15.

[731] 宋建波，李爱华．企业社会责任的公司治理因素研究 [J]．财经问题研究，2010，(5)：23：29.

[732] 宋增基，张国杰，郭桂玺．民营上市公司高管政治激励与绩效关系研究 [J]．审计与经济研究，2013，(1)：95－103.

[733] 宋占林．股权结构、内部控制信息披露与公司绩效 [D]．重庆：西南大学硕士学位论文，2012.

[734] 孙彬彬．组织变革中的企业内分工——对 Becker－Murphy 分工模型的扩展 [J]．中国工业经济，2006 (2)：106－112.

[735] 孙光国，莫冬燕．内部控制对财务报告可靠性起到保证作用了吗？——来自我国上市公司的经验证据 [J]．财经问题研究，2012 (3)：96－103.

[736] 孙健．终极挂制权与超额现全持有 [J]．经济与管理研究，2008 (3)：72－78.

[737] 孙新宪，田利军．内部控制的有效性影响审计收费吗——来自中国资本市场的经验证据 [J]．江西财经大学学报，2011，(5)：19－27.

[738] 孙雅，康晓东．会计制度安排的效率：制度经济学分析视野 [J]．云南财贸学院学报，2003，(1)：59－63.

[739] 孙铮，刘凤委，李增泉．市场化程度、政府干预与企业债务期限结构——来自我国上市公司的经验证据 [J]．经济研究，2015，(5)：52－63.

[740] 谭劲松，简宇寅，陈颖．政府干预与不良贷款——以某国有商业银行 1988—2005 年的数据为例 [J]．管理世界，2012，(7)：29－43.

[741] 汤晓建．内部控制、制度环境与企业社会责任信息披露质量 [J]．会计与经济研究，2016，30 (2)：85－104.

[742] 唐松莲，胡奕明．机构投资者关注上市公司的信息透明度吗？——基于不同类型机构投资者选股能力视角 [J]．管理评论，2011，23 (06)：31－40＋48.

[743] 唐跃军．供应商、经销商议价能力与公司业绩——来自 2005—2007 年中国制造业上市公司的经验证据 [J]．中国工业经济，2009，(10)：67－76.

[744] 唐跃军．审计收费、审计委员会与意见购买——来自 2004—2005 年中国上市公司的证据 [J]．金融研究，2007，(4)：114－128.

[745] 唐志军，谌莹，向国成．权利结构、关系合约与中国社会形态的历史变迁 [J]．西安交通大学学报．2012，32 (6)：72－79.

[746] 陶芝兰，王欢．信任模式的历史变迁——从人际信任到制度信任 [J]. 北京邮电大学学报（社科版），2003，(2)：20－23.

[747] 田高良，李留闯，齐保垒．内部控制鉴证报告的信号失灵与甄别——一个本土化的实证研究 [J]. 南开管理评论，2011，(5)：109－117.

[748] 田高良，齐保垒，李留闯．基于财务报告的内部控制缺陷披露影响因素研究 [J]. 南开管理评论，2010，(4)：134－141.

[749] 田利军，陈甜甜．企业内部控制，社会责任与财务绩效 [J]. 重庆大学学报，2015，21 (02)：75－82.

[750] 佟家栋，李胜旗．贸易政策不确定性对出口企业产品创新的影响研究 [J]. 国际贸易问题，2015，(6)：24－32.

[751] 佟岩，冯红卿，吕栋．市场集中度、控制权特征与内部控制鉴证报告披露 [J]. 会计研究，2012，(6)：61－66.

[752] 佟岩，徐峰．我国上市公司内部控制效率与盈余质量的动态依存关系研究 [J]. 中国软科学，2013，(2)：111－112.

[753] 托克维尔．旧制度与大革命 [M]. 中译本，北京：商务印书馆，2010.

[754] 万良勇，胡璟．网络位置、独立董事治理与公司并购——来自中国上市公司的经营证据 [J]. 南开管理评论，2014，17 (2)：64－73.

[755] 汪芳．基于免疫系统观的内部控制要素解读 [J]. 财会通讯，2011，(4)：111－112.

[756] 王斌，童盼．董事会行为与公司业绩关系研究：一个理论框架及我国上市公司的实证检验．中国会计评论，2008，(3)：255－274.

[757] 王飞雪，山岸俊男．信任的中、日、美比较研究 [J]. 社会学研究，1999，(2)．69－84.

[758] 王峰虎，贾明德．以分工为基础的经济效率分析框架 [J]. 西安电子科技大学学报（社科版），2002，(4)：14－18.

[759] 王福胜，宋海旭．终极控制人、多元化战略与现金持有水平 [J]. 管理世界（月刊），2012 (7)：124－136.

[760] 王海滨，于长春．内部控制缺陷、信息披露与利益相关者行为研究——基于 A 股主板上市公司的经验证据 [J]. 经济与管理研究，2014，(5)：69－75.

[761] 王海林．IT 环境下企业内部控制模式探讨会计研究 [J]. 2008，(11)：63－68.

[762] 王海林．价值链内部控制模型研究 [J]. 会计研究，2006，(2)：60－65.

[763] 王建军，王正斌．基于信任和不确定性的组织间合作：一个文献综述 [J]. 西安邮电学院学报，2007，(6)：75－78.

[764] 王建军．企业的组织性质与企业内分工 [J]. 企业经济，2007，(12)：14－16.

[765] 王菁，程博．外部盈利压力会导致企业投资不足吗？ [J]. 会计研究，2014，(3)：33－40.

[766] 王晶，彭博，熊焰韧，张萍，张娟．内部控制有效性与会计信息质量——西方内部控制研究文献导读及中国制度背景下的展望（一）[J]．会计研究，2015，(06)：87 - 95 + 97.

[767] 王雎．跨组织资源与企业合作：基于关系的视角 [J]．中国工业经济，2006，(4)：44 - 51.

[768] 王军．学习贯彻企业内部控制基本规范 促进我国企业又好又快可持续发展——财政部副部长王军在企业内部控制基本规范发布会上的讲话 [J]．中国注册会计师，2008，(9)：4 - 7.

[769] 王利，游益云，代杨子．基于生命周期供应链企业间信任影响因素实证研究 [J]．工业工程与管理，2013，(2)：6 - 11.

[770] 王玲．基于博弈论的供应链信任产生机理与治理机制 [J]．软科学，2010，(2)：56 - 59.

[771] 王蔷，任庆涛．知识型企业的组织架构研究 [J]．上海管理科学，2004 (2)：11 - 13.

[772] 王清刚，徐欣宇．企业社会责任的价值创造机理及实证检验——基于利益相关者理论和生命周期理论 [J]．中国软科学，2016 (2)：179 - 192.

[773] 王少飞，周国良，何小杨，于旭辉．关系型投资与审计行为 [J]．财经研究，2010，(5)：16 - 24.

[774] 王守海，刘志强．公允价值、行业专长与审计费用 [J]．审计研究，2017，(2)：48 - 55.

[775] 王曙亮，陈少华．公允价值应用过程的风险分析及控制——基于投资者的视角 [J]．当代财经，2011，(6)：121 - 127.

[776] 王欣欣．基于多 Agent 的供应链信息共享平台构建 [J]．现代情报，2011，(1)：36 - 39.

[777] 王宣喻，李满红．家族企业中的信任与控制 [J]．福建论坛（人文社会科学版），2006，(6)：26 - 30.

[778] 王一江．政府干预与劳动者利益 [N]．河南日报，2004，004 - 12 - 03.

[779] 王艺霖，王爱群．内控缺陷披露、内控审计对权益资本成本的影响——来自沪市 A 股上市公司的经验证据 [J]．宏观经济研究，2014，(2)：123 - 130.

[780] 王勇，刘志远．供应商关系与企业现金持有——来自中国制造业上市公司的经验证据 [J]．审计与经济研究，2016，(1)：83 - 91.

[781] 韦伯．儒教与道教 [M]．中译本，南京：江苏人民出版社，1995.

[782] 韦纳（B. Weiner，1986）．动机和情绪的归因理论 [M]．中译本，福州：福建教育出版社，1989.

[783] 魏江，王艳．企业内部知识共享研究 [J]，技术经济与管理研究，2004，(1)：68 - 69

[784] 魏明海，陈胜蓝，黎文靖．投资者保护研究综述：财务会计信息的作用 [J]．中国会计评论，2007，5 (1)：131 - 150.

[785] 魏玮，温军．经济政策不确定性如何影响企业创新？——实物期权理论作用机制的视角 [J]．经济管理，2016，(10)：40 -54.

[786] 魏晓博．上市公司内部控制评价的成本效益研究 [D]．河南大学，2013.

[787] 温承革，于文霞．供应链企业信任关系的培育途径 [J]．中国软科学，2003，(10) .84 -86.

[788] 温素彬，方苑．企业社会责任与财务绩效关系的实证研究——利益相关者视角的面板数据分析 [J]．中国工业经济，2008，(10)：150 -160.

[789] 吴超鹏，吴世农，程静雅．风险投资对上市公司投融资行为影响的实证研究 [J]．经济研究，2012 (1)：105 -119.

[790] 吴东辉，薛祖云．财务分析师盈利预测的投资价值：来自深沪 A 股市场的证据 [J]．会计研究，2005，(8)：37 -43.

[791] 吴非，杜金岷，李华民．财政科技投入、地方政府行为与区域创新异质性 [J]．财政研究，2017，(2)：60 -74.

[792] 吴可夫，朱娜．试论公允价值会计风险 [J]．经济问题，2010，(5)：106 -109.

[793] 吴水澎，陈汉文，邵贤弟．企业内部控制理论的发展与启示 [J]．会计研究，2000，(5)：2 -8.

[794] 吴益兵．内部控制审计、价值相关性与资本成本 [J]．经济管理，2009，(9)：64 -69.

[795] 伍利娜，郑晓博，岳衡．审计赔偿责任与投资者利益保护——审计保险假说在新兴资本市场上的检验 [J]．管理世界，2010，(3)：32 -43.

[796] 席酉民，杜永怡，刘晖．组织成员对组织信任的影响因素及其作用关系研究 [J]．经济管理，2004，(18)：1 -8

[797] 夏恩·桑德著．会计与控制理论 [M]．中译本，大连：东北财经大学出版社，2000.

[798] 夏纪军．中国信任结构及其决定：基于一组实验的分析 [J]．财经研究，2005 (6)：39 -51.

[799] 夏芸，徐欣．企业内部控制信息披露与债务契约——来自于中国房地产上市公司的经验证据 [J]．经济管理，2011，(3)：114 -122.

[800] 肖海莲，胡挺．大股东侵占、公司声誉与公司绩效——基于中国上市公司的经验证据 [J]．财贸研究，2007，(6)：108 -114.

[801] 肖华，张国清．内部控制质量、盈余持续性与公司价值 [J]．会计研究，2013 (5) .73 -80

[802] 小艾尔夫雷德·D. 钱德勒．看得见的手——美国企业的管理革命 [M]．中译本，北京：商务印书馆，1987：162 -165.

[803] 谢成博，张海燕，何平．更多信息披露还是更高系统风险——公允价值会计对资本市场的双重影响研究 [C]．两岸四地会计准则研讨会论文集，2013.

[804] 谢震，艾春荣．分析师关注与公司研发投入：基于中国创业板公司的分析 [J]．财经研究，2014，40 (2)：108 -119.

[805] 谢志华．内部控制、公司治理、风险管理：关系与整合［J］．会计研究，2007，（10）：37－45.

[806] 辛宇，徐莉萍．公司治理机制与超额现金持有水平［J］．管理世界，2006，（5）：136－141.

[807] 辛宇，徐莉萍．上市公司现金持有水平的影响因素：财务特征、股权结构及治理环境［J］．中国会计评论，2006b. 4（2）：307－320.

[808] 邢立全，陈汉文．产品市场竞争、竞争地位与审计收费——基于代理成本与经营风险的双重考量［J］．审计研究，2013，（3）：50－58.

[809] 熊彼特．经济发展理论［M］．中译本，北京：商务印书馆，1990.

[810] 徐光华，沈戈．企业内部控制与财务危机预警耦合研究——一个基于契约理论的分析框架［J］．会计研究，2012，（5）：72－76.

[811] 徐宏玲．价值链形态演变与模块化组织协调［J］．中国工业经济，2005，（11）：81－88.

[812] 徐虹，林钟高，李倩．内部控制、关系型交易与非效率投资［J］．南京审计学院学报，2014，11（5）：75－85.

[813] 徐虹，林钟高，王鑫．关系型交易、内部控制与盈余管理——基于应计与真实盈余管理的经验证据［J］．会计与经济研究，2015（3）：57－77.

[814] 徐虹，林钟高，韦慧玲．内部控制审计鉴证对财务分析师盈利预测误差的影响［J］．河北经贸大学学报，2014b，35（1）：63－72.

[815] 徐虹，李亭，林钟高．关系投资、内部控制与企业财务杠杆水平［J］．中南财经政法大学学报，2014，（3）：106－114.

[816] 徐虹，林钟高，余婷，何亚伟．内部控制有效性、会计稳健性与商业信用模式［J］．审计与经济研究．2013.（3）：64－73.

[817] 徐卫，周宇楠，程志强．资源繁荣与人力资本形成和配置［J］．管理世界，2009，（6）：178－179.

[818] 徐洋．管家理论在企业管理中的应用研究［D］．南开大学硕士学位论文，2009：5－11.

[819] 徐勇，王福军．知识管理——如何构建中国的知识型企业［M］．广州：广东经济出版社，1999.

[820] 徐玉霞，王冲．风险导向审计、内部控制与审计师行为——基于我国上市公司的实证检验［J］．经济评论，2012，（5）：123－133.

[821] 许佳琪．生命周期视角下内部控制对非效率投资的影响［D］．浙江财经大学，2017.

[822] 许年行，罗炜．高管政治升迁与公司过度投资行为［D］．http：//www. doc88. com /p－9651832981904. html 工作论文，2011.

[823] 许淑君，马士华．供应链企业间的合作与社会制度［J］．工业工程与管理，2001，（5）：29－31

[824] 许淑君，马士华．我国供应链企业间的信任危机分析［J］．计算机集成制造系

统——CIMS，2002，8（1）：51－53.

［825］许心霞，王学军．双重委托代理下的治理策略与内部控制［J］．会计研究，2007，（2）：59－64.

［826］薛金楼．组织信息分工模式在公司治理框架下的博弈研究［J］．现代管理科学，2007，（2）：42－43.

［827］亚当·斯密．国民财富的性质和原因的研究［M］．中译本，北京：商务印书馆，1982.

［828］阎达五，宋建波．双元控制主体构架下现代企业会计控制的新思考［J］．上海：会计研究，2000，（3）：2－6.

［829］杨道广，张传财，陈汉文．内部控制、并购整合能力与并购业绩——来自我国上市公司的经验证据［J］．审计研究，2014，（3）：43－50.

［830］杨德明，林斌，王彦超．内部控制、审计质量与代理成本［J］．财经研究，2009，（12）：40－49.

［831］杨德明，冯晓．银行贷款、债务期限与上市公司内部控制［J］．山西财经大学学报，2011，（8）：44－50.

［832］杨德明，胡婷．内部控制、盈余管理与审计意见［J］．审计研究，2010，（5）：90－97.

［833］杨德明，林斌，任英．内部控制、治理环境与投资者保护［J］．证券市场导报，2010，（4）：53－60.

［834］杨德明，林斌，王彦超．内部控制、审计质量与大股东资金占用［J］．审计研究，2009，（5）：74－81.

［835］杨菲，安立仁，史贝贝，高鹏．知识积累与双元创新能力动态反馈关系研究［J］．管理学报，2017，（11）：1639－1649.

［836］杨国星．上市公司会计信息披露的政府监管［J］．中央财经大学学报，2007，（8）：52－56.

［837］杨其静，程商政，朱玉．VC真在努力甄选和培育优质创业型企业吗？——基于深圳创业板上市公司的研究［J］．金融研究，2015（4）：192－206.

［838］杨清香，俞麟，宋丽．内部控制信息披露与市场反应研究——来自中国沪市上市公司的经验证据［J］．南开管理评论，2012，（1）：123－130.

［839］杨瑞龙，冯建．企业间网络的效率边界：经济组织逻辑的重新审视［J］．中国工业经济，2003，（11）：5－13.

［840］杨瑞龙．企业共同治理的经济学分析［M］．北京：经济科学出版社，2001：153－159.

［841］杨小凯．新兴古典经济学和超边际分析［M］．北京：中国人民大学出版社，2000.

［842］杨小凯，博兰．经济增长的一个微观机制［J］．政治经济学期刊，1990，（33）：462－482.

［843］杨小凯，专业化与经济组织［M］．北京：经济科学出版社，1999.

[844] 杨兴龙，孙芳城，陈丽蓉．内部控制与免疫系统：基于功能分析法的思考［J］．会计研究，2013，(3)：65－71.

[845] 杨兴全，曾春华．市场化进程、多元化经营与公司现金持有［J］．管理科学，2012，25 (6)：43－54.

[846] 杨雄胜．内部控制范畴定义探索［J］．会计研究，2011，(8)：46－52.

[847] 杨雄胜，李翔，邱冠华．中国内部控制的社会认同度研究［J］．会计研究，2007，(8)：60－67.

[848] 杨雄胜．内部控制理论研究新视野［J］．会计研究，2005，(7)：49－55.

[849] 杨有红，胡燕．试论公司治理与内部控制的对接［J］．会计研究，2004，(10)：14－18.

[850] 杨有红，陈凌云．2007 年沪市公司内部控制自我评价研究——数据分析与政策建议［J］．会计研究，2009，(6)：58－64.

[851] 杨有红，汪薇．2006 年沪市公司内部控制信息披露研究［J］．会计研究，2008，(8)：35－42.

[852] 杨玉凤，王火欣，曹琼．内部控制信息披露质量与代理成本相关性研究——基于沪市 2007 年上市公司的经验数据［J］．审计研究，2010，(1)：82－88.

[853] 杨忠智．公司内部控制的价值分析［N］．中国经济信息网，2007－10－8.

[854] 杨周南．企业信息系统的发展规律［J］．中国会计电算化，2002，(3)：21－22.

[855] 姚俊，吕源，蓝海林．我国上市公司多元化与经济绩效关系的实证研究［J］．管理世界（月刊），2004，(11)：119－125.

[856] 野中郁次郎，竹内广隆．创造知识的公司——日本企业是如何建立创新动力学的［M］．中译本，北京：科学技术部国际合作司，1999.

[857] 叶建芳，李丹蒙，章斌颖．内部控制缺陷及其修正对盈余管理的影响［J］．审计研究，2012，(6)：50－59.

[858] 伊志宏，姜付秀，秦义虎．产品市场竞争、公司治理与信息披露质量［J］．管理世界，2010，(1)：133－141.

[859] 殷茗，赵嵩正．供应链协作信任影响因素的实证研究［J］．工业工程与管理，2006，(3)：80－85.

[860] 殷茗，赵嵩正．基于制度的供应链协作信任实证研究［J］．科研管理，2006，(4)：98－103.

[861] 于富生、张敏、姜付秀、任梦杰，公司治理影响公司财务风险吗？［J］．会计研究，2008，(10)：52－59.

[862] 于欢．基于财务柔性的企业财务保守行为研究综述［J］．西安财经学院学报，2016，(4)：60－67.

[863] 余海宗，丁璐，谢璇．内部控制信息披露、市场评价与盈余信息含量［J］．审计研究，2013，(5)：87－95.

[864] 袁琳，张宏亮．董事会治理与财务公司风险管理：基于 10 家集团公司结构式调查的多案例分析［J］．会计研究，2011，(5)：65－71.

[865] 袁蓉丽，文雯，汪利．风险投资和IPO公司董事会治理——基于倾向评分匹配法的分析 [J]. 中国软科学，2014，(5)：118－128.

[866] 袁晓波．内部控制与财务风险——来自中国沪市制造业上市公司的经验证据 [J]. 经济与管理研究，2010，(5)：60－68.

[867] 袁云峰，王峰虎．分工、剩余控制权配置与经济效率 [J]. 郑州大学学报（哲社版），2003，(3)：90－94.

[868] 张川，沈红波，高新梓．内部控制的有效性、审计师评价与企业绩效 [J]. 审计研究，2009，(5)：79－86.

[869] 张帆．高管权力、内部控制与会计稳健性 [D]. 北京交通大学硕士论文，2014.

[870] 张凤元，符建华，易晓微．分行业公允价值相关性实证研究——基于A股市场面板数据 [J]. 南京审计学院学报，2013，(01)：86－93.

[871] 张国清．内部控制与盈余质量——基于2007年A股公司的经验证据 [J]. 经济管理，2008，(Z3)：112－119.

[872] 张国清．自愿性内部控制审计的经济后果——基于审计延迟的经验研究 [J]. 经济管理，2010，(6)：105－112.

[873] 张国清，夏立军．自愿性内部控制审计是否增加了企业的审计负担？[J]. 经济管理，2013，(5)：96－107.

[874] 张海燕．供应链协作信任生命周期影响因素研究 [J]. 企业经济，2014，(10)：56－60.

[875] 张海燕．我国上市公司内部控制信息披露与财务报告质量研究 [D]. 西南财经大学，2007.

[876] 张红英，高晟星．内部控制缺陷和审计费用关系的实证研究——基于内部控制缺陷细化视角 [J]. 财经论丛，2014，(8)：51－59.

[877] 张会丽，吴有红．内部控制、现金持有及经济后果 [J]. 会计研究，2014，(3)：71－78.

[878] 张火灿，刘淑宁．从社会网络理论探讨员工知识分享 [J]. 人力资源管理学报（台湾），2002，2 (3)：101－113.

[879] 张继东，王立彦，伍丽娜．内部控制报告审计的制度效应 [J]. 经济科学，2012，(4)：105－116.

[880] 张继勋，何亚南．内部控制审计类型与个体投资者对无保留财务报表审计意见的信息——一项实验证据 [J]. 审计研究，2013，(4)：93－100.

[881] 张继勋，周冉，孙鹏．内部控制披露、审计意见、投资者的风险感知和投资决策：一项实现证据 [J]. 会计研究，2011，(9)：66－73.

[882] 张建华，刘仲英．知识管理的知识共享激励机制 [J]. 同济大学学报（自然科学版），2004，(7)：32－35.

[883] 张建君，李宏伟．私营企业的企业家背景、多元化战略与企业业绩 [J]. 南开管理评论，2007. 10 (5)：12－25.

[884] 张军，王军只．内部控制审核与操纵性应计项——来自沪市的经验证据 [J]. 中央财经大学学报，2009，(2)：92 -96.

[885] 张俊瑞，李彬，刘东霖．真实活动的盈余管理研究 [J]. 数理统计与管理. 2008，(5)：918 -930.

[886] 张康之．论组织整合机制中的信任 [J]. 河北学刊，2005，(1)：18 -23.

[887] 张丽达，冯均科，陈军梅．媒体监督、内部控制与审计意见 [J]. 审计研究，2016，(5)：73 -81.

[888] 张龙平，王军只，张军．内部控制鉴证对会计盈余质量的影响研究——基于沪市 A 股公司的经验证据 [J]. 审计研究，2010，(2)：83 -90.

[889] 张敏，马黎珺，张胜．供应商—客户关系与审计师选择 [J]. 会计研究，2012，(12)：81 -86.

[890] 张敏，黄继承．政治关联、多元化与企业风险——来自我国证券市场的经验证据 [J]. 管理世界，2009，(7)：156 -164.

[891] 张敏，朱小平．中国上市公司内部控制问题与审计定价关系研究——来自中国 A 股上市公司的横截面数据 [J]. 经济管理，2010，(9)：108 -113.

[892] 张奇峰，张鸣，戴佳君．投资性房地产公允价值计量的财务影响与决定因素：以北辰实业为例 [J]. 会计研究，2011，(08)：22 -28.

[893] 张强，纳鹏杰．从制度化信任看日本供应链企业间的合作关系 [J]. 企业经济，2004，(12)：147 -149.

[894] 张青．上市公司内部控制质量对财务报告重述影响的实证研究 [D]. 首都经济贸易大学，2016.

[895] 张然，王会娟，许超．披露内部控制自我评价与鉴证报告会降低资本成本吗? [J]. 审计研究，2012，(2)：96 -102.

[896] 张旺峰，张兆国，杨清香．内部控制与审计定价研究——基于中国上市公司的经验证据 [J]. 审计研究，2011，(5)：65 -72.

[897] 张维迎，柯荣柱．信任及其解释：来自中国的跨省调查分析 [J]. 经济研究，2002，(10)：59 -70.

[898] 张维迎．信息、信任与法律 [M]. 北京：生活·新知·读书三联书店，2001：9 -15.

[899] 张维迎．所有制、治理结构及委托—代理关系——兼评崔之元和周其仁的一些观点 [J]. 经济研究，1996，(9)：3 -15 +53.

[900] 张伟．纵向并购对于下游企业绩效影响的实证研究 [D]. 上海交通大学硕士论文，2007.

[901] 张先治．企业内部控制系统模式创新与选择研究 [J]. 东北大学学报（社会科学版），2009，(1)：35 -39.

[902] 张先治，张晓东．基于投资者需求的上市公司内部控制实证分析 [J]. 会计研究，2004，(12)：55 -61.

[903] 张晓岚，沈豪杰，杨默．内部控制信息披露质量与公司经营状况——基于面板

数据的实证研究 [J]. 审计与经济研究, 2012, 27 (2): 64-73.

[904] 张学龙, 王道平. 基于信任指标属性值的供应链成员聚类分析 [J]. 统计与决策, 2011, (3): 62-64.

[905] 张学勇, 廖理, 罗远航. 券商背景风险投资与公司 IPO 抑价——基于信息不对称的视角 [J]. 中国工业经济, 2014 (11): 90-101.

[906] 张雁翎. 论财务分析师与资本市场信息传递 [J]. 当代财经, 2002, (12): 70-73.

[907] 张烨, 胡倩, 周健. 证券分析师评级报告的投资价值研究——来自香港股市的经验证据 [J]. 当代财经, 2009, (10): 61-65.

[908] 张宜霞. 财务报告内部控制审计收费的影响因素——基于中国内地在美上市公司的实证研究 [J]. 会计研究, 2011, (12): 70-77.

[909] 张宜霞. 企业内部控制的范围、性质与概念体系——基于系统和整体效率视角的研究 [J]. 会计研究, 2007, (7): 36-43.

[910] 张宜霞. 企业内部控制的有效性与有效的企业内部控制 [J]. 中国注册会计师, 2008 (3): 79-81.

[911] 张翼, 李习, 许德音. 代理问题、股权结构与公司多元化 [J]. 经济科学, 2005 (3): 90-99.

[912] 张翼, 刘巍, 龚六堂. 中国上市公司多元化与公司业绩的实证研究 [J]. 金融研究, 2005 (9): 122-136.

[913] 张颖, 郑洪涛. 我国企业内部控制有效性及其影响因素的调查与分析 [J]. 审计研究, 2010, (1): 75-81.

[914] 张兆国, 刘亚伟, 亓小林. 管理者背景特征、晋升激励与过度投资研究 [J]. 南开管理评论, 2013, 16 (4): 32-42.

[915] 章铁生. 信息技术条件下的内部控制规范: 国际实践与启示 [J]. 会计研究, 2007, (7): 29-35.

[916] 赵洁. 内部控制质量对多元化战略的影响 [J]. 技术经济与管理研究, 2017, (12): 15-22.

[917] 赵立彬, 张秋生, 杨志海. 融资能力、所有权性质与并购绩效——来自中国上市公司的经验证据 [J]. 证券市场导报, 2014, (5): 40-45.

[918] 赵息, 张西栓. 高管权力及其对内部控制的影响——基于中国上市公司的实证研究 [J]. 科学学与科学技术管理, 2013a, 34 (1): 114-122.

[919] 赵息, 许宁宁. 管理层权力、机会主义动机与内部控制缺陷信息披露 [J]. 审计研究, 2013, (4): 101-109.

[920] 赵息, 张西栓. 内部控制、高管权利与并购绩效——来自中国证券市场的经验证据 [J]. 南开管理评论, 2013, (2): 75-81.

[921] 郑伯壎. 企业组织中上下属的信任关系 [J]. 社会学研究, 1999, (2): 24-39.

[922] 郑军, 林钟高, 彭琳. 法制环境、关系网络与交易成本——来自中国上市公司的经验证据 [J]. 财经研究, 2013, (6): 51-62.

[923] 郑四渭．旅游服务供应链优化及模型构建研究——基于顾客价值创新的视角 [J]．商业经济与理，2011，(11)：84－90.

[924] 钟伟强，张天西，张燕妮．自愿披露与公司治理——一项基于中国上市公司数据的实证分析 [J]．管理科学，2006，(03)：81－89.

[925] 周春生，赵端端．中国民营企业的财务风险实证研究 [J]．中国软科学，2006，(4)：130－135.

[926] 周冯琦．委托代理的制度效率与现实改进的路径分析 [J]．上海社会科学院学术季刊，1999，(2)：96－103.

[927] 周继军，张旺峰．内部控制、公司治理与管理者舞弊研究——来自中国上市公司的经验证据 [J]．中国软科学，2011，(8)：141－154.

[928] 周密，金治中．论内部控制制度的经济学功能 [J]．求索，2006，(9)：31－33.

[929] 周清杰．公司治理效率：一个基于制度经济学的分析 [J]．财经科学，2003，(3)：57－62.

[930] 周业安．中国制度变迁的演进论解释 [J]．经济研究，2002，(5)：3－11.

[931] 周泽将．信息披露透明度与公司治理关系的实证分析——源自深市信息披露评分的证据 [J]．铜陵学院学报，2007，(04)：34－37.

[932] 周中胜，徐红日，陈汉文，陈俊．内部控制质量对公司投资支出与投资机会的敏感性的影响：基于我国上市公司的实证研究 [J]．管理评论，2016，(9)：206－217.

[933] 朱富强．分工效率演进主义的观点 [J]．上海经济研究，2004，(1)：28－35.

[934] 朱富强．劳动价值理论的一个“悖论”及其阐释 [J]．江苏社会科学，2001，(4)：1－6.

[935] 朱海珅，闫贤贤．董事会治理结构对企业内部控制影响的实证研究：来自中国上市公司的数据 [J]．经济与管理，2010，(1)：55－59.

[936] 朱松，陈关亭．会计稳健性与审计收费：基于审计风险控制策略的分析 [J]．审计研究，2012，(1)：87－95.

[937] 朱松．企业社会责任、市场评价与盈余信息含量 [J]．会计研究，2011，(11)，27－34.

[938] 朱卫东，薛豪娜，钟俊杰，严凯旋．企业创新能力的内涵与构成维度解析 [J]．科技管理研究，2012，(4)：4－8.

[939] 邹木琤．基于期望效用理论的企业并购定价分析 [D]．中南大学硕士论文，2007.

[940] 邹新月，李茂卿．基于动态内生性视角的公司高管激励与绩效实证研究 [J]．广东金融学院学报，2012，27 (05)：53－65.

[941] 左美云．企业知识管理的激励机制 [J]．中外企业文化，2000，(24)：42－45.